最新版

世界五千年

下

陈增爵 沈宪旦 孙晓文 等 编著

少年儿童出版社

170·擅长表演的大作家狄更斯

英国伦敦在十九世纪初是个雾气浓重的城市。河水浑浊的泰晤士河畔,码头边上有间阴暗的小屋,充满了霉味的空气中又夹杂着刺鼻的鞋油气味,腐烂的地板吱吱作响,硕大的老鼠肆无忌惮地成群出没。这时,一个长着一头棕色头发、皮肤白净的少年坐在堆得小山一样高的鞋油罐堆里,不停地给每一罐鞋油盖上封盖。如此糟糕的工作环境并没有吓倒这个小童工查尔斯·狄更斯,他倒反而有点高兴,因为下班时间快到了,他又可以看到他的爸爸了。这是1823年某天的黄昏时光。

狄更斯的爸爸这会儿正在马夏西债务监狱的窗口望眼欲穿呢!等到少年狄更斯穿过几个街区来看他时,父子俩不禁抱头痛哭,久久不能止住!

狄更斯1812年生于英国朴茨茅斯,父亲是海军军需处的管家,却不善理财。狄更斯十一岁那年,父亲因欠债而入狱,全家不得不搬到了伦敦的贫民区,狄更斯也不得不辍学,去做童工维持生计。生活环境的突变给了他很大的打击,但是他接触到了伦敦底层的生活。好奇的小狄更斯在干活之余,会去那些阴暗的小巷、脏乱的庭院游荡,偷听夫妻吵架,观看居民斗殴。他那善于观察的眼睛像照相机那样,摄下了小偷、无赖、贫民、乞丐、骗子、妓女等不同社会人物的形象。他那时并没有想到,这实际上是一笔巨大的财富,可以帮助他日后成为世界闻名的大作家。

1838年,狄更斯写出了小说《奥列佛·特维斯特》,显示出他擅长刻画伦敦底层社会生活气氛的高超才能。人们甚至觉得,狄更斯把伦敦景物表现得这么生动,以至于狄更斯本人似乎成了伦敦的代名词;或者伦敦应该改名为狄更斯城。

狄更斯在1850年完成的《大卫·科伯菲尔》,某种程度上形象地再现了狄更斯当年的生活。小说中的人物大卫也经历过鞋油作坊的工作,有出入债务监狱的体验。狄更斯父亲不善理财的缺点,成为小说中的密考伯先生的个性之一,而密考伯太太则和他的母亲很相似。由于小说最初以长篇连载形式刊发在刊物

上,很多人便迫不及待地打听下一集什么时候出版,而更多的人在小说中认出了自己的影子。

比如,有一位叫希尔夫人的,发现书中的毛奇尔小姐就像她自己。毛奇尔小姐心狠手辣,形象丑陋。她就写信给狄更斯抱怨。狄更斯回信说,小说形象是多个人物的综合。不过他的确修改了结局,把毛奇尔小姐写成社会的模范成员,使希尔夫人多多少少得到了一点安慰。

狄更斯的成名作是《匹克威克外传》,发表于1837年,狄更斯的名字也因此传遍全国,甚至比当时英国首相更有知名度。人们见面时互相用这部幽默、风趣的小说里的人物取绰号,给宠物命名,有些商家还不失时机地推出了"匹克威克式"帽子、外套、手杖等,形成一股"匹克威克热"。

狄更斯小说中的人物之所以栩栩如生,和他本人的性格特点有关。他具有出色的演员气质和表演才能,甚至受过相当好的舞台训练。狄更斯构思小说人物性格时极为投入,有时他在行走时,突然想起小说中的人物形象,就不由自主地设想那些人物的表情,会突然尖声大叫或高声狂笑,把周围的人吓得大惊失色。他写作时会突然扔下纸笔,走到镜子旁边,对着镜子说上一段书中人的话,并挤眉弄眼地模仿着说话人的表情,然后再回去写作。

经过这样长期反复的操练,狄更斯能表演无数的角色,从土财主到贵妇人,从妓女到军官,从喜气洋洋的大学生到嗜钱如命的吝啬鬼。他的嗓音、神态、表情和言谈举止顷刻间可以做到变换自如。

从1858年起,狄更斯在全国各地举行作品朗诵会。他有一副充满磁性的好嗓子,能发出各种丰富多彩的声音,加上极为逼真的模仿天才,他的作品朗诵常常一下子就能抓住听众的心。满场观众屏息静听,时而一起痛哭流泪,时而一起高声大笑,真像给他催眠了一样。人们甚至从其他城市赶来听他朗诵,还常常因为买不到坐票而买站票。

演出结束,人们仍不愿离去,渴望有机会碰一下他的手或者大衣。有一次他演出时不慎碰落了自己衣服钮扣里的花,一群女士竟然你争我夺地去抢那花瓣。狄更斯的魅力由此可见一斑。

善于观察和善于模仿使狄更斯得到了极大的成功,但这不是他成功的全部因素。狄更斯通过小说《大卫·科伯菲尔》中主人公大卫的口,透露了自己成功

的秘诀:

"无论我在生活中试图做什么事情,我都全力以赴地做好它……无论我献身于什么事业,我都毫无保留地献身于它……无论做大事还是做小事,我总是一丝不苟,兢兢业业。我始终认为,任何天生的或后生的才干,若不与坚忍不拔、谦逊踏实和埋头苦干的品质相结合,就不可能有所成就。"

1870年6月,狄更斯与世长辞。他在小说中创造的成百个人物形象,惟妙惟肖地展现了英国十九世纪社会众生相,所以《老古玩店》、《尼古拉斯·尼古拉贝》、《董贝父子》、《双城记》、《艰难时世》等作品流传世界各地,他也成为英国文坛上继莎士比亚之后最著名的文学家。

171 · 革命诗人裴多菲

> 生命诚可贵，
> 爱情价更高。
> 若为自由故，
> 二者皆可抛。

这首由中国诗人白莽翻译的《自由与爱情》诗，是匈牙利爱国诗人裴多菲写的。为了适应中国读者的阅读习惯，白莽用中国古体五言诗的语句和明快节奏翻译表达。其实，裴多菲在写这首诗时，心情是复杂的。那是1847年1月1日，他正好二十四岁。

这天，在匈牙利首都布达佩斯的一间简朴的小屋内，裴多菲汇集自己写的几十首诗，准备交给出版商出版诗集，他在诗集扉页上写下这首《自由与爱情》时，内心百感交集。

在上一年的秋天，裴多菲认识了姑娘尤丽亚。他立即热烈地爱上了她。尤丽亚应允裴多菲的求婚，尤丽亚的庄园主父亲却极力反对这门亲事。他认为自己美丽的女儿不应该嫁给一个出生于平民家庭的流浪诗人。门不当户不对嘛！

裴多菲的更大苦恼，是他深切感受到在奥地利统治下匈牙利人民的痛苦。裴多菲在学校读书时，对拜伦、雪莱、海涅等人的诗歌极其喜欢，又爱上了匈牙利的戏剧。他曾经参加一个民间流浪剧团，扮个小角色，在舞台上演出。随着这个剧团，他有时步行，有时乘驿车，游历了半个匈牙利的土地。在小客栈和帐篷里，在多瑙河桥下，他体会到在奥地利皇室和匈牙利贵族双重压迫、剥削下，匈牙利广大民众生活的贫困。他也学会了用民歌的通俗语言写诗。他逐渐明白，自己的笔应该抒写为争取自由而奋起反抗的精神。

> 我梦见流血的日子，
> 它将世界全部毁灭，

在旧世界的废墟上，
建设起崭新的世界。

……裴多菲走到窗口。窗外，布达佩斯这个古老都市横跨着多瑙河。当地贵族过着灯红酒绿的奢侈生活，贫民却用饥饿的目光，盼望有块黑面包。他心潮起伏，难以平静。

一个月后，裴多菲给他的朋友、匈牙利诗人阿兰尼写信，信中说："一旦人民在诗歌领域中成为统治者，那就意味着他们在政治上成为统治者的日子已经不远，这就是本世纪的任务。实现这个任务，是每一个具有崇高心灵的人的目标。具备这样心灵的人决不能袖手旁观，眼睁睁看几千人过着舒服的日子，作威作福。而千百万民众却在受苦受难。让人民上天堂，让贵族下地狱！"

裴多菲就这样写下了大量讴歌自由的诗篇，而且作为组织者之一领导了民众起义，要求废除封建制度，将匈牙利从奥地利皇室的魔爪中解放出来。

1848年3月15日清晨，在蒙蒙春雨中，上万名革命民众集合在布达佩斯的民族博物馆前，裴多菲当众朗诵两天前写的《民族之歌》：

起来，匈牙利人，祖国正在召唤！
是时候了，现在动手，还不算太晚！
愿意做自由人，还是做奴隶？
你们选择吧，就是这个问题！

在慷慨激昂的诗歌鼓舞下，人民大众涌向印刷厂，将《民族之歌》和要求实现资产阶级改革、反对封建统治的《十二条》文稿印刷出来，然后又冲向监狱，将被囚禁的政治犯谭启奇·米哈依解救出来。

布达佩斯的3月15日起义，鼓舞了匈牙利人民的革命热情。匈牙利各地相继爆发了农民暴动，他们占领了欺压他们的贵族老爷的庄园，烧毁了地契，平分土地。到了这年秋天，匈牙利全境掀起了民族解放运动，人民大众在爱国将领的指挥下，拿起武器，参加争取匈牙利独立的战争。裴多菲告别妻子——不顾父亲反对，毅然嫁给他的尤丽亚，参加了民族自卫军。在战斗间隙，他写了许多革命

诗篇。

但是,奥地利皇帝在沙皇尼古拉一世支持下,组织军队残酷镇压。沙俄政府派出十四万军队,带着五百多门大炮,其中有装备精良的哥萨克骑兵,也对匈牙利民族自卫军发动凶猛的进攻。

面对强大的敌军,匈牙利民族自卫军奋力拼杀,一场又一场的血战,仍无法取胜。沙俄军队的铁蹄践踏着匈牙利土地,许多爱国志士被残杀。

为了冲破沙俄军队的包围,匈牙利民族自卫军再次反击。当时任少校副官的裴多菲遵照规定,是应该留在后备部队中,但他仍赶往战斗前线。在这次激战的前夜,他给妻子尤丽亚写信,信中说:"战斗非常激烈,我准备为祖国牺牲!惟有这样才是我最光荣的前途……我的妻子啊,我们的孩子卓尔坦会走路了吗……要教他说话,逗他笑!"

1849年7月31日,裴多菲勇敢地出现在子弹横飞的战场,他身边的民族自卫军骑兵打退了沙俄军队的进攻,使他热血沸腾,却忽略了自己的安全。敌人已经发现独自站在一条小溪桥头的这个匈牙利人,便朝他开枪射击。裴多菲灵活地躲过枪弹,奔进玉米地。两名哥萨克骑兵策马冲了过来,第一个挥起军刀狠狠劈下,裴多菲一个闪身避开了。第二个哥萨克骑兵投出的长矛,却正刺入他的胸膛。爱国诗人裴多菲就这样倒在了自己热爱的土地上。他只有二十六岁。

裴多菲的遗体与一千多名为争取祖国的独立而战死的民族自卫军战士一起,被安葬在一个大坟茔里。他所写的大量诗歌,不仅仅属于为匈牙利独立斗争的战士们,也广泛流传于那些被压迫、被侵略的弱小民族、国家中,鼓舞着他们奋起。

172 · 童话大师安徒生

深秋的一天傍晚,丹麦哥本哈根街头,有个体形瘦高、衣着破旧的少年,漫无目标地走着。他走过那幢文艺复兴时期风格的建筑物皇家剧院时,眼光里有羡慕,又有失望。看到街灯被一盏盏点燃,一幢幢楼房升起炊烟,少年的脚步更迟缓了。寒意与孤独一齐涌上他心头。

他来自海港小城欧登塞。为了圆一个进剧院当演员的梦,他辞别母亲,独自带着简陋的行李与十三元钱,来到哥本哈根。几天来他去过剧院,找过剧院经理、女舞蹈家,却没人肯帮助他。眼看钱花光了,下一步该怎么办?

此时,这位生于1805年、才十四岁的少年汉斯·克里斯蒂·安徒生,不禁想起数年前故世的父亲。父亲是个收入微薄的鞋匠,可识字,喜欢读书。童年时安徒生最快乐的时光,就是父亲给他讲民间故事,与他一起读家中的藏书。他还喜欢摆弄父亲为他制作的一个个小木偶,演出一幕幕他用想象构思的戏剧,也铸就了他想登上舞台的美丽的梦……

安徒生走过一家气派的旅店,突然听到一个门童说:"皇家剧院的指挥西博尼今晚在家又与朋友欢聚……"他心中一动。

华灯初上。西博尼在客厅与作曲家韦斯等朋友谈笑正欢。女管家通报说有个热爱艺术的少年执意要求见西博尼先生。他就是安徒生。

看到进来的少年又高又尖的鼻子、小眼睛,西博尼摇摇头。可那少年眼睛里流露的真诚目光打动了在场的人,少年说:"我能唱歌。"韦斯打开钢琴盖:"唱一个吧,孩子……"

安徒生清亮的童声给客厅带来了蓬勃生机。他接着又表情生动地朗诵起来。西博尼慨然同意帮助他进剧院当名小演员。

半年后,成人的安徒生失去了童声歌喉,也失去了上舞台的机会。他转而努力学习剧本创作。尽管他从没有得到进正规学校读书的机会,可他写的剧本还是显露出文学才华。读了安徒生写的剧本《阿莫索尔》后,皇家剧院著名导演柯林先生破例约他见面。柯林告诉安徒生,剧本不符合演出要求,但他愿意出面申

请皇家资金资助,帮助安徒生进入正规中学读书。安徒生喜出望外。

安徒生发奋努力,克服了一些别有用心者的干扰,在柯林先生帮助下,他不仅读完中学,而且在1828年考进哥本哈根大学。1829年,安徒生写的《从霍尔姆运河到阿马格岛徒步旅行记》出版;1833年,他写的长篇小说《即兴诗人》出版后不久,就被译成德文和英文。

成了作家的安徒生多次出国,与雨果、狄更斯、海涅、大仲马、巴尔扎克等人结识。他写的剧本在皇家剧院上演。然而他却没法忘记他家乡的童年生活。父亲、祖母、他童年时接触到的济贫院里纺纱的妇人们,都曾讲给他听过许多美妙的民间传说;自从离开家乡后,他又遇到许多人,有的善良,有的虚伪,有的漂亮,有的傲慢;哥本哈根的北欧城堡和塔楼,意大利、法国的异国风光,这些故事、人物和景色逐渐融合起来,成为安徒生写作童话故事的素材。1835年他写了《打火匣》、《小克劳斯和大克劳斯》、《豌豆上的公主》和《小意达的花儿》,合成一集出版。然后他又写出了《拇指姑娘》、《海的女儿》、《皇帝的新装》、《坚定的锡兵》、《丑小鸭》、《卖火柴的小女孩》等等。

在这些童话里,安徒生真实地描绘了社会存在的贫富差别。例如《卖火柴的小女孩》里那个小姑娘,只能在美丽的梦中得到幸福;他揭露了谎言的虚伪,如《皇帝的新装》;他主张不要以社会地位和财富,而应该按照人们的品格高下,来重新安排他们的社会生活,例如他在童话《各得其所》里,用魔笛召来狂风,让横行霸道的贵族栽进淤泥沟里,使勤劳的牧鹅姑娘住进新公馆。特别是他写的《丑小鸭》,形象地反映了人生会遇到各种磨难,同时又鼓励人们不要灰心,不要放弃努力,"只要你是天鹅蛋,就是生在养鸡场里也没有关系"。《丑小鸭》在很大程度上,如实写出了安徒生在被人嘲笑中奋发努力,终于成为著名作家的人生经历。

安徒生的童话使他享誉世界,他成为丹麦、瑞典、希腊、德国等国国王的座上宾。他七十岁时,为庆祝本国这位具有世界声誉的作家的生日,丹麦哥本哈根市要为他建造一座纪念碑。纪念碑的草图设计初稿画面,是安徒生在众多孩子的簇拥下讲故事。安徒生看后直摇头:"我的童话不仅是给孩子写的,更是为成年人写的。""我在挖掘全部的思想和情感来写童话,想给成年人一点可以深思的东西。当我写一个讲给孩子听的故事时,我永远记住他们的父母会在一边听。"

安徒生生前写的最后一篇童话《园丁与主人》,塑造了一位勤劳又具有智慧

的园丁拉尔森。拉尔森种植的苹果、梨和西瓜鲜甜可口,他培育的各种鲜花更是美丽非凡,名贵的睡莲、普通的朝鲜蓟在他的园里都盛开得与众不同,连那些一般人不放在眼里的凤尾草、铃兰、牛蒡,经过他的精心培育都生长得又茂盛又好看。原因是他根据各种植物的生长特点,分别在阳光里或树阴下培育它们。安徒生与他的童话,正好比这故事里的园丁与花果。他终生未婚,将自己毕生精力完全贯注在文学创作中。他用优美的语言、丰富的想象力,叙述了一个个来自生活的故事,巧妙地嘲讽了生活中的假恶丑,讴歌了真善美。

1875年8月,安徒生因病逝世。他留下的一百八十六篇童话饱含着生活哲理,成为不仅是孩子,也是成年人喜爱的文学佳作。

173·戴过镣铐的作家

风雪交加的俄国圣彼得堡,郊外军事要塞里驶出三辆马车,这是宪兵押解囚犯去西伯利亚服苦役。这天是1849年的12月24日,在人们合家团聚,欢度圣诞节的日子里,马车行驶在白雪与寒风中,显得分外凄凉和孤单。

二十多天后,裹着寒气的马车来到西伯利亚的鄂木斯克军事监狱,苦役犯被一一验明正身。虎着脸的监狱长打开名单,他先看到的是西伯利亚总督对这些流放犯的手谕:"戴上镣铐,严加看管……"

这时,一个脸色苍白、形体消瘦、眼神忧郁,脸颊上有着深红色斑点的犯人,拖着沉重的脚镣走了过来。押送的狱警指着名单上第七行:"这就是他。"

监狱长看到这第七号囚徒的名字叫费道尔·陀思妥耶夫斯基;在"有何特长,是否识字"一栏里,填写着"做粗活的工人,识字"。

其实,这个人受过大学教育,懂法文、德文,三年前还写过一部引起俄国文坛瞩目的小说《穷人》。因为参加在圣彼得堡的彼得拉斯夫斯基家中的多次聚会,抨击时政的黑暗,陀思妥耶夫斯基被沙俄警方判处叛国罪。在执行死刑的刑场上,为了显示"皇恩浩荡",当场改判他服苦役流放西伯利亚。这年他才二十八岁。

酷寒的气候、恶劣的饮食、凶恶的狱警,囚徒生活摧残着陀思妥耶夫斯基的精神与肉体。失去自由的他,时常回忆起三年前那个圣彼得堡的白夜。那天清晨四点钟,诗人涅克拉索夫与另一位朋友突然来访,说是连夜读了陀思妥耶夫斯基的《穷人》,彻夜未眠,激动万分,特地赶来当面祝贺他文学创作的成功。几天后,涅克拉索夫又把他与《穷人》一起推荐给别林斯基。别林斯基是俄罗斯文学评论界的泰斗,他热情地赞扬了写出《穷人》的陀思妥耶夫斯基:"真实启示了您,昭示了作为艺术家的您,珍惜您的才能吧,您将成为一个伟大的作家……"

回忆起那个时刻、那些话,陀思妥耶夫斯基在苦难中就有了勇气和力量。面对那些不但剥夺他肉体自由,还严密监控他精神自由的卑劣狱警,陀思妥耶夫斯基以沉默积蓄着反抗的力量。

一天,监狱官员又摆出一副审讯的嘴脸问:"你在这里写过什么东西吗?"

"没有,但是我在为将来的写作准备材料。"

"什么? 哼,说吧,这些材料你放在哪里?"

"在我的脑子里。"陀思妥耶夫斯基坚定地回答。

十年后,被批准恢复贵族身份、服完苦役以及兵役的陀思妥耶夫斯基终于回到了圣彼得堡。新登基的沙皇亚历山大二世迫于欧洲革命民主浪潮的冲击和影响,装出开明君主的形象,对书刊审查制度的尺度有所放松。从1861年到1864年,陀思妥耶夫斯基的《死屋手记》《地下室手记》等相继出版。

在这些作品中,陀思妥耶夫斯基用艺术的形式再现了他在西伯利亚流放生活中的见闻和思索。他用文学的形象控诉了沙皇专制政府的凶恶和腐朽。他说俄罗斯的天空辽阔无边,封建专制却如同沉闷、压抑的阴霾,窒息着人民的自由、民主权利,使人们如同生活在西伯利亚关押苦役犯的窄小、低矮的顶棚下。那是无边的锁链,束缚着活生生的人,造成人们心灵的畸形,那是一种精神的苦难。

解脱了苦役生涯的陀思妥耶夫斯基努力吸取俄罗斯文学前辈普希金、果戈理等人的艺术精华。由于他亲身体验、接触了流放西伯利亚的罪犯,观察了解了他们的内心世界,便酝酿写一部从罪犯心理反映当时沙皇俄国社会现实的小说。

1866年夏天,陀思妥耶夫斯基在他妹夫住所附近租了个房间,独自居住、写作。为了防止患先天性癫痫的陀思妥耶夫斯基突然发病,妹夫让一名仆人每天夜里睡在他房间的隔壁。

几天后,那名仆人突然死活不愿去那里住了。经过再三询问,仆人才说出实话:"老爷,您不知道,睡在那里的我从未睡过安稳觉。那幢房空旷,夜里像死样寂静。可隔壁那位先生夜里老是不停走动、叹息,有时还自言自语,我都听得清清楚楚。昨夜更可怕了,他竟然不停地说如何去杀害一个老妇人……"

原来,陀思妥耶夫斯基正全神贯注地写作从罪犯心理反映黑暗现实的长篇小说《罪与罚》。《罪与罚》的主人公大学生拉斯科尔尼柯夫把人分成"非凡的人"和"普通的人"两类。他认为前者比后者更能推进世界的变革,为了达到自己的目的可以不择手段;而后者无足轻重。他为了尝试成为"非凡的人",杀死了一个放高利贷的老太婆。他杀人前认为夺取她的钱财,用于社会,解救贫困的人,是有益于社会的事;然而他杀人后,却无法忍受良心的谴责,在后悔中彷徨、痛苦,惶惶不安。小说生动描绘了金钱对各类人物个性的毁灭性影响,从细腻刻画这个大学生杀人前后的心态复杂变化,挖掘人性的深邃内涵;从人物心理分析角度,揭露了沙俄时代的民众苦难生活,是犯罪产生的根源。

《罪与罚》出版后震动了俄国文坛。陀思妥耶夫斯基接着又写了《白痴》、《群魔》、《卡拉马佐夫兄弟》等一部又一部作品。尽管《群魔》引起争议,但陀思妥耶夫斯基作为心理描写文学大师的地位已经确立。他的作品赢得了广大文学爱好者的喜爱。1880年6月5日,在莫斯科举行的普希金雕像揭幕庆贺典礼上,陀思妥耶夫斯基发表了演讲,获得满堂喝彩。于是,密探就密报警察机关,提醒应该提防、控制他在民众中的影响。

第二年1月,陀思妥耶夫斯基去世。莫斯科成千上万人走上街头,参加他的送葬仪式。有些大学生还弄来一副镣铐,举着跟在他的棺木后面走,以这种方式纪念这位曾被沙皇政府的镣铐禁锢的杰出作家。

陀思妥耶夫斯基以他的创作,实践了"我描绘的是人类灵魂深处的一切"的艺术追求。

174·托尔斯泰

1862年的一天,《莫斯科消息报》刊出了一个奇怪的广告:"现本人愿出价两千卢布,收购《莫斯科消息报》创刊以来的全套报纸及副刊。"

当时,两千卢布不是笔小数目的钱。用这么笔款来收集一套陈年旧报,这个人莫不是钱多得没处花了吧?

三年后的一个秋日,距离莫斯科不远的波罗金诺来了风尘仆仆的两位贵族先生。他俩先赶到郊野。五十年前,俄军为抗击拿破仑法军入侵,在这里举行过会战。其中一个前额宽广、眼神严峻、三十五六岁模样的贵族先生,仔细打量那片旷野,仿佛在寻找五十年前古战场可能遗留下的任何东西。当夜,他俩就留宿在波罗金诺的教堂中,这教堂是为纪念俄法会战中为国捐躯的俄军将士而修建的。

又过了四年,长篇小说《战争与和平》出版了。小说展示了1805年到1820年俄国社会面貌的历史画卷。沙皇亚历山大一世,名将库图佐夫、巴格拉齐昂和法皇拿破仑等历史人物,特别是俄国1812年抗击拿破仑入侵的卫国战争,包括波罗金诺会战等宏大场面,都被写得栩栩如生。小说中的主人公安德烈、彼埃尔,女主人公娜塔莎等尽管是虚构的,却形象丰满。这些人物及其家族的命运变化,反映了俄国民众同仇敌忾的爱国主义气概。《战争与和平》的作者,正是那个花两千卢布收购《莫斯科消息报》,从中收集1812年卫国战争的真实史料,又在波罗金诺古战场进行实地考察的人——列夫·托尔斯泰。

托尔斯泰在自己的故乡,离莫斯科南面不远的雅斯亚纳·波良纳庄园,花七年时间写作这部史诗作品。他的妻子索妮娅誊写这部书稿达七遍之多,因为托尔斯泰文思涌来就会立即修改。托尔斯泰写1812年的战争时,他脑海中就会出现自己1855年的战场经历,他当时作为一名青年军官在克里米亚战争前线——塞瓦斯托波尔要塞。那些俄军士兵为国作战的勇敢和爱国热情曾令他激动万分。托尔斯泰将这些发生在自己身边的事和人,艺术地再现在《战争与和平》中,小说由此获得了国内外文坛的一致好评。屠格涅夫、冈察洛夫、柯罗连科、福楼

拜、罗曼·罗兰等著名作家都赞美不已。

也是在波良纳庄园。这天傍晚,托尔斯泰有几分倦意地躺在沙发上,似睡非睡。他突然看到一个身穿华丽的夜礼服、面貌非常美丽的女人幻影。更令托尔斯泰难忘的,是她那忧郁、痛苦的眼神。

"我脑海里出现了这么一个出身上流社会、被认为是堕落的已婚妇女形象,我想把她写得可怜但并没有过错。其他的所有的人物将围绕她,产生各自的故事……"托尔斯泰的妻子索妮娅听到丈夫对她平静地道出自己另一部长篇小说的构思。以家庭题材深刻反映俄国社会变化的小说《安娜·卡列尼娜》的写作,就是这样开始的。

小说主人公安娜为了追求爱情,离开了没有爱的包办婚姻组成的家庭,与伪善的丈夫卡列宁决裂。但她大胆反抗虚伪道德的行动,必然被贵族上层社会视为叛逆而扼杀,最后她不得不自尽。

小说在用一个爱情悲剧揭露沙俄社会黑暗的同时,又写了一个贵族列文与妻子吉提拥有爱情的家庭,却同样遇到了"不幸",从而揭露了家庭、婚姻中的不幸,是社会的不幸造成的。青年贵族、庄园主列文不满封建农奴制度,又怀念留恋贵族生活。他企图通过农事改革,找到一条地主与农民共同富裕的道路,却处处碰壁。列文的遭遇在很大程度上反映了作家托尔斯泰自己的现实生活,也体现了他在俄国发生激烈变革的历史时期,试着寻找答案的努力。

在《安娜·卡列尼娜》中,托尔斯泰用宗教帮助列文避开了不幸。在现实生活中,托尔斯泰用各种方式寻找人生的哲理。他积极投入农村教育事业,办学校、编写课本、研究宗教,甚至多次拜访修道院。因为托尔斯泰广泛接触各地民众、交友面广,他的住宅经常被宪兵暗中监视。

一次,一位宪兵军官登门,要求托尔斯泰提供几个与他相识的人的情况。

"你自己没有良心,不知廉耻,就认为别人也同你一样吗?"托尔斯泰愤怒地责问他。军官只得灰溜溜地自行离去。

一个六月的夏日,有位美国记者慕名来到波良纳庄园拜访。他吃惊地看到这个《安娜·卡列尼娜》的作者居然穿着粗布农民服装。晚饭后,托尔斯泰还在客厅里当着记者的面钉鞋后跟,缝皮靴。这位出身贵族家庭的农民伯爵以自食其力的体力劳动为荣,他对贵族上流社会的腐朽生活习惯和道德腐败深感耻辱。

托尔斯泰在七十一岁发表的小说《复活》,是他经过长时期思考后,对俄国国家制度、教会制度、社会制度和经济制度进行激烈批判的又一部杰出作品。

《复活》写作的起因是朋友柯尼一次来波良纳庄园拜访,闲谈时说起一件法庭审理中的事件:一个贵族要求娶一名因偷盗而被判刑的妓女为妻。因为最初是这个贵族青年的诱惑,才使这个农家姑娘走上堕落的犯罪道路,成为妓女的。柯尼说的这件生活中的真人真事,引起托尔斯泰的强烈兴趣。他先建议柯尼将此事写成小说发表。当发现柯尼半年多后仍没有写作的想法,托尔斯泰又写信征得柯尼同意,将这个题材转让给自己。于是从六十岁到七十一岁,托尔斯泰足足花了十一年时间,才写完了《复活》。其中几度中断,几次重写。

《复活》以贵族地主聂赫留道夫以法院陪审员身份参加刑事审判时,看到一名被诬告投毒杀人的妓女玛丝洛娃,引发起他的回忆为开端。聂赫留道夫认出了玛丝洛娃原本是他姑妈家的女仆,是自己的诱惑使她失身,是自己的抛弃使她沦落风尘,才有今天。他良心发现,决定帮助她解除或减轻刑罚,以表示自己的赎罪,请求她的宽恕,甚至准备同她结婚。聂赫留道夫在帮玛丝洛娃申请减刑的过程中,不但认识到自己的罪孽深重,而且对沙俄法律的虚伪不公、官场的腐败丑恶有了越来越深刻的了解。

小说揭露了沙俄国家机器的罪恶;同时也对沙俄教会的伪善和欺骗性作了辛辣的讽刺。尽管《复活》提供的战胜罪恶势力的答案是"勿以暴力抗恶","宽恕一切"那种宗教道德观念和自我道德完善,仅是托尔斯泰式的理想化出路,但是这部小说仍是世界文学中的一部影响巨大的名作。

除了《战争与和平》、《安娜·卡列尼娜》和《复活》三部长篇小说,托尔斯泰还写了中短篇小说《童年》、《琉森》、《哥萨克》、《哈泽·穆拉特》、《克莱尔奏鸣曲》和剧本、论文等许多具有艺术造诣的作品。由于他极力主张放弃贵族生活方式和财产,与家人特别是妻子产生了激烈矛盾,托尔斯泰在1910年八十二岁高龄时独自离家出走。途中,深秋的寒意使他着凉发烧,他不治而逝。

临终前,托尔斯泰以微弱的声音说:"我爱真理……非常地……爱真理。"

175·现代戏剧之父易卜生

挪威首都奥斯陆南边的小城斯基思,是个保留着北欧中世纪建筑的城市。城中,那座塔楼高耸、气势雄伟的大教堂,更让人们惊叹不已。

一天,有个满头鬈发、相貌俊秀的孩子路过教堂时,突然吵着要陪伴他的女仆带他一起登上塔楼看风景。当孩子从高空看到自己家的房子、广场的车马、只有玩具一般大小的行人时,兴奋得拍手欢呼起来。这一刻,他从高空看世界的感觉,似乎影响到这孩子的一生。

几十年后,这个名叫易卜生的孩子成为著名的剧作家。他写出了好几部剧情紧凑,用人物遭遇生动反映社会现实问题的剧本,剖析了人世间的虚伪和罪恶,突破了戏剧多年来以历史传说故事为题材的传统,不但震动了挪威,还影响了欧美。这些戏剧深刻揭露了假、恶、丑,正如他在《在高原》一诗中所说:"我从高处看人群,看清了他们的真正本性……"

1874年夏天,在丹麦哥本哈根,写了多部戏剧、已经成名的易卜生与朋友劳拉交谈时,劳拉告诉他,她因为一时筹不到钱支付丈夫治病的费用,只得伪造签名借钱。她万万没想到丈夫后来得知此事后,居然拒绝原谅她百般无奈之际的行为。她的家庭就此破裂。这个男人气量太小了,易卜生当时这么想,可他又想起前些日子读到的挪威女作家科莱特的小说《职业的女儿们》,书中流露出争取妇女自由解放的激情……

四年后,暂居罗马的易卜生开始用笔写下他的思索,那是一篇题为《关于一出现代悲剧的札记》的文章:"世界上有两种精神的法律,两种良心。一种是男人的,一种是妇女的……这个社会纯粹是男权社会,一切法律都由男人制定……"

他放下笔,又想到现在的家庭,几乎与封建时代一样,妇女没有独立的人格,仍然是男人的玩偶。易卜生思考着。又过一年,他写出了剧本《玩偶之家》。

《玩偶之家》剧本出版两个星期后,就在丹麦的哥本哈根皇家剧院首次公演。大幕拉开,观众们看到舞台上出现的是奥斯陆一个银行经理海尔茂的家。快到圣诞节了,这个家庭多么温馨啊,圣诞树送来了。海尔茂温情地称呼妻子娜

拉"小宝贝"、"小鸽子"。他爱自己的妻子,从不在外寻花问柳、酗酒闹事。娜拉好像也挺幸福,她结婚八年,成了三个孩子的母亲。好几年前,因为海尔茂患病要去疗养,娜拉手头没钱支付,百般无奈只得背着海尔茂假冒自己父亲的签字,向银行借债送丈夫去看病。这些年来,她省吃俭用存钱还了这笔债。

眼下,升任经理的海尔茂要解雇职员柯洛克斯泰。柯洛克斯泰是当年娜拉冒名借款的知情者,他不愿失业,写信向海尔茂告发此事,威胁他。海尔茂看信后居然对娜拉大发雷霆。当柯洛克斯泰听人劝说后,写信表示绝不再提此事时,海尔茂又对娜拉亲热起来。这番周折让娜拉终于看清丈夫海尔茂的虚伪本质,也明白自己在家中只是海尔茂的玩偶和消遣的东西。她愤然离开了这个家。

《玩偶之家》形象生动地批判了资产阶级的市侩气和虚伪,揭露了男权社会对妇女的压迫。它的上演引起了轩然大波。

"此戏鼓励妇女不顾家庭、丈夫和女儿,独自出走。简直是伤风败俗……"

"这出话剧的结局,应该改成娜拉放弃出走的念头才对……"

这种种用"道德"来否定《玩偶之家》意义的言论,使易卜生面临巨大的压力。但易卜生坚持自己的立场,继续写出《群鬼》、《人民公敌》等戏剧,用作品反击那些披着道德外衣的伪君子的恶毒攻击。在《人民公敌》中,那位坚持揭露有毒水质污染环境真相,而被竭力掩饰真相、制造虚假繁荣的官员、绅士们宣布为"人民公敌"的人物——斯多克芒医生,在舞台上大声说:"难道我就心甘情愿地让舆论、让这些多数派和这些牛鬼蛇神把我打败吗? 对不起,办不到!""靠着欺骗过日子的人都应该像害虫似的被消灭干净!"

这些台词正是易卜生的心声。

《玩偶之家》的结尾,娜拉出走之后向何处去? 是个问号。《人民公敌》的结尾,坚持真理的斯多克芒医生成为孤独的少数派,不但自己失去了工作,连同情他的女儿、朋友也都失去了工作。他今后怎么办? 也是个问号。易卜生这类揭露现实的戏剧,没有走传统戏剧在剧情高潮中解决问题的老套路,而是提出问题,激发观众去思考。因此他被称为"伟大的问号"。

易卜生在一些取材历史故事、民间传说的戏剧中,同样注入他对人生意义的思考。在《培尔·金特》中,他写了一个富于幻想、终日懒散生活的青年培尔·金特流浪闯世界的经历。培尔·金特遇到过妖魔,后来又贩卖黑奴发财致富,干了

不少坏事,最终破产潦倒,回到了家乡。《培尔·金特》公演时,观众看到戏临近结尾,舞台上的培尔·金特在剥一只洋葱,他剥去一层又一层,剥完了所有的皮,什么也没有找到。易卜生通过这个具有强烈象征性的情节,突出了全剧的哲理:自私、专横地向生活索取的人,最终是一无所有。

易卜生七十八岁时在奥斯陆逝世。他留下的《玩偶之家》、《人民公敌》等剧本成为世界各国戏剧舞台上的经典作品,他的创作对十九世纪末到二十世纪初的欧美戏剧产生深远影响,因而被称为"现代戏剧之父"。

176·达尔文环球考察

在海风的吹拂下,英国海军勘探舰"贝格尔"号于1831年12月27日驶离英国德文港,途经非洲海岸朝南美进发,进行为期五年的环球考察。当时谁也没有想到,这次航行将促使一本具有伟大历史意义著作的诞生。

船离开码头不久,狂风大作,巨浪滔天。军舰一会升至浪顶,一会又跌到谷底,一船的人都东倒西歪,呕吐不止。其中一个相貌文弱的年轻人,更是手按腹部,呕吐得厉害。海员们都担心他难以完成航行,因为他是一名博物学家,没有海员强健的体魄。不过那年轻人是下了决心的,他说:"如果我在这次航行中半途而废,我想我在坟墓中也不会安心休息的。"的确,他梦想这次航行,已经十几年了。

风浪略为平息,他就开始工作,不是忙于为标本贴标签,就是去检查渔网中的海洋生物,甚至爬到桅杆的顶部去采集海风吹来的灰沙。每次军舰靠岸,他都要上岸进行当地自然资源的考察。

这位年轻人名叫查理·罗伯特·达尔文,1809年生于英国的施鲁斯伯里。达尔文从小就喜欢搜集各种矿石和动植物标本,甚至把家里的顶楼布置成一个标本博物馆。中学毕业后,他先后进过医学院和神学院,可是都没能好好地学习,却对地理、自然等学科非常感兴趣。除了打猎,达尔文还迷上了甲虫。据说他有一次去抓甲虫,双手各抓住一只甲虫,却发现又爬出来一个更为新奇的第三只甲虫,就毫不犹豫地把一只甲虫咬在口中,腾出手来抓第三只,结果他的嘴被甲虫放出来的毒汁灼得又麻又痛。那一种甲虫后来就被命名为"达尔文甲虫"——当然这是在他成名之后的事了。学生时代的达尔文的理想是进行野外考察,成为一名分类学的自然科学家。正巧,"贝格尔"号需要一名博物学家,经过植物学家亨斯洛的推荐,达尔文实现了他的梦想。

在漫长的航行中,达尔文不满足于仅仅采集一些标本,而是虚心地向当地人请教。譬如有人告诉他,当地的鸵鸟很奇怪,就是几只雌鸵鸟把蛋下在同一个巢里,每当蛋积累到三十只左右,雌鸵鸟就集体离开,到另一处去下蛋,而雄鸵鸟就

会去孵蛋。达尔文听了之后,认真作了观察和分析。原来这是鸵鸟对当地高温条件的反应。因为雌鸵鸟隔三天才能下一个蛋,如果等它把十几个蛋一齐下完再去孵化,第一个蛋早就变坏了,所以一些雌鸵鸟就采用这个办法,保证鸵鸟的繁殖。

又比如有一个岛上生长着一种海龟,那海龟极大,七八个人才能抬得动,但海龟却生活在干旱缺水的地方,甚至在一年只落几滴雨的地方它也能生存。这是什么原因呢?原来,海龟有一种寻找水源的本领。当年西班牙人就是找到了海龟的脚印,才找到了水源的。而一旦找到水源,海龟会把整个头部伸进水源,喝得饱饱的,不但胃里储存了大量的水分,连膀胱和心囊里面都灌满了水,这样可以抵抗长期的干旱。而当地的居民如遇到干旱,实在渴得难以忍受时,就想法去找海龟,喝海龟体内的存水。据说海龟心囊里的水滋味很美。这些当地生物的奇事趣闻,达尔文都一一加以记录,并尽可能地加以观察和验证。

当然达尔文最重要的工作还是采集各种标本,这绝不是一件容易的事。世界各地的地形气候差别极大,暴雨狂风,烈日暴晒,毒虫猛兽,还有疾病的考验,使他的环球之行充满了艰辛。但达尔文却陶醉在宏伟壮丽的大自然中,为找到的每一种新的标本而欣喜若狂。1835年9月,"贝格尔号"到达了被称为"全世界最大的自然博物馆"的加拉帕戈斯群岛(又叫科隆群岛,厄瓜多尔至太平洋东部的火山群岛),岛上的动植物种类比英国本土要丰富好多倍,让达尔文心花怒放。全岛共有植物二百多种,他采集到的标本就有一百九十三种,其中有近百种是该岛特有的物种。在采集之余,达尔文开始思考:这么多的物种是怎么来的呢?相互间为什么又很相像但又明显不同呢?他决定从一种叫"反舌鸟"的小鸟开始研究,寻找答案。

他考察了加拉帕戈斯群岛中的每一个岛屿,抓来了许多不同的反舌鸟,长嘴的、短嘴的、粗嘴的、细嘴的,一个个加以仔细分类和考察。

他的研究引起了舰长的好奇,问他要养这么多相同的鸟干什么。达尔文告诉他,这些鸟看起来都不一样,但他分析后认为,很可能它们是从同一个种类里变化出来的。

当时在欧洲,人们信奉的是基督教的"神创论"。"神创论"认为,世上任何物种都是上帝一下子创造出来的,而且一经造出,永远不变。达尔文的论点与"神创论"不符合,舰长听后吓了一跳,劝他千万不能这么说。

  但是经过认真思考和分析,达尔文心中的疑虑已渐渐消除了。他已经找到了生物发生、发展和变化的规律。1836年10月,五年的环球考察结束了,他采集的上百箱标本也运回了英国,但是达尔文的研究才开了个头。他进行了二十多年的研究,包括大量的实验和阅读。

  1859年,达尔文撰写的震惊世界的巨著《物种起源》出版了。这本书最初只印了一千二百五十册,但书中提出的自然选择的基本原理,逐渐被后来的科学研究一一证实。十二年后,达尔文又写了《人类起源》一书,进一步明确了进化论的思想,为近代生物学和人类学打下了坚实的基础。达尔文的科研成果——进化论,与能量守恒和转换定律、细胞学说被认为是十九世纪世界自然科学的三大发现。

177·病菌和病毒的发现

1865年,法国的养蚕业忽然面临着一场怪病的侵袭,好端端的蚕儿身上出现了胡椒般的粉末,然后一个个伸出有钩的脚,仰起头,痛苦地挣扎着,不吃桑叶而死掉。一个晚上蚕儿就能死掉一大批。蚕农们心急如焚,联名写信给巴黎师范大学的生物学教授路易斯·巴斯德,请他千万想个办法。

巴斯德听到消息,马上来到了养蚕业的中心阿莱做起了实验研究。他把病蚕磨成浆,然后在显微镜下观察这些浆液。他发现浆液中有一些棕色的小颗粒,而正常的蚕磨成浆后就没有这些颗粒。经过分析,他断定这些颗粒就是致病的元凶。他把这种微生物称之为"病菌"。他进一步进行研究,发现病蚕的分泌物、病蚕吃的桑叶都有致病性,也就是所谓的"传染性"。因此他提出了具体的解决方法:把病蚕的卵销毁掉,严格管理桑叶和病蚕的粪便,等等。

这场席卷法国及欧洲的蚕病被很快制止了,法国养蚕业免于破产。巴斯德并由此得到启发,提出了高温消毒法,避免医院等场所的感染。巴斯德也由此走上了专门研究病菌的道路。

高温消毒法虽然很有效,但对于不能煮沸的东西如动物,怎么办呢?能不能有一种制剂,深入体内可以防病呢?巴斯德开始了长期的研究。经过反复试验,巴斯德研制出了一种被称为"疫苗"的制剂。这种制剂竟然有抗病的效力!消息传开,人们十分兴奋。1881年5月5日这天,成群结队的农牧师、药剂师、内科医师、兽医等一起来到一个叫普伊福特的农场,看巴斯德展示他的疫苗效能。

巴斯德把五十只羊分成两部分:其中二十五只羊接种了疫苗,二十五只羊不进行接种,并分别在它们耳朵上做了相应的标记。

然后在5月31日,巴斯德给五十只羊全部接种了炭疽杆菌。

两天后,那些观众又一次赶来观看实验效果。只见那接种过疫苗的二十五只羊个个若无其事地平静地吃草,而没有接种过疫苗的羊一只只低着头,气喘吁吁走不动路。这些羊死亡后尸体迅速膨胀,把皮肤胀破,流出黑色的血液。这就是可怕的炭疽病。

炭疽疫苗的问世,使流行于欧洲的可怕的炭疽病终于有了克星,整个法国为之轰动。法国政府为此给巴斯德颁发了荣誉勋章,法国的最高学术机关法兰西学院吸收他为会员。

获得荣誉后,巴斯德又投入防治人、畜传染病的研究。

人、畜传染病中就有狂犬病。

狂犬病由疯狗传染。人被疯狗咬伤后,会呼吸困难,口渴异常,但一看到水却又会引起痉挛,因此也称为"恐水症"。由于该病症状怪异,人们一直对这种病十分恐慌,没有进行过深入研究。

有一次,两条疯狗被送进巴斯德的实验室。这时巴斯德刚大病初愈,尚未完全恢复,体质相当弱。研究这种病又十分危险,万一被咬伤根本无药可救。而且那时巴斯德也已经功成名就,完全可以不去研究这种疾病。但他想到那些感染了狂犬病病人的痛苦模样,便不顾身体虚弱,冒着极大的危险,从疯狗的口中采集到几滴唾液,然后把唾液接种到其他的小动物身上,可是小动物没有明显反应。巴斯德由此猜测,引发狂犬病的微生物和病菌不一样。

为了证实这种猜测,巴斯德不断进行观察。他发现狂犬病的症状都和神经系统有关。那么,会不会病变产生在脑部呢?

巴斯德和助手们将疯狗的脑壳打开,取出脑脊液,再接种到其他动物的大脑表层。结果,被接种的动物全部感染了狂犬病!

巴斯德把这种比病菌更小的致病微生物称之为"病毒"。他用兔脑来培养狂犬病病毒。

经过一次又一次的试验,巴斯德终于研究出狂犬病病毒的疫苗。消息传开后,一天,一位母亲抱着九岁的孩子来找巴斯德,她的儿子被疯狗咬了好几口!

巴斯德很为难,他只做了动物试验,还没在活人身上用过这种疫苗。但是一旦延误了时机,孩子就没有救了。他如实将这些告诉孩子母亲,又征得她的同意,就为孩子接种了疫苗,开始了两个星期的治疗周期。

日子一天天过去了,孩子看来什么都很好。到了第十四天,又给孩子注射了最新的狂犬病脑脊液。孩子很快就睡着了,可是,巴斯德却无法入睡。"这是含病毒量很高的毒液。万一孩子死了怎么办?"他紧张地守了一整夜。

天亮了。孩子醒了,高高兴兴地玩了起来。

"成功了!"巴斯德救了这名叫迈斯特尔的孩子。迈斯特尔成人之后,自愿做了巴斯德实验室的看门人。他忠实地守卫了这个研究所半个多世纪。

二战期间,德国侵略者妄图破坏巴斯德的墓地。已是老人的迈斯特尔挺身而出,最后为保卫巴斯德墓献出了自己宝贵的生命。

178·诺 贝 尔

提起诺贝尔奖,恐怕没有人不知道。但讲起这个大奖的来历,恐怕知道的人就为数不多了。那么,诺贝尔是怎样一个人呢?为什么诺贝尔奖要以他的名字命名呢?

诺贝尔是一位伟大的发明家,也是一位成功的企业家。

阿尔弗雷德·诺贝尔,1833年10月出生在瑞典的斯德哥尔摩。他从小体质很弱,甚至不能坚持上学,全靠他开小店的母亲帮助,才读了点书。诺贝尔长大成人后离开瑞典,到俄国他父亲开的小工厂里工作。

有一天,两位客人来访。他们小心翼翼地拿着一个装着黏稠液体的小瓶。天资过人的诺贝尔一看就叫道:"那不是硝酸甘油吗?"

"不简单,现在知道硝酸甘油的人还寥寥无几呢!"客人称赞道。接着他们就开始"表演"了。

客人在一块钢板上滴上一滴硝酸甘油,用火一点,只听"轰"的一声,硝酸甘油马上燃烧起来了。客人又在钢板上滴上一滴硝酸甘油,用锤子敲了一下,马上响起了劈劈啪啪的爆炸声。这两位实际上是化学家的客人说,硝酸甘油威力极强,只是非常危险。最初的发明者因爆炸后受重伤,实验室全部被炸毁,现在再也没有人敢试验下去了。不知道世界上有谁还敢冒这个险。

诺贝尔想了想说:"先生,这项研究我来试试吧!"

化学家高兴地将这小瓶硝酸甘油送给了他。

硝酸甘油可广泛应用于采矿、筑路等方面。但因它威力极大,没有办法靠近它去点火,要不然去点火的人一定会被炸死。唯一的方法是用一种不那么强烈的火药作为媒介,让火药先烧起来,产生足够的温度成为冲击力,然后再使硝酸甘油爆炸。

经过反复考虑,诺贝尔决定用黑色火药做引爆物,开始效果不错。但在使用中,却发现引爆物的强度不够。换用什么材料好呢?诺贝尔冥思苦想了整整两年,终于发现一种叫雷酸汞的晶状粉末。

1867年，诺贝尔改用雷酸汞做引爆剂，失败了几百次。终于有一次，"轰"的一声巨响，实验成功了。同时实验室被炸翻了天，他本人也被炸得鲜血直流。诺贝尔冒着生命危险取得了这次成功。后来他改用金属来装雷酸汞，这就是以后"雷管"一词的来历。

雷管试验的成功使硝酸甘油从实验走向应用。国内外的订单源源不断地涌来。诺贝尔忙于扩大厂房、组织生产，大批产品运向欧洲。由于当时人们对这种炸药的认识还非常有限，因此在产品的包装和运输过程中出了不少问题。

最初，人们用金属箱装硝酸甘油，金属罐会被蚀穿。硝酸甘油那浓稠的液体看上去一点没有什么可怕，因此有人把它当润滑油注入车轴，甚至有人把它当鞋油用，涂在皮鞋上使劲摩擦，其后果是可想而知的。到了冬天，硝酸甘油凝固成块状，人们用铁棍去砸它，甚至把它渗到灯油里来取暖。因此，各地相继发生爆炸的惨案。不久，瑞典政府发布了禁止运输硝酸甘油的法令，法国、葡萄牙、比利时等国也明确表示禁用。

面对这种不利局面，诺贝尔没有退缩。他坚持只要解决运输的安全问题，硝酸甘油的效力就能充分发挥。他想出了利用吸附剂来吸收硝酸甘油的方法。他试用多孔的硅藻土吸收硝酸甘油，解决了运输过程中的震动问题，这就是所谓的"黄色炸药"。很快，成批的订单又来了。但是硅藻土本身不会燃烧，还吸走气体和热量，使炸药的威力降低，因此，还得寻找新的吸附剂。

有一天，诺贝尔的手不慎划破了。助手给了他一种叫硝棉胶的护创膏。他躺在床上，因手痛而难以入睡。突然，一个念头从他脑海中闪过：手痛得这么厉害，是否有什么东西通过硝棉胶进入了伤口？难道说硝棉胶里有孔隙？

他马上翻身下床，走进实验室。他把硝棉胶同硝酸甘油按不同的比例混合着，试了一次又一次……

天亮了，助手走进实验室，看到还穿着睡衣的诺贝尔，大吃一惊，忙问出了什么事了？诺贝尔笑着告诉他，实验成功了！那是一种糨糊状的胶质炸药。它不怕震动，点火也不会燃烧，威力却大大强于黄色炸药。这个发明很快在瑞典、英国、美国等国获得了专利。

炸药的广泛使用大大地扩展了人类移山填海的能力，在采矿、筑路、开运河等方面得到了极为广泛的应用。诺贝尔也在几十个国家办起了炸药生产厂，成

为著名的国际企业家。

但是,炸药既可以造福人类,也可以变成杀人的武器。面对欧美列强拼命地扩军备战,军火工业迅速发展,诺贝尔深感不安。他研究炸药的初衷是为人类造福,而不是为了杀人。能做些什么事来弥补呢?

从1857年诺贝尔取得第一项专利起,他一生中取得的专利达三百五十多项,有一大笔专利费。除了开炸药厂,诺贝尔投资于石油工业,积聚了约三千三百多万瑞典法郎的财富。

1896年诺贝尔去世。他在晚年做了一件名垂青史的大事:设立诺贝尔奖。他立遗嘱如下:

"请把我的全部财产作为基金,以其利息作为奖金。把奖金分为五等份,作为五种奖金。其中四份分别给在物理、化学、生理或医学、文学方面有重要发明、发现或有重要作品的人,一份奖给为促进和平事业做出卓越贡献的人……"

诺贝尔在科学的道路上勤奋地探索,百折不挠。他生前设立的诺贝尔奖,则为推动科技进步、造福人类的伟大事业,发挥了巨大的作用。

179·杆菌之父

1850年,德国克劳斯台镇的教堂响起了低沉、阴郁的钟声,人们从四面八方赶来,为刚死去的教区牧师祈祷。这位牧师是一个大好人。人们想起他平时的为人,都非常悲痛。祈祷结束之后,人们还都沉浸在哀痛之中,默默散去,却有一个小孩打破了沉寂,他问妈妈:"妈妈,牧师是怎样死的?"

"他得了病。"妈妈回答说。

"这种病一定要死吗?为什么全城的医生都治不好他的病呢?"小孩问道。

"牧师得的是绝症。绝症是一般医生没法治好的。"母亲无可奈何地回答。

"绝症?为什么绝症就治不好呢?"小孩追问道。

妈妈没词了。她只好摸摸小孩的头,继续赶路了。但小孩心里却萌发了一个想法:将来我要治好绝症。

这个小孩就是后来被称为"杆菌之父"的罗伯特·科赫。

科赫成年后进了医学院,毕业后成了一名乡村医生。他真诚地为人们治病,到后来农民的家畜生了病,也要去找他。当时,已经有人提出,所谓的传染病是由微生物引起的。但到底是什么微生物,又是怎样引起的?并没有什么证据。年轻的科赫对这个问题极感兴趣。他经常在想,怎样才能亲眼看到这些微生物呢?

一天,一个农民气喘吁吁地走进了科赫的诊所,恳求科赫到他家里去一次。他有三头肥羊,突然死了一头,第二头也有点不对劲了。第三头羊有救吗?他急切地问科赫。

科赫匆匆赶去,在死羊和活羊身上都抽了点血,然后放在显微镜下观察。他看到死羊和活羊的血里都有浮动着的枝条样的小东西。他把这种小东西称为"杆菌"。他已经发现凡是血里有杆菌的羊,都不会存活。也就是说,这第三头羊不久也会死掉的。

然而,怎样证明这些小东西是活的呢?除非亲自看到它们的生长、繁殖、致病,但是又怎样能做到这一点呢?有了,科赫灵机一动,央求妻子给他做一碗肉汤。

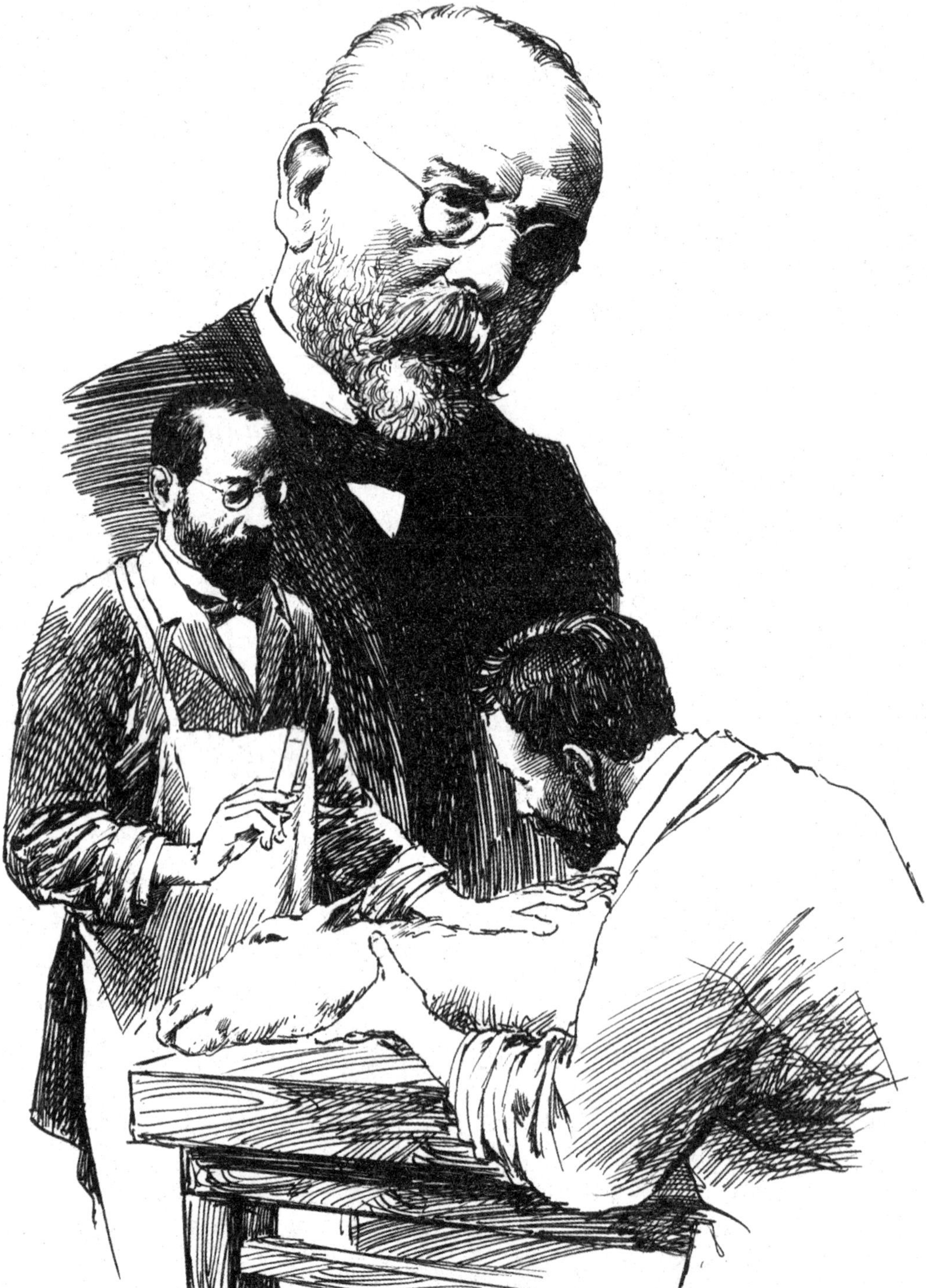

第二天,他又要求妻子做一碗肉汤。

第三天,他还要求妻子做肉汤。

他天天要肉汤引起了妻子的好奇。丈夫怎么会突然变得那么爱吃肉汤了呢?妻子满心疑虑地走进了实验室,只见那些瓶瓶罐罐都装满了肉汤,一切都明白了。不是丈夫要吃肉汤,而是那些"小东西"要吃肉汤。那些肉汤里面长满了细菌!

细菌在肉汤里虽然长得很好,但是很多细菌都混杂在一起,怎样才能使它们分离出来呢?科赫陷入了沉思。他吃不香,睡不好,天天像丢了魂似的。

"做一点可口的饭菜也许能提高他的胃口。"妻子想。马上,一盘漂亮的果子冻摆到了科赫的面前。

科赫呆滞的双眼盯着果子冻看了一会,突然双眼大放异彩。他激动地一把抱住妻子说:"亲爱的,多谢你帮了我一个大忙。快给我弄一点带肉汤的果冻来!"

什么?用肉汤做果子冻?有没有搞错?

不,没有搞错。科赫这一次仍然不是自己要吃,他还是要让这些"小东西"吃。科赫首创了用肉汤琼脂培养细菌的方法。他把这种液体倒入小的玻璃盘内,等它们凝固后,小心地用接种器把细菌的菌苗移进去。几天以后,在细菌菌苗周围,出现了一簇簇不同色彩的细菌群体。他成功地把混杂在一起的细菌分离出来,得到了不同的菌株,这样能使人们仔细地观察到细菌生长、繁殖的全过程,使细菌学有了坚实的实验基础。他创造的这种细菌培养方法,直到今天我们还在使用。

为了使这些小东西能在显微镜下看得更清楚,科赫经过无数次的试验,用苯胺染料完成了细菌的染色任务,使细菌相互间更容易辨认了。接着,在此基础上,1876年,他分离并证明了炭疽热的病原体——炭疽杆菌。

1880年,他分离出伤寒杆菌。

1881年,他发明了蒸汽灭菌法。

1882年,他分离出结核杆菌。

……

由于科赫为细菌学的发展做出了巨大贡献,他被人们誉为"杆菌之父"。

1905年,科赫获得诺贝尔生理学和医学奖。

180·周期律的三次胜利

1869年2月里的一天,俄罗斯彼得堡大学物理教授德米特里·伊凡诺维奇·门捷列夫像往常一样,一清早就钻进办公室忙碌起来了。可是今天有点不一样的是,到了吃饭的时间也没见他出来。下午,秘书走进他的办公室,只见这位头发花白、背部微驼、蓄着一蓬银灰色大胡子的科学家正在聚精会神地玩纸牌。他把桌上的纸牌不停地排来排去,平时炯炯有神的两眼今天却非常迷惘。

老教授迷上了纸牌,是怎么回事?

门捷列夫摆弄的不是一副普通的纸牌,是他将六十三张卡片制成的化学元素牌。每一张牌上写着一个元素符号和相应的原子量,代表着当时发现的全部化学元素。

门捷列夫这学期讲授无机化学。可是他发现无机化学的教科书已经陈旧不堪,便决定自己动手编写教材。旧教材的缺点是知识凌乱孤立,没有系统性,教师教得辛苦,学生听得困难。可是,怎样才能把那些看起来互不相关的元素按照某种规则排列起来,使大家易学易记呢?

门捷列夫早就注意到,有些有着相同原子价的元素性质很相似;也注意到有些原子量相差很大的元素却有着很相近的原子价。他推测这背后一定有某种规律性的东西。他一定要把它找出来。门捷列夫于是就"玩起"了这副"元素牌",以通过不同的排列来找出其背后的规律。

他先把元素按原子量来排,又把元素按性质来排,但都有让人不够满意的地方。"锌应该挨着镁,那么砷应该排在哪里呢?挨着铝吗?不行,两者不相似;那么挨着硅呢?也不行,两者也不相似;再往上怎样?挨着磷怎样?对了,磷酸盐和砷酸盐都有同晶现象,砷应该紧挨着磷。但是这样一来,砷和锌之间将留下两个空格了……会不会暗示着还有未发现的元素呢?……"门捷列夫想到这里,不由激动起来。

"未发现的元素!"这个想法使得门捷列夫兴奋不已,"那到底应该是怎样的一种元素呢?"

夜以继日的思考使门捷列夫有点昏昏欲睡了。"未发现的元素,未发现的元素……"恍惚间,他迷迷糊糊地看到一张"元素表",每一行、每一列都那么有规律;原子量依次递增,元素性质相互类似,中间没有任何的空缺……

"对!周期性的规律!"门捷列夫揉揉眼睛,赶紧把似梦非梦中思考的那张表记录下来。他将已知的六十三种元素全部排列在表上,并觉得还应该有三种尚未发现的元素,门捷列夫把它们命名为"类硼"、"类铝"和"类硅"。依照邻近元素的性质,他还大胆地预测了这三种元素的原子量、物理性质和化学性质。

就这样,1870年,门捷列夫发表了他的"元素周期表",可不但没有引起人们重视,甚至还招来不少讥笑。"真是胡闹!还没发现的元素,居然能知道它的比重、原子量!""真是想入非非!"

但是,门捷列夫没有动摇,他相信时间会证明一切的。

1875年,门捷列夫看到《法国科学院院报》上关于发现新元素镓的消息。他读完报道,发现元素镓就是他曾经预言过的"类铝",除了比重不对,其他与他预言的相似。他激动极了,一方面给《法国科学院院报》写信,另一方面又写信给发现镓的法国科学家布瓦博德朗,告诉他镓的比重应该在 5.9～6.0 之间,而不是像他所测得的 4.7!

收到门捷列夫的来信,布瓦博德朗真是哭笑不得。那时全世界所有的镓才提炼出来一克多一点,这是一种放在手心里就会融化的奇妙金属。远在千里之外的这位俄国科学家手头根本没有镓,他是如何测知它的比重的?但出于一位科学家的严谨,他复测了镓的比重。出乎他的意料之外,比重真的如门捷列夫预言的为 5.94。他赶紧补读了这位俄国科学家的论文,心悦诚服地承认元素镓就是门捷列夫所预言的"类铝"。于是布瓦博德朗马上写信告诉门捷列夫,向他致意,并向他赠照留念。这的确是元素周期律的伟大胜利。

这一消息很快传遍了欧洲。几十个实验室都开动起来,寻找门捷列夫所预言的新元素。不久就传来振奋人心的消息,1879年,瑞典化学家尼尔森从镱土中分离出一种新元素,他把它命名为钪。瑞典化学家克利夫开始研究这个新元素,后来他报告法国科学院,这个新元素就是门捷列夫所预言的"类硼"。然后,他写信告诉门捷列夫,"类硼"已找到,这就是新发现的元素钪。这是周期律的第二次胜利。这一来,以前曾经反对门捷列夫的人也开始向他表示祝贺了。

第三次胜利来得稍微迟一点。那是 1885 年,德国化学家文克勒发现了新元素锗,并认为这就是门捷列夫所预言的"类硅",也得到了门捷列夫的承认。至此,元素周期律得到了全世界的公认。

1894 年,英国化学家莱姆塞发现了惰性气体氩和氪、氖和氙。因此,在周期表上补上了零族元素。1913 年,英国物理学家莫塞莱发现了原子序数,进一步解决了元素周期表上部分元素的原子量差异问题,使该表得到了最终的完善。

元素周期表的诞生与完善,有力地推动了现代化学的发展。

181·电灯的发明

世界闻名的大发明家爱迪生,1847年2月生于美国俄亥俄州的米兰镇。他从小就爱思考,"为什么?""你为什么不知道?"这两个问题是他平常最喜欢说的,这常常使周围的大人们极为尴尬,甚至他的小学老师因被他问得狼狈不堪而不愿意教他。因此他的正式学历只是读了三个月的小学一年级。

幸好他的妈妈是小镇上有名的好教师,母亲良好的启蒙教育,使爱迪生养成了在实践中学习的好习惯。他坚持边干边学,干什么学什么。在实践中不怕失败,善于总结经验,是爱迪生能成为大发明家的重要原因。

爱迪生一生的发明光登记在册的专利就有三千多项。他完成和改进了电报机、电话机、留声机、中央配电系统等一系列重大发明,彻底改变了人类生活,其中影响最大的就是电灯了。

在爱迪生发明电灯之前,人们曾用煤气灯和电弧灯照明。但这些东西价格高,寿命短,安全性差,平民百姓无法使用。为了让一般老百姓也能使用照明灯,爱迪生开始了对普通电灯的研究。

从理论上讲,制作电灯并不难。在一个抽成真空的灯泡里装上一根灯丝,让电流通过灯丝就能发光。可是要选择合适的灯泡和灯丝却并不容易。

第一个环节是灯泡形状和容积的设计,这个问题爱迪生很快就解决了。他设计了不同形状的灯泡。由于有自己的玻璃工场,他根本不用繁复的数学公式来计算容积。他在一只空灯泡里灌满了水,随手把水倒进量杯,然后读出量杯的刻度,一下子就解决了灯泡容积的问题。

接下来的问题当然就是选什么材料做灯丝了。爱迪生最初选用的是炭,但是炭丝很快就断裂了。这是什么原因呢?爱迪生拿起灯泡反复察看。

"对了!灯泡里面有空气,而空气中的氧有助燃作用。如果没有氧,会不会好一点呢?"爱迪生思索着。他马上把灯泡里面的空气抽掉,采用了新型的气泵。

在1879年8月,他已经可以使灯泡的真空保持在十万分之一个大气压了,

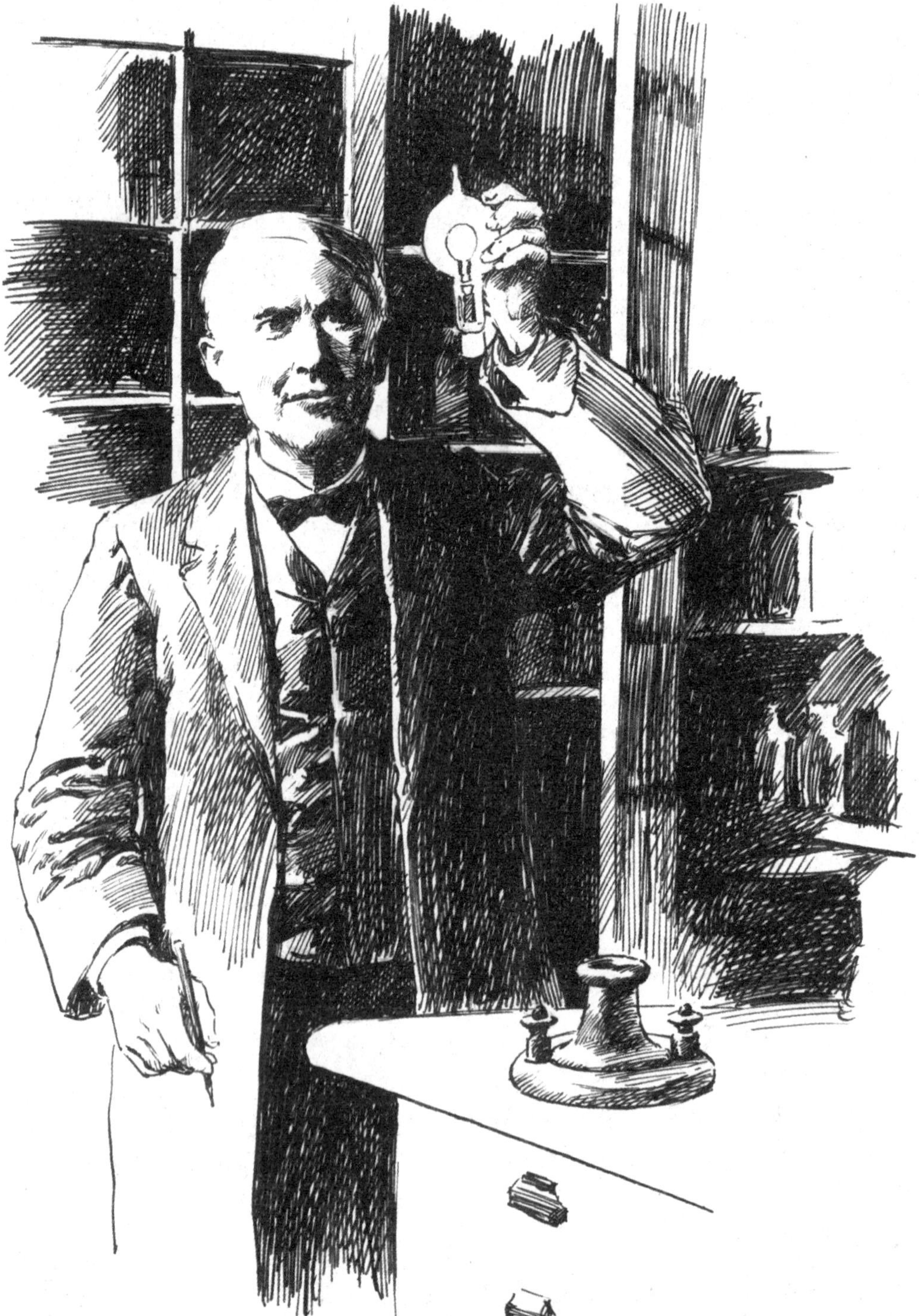

这在当时的条件下是很不容易的。在这种真空度下面,再用炭做灯丝,电灯一下子就亮了。成功了吗?不,八分钟后,电灯就熄了。

看来炭丝不是理想的材料,必须找另外的材料。用金属怎样?爱迪生先后试用了铬、铱、钛等金属。只有铂的效果还可以,但最后铂丝还是烧断了。他试着在铂丝上面涂上其他材料,电灯发光的时间明显地延长了,但电灯却会不时地自动熄掉,继而又自动地再亮起来。看来还得想别的办法。

一个月后,爱迪生制造出新的抽真空设备,使灯泡内的真空达到了百万分之一个大气压,电灯的寿命也因此延长到两个小时了。这不能不说是朝成功又迈近了一步,但在实用性方面还是远远不够的。况且铂的价格昂贵,一般人负担不起,还得寻找其他的方法。

爱迪生向有机材料打起了主意。他开始试用麻绳、稻草、硬橡胶、马鬃,甚至用人的头发、胡须,能想到的似乎都想到了。有一天他清点了一下,选用过的材料已达一千六百种之多!但成功还是遥遥无期。

一天晚上,爱迪生一边思考问题,一边随手拿起一块被压榨过的混有树脂的碳黑,不经意地搓弄着,无意中把碳黑搓成了一条细线。他突然心中一动,为什么不试试纤维化的碳黑呢?

他马上精选了一段棉线,把它弯成马蹄形,放进一只金属盒去进行碳化处理。几个小时以后,世界上第一根正式的电灯灯丝做成了。"助手巴切勒极为小心地拿着这根宝贝向吹制车间走去,而我则像护送着无价之宝的护卫。"爱迪生事后回忆道。他们小心翼翼地把灯丝装入灯泡,然后抽真空、封口、通电,刹那间,金色的光芒洒遍了车间,灯泡点亮了好几个小时!接着再换上一个新灯泡,居然连续亮了四十个小时!成功了!这一天是1879年10月21日。

然而,点燃四十个小时的灯泡和爱迪生的设想相比还是远远不够的。他又开始考虑新的材料。他受扇子的启发,选用了碳化的竹丝;在全世界六千个竹子品种中一一筛选,最后选用了一种日本竹子做灯丝。又过了许多年,竹丝才为钨丝所取代,渐渐演变成今天我们使用的电灯泡。后来,爱迪生又发明了中央配电系统,才使电灯走进千家万户,走遍了全世界。

爱迪生曾经说过:"天才就是九十九分血汗加一分灵感。"电灯的发明不正是这样的吗!

182·摩尔根创立基因学说

一个冬天的黄昏,美国纽约的谢默霍恩大楼旁的体育馆突然起火。火借着风势,很快烧穿了屋顶,并向大楼逼近。救火车的水泵不停地喷着水,但大楼还是烟雾腾腾,一些窗框甚至都融化了。警察远远地拉起了警戒线,不允许任何人靠近大楼。

但是,有个男子却苦苦哀求警察让他进到大楼里去。那男子声称自己是教授,而自己最宝贵的实验材料都在大楼里面。警察上下打量着这位穿着没有扣子的外套、腰里系着一根绳子、留着大胡子的人,很难相信这个像看门人一样打扮的人,竟然是教授。

大概是他的蓝眼睛流露的真诚和言辞中透露的高雅气度感动了警察,最后他竟然被放行了。那男子飞快地一口气冲上六楼,抢出一大堆脏兮兮的牛奶瓶,把它们移到大楼的另一头。这样一次次地跑着,直到所有的牛奶瓶都搬了出来,才喘着气冲出浓烟滚滚的大楼,回到人行道上观望。

这位像看门人一样打扮的大胡子,就是举世闻名的遗传学家托马斯·亨特·摩尔根。被抢出来的牛奶瓶中装着他的宝贝——果蝇。

摩尔根对果蝇情有独钟,因为果蝇的染色体数目特别少,一共只有四条;而且果蝇繁殖极快,特征明显,饲养又极为方便,是检验遗传理论的理想材料。

1865年,远在摩尔根之前,奥地利的孟德尔就用豌豆做过试验,初步提出了遗传理论。但是三十多年过去了,孟德尔的理论没有得到大家重视。摩尔根原先是一位胚胎学家,他是在研究性别决定因素的过程中才对遗传学感兴趣的。当时,决定性别的染色体已经发现,但是除了性别之外,其他的生物学性状是通过什么遗传下去的,则还是一个疑问。摩尔根敏锐地意识到,不决定性别的一般染色体,在其他生物学性状的遗传中一定扮演着重要角色。

摩尔根从1906年开始做果蝇的遗传实验。到1912年,他已经分离出了具有不同特征的四十多种果蝇了。这些果蝇是那么地来之不易,难怪他要冒死去救果蝇了。他对研究非常入迷。有一次,有人问摩尔根的孩子:"你爸爸是干什么的?"

孩子不无得意地回答:"我爸爸是替哥伦比亚大学数苍蝇的!"

实验最初进行得很不顺利,开头几年甚至一无所获。譬如为了研究果蝇后天产生的视力缺损是否能遗传下去,摩尔根的一位学生使果蝇连续六十九代不见光线,一直生活在黑暗之中。到了第七十代果蝇出生后,果然个个视力昏花,不辨方向。学生赶紧叫来摩尔根:实验成功了!可是这些视力缺损是暂时的,这些果蝇很快在成群的科学家们的眼皮底下恢复了视力,若无其事地向光亮处飞去,就好像什么事也没发生过那样!

直到1910年,摩尔根的一位学生在洗瓶子时,无意中发现了一只红眼睛的果蝇。这是一种非常少见的现象,从中可以推断出有一对染色体没有分离。摩尔根立即做了进一步的试验。

摩尔根让红眼果蝇和白眼果蝇交配,结果第二代全是红眼果蝇。再让红眼果蝇自相交配,下一代中红眼和白眼果蝇都有,而白眼果蝇全都是雄性。这实际上触及了后来所谓的"性连遗传",即和性别有关的性状的遗传问题。他当时称之为"性连环",也就是有关眼睛颜色的遗传单位是在性别染色体上。他把这个遗传单位称之为"基因"。

一大批发现接踵而来。摩尔根和他的学生们先后发现了染色体交换时会产生相互干扰的现象、致死因子和性染色体相连的现象和染色体在某种条件下会不分离等现象,开始认识到染色体上基因有一定的位置,并由基因的交换频率而推测出所有突变基因彼此间的距离,绘制了人类历史上第一张基因排列图。

1911年,摩尔根开始在《科学》杂志上公开自己的发现。接下来的几年中,他先后撰写了《遗传与性》、《孟德尔遗传原理》、《果蝇遗传学》等现代遗传学的经典著作,全面、系统地提出了现代遗传学的基本原理,使人类对遗传的研究从染色体水平进入到基因水平,他的学说渐渐得到了全世界的公认。许多世界著名的大学争先恐后地授予他种种荣誉头衔和学位。1924年,他得到了达尔文奖章。1933年,他获得了诺贝尔生理学和医学奖。

摩尔根并没有在荣誉面前止步,继续着手研究基因和进化的关系这一新课题。他于六十一岁从哥伦比亚大学退休,第二年却在加利福尼亚大学建立了生物学院,开始研究细胞分化问题。他整整工作了一生,于1945年去世。

183·X射线的发现者

人们都知道诺贝尔物理学奖是世界科学界的最高奖项。可你知道世界上第一位获得诺贝尔物理学奖的人是谁吗？他就是德国物理学家伦琴。

威廉·康拉德·伦琴于1845年生于德国累内普。和其他物理学大师不一样，他最初只是技校毕业生。由于努力学习，伦琴十九岁那年又读上大学专科，然后当上物理学助教，继而成为编外讲师。在讲资力、文凭的学术界，他没有因自己学历不高而妄自菲薄，反而更努力地学习和突破。伦琴在温差电、光化学、压电现象、热传导和偏振光传导等领域做出了不少贡献而受到重视，被破格聘为物理学教授。当然，他的最大贡献在于发现了X射线。

1895年，五十岁的伦琴已是德国维尔茨堡大学教授。一天夜晚，他做阴极射线的实验。伦琴把阴极射线管用黑纸严密地围起来，然后关闭窗门，接通电源，想检查黑纸是否漏光。室内一片漆黑，黑纸没有漏光，使他很满意。他正要做进一步的实验时，却发现涂着铂氰化钡的屏幕上，闪烁着黄绿色的荧光。这使他很惊讶，立即切断了电源，那荧光也就消失了。可是当射线管一通电，那荧光也就又出现了。

是什么东西使得铂氰化钡发光呢？射线管里有什么东西放出来呢？伦琴试着用一本书放在射线管和屏幕之间。一通电，屏幕照样发荧光。他又试着用木头、玻璃、硬橡胶等作为阻挡物，但都无法阻断屏幕上的荧光。

那时候，全世界的科学家都认为，原子是构成物质最基本的单位，根本不知道原子内部还有结构，可以发出射线。伦琴当然也不例外。可眼前的实验却提示原子内部有某种未知的射线放出，而且一般物质无法阻挡这种射线。这是什么射线呢？伦琴陷入了沉思之中。

夜深了，伦琴疲乏地跌跌撞撞回到家中。为了不惊动妻子，他一个人悄悄地坐下吃饭。当他拿起一片面包时，无意中看见面包在桌布上的投影。

"好极了，原来是这样！"他大喊了一声，把面包扔下，马上走出家门，奔向实验室。

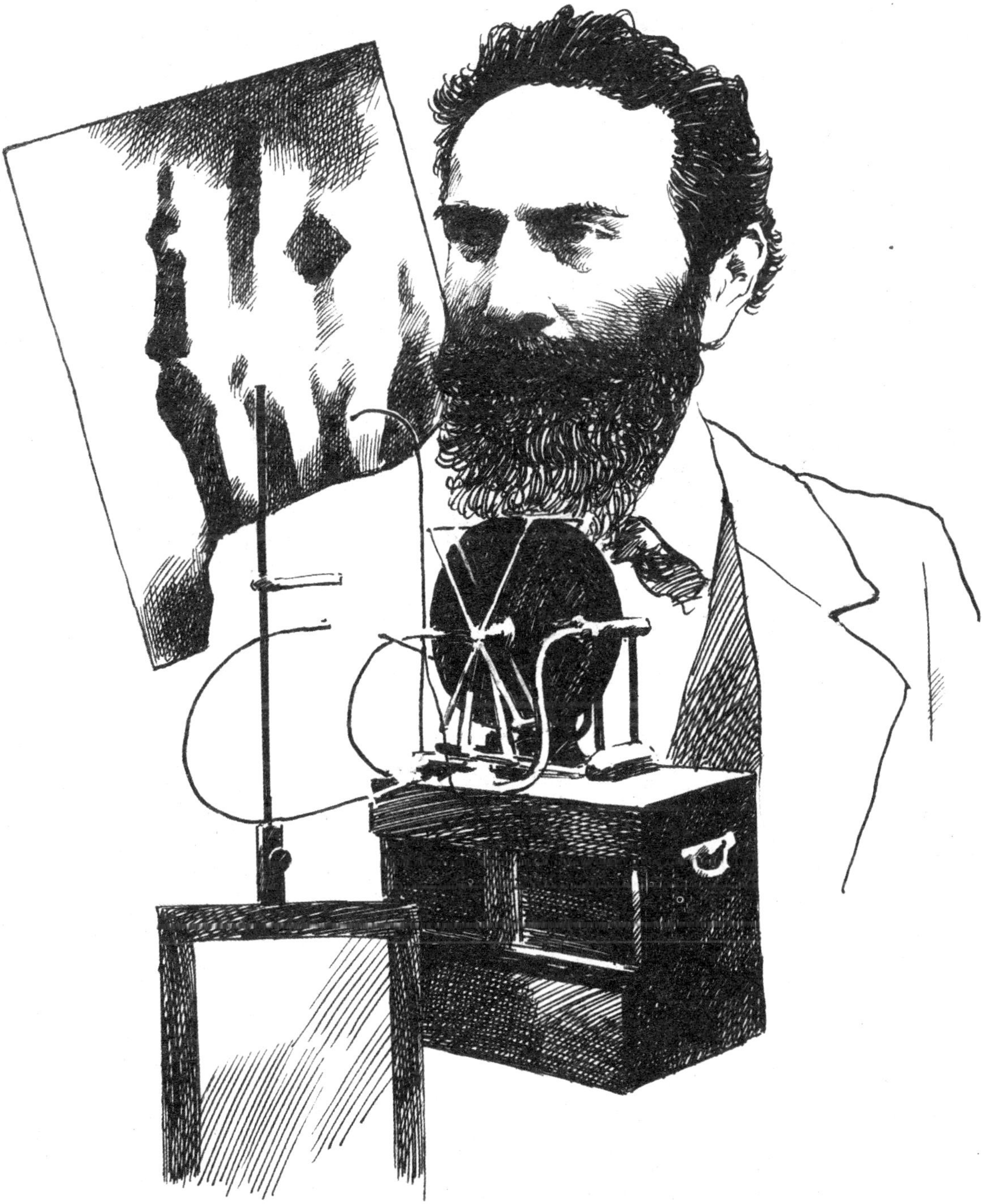

伦琴的喊声惊醒了他的妻子别鲁塔。她匆匆忙忙从卧室里出来,看到桌上的晚餐似乎没有动过,而丈夫已经走远了。别鲁塔轻轻地叹了口气,包上一些食物,走向实验室。她知道他肯定在那里。

伦琴看到妻子来了,很高兴。他告诉她自己发现了一种不知名的射线,并让妻子做助手,来测定一下射线能射多远。

别鲁塔拿着涂着铂氰化钡的屏幕慢慢地后退着。突然,她"啊"地叫了一声。

"怎么啦?怎么啦?"伦琴忙问。

"快来看我的手!"别鲁塔说。

"手怎么啦?被射线刺伤了?"

"不,在荧光屏上……"

他们俩看到在荧光屏上有一只非常清晰的手的骨骼的影像!

这是人类第一次看见自己的骨骼影像。两人目瞪口呆地看着那影像,在吃惊之余的同时,有一种毛骨悚然的恐怖感。伦琴意识到事情的重要性,他马上用感光胶片为他妻子的手做了摄影。

"这真是一种神奇的射线。这到底是什么射线呢?"

"这是一种未知的射线。这是 X。"

"对,就叫它 X 射线吧。"

一个多月后,伦琴的论文《一种新的射线》发表了。1896 年,在柏林的物理学年会上,伦琴展示了这张照片,并当场进行了表演,立刻引起了参加会议的学者的重视。消息迅速传遍了全世界,美国有一家医院就用伦琴发现的 X 射线为一位受枪伤的病人作子弹定位,顺利地取出了体内的子弹。三个月后,在维也纳,医生开始用 X 射线拍片。很快,全世界刮起了一股 X 射线热。后来,X 射线被进一步应用到金属探伤、晶体研究等方面。

X 射线的发现,不仅只有实用方面的功能,还提示了在原子内部有着复杂的结构。科学家卢瑟福、居里夫人等科学家的研究也从中获得了启示,伦琴的发现可以说开创了原子物理学的新时代。

1901 年 12 月 10 日,瑞典皇家学院把世界上第一枚诺贝尔物理学奖章、证书和奖金,授予伦琴这位杰出的科学家。

表面上看来,伦琴的发现纯粹是出于好运气。到底是不是这样呢?

柏林科学院在给伦琴的贺信中说："科学史告诉我们,在每一项发现中,辛劳和幸运是结合在一起的。许多外行也许会认为幸运是主要因素。但是,了解您特点的人都懂得,只有您才有资格获得这样一个伟大的发现。"

184·心灵之窗的卫士

一天下午,瑞典滨海城市朗茨克鲁纳的玛尔孟勋爵在屋子里走来走去,坐立不安。他刚派人去请眼科大夫格尔斯特兰德为他的女儿治病,大夫能来吗?

勋爵本人是当地医院的董事。医院里有不少有名的医生,但都没法治好他女儿的病。不仅如此,最近一年里,他还邀请了北欧不少名医来他家,但他们对他女儿的眼疾都束手无策。他女儿的双眼长了层白翳,已经什么都看不见了。除了动手术,没有别的办法。但这手术很危险,弄不好就会终身失明。大家都说,除了当地的名医格尔斯特兰德,没有人能治好他女儿的病。

那为什么不从一开始就请格尔斯特兰德来治病呢?原来这里面有一段故事。

格尔斯特兰德于1862年生于当地一个医生之家。他的父亲以善治眼疾出名,在长期的医疗实践中,他积累了丰富的经验。但他没有受过正规的医学院教育,因而受到当地其他医生的排挤。也正因为这一点,勋爵本人也看不起他。当他的医院开张时,没有邀请他去主持眼科,勋爵认为他的方法不科学。

格尔斯特兰德从小就做他父亲的助手,耳濡目染,也积累了不少治病的经验。他一心想继承父业,把家传的医术整理出来并发扬光大。为了提高自己的理论水平,他中学毕业后考进了瑞典著名的乌普萨拉大学医学院学习,后来又到奥地利的维也纳专攻生理光学。毕业之后,他回到了当地的诊所,继续当眼科医生。

当时,人们对眼睛的视物机理并不清楚,因此对眼病的治疗没有很好的效果。格尔斯特兰德首先提出了系统的屈光理论,发现了散光的角膜病理性构造,创造了用柱状镜片治疗散光的矫治方法,引起了医学界的高度重视。到1892年,他已经是当地最好的眼科医生了。

格尔斯特兰德受到勋爵的邀请,二话没说就出诊了。在他心目中,病人永远是第一位的。实际上,他早已听说勋爵的女儿患眼疾,并根据传闻大体上推测了病情。到了勋爵家,经过检查,他很快地就为勋爵的女儿做了手术。虽然手术的风险很大,但这类手术他已经做过多次。经过他的治疗,小姐的视力得到了完全恢复。

在一个乡下小镇进行这种高难度的手术,而且取得了成功,这消息不胫而走,格尔斯特兰德名声大噪,勋爵本人也感激不尽。他不仅改变了对格尔斯特兰德父子的偏见,而且亲自邀请格尔斯特兰德去担任自己医院的眼科主任大夫,但格尔斯特兰德却婉言谢绝了。他还是在他父亲的诊所里,安安心心地做他的本分工作。

乌普萨拉大学医学院得知了这一消息,特聘格尔斯特兰德为该院的眼科教授。考虑到医学院有更好的研究条件,也能带出更多合格的眼科医生,格尔斯特兰德才恋恋不舍地离开了故乡而来到乌普萨拉。果然,在那里他很快有了新的研究成果。

1892年,格尔斯特兰德提出了斜视的机理和治疗办法,接着又提出了"近视调节理论"。他认为眼睛视物类似照相机摄影,有一个调节焦距的过程,即"屈光效果"。其中三分之二的调节是囊外调节——由晶状体鼓起而完成;三分之一是囊内调节——由晶状体内部成分重新安排而完成;并弄清了光线通过几种不同的介质如角膜、晶状体等,最后在视网膜上的成像原理,阐明了近视调节机理和光学成像的基本原理。

眼睛的角膜是透明的,眼睛的中心是一个小孔——瞳孔。如果能透过透明的角膜和瞳孔,看到眼睛内部的情况,对治疗将会是有意义的。能不能发明一种仪器来达到这种效果呢?格尔斯特兰德发明了一种叫做裂隙灯的仪器,能射出明亮的光束。它与显微镜配合起来,就能检查出眼球内部以及眼底的变化。这种仪器我们今天还在广泛使用。

由于格尔斯特兰德在几何光学、生理光学及眼科学方面做出的划时代的贡献,1911年的诺贝尔医学奖授予了他。人们称他为"心灵之窗的卫士"。

185·心理学无冕之王

早晨九点整,俄国科学家伊凡·彼德洛维奇·巴甫洛夫教授像往常一样,准时走进实验室。他今天要做一个特殊的实验。

巴甫洛夫的爱犬德鲁若克被牵了过来。教授拍拍它的头,随即命助手送来一大盘牛肉。德鲁若克马上狼吞虎咽地吃起牛肉来。一大盘牛肉很快就吃完了,但与此同时,牛肉却不断地从狗的肚子下面掉落到预先放在地上的盘子中。这是怎么回事呢?原来德鲁若克早已被动了手术,食管的根部已被切断,断口缝在腹部的皮肤上;而胃也已被动过手术,胃液用一根小管连到一只瓶子上。这盘肉反复地给狗吃着,而科学家们反复地观察着胃液的分泌情况,并做了详细的记录。

巴甫洛夫创造性地把外科手术引进了实验室,在活的动物身上观察到了食物对消化液以及神经间的相互作用,得出了"消化液受食物刺激的影响,而神经调节消化液的分泌"的结论。这个著名的"假饲"实验使巴甫洛夫名扬四海,于1904年获得了诺贝尔生理学奖。据说为了颁奖时能亲自向巴甫洛夫问候,瑞典国王还特意去学了一句俄语:"您身体好吗?伊凡·彼德洛维奇?"

当时已经五十五岁的巴甫洛夫,身体壮实,精力充沛,加上对科学的钻研态度,使他在得了诺贝尔奖之后,居然很快地放弃了功成名就的生理学专业,转而去探求心理学的秘密。这在世界诺贝尔奖获得者中是少有的。

这一次巴甫洛夫还是从狗的实验开始。可怜的德鲁若克又被动了手术。这次分离的是唾液腺。腺体用导管和瓶子连接,以观察唾液腺的分泌的情况。实验同样开始于喂食,但每次喂食之前,先有一阵短暂的铃声,接着让狗吃肉。巴甫洛夫很快发现,这样重复多次之后,只要狗听到铃声,唾液就会分泌,而不管是否紧接着马上喂食。当然,如果多次只有铃声而没有喂食,以后狗听到铃声渐渐就不再分泌唾液了。

以前人们普遍认为,舌头尝到了食物,唾液才会分泌。而现在为什么只听到铃声,狗也会分泌唾液呢?这说明除了食物之外,其他与食物紧密联系的物理刺

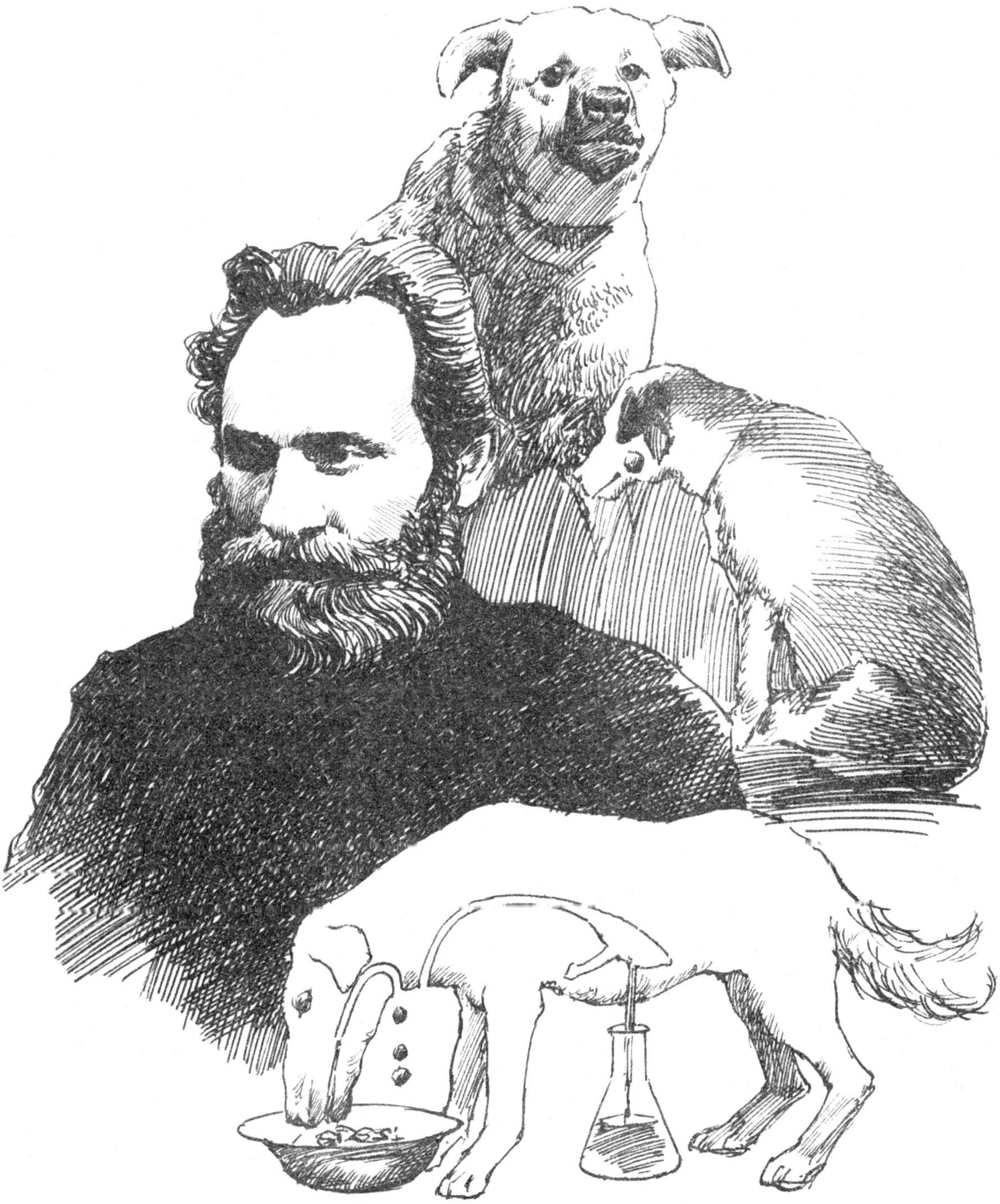

激也有引起唾液分泌的作用。这种作用,巴甫洛夫称它为"条件反射";而把由食物引起的唾液分泌称之为"非条件反射"。在这个基础上,巴甫洛夫还进一步提出了"信号系统"的学说,为现代实验心理学和行为主义心理学打下了基础。他对心理学的贡献是如此之大,以至于今天我们提到巴甫洛夫,首先会以为他是心理学家呢!

有趣的是巴甫洛夫少年时钟情的并非是科学,而是神学。巴甫洛夫的父亲是一位教士,巴甫洛夫从小就经常看到父亲举行给新生儿童的洗礼或为死者超度的宗教仪式。他的父亲正直善良,尽力帮助别人,深受人们的尊敬。巴甫洛夫觉得父亲从事的事业是崇高、伟大和神圣的,他跟着父亲去为一位濒死的妇女做临终祈祷的宗教仪式。那妇女患的是消化系统的疾病,巴甫洛夫永远忘不了那妇女渴望生命的眼神。巴甫洛夫问父亲:"爸爸,你救不了她的生命吗?"

"孩子,我救不了她的生命。但愿我能拯救她的灵魂。"父亲回答道。

年幼的巴甫洛夫那时想不明白,生命都不存在了,拯救灵魂还有什么意义呢? 巴甫洛夫走上了学习神学之路,而且学得还很不错。然而年幼时见到的那位妇女的眼神一直困惑着他。在神学院,巴甫洛夫接触到不少宣扬现代科学的书籍。一天,他在《现代人》杂志上读到了这样一句话:"人类有一种邪恶,那就是愚昧。对于这种邪恶只有一种疗法——科学。"巴甫洛夫陷入了深深的思索中。终于,他放弃了学了多年的神学,走上了研究科学的道路。

巴甫洛夫的个人生活充满了坎坷,但他始终保持着乐观、豁达的个性。人们形容他"像一团火"。他讲课时很少坐在椅子上,总是站着,手舞足蹈地比划着,有时好像随时要扑向他的学生们似的。他每天准时进实验室,做完一个实验后,又像一阵风一样扑向另一个实验室。

巴甫洛夫在学术上十分严谨,生活中却穿着随和,不拘小节。当人们尊敬地称他为"阁下"时,他会立即风趣地说:"叫我名字吧。要不叫教授也行。你说的那个什么阁下,是我们那里一条狗的绰号呢!"

他经历了俄国几次革命、第一次世界大战和十月革命风云变幻、动荡不定的岁月。革命和战争时,俄国生活条件困难,但巴甫洛夫从未停止过科学研究,也从未想过避到国外去,在安逸条件下搞研究。

巴甫洛夫逝世前不久,他提出了对青年人的三点希望:要循序渐进,要谦虚,要有热情。这就是这位心理学的无冕之王对青年的最后赠言。

186·俄罗斯音乐之魂柴可夫斯基

深蓝色的天幕像梦幻一样遥远,竖琴的拨动让人们仿佛看到湖水涟漪,听到少女的叹息。在清澈、明丽的乐曲声中,白天鹅亭亭玉立,舒展双臂。她双臂缓缓地起伏、抖动,然后是旋转、腾跃,随着乐曲时而表现出她的倾诉,她的祈求,时而表达出她的忧伤,她的热恋。那充满俄罗斯风味的乐曲是如此流畅、细腻而又凄美、哀怨,整个剧场的观众都深深沉醉在梦幻之中。直到大幕落下,人们才惊醒过来,报以热烈的掌声。

此刻,坐在包厢后排的一位身材修长、气质优雅、留着棕色须发的绅士,才轻轻地舒了口气,眼睛有点湿润了。他就是舞剧《天鹅湖》的作者彼得·伊里奇·柴可夫斯基。在他生活的那个年代,音乐只是舞剧的伴娘,根本得不到应有的重视,是柴可夫斯基的《天鹅湖》,以及他后来创作的《睡美人》、《胡桃夹子》,才使舞剧音乐登上了大雅之堂,成为与歌剧、交响乐齐名的音乐形式。

柴可夫斯基1840年生于俄国乌拉尔的一位工程师家庭中。他从小文弱纤细,多愁善感,却喜欢音乐。由于家里的反对,直到二十二岁,他才以一个大龄学生的身份进入莫斯科音乐学院。不过他一进音乐学院,就如鱼得水,才华横溢,很快地免修钢琴,顺利地毕了业,并当上了和声学的教授;也很快地创作出一批优秀的作品,如交响幻想序曲《罗密欧与朱丽叶》、芭蕾舞剧《天鹅湖》等。他的作品散发出纯朴浓郁的俄罗斯气息,又糅合了近代欧洲音乐的作曲技法,在当时盲目崇拜西欧音乐而又保守落后的俄国,一时赏识者不多。但柴可夫斯基坚持认为,俄罗斯人应该有俄罗斯特色的交响音乐。

1869年夏天,柴可夫斯基在他妹妹的庄园里度假。一天下午,他正埋头谱写一首乐曲。一个又一个旋律在他脑中掠过,但都不能使他感到满意。突然,窗外飘过一阵歌声,悠长缓慢,委婉动听。柴可夫斯基认真地听了一会,又马上快步走入院子里,只见一个个子高大、身材匀称的青年正在刷墙。那人穿着白色亚麻布上衣,头戴便帽,裤子上溅满了泥浆,汗湿的胸膛在烈日下闪闪发光。

经过柴可夫斯基的询问,那汉子回答说自己刚才唱的歌叫《孤寂的凡尼亚》,

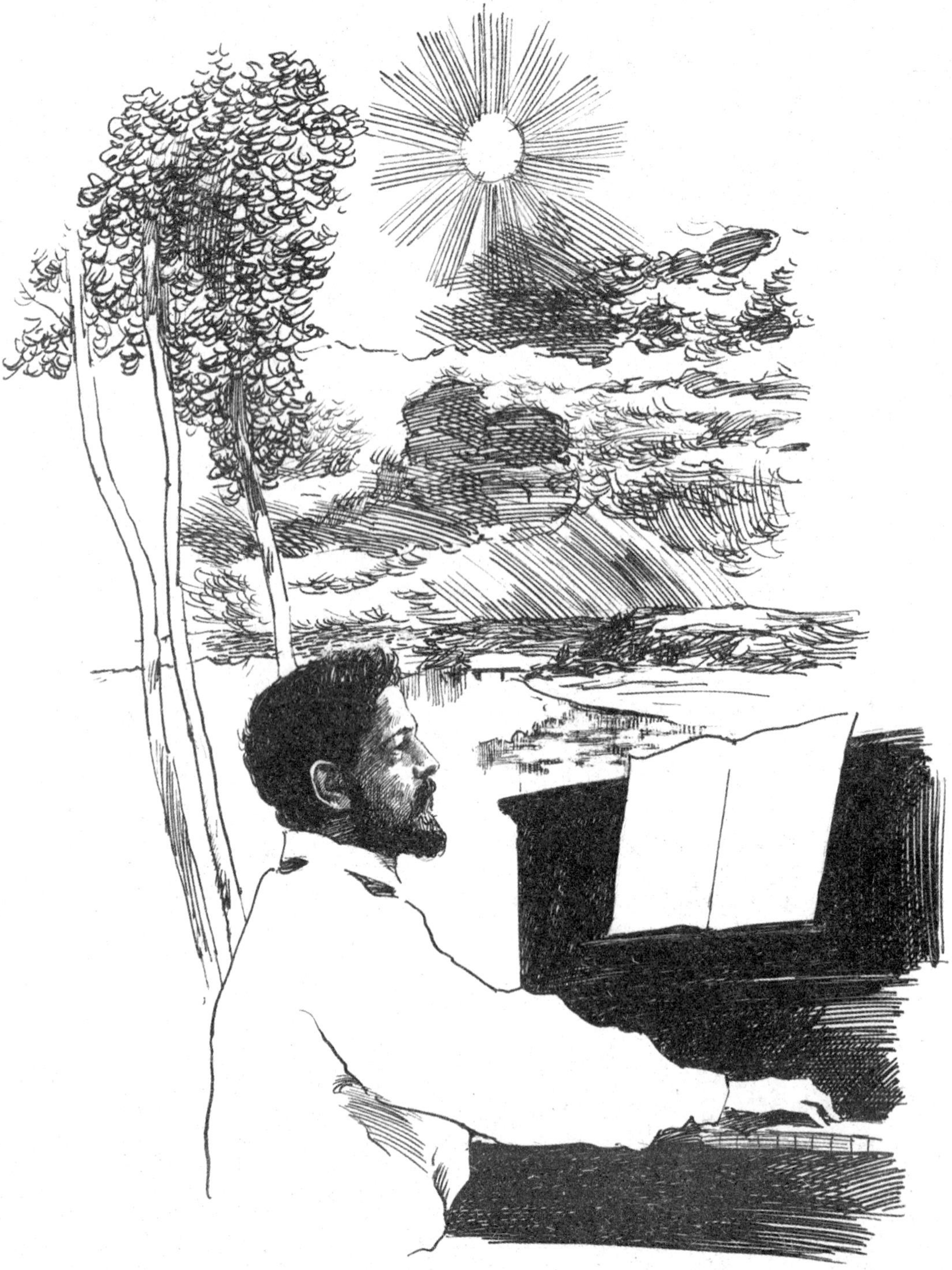

柴可夫斯基要求他再唱一遍。

于是从那汉子宽厚的胸膛里,再次流淌出这支古老的民歌,深沉悠远,让人想起艰苦的劳动和生活的重担。它由纯正的男中音唱出来,显得格外真挚动人。

柴可夫斯基认认真真地把这支歌记了下来,也认认真真地向那汉子道了谢。

不久以后的一天,大文豪托尔斯泰前来拜访柴可夫斯基。柴可夫斯基和朋友们举行音乐会来欢迎他。演出的节目中有一部室内乐作品《第一弦乐四重奏》,其中的第二乐章就是经过柴可夫斯基改编的《孤寂的凡尼亚》——现在叫《如歌的行板》。深沉忧伤、如诉如泣的旋律,使人联想起缓缓流动的伏尔加河,辽阔无边的顿涅茨草原,辽阔的俄罗斯大地,人民生活的苦难艰辛,让听者心灵深处产生了震颤。柴可夫斯基听着乐曲,自己也被深深感动了。他无意中一抬头,发现托尔斯泰的脸上竟流淌着两行热泪。

一曲终了,托尔斯泰深情地对他说:"我已接触到忍受苦难的人民的灵魂深处了。"

柴可夫斯基的知音渐渐多起来了,其中有一位富孀冯·梅克夫人,与他通信长达十三年之久,并每年给他六千卢布的资助。这样,柴可夫斯基可以全力以赴地投入创作,并到柏林、布拉格、日内瓦、巴黎等地旅行,结交欧洲各国的音乐家,并逐渐走向事业的顶峰。他根据普希金的同名长诗和小说写了歌剧《叶甫盖尼·奥涅金》、《黑桃皇后》,后来还创作了《1812年庄严序曲》等,歌颂了俄罗斯人民在抗法卫国战争中表现出的爱国主义精神。

但柴可夫斯基真正为世人所知的是他1891年的美国之行。这年5月,当时堪称世界最现代化的卡内基音乐厅在纽约落成,柴可夫斯基应邀前往,亲自指挥他的《G大调第三组曲》。音乐声里,他把观众带到一个遥远而美丽的世界,那里有一望无际的冻土,宽阔的河流,成片的白桦林,轻盈的雪橇,人们仿佛听到了哥萨克骑士们迅疾的马蹄声,看到了俄罗斯姑娘们优美的舞步,观众们深深地陶醉了。当乐曲在雄伟的轰鸣中终止后,观众全体起立,如雷的掌声几乎要把新落成的音乐厅掀翻。

第二天,纽约所有的大报争先恐后地发表评论,认为柴可夫斯基的音乐无与伦比,是时代的杰作。有一位美国人对他说:"我们在您的音乐中读懂了俄罗斯,读到了您对祖国深切的爱。"柴可夫斯基的眼睛湿润了,他在遥远的异国他乡找到了更多的知音,他使世界了解了俄国,也让俄罗斯音乐走向了世界。

柴可夫斯基最后一部著名乐曲是《第六交响曲》。乐曲的基调非常阴郁,虽然其中有对美好生活的眷恋和向往,但最终还是滑向了黑暗的深渊。作曲家又把这部作品称为《悲怆交响曲》,并于 1893 年 10 月在彼得堡首演。不知是否这部作品发出了不祥的预兆,八天之后柴可夫斯基就去世了,年仅五十三岁。

187·印象派音乐家德彪西

冬日里的一个黄昏,巴黎达考尔音乐厅座无虚席。作曲家德彪西的第一部管弦乐作品《牧神的午后》将在这里演出。

乐曲以长笛的半音演奏开始,悠远而飘渺,接着是木管精致的和弦,然后,竖琴像彩虹一样滑奏,在法国号轻柔的呼应之后是一个小小的停顿,乐曲就是这样传神地勾勒出午后洒满阳光的草地上温暖慵懒的气氛,以及半人半怪的牧神恹恹欲睡的情景。接着主题开始变奏反复,然而,这个变奏超越了当时人们的欣赏习惯,使人一时难以适从:节拍完全不固定,旋律也不对称。最后加了弱音器的法国号和小提琴演奏出基本旋律的片断,音乐声渐渐微弱,消失。乐曲奏完,全场听众沉寂了好一会儿,然后报以热烈的掌声,并要求将这新奇的作品再演奏一遍。

第二天,《牧神的午后》再次上演,奏完后又是听众的热烈鼓掌,又要求重演一遍。几天后,有人在报刊上评论说,德彪西这部"不到十分钟的乐曲推倒了一座大厦"——古典主义音乐几十年来苦心经营的音乐大厦。

这个德彪西怎么会有这么大的能耐?

克劳德·德彪西,1862年出生在巴黎附近一个并不富裕的家庭里。这个长着一个特大脑袋的小男孩,从小就表现出极强的音乐天赋。十岁那年,他就考进了音乐学院,并获得奖学金。在学校里,德彪西的钢琴演奏具有出众的技巧,同时又表现出强烈的创新精神。他大胆地对刻板的传统音乐模式提出怀疑和挑战,这使得他的老师们大伤脑筋。

1884年,德彪西以大合唱《浪子》赢得了罗马大奖,得以前往意大利进修;然后又去俄国做了几年家庭音乐教师。他广泛接触了不同的音乐风格和流派,不过,对他影响最大的不是音乐家,却是印象派诗人和印象派画家。《牧神的午后》就是根据法国象征派诗人马拉美同名田园诗创作的。马拉美听了《牧神的午后》的演奏后,赞赏不已:"它记录的景色比色彩所能做到的还要生动得多。"

德彪西从文学和绘画中吸收艺术养料,逐渐形成了自己的印象派音乐风格。

他的著名歌剧《佩里亚斯与梅丽桑德》，直接取材于比利时诗人梅特林克的诗。这部歌剧充满了神秘主义色彩，剧情隐晦得让观众不得不以自己的方式去理解，结构上则充满了印象主义的味道，标新立异，甚至女主人公临死之前常要出现的咏叹调都没唱。因此当时演出的场面非常有戏剧性，一半观众非常兴奋地拍手叫好；而另一半观众发出嘘声，喝倒彩。

随着时间的推移，德彪西的音乐作品渐渐地被广大观众接受。《佩里亚斯与梅丽桑德》很快演满一百场，他本人也被法国政府授予"骑士勋章"。

德彪西的交响素描《大海》，其构思深受英国画家特纳、法国画家莫奈作品的启发，是德彪西最杰出的管弦乐作品之一。乐曲由《海——从黎明到正午》、《浪的游戏》、《风与海的对话》三部分组成，充满了光感与动感，颇具视觉效应，生动地描绘了海的不同风貌。从夜雾蒙蒙黎明的海到红日高照通体透明的海；从微风吹拂浪花嬉戏的海到狂风怒号、惊涛拍岸的海，乐曲充满了紧张激荡与优美宁静的对比，融诗、情、画、乐于一体。难怪人们说，在德彪西之前，还没有一个人能把海浪的蓝色和绿色，那变幻闪烁的光泽、海水的律动和清澈可见的深度，还有海涛那神秘、令人难忘的声响及其威力，表现得如此淋漓尽致！

德彪西还创作了交响诗三部曲《夜曲》、钢琴套曲《意象集》等以及儿童钢琴组曲《儿童乐园》、芭蕾舞曲《玩具盒》等。他死于1918年3月，那时正是第一次世界大战期间，因此葬礼非常低调。但这并不影响他的伟大。事实上，二十世纪几乎所有的作曲家或多或少地都受到过德彪西的影响，这就是大胆创新，走自己的路。

德彪西的死在一战期间引起世界各地人们的关注。有一名叫欣德米特的德国军官在报上发表文章说：

"我是军队弦乐四重奏的成员。我们经常练习德彪西的《弦乐四重奏》。在一次私人音乐会上，我们演奏了这首乐曲。当徐缓的音乐即将终了的时候，传令兵进来报告说：'收音机里报道德彪西去世了。'我们没能把作品演奏完。因为我们演奏的生命刚刚停止了呼吸。我初次感觉到，音乐实在是超越个人感情、政治界线、国民间憎恶和战争恐怖的伟大艺术。"

欣德米特是一位德国军人。当时德法两国正在激烈交战，他是敌国的士兵，却热爱德彪西的音乐，由此可见德彪西确实是享誉世界的大音乐家。

188·印象画派大师凡·高

1884年,荷兰埃因霍温市的制革工匠安东偶然认识了一个与他同样喜欢美术的年轻人,那青年体形瘦弱,个头不高,长着一头火红色的头发。他那双看上去似乎有几分斜视的眼睛,一旦看到美的景色、人物或画就痴痴迷迷的。他就是文森特·凡·高。

这天,他俩去阿姆斯特丹国家博物馆,凡·高在伦勃朗的《犹太新娘》前站着看了好长时间后,才恋恋不舍地离开。还有一次,在比利时安特卫普博物馆馆藏的西班牙名画家委拉斯开兹作品面前,凡·高竟然双手合十捧在胸前,如同祈祷一般虔诚,"上帝啊……"片刻后他才对安东说,"多美啊,这才是画呢!"

那天傍晚安东与凡·高散步,正值夕阳西斜。凡·高猛然停住脚步,用手指勾成了取镜框,朝落日的景色比画着,又喃喃自语说:"我的上帝!他怎么能造出如此美的东西呢?我们什么时候也能这样学学呢?"

凡·高生于1853年。成人后,他干过画店伙计、教师、传道士等多项职业,都是没多长时间就被解雇了,原因是他过于真诚。例如在画店,他竟然直言评判顾客艺术品位不高,生意搅黄了,他当然也被解雇。在个人情感上,他两次失恋。直到他从荷兰来到巴黎,看到米勒、毕沙罗、雷诺阿等人的画作后,才明白自己该怎么追求艺术。从此,他全身心学习绘画,那年他二十七岁了。

1886年,凡·高在巴黎的科尔蒙画室学习。这天面对一个坐在平台小凳子上的女模特,当学画者都仔细地勾勒模特体形时,从没受过规范素描训练的凡·高却已经开始涂色了。在画里,女模特被他画成躺在躺椅上的模样,并且自作主张将女模特的皮肤涂上金黄金黄的颜色,又让她穿一件深蓝色的衣服。金黄与深蓝,对比是多么刺目啊!他画的油画,用色不是一笔一笔涂,而是一块块往上抹,就像用奶油在制作糕点似的。

一同学画的人中,凡·高看上去有些古怪,但大家又察觉他对艺术的感觉很敏锐。例如一说到他崇拜的画家德拉克洛瓦,他就激动得说话也结结巴巴了。看到别人在读巴尔扎克的书,他就如同遇见知音,说:"我们都会记住这个了不起的人。"有人偶然去凡·高住处,回来后吃惊地告诉大家:"我们画静物写生,画的不是水果蔬菜,就是花卉瓦罐,可凡·高呢,他却画了一双旧皮鞋!"

凡·高从米勒的画得到感悟。米勒对劳苦民众的深厚感情与凡·高内心的真诚、善良息息相通。他当传道士时曾热忱相助过的那些穷困的平民、矿工,时时出现在他眼前。他终于画出了《吃土豆的人》,画面上粗犷的笔触、阴暗的色块,形象地表现了一个农民家庭的日常生活。由于得到弟弟提奥在物质生活上的全力资助,凡·高不用为日常开支发愁,他成为巴黎当时追求艺术创新的青年艺术家中的一员,并结识了后来也是印象派大师之一的高更,还喜爱上了日本近代版画。

凡·高的画与众不同处,是他爱用绚丽的色彩,对比强烈。他听说法国南部小城阿尔的太阳光特别强烈,在这阳光下自然景色又特别鲜明,于是放弃了巴黎舒适的生活环境,独自去了阿尔。他要去追求阳光下的美。

阿尔的街道是用石块铺成的,红瓦白墙的小屋,暗绿色的杨树,在蓝天艳阳下,那亮丽的色彩给凡·高强烈的印象。他将这感受告诉了高更。

高更赶到阿尔已是深夜。他走进一家通宵营业的咖啡馆,打算在这儿待到天亮才去找凡·高。见到来了位客人,咖啡馆老板打消倦意上前接待。他一见高更,惊呼道:"啊,是你呀,我认识你!你是他的伙伴。"

高更有几分吃惊,他自忖在阿尔没有熟人。原来凡·高将高更送给他的自画像给咖啡店老板看过,说他是自己的朋友,这几天将会来此地。

艺术家朝夕相处,并不如同人们想象的那般美好,他们对美的感觉有时截然相反,而且都特别固执地坚持自己的观点,绝不相让。高更与凡·高谈论、讨论、争论。对于凡·高画的《向日葵》,以及凡·高在一边的题词:"我是圣灵,我有健康的心灵",高更冷冷一笑……

艺术的情感过于投入、激烈、敏感,导致悲剧的发生。凡·高突然精神失常,甚至割下了自己的一只耳朵。

经过治疗,凡·高的病情明显好转,他又全力投入绘画之中。在圣雷米医院后边的花园里,他画鸢尾花、常春藤、银白色的橄榄树叶,画墨绿得近乎黑色的柏树。他似乎将生命全部倾注于绘画。

现实世界在凡·高看来,完全是阳光下色彩的聚合、排列、对比、互补。在

《加歇医生像》、《汤基大爷》、《向日葵》、《星月夜》、《阿尔女郎》、《夜咖啡店》等画里，凡·高用色彩倾诉他对人世间善良的爱，罪恶的恨。他曾给一直支持他创作的弟弟提奥写信说：自己画的《夜咖啡店》里，"我探索以红绿色表现人类的强烈情感，这是一种色彩暗示狂纵的情欲，我设法表现咖啡馆是使人败坏、使人发疯、使人犯罪的地方"。

1890年，凡·高画了《麦田上的群鸦》。画中，他又用深蓝与金黄两种颜色涂抹出天空与麦田。可是，那深蓝沉重地压抑着金黄，让人有喘不过气来的感觉，画上一群低飞的黑乌鸦与深绿得似乎浑浊的小路，仿佛是不祥的预兆。几天后，用绘画抗御病魔的凡·高，终于支持不住了，他选择用自杀方式结束了自己才三十七岁的生命。

凡·高的一生是痛苦的，但他留下了色彩鲜丽的许多绘画，歌颂了生活中的美。他在艺术上借鉴了前辈画家的长处，甚至东方艺术如日本的版画色彩都被他融入自己的艺术创造里。他留下的《向日葵》上，那金黄的色彩正是他向往幸福的炽烈情感的喷发。

凡·高的画成为印象派中的珍贵作品，被私人和博物馆高价收藏。后人们从中领悟到，痛苦的生活并不能扼杀对美的追求和艺术的创造。

189·列宾的绘画艺术

深秋里的一天,一个风尘仆仆的青年赶到圣彼得堡的皇家美术学院,他怯生生地送上几幅自己的绘画,希望进入这座俄国著名艺术院校学习绘画。

神态傲慢的教师看了看青年的画,又从头到脚鄙夷地打量着这个满身乡土气的青年,挑剔地说:"线条不行!"冷冷拒绝了青年人的入学要求。

青年只得失望地离去。他是来自外省哈尔科夫农村的列宾。列宾自小喜爱绘画,在农村他只能跟当地画宗教画的画匠学习。如今眼看入学无望,带的钱原本就少得可怜,难道还是回家乡,再去画那些题材陈旧的画吗?苦恼的列宾徘徊在涅瓦河畔,远处几个拉纤的纤夫无意间进入列宾的眼帘,似乎让列宾想起了什么。

得到好心人指点,列宾半工半读留在彼得堡。一年后,自强不息的列宾凭自己的作品考进了皇家美术学院。他学习艺术,又阅读了不少俄国优秀作家的文学作品。1871年,二十七岁的列宾凭毕业作品《伊阿依尔女儿的复活》获得金奖,还得到了作为美术学院留学生出国学习的机会。

能去维也纳、威尼斯、佛罗伦萨等城市观摹艺术大师的原作,是学习艺术的青年梦寐以求的啊。可是列宾却迟迟没有动身出国,因为他还有一幅画没有画完。是什么画那么重要呢?

原来,那天在涅瓦河看到的纤夫身影,这些年来一直留存在列宾的脑海中。后来考进皇家美术学院后,列宾又与风景画家瓦西里耶夫一起去伏尔加河写生。伏尔加河上的纤夫形象更触动了他,让他想起家乡和乡亲们。他在一年前开始用画笔描绘这一切。又过了两年,他终于完成了《伏尔加河上的纤夫》,然后筹备出国行程。

这幅画画着十一个衣着破旧的纤夫,在强烈的阳光下背着纤索,艰难地行走在荒芜的沙滩上。打头的那个看上去年纪较老了,包着破布的额头下眼眶深陷,似乎蕴藏着岁月的沧桑。他右边的魁梧大汉头发蓬乱,胡须浓密。后边那个瘦高个,叼着烟斗,仿佛趁机喘口气,他的纤索也不如前两个绷得那么紧。瘦高个

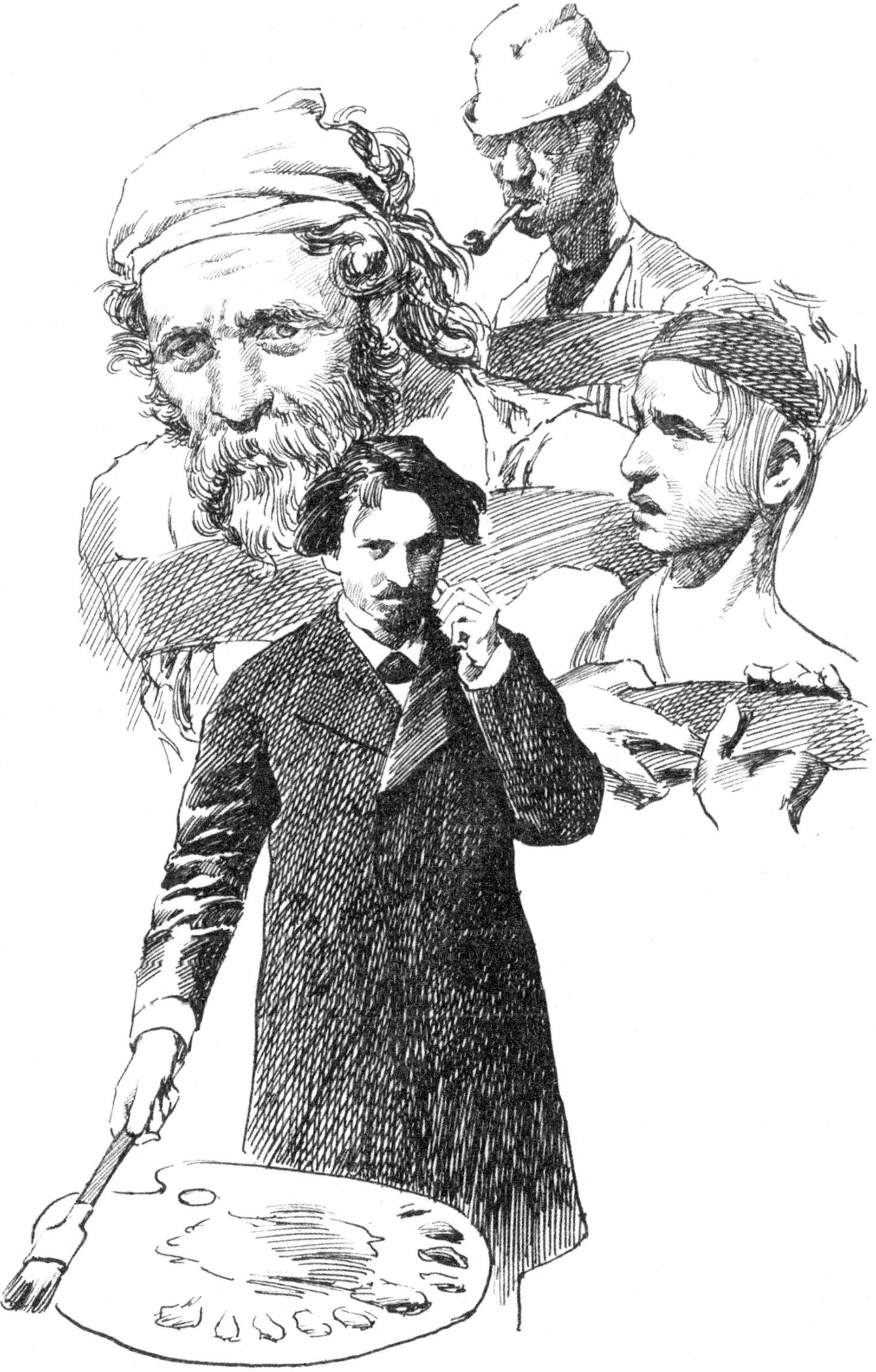

边上的纤夫弓着背,拼命使劲,直直地瞪着眼,估计是个脾气倔强的汉子。画面上部用淡紫、浅绿、暗棕的色调,渲染出烈日当空。

看着这些脸色黝黑的纤夫,人们似乎听到《伏尔加船夫曲》低沉、压抑的曲调,让人们联想起背负着生活重担、坚韧前行的众多俄罗斯平民百姓。这幅画后来成为列宾享誉世界的名作。

从国外学习回来后,列宾不但画俄罗斯民间故事和古代叙事诗中的内容,而且还用画笔描摹那些反抗封建专制压迫的民众。一些因关心民众疾苦而遭受沙俄政府迫害的革命知识分子形象,也出现在列宾的画中,其中著名的画是《拒绝忏悔》和《意外归来》。

《拒绝忏悔》画面表现的是一个被打入死牢的革命知识分子,拒绝神父的劝说,视死如归的场面。

新沙皇登基时,为了显示自己的"皇恩浩荡",下令大赦,一些被流放、服苦役的政治犯因此被释放回家。列宾由此构思了一位被拘多年的革命知识分子突然回家进门时的画作《意外归来》,家中他的妻子、儿女以及女仆等人见到他时惊愕、疑惑、喜出望外的多种神态,被列宾在画中描绘得栩栩如生。

十九世纪七十年代,俄国一些进步画家主张让艺术走出学院,走近民众,组织美术作品在全国各地巡回展览,因而被称为"巡回画派"。列宾是巡回画派的画家之一,但他这幅《意外归来》在展览中,却激起了来自不同政治派别的两种反对意见。

在《意外归来》的初稿中,那个革命知识分子是位女性流放犯。列宾后来按照生活的真实定稿时,改画成一个饱受折磨的中年男子,他满脸胡须、形容憔悴,消瘦的身躯还穿着没及时更换的囚服。

这天,列宾看到官方报纸上对《意外归来》的否定文章,对此他不屑一顾。但是另一张进步报刊上评论文章的批评却让列宾有些意外。文章说:"归来者的脸上浮现的笑容,如同半个白痴。看来列宾这个画家对革命事业缺乏同情心。"

原来当时一些进步的批评家们认为,对革命者应描绘他们的正面形象,要完美、高大而不能画成其貌不扬。列宾读完此文,陷入了沉思中。

1884年,列宾还是修改了这幅画。但他没有接受让革命者形象更高大、表情应完美无缺的批评,只是对画中房内细节进行修改,他认为要如实反映,要画出与众不同的人物个性形象。

　　不仅在《意外归来》中，在列宾以宗教、历史、风俗为题材的其他作品，例如《索菲亚公主》、《伊凡雷帝杀子》、《库尔斯克省的宗教行列》、《查波罗什人写信给苏丹王》，以及包括《托尔斯泰》、《音乐家穆索尔斯基》等出色的肖像画中，都洋溢着列宾强烈的写实风格。他说："在绘画上我的主要原则是按原样画素材。对我来说，色彩、笔法技巧都不是问题。我所执着追求的，是事物的本质和对象的本来面貌。"

190 · 雕塑巨匠罗丹

比利时布鲁塞尔的艺术展览会上,有具与真人一般大小的男子形体雕塑《青铜时代》很是引人注目。它的形体与真人的肌肉结构非常相似。于是有人在上面挂了块牌子,上面涂写着"本铜像按模特肉体浇铸而成"的字,嘲笑它的作者罗丹不是艺术家而是浇铸工匠。

罗丹当然不能忍受这种侮辱。他提出书面抗议,可没人相信他能塑造如此逼真的人体塑像。

两年后,巴黎第十五区的炉窑街一间雕塑工作室里,来了五位神情严峻的绅士。他们奉命当场考查罗丹的雕塑水准。因为罗丹的《青铜时代》要求参加法国艺术展览,展览主办者以同样理由拒绝了。

被考察的罗丹留着胡须,三十多岁模样,眼睛或许是因为近视,看上去并不很有神,但那对眉头却聚敛如弓,似乎他的意志全部集结在此。罗丹在五位考官的不相信神色中,轻松地随手抓起一团黏土。室内没有任何模特儿,可没过多久,一具正在大步走的男性形体塑像就被罗丹完成了,只是没来得及雕塑头部。那塑像的肌肉感同样是逼真得惊人。五位巴黎有声望的艺术家考官先是惊讶,然后赞赏,甚至敬佩地相互用眼光交换一下意见。谎言不攻自破。

终于,《青铜时代》1880年在巴黎展出,罗丹也由此一举成名。为了补偿他被损害的名誉,法国政府委托他雕塑即将动工建造的法国装饰美术馆的青铜大门。从此直到1917年,罗丹二十七年的时间和精力,绝大部分都花在这项艺术的创作中。

罗丹自小喜爱美术,曾花很大功夫临摹大师名画。只因为贫穷买不起油画颜料他才改学雕塑。他画过许多裸体人物习作,因此对人体肌肉骨架结构了如指掌,同时他又读了维吉尔、但丁等人的经典著作,从中得到艺术创作的灵感。他决定将装饰美术馆青铜大门的雕塑,用但丁《神曲》中的《地狱篇》为主题,命名为《地狱之门》。那些文学作品中的人物遭遇,被他精心构思的一组组雕塑形象地表现出来,反映生活在情感痛苦与欢乐中的人间百态。那每一组人物雕塑,又

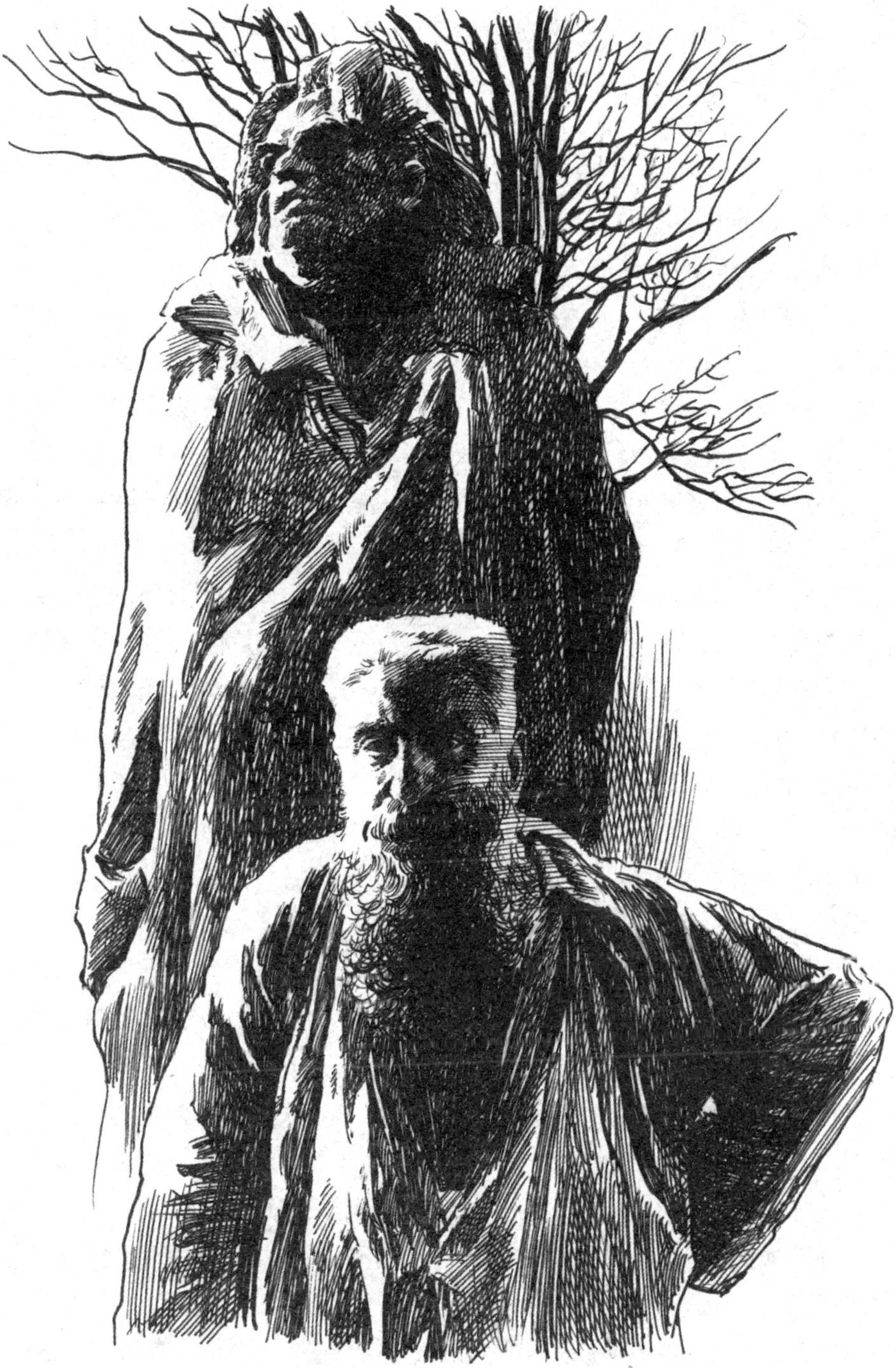

都是一个个独立的、寓意深邃的故事,如《三个影子》、《痛苦》、《逃逸的爱神》、《夏娃》、《亚当》、《当年的美人奥尔米爱》、《思想者》等。

此外,罗丹又完成了《加来义民》、《雨果》、《巴尔扎克》等雕像。

罗丹的雕塑艺术,已超越了形似阶段,追求用神态与形体表达思想。他敏锐的艺术感悟与非凡的表现方式,时常超越常规,因此成为那些墨守陈规、缺乏创新思想的艺术保守人士横加攻击的目标。

《思想者》是一具比一般人体大的男性形体像。这个裸体的男性托着腮,显出沉思的模样,却被一些人攻击说是"妖怪"、"猿人"。为了支持罗丹的艺术创造,罗丹的朋友们凑钱购下《思想者》,赠送给巴黎,要求将它陈列在巴黎市内的公共广场。谁知《思想者》的石膏像陈列的第二天夜里,就被一些人砸碎了。于是当浇铸的《思想者》铜像正式陈列时,法国政府不得不动用宪兵保护它免遭破坏。

罗丹非常敬仰巴尔扎克和《人间喜剧》,他说:"《人间喜剧》是我的《圣经》,巴尔扎克教会了我如何观察和描绘。"为了创作《巴尔扎克》雕像,罗丹先后雕塑了二十来个巴尔扎克像,甚至特地找了个形体与巴尔扎克相似的人做模特儿。在不断比较、思索后,罗丹才正式动手塑造一个比一般人体大一倍的《巴尔扎克》。最初完成的《巴尔扎克》像有一双生动的手,罗丹对此很满意,他召集几个自己赏识的学生到场,听听他们的意见。罗丹问:"你满意这双手吗?"

他的学生布尔德尔说:"不。老师,我感到这双手过分有力,过于生动……"

罗丹猛然明白了。他毅然砸掉自己花不少时间精心雕塑的这双手。因为它喧宾夺主,阻碍人们去观察、感悟《巴尔扎克》整体的涵义。

但是,一具高扬着蓬散的头发,形象粗犷,披着长袍,却没有手的巴尔扎克像,在那时让很多人难以接受。

巴黎的文学家协会主席皮斯内对此大发雷霆:"这叫我感到恶心!巴尔扎克连手都没有,他难道用脚趾写书吗?"

有人附和说:"这不是巴尔扎克,是麻袋里装着的癞蛤蟆!"

保守的人们拒绝接受《巴尔扎克》,巴黎市政府同样拒绝在市内任何地方安置《巴尔扎克》。

罗丹退还了文学家协会的一万法郎预付制作费,也拒绝一些支持他的艺家们筹集三万法郎买下《巴尔扎克》的好意安排,他将塑像拉到巴黎城郊自己别墅的花园里。

1914年,第一次世界大战爆发。当德军进攻到离罗丹别墅不远的地方,奉政府公告不得不撤离的罗丹在离家前夕,特地赶到别墅来看《巴尔扎克》,他深情地说:"这具雕像太大了,眼下根本不可能运走。但愿战火后它还能完整地保存下来……"

罗丹的《巴尔扎克》一反传统的将文学家塑成温文尔雅绅士的习惯。他认为粗犷、不修边幅的巴尔扎克,才是目光犀利、精神强健、毫不畏惧地敢于在《人间喜剧》中解剖社会丑恶病态的文学大师。他说:"我的《巴尔扎克》,他的动态和他的模样,使人联想到他的生活、思想和社会环境……"

罗丹死于1917年11月。他的墓前,按照他的遗嘱,竖着《思想者》塑像。

《巴尔扎克》后来被日本神奈川雕刻美术馆珍藏。而罗丹的思想,给石膏、黏土、青铜等材料铸造的雕塑注入了灵魂。这些作品都已成为价值连城的艺术珍品,人们从中可以思索和品味生活的丰富内涵。

191 · 马赫迪起义

马赫迪是十九世纪苏丹的民族英雄。他的原名叫穆罕默德·艾哈迈德·伊本·阿卜杜拉，1844年8月出生在苏丹栋古拉省拉巴卜岛，父亲是一个造船工。造船工家庭的生活既贫苦，又不安定，哪里有茂密的林木，哪里需要造船，父亲就带着全家迁移到哪里。艾哈迈德的童年和少年时代就是在四处漂泊中度过的，这也让他从小目睹了劳苦大众所遭受的苦难和压迫，丰富了他的阅历。

艾哈迈德青少年时代就胸怀大志。修完神学课程后，他以教士身份来到苏丹北部和西部传教。此时的苏丹实际上已沦为英国的殖民地，只见田野荒芜，百业凋敝，百姓在官府和教会的双重盘剥下卖儿鬻女，背井离乡，而首都喀土穆城里的英国殖民者与封建官吏、教会权贵却过着花天酒地的生活。

艾哈迈德的心中愤愤不平，一种拯救民众脱离苦难的使命感油然而生，他发誓："我对我的宗教，我的民族负有责任。我应该净化我的宗教，拯救我的民族。"

1878年，三十四岁的艾哈迈德来到阿巴岛定居。从此，他以这里为中心，开始宣传和发动群众。他告诉贫苦的百姓，穆斯林一旦遭受苦难，上天就会降下一个伟大的救世主"马赫迪"，主持公正，铲除邪恶。他宣称自己就是马赫迪，号召人民起来赶走侵略者，建立一个平等美好的社会。

艾哈迈德的宣传让苏丹总督非常恼怒，他立即命令艾哈迈德到喀土穆解释自己的行为，遭到了他的断然拒绝。苏丹总督怒不可遏，马上派出两百多人的讨伐队前去阿巴岛抓捕马赫迪。

马赫迪沉着机智，当即带着一支由农民、渔民和手工业者组成的三百多人的起义队伍撤出村庄，在村外的一片树林里隐蔽起来。1881年8月12日，当讨伐队大摇大摆地进入伏击圈，马赫迪一声令下，手持棍棒、石头的起义者勇猛出击，打得讨伐队溃不成军，丢下一百多具尸体，残余的敌人落荒而逃。

马赫迪首战告捷，揭开了全国武装起义的序幕。但是，他的头脑非常冷静，他深知起义军的力量还很弱小，要避免与强敌过早地交锋，因此，他果断地指挥起义队伍，向西部的卡迪尔山区转移。那里群山连绵，地形险要，周围的穷苦百

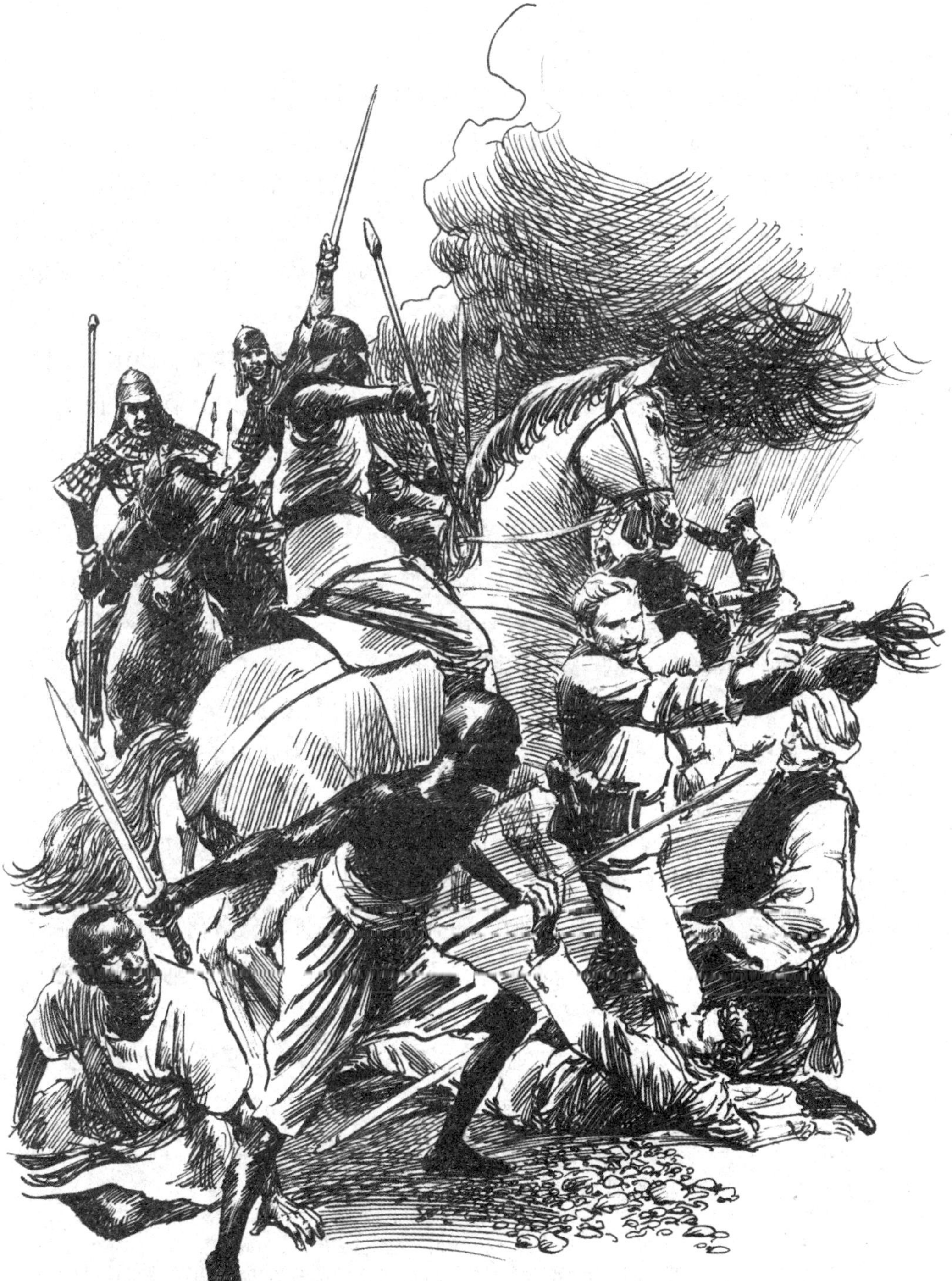

姓纷纷前来投奔起义军。

马赫迪成功地在卡迪尔山区建立起了根据地,并打退了政府军接二连三的围剿。起义军缴获敌人的枪炮,迅速发展成几万人的武装。

1883年年初,马赫迪指挥起义军攻占了科尔多凡省的省会、苏丹的第二大城市乌拜伊德。英国殖民当局为了夺回乌拜伊德,剿灭越来越强大的马赫迪起义军,调集了一支一万两千人组成的装备精良的远征军,由英国上校希克斯指挥,于1883年9月气势汹汹地开向科尔多凡省。

马赫迪决定采取坚壁清野、诱敌深入的战术,消灭这支侵略军。他派出一部分起义军,主动与敌军交手,然后伪装败退,引诱敌人孤军深入。他还派出另一支部队去截断敌军的退路,还在敌军经过的地方填平所有的水井,切断水源,散发瓦解敌人士气的传单。

11月5日凌晨,当精疲力竭的远征军来到乌拜伊德以南的希甘,早已埋伏在四周丛林里的四万起义军,在马赫迪的指挥下突然杀出,霎时间刀剑飞舞,枪声震耳,短兵相接。经过一上午的鏖战,敌军除了二百五十人逃生外,其余全被歼灭,希克斯上校和所有的军官都被当场打死。

面对马赫迪起义军的日益壮大,英国政府明白武力镇压已经毫无用处,于是改变策略,使用软的一手来对付起义军,"苏丹通"戈登因此被重新起用,再次出任苏丹总督。

戈登曾经组织洋枪队,充当清政府的帮凶镇压中国的太平天国起义,是个双手沾满中国人民鲜血的刽子手。1874年他曾担任苏丹赤道省的省长。这次,他踌躇满志地重返苏丹后,一面紧急动员,挖掘战壕,加强喀土穆的城防工事;一面拉拢当地的封建贵族和教会上层人士。他还企图用高官厚禄收买马赫迪和他的将领们。1884年2月,戈登给马赫迪写了封信,允诺委任马赫迪为科尔多凡省的统治者,假惺惺地表示要跟马赫迪化干戈为玉帛,共谋苏丹的和平。他还随信送去了一份委任状和一套华贵的长袍。

马赫迪给戈登回了封信,毫不留情地痛斥他的伪善面目和卑劣行径,要求他交出喀土穆。马赫迪针锋相对,也派人送去了一件"苦修僧"的长袍,要戈登弃恶从善,向起义军投降。

马赫迪针对喀土穆城池坚固、防守严密的特点,调兵遣将,对喀土穆层层包围,实行长期围困。眼看起义军的包围圈越缩越小,而援军迟迟未到,戈登度日如年。这年12月14日,他在给家人的信中哀叹道:"这或许是我写给你的最后一封信了。由于援军迟迟不来,我们的末日快要降临。"

1885年1月26日凌晨,马赫迪亲临前线,指挥起义军对喀土穆发起总攻。成千上万的起义军战士以排山倒海之势,冲破敌军的防线,杀进城里。

朝霞初升,起义军的战旗在喀土穆城头迎风招展。战士们呐喊着冲向总督府,戈登慌慌张张,从办公室跑到楼梯口,正想逃走,一群起义军战士突然出现,拦住了他的逃路。一名战士大喝一声:"该死的家伙,你的末日到了!"

话音刚落,一杆长矛猛地刺进了戈登的胸口,结束了他罪恶的一生。

攻占喀土穆,宣告了英国对苏丹殖民统治的终结。马赫迪再接再厉,指挥起义军向苏丹其他地区进军,他要完成苏丹的统一大业,建立一个崭新的马赫迪国家。不幸,马赫迪在这年6月22日因病去世。他的助手和忠实战友阿卜杜拉继承他的遗志,指挥起义军在9月解放了苏丹全国。

在欧洲列强疯狂瓜分非洲大陆的时候,苏丹人民赢得了民族独立,谱写了光辉的篇章。但是十四年后的1899年,它又重新沦为英国的殖民地。

192·献身自由的马蒂

　　瞧吧，暴君，
　　你的专横引起了反抗的风暴。
　　你的挣扎亦将徒劳。
　　被你处死者的歌声滔滔。
　　……

　　这是古巴独立运动的领导人、民族英雄、诗人何塞·马蒂的诗句。早在十六世纪初，古巴就变成了西班牙的殖民地。到了十九世纪，随着拉丁美洲民族独立运动浪潮的汹涌澎湃，古巴人民争独立、求解放的斗争也进入了新的阶段。马蒂的这首诗就表现了古巴人民血战侵略者，誓死争独立的战斗豪情。

　　马蒂生于古巴的哈瓦那。父亲是西班牙农民，当过驻古巴的炮兵联队的上士，退伍后就在哈瓦那定居。母亲是当地出生的白人。马蒂有五个妹妹，全家八人只靠父亲一人挣钱糊口，日子过得很苦。马蒂很小就到小酒馆干活挣钱，分担家庭的生活重担。直到1865年十二岁时，他才进了当地的一所小学念书。

　　这所小学的校长是古巴著名诗人、教育家门迪维。聪明好学、成绩优异的马蒂深得他的钟爱。他经常给马蒂讲爱国故事，抨击西班牙罪恶的殖民统治，宣传古巴独立的思想。他还带马蒂去家中参加爱国者们的集会。马蒂受门迪维的影响很深，立下了为祖国的独立而奋斗的雄心壮志。

　　1868年10月，古巴爱国者塞斯佩德斯在东部发动了反抗西班牙殖民统治的武装起义，独立斗争的烈火迅速蔓延全国。不满十六岁的马蒂热血沸腾，写文章，办杂志，发传单，号召人民起来与西班牙殖民者坚决斗争。他在自己创办的杂志《自由祖国》上发表了诗歌《阿布达拉》，激昂地唱道：

　　　　捍卫祖国，
　　　　英勇顽强，

死得其所，

芳名万代传扬。

马蒂的爱国宣传引起了西班牙殖民当局的仇视，这年10月，马蒂被捕了，被判处六年徒刑，送到采石场服苦役。残酷的牢狱生活磨炼了他的意志，他向难友们宣扬祖国解放的理想。他在日记中写道："为祖国而死，比活着更强。"

1871年年初，殖民当局把马蒂放逐到西班牙。马蒂抓住这一机会，在马德里的中央大学选修法学、政治经济学等课程；1873年5月，他又转入萨拉戈萨大学学习，第二年秋天就获得了哲学、文学和法学博士学位。

身处异乡的马蒂时刻思念着仍在殖民者奴役下的祖国。1874年年底，他回到古巴，但殖民当局禁止他上岸。马蒂只好转往墨西哥，在《宇宙》杂志社找到了一份校对员的工作；同时，他开始为报刊写文章，宣扬古巴独立。他那犀利的笔锋、进步的思想使墨西哥当局如坐针毡。马蒂见这里呆不下去了，便在1877年来到危地马拉，在危地马拉大学等学校教书，讲授欧洲文学、拉丁文及历史。

随着古巴革命形势出现的变化，1878年7月，二十五岁的马蒂回到了祖国，以火一般的热情投入到独立斗争的洪流中。他在群众集会上发表演说，振臂高呼："同胞们起来，为自由而战！"他为起义军募集资金，运送弹药。殖民当局把他视为眼中钉，在9月又一次逮捕了他；并要他宣誓效忠西班牙。马蒂坚决不答应，铿锵有力地回答："马蒂不是孬种！"

殖民当局无可奈何，只好将马蒂再次流放西班牙。不久，他逃往法国；1880年年初，马蒂辗转来到美国。他一到纽约，就撰写了许多文章，向侨居此地的古巴侨民发表演说，激励同胞们为民族独立而奋斗。他总结了以往古巴多次武装起义失败的血的教训，号召不分肤色、种族，白人和黑人团结起来，共同战斗。

1892年4月，马蒂把在纽约的古巴侨民各爱国团体召集起来，举行代表大会，宣布成立统一的古巴革命党，马蒂当选为党代表。

古巴革命党的成立是独立战争的里程碑。随后，马蒂全身心地投入到武装起义的筹备工作中，筹集资金，组织爱国武装，购买武器弹药。他亲自跑到多米尼加共和国，请出爱国将领戈麦斯担任解放军总司令；并与在哥斯达黎加的另一位爱国将领马塞奥联络，请他配合行动。他还派专人回国，与国内的各个爱国团体取得联系，准备到时候里应外合，共同行动。

1894年年底，马蒂弄到两只游艇、一艘轮船，装上武器弹药，计划与战友们从美国的佛罗里达州出发，攻入古巴岛。谁料临行前，叛徒告密，使得船只和武器弹药被美国海军扣留。这时古巴国内的武装起义形势迫在眉睫，马蒂当机立断，改变行动计划，在1895年1月28日给国内下达了全国总起义的命令。

在古巴革命党的领导下，2月24日，古巴的独立战争打响了。马蒂很快接到国内的电报，异常高兴。3月25日，他与戈麦斯共同签署了一份宣言，宣布这次战争是1868年爆发的古巴独立革命战争的继续，起义军决不伤害和平的西班牙人，号召所有的古巴人紧密团结，拿起武器，战斗到底。

4月1日凌晨，马蒂与戈麦斯登上一艘小船，从多米尼加渡海回国，经过十天的海上颠簸，4月11日深夜，他们在奥连特省的普拉伊斯塔登陆，与起义部队会合。马蒂激动万分，说：“今天我才觉得自己像个人。”

5月19日，起义军与西班牙军队遭遇，展开激战。总司令戈麦斯劝马蒂撤退，马蒂不肯，他跃上战马，与战士们一起冲向敌阵，不料，敌人的一排子弹射来，马蒂胸部不幸中弹，英勇牺牲。

马蒂为祖国的独立而献身。他的精神激励着古巴人民前赴后继，继续战斗。在戈麦斯等人的率领下，到1898年，古巴解放军已经解放了三分之二的国土。殖民统治的垮台为期不远了。

193·德雷福斯案件

　　1894年10月15日上午,法国陆军总参谋部上尉参谋德雷福斯应召来到陆军参谋长的大办公室,情报处副处长迪帕蒂少校已在此等他。迪帕蒂少校说自己的右手手指受了伤,请上尉代他起草一份文件。

　　德雷福斯上尉坐到桌前,拿起了笔。少校开始口述:

　　"先生,请您以最大的关注,暂时收回我去参加演习前让人送给您的文件,我请您刻不容缓地让送此信的人把那些文件交给我,送信人是可靠的。

　　"我提醒您交出如下文件:

　　"一、关于一百二十毫米大炮液压制动器的结构以及……"

　　讲到这里,迪帕蒂突然停下,大声喝道:"您发抖了,上尉!"

　　德雷福斯以为少校在嘲弄他,生气地抬起头看了他一眼。但是,迪帕蒂又口述了,德雷福斯便继续平静地听写。

　　就在德雷福斯专心听写时,迪帕蒂忽然将一只手重重地压在他的肩上,厉声喊道:"德雷福斯上尉,我以法律的名义逮捕您!您被指控犯了叛国罪!"

　　旁边一直站着不动的三条大汉立刻扑了过来。德雷福斯被捕了。

　　这到底是怎么回事呢?原来,1894年9月,在德国驻巴黎大使馆当女仆的法国侦探巴斯蒂安,从德国武官施瓦茨科本上校办公室的废纸篓里,发现了一张已撕成碎片的便笺,上面开列了有关一百二十毫米大炮液压制动器等五项法国国防部绝密文件的清单,但没有署名,也没有日期。

　　总参谋部情报处副处长亨利少校看到这张便笺后,不由大吃一惊,这不是他的老朋友埃斯特拉齐少校的笔迹吗!埃斯特拉齐也是情报处的一名军官,精通德语,但生活放荡,嗜赌如命,欠了一屁股赌债,于是干起了向施瓦茨科本出卖情报的勾当。亨利非常害怕,此事万一暴露必将连累自己。于是,他和情报处的几个军官密谋,以笔迹相似为由,推定这份清单是德雷福斯上尉出卖给德国人的。

　　德雷福斯出生在一个富有的犹太血统纺织厂主家庭中,1892年三十三岁时,以优异的成绩从法国著名的圣西尔陆军学校毕业,随后进入陆军总参谋部实习。这时,法国全国上下弥漫着要为普法战争的失败复仇雪耻的气氛,反犹思潮也很有市场。尽管亨利等人逐级上报的德雷福斯犯有叛国罪的报告遭到了军方一部分人的怀疑,陆军部特地请了笔迹鉴定专家对便笺上的字迹进行鉴定,专家得出了证据不足的结论,但陆军部长还是在10月15日下令逮捕德雷福斯。

11月中旬,军事法庭开始审理德雷福斯案件,到11月29日共提审了十二次。每一次庭审,德雷福斯都严正声明自己清白无罪,并准确无误地回答了法庭提出的所有问题。但军事法庭还是在12月19日对德雷福斯进行秘密审判,亨利少校到庭作证,一口咬定德雷福斯就是奸细。

德雷福斯的辩护律师德芒据理反驳,表示没有证据不能定罪。庭长傲慢地打断了德芒的话:"他不需要任何证据。"

眼看着因为证据不足而可能无法对德雷福斯定罪,陆军部抛出了一份"密档",把过去几桩没能破案的泄密案件,全部推到德雷福斯头上。军事法庭就根据这些莫须有的罪名,判处德雷福斯终身流放,革除军职。

1895年1月5日,德雷福斯被正式革掉军职。面对这天大的冤案,他大声抗争:"我对我的妻子和孩子起誓,我是无罪的。法兰西万岁!"

德雷福斯被押送到法属圭亚那附近的魔鬼岛,关在一间简陋的石屋里服刑。

这年7月,皮卡尔上校升任情报处处长。他曾代表陆军部参加对德雷福斯案件的审理,提出过不同的看法。上任后,皮卡尔更加关注案情的发展。说来也巧,第二年3月,他截获了施瓦茨科本上校给埃斯特拉齐的一份信。按惯例,皮卡尔调阅了埃斯特拉齐的档案。他发现,档案中埃斯特拉齐写的一份报告上的笔迹,与德雷福斯案件中那张便笺中的字迹非常像。

于是,皮卡尔又调来德雷福斯的案卷,抽出那张便笺,一对照,果然笔迹完全一样。因此,他断定,真正的罪犯是埃斯特拉齐,而德雷福斯是冤枉的。

皮卡尔立即向副总参谋长报告了这一重要情况,请求重审此案。谁知副总参谋长在一帮右翼军官的鼓动下,借口维护军队荣誉,拒绝审问埃斯特拉齐;还要求皮卡尔严守真相。皮卡尔坚持要求调查,澄清事实。但军方就是不同意。不久,皮卡尔被调离法国,到国外去服役,由亨利接替他的职务。

"我一定要让事实大白于天下!"皮卡尔暗暗发誓。临行前,他通过一位律师,将案情真相告诉了议会中关心此案的议员。不久,德雷福斯的太太也发表了

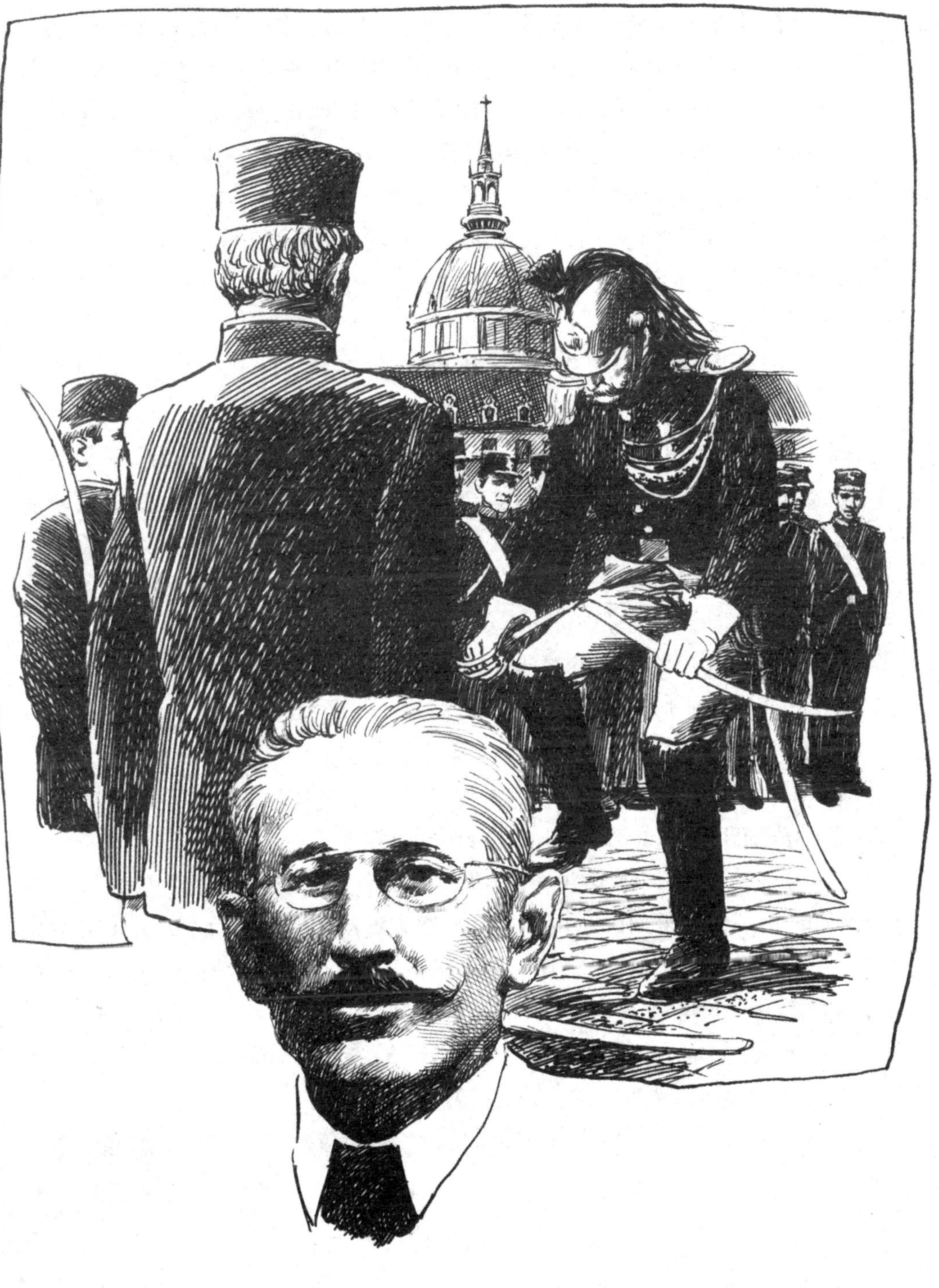

一封公开信,揭露埃斯特拉齐才是真正的罪犯,要求重审德雷福斯案件。

但是,1898年1月11日,军事法庭宣布埃斯特拉齐无罪,而主持公道的皮卡尔却被逮捕。这一颠倒是非的判决激起了社会各界的公愤。1月13日,著名作家左拉在激进派领袖克列孟梭主编的《震旦报》上,发表了致共和国总统富尔的公开信《我控诉》。他激愤地写道:"至于我所控告的那些人,我并不认识他们,也从未见过他们,我对他们既无冤又无仇。在我看来,他们只不过是心怀社会邪恶灵魂的几个实体罢了。而我在这里所做的工作,仅仅是促使真理和正义早日大白于天下的一种革命手段……"

为了声援德雷福斯,捍卫民主,法国的进步力量掀起了声势浩大的抗议浪潮。但陆军部长宣称,又掌握了新的证据——几封德国间谍机关的密码信,可以证明德雷福斯是叛国者。其实,这其中的一份材料是亨利伪造的,另几份材料与德雷福斯也没关系。很快,亨利伪造证据诬陷德雷福斯的事被查了出来。罪证确凿,亨利只得承认,被立即逮捕。第二天早晨,他就在狱中畏罪自杀。消息一公布,震动了法国,总参谋长与陆军部长被迫辞职。埃斯特拉齐则潜逃到英国避风头去了。

1899年8月,军事法庭重新开庭审理德雷福斯案件。但是,出乎人们的意料,德雷福斯依然被判有罪,但改判十年徒刑。

这一判决,立刻引起了法国社会各界的强烈义愤,世界各国的抗议函电像雪片一样飞来,许多国家还发生了反法示威游行。新上任的法国总统卢贝生怕局面不可收拾,不得不在9月19日宣布赦免德雷福斯。

但是,斗争远未结束。德雷福斯在广大进步人士的支持下,为彻底恢复名誉继续抗争着。七年后的1906年6月,一直坚决支持德雷福斯的克列孟梭出任总理;7月,最高法院重审此案,宣判德雷福斯无罪,撤销原判。含冤受辱十二年的德雷福斯终于平反昭雪。

德雷福斯的军籍被恢复,晋升为少校,获得了荣誉军团勋章。皮卡尔上校也同时平反,回到军队,晋升为准将,不久担任陆军部长。

在德雷福斯案件中,法国人民崇尚的民主传统经受了一次严峻的考验。

194·朝鲜东学党起义

"金樽美酒千人血,玉盘佳肴万姓膏。烛泪落时民泪落,歌声高处怨声高。"这首在朝鲜广泛传诵的歌谣,是十九世纪末期朝鲜统治阶级横征暴敛,人民贫苦不堪,在水深火热之中挣扎的生活写照。连俄国驻华公使喀西尼也向沙皇预报:"全朝鲜陷于沉重而日益增长的激愤情绪已有相当时日,这种激愤情绪极易转变为公开的暴乱。"

果然,1894年东学党武装起义在全罗道古阜郡爆发了。

这次起义的领导者是东学道首领全琫准。全琫准的父亲为人正直,秉性刚强,因为不满郡守横征暴敛,率众袭击郡衙,不幸被捕牺牲。全琫准以父亲为榜样,立志拯救苦难的民众。1874年,他拜见东学道道主崔时亨,成为东学道信徒。东学道的意思是提倡东方之学,与西方的天主教相抗衡。它以宣传宗教为名义,提出"惩办贪官污吏"、"斥倭斥洋"的口号,在贫苦的农民中很有影响。

到1894年领导起义时,全琫准已是古阜郡东学道的首领。他领导的起义虽以东学道徒为核心,并继续沿用东学道的旗号,但已经没有太多宗教含义,所以历史上一般称之为东学党起义。

东学党起义爆发于全罗道古阜郡事出有因。郡守赵秉甲是个有名的贪官,巧取豪夺,农民对他恨之入骨。到1894年,万石洑水税事件激发了这次起义。古阜郡是朝鲜的主要产米区,水利灌溉至关重要。朝鲜有一种特有的水利设施,以木石或土沙筑成,用来截水灌溉农田,叫做洑。洑分国有和民有两种。万石洑是国有洑,农民从国有洑引水浇地,要缴纳一定的水税。此项水税收入,按惯例只用于洑的管理及其他有关事业,并不上缴国库。赵秉甲上任后,征发数万农民修洑。完工后,赵秉甲不但增加水税,还将水税中饱私囊。百姓不服,找他论理,赵秉甲闭门不见。百姓向全罗道观察使金文铉申述,反遭逮捕。百姓忍无可忍,便揭竿而起了。

2月15日,成百上千名百姓在全琫准率领下,向郡衙冲去。群情激愤的人们高举着鸟枪、长矛、大刀、铁叉、锄头、木棍,有人把平时供在厅堂里的祖传宝剑也拿了出来。赵秉甲闻讯，吓得屁滚尿流，赶紧逃走。起义军占领郡衙后，打开仓库，将粮食和钱财分给农民。

全罗道观察使金文铉立即派两百名官兵前去镇压。起义军大败官军，领兵官李庚镐被击毙。起义军初战告捷，士气高涨，乘胜追击，直指全罗道首府全州。沿途参加起义军的农民很多，武器也大有改善。

不久，全琫准被推为总督，金德明为军师，两个大将孙和中与金开男各领一军。起义军纪律异常严明，规定不准吸烟，不得奸淫妇女，不能损坏良田，违者严厉惩处。

朝鲜政府接到官军被起义军打败的报告，惊恐万状，急派京军壮卫营正领官洪启薰为招讨使，率军分水陆两路开赴全州。洪启薰先向起义军发出招降书，威胁利诱。但全琫准不但拒绝投降，而且率军偷袭灵光县，生擒守城军官黄万基。洪启薰一看招降不成，决心用武力镇压。他的部队经过新式训练，是当时朝鲜唯一配备西方新式武器的军队。但洪启薰感到起义军声势浩大，便密奏朝廷，建议借外兵镇压。朝鲜国王害怕引狼入室，不敢轻易借兵，只加派四百人增援。

援兵还未到达，两军已在长城郡月坪洞交火了。全琫准采取避实就虚的战术，不与敌人正面交锋，拖着敌人从灵光到兴德，从兴德到咸平，然后转进长城郡。起义军在城南月坪洞扎营。敌人长途追击，疲于奔命，士气低落。

5月24日，洪启薰率军追至月坪洞，只见丛林密布，郁郁葱葱。洪启薰害怕埋伏，便先派小部队试探虚实，自己躲在后面观察动静。官军哆哆嗦嗦地走进树林，只听喊杀声起，吓得回头就跑。洪启薰一看，从林中冲出的起义军老的老、小的小，大多拿着大刀、长矛。他顿时壮起胆来，跳起来大叫："冲上去！"

官军无奈，只得掉头冲锋。起义军却仿佛不堪一击，纷纷逃散。这一下洪启薰意气风发，指挥官军全力追击。不料，追入树林后，无数的起义军从四面八方冲了出来，顿时杀声震天。官军猝不及防，大败而逃，武器扔得满地都是。官军伤亡两百余名，洪启薰抱头鼠窜。

起义军乘胜进军全罗道首府全州。31日，起义军逼近全州，占领完山，以缴获的野炮向全州城内轰击。此时，全州的军队全部被洪启薰调走，城内无兵驻守。观察使金文铉弃城而逃。6月1日，全琫准率军入城，没收官衙及土豪财富分给贫民，并严禁伤害百姓，受到百姓的热烈欢迎。

全琫准占领全州后,忠清、庆尚两道的东学道徒群起响应,起义军控制了朝鲜南部三道,并建立了自己的政权机构。

朝鲜政府无力镇压,只得向清政府求援。日本政府早就密切注视朝鲜局势的发展,等待出兵朝鲜的时机,然后制造挑起中日战端的借口。如今,这样的时机终于来到了。当清政府应邀出兵朝鲜镇压东学党起义的时候,日军不请自来,在朝鲜南部登陆,在扑灭了起义烈火后,又挑起了中日甲午战争。

195·"缅因"号爆炸之后

历史上,有些事件发生后,当时却查不明白原因。例如,美国军舰"缅因"号的爆炸就是这样的。

那是1898年的2月15日。当天晚上七时许,美国军舰"缅因"号,在古巴哈瓦那港附近的海面上突然发生爆炸。在港口散步、眺望夜景的人们听到一声巨响,只见夜空中火光冲天而起,浓烟滚滚,这艘有二十四门大炮的军舰被烧坏,两百多名美军官兵当即被炸死,一百多人受伤。

这么大一艘军舰,怎么会突然爆炸呢?美国的报纸很快就刊出消息,说这次事件是西班牙精心策划的,是西班牙人用水雷偷袭。"记住'缅因'号,报仇","与西班牙人决战"的字句,在美国报纸和新闻舆论中频繁出现。在华盛顿,有几十名国会议员要求总统麦金莱立即对西班牙宣战。西班牙政府随即发表声明,宣称本国政府与"缅因"号爆炸毫无关系。为了查清"缅因"号爆炸原因,美西两国决定成立调查团。

但是,美方不让西班牙调查人员登上"缅因"号。接着,美国海军调查委员会宣布,"缅因"号因为触发水雷爆炸,并派出船将炸得面目全非的"缅因"号从哈瓦那海面拖走,沉到大西洋海底。紧接着,在"缅因"号爆炸的两个月后,美国蛮横地要求西班牙必须从古巴撤离。西班牙政府当然拒绝。五天后,美国向西班牙宣战。

"缅因"号爆炸的地点是大西洋和墨西哥湾的古巴。美军首先攻击的地点,却是太平洋的西班牙殖民地菲律宾。

当时,美国已建立了一支号称世界第三的海军。美国军事理论家马汉的"海权论"——只要建立强大的海上力量,就能称雄世界的理论,已在美国政界军界产生了广泛影响。经过精心准备,1898年5月1日清晨,由六艘军舰组成的美国亚洲舰队气势汹汹地驶向马尼拉湾。驻菲律宾的西班牙海军自以为舰船数量多于对方,根本不把美海军放在眼里,率先开炮。但双方交战不久,西班牙军舰就大吃苦头。原来美军有备而来,六艘战舰全是以蒸汽作动力,速度快,火力猛,战舰所有的炮一起开火,将三千多磅炮弹砸向敌舰。

西班牙军舰都是年代久远的老舰,所有的炮一齐还击,只能发射一千多磅炮弹。在美国海军占优势的炮火攻击下,西班牙驻菲律宾海军很快就败下阵来。被击中的西班牙舰船上熊熊燃烧,一艘艘舰船顿时成为烈火的地狱。西班牙士兵只得跳海逃命。不到中午,美国海军就取胜了,并且从海上封锁了马尼拉湾,稳稳当当等待美国陆军的兵力增援。

马尼拉的驻菲律宾西班牙军,当时正全力对付当地民族独立武装的攻击。美军陆军第八远征军一万五千名将士,在7月底从美国赶到菲律宾,马尼拉的西班牙军队已被两万多菲律宾独立战士围困。

狡猾的美军先与菲律宾独立武装力量首领联系,许诺共同对付西班牙殖民军。然后美军只发动一场轻松的进攻,西班牙驻军就投降缴械了。但是,美军进入马尼拉后立即变了脸,以武力相逼,不许菲律宾独立武装力量进入马尼拉。

原来美军攻城前已与西班牙驻军的总督达成秘密协议:美军佯攻,西军佯守,交火后西军就投降。美国总统早有密令:不能让当地武装人员进入马尼拉。这个命令,美国海军指挥官杜威和陆军指挥官麦里特进攻马尼拉前都早已知道。西班牙军队投降后,美军很快又用优势兵力攻击菲律宾独立武装力量,相继攻占了菲律宾其他岛屿。

驻在古巴的西班牙殖民军有二十万人,但是与菲律宾一样,这些西班牙官兵同样忙于镇压古巴民族独立武装运动,根本没有充分的兵力与美军交战。西班牙政府从佛得角群岛调来一支舰队,赶到古巴。如果用这些军舰攻击美国沿海城市,或者切断美军供给线,美国仅两万五十名攻击古巴的军队必将军心动摇。但是这支西班牙舰队的作战方针却是进驻古巴圣地亚哥湾,就地固守。

这一错误的决策让美国海军抓住了机会,美军两支舰队共二十四艘舰艇包围、封锁了西班牙舰队停驻的圣地亚哥湾。然后,美军第五军一万七千名士兵在海军炮火支持下,在圣地亚哥东面登陆。

攻击古巴的美军与攻击菲律宾的美军一样,先与当地民族武装力量联系,达成联合对付西班牙军队的协议。1898年7月1日,美国陆军向驻古巴西班牙军发动猛攻,这一仗打得非常激烈。

两天后,美国海军又与被包围在圣地亚哥湾、企图突围的西班牙舰队展开激

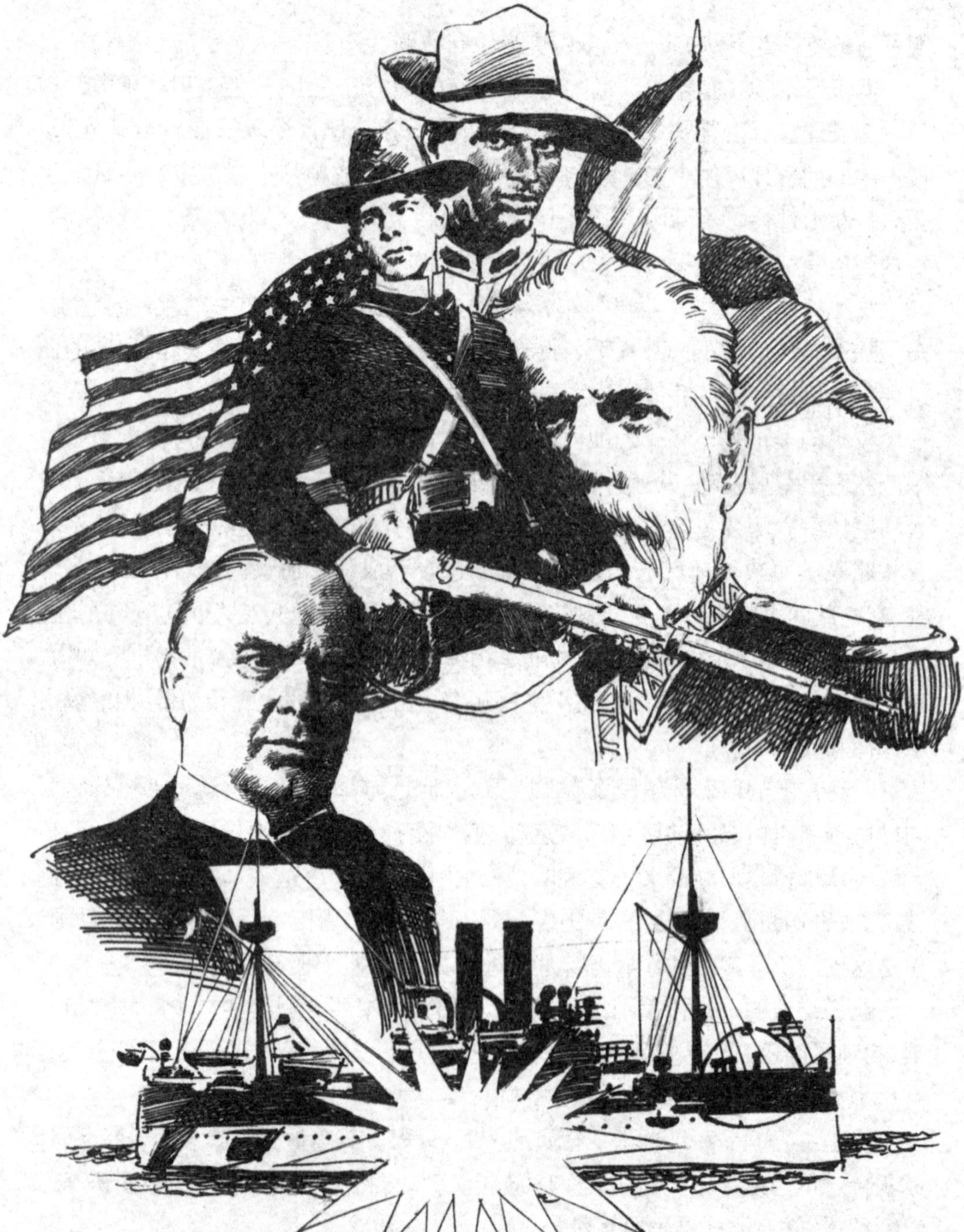

战。

在舰只数量上占优势、在炮火上更占优势的美海军,用二十四艘舰船,花了四个小时,就击败了只有九艘舰船的西班牙舰队。

7月16日,被美军和古巴独立武装包围的西班牙军队宣布投降。美军故伎重演,又一次用优势武力阻止古巴独立武装队伍进入圣地亚哥城,美军单独接受西班牙军队的缴械投降。

在这场美西战争中,美军还先后占领了关岛、波多黎各等地。1898年12月18日,在巴黎,美西两国签订和约,西班牙被迫放弃古巴、波多黎各、关岛和西印度群岛,还有菲律宾的占领权。而美国支付两千万美元,"补偿"给西班牙。

"缅因"号的爆炸究竟是什么原因已经无法查明了。它被美国沉入大西洋底。有人认为是触水雷,有人认为是船上大量的备用煤炭引起了自燃,也有人认为是美国精心策划、制造的,因为美国需要一个对西班牙开战的理由。这个猜测无从证实,但推测得有几分道理。当时,美国的经济已得到充分发展,急于向世界扩张。但它没有海外殖民地。西班牙却国力渐衰,它的殖民地菲律宾、古巴、中美洲和加勒比地区就成为美国夺取的目标。菲律宾和古巴的民族独立运动,又正巧被美国利用,实现了它扩张的野心。

"我将要制订的美国对外政策,最终目标就是把欧洲列强从美洲全赶出去,我首先从西班牙开刀……"这是西奥多·罗斯福在给他好友的信中写的一句话。他在1898年任美国海军部次长,没多少时间后,他就当选为美国总统。

美西战争的结果是,美国将加勒比海变成了自己控制的内海,占领了菲律宾、关岛,又在太平洋获得了建立海军基地的据点,开始逐步施行它称霸世界的战略。

196·争夺"肥肉"的厮杀

早春二月,中国黄海北部海面出现一支日本舰队,悄悄向旅顺港驶去。午夜时分,这支舰队向驻旅顺的俄国太平洋分舰队发射鱼雷,俄军两艘铁甲舰和一艘巡洋舰被击中。三天后,日俄相互宣战。一场争夺"肥肉"的战争,就这样在1904年2月爆发了。

日本海军旗舰"三笠"号上,一个中等身材、酱红色脸膛的将军,白胡茬下嘴角紧抿,一副冥思苦想的模样。他就是这支海军舰队的司令官东乡平八郎,一个顽固推行日本帝国称霸世界计划的海军将领。八年前,他还不到五十岁,就在中日甲午海战中诡秘地用炮舰击沉中国运兵商船"高升"号。中国战败后,清政府被迫向日本割地求和,日本就一口吞占了中国辽东半岛。

沙俄不甘日本独占辽东半岛这块"肥肉",联合法、德向日施加压力,逼得日本退还辽东半岛,改为中国政府向日本赔款三千万两白银。到嘴的"肥肉"硬生生吐出来,日本当然不甘心。沙俄却乘机强行"租借"旅顺口和大连,扩大自己在中国东北的势力。从此,歼灭沙俄海军驻旅顺港的舰队,就成为企图侵占朝鲜、中国东北,进而向亚洲扩张的日本的首要目标。

东乡平八郎夜发鱼雷,偷袭俄舰,然后又发动攻击,击毁俄三艘战舰。可俄军就是龟缩在旅顺港内不出来。东乡平八郎一时无可奈何。"在港口沉船封锁,使俄军舰难以顺利航行!"他暂时只得使出这一招了。

这时,从圣彼得堡到西伯利亚的铁路上,一列火车拉着汽笛,飞快地直奔远东而来。车厢里,一位灰发稀疏、凹目隆鼻的俄国将军,神情得意地端坐着。他是奉沙皇尼古拉二世之命,新任俄太平洋舰队司令的马卡洛夫中将。他的海军学校同学斯塔里克在旅顺口当司令,麻痹轻敌,使日军偷袭得手,被撤职,即将由他取代。

斯塔里克看起来忠实执行了沙俄政府制定的日俄开战"先防御后决战"的政策。马卡洛夫却认为斯塔里克执行得过于机械。他认为,防御,应该积极防御,就是在港口炮火支援下,俄舰队要进退自如。进,游动作战,要机动攻击日舰;

退,则以密集炮火轰击来犯之敌,时时保持警觉,并攻击日舰海上运输线。

马卡洛夫曾参与俄国破冰船的设计,二十七年前,他在俄土战争中,曾驾水雷艇重创了土耳其海军,是俄国海军中一位战功赫赫的老将。

马卡洛夫到旅顺后,果然周密布置,改变了俄海军龟缩军港被动挨打的局面。东乡平八郎遇上了劲敌,日俄海军几次交战,互有损伤。不巧的是3月26日那天,马卡洛夫乘坐的装甲舰被日军布置的水雷炸毁,马卡洛夫当场丧命。

日本这次对俄作战,力争速战速决。除了用海军封锁旅顺港,又调动陆军在朝鲜、中国辽东半岛登陆。陆军的统帅是乃木希典大将。此人也是一个忠于日本天皇、武士道精神十足的死硬派战将。他强攻旅顺,相继用四次攻击,付出日军士兵死伤万余名的代价,花了五个月时间,占领了旅顺,然后日军又攻占沈阳。

沙俄政府见势不妙,先命令旅顺港海军舰队突围。东乡平八郎立即全力阻击。俄海军一度占上风,以猛烈炮火击毁东乡平八郎旗舰"三笠"号的炮塔,东乡平八郎的参谋长岛村也被炸伤。可是俄军舰队指挥无方,忙于逃遁,反被日军抓住战机,重新占据主动。这时,沙俄组建的太平洋第二舰队才刚刚出发,前来增援。

1905年5月27日,由俄国波罗的海舰队与黑海舰队调集、组成的太平洋第二舰队,经过长达半年多的航行,终于赶到日本海的对马海峡。

这支舰队有五十余艘舰船,气势不小。可是其中只有战列舰"苏沃洛夫"号、"波罗金诺"号、"亚历山大三世"号等几艘是新舰,其他大多是陈年旧舰,炮火不强,速度较慢。

下午一时许,东乡平八郎的舰队突然出现在海面上。日本舰队旗舰"三笠"号那修缮一新的指挥塔上,桅杆升起了"Z"字旗。

"帝国兴旺,在此一战。"东乡平八郎杀气腾腾地指挥日本舰队,直扑俄军。为了与俄舰队平行,用舰侧的密集炮火猛攻俄舰,东乡平八郎居然下令全舰队立即作一百八十度U字形转向。

这是一个风险极大的决定!因为转向时,每艘日舰都暴露在俄军面前,成为挨打的目标,后面的日舰又不能发炮支援。俄国舰队司令罗热斯特文斯基将军也是位经验丰富的老将,他立即下令各舰集中火力,猛轰日舰。

可惜俄国舰队长途奇袭,士气不振,队形混乱,火炮陈旧,攻击力和命中率都不佳。十多分钟的有利时机，只有十多发炮弹击中"三笠"号，日舰"八云"号、"线间"号也被炮击，遭到重创。

东乡平八郎以赌徒般的疯狂劲头付出这些代价后，立即转为主动。他命令各舰用侧舷的火炮集中攻击俄舰，自己的"三笠"号直逼俄旗舰"苏沃洛夫"号而去。直到离"苏沃洛夫"号六千余米时，他才命令："齐射！"

瞬间，日舰的炮弹如急雨暴雷砸了过去。"苏沃洛夫"号前甲板烟囱被轰掉，通讯调度机械被炸毁，全舰混乱不堪。罗热斯特文斯基和舰长当即被炸伤。"苏沃洛夫"号遭到重创后，俄舰队立即失去了指挥，乱成一团。

日舰炮弹装有立即爆炸的引信，而俄军炮弹只有穿甲后才会爆炸。先进的武器在战场上运用得当，就是制胜的因素。在日舰猛烈攻击下，俄舰相继被一一重创。"苏沃洛夫"号、"亚历山大三世"号、"波罗金诺"号在日本海的夜色中被炸得歪歪斜斜，渐渐下沉。

入夜，东乡平八郎又下令撤出日本主力舰只，用鱼雷艇和驱逐舰在海面巡视、游动，发现俄舰，就赶上去一阵死缠猛轰。

第二日上午，东乡平八郎的日舰向俄舰队残存的舰只包围过去，只见对方已无力抗击，舰头挂出了白色餐桌布，表示投降。

对马海战，俄国惨败。这场争夺"肥肉"的厮杀，日本战胜了，从而占领了中国东北南部和朝鲜。由于战争发生在中国土地上，大量无辜的中国平民也在战火中丧命。日本军国主义就是这样以无数生命为代价，残暴地向外扩张。

197·青年时代的列宁

伏尔加河畔的辛比尔斯克(现俄罗斯乌里扬诺夫州)在十九世纪的俄国是政治犯的流放地,经济落后,交通闭塞。

1887年5月17日,辛比尔斯克中学举行一届学生的毕业考试。有个个头不高、宽脸,高额头下眼睛流露出几分悲伤神色的学生,全神贯注在做试卷。6月,考试成绩公布。这个名叫弗拉基米尔·乌里扬诺夫的学生以优异的成绩毕业,并获得金质奖章。校长评价说:"他是全年级最优秀的学生。"

其他同学都不知道,这名学生当时用极大的毅力和意志控制自己的情绪,忍住内心的悲痛,考出了好成绩。因为就在考试前几天,他最崇拜的哥哥因为参与密谋暗杀沙皇亚历山大三世的秘密组织活动,而被处死。

沙皇多年来用封建专制手段压迫百姓,俄国广大人民生活在贫苦交加中。一些迫切希望改变社会现状的激进分子,组成秘密团体。他们认为用个人恐怖手段,例如暗杀、行刺,除去那些掌权的帝王官吏,就能解救民众。弗拉基米尔的哥哥就是这个组织的成员之一。

中学毕业后,弗拉基米尔全家迁往喀山。喀山大学是俄国历史最悠久的大学之一,弗拉基米尔进喀山大学读书。哥哥的突然被害使他内心受到极大震动,他在学校参加激进学生组织的集会,抨击沙皇的黑暗统治。因为他的哥哥行刺沙皇,他的行动早就被警方监视着。警察将他抓了起来。

警官威吓这个大学生:"年轻人,你怎么敢造反呢,要知道你前面矗着的是一堵墙!"

"是的,但它是一堵腐朽的墙,只要一推它就会倒塌的。"弗拉基米尔平静地回敬道。

他已逐渐认识到,自己要推翻的不仅仅是沙皇,而是沙皇政府代表的整个旧世界。警察将这名学生驱逐出喀山市。在流放生活中,他设法读了很多书,苦苦寻求真理。弗拉基米尔日后成为俄国布尔什维克党的领袖,列宁是他的笔名。

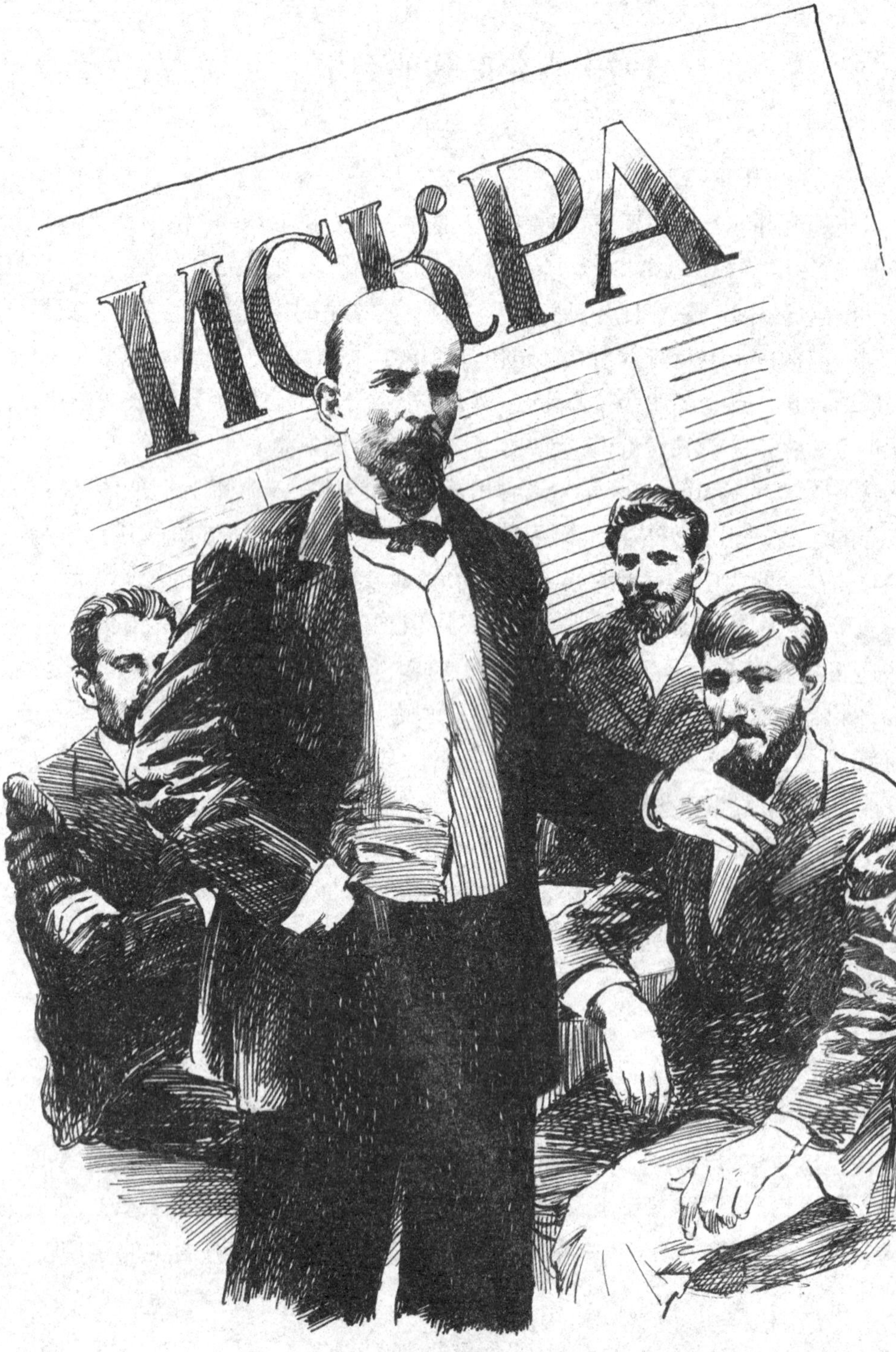
ИСКРА

列宁是从读俄国早期社会主义革命家车尔尼雪夫斯基的《怎么办？》等书后，走上革命道路的。他认为用他哥哥这种个人行刺手段不能拯救俄国。他读马克思的《资本论》，又在俄国农村生活，对俄罗斯的社会现状有了深刻了解。他坚定地认定用马克思主义理论指导俄国革命，是唯一正确的道路。

结束流放生活回到喀山，列宁又迁到萨马拉（今俄罗斯古比雪夫）。警察严密监视着他，所以列宁申请再读大学，或出国学习的任何愿望，都被沙俄当局粗暴拒绝。直到他二十岁时才允许他以校外生的身份，参加圣彼得堡大学的国家考试。一年后，列宁就顺利地通过了圣彼得堡大学法律系的第一次考试。1892年1月，列宁获得了圣彼得堡教育局颁发的大学毕业证书，在一家律师事务所担任律师助手。可实际上他却在暗中宣传、传播马克思主义。后来，列宁出国去看病。

1895年9月，在德国驶往俄国的火车上，出现一个矮小结实的旅客，他提着手提箱，以警惕的目光扫视四周，然后神态平静地坐了下来。他就是列宁。在四个月的国外旅行中，他与流亡国外的俄国革命者和德国、法国的马克思主义者建立了联系，与马克思的女婿保尔·拉法格见了面。眼下，他手中的手提箱夹层里，就藏匿着马克思主义的文件。

就在这一年年底，列宁因组织"彼得堡工人阶级斗争协会"革命活动被捕。他被关入寒冷的牢房里。奉命看管列宁的狱警对这位犯人特别注意。因为上级告诫这人是名要犯，只是没找到他犯法的重要证据而无法重判他，狱警不得不经常在窥视孔里监视列宁的一举一动。一段日子以后，他发现列宁每天都要朝地面磕头，而且一磕就是五十个。"奇怪！这个犯人从没出现在去监狱教堂祈祷的犯人行列里。可天天又这么虔诚地磕头！"狱警百思不得其解。

原来，牢房中很冷。列宁就用每天坚持做体操等方式，锻炼自己，以保持身体健康，出狱后能继续与沙俄政府斗争。磕头是列宁自己创造的一种锻炼办法。列宁用这办法使自己全身出汗，热乎乎地在冰冷的牢房中安然入睡。

凭借坚定的革命信念和坚强的意志，列宁熬过了十四个月的狱中生活。随后，他被判处流放西伯利亚。无论是流放还是流亡，列宁始终宣传马克思主义，动员人民起来推翻沙俄反动专制统治。后来，列宁创办了《火星报》，建立了俄国布尔什维克党，向沙俄反动政府展开了长期的斗争。

198·"流血星期日"

1905年的1月,俄国圣彼得堡寒意正浓,首都警察局却是忙乱异常。混入民众里的密探急急报告:工人们即将举行一次声势浩大的请愿游行活动,发动这次请愿活动的组织者是一名叫加邦的神父。

"加邦?这个名字很熟悉啊。"警方找出了加邦的资料。

格奥尔基·加邦,生于乌克兰富裕的农家,现是彼得堡工人区的神父。多年来他一直与家乡保持联系。他能言善辩,讲演在工农平民中较受欢迎。

"这个加邦,去年经过批准,建立了一个由我们警方监控的彼得堡俄国产业工人协会……"警察局另一材料似乎说明加邦与警察部门关系密切。

不管加邦的真实政治意图如何,他在这个时刻发起如此规模的请愿活动,与俄国布尔什维克党的政治立场是背道而驰的。

当时的俄国社会动荡,沙俄反动政府支持下的地主、资产阶级加紧剥削无产阶级,激起工人农民的剧烈反抗,工人罢工遭到沙俄军警的镇压,各地农民多次起义同样被沙俄政府镇压;与日本作战的沙俄军队又屡屡失利。这一切都表明,推翻沙俄反动政府的全国革命风暴正在酝酿中。拿起武器进行战斗,改变俄国的现状,使贫苦民众挣脱被压迫被剥削的锁链,是俄国工人及广大民众的唯一道路。

就在1月16日,圣彼得堡的普梯洛夫工厂工人举行罢工,在布尔什维克号召下,其他行业的工人也罢工支援普梯洛夫工人。这样,圣彼得堡就爆发了有二十五万人参加的总罢工。但是加邦牧师却说沙皇陛下对人民遭受的苦难并不知情:"我们去冬宫请愿,把我们的请愿书呈给沙皇。他会给我们公道和保护的……"

加邦的劝说迷惑了不少人,那些善良的工人天真地认为跟着加邦神父去请愿是合法的。他们怎么也不会想到沙俄政府对彼得堡的工人总罢工恨之入骨,正准备调集军队武力镇压呢。

加邦发动的请愿游行定在1月22日。圣彼得堡的布尔什维克分发传单,想劝阻工人放弃幻想,不要参加。传单上这么写道:"用一纸请愿书,哪怕由神父代为呈送的请愿书,是乞求不到自由的。自由是要用血来换取的,自由是要在残酷的战斗中拿起武器来争取的……"

可是还有很多人追随加邦。

沙皇尼古拉二世阴沉着脸,在宫中焦躁不安。他不爱用秘书,他的助手往往是他信任的侍从武官或值班军官。彼得堡的工人总罢工惹得他心头火起,现在又将发生游行请愿。"为了帝国的利益,我将不遗余力,坚定不移地维护统治,像我难忘的、已故的父亲那样……"

想到自己登基时的誓言,尼古拉二世便下令由首都卫戍司令部负责解决游行请愿活动;由近卫军担任主要镇压力量。圣彼得堡被划分成八个区,经过充实的近卫军分批预先进入指定区域。圣彼得堡附近的皇村、捷尔戈夫、普斯科夫等地区的军队也被调来,协助近卫军对付工人。

尼古拉二世似乎很自负,可骨子里却很自卑。他总感到自己这个皇帝会遇到些意外的事。在他的登基庆典上,他勋章上的银链从肩头滑落到地上,真是不吉利。也许神经质的猜疑使他变得轻率,他决定用刺刀和子弹对付请愿的工人。

圣彼得堡一些社会名人,包括作家高尔基等人,也敏感地察觉沙俄政府有可能会出动军队镇压工人请愿。他们连夜去见有关当局,要求政府善待和平请愿的工人。可是军队已经集结,屠刀已经举起,反动政府不可能改变镇压的计划。

1月22日是星期日。早晨,十几万请愿的工人举着沙皇肖像、宗教圣像和俄国三色旗,在严寒气温中唱着宗教圣歌,缓慢地走到冬宫广场前,大批军警,还有骑兵突然从各个街道路口蜂拥而出。他们开枪射击请愿工人,骑兵挥刀冲进请愿队伍中胡乱砍杀,请愿队伍顿时大乱,工人们向附近街道逃离,军警继续追杀。连爬在树上看热闹的儿童,也成为他们射击的目标。鲜血染红了白雪覆盖的冬宫广场。

当天,沙俄军警杀死了一千多工人,受伤的多达五千余人。直接指挥这次屠杀的是沙皇的教父弗拉基米尔大公。

这就是被后人称为"流血星期日"的圣彼得堡惨案。

动用军队向手无寸铁的请愿工人开枪,连儿童都成为屠杀的目标,激起了圣彼得堡工人更强烈的反抗。1月22日当天,圣彼得堡就有工人占领兵工厂和武器库,筑起街垒与军警发生战斗。

  消息传开后,俄国各地相继发生了罢工、抗议活动,民众还与当地军警发生流血冲突。光1905年1月,参加罢工的工人人数比过去十年还多。各地农民捣毁、焚烧地主庄园的暴动也此起彼伏,沙俄社会更动荡不安。这年夏天,黑海舰队的"波将金"号巡洋舰水兵举行起义。到了10月,全俄爆发大罢工,仅铁路工人和工厂工人参加罢工的就有一百七十多万人。沙皇尼古拉二世的统治,陷于风雨飘摇之中。

199·巴拿马运河

当今世界两条最重要的运河,是沟通地中海与红海的苏伊士运河,以及沟通大西洋与太平洋的巴拿马运河。

巴拿马运河以及运河所在的运河区原来是哥伦比亚的领土。哥伦比亚位于南美洲的最北端。十九世纪末,一家法国公司和哥伦比亚签定了一个合同,打算在哥伦比亚的巴拿马省境内挖掘一条连通大西洋、太平洋的运河。

法国公司请来了开凿苏伊士运河的总工程师勒赛普。勒赛普以为有了苏伊士运河的经验,开凿巴拿马运河不在话下。但不久,他发现开挖巴拿马运河的难度要高许多,苏伊士运河是在平坦的沙漠上挖一条大型沟渠;巴拿马既有潮湿的低地,又有几百英尺高的山地,而且,太平洋与大西洋之间海平面有较大的落差。勒赛普骄傲自大,管理不善,公司上下又贪污成风,工程结束的日子遥遥无期,法国国内的投资者渐渐丧失了信心,不愿继续投资,公司陷入了财政窘境。

法国公司的代理人瓦里略想到了财大气粗的美国人,于是他出访美国,游说美国政府收购巴拿马运河公司,索价一亿美元。

美国是一个两洋国家,水路航运从大西洋的东海岸到太平洋的西海岸要穿越赤道,从北半球到南半球,绕过南美洲的最南端麦哲伦海峡,再从南半球到北半球,单程就要三个月以上,不但商务运输费事费力,军事调动更加捉襟见肘。

十九世纪八十年代,美国国会就开始讨论开挖一条连通两洋的运河。1901年12月,美国海峡运河委员会认为在尼加拉瓜开凿运河较省钱,约需一点九亿美元;在巴拿马开凿运河只需一点四四亿美元,但加上购买法国运河公司的一亿美元,就达二点五亿美元了。

瓦里略一听慌了手脚,赶紧宣称愿意削价,只要四千万美元就行了。

当时,美国的总统是西奥多·罗斯福。他有一句名言:"说话要温存,手中握大棒。"知道瓦里略急于将运河公司出手,西奥多·罗斯福计上心来。他授意国会通过一项法案,声称如果哥伦比亚政府能与美国达成协议的话,就在巴拿马开运河;协议不成,就在尼加拉瓜开运河。

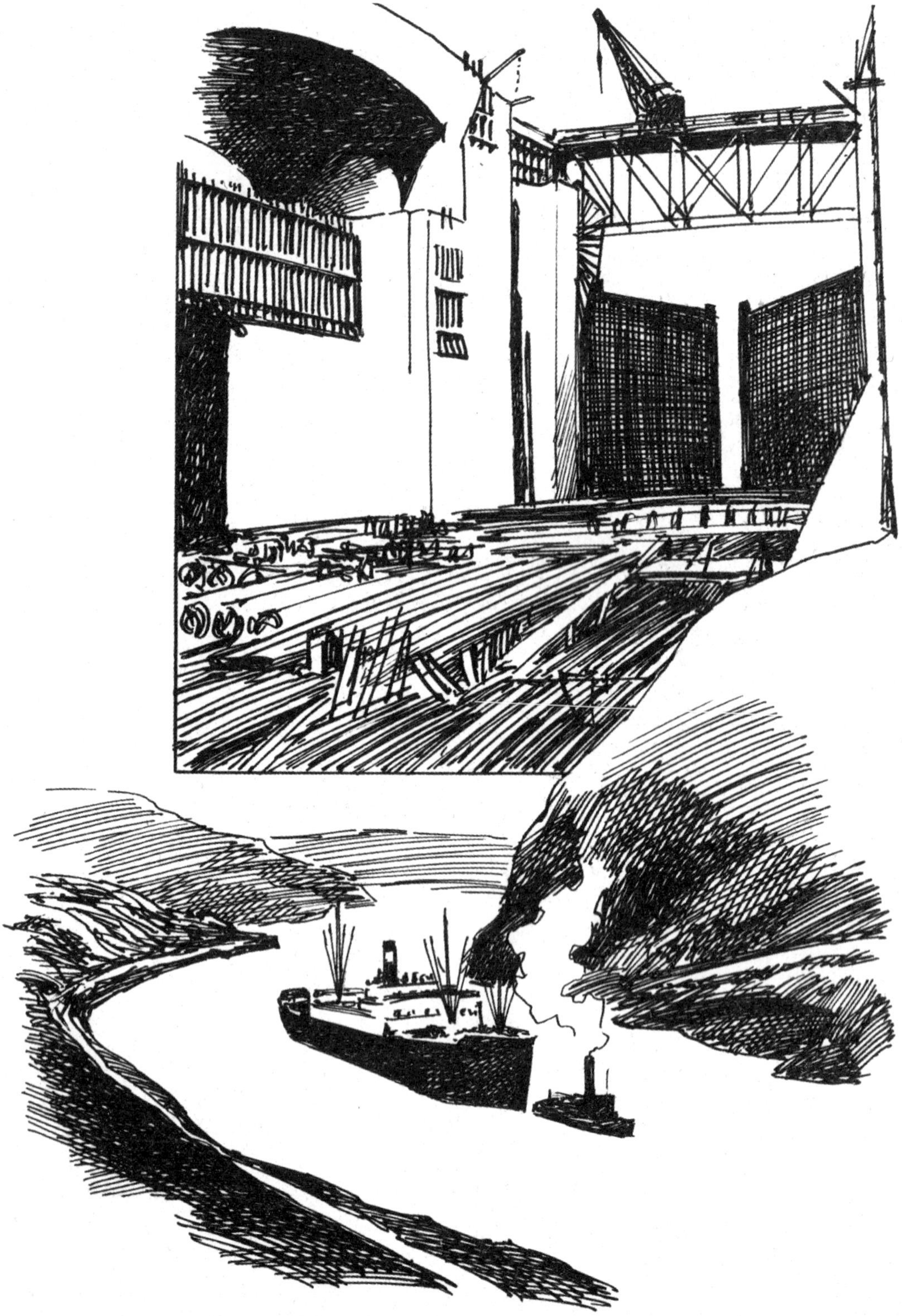

哥伦比亚政府得罪不起美国,哥伦比亚驻华盛顿大使艾兰马上与美国国务卿约翰·海协商决定:以一千万美元的代价长期租给美国一条两岸各宽三英里的运河区,美国另外每年支付十万美元。

条约的内容传回哥伦比亚后引起轩然大波。哥伦比亚首都波哥大的人民举行了声势浩大的示威游行,大学生们更是热血沸腾。他们把哥伦比亚国会团团围住,在外面高呼:"哪个议员投赞成票,就不让他活着回家。"

在人民的巨大压力下,哥伦比亚国会否决了这个条约。

西奥多·罗斯福怒从心头起,恶向胆边生。他在给朋友艾尔伯脱·萧的信中暗示,要艾尔伯脱·萧鼓动巴拿马独立,还假惺惺地说:"由我说出这样一句话是不行的,人们会说我煽动叛乱,所以我不能说。"

艾尔伯脱·萧是杂志《评论的评论》的总编辑,他的杂志马上发表了名为《如果巴拿马要独立,怎么办?》的文章,公开挑唆巴拿马独立,说什么"巴拿马人长久以来就盼望着巴拿马运河,因为这会给他们带来繁荣、带来财富、带来文明、带来生活之改善……当他们听到美国不辞辛苦,愿意继法国人来完成运河工程,他们的希望又燃起来了。但波哥大政府却说'不行'……听说巴拿马的爱国志士已决心要独立了,我们美国,作为西半球上的第一个独立的国家,深切了解独立的珍贵,我们当然不会吝惜去帮助一个要求独立的国家。"

瓦里略对美国的信号心领神会,马上在运河公司内物色了一个名叫马努埃尔·阿马多的巴拿马人,充当所谓"巴拿马的华盛顿"。

这个"巴拿马的华盛顿"在美国得到保证:美国派军舰协助他发动"起义"。他又与哥伦比亚驻巴拿马司令伍艾尔塔将军约定:由伍艾尔塔将军担任巴拿马共和国军总司令,当场送给将军八万美元,手下军官每人三千至五千美元不等,士兵每人一百美元。

1903年11月2日,三艘美国军舰抵达巴拿马地区。西奥多·罗斯福宣称:"不许任何军队在离巴拿马五十英里内登陆,不管它是什么军队。据说波哥大政府军已在前往巴拿马途中,必须阻止他们登陆。"

就这样,巴拿马共和国"独立"了。新政府马上与美国政府签订《巴美运河条约》,以一千万美元的价格把运河区租让给美国,美国还在运河两岸各宽五英里的地区内享有管辖权,只需每年交纳二十五万美元的租金。

从1904年起，运河工地又重新热闹了起来。几十万劳工在烈日和暴雨下挥洒着血汗。到运河开通时，共有七万多名劳工丧生。至今，运河沿岸仍有一个小村庄名叫"马塔秦"。马塔是杀死的意思，秦是中国人的意思，马塔秦就是杀死中国人的意思。

原来，运河开挖前先要筑一条运输物资器材的铁路。三千多名华工被招来筑路。又热又湿的气候，瘟疫肆虐的丛林，缺医少药的条件，日夜开工的进度使一千多名华工染上了黄热病和病毒性痢疾，悲惨地倒在巴拿马运河的工地上。运河公司连一口棺木也不给，在运河边上挖了一个大坑，把尸体一起扔进去草草掩埋了事。更令人发指的是，公司的官员怕被传染，硬生生地把一些还没有断气的华工一齐扔进大坑活埋了。为了纪念死难的华工，当地人民就把这个地方起名为马塔秦。

运河于1914年开通，1920年投入使用。从此，巴拿马运河成为一条重要的国际航道，它使大西洋和太平洋沿岸航程缩短了五千到一万多公里。美国通过运河得到了巨大的经济和军事利益，而巴拿马人民却长期生活在贫困当中。据统计，美国经营运河六十年，获利四百五十亿美元，而巴拿马仅收入十一亿美元。巴拿马人民为了国家主权和民族利益，开始了长期的、艰苦的收回运河及运河区主权的斗争。

200 · 第一辆四轮汽车

在西方,新年来临前的除夕夜,人们往往合家团聚,品尝着家宴的美味,期待着新年钟声的敲响。有的还打开香槟酒,举杯互祝新年给大家带来好运。

1880年最后一天的除夕夜,在德国科隆,多伊茨发动机厂的技术总管戈特利布·戴姆勒先生却过得极为恼火。厂长奥托动不动就要求他与厂商务顾问郎根先生"交流看法",实际上是要他必须听从不懂技术的郎根指挥。脾气火爆的戴姆勒决定立即辞职:"我完全有能力独自开厂,研究出一种新颖的发动机的!"

戴姆勒对当时工厂生产的用城市煤气驱动的发动机的缺陷了如指掌:转速慢,又大又笨,而且必须固定在一个地方不能移动。他想制造出体积小、转速快,能任意安装在任何地方,用汽油驱动的发动机。

戴姆勒心灵手巧。十四岁那年,当面包师的父亲送他去给修理枪械的工匠当学徒。四年后,戴姆勒居然独自制造出一支富有艺术品位的手枪!回想往事,戴姆勒充满了信心,自己进过正规的职业学校学习机械制造,后来又在法国的巴黎、阿尔萨斯,英国的利兹、曼彻斯特和考文垂等地工厂干过技术工作。当然,自己研究汽油发动机,必须拉上在工厂里结识的好朋友威廉·迈巴赫一起干。那可是个有满脑袋好主意的合作伙伴呢!

同样是这个除夕夜里,同样在德国,离科隆不太远的曼海姆还有一位热衷于研究汽油发动机的人,是在工场里度过除夕夜的。他是二十六岁的钳工卡尔·本茨。本次吃完简单的晚餐,就与妻子贝尔塔一起去工场,开动他正在研制的汽油发动机。那部两冲程、不到一匹马力的机器,运转时单调的声响在他听来,却如同美妙的歌曲。他对妻子说:"世界上任何魔笛所不能创造出来的东西,这个双节拍的家伙或许可以创造出来。它唱的时间越长,就越能像具有魔力似的消除我们心头的忧愁。"

卡尔·本茨十二年前办了个小铸铁厂和一家工场。可如今资金周转不灵,他只好把贝尔塔的嫁妆也赔了进去。听到自己试制的汽油发动机均匀的运转声,他的希望似乎有了着落。或许试验成功后,靠卖发动机的钱能补上经济的亏空。然后，他要实现他在曼海姆城施魏策尔公司学习车辆制造技术后，立下的成为一名设计师的心愿。他渴望制造出一种不用马拉，像火车一样，却不用铁轨，在平地上飞快行驶的车辆。

突然，实验中的发动机声响有些古怪，本茨仔细检查后发觉是汽油输送的管道不畅通。贝尔塔顺手拔下帽子上的发针，捅了捅说："试试看！"果然正常了。本茨感激地凝视着妻子。她是他生活的伴侣，也是事业的伙伴。上次那发动机的点火装置失灵，本茨检查后认为是绝缘材料问题，贝尔塔居然想出了用长统袜上的松紧带代替。她不光用爱，更用行动帮助丈夫克服了一个又一个困难。

两个德国人不约而同，各自试制汽油发动机。1885年夏天，戴姆勒将他试制的汽油发动机驱动一辆两个轮子的车，世界上第一辆摩托车诞生了！同年的7月3日，本茨试制成功了汽油发动机驱动的，有三个车轮的车。随后，戴姆勒将汽油发动机装在有四个轮子的马车车厢下面。他还想把汽油发动机装在船上、飞艇上。而本茨钻研陆地上行驶的车辆，他认为光有发动机和四个轮子，没有合适的方向操纵器是不行的。从1892年到1893年，本茨研究出"转向节转舵"，解决了车辆导向装置问题，又申请了专利。他还相继解决了电点火装置、汽化器、冷却装置等汽车制造的一系列问题。1886年1月26日，本茨申请到以汽油驱动的内燃机动力车辆专利那天，被后人公认为是以内燃机为动力的汽车的诞生日。

戴姆勒和本茨试制汽油驱动的内燃发动机成功后，他们开设的工厂中，各种形式的汽车相继诞生了：公共汽车、载重车、跑车、轿车。1900年，奥匈帝国驻德国的外交官埃米尔·耶利内克向戴姆勒订购了三十六辆新式豪华轿车，条件是这些轿车以埃米尔女儿的名字"梅塞德斯"为商标。于是德国汽车中的高级轿车"梅塞德斯"也诞生了。

在研制、发明汽车的过程中，戴姆勒和本茨都遇到过困难，遭到嘲笑、控告，但他们不灰心，坚持实践，动手改进不足之处，终于迎来了成功。所以他俩都从不说自己是幸运的人。

一天，有位母亲带着她的儿子来拜访戴姆勒，她要求他传授给自己那个据说有创造天赋的儿子一些发明的窍门。戴姆勒说："好吧，但是他必须跟我一样干活，我这辈子都是从早上五点一直干到晚上八点。中午吃饭是休息半小时。"

五十多岁才制造出内燃发动机的发明家戴姆勒,就是这样走他的人生之路的。本茨成功后,念念不忘的是创造过程中,战胜一个个困难的快乐。晚年时,他跟一位朋友说:"我多么想重新开始啊!请相信我,发明的过程要比发明的成功美好得多!"

1926年,戴姆勒和本茨的两家汽车公司合并成一家戴姆勒—本茨公司,德国的汽车巨头从此成为世界汽车生产企业中赫赫有名的领头羊。

201·电影发明家卢米埃尔兄弟

1895年12月28日晚上,法国巴黎罗尔乌丹剧院的老板梅里埃受朋友安托万·卢米埃尔的邀请,到大咖啡屋去看"一件意想不到的事"。

晚上九点,他走进大咖啡屋的地下室,发现墙上挂着一条白色床单,地下摆着一百多把椅子,稀稀拉拉地坐着一些人。他刚坐下,灯光就熄灭了,墙上张挂的白色床单上出现巴黎科德里埃广场的画面,画面静静地凝固在那里。

"让我来看的居然就是它呀!"梅里埃愤愤地叫道,"这种东西我十年前就会做了!"要知道梅里埃本人是一名魔术师。

但是,他话音刚落,科德里埃广场突然动了起来。一匹马拉着一辆车经过广场,后面还有其他车辆、行人,大街上车水马龙。这一切都在那白布上显示出来,让这位魔术师惊得目瞪口呆。

这就是世界上第一场营业性电影演播时的情况。那天的生意并不好,才来了三十三人。但是这惊人的消息很快就传了出去,第二天足足来了两千人!当放映到火车出站的场面时,惊慌失措的观众们尖叫着,纷纷离座躲避火车,生怕会压到他们,以致每次放映前要再三声明:"火车不会跑出来的!"由于观众拥挤,警察不得不前来维持秩序。每天放映十八场,还满足不了人们的好奇心。

安托万·卢米埃尔其实是个开照相馆的。他那能使剧院老板大为吃惊的发明——电影,应归功于他的两个值得骄傲的儿子——奥古斯特·卢米埃尔和路易·卢米埃尔,他们分别生于1864年和1866年。卢米埃尔兄弟是当时巴黎最好的技工学校的学生,他们在物理和化学方面极有天赋。那时氯化银的摄影干片已经问世,但是质量不稳定,价格也非常昂贵。安托万一直想自己制作,可没成功。聪明的路易发现了问题:爸爸居然用妈妈称面粉的秤来称化学试剂!他改用精确的天平秤,结果做出了非常好的摄影胶片,不但质量稳定,而且适合大批量生产。于是,安托万干脆关了照相馆而开起胶片厂来。十年之内,卢米埃尔工厂从十名工人发展到三百名工人,日产胶片五万张,行销世界各地。路易年仅十七岁就当上了厂长。

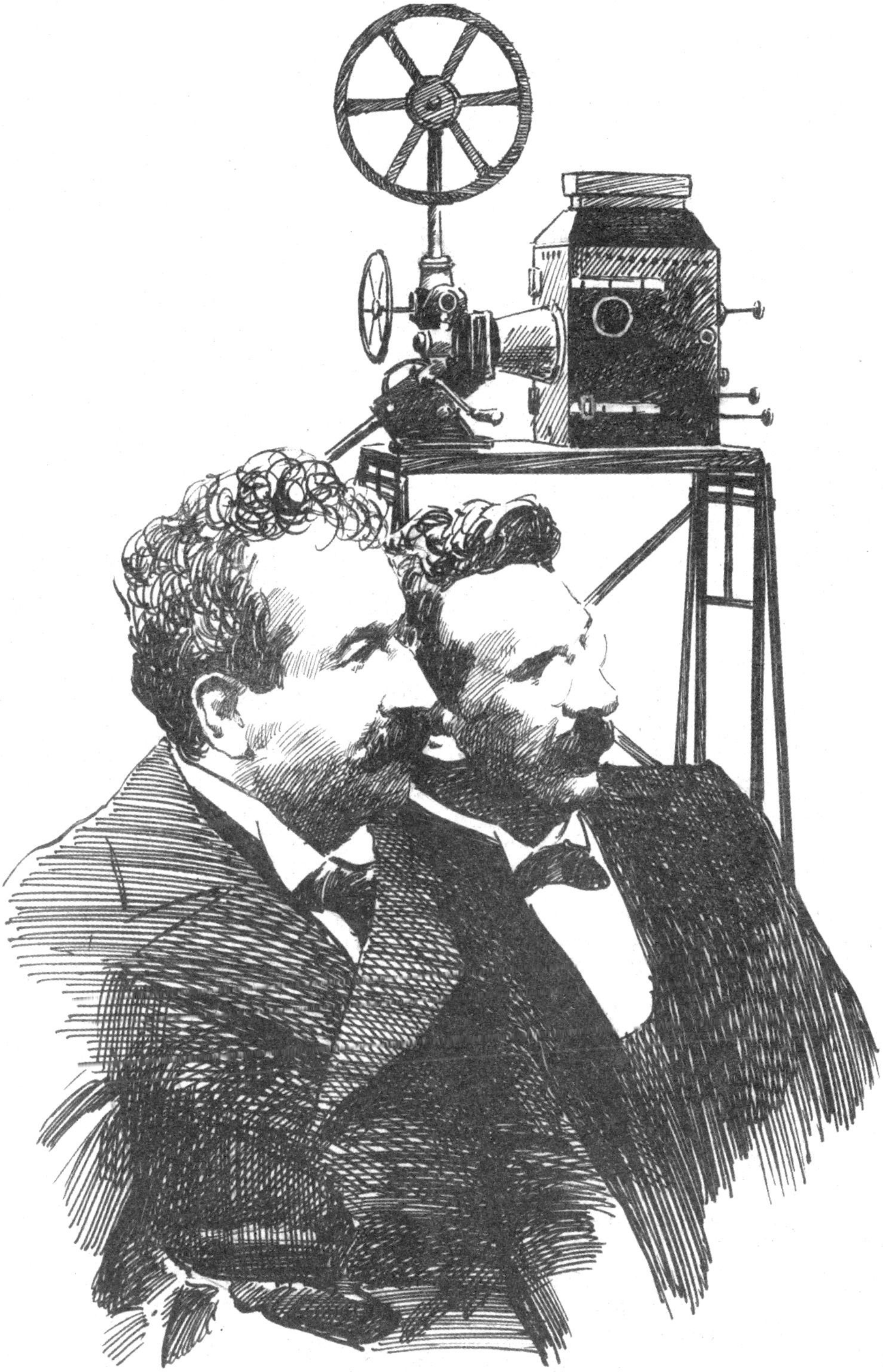

卢米埃尔兄弟并没有就此满足,下一步创造的源泉还是来自父亲。1894年9月,安托万买回一台由美国科学家爱迪生发明的机器。这台机器体积如同一台五斗橱那么大,重五十公斤,人们可以通过一个孔朝里看,里面的景物看上去会动。这是一种原始的"西洋镜",只能供一个人观看;而且画面会不时地跳动,令人大为扫兴,价格也很昂贵,要六千法郎一台。

路易又一次着迷了,茶饭不思。后来他从缝纫机的脚踏升压板上得到启发,解决了画面跳动的问题,形象变得清晰与稳定了。但他的雄心是要让大家一起观看,这就是说必须把画面投射在墙上!

路易和奥古斯特昼思夜想,用了一年多的时间,终于设计和制造出了世界上第一台电影放映机。这种机器不但可以放映,而且可以拍摄;画面可以放大,重量只有五公斤。

机器很快投入了生产,并在法国各地流传开来,也很快走向全世界。1896年2月,伦敦报界以大标题欢呼卢米埃尔兄弟的成功。卢米埃尔兄弟的放映机在美国也大受欢迎,纽约人把放映员高高抬起,欢呼:"卢米埃尔兄弟!"电影放映员在美国供不应求,卢米埃尔工厂不得不赶紧培训大批放映员,随后让他们分别赶往波士顿、费城、芝加哥等地。

不过,那时的放映员工作十分辛苦,晚上放电影,白天拍电影,不仅要自己冲胶卷,还要到处赶场。自然,放映员分布世界各地,也留下了很多趣闻。

在德国不来梅,一个放映员一时找不到暗房装胶卷,急得团团转,最后他灵机一动,跑到殡仪馆,央求工作人员把他装进棺材。他在棺材中装好了胶卷。

在俄国诺夫哥罗德,当银幕上出现已故的沙皇形象时,观众惊恐万状,以为是魔鬼显身,一致要求把放映员烧死。经过警察奋力营救,放映员才得以脱险。但观众仍不罢休,第二天放火烧了放映室,以此驱逐"魔鬼"。

1900年,万国博览会在巴黎举行。会上,电影正式走向世界。那时的银幕已有十八米高、二十一米宽了,放映厅长四百米、宽一百十四米;在半年的时间里,放映了一百五十场电影,观众达八百万人。

卢米埃尔兄弟工作了一生。在晚年,奥古斯特醉心于医学与生物学,路易则发明了彩色胶片制作法。然而他俩对人类文化的最大贡献,还是电影的发明。

202·飞机的诞生

父亲给孩子一件小礼物,却点燃了孩子科学发明的火苗。飞机的诞生就是这样不可思议。

美国俄亥俄州但顿市的牧师莱特每次出差回家,总要给他的两个爱子——十一岁的威尔伯·莱特和七岁的奥维尔·莱特带一点小礼物。"今天他们一定会很高兴,"牧师想着,"这个礼物是他们意想不到的。"

莱特两兄弟像往常一样,高高兴兴地向父亲扑过来。牧师赶紧把蒙着手帕的礼物向兄弟俩扔过去。他们没有接住礼物,手帕滑落了,礼物却腾空而起,直向天花板飞去。两兄弟目瞪口呆地看着那礼物在空中飞翔,一圈,两圈……终于,它掉到了地下。他们赶紧把它捡起来,原来那是一只用纸和软木、竹丝做成的玩具蝙蝠。父亲告诉他们,只要把玩具蝙蝠腹部的橡皮筋绕上几十圈,它就能飞起来。兄弟俩兴致勃勃地试了又试,看着蝙蝠一次次地腾空而起,他们兴奋地欢呼。突然,他们的小脑袋里闪过这样一个念头:人能不能飞起来呢?

从此,两兄弟对飞行器产生了浓厚的兴趣,成年后也时刻观注着有关的报道。1895年,德国人李林塔尔成功地驾驶着滑翔机飞上了天的新闻,使兄弟俩兴奋不已。但是第二年,却传来了李林塔尔在飞行中失事的消息。兄弟俩在痛惜之余,自己动手制造飞机的念头却越来越强烈了。尽管他俩知道,这可能要付出生命的代价。

当时莱特兄弟开着一家自行车厂。从造自行车到造飞机,这中间的差距是可想而知的。况且因为从小经常搬家,莱特兄弟没有上过固定的学校,连中学毕业文凭都没拿到,更不要说读大学了。但他们都有极强的动手能力和自学能力。他们找到了当时可能找到的所有资料,经过仔细分析研究,认为前人的失败在于没有找到有效的控制飞机的手段和没有足够的飞行时间。滑翔机的机器是"死"的,完全不能动,因此一上天只能任凭狂风吹抛。那么,怎样才能控制机器呢?

一天,客人来买轮胎。奥维尔把轮胎从纸箱中取出来时,纸箱盖被卡住了,扭成一个曲面。"有了!"这一下子使他想到,为什么不把机翼从平面变成曲面呢？只要增加一个机械操纵杆，就可以使机翼的一端翘起，形成一个"仰角"，这样马上可以改变机翼上下面的气压而获得升力！太棒了！奥维尔心花怒放，冲着客人笑出声来。客人倒被他笑得莫名其妙。客人走后，莱特兄弟就给飞机装上了操纵杆。后来他们又给机身装上了升降舵，并把两个操纵系统联合起来，解决了飞机的操纵控制问题。

他们没有幻想一次成功，而是在实践中不断完善。从1900年开始，每年造出一架飞机并进行试飞。到1903年为止，他们已积累了上千小时的飞行经验，还附带发明了一种名为"风洞"的空气动力检测工具，这种工具我们今天还在用。1903年，他们自己动手造了一架飞机用发动机，定于12月进行动力飞机试飞。

1903年12月17日，他们在北卡罗莱纳州海岸边开始试飞。兄弟俩争着首航，不肯相让，只得用投币法决定人选，结果威尔伯胸有成竹地进入了机舱。但他求胜心切，机头拉得太高，飞机虽然起飞了，却很快坠地，还碰坏了飞机，使大家很扫兴。幸而损坏不严重，他们修好了飞机，三天后进行第二次试飞。

这次轮到奥维尔上天了。为了减轻重量，他不顾刺骨的寒风，甚至把大衣都脱了。发动机启动后，飞机沿滑轨向前滑动，"呼"的一声腾空而起，飞行了三十七米，在空中飞了十二秒，随后安全地着陆了。接着，当天又试飞了三次，其中有一次持续了五十九秒，飞行距离为二百六十米。然而消息传出，却根本没人相信，许多人把莱特兄弟当做骗子。两兄弟不管这些，只是埋头改进飞机的性能。

1908年5月，莱特兄弟的飞机试飞场附近出现了几个身份不明的人。他们带着食物、水、望远镜和照相机，隐蔽在树丛里，不顾蚊叮虫咬，坚持天天观察机场附近的天空，为的是要"揭穿飞行的真相"。他们实际上是《先驱报》、《美国人报》等报纸的记者。11日那天，他们看到了在阳光下闪闪发光的螺旋桨叶在转动。接着，飞机腾空而起，向他们头上飞来。这些训练有素的记者又惊又喜，完全忘了拍照，忘了看表，直到飞机轰鸣，掠过他们的头顶后，才如梦初醒。14日，他们两次看到了载人飞行，这些记者们彻底地信服了。

1908年9月，美国迈尔堡阅兵场举行公开的飞行表演，奥维尔胸有成竹地登上了飞机。发动，起飞，转圈，下降，着落，飞机在空中仅飞了三十一分十一秒，可到场的那些军官们激动得像发了疯，惊喜的欢呼声充满了整个机场：人类千百年来飞上天的梦想终于实现了！

203·极地探险

　　严冬时节,挪威的首都奥斯陆像往常一样,变成了一片冰雪世界。夜半时分,天更冷了,寒风吹起满地雪花,扑向一扇扇紧闭的窗户。但是奇怪得很,近郊的一个小镇上,却有一间屋子的窗户大开,任凭寒风自由进出。屋子里没有人吗?不。床上睡着一个身体强壮的少年。他虽然穿着较厚的衣服,盖得也不少,可是在如此酷寒的气温中还是冻得直打颤。他不止一次地想爬起来把窗户关上,然后美美地睡上一觉,但是不,他告诉自己:一定要坚持下去,这点冷是小意思,我一定能克服过去的。过了好久、好久,气温依然寒冷,但他终于平静地睡着了。

　　他叫罗尔德·阿蒙森,从小就对探险感兴趣。他最喜欢的书就是《富兰克林探险记》。富兰克林是英国著名探险家,他想征服北极,然而却失败了。阿蒙森的愿望也像富兰克林一样,渴望有朝一日征服北极。他知道极地探险必须有非常强壮的身体,因此从小就热衷于锻炼,不仅经常去滑雪、踢球、划船、跑步,而且常年坚持在冬天开窗睡觉,以锻炼自己的抗冻能力。

　　阿蒙森成年之后到船上去当水手,努力学习航海知识。他还常常放弃船上的美食而去吃生的鱼等海洋生物,来锻炼自己的野外生存能力。勤学好问的阿蒙森很快地掌握了航海的知识,从水手升至大副、代理船长,后来又顺利地通过了考试,取得了领航员和船长的资格。

　　1900年,阿蒙森开始准备他的北极之旅。他总结了前人北极探险失败的三个原因:人太多、船太大、航线选择欠佳。因此他只准备了一条四十七吨重的小船"约阿"号,只雇了六名水手。为了准备这次航行,他事先还专门去德国汉堡观象台学习了地磁和气象观察。

　　1903年6月,阿蒙森开始了他的北极航行。起先,他沿着当年富兰克林的航线走,可是进入了兰卡斯特海峡后,遇到了狂风。浮冰从四处拥来,狂风把小船举起来,又狠狠摔下。整条船被海浪淹没了,发出吱吱咯咯的响声。可是还没等大家从惊恐中回过神来,狂风卷起的浪涛又把"约阿"号向一个浅滩飞快地送去。整条船都在颤抖,眼看就要粉身碎骨了。

在这个关键时刻,阿蒙森果断地下达命令:减轻船的重量,把食品柜抛入海中!好几个两百多公斤重的食品柜抛出之后,船身顿时升了起来,但这时离浅滩也越来越近了,这七条汉子难过地闭上了眼睛。但由于小船已经减重,"约阿"号竟轻快地飞过了浅滩而进入了前方的海洋中。总算可以松一口气了,但是,前面又出现了无数的暗缝和岩石。

正在这时候,船身一震,舵失灵了。舵手大叫一声:"舵坏了!"在暗礁丛中航行,再也没有比这更坏的消息了。然后船身又强烈一震,舵手又大叫:"舵好用了!"原来强震又把舵复了位。就这样整整五天五夜,大家都没敢好好休息,终于闯过了险滩。

经过千辛万苦,三年之后,即1906年夏天,他们终于通过了白令海峡,人类第一次驾船通过北极。

这条航线的打通使阿蒙森成了名人。他探险的下一个目标是向北极极心进发。几年后,眼看一切准备工作就绪时,却传来一个对他极为不利的消息:美国探险家皮里已经到达了北极极心!

阿蒙森陷入了进退两难的处境。不过1910年6月,他还是驾船出海了。但是船驶到了大西洋上时,他召集了船上的全体人员,向他们宣布:我们去征服南极!

这次航行,阿蒙森做了极为精心的准备。他带了大量的北极狗,既可以拉雪橇,必要时也可以成为口粮。他还带了大量的肉食和蔬菜,甚至连作息时间也作了安排,每周工作五天,经常进行文体活动,保证足够的休息时间,等等。这样,远征队始终保持着高昂的士气和充沛的体力。

1911年1月14日,他们到达了罗斯冰障东部的鲸湾。他把全体队员分成三组:一组建立大本营,第二组猎取海豹、增加食物储备,第三组去寻找通向极心的道路。

经过九个月的休整和适应当地环境,探险队向南极极心挺进,每隔十五公里建一个休息站。10月20日,他们开始冲刺了。11月21日,天气突然变了,暴风雪使能见度几乎为零,他们只得休息了几天。然后天气转好,他们就攀登了"魔鬼冰川",这里有很多深坑和深谷,极为危险。

终于,在12月14日下午三时,他们到达了南极极心。探险的勇士互相拥抱,然后拿着挪威国旗合影留念;接着举行"庆功宴"——每人吃一块煎海狗肉。

阿蒙森探险队在极心支起帐篷,待了三十六小时,留下一块刻着到达者姓名的木板;然后脱帽向国旗致敬,恋恋不舍地离开了南极。

返程途中,阿蒙森的南极探险队每隔几天就杀一条狗充饥,精力充沛地回到了基地。那是1912年1月25日。

人类将永远记得这一次开创性的探险。

204·居里夫人

巴黎郊外有一间极为简陋的玻璃棚屋,屋顶已有不少破损。夏天,屋里像烘箱一样烤人;冬天,屋里像冰箱一样冷。下雨,屋里滴滴答答地漏个不停;刮风,屋里能充分感到风的威力。在这样破旧的屋子里,却有一对夫妇,站在一堆瓶瓶罐罐之间做着实验。他们搅拌着煮着的沥青糊,刺鼻的臭味使人呛咳。他俩过滤、蒸发、称量、提炼着什么。日复一日,年复一年。累了,他们对视一笑;困了,相互鼓励,一干就是四年!

这对夫妇为什么这么干?难道说这刺鼻的沥青糊能熬出什么宝贝吗?

原来这是正在巴黎大学攻读博士学位的女科学家居里夫人和她的丈夫比埃尔·居里,他俩正用这简陋的设备来证实一项科研成果。

1896年,法国物理学家报告了铀盐能使照相底片感光的消息,引起了居里夫人的极大兴趣。她称这种现象为"放射现象",并准备将对放射现象的研究作为她的论文课题。在研究放射性元素铀和钍的过程中,居里夫人惊异地发现,沥青铀矿的放射性远远超过元素铀的放射性标准值。这是什么原因呢?经反复核对和测量,居里夫人认为很可能沥青铀矿里存在着未知的、新的、放射性很强的元素。这个新发现太重要了,它将完全改变人们对原子结构的根本看法。居里夫妇花了很大努力来提纯和测定这种未知的元素。到了1898年12月,他们向法国科学院报告发现了新元素钋和镭,但是没有得到科学院承认。理由很简单:他们必须提供新元素的样品,以供其他科学家作鉴定。

就这样,居里夫妇不得不极为辛苦地开始熬沥青糊。要是从沥青铀矿中提炼这新元素就方便得多了,可是沥青铀矿石很贵,他们根本买不起。因此四年里,居里夫妇熬了八吨沥青糊,才提炼出零点一克镭盐,同时也精确地测定了镭的原子量:二百二十五点九三。这四年为了购买沥青糊和仪器设备,他们耗尽了全部积蓄,节衣缩食,而且天天暴露在强烈的放射线中!

1902年3月的一个晚上,居里夫妇在夜里来到了那间简陋的棚屋。他俩故意不开灯,在黑暗中,他们看到玻璃瓶中的镭盐散发出蓝色的光,那光彩是如

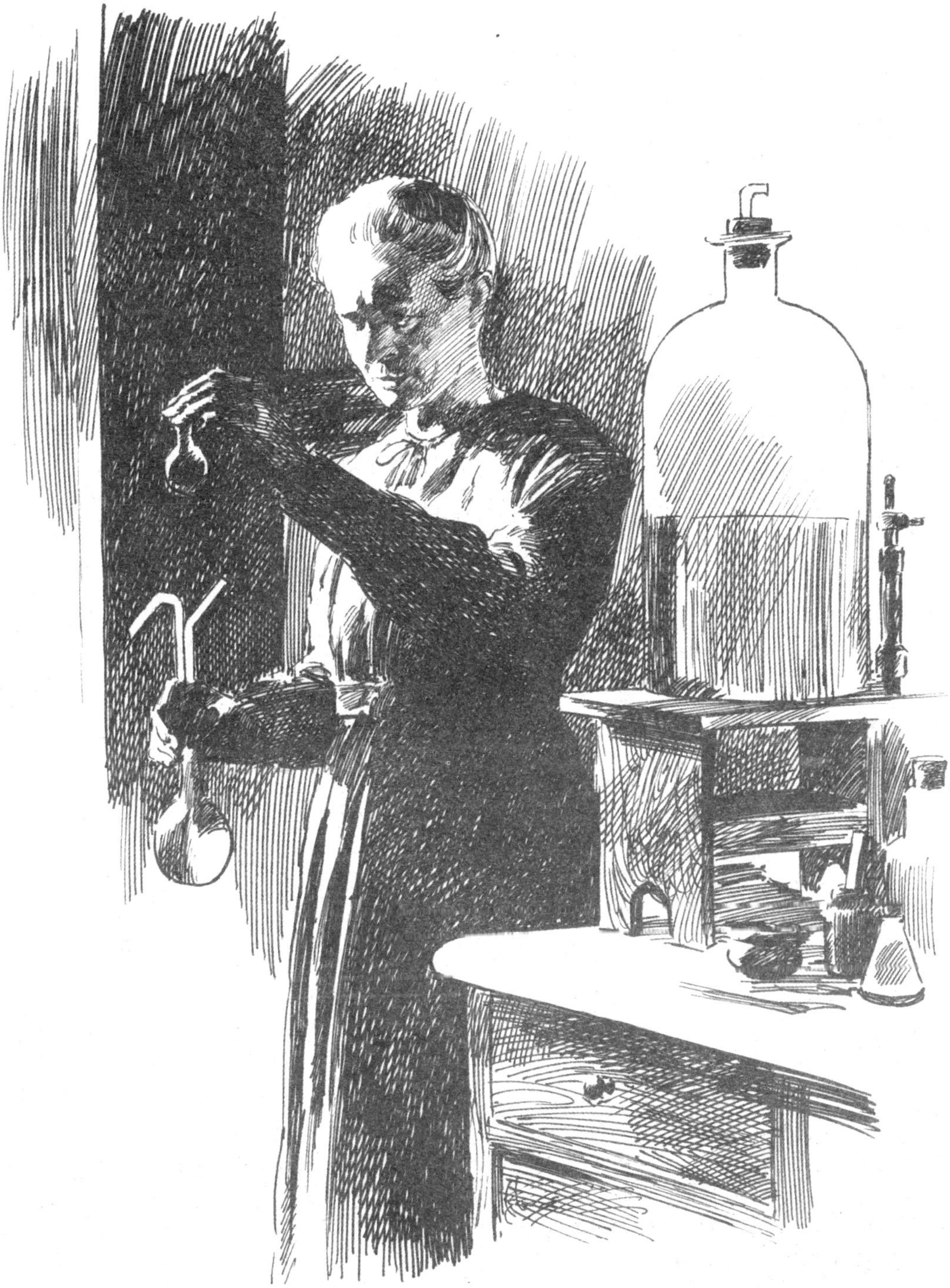

此清丽、纯洁。居里夫人不由得流下了喜悦的眼泪。为了这零点一克镭盐,他们付出了沉重的代价,那就是健康。比埃尔很快得了放射性关节炎,晚上经常因疼痛而难以入睡;居里夫人也得了严重贫血。

一天晚上,比埃尔又没法睡觉。居里夫人极为担心地守在一旁,"比埃尔,如果我俩中死了一个……剩下的一个也活不了。我们是不能分开的。是不是?"她问道。

"不,"比埃尔注视着夫人忧伤的脸,坚定而缓慢地说道,"你错了。无论发生了什么事,即使一个人成了没有灵魂的身体,另一个人还是应该照常地工作。"

这句话深深地印在居里夫人的心里。

居里夫人担心的事终于发生了。1904年4月19日,比埃尔死了。不过,他不是死于放射病,而是死于车祸。

居里夫人听到这个噩耗,不相信是真的。这怎么可能?相濡以沫、同甘共苦的丈夫竟突然就没了呢?她像一个木头人那样呆呆地僵在那里,好久、好久,痛心至极,甚至流不出一滴眼泪。她的心碎了。

但是她没有给严酷的现实所击倒。她要继承丈夫的遗志,坚强地活下去,工作下去。

1906年11月5日,著名的巴黎大学汇集了当时社会各界名流,包括艺术家和摄影师,他们是来听气体电离课的。更准确地说,他们是来看居里夫人的。因为一位妇女走上大学讲坛,这在巴黎大学是破天荒的第一次。

下午一点三十分,三十九岁的居里夫人出现了。她消瘦、苍白,金色的头发高高挽起,纤细的身躯裹在一袭黑色的连衣裙里。她缓慢而又镇静地走上讲坛,灰色的大眼睛是那么忧伤,又那么坚毅。她翻开书本,翻到她丈夫病故而中断的那页,继续讲:"当人们考察十余年来物理学所得到的进展时……"

整个教室里安静极了,人们在屏息听她的演讲,分担着她对亡夫的哀痛,赞叹着她坚强的毅力。讲课完了,教室里响起的掌声,久久不能平息。

居里夫人不仅是第一个走上巴黎大学讲坛的女性,而且也是世界上第一位获得物理学博士学位的女性,更是世界上唯一的一位两次获得诺贝尔奖的女性(1903年和1911年)。镭的发现不仅仅是一种新元素的发现,而且打开了原子世界的大门,开创了一门全新的科学——放射学。

镭在肿瘤治疗等方面有着巨大的实用价值。当时一克镭的价格是十万美元,远远超过黄金的价格。很多国家都想提取镭,他们要求居里夫人提供详细资料。如果居里夫人申请专利,她马上可以变成亿万富翁,从而成为科学界最富有的女性。

但是,不,她放弃了申请专利。她平静地说:"镭不应该使任何人发财致富。镭是化学元素,应该属于整个世界。"

居里夫人终身过着俭朴的生活。爱因斯坦后来评论说:"在所有的著名人物中,居里夫人是唯一不为荣誉所腐蚀的人。"

205·爱因斯坦和相对论

1884年的一天,德国南部小城乌尔姆的一个犹太家庭中,一个五岁的男孩躺在病床上摆弄着一个罗盘。他把罗盘旋转九十度,指针很快地回到了原位。他把罗盘旋转一百八十度,指针又颤颤巍巍地回到了原位。"好吧,来个猛烈一点的!"小男孩把罗盘捧在胸前,猛地旋转身子,又猛地旋回,"这一下看你怎么办!"小男孩得意地想着。谁知指针经过一番挣扎,又稳稳当当地回到原位,忠实地指向北极。

小男孩迷惘了,他放下罗盘,向四周张望着,谁在暗中操纵着这根小小的指针呢?他当时并不知道,这个名为"场"的力量,将和他打一辈子的交道。

这个小男孩就是以后闻名世界的大科学家阿尔伯特·爱因斯坦。

爱因斯坦一开始在学校的成绩并不出色,但他有他自己的学习方法。有一次,有人送他一本《欧几里得几何学》,引起了他对数学的极大兴趣,以至他十一岁就学完了微积分。数学成绩一跃而成为全班第一。爱因斯坦提出的一些数学问题使老师非常难堪,不得不明确地对他说:"如果你不在班上,我会觉得自在好多。"

然而,爱因斯坦终生保持了自由思考的学习特点。他后来进入了瑞士的苏黎世工业大学,毕业后进入专利局工作,工作之余还坚持学习,从来没有停止学习和思考的习惯。那时候在瑞士伯尔尼的街头,人们经常会看到一个年轻的父亲顶着一头乱发,穿着随随便便的衣服,推着一辆婴儿车在街上走——看那模样是去买家用杂物的。那人一边走着,一边若有所思地想着什么,然后会很快地掏出笔与纸记下点东西,接着又开始似乎是毫无目的地闲逛了。其实他那时思考的问题已是非常深奥的物理科学了。

爱因斯坦最有名的研究成果就是相对论了。那么,什么是相对论呢?据说有人就此问题请教爱因斯坦,他说:"很简单,当你和一位美丽的姑娘坐在一起时,一小时就像一分钟那么快。而当你坐在热的炉子上,那一分钟却又像一个小时那么长了。"

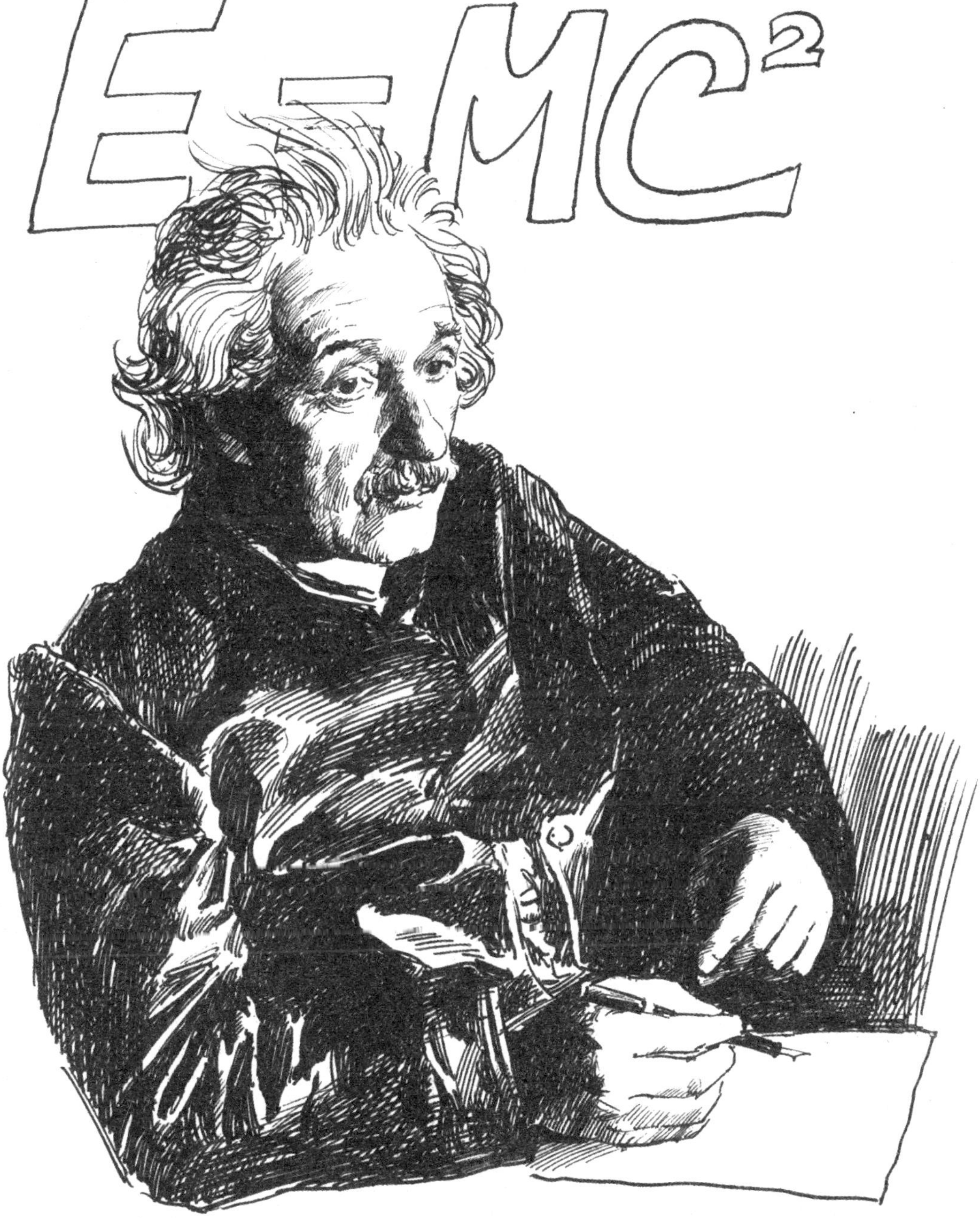
E=MC²

当然,相对论并非那么简单。爱因斯坦1905年提出的狭义相对论,阐明了物质、运动与时间、空间的相互关系,当物体运动速度接近光速时,标尺会收缩,时间会延缓,质量会增加,而光速不变。这些观点与人们所熟悉的牛顿力学是完全不同的。爱因斯坦曾预料他的论点会引起激烈的批评或争议,但论文发表后,学术界却一片平静。原因很简单:太深奥了。据说当时全世界能看懂相对论的人不超过八个。然而科学家们还没悟出其中的全部奥妙,1916年,爱因斯坦又提出了广义相对论,进一步提出了诸如"光线弯曲"等当时人们听后感到简直荒谬绝伦的观点,令人更难以置信。不过,爱因斯坦对此满怀信心。

果然,四年以后的11月6日,伦敦皇家学会总部的会议厅里,克罗姆林博士和埃丁顿教授叙述了他们分别在巴西和西非海岸天文台拍摄某些星星照片时,观察到那些星星没有出现在人们认为应该出现的位置上。在场的欧洲著名的物理学家、天文学家几乎都听得目瞪口呆。那是在日全蚀的时刻,所以平时看不见的星星此时能拍摄下来。对星星移位的唯一解释就是它们并没有移位,而是它们射出的光线经过太阳时,发生了弯曲。爱因斯坦的理论就这样得到了证明。

爱因斯坦又全力研究统一场论和量子力学,也许他五岁时那个罗盘的指针触发的灵感使他无法忘却吧。

1939年8月。爱因斯坦了解到纳粹德国已经运用他们掌握的科学技术研究制造原子弹,他和一些了解这一情况的科学家极为担心。为此,爱因斯坦致信美国总统罗斯福,建议加快原子弹的研制。可是到了1945年,德国的原子弹还没造出来,这些正义的科学家们反倒担心美国运用原子弹伤害其他国家了。爱因斯坦于当年4月再次写信给罗斯福,建议不要使用原子弹。信件已经送到了总统的办公桌上,可是罗斯福突然逝世,他没有来得及处理这封信!于是发生了人类历史上第一次原子弹爆炸事件,伤害了二十万平民。这使爱因斯坦极为后悔。1950年,美国决定制造杀伤力更大的氢弹,爱因斯坦表示强烈抗议。1955年4月,就在他逝世前两个星期,他还与英国著名思想家罗素联名发表了《罗素—爱因斯坦宣言》,警告战争的危险,呼吁世界和平。

爱因斯坦死后,按照他的遗愿,尸体火化后骨灰撒于大地。因为他在活着时,就感到社会盲目崇拜名人是毫无意义的。

也许这位改变了人类宇宙观的伟人想让人们记住,特别是让那些有志于科学研究的大学生记住的,是这么一段话:"绝不要把你们的研究当成一种义务,而应把它看做一种难得的机遇。这种机遇能让你们逐渐认识到在追求个人快乐的精神领域中释放出来的美的影响力,将有益于你们日后的工作所属的社团。"

206·高　尔　基

三月早春,俄国的萨马拉城寒意未消。清晨,路边水洼还结着薄薄的冰。

这天,城内《萨马拉报》编辑部来了个身穿廉价黑上衣的陌生青年。他脸色苍白,体形消瘦。这青年人是由当时著名作家柯罗连科介绍,来《萨马拉报》当编辑的。

几天后,《萨马拉报》上出现了一个时事评述专栏。其中评述的文章虽然经过沙俄新闻检查官的删改,但仍巧妙地披露政府官员的飞扬跋扈,工厂主对工人的野蛮欺压,妇女遭任意毒打等社会上种种黑暗丑陋现象。这些文章都是这个新来报社的青年写的。

两年前,1892年9月的《高加索报》曾经发表过这位青年人的第一篇短篇小说《马卡尔·楚德拉》,作者署名是高尔基。

著名作家柯罗连科曾经看过高尔基写的诗,高尔基希望柯罗连科给他些指点。柯罗连科只是细心地指出他文字上的错漏,对内容却不多说什么。高尔基很纳闷,不由得回想起自己二十年来的经历。

高尔基的俄文原意是"苦命的人",他的生活经历确实艰辛坎坷。这个原名阿列克塞·马克西姆维奇·别什柯夫的青年人因为家境贫困,连小学都没钱读完,就不得不从童年时代开始当学徒、打工谋生。他喜欢读书,千方百计找书读,果戈理、普希金、巴尔扎克、福楼拜的作品使他着迷。边读书边识字,高尔基的文化水平就这样在读书中逐渐提高。当他离开书本中丰富多彩的内容时,就感到现实生活的平庸乏味。他厌恶自己生活的环境,他看到四周那些陷于贫困的民众,大多数只是怯懦地面对有钱人的欺压,没有勇气抗争。他们用庸俗、自私的小市民习气麻醉自己,同时又伤害别人。高尔基认为应该有更好的生活,他要去寻找,就在十六岁那年离开家乡去了喀山。他想去喀山读大学。

在沙皇专制统治下的俄国,天下乌鸦一般黑。高尔基的大学梦未能实现,却从伏尔加河畔的一个城市流浪到另一个城市,作坊伙计、码头工人、捕鱼工、守夜人,他干过各种各样的活;也广泛接触到形形色色的人,政治流放犯、感叹生活不

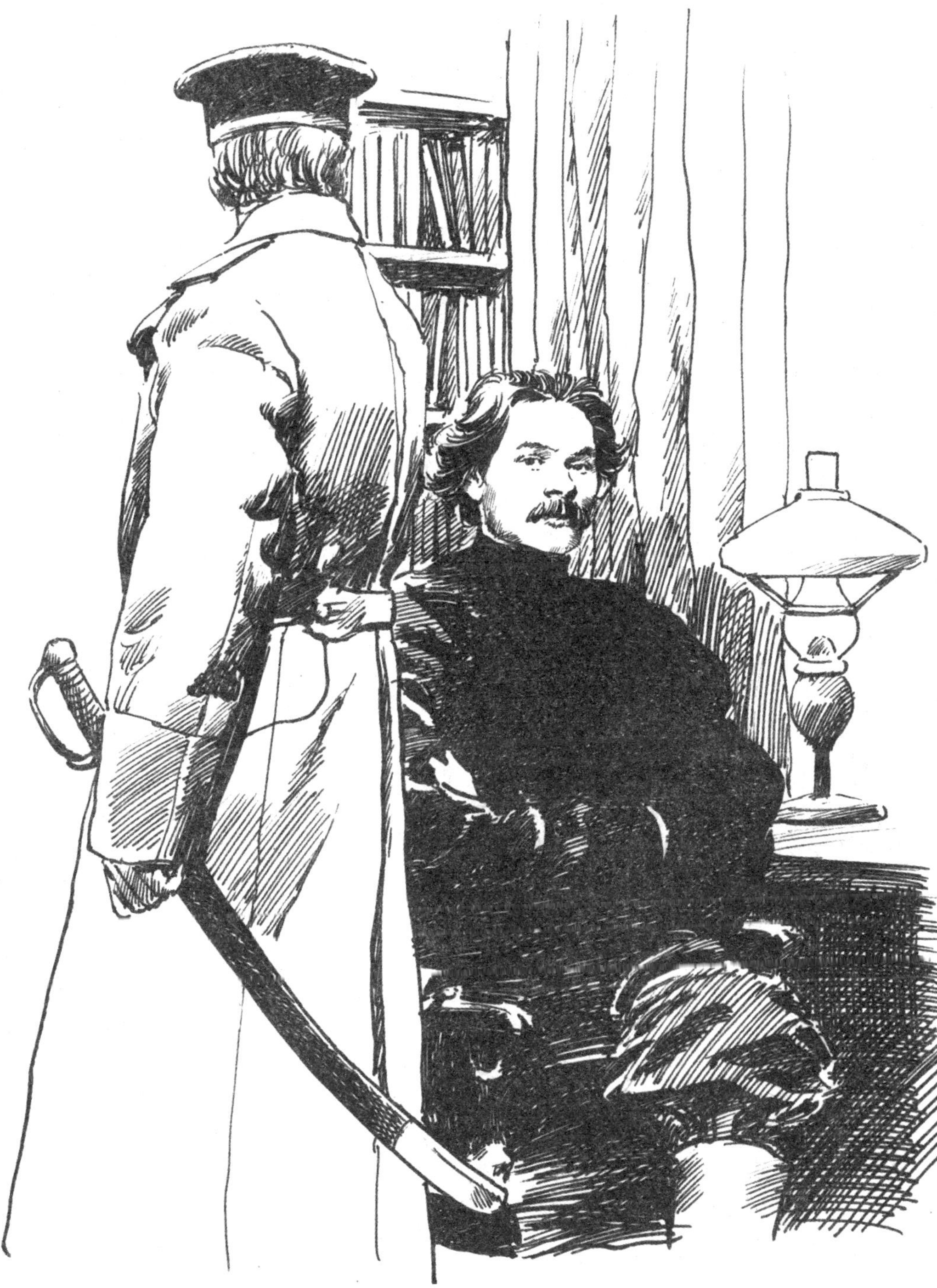

如意的知识分子、街头的流浪汉和艺人等等。当他与列宁领导的布尔什维克接触后，才得到启发，渐渐明确了生活的目标。就在这所"社会大学"里，高尔基学着用笔写出他对生活中庸俗的憎恶与对美好事物的歌颂。

一个初夏日的黎明，回到故乡的高尔基与柯罗连科经过彻夜长谈后，并肩漫步在田野上，郊野的空气是那么清新。

"你试试写一点篇幅更大的文章，在刊物上发表吧，是时候了。"这时，柯罗连科才热情地与高尔基谈写作的内容，对他作品提出修改意见，又引荐他去《萨马拉报》。

从此，高尔基的文学创作逐渐成熟了。他的文章激情澎湃，歌颂在黑暗中争取光明、自由的英雄："勇敢的鹰啊，你在跟仇敌的战斗中流尽了血……将有一天——你那一点一滴的热血会像火花一样，在人生的黑暗里燃烧。在许多勇敢的心里燃起对自由、对光明狂热的渴望……"

高尔基的这篇《鹰之歌》和《海燕》，被俄国民众广泛传颂，鼓舞着人们推翻沙皇的黑暗专制统治。《海燕》用散文诗的象征手法，巧妙地避开了沙俄新闻检查官的删改，这篇预告革命即将来临的作品出版后，在俄国大地上以打字本、油印本等多种形式流传，如同革命的传单。

一天黄昏，正在伏尔加河畔散步的高尔基遭到一个迎面走来的刺客袭击，刺客的匕首扎向他的心脏，幸运的是刀尖刺穿了大衣和外套，被烟盒挡住了。除了行刺，沙俄警察还监视高尔基，多次抓捕、关押他，但最后找不到高尔基犯罪的证据，又不得不释放他。

俄国革命风暴来临的日子越来越近了。1902年在索尔莫沃爆发的五一节示威游行，1905年在圣彼得堡，沙皇军警向手无寸铁的请愿群众开枪，镇压、屠杀民众的情景，一幕幕无法忘却的记忆都烙入高尔基的脑海中。那天游行后，为了避免军警可能的搜查，一些参加游行的朋友在他家中壁炉里，无奈地烧毁了游行的红旗。当他看到火苗将红旗燃成灰烬时，不禁悲愤交加。后来，高尔基用他的笔，艺术化地在《母亲》这部长篇小说中再现了这些，在世界文学史上第一次将参加无产阶级革命的工人作为英雄歌颂。《母亲》在俄国被列为禁书而遭查封，只能在外国出版。

当高尔基在伦敦与列宁见面时，他吃惊地发觉列宁居然是《母亲》最早的读者之一。原来,列宁是向国外出版商借来高尔基《母亲》手稿进行阅读的。《母亲》在德国、法国、意大利等欧洲各国工人中广泛传播,在世界各国无产者中广受喜爱。

列宁领导的十月革命取得胜利后,高尔基又努力创作《阿尔达莫诺夫家的事业》和《克里姆·萨姆金的一生》两部长篇小说。

早在1910年时,高尔基就想创作一部通过一个家族的兴衰,反映从农奴制度改革起俄国社会变化的小说。他把自己的构思告诉列宁。列宁听后,启发他说:"我想,你是能够胜任的,但是,现实生活还没给它提供结尾,您应该在革命以后写……"

高尔基又曾把自己的创作构想讲给托尔斯泰听。托尔斯泰也很赞赏:"嗯,这倒是真的,我知道这个,在图拉城有两家人是像这样的。应当把它写出来,可以写成一部大的长篇小说,你明白我的意思吗?"

他们的鼓励和指点,促成了高尔基最终完成这部反映俄国资产阶级兴衰过程的长篇小说《阿尔达莫诺夫家的事业》。然后,他又把精力投入描写俄国资产阶级知识分子历史命运的《克里姆·萨姆金的一生》的创作中。在这部作品中,高尔基写了一个经历俄国暴风骤雨历史变革年代的知识分子,故事情节从1877年写到1917年,俄国社会四十年风云变幻、历史事件都一一在书中再现。高尔基为此甚至每天写作十二个小时,但最终因病去世,还是没能完成这部巨著。

除了《母亲》等长篇小说,高尔基还写了剧本《底层》,自传三部曲《童年》、《在人间》和《我的大学》等大量文学作品。这些作品生动反映了俄国十月革命前后的社会面貌,揭露沙俄皇朝的黑暗野蛮,抨击了庸俗、市侩气等人性的弱点,鼓舞人们追求新生活。

高尔基是无产阶级革命文学的杰出代表。

207·诗神泰戈尔

七月的伦敦之夜,诗人庞德来到叶芝寓所。他看到在诗人叶芝客厅里参加今晚聚会的,都是当时英国文坛名声显赫的人物:画家罗森斯理、文艺评论家布拉德利,等等。

"罗森斯理向我推荐一位诗人,我现在就来朗读他的诗。"叶芝以主人的口吻说罢,就打开诗页,念了起来:

你已经使我臻于无穷无尽的境界,你乐于如此。这薄而脆的酒杯,你再三地饮尽,总是重新斟满新的生命……

到达离你最近的地方,路途最为遥远;达到音调单纯朴素的极境,经过的训练最为复杂艰巨……

诗的美与哲理表达浑然天成,在座的人都被它打动了。

"是谁写的?"

"是一个印度的诗人泰戈尔,原文是孟加拉语,他自己将它译成英文,诗集名是《吉檀迦利》。"叶芝放下诗集,激动地说,"一个伟大的诗人,比我们中间任何一个都要伟大的诗人出现了!"

聚会结束时,庞德要求带上《吉檀迦利》回去再仔细阅读。他将它带在自己身边,坐火车时、在公共汽车上、在餐馆用餐前,他都读。但他很快又把诗稿合上,因为他不愿意让边上的陌生人看到自己被诗的美而感动不已的模样。

《吉檀迦利》英文译本在英国出版后,成为英国文化界轰动一时的盛事。《泰晤士报》文学副刊刊出有关评论文章。然后泰戈尔的其他几本诗集《园丁集》、《新月集》英文译本也相继在英国出版。1913年11月,瑞典皇家学院宣布这届诺贝尔文学奖颁给泰戈尔。两年之后,英国又宣布授予泰戈尔爵士称号。一个用孟加拉语写作的印度诗人,怎么会在当时普遍轻视东方的世界文坛,引起如此轰动?

《吉檀迦利》是孟加拉语"献词"的意思,它收有一百多首散文诗,文笔清丽流畅。自然的美,鲜花与果实、草木、暴雨、海洋、天空和河流,都被泰戈尔用富于音韵和节奏的语言咏唱着,同时,又富有哲理地以境寓意,表达了对生命、生活、死亡等命题的深邃思考。

1861年生于印度西孟加拉邦加尔各答的泰戈尔,自小就受到印度优秀文学、哲学的熏陶。他的父亲是位很有造诣的研究哲学、神学的著名大学者,印度当时已成为英国殖民地,泰戈尔因此也熟练掌握了英语。他较早就能用诗体文字表达自己的思考,但真正感悟他的,是十九岁那年一个黄昏的景色。

那天傍晚,泰戈尔在小屋里看着窗外天空中的落日余晖,他突然明白自己应该如何写诗。因为这一刻他看到了从未见过的自然之美,他领悟了自然界的博大、广阔。以往提起笔时心中的迷惘,如同雾气瞬间消退了:"我明白自己的写作宗旨,那就是尽善尽美地抒写生活的丰富多彩。"

印度人民掀起反抗英国殖民统治的民族独立运动,泰戈尔也热情参加。他讲演,写文章,抗议异族入侵,维护印度的民族尊严。但是他更多的是关注印度民族自身的弱点,他要求注重民族教育事业,身体力行办起了学校;他要求发展印度民族工业。他不是仅仅谴责英国殖民主义,也反省自己民族的落后之处:贫穷、无知、生活习惯不卫生等。他特别谴责印度的封建种姓制度——那种把人民分成天生高贵和卑贱的制度的罪恶。他以文学的形式,思考着民族的未来,同时也探索善良和美等人性的问题。

他写的散文诗《古檀迦利》是献给神的。泰戈尔的"神",不是一般宗教教义中的"神",而是指蕴含在天地万物之间的和谐的美,是他对这种美的炽烈又无限深沉的情感投入,是他对自然的热爱。他用诗的语言、赤诚的心、低回婉转的音律,歌颂着。难怪他的诗会引起西方文坛的惊讶与赞美。在物欲至上的现代社会,泰戈尔的诗清新脱俗,有益于净化人的精神。

成名之后的泰戈尔多次出国访问,讲演。欧洲各国,美国、日本,还有中国,他都到过。他在访问讲演中,对受强国欺侮的弱小民族表示同情,更多的是谴责英国的殖民主义。

1919年4月13日,英国殖民军队在印度旁遮普邦阿姆利则,镇压民众的抗议运动,开枪屠杀印度平民,造成死伤一千五百多人的"阿姆利则"惨案。尽管占领印度的英殖民政府用新闻审查制度,竭力延缓关于殖民者暴行的消息向外传播。但是泰戈尔还是知道了,他非常气愤。

5月,英国驻印度总督收到泰戈尔的一封信。信中说:为了对印度同胞所受的凌辱和苦难表示愤怒和抗议,泰戈尔声明自己放弃英国授予他的爵士称号。一年后,泰戈尔又去英国访问,朋友们还是欢迎他,但是过去颂扬他作品的上流社会却明显冷淡他。原因就是他放弃了爵士称号,可泰戈尔毫不在意。他用诗,也用行动表达自己对祖国的热爱。

1921年12月,泰戈尔创办的和平之院举行落成仪式。他在《古檀迦利》中曾用散文诗的形式表达了"在印度的土地上,各个种族和教派的人们应该团结起来"的思想。为了建立和平之院这样一座吸取东西方优秀文化的大学,泰戈尔六十高龄还不断四处讲演,多次出国募捐,请求经济资助。他想吸收东西方先进文化知识,培植和发展印度文化。当印度人民反抗英国殖民统治,有人提倡妇女不要学习英语时,泰戈尔非常痛苦:"我看到了一种要把自己的房子变成监狱,并在四周垒起高墙,遮住外面阳光照射进来的企图;我反对生活的饥饿化,并不反对机器;我期望机器受人驱使而不是反过来支配人,所以我不能接受对手工纺车的崇拜……"

泰戈尔反对任何走捷径获得印度自治的方法。因为他深沉地爱自己民族,也就深切了解印度民族存在不少落后的地方必须改进,特别是种姓制度。

用孟加拉语写诗的印度诗人泰戈尔,也写戏剧、小说,在小说《沉船》和《戈拉》等作品中,他用人物的爱情波折,暴露封建包办婚姻的腐朽,抨击种姓制度的黑暗,反映了他身处的那个时代印度社会复杂的生活状况。

泰戈尔得到过许多颂扬,甚至是他所谴责的奉行殖民政策的国家,也给他许多甜言蜜语。当他七十九岁高龄时,英国牛津大学还特地赶到印度来授与他名誉文学博士学位。但是他坚持自己的观点,用诗的语言追求仁爱、自由与和谐的理想。

1941年泰戈尔逝世,他的诗却广泛传诵至今。正如他生前所说:"我不能说自己是一个纯粹的诗人……诗人在我的中间已变换了式样,同时取得了传道者的性格。我创立了一种人生哲学,而且又含有强烈的情绪因素。所以我的哲学能歌咏,也能说教。我的哲学像天际的云,能化成一阵时雨,同时也能染成五色彩霞,以装点天上的筵宴。"

208·将帅摇篮——西点军校

看过电影《巴顿将军》的人,都知道巴顿是毕业于西点军校、骁勇善战的猛将。那么,西点军校是什么时候建立的呢?

1775年5月,美洲费城召开了第二届大陆会议。美国独立战争已经开始,如何战胜英军是大会的重要议题之一。

打开地图,蜿蜒流淌的哈得逊河成为代表们的目光集中点。只要控制哈得逊河,就能切断英军兵员和弹药粮食的供给线。在地图上,那条河在纽约东南的山区突然转向,拐了个弯,才恢复向南流去。

"在这里,扼守住这里,就能控制哈得逊河。"一名代表指着地图上哈得逊河转向处——那个注明地名西点的地方。众人都点头称是。

西点是锲入哈得逊河心的一个三角形岩石坡地,比河面高出约五十米,面积约有六十五平方公里。西点对面,有座巨大的岩石——马特勒(今名宪法岛)。于是,从1776年起,美军在西点与马特勒相继修建起数个堡垒。1777年4月,美军又拉起一条一百五十吨重的大铁链,从西点到马特勒,横跨哈得逊河,锁住河面。英军果然发兵争夺西点。几番争夺后美军终于控制西点,直到独立战争胜利。

首任美国总统华盛顿深知训练有素的军事将领对国家和军队的重要价值,他多次提议成立军事学校。直到1802年,国会在总统杰弗逊坚持下,终于同意在西点建立美国陆军军官学校。

时光流逝。1807年3月22日,一名青年人从哈得逊河畔的简陋码头下船,沿着山间小道走向西点军校。这天风很大,他顶着风费力地前进,当他看到西点军校的灰色校舍在数个堡垒后出现时,不由满心欢喜。

这个不到二十二岁的青年人西尔韦纳斯·塞耶,热爱军人生活。是当时拿破仑在欧洲的辉煌战绩,燃起了他对军事学的强烈兴趣。

然而,西点军校给塞耶的最初印象并不好,发给他的数学、哲学教科书内容陈旧,睡觉是躺在空旷的寝室里粗糙的松木地板上。唯一令他满意的是军校服装,蓝色的军服一排八个镀金钮扣,钮扣和帽徽上都有鹰的图案。

当时西点军校的校长乔纳森·威廉斯中校,在校内创办美国军事哲学协会,倡导学员研究军事科学。四个月后,勤勉好学的塞耶第一次参加协会会议,他听到威廉斯中校的一篇野战炮兵的论文,以及学校的数学教授哈斯勒的关于测绘地图的计划。

1808年,获得工程兵少尉军衔的塞耶毕业离开西点。第二年塞耶奉命调入西点任教官,两年后他又奉命调离。这次调开西点军校时,塞耶心中有些不安,尽管他在任教官的日子里,尽心执教,可总感到真正的军官学校不应该是眼下西点这个模样。

后来塞耶写信向美军领导层建议,应该派人去欧洲考察,用先进的军事教学方法,彻底改变美军军事教学陈旧、落后的现状,并且自荐担当这个重任。

1817年7月28日下午,夕阳西斜,一艘帆船驶向哈得逊河西点的码头。又是个有风的日子。船头上是新任西点军校校长的塞耶少校。这风,让他想起十年前,他作为学员来西点报到的那一天,不禁感慨万千。由于得到美国政界与军方高层的赞许,塞耶成为美国派往欧洲考察军事的两人成员中的一名。在巴黎,他花了近两年时间,对拿破仑的军事指挥艺术、法国梅兹军校的教学方法,以及富歇的警校训练方式,都作了深入学习和研究。如今,他踌躇满志归来,准备在西点军校的教学实践中,实施他的理想。

塞耶一上任,首先制定了西点军校以土木工程技术为主的四年制教育计划,还扩建了图书馆,在学员中创建"荣誉制度",在学校教员与学生间倡导公平竞争、共同协作的"拱顶石"精神;而且不讲情面,果断开除了某些违背军校纪律制度的学员,哪怕是美国政界军界要员的亲属、子弟也毫不留情。

西点军校面貌一新。可是塞耶由此也惹恼了那些高层人士。1833年1月,他被迫辞职。

这天,塞耶正在自己书房里处理准备离去的事务时,有三名西点教员进来了。他们受全校教职员工之托,送给他一幅他们绘制的塞耶画像,还说已发起挽留塞耶的签名活动。

"我对各位的盛情感激于心。可是我不能接受,因为西点军校的规章制度要求上级不能接受部属的任何礼物。同时,我要求你们立即停止签名活动,这将被认为是对政府的反抗……"

说完这席话,善于控制自己情感的塞耶已是热泪盈眶。

塞耶离开了西点,但他对西点军校的建设所做的贡献,使他获得了"西点军校之父"的美誉。他培养的学员马汉(提出著名的海权理论),以及教出的西点学员米基,日后都成为美国享誉世界的军事理论家。西点军校毕业生麦克阿瑟在建立卓著军功后,也曾出任西点军校校长。

西点军校严格的军事训练和现代知识教育,例如"野兽营"严酷的战时生存训练,不但有特色,而且造就了美国军事人才的源源不断。西点军校学员中有许多日后成为著名军事将领,如南北战争时期的罗伯特·李、格兰特(后出任总统),第一次世界大战期间的潘兴,第二次世界大战时的巴顿、布莱德雷、麦克阿瑟、艾森豪威尔(曾任西点校长、后出任总统);还有前些年在海湾战争中大展身手的施瓦茨科普夫等人。据统计,第二次世界大战中美军师长以上的陆军高级将领一百五十五人中,有百分之五十七点四出自西点军校。其中最高司令、集团军群司令和集团军司令共三十二人,就有二十一人毕业自西点军校,占百分之六十五以上。

209·哈佛大学

二十世纪四十年代末,美国参议员麦卡锡煽动的反共浪潮,使美国政界陷于所谓的"被共产党人混入政府机构"的无端恐慌中。有两百多名政府官员被指认为是共产党。这天,国会召开听证会,调查的被怀疑对象是希斯先生。当时的议员之一,日后出任美国总统的尼克松也加入了对希斯的指责者行列。希斯极为愤怒。他高傲地答复道:"我懂法律,我上的是哈佛法学院。可你呢?"

希斯继续嘲讽道:"我相信你的学校是魏特耶吧?"

尼克松被当众奚落,竟然一时无言以对。

一个哈佛大学的学历居然让人能有如此实力和傲气!

原来,哈佛的建校历史比美国建国历史还要悠久。十七世纪初,一批英国清教徒乘"五月花"号远涉重洋,在美洲东海岸登陆,开始创业。这些人里有不少曾受过英国牛津、剑桥的大学教育,对故土的强烈怀恋,使他们在创办学校、教育下一代移民时,将学校名定为剑桥学院,学校所在地波士顿的小镇坎布里奇的一条街也被他们命名为牛津街。1636年,马萨诸塞海湾殖民地的文字记载这么写着:"为新大陆培养饱学的神父和识字的民众,议会同意拨款四百英镑……"

两年以后的一个秋日,在剑桥学校任教的牧师约翰·哈佛因病逝世。临终前,他将自己一半积蓄的七百二十英镑及二百六十册图书捐赠学校,因为当时剑桥学院规模太小,一共才有九名学生。

政府的拨款总共四百英镑,哈佛牧师的捐赠超过其近一倍!他的义举感动了许多人。人们效仿他的精神,也纷纷捐款捐物。有人牵来一头绵羊,有人送上一匹价值九先令的棉布,还有人捐的是一把锡制酒壶,更慷慨的一位捐了三百英镑。有了资金,最初只有一名教师、九名学生的剑桥学院开始兴旺起来。为了纪念哈佛牧师,1638年学校改名为哈佛学院。

1640年,毕业于英国剑桥大学的亨利·邓斯特牧师出任哈佛学院院长,他把剑桥的语法、修辞、逻辑"三科"和算术、几何、音乐、天文等"四艺"课程照搬进哈佛学院。哈佛的最初几任校长都是牧师。1708年,莱佛里特成为第一位非牧师身份的校长,从此哈佛学院的宗教色彩逐渐淡化。1780年,哈佛学院改名哈佛大学。

1807年上任的校长柯克兰在哈佛继第一个研究生院哈佛医学院后,又建立了神学院和法学院;1869年出任校长的艾略特引进了德国的教育体制,强调教育研究的重要意义,改革了陈旧的教学体制,终于使哈佛大学成为如今拥有十大研究生院、超一流规模的综合性研究型大学。

哈佛大学的教授均是世界范围招聘的各学科著名学者,他们的年薪是美国各大学中最高的。优质的师资是学校教学研究高水准的重要因素之一。哈佛历任校长都极端重视学术研究的独立性,坚持三A原则,即学术自由、学术自治和学术中立(这三个原则英文词第一个字母均是A)。

时间的车轮驶入二十世纪,1909年,哈佛大学新校长洛厄尔上任不久,就遇到一个难题。

这时,一战战火已燃遍欧洲。那天,他被告知在心理学系任教的穆斯特伯格有可能是德国间谍。一些有权势的人提出哈佛应该解聘穆斯特伯格。在自己的办公室里,洛厄尔面有难色,苦苦思索,解聘穆斯特伯格只要一张解聘通知书就可以了,但这么做有悖于三A中的学术自由原则呀。

秘书敲门进入,送上一封注明哈佛大学校长亲启的信。洛厄尔打开信,来信者说明自己是毕业于哈佛的校友,愿捐款一千万美元,条件是校方必须立即解聘穆斯特伯格。

一千万美元,可不是个小数目!然而想到自己作为校长的责任,更想到自己祖辈中五代都是毕业于哈佛的家世,洛厄尔毅然不为所动。他认为必须坚持哈佛传统的三A原则,便断然拒绝了一些人提出的解聘穆斯特伯格的要求。

十几年后,又有人提出,已查明在哈佛政治系讲课的教师拉斯基,是一名布尔什维克。为了防止"赤色"分子在学校讲课中损害美国政治秩序,应立即解聘拉斯基。

洛厄尔依然坚持不能解聘拉斯基。他了解拉斯基,此人讲课颇受学生欢迎,尽管言谈激进,但哈佛三A原则中强调的正是学术自由。洛厄尔坚定地表示:"如果谁一定要解聘他,那么我先向他送上我的辞职书。"

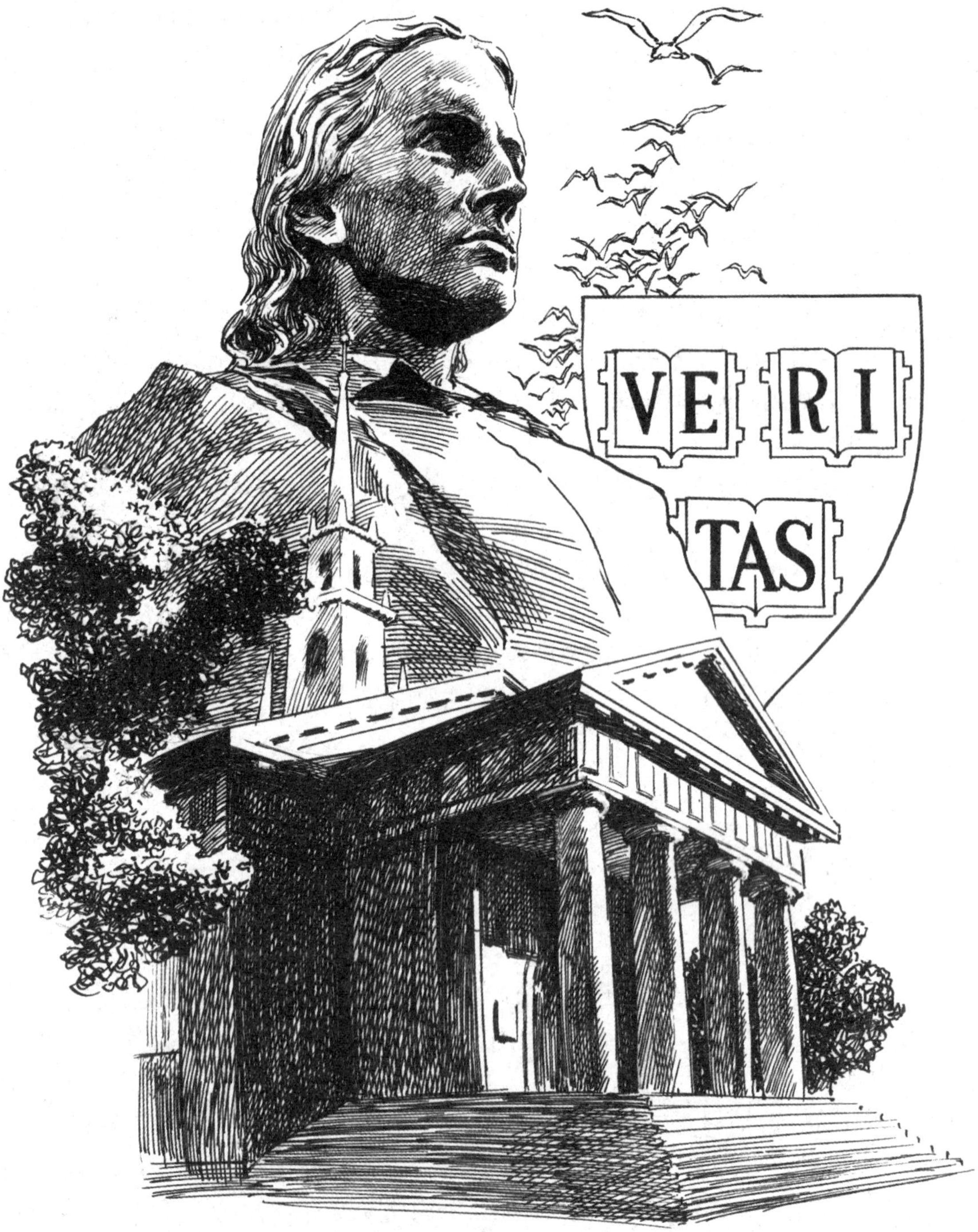
VE RI
TAS

面对当时美国反共浪潮波及大学校园的势头,洛厄尔决定以身抗击。哈佛的校园就这样坚持维护了学术研究的自由。

由于哈佛良好的教学体制和研究环境,建校数百年来,哈佛学生中人才辈出。最初的那九名学生中,有七人名载史册。其中最著名的是乔治·唐宁,英国首相官邸所在的伦敦唐宁街就是以他的名字命名的。美国建国后第二任总统约翰·亚当斯毕业于哈佛。此外还有六位总统也都是哈佛学生,包括西奥多·罗斯福和富兰克林·罗斯福,被刺身亡的肯尼迪。著名政治家、外交家基辛格也是哈佛学生。哈佛有三十八位教授获得诺贝尔奖。中国许多著名学者、科学家,如赵元任、陈寅恪、林语堂、梁实秋、竺可桢、陈岱孙、梁思成等也是哈佛学生。

哈佛校徽的标志是一个贵族色彩的盾形徽章,上面由三本翻开的书组成一个倒"品"字形,依次写着拉丁文 VERITAS,意思是真理。在哈佛占地面积三百八十英亩的校园那古朴的红砖建筑群里,一座约翰·哈佛纪念塑像左侧,也刻着哈佛校徽。

这样的标志图案反映了哈佛的教学传统,激励青年人为追求知识和真理而奋斗。

210·美国的象征——自由女神像

到过美国纽约的人,一定会对纽约港入口处的自由女神像留下深刻的印象。清晨,晨光熹微,自由女神像气宇轩昂。她头戴桂冠,身披长袍,一手捧着著名的"独立宣言",一手擎着代表自由的火炬,脚上还戴着刚挣断的镣铐。夜晚,在辉煌的灯光照耀下,自由女神像又显得高贵典雅,美丽端庄,犹如一尊巨大的玉雕,通体射出淡青色的光芒,与火炬那橙色的灯光互相辉映,显出一种难以形容的高贵的美。

自由女神像是美国的象征。但是,她其实不是美国人自己制作的,而是法国人民送给美国人民的礼物。

1776年,美国人民争取独立的战争得到了同样热爱自由的法国人民的大力支持;而美国独立战争的胜利,又深深地鼓舞了法国人民,推动了法国大革命的爆发。因此,到了1865年,美国南北战争结束那一年,法国著名的史学家、自由主义者德拉布莱等人发起建立了法美协会,以增进两国人民的友谊。法美协会还决定,到1876年美国独立一百周年时,送给美国人民一件特别的礼物,以此表达法国人民对美国人民的敬意,同时也纪念独立战争期间的美法联盟。这件特别的礼物,就是后来举世闻名的自由女神像。

法美协会的成员、著名的青年雕塑家巴托尔弟荣幸地接受了创作这一雕像的重任。

这当然不是一件轻而易举的差使。但巴托尔弟胸有成竹,原来雕像的原型他早就有了。

那还是巴托尔弟十七岁时的事了。1851年12月,拿破仑的侄子路易·波拿巴发动了政变,推翻了法兰西第二共和国,激起了酷爱自由的法国人民的愤怒,巴黎民众纷纷上街游行。这天,巴托尔弟正在街上走,看到一支民众的游行队伍无所畏惧地走向荷枪实弹的军警,行进在队伍最前头的竟是一位美丽的姑娘。她高举着火炬,正气凛然,毫无惧色,勇敢地越过路障向前行进。突然,枪声响了,鲜血染红了姑娘的衣衫,她终于倒在血泊之中,为民主、自由献出了年轻的

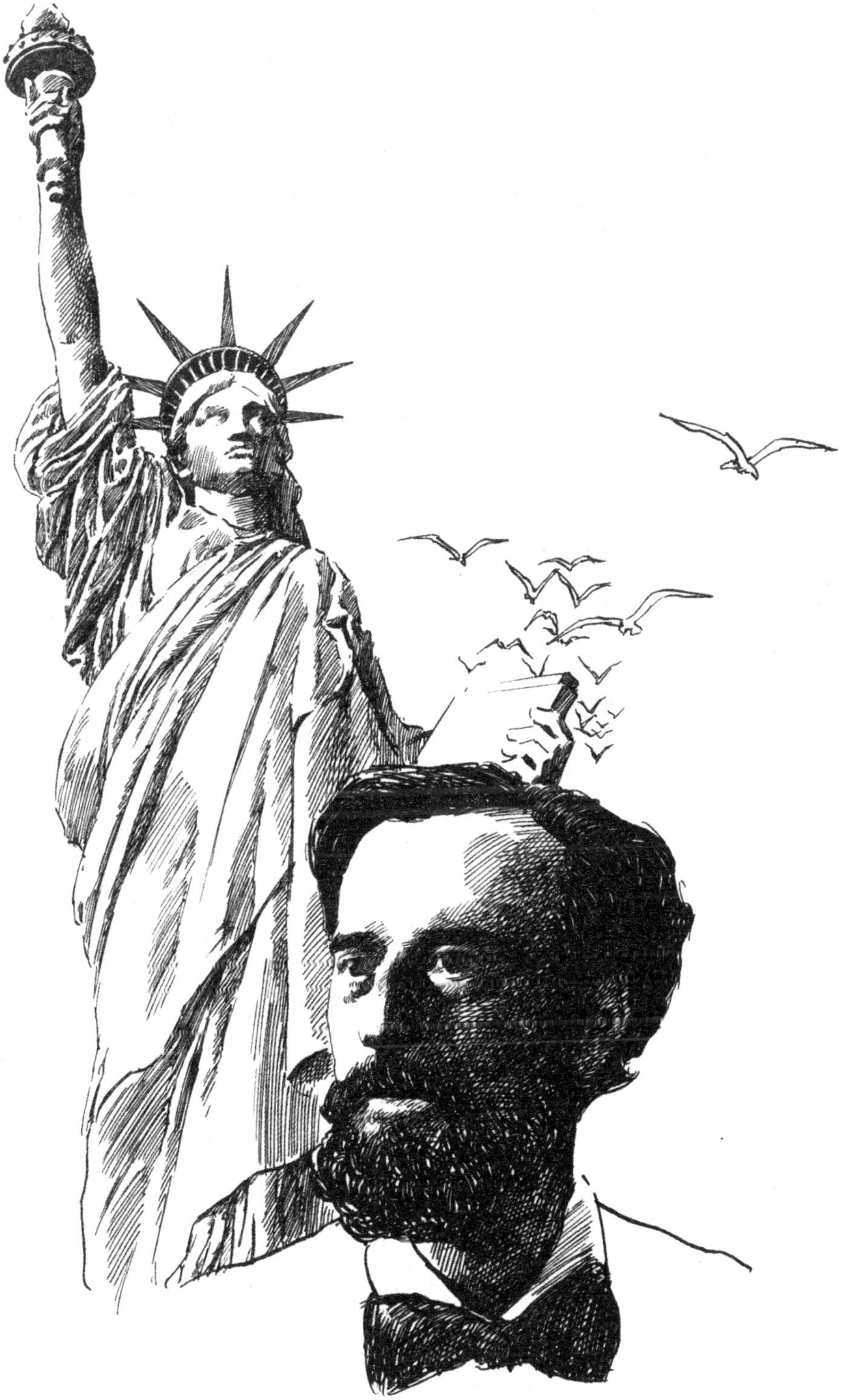

生命。这悲壮的场面给了巴托尔弟强烈的震撼，从此，那年轻姑娘美丽而英勇的形象一直留存在他的心中。如今，他决定用这个形象寄寓人们对自由、民主理想的渴望。

但是这毕竟是多年以前的事了。要认真做起来，必须得有一个模特。到哪里去找呢？巧得很，在一次朋友的婚礼上，巴托尔弟无意中看见一位丰盈端庄、气质高雅的姑娘，活脱脱的一位古希腊女神的模样，使巴托尔弟的眼睛为之一亮。他打听到她叫让娜，也顾不得多想，当下就急切地请她帮忙做自由女神像的模特。

姑娘大大方方地答应了巴托尔弟的请求。这样，举世闻名的自由女神雕像的创作终于开始了。有意思的是，在雕像的创作过程中，艺术家和女模特的感情慢慢得到了升华，让娜后来成为巴托尔弟的妻子，双方谱写了艺术史上的一段佳话。

自由女神像的草图在 1869 年就完成了，但雕像的正式制作却开始于五年之后的 1874 年。因为雕像非常巨大，高达四十六米，连基座共达一百米。其中的钢架重一百二十吨，外面的钢皮重八十吨，因此工期很长。

遗憾的是，在美国国庆一百周年时，雕像未能如期完成。于是，巴托尔弟只得带了雕像的一部分——一只高举火炬的手臂的模型去参加美国国庆纪念典礼。尽管这只是一只手臂的模型，但它优美的造型还是引起美国民众极大的兴趣。他们高兴地接受了这件礼物，并准备把它安顿在纽约港入口处的小岛上。

1885 年 6 月，巨大的自由女神雕像被分为两百多块，在法国的里昂上船，运到了纽约。在纽约，一大群工人日夜奋战，用了一年多的时间才把它拼装起来。其中光铆钉就用了三十万只，工程量之浩大可想而知。

第二年的 10 月 28 日，成千上万的美国民众簇拥到雕像脚下，观看落成典礼。当美国总统富兰克林宣布自由女神像揭幕时，顿时响起了惊雷般的掌声，人们敬仰地凝视着自由女神那刚毅、端庄的面容和丰盈、婀娜的体态。1916 年，女神像安装了昼夜不灭的照明设备系统。从此，无论是白天还是黑夜，从大西洋那边过来的人一踏上美国的土地，第一眼的视觉冲击就是自由女神像。

自由女神像象征了美国人民对民主、自由的追求。事实上她也形象地表达了世界各国人民对和平、民主、幸福生活的憧憬。

211·艾菲尔铁塔

1887年1月。这时节,冬日的寒意还笼罩着巴黎。可是,塞纳河南岸却新出现一个钢铁部件加工场。一件件长达五米的镰刀形钢梁,在这里被一个个铆钉准确地连接着。要是有人经常路过此地,他准会看到,在忙碌工作的人群中,有个五十余岁模样的中年绅士频繁进出的身影。

两年以后,一座高达三百余米的铁塔,以优美的曲线从这里拔地而起,巍峨耸立,直指巴黎的蓝天白云。

这座铁塔,就是为纪念法国大革命一百周年及在巴黎举办世界博览会,法国政府建造的一座具有纪念碑意义的永久性标志建筑。

"这是一头钢铁的怪物!"不少人惊讶地仰望铁塔,横加指责,其中有著名的文学家小仲马、莫泊桑和音乐家古诺。

想想也是。多少年来,欧洲的纪念性建筑不是华贵气派的罗马式凯旋门,就是镶刻精美浮雕的纪功柱。建筑材料除了石头和土,还有木料,哪有用金属的?在古色古香的巴黎街头,造一座钢铁建筑,简直是对法兰西古老文明的亵渎!

"当艺术还沉醉在旧日的梦中,维持着以往的阵式,徘徊、迟疑,时常回顾过去时,我们的工业却大步往前,探索未知的境界……现代工业反而距离现实的美更近一些。工业比艺术更加现代。"这是当时一位不到四十岁的文学家米尔博在一片反对声中,赞扬铁塔时说的一番话。尽管他远没有小仲马、莫泊桑的显赫名望,然而对于巴黎的这座铁塔,他的眼光却非常敏锐,具有预见性。

果然,1889年3月31日,在《马赛曲》的雄壮旋律中,一面巨大的法国国旗升上铁塔顶端。那个铁塔落成揭幕仪式后至今,它就成了巴黎乃至法国的象征。它坐落在四个水泥塔墩上,宽大的底座有三万平方英尺,优美的跨度曲线巧妙地收缩。镂空的钢铁结构中到达塔顶有一千多级阶梯,铁塔有四层平台可眺望巴黎市容。平台上设有餐厅、酒吧、礼品店、休息厅等。最高的第四层平台上有气象台,顶部从1918年起先后成为法国广播电台中心和电视发射塔。至今已有两亿多人次登铁塔观光。而建塔的投资在落成后一年内就全部收回。铁塔简直是巴黎的"摇钱树"啊!

铁塔落成仪式上,出席的贵宾除了法国政府首脑,还有那位两年多来一直忙碌工作的中年绅士,他就是铁塔的设计师居斯塔夫·艾菲尔。在二十响礼炮轰鸣声中,也许,他会回忆起远非两年多,而是自己半辈子的坎坷生涯。

他会想起自己的母亲,一位在法国经济一片萧条中,毅然独自开一爿煤栈,挑起家庭生活重担的坚强女性;他会想起细心、慈祥,抚养他成人的外婆。1832年生于法国第戎城的艾菲尔,中学时学业平平,报考巴黎理工大学并未如愿。但他不灰心,发愤苦读,后来考进了中央工艺与制造学院,读了化学专业。尽管他学习刻苦,顺利地毕了业,但又因就业困难而改进了铁路公司,当了一名桥梁工程师。

要胜任桥梁工程师,就必须再花费时间学习。艾菲尔在生活的砥砺中,勤于思考、敢于创新的才华得到了充分发挥。1884年,他的铁塔设计方案在法国征集纪念性建筑的七百多份方案中脱颖而出,就在于大胆创新。而且,他又具有丰富的实际工作经验。

艾菲尔在1860年完成了法国著名的波尔多大桥工程。八年后,巴黎博览会的拱式机器展览馆也出自他的设计。葡萄牙杜罗河上跨度一百六十米的钢拱桥、法国特吕耶尔河高出水面一百二十米的铁路桥都是他设计的。如此骄人的业绩,让决定评选方案的官员们不得不在反复评审中,倾向于艾菲尔。

经过了多年实践,年过半百的艾菲尔的脑海里,坚硬的钢铁构件如同柔软的面团一样具有可塑性。但是,他要建造的铁塔毕竟是当时世界上最高的建筑,风力影响、温度变形等等必须充分考虑。他就在巴黎郊外专门建造一个空气动力实验室研究这类问题,光设计图纸他就画了五百余张!

完美的设计有待于完善的施工方能落实。一万八千多块钢构件,两万多个铆钉构成的铁塔,全部重量约为一万吨,其中金属结构件重量就达七千多吨。可是艾菲尔巧妙地让四个巨大的基座分担了这个重量,使地面承重每平方厘米仅四公斤!

由于热胀冷缩的原因,白天在阳光下,铁塔是座"斜塔"。清晨塔向西偏斜;白天,塔又向北偏斜。只有夜晚它才是笔直的。当然这些偏斜程度,都在艾菲尔的安全计算之内。

铁塔在风雨阳光下很容易生锈。铁塔涂了多层油漆,而且每七年重新漆一遍,每次要用掉五十多吨油漆。一百多年来,油漆已换过好几种颜色。最初是红棕色,后来改用黄赭色,随后又改为栗褐色,现在是青铜色。

为纪念艾菲尔的卓越设计,这座巴黎铁塔被称为艾菲尔铁塔。世界上第一座钢铁结构的艾菲尔铁塔,不仅是人类建筑史上的杰作,而且让人们的审美对象从多年传统的花草、景色、人物等,跃升到对视觉元素本身——直线、曲线、结构和色彩的欣赏。形体同样让人感到美的崇高、和谐。这是艾菲尔这位杰出的建筑师,用钢铁构件体现出来的现代美学观念,是他对人类艺术史的卓越贡献。

212·世界三大博物馆

巴黎塞纳河北岸的罗浮宫,庄重典雅。路易十四时代的昔日繁荣仿佛从未随岁月流逝而消退,那一百多根文艺复兴时代风格的立柱,骄傲地托起长长的走廊。自从1793年法国大革命后,这里从法国皇家收藏艺术珍宝的宝库,改为向公民开放的美术博物馆,从此来这里参观的艺术爱好者和普通民众络绎不绝。

1832年的一天,有位青年来到罗浮宫。他多半时光就是流连于艺术大师的绘画前。鲁本斯画面那激情洋溢的华美色调,委拉斯开兹笔下人物的高雅气度,戈雅用粗犷奔放的笔触涂抹出人体的美妙,都是他久久观摩的对象。连着六年,这个青年成为罗浮宫的常客。连门卫都已熟悉他飘逸的身影。

二十五年后的1863年,有两幅油画《草地上的午餐》和《奥林匹亚》引发了法兰西艺坛的广泛争议。画面上女性的裸体同样柔美,但竟然冷嘲似的流露出对传统艺术的反叛气息。那两幅画的作者,就是那个曾连续六年在罗浮宫观摩大师名作的青年马奈,如今他已成为敢于创新的画家。又过了十多年,马奈的那幅《奥林匹亚》,竟然也被作为珍藏品收入罗浮宫,公开陈列,供人欣赏。

罗浮宫就是这样,哺育出不少世界艺坛名家。当然更多的普通游客是把这里当做观赏世界艺术精品的殿堂。它占地面积三公顷,馆藏艺术品四十万余件,既包括从十六世纪法国国王法兰西斯一世就开始搜集的文艺复兴时期的绘画、雕塑等,也有拿破仑一世东征西伐时,从世界各地掠夺来的艺术珍品。如记载两河流域文明的雕塑"汉穆拉比法典"、古希腊时代的雕塑"胜利女神尼卡"等等。绘画中除了法国名家名画,还有意大利、荷兰、西班牙等国艺术大师的惊世名作,如达·芬奇的《蒙娜·丽莎》、拉斐尔的《花园中的圣母》、米开朗琪罗的《奴隶》等等。罗浮宫博物馆分为古代埃及、古代希腊、罗马、古代东方等六个部分。一些著名画派、画家的作品则设专门画室陈列。二战时期,纳粹德国入侵法国巴黎前,罗浮宫许多名作分散藏于法国民间各地,希特勒法西斯曾多次想寻找夺走,最终却一无所获。

1981年,法国实行了"大罗浮宫"计划,著名建筑设计师贝聿铭设计了一个玻璃金字塔作为罗浮宫的总入口,它与古典式的宫殿形成特殊的对比。目前每年来这里的游客达一百五十万。

欧洲著名的艺术博物馆还有俄罗斯圣彼得堡的艾尔米塔日博物馆。

圣彼得堡的涅瓦河畔,坐落着一幢绿色与白色相辉映的皇宫,也称冬宫。它呈长方形,四角凸出,长达两千米的飞檐、精致的浮雕,衬托出它的高贵典雅。这皇宫建成后不久,俄国女皇叶卡捷琳娜就开始把它当做自己的私人博物馆,名为"艾尔米塔日"。因为在十八世纪末,建造宫廷博物馆一度成为欧洲各国王室的时尚。

艾尔米塔日是法语"幽静的地方"之意。尽管俄国筹集王室珍藏起步不如欧洲各国早,但是,女皇为了炫耀自己的身份,命俄国各驻外使节在拍卖行里不惜重金收购成套藏品,因此短时间内女皇的藏品就在欧洲首屈一指了。由于收藏品日益增多,原先的面积很快不够使用,于是在冬宫旁又造了小艾尔米塔日、老艾尔米塔日、新艾尔米塔日等多幢建筑。

艾尔米塔日博物馆光房间就有一千多间。许多大厅用宝石作装饰,如孔雀石厅,光宝石就用了两吨多。而小金銮殿墙上的丝绒挂毯全用银线绣成。在艾尔米塔日的原始文化馆中,有五十万年前的石斧。西欧艺术馆有一百二十个大厅,收藏了文艺复兴时期许多艺术大师的一流作品。东方馆最大,有十六万件展品,包括古埃及的纸莎草文献。古代世界馆里有公元前四世纪的组雕《赫拉克勒斯勇战猛狮》。而远东各国艺术馆中有大量的中国和日本文物。俄国文化厅中有涅夫斯基公爵的巨型银棺和俄国工匠库里宾的著名钟表。

尽管艾尔米塔日博物馆已有展厅四百多个,但大部分馆藏还是无法展出。目前正在建造新馆。

与这两座博物馆并肩而立的,还有纽约的大都会博物馆。

美国纽约的大都会博物馆创办于 1870 年。该馆与纽约中央公园相邻。1880 年以后又多次扩建。如今展馆已长达三百米,饱藏珍品三百三十万件。馆分三层,陈列室约三百间。

博物馆分为古希腊罗马、东方、伊斯兰、西欧和美国艺术几个部分。陈列形式多样,分别以展品内容、地域或收藏者来划分。

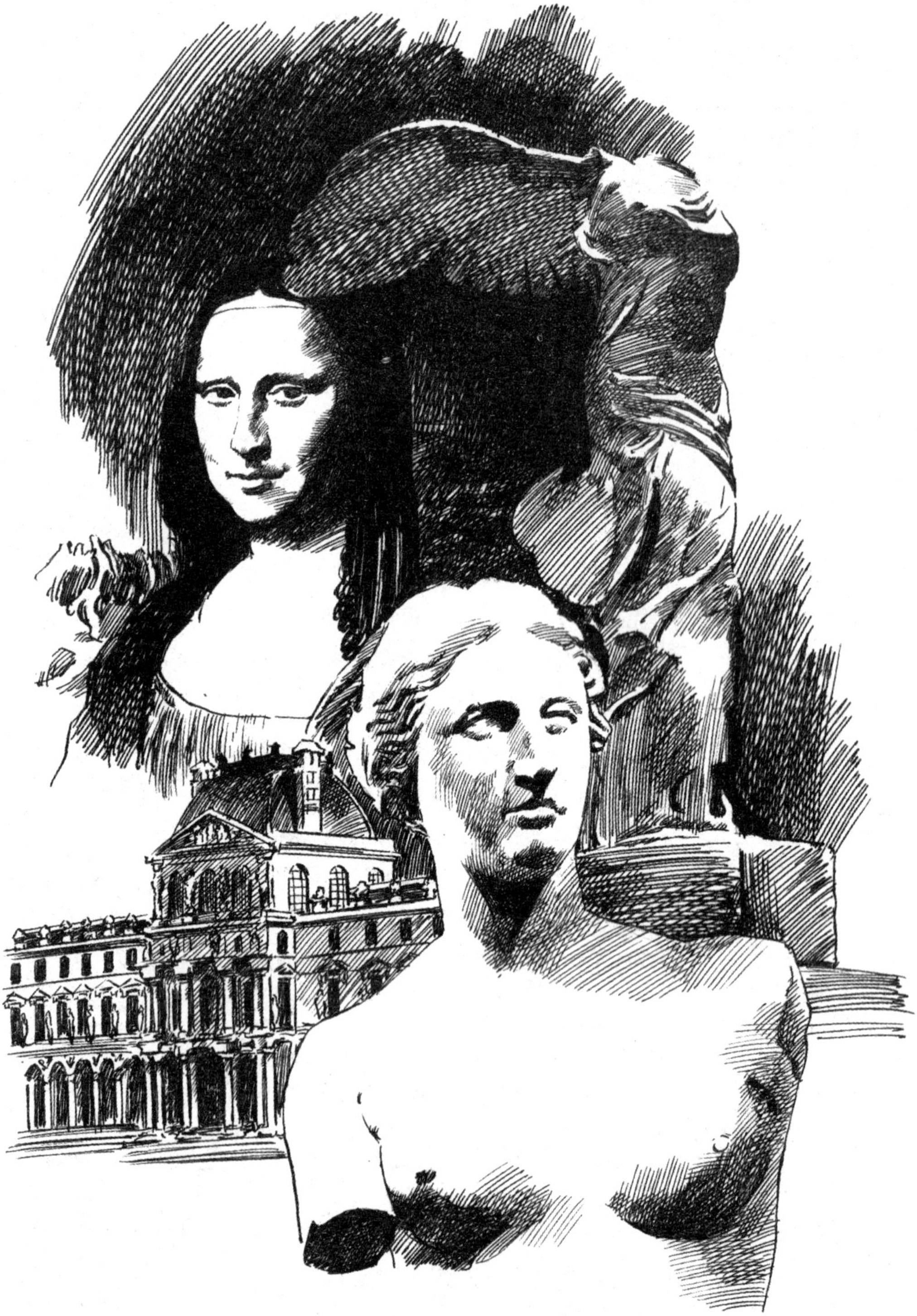

比如莱曼藏品馆,是美国金融巨头罗伯特·莱曼的藏品。藏品包括绘画、素描、青铜器、陶器等,价值连城。该馆完全按照莱曼的住宅式样建造,使观众能体会到当时纽约豪宅的风格。

丹都尔神殿,这是埃及政府送给美国的礼物。它是埃及唯一的一座建在境外的神殿。整个神殿被安置在一个高大宽敞的玻璃大厅里,采光极好,是镇馆之宝。

明轩,这所小巧的室内庭院仿造了中国苏州的网师园。园中楼阁相望,曲径通幽,一派东方风格。

美国艺术馆,入口处叫恩格尔哈特庭院。天窗和墙都是巨大的玻璃,把馆旁中央公园绿树成阴、绿草如茵的美景借入博物馆内,充分体现了美式现代建筑风格。院内另一端立着新古典式造型的大理石门面,那原本是1822年华尔街一家银行的正面建筑,也被原物搬迁进来。

除此以外,很多人都不知道,在博物馆的地下八米外,有一条长三百米、宽十米的地道。这里收藏的珍宝竟与地上部分的藏品数量相差无几!

世界上的博物馆不计其数,但上述三大博物馆的收藏品却是千百年来人类文化宝库中最灿烂、最杰出的瑰宝,是人类文明发展里程的形象缩影。

213·萨拉热窝事件

1914年6月28日,奥匈帝国皇储斐迪南大公和妻子索菲娅检阅了奥军在波斯尼亚举行的军事演习后,来到了波斯尼亚首府萨拉热窝。

奥匈帝国在欧洲的地位并不显赫,普鲁士在统一德国、建立德意志第二帝国时,把原来在神圣罗马帝国中居核心地位的奥地利排除到帝国之外。打击接踵而来,被奥地利统治的匈牙利人又闹起了独立,好不容易才摆平匈牙利,和奥地利一起组成了奥匈二元帝国。为了摆脱颓势、重整雄风,奥匈帝国把目光对准了急于摆脱奥斯曼土耳其帝国控制的巴尔干地区,那时,奥斯曼土耳其已是日薄西山,气息奄奄了。

奥匈帝国在巴尔干的扩张,引起了塞尔维亚的极大不满。1912年和1913年两次巴尔干战争后,塞尔维亚获得了马其顿的大片土地,许多斯拉夫民族将它视为民族的救星。塞尔维亚也想借机摆脱大国的控制,把巴尔干半岛上所有的斯拉夫人团结在一起,组建一个统一的南斯拉夫人国家。俄国为了夺得巴尔干地区的控制权,便以同是斯拉夫人为理由,支持塞尔维亚与奥匈帝国抗衡,巴尔干成了欧洲的"火药桶"。

斐迪南心里明白,虽然这次演习是以塞尔维亚为假想敌进行的,但塞尔维亚只不过是一个小卒子,真正的对手是俄国,以及与俄国结成三国协约的法国、英国。由于奥匈帝国的皇帝,他的叔叔弗兰茨已年过八十,作为皇储,他不得不对帝国的未来有所考虑,并承担一定的责任。他十分清楚当前的形势:德国经济发展迅速,已经超过英、法,居世界第二位。实力座次的变更,必然导致新一轮争夺殖民地和世界霸权活动的开始。英国和德国是欧洲和世界霸权最有力的一对竞争对手,他们在一系列问题上针锋相对、互不相让,造舰竞赛、殖民扩张,斗得不可开交。

奥匈帝国因为历史、民族的原因,以及在争夺巴尔干问题上需要德国的支持,所以和意大利一起,与德国结成了三国同盟,与英、法、俄组成的三国协约全面对抗。斐迪南深信,有强大的德国作为靠山,整个巴尔干一定是奥匈帝国的。

小小的塞尔维亚仗着俄国撑腰,竟敢公然向奥匈帝国叫板,真是活得有点不耐烦了,不给它点厉害看看,它还真不知道天高地厚。

车队驶进了闹市区,路边欢迎的人逐渐多了起来。斐迪南虽然有些累,但精神却十分亢奋,他坐直了身子,想对波斯尼亚人显示一下奥匈帝国皇储的风范。

车队到了亚帕尔大街的肯麦雅桥,开始放慢速度,一辆接着一辆驶过大桥。突然一名青年从人群中跃了出来,一挥手,把一颗自制炸弹扔了过来。扔炸弹的人是视奥匈帝国为不共戴天之敌的塞尔维亚民族主义组织"青年波斯尼亚"的成员。斐迪南眼看着炸弹落到头顶的车篷上,一跳,又弹到地上,骨碌碌滚了几下,"嘭"的一声炸响了。斐迪南眼睛一闭,心想:"完了!"

但一片硝烟散去,斐迪南惊喜地发现自己居然毫发未伤。身边的侍卫和警察一阵忙乱,把吞了毒药、跳到河里准备逃跑的刺客抓了起来,河水很浅,几个警察蹚着河水死死地拽住刺客,把他拖上河岸。

车队又上路了,一路直达市政厅。波斯尼亚是约六年前被奥匈帝国吞并的,本想借这次帝国皇储巡视之际,讨好他一番,不料斐迪南险遭刺杀,幸好转危为安,但也让市长和总督吓出了满头大汗。

惊魂未定的萨拉热窝市长刚准备致欢迎辞,恼怒万分的斐迪南抓住他的胳膊,叫道:"市长先生,我到这里是来访问的,却被以炸弹相待!"

萨拉热窝市长吓得不知所措。过了片刻,斐迪南平静了下来,说要按原路线继续完成在萨拉热窝的行程,又把他们都吓坏了。皇家的体面、尊严固然重要,但再出什么麻烦谁能承担责任?他们围住斐迪南再三地恳求,就差给他跪下了,斐迪南总算答应改变行车路线。

从市政厅出来的时候,市长坐在第一辆车上开路,斐迪南夫妇和总督坐在第二辆敞篷上,警察局长奋不顾身地站在敞篷车左面踏板上,担任贴身保镖。一路上,他左右张望,就怕从哪里又窜出刺客来。

担心的事还是发生了。当车队行进到亚帕尔大街拉丁桥附近时,第一辆车的司机不知道行车路线已经改变,仍按原定路线向右驶入一条小街,第二辆车的司机习惯性地跟着也向右转弯,跟了上去。总督一看,马上叫了起来:"走错了!沿亚帕尔大街一直走!"

司机醒悟了过来,一踏刹车,然后向后张望了一下,准备倒车。这时,埋伏在

1914.6.28

小街转角处的"青年波斯尼亚"成员、十九岁的普林西普冲了上来,拔出自动手枪,连开两枪。一颗子弹准确地射入了斐迪南的喉咙,打断了颈部静脉,深深地嵌入颈椎;另一颗子弹钻进了索菲娅的腹部。随行的警察一拥而上,将普林西普当场抓获。

司机一见不妙,猛踏油门,车子迅速调头,向市政厅开去。还没有到市政厅,斐迪南夫妇就咽了气。看着他们的尸体,总督和市长觉得自己的头"嗡"的一声像要炸了,两个人你看着我,我看着你,不知道如何将这件事汇报给年迈的皇帝。

奥匈帝国皇帝弗兰茨闻讯悲痛欲绝,但下一步该怎么办却一时拿不定主意。德国皇帝威廉二世得到消息后却是喜出望外,认为这是再好也没有的战争借口。他马上致电弗兰茨,鼓动他对塞尔维亚发出最后通牒,并保证德国将全力支持奥匈帝国。弗兰茨听从了他的建议,7月23日向塞尔维亚发出了最后通牒,并于7月28日向塞尔维亚宣战。接着,德、法、英、俄等国都进行了战争动员,互相宣战,两大军事集团蓄谋已久的第一次世界大战就这样爆发了。

214·史里芬计划

1905年的一天,德国总参谋部巨大的作战室里,三个人站在一张铺着欧洲地图的桌前,地图的比例尺很大,一些不起眼的小城镇也清晰地出现在上面。

看着地图上红蓝两色的箭头,德军总参谋长史里芬低声问毛奇和瓦德西:"你们还有什么意见吗?"两人摇了摇头,但目光中却没有了以往的坚定和自信。

这两个将领在德国可以说是家喻户晓。毛奇是普法战争时的总参谋长,为德国的统一作出了巨大贡献;瓦德西是侵略中国的八国联军总司令,在欧洲有些名气。史里芬把他们请来,是因为看重他们的经验。他们讨论的计划太重要了,关系到德国能不能在一场争夺欧洲和世界霸权的战争中获胜。不过,这样的重任由三个人来承担,确实沉重了些。

事实明摆着,十九世纪七十年代德国统一后,正赶上第二次工业革命的浪潮,迅速发展的德国已经超过法国和英国,仅仅落后于美国,国力跃居世界第二。经济的高速增长必然引起国际格局的变化,德国在争夺殖民地问题上与英国发生了激烈的冲突,在争夺欧洲霸权的问题上与法国矛盾尖锐,在争夺巴尔干问题上又支持奥匈帝国与俄国抗衡。德国、奥匈帝国和意大利结成三国同盟,英国、法国和俄国形成三国协约,所以德国与英、法、俄的战争不可避免,迟早要发生。

德国在地理位置上不幸地夹在三个协约国中间,一旦战争爆发,就将面临一个任何军事家都极为头痛的问题——两线作战。有什么办法呢,谁是敌人由皇帝决定,仗却要靠将领来打。皇帝既然已经选择好了敌人,他们的责任就是考虑如何获得胜利。

要避免两线作战,就必须集中力量先打掉一头,然后调转头来对付另一头。英国暂时不用考虑,隔着海峡,估计它不能迅速参战;俄国也不能列为首要目标,尽管它交通落后、军备不整,但广阔的腹地和充足的兵源却十分可怕,拿破仑都在俄国一败涂地,所以不能先去捅这个马蜂窝;只有法国是一个好目标,面积不大,部队比较集中,有利于打大规模的歼灭战。而且普法战争后,德国对法国有一种心理上的优势。以德国人严谨、务实的性格来衡量,法国人都是夸夸其谈、外强中干的家伙。再说进攻法国后,估计效率极低的俄国来不及在短时间内完成动员,即使动员了,俄国落后的铁路运输也来不及把部队快速送上前线。

"只能这样了,"史里芬扬起了略显苍老的脸,用军人特有的坚定、果断的语气说,"我们先击败法国,然后回师东进,击败俄国。用八个师组成左纵队,布置在阿尔萨斯—洛林地区,以七十个师的兵力组成右纵队,从比利时、荷兰冲入没有设防的法国北部。"

史里芬的语气亢奋了起来:"渡过塞纳河,绕过巴黎,把法国军队的主力逼到摩泽尔河一线,我左右纵队同时压进,一举予以歼灭。整个战役的时间大约需四至六个星期。"

史里芬停了一下,将目光转向地图的另一侧:"在东线部署九个师,监视、牵制俄国,估计到西线的战事结束,俄国还来不及完成战争的动员。这时,我军的主力将快速调到东线,争取在两到三个月内赢得整个战争。即使出现意外,奥匈帝国的军队也能配合那九个师抵挡一阵。先生们,还有补充意见吗?"说完,史里芬喘了一口气,坐了下来。

毛奇和瓦德西互相看了一眼,默默无语。这是最可能摆脱两线作战的计划了,以德国当时的军事实力和地理位置,计划已经物尽其用、人尽其力了。战略的本身是正确的,设计也是合理的,但成功的关键还要看比利时的抗击时间、法国的应变能力和俄国的动员速度,所以这是一个冒险的计划。史里芬心里很清楚计划的弱点,所以后来临终时还念念不忘地叮嘱接替他担任总参谋长的小毛奇:"千万不要削弱我的右纵队!"

历史证明了他们的担心不是多余的。第一次世界大战爆发后,毛奇的侄子,时任德军总参谋长的小毛奇调整了史里芬计划。将西线右翼的兵力从七十个师减到五十二个步兵师和七个骑兵师,少了十一个师,而左翼纵队增至十五个师。

战争打响后,德军在进攻比利时的列日要塞时花了十二天,给了法军调整兵力的时间。法军总司令霞飞将军火速调集七个军赶到马恩河一线,与溃退的法军会合,加强了防御的力量。俄国在宣战后,不顾战争总动员没有完成,迅速出动布置在边境地区的两个集团军,六十万大军兵分两路杀向东普鲁士。小毛奇则被西线右翼初期的胜利冲昏了头脑,又抽调了两个军救援东普鲁士。法军和英国远征军顶住了开战后的混乱和损失,终于在马恩河会战中挫败了德军速战速决的战略。

当马恩河前线德军全面退却的消息传到小毛奇那里后,这位德军总参谋长知道一切都完了,速战速决战略的失败意味着德国不得不陷入两线作战的陷阱。他垂头丧气地向皇帝威廉二世报告:"陛下,我们输掉了这场战争!"

史里芬计划终因过高估计了自己力量,错误地估计了对方而失败。

215·法德血战凡尔登

第一次世界大战进入第二个年头,交战的双方都感到疲惫不堪。两线作战的德国,上一年在东线大举进攻,终于重挫了俄军主力。但是英法在西线发动的局部进攻牵制了德军的兵力,使德军在东线始终无法得到足够的部队给俄国致命的打击。俄国虽然遭到重创,暂时没有了反扑的力气,却凭借广阔的腹地与德军周旋。

接替小毛奇担任总参谋长的法尔根汉向德皇威廉二世递交了一份备忘录,建议集中力量进攻法国。他认为:只要迫使英、法军队投降,俄国就失去了西方财政援助和军火工业的支持,从而走向失败。英、法之间,英国是德国的主要敌人,但隔着大海无法直接进攻。法国是英国手里的"利剑",因此,打击英国就必须先打击法国。他还鼓动德皇说,现在的法国在军事上已经达到了力量的极限,只要在要害处给予强有力的一击,法军就会崩溃。

法尔根汉仔细研究了西部战线,想出了一个大胆而隐藏阴谋的作战计划:攻击凡尔登。

凡尔登像一只伸出的拳头,深深地打入德军战线,对德军构成了很大的威胁。它自古以来就是法国著名的军事重镇,是通向巴黎的大门。如果攻占此地,将从军力、士气及心理上给法国致命一击。而且,将凡尔登视为神圣不可侵犯的法国人会不惜一切代价死守,凡尔登将吸引法军的士力到这里战斗,所以攻击凡尔登而不急于攻占,战术上的效果将更加突出。但是德国第五集团军司令皇太子威廉,没有体会到他的意图,只想快快拿下凡尔登,一味蛮攻,结果使德国损失惨重。

为了进攻凡尔登,法尔根汉抽调了装备最好、久经沙场的二十七万部队,装备了大量重炮,包括四百二十毫米攻城炮,在进攻前沿还安置了五百四十二个掷雷器。这种掷雷器可以发射装有一百多磅高爆炸药和金属碎片的榴霰弹,杀伤人员的效果极好。与它媲美的是一百三十毫米小口径高速炮,它能以步枪子弹的速度发射一百三十二毫米榴霰弹。

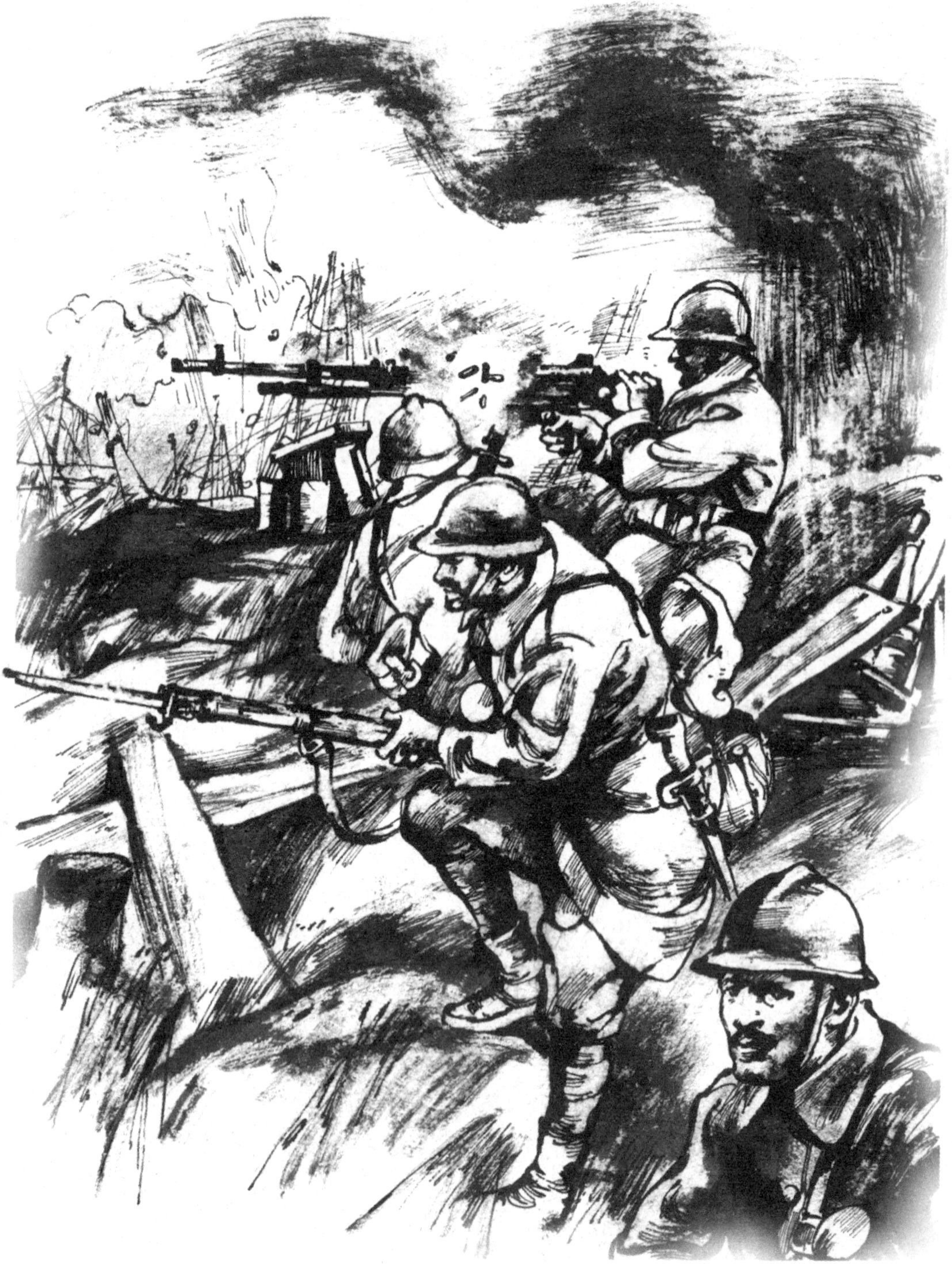

1916年2月21日清晨七时十五分,德国的大炮在十五公里长的攻击正面开始怒吼,以每小时十万发炮弹的密度把一百多万发炮弹和燃烧弹倾泻到凡尔登,企图将法军前沿炸平、炸光,炸成死亡地带。炮弹的爆炸声仿佛惊雷滚过大地,连绵不断,只有重磅炮弹惊天动地的巨响才能够区分出来。

"那里将不会有任何活的东西留下来。"德军指挥官们煽动着士兵。黄昏时,德军开始延伸炮击。地面进攻开始了,密密麻麻的德军士兵像蚂蚁一样涌向凡尔登,步枪上的刺刀发出道道寒光。

"不许他们过去!"法军阵地上响起一浪高过一浪的怒吼,士兵们用步枪、机枪拼命地射击,一些勇敢的战士甚至站直了身子向德军扫射。德军一批接着一批地倒下,但更多的德军不顾死活地冲了上来。

"不许他们过去!"怒吼声中,法军跳出战壕,与冲上阵地的德军展开白刃格斗,一时间刀光剑影,血流满地。

兵力占优势的德军当天占领了第一道阵地,四天后又攻占了两道阵地和都蒙高地,将法军的阵地切成几段,并切断了法军与后方的交通线,凡尔登岌岌可危。

法军总司令霞飞派总参谋长卡斯得诺亲赴凡尔登传达命令:"在目前情况下,下令退却的任何指挥官将受到军事法庭的审判。"法军前线指挥官埃尔还派出了督战队,将临阵脱逃的士兵就地正法,才稳定住战线。剩余的法军牢牢地扎根在主要阵地上,死战不退,固守待援。

在这个紧要关头,2月25日,霞飞任命第二集团军司令官贝当将军为凡尔登要塞总指挥,并急调预备队开赴前线。

贝当风尘仆仆赶到凡尔登,望着眼前的情形,他马上意识到,要保住凡尔登,补给是关键,所以必须先恢复与后方的交通联系。通往凡尔登的两条铁路经常被德军的炮火切断,于是从巴勒杜克到凡尔登一条三十五公里的二等公路成为法军的生命线。

这条公路只有六米宽,远远不能满足大规模运输的需要。于是贝当立即组织了道路抢修队进行修复,大批巴黎的市民赶到这里,以高涨的爱国热情投入抢修,把被德军炸得坑坑洼洼、面目全非的巴勒杜克——凡尔登公路修通了。

快!战友们等着我们。快!凡尔登等着我们。快!法兰西等着我们。

一辆辆满载士兵和弹药的汽车风驰电掣地奔向凡尔登,司机一路上把油门踩到底,车子在高低不平的公路上颠簸、跳跃。没有人埋怨司机,只是不停地催促他:"快!快!快!"三千九百辆汽车一周内把十九万军队和两万五千吨军用物资运到凡尔登,平均每昼夜有六千辆次汽车到达前方,公路上一分钟不到就有一辆汽车通过。后来,这条公路被法国人称为"神圣之路"。

得到了增援的法军士气大振,顶住了德军的猛攻,守住了阵地。到4月,双方的兵力已经相差不多,战斗变成了拉锯战、消耗战,凡尔登就像一台巨大的"绞肉机",把双方不断投入的军队变成一堆堆血肉模糊的尸体。

战场十分地凄惨、恐怖。各种炮弹将泥土掀到高空,硝烟和尘土弥漫在空中久久不散,太阳的光芒都难以穿透;凡尔登地区的树林,被整片整片地削平,像割去了谷穗的田地;地上的浮土堆得很高,能陷进半条腿去;到处是弹痕,到处是残骸,士兵的残肢断臂挂在光秃秃的树枝上随风晃动;破碎的汽车、碎成一块一块的尸体、散了架的大炮随处可见,空气中弥漫着刺鼻的硝烟味和尸体散发的恶臭。

从2月到6月,德军一次次强攻都没有成功。德皇向部队发出了命令,务必在6月15日之前攻占凡尔登。但德军的进攻仍然没有成功。6月22日,孤注一掷的德军发动了全力猛攻,还发射了十一万发光气炮弹。

这是一种新型的毒气弹,从每颗炮弹中散发出的毒气汇合成巨大的毒气云团,贴着地面在法军阵地中滚动、蔓延。法军阵地里惨不忍睹,大量的士兵中毒死亡,尸体横七竖八地铺满了前沿,连后方的炮兵阵地和预备队都被毒气肆虐了一番,直到下午六时,毒气团才随风飘散。

德军乘机占领了不少法军阵地,但在法军后续部队的还击下,终于筋疲力尽,无力继续大举进攻。7月,英军在索姆河发起进攻,8月,法军也开始反攻,东线的俄军缓过劲来后,乘德军主力在西线,也大举进攻了。德军四面受敌,兵力捉襟见肘,精疲力竭,终于放弃凡尔登败退了。恼羞成怒的德皇撤掉了法尔根汉的职务,任命兴登堡接任德军总参谋长。

凡尔登战役不仅使德军迫使法国在1916年退出战争的希望破灭了,而且伤亡了五十多万精锐部队,军力开始走向衰落。法国为了守住凡尔登,也付出了几十万伤亡的代价。由于凡尔登战役空前的血腥和残酷,后人称之为"凡尔登绞肉机"。

216·日德兰大海战

　　有时事情就是这样凑巧,两个敌对的将领在同一时间制订了几乎同样的作战计划,欧洲大炮巨舰时代第一次国家与国家之间的海上决战就是在这种巧合中爆发的。

　　1916年,德国新上任的大洋舰队司令冯·舍尔海军上将,带着一个艰巨的使命,开始了他的工作。第一次世界大战进行两年了,形势还是不明朗,战争的消耗使德国越来越感到吃力,皇帝威廉二世命令舍尔必须打破英国的海上封锁,确保殖民地的物资运到德国。舍尔想出了一条妙计:派出一支诱敌舰队,引诱英国主力舰队出击,他亲率德国大洋舰队的全部主力秘密跟进,把英国主力舰队引入伏击圈加以围歼。

　　令人惊奇的是,英国海军上将杰利科也作出了同样的战术设想:诱使舍尔攻击一支较弱的英国舰队,然后主力舰队从后杀出,予以夹击。

　　5月30日夜晚,英国诱敌舰队在贝蒂将军指挥下,划破海面的波涛,悄悄地出发了,第一、第二战列巡洋舰队冲在前面,由四艘"伊丽莎白女王"级战列舰组成第五战列舰队在五海里后紧随,这种海上巨无霸上安装的八门三百八十一毫米大炮,能在两万五千米远的距离将敌舰炸得粉碎。与此同时,杰利科指挥的主力舰队也起锚开向伏击地点。

　　同一个夜晚,清一色"无畏"级和"超无畏"级战列巡洋舰组成的德国诱敌舰队,在希佩尔将军的率领下,乘风破浪地驶向波罗的海通向大西洋的狭窄通道——丹麦的日德兰半岛附近,舍尔的大洋舰队也自信地随后出发了。

　　贝蒂的舰队刚出港,就被一艘潜伏在港外的德国潜艇发现了,它向上级报告英舰动向的电报又被英国主力舰队截获,并马上破译了出来。杰利科和舍尔都以为对方上当了,兴奋地催促部下加快行动速度。

　　5月31日下午两点十五分,双方的诱敌舰队几乎同时发现了敌舰。三时四十八分,英舰和德舰几乎同时开炮了,巨大的轰鸣声响彻云霄,炮口吐出的浓烟将舰身笼罩在烟幕里。三分钟后,德舰先进的全舰统一方位射击指挥系统显示了威力,"吕措夫"号高精度、高密集的炮弹将贝蒂的旗舰"雄狮"号的副炮塔炸上了天,两个后主炮塔跟着也哑了火。九分钟后,"卢瑟福"号发射的穿甲弹准确地钻进了"雄狮"号中部炮塔内爆炸了,堆在塔内的发射药被引燃,熊熊的火焰瞬时吞噬了炮塔。

炮塔内,指挥官哈维少校被炸断了双腿,从指挥座位上摔下来。最初的麻痹过去了,他的双腿开始剧烈地疼痛。他抬起眼,想找个人过来帮忙包扎一下,却一眼看到了烈火在发射药上吐着火舌。不好,如果大火顺着升弹机烧下去,就会引燃下层的弹药舱,军舰就会在大爆炸中沉入海底。

哈维咬紧牙关,用双手拉着烧得滚烫的扶手,爬到炮弹舱的大钢门口,努力站起身来,用断腿支撑着身子,将大钢门死死地关紧;然后又艰难地爬到进水阀前,用最后一丝力气打开了阀门。海水哗地涌进炮塔,哈维被水托起来,浮到了炮塔的最高处。他与大火同归于尽,而"雄狮"号因为一个勇敢无畏的军官侥幸逃过一劫。

英舰"坚决"号的运气就没有这么好了,德舰的交叉火力击中了它,在震天动地的大爆炸中军舰被炸散了架,上千吨的炮塔被抛到六十多米高,一千零十七名官兵连同一万九千吨的舰艇沉入了海底,仅有两人生还。英舰"玛丽女王"号也被穿甲弹击中,穿甲弹一直落到底舱才爆炸,把它粗壮的龙骨炸断,两万七千吨的巨舰像被一双无形的大手一折为二,很快在水面上消失了,一千六百多名官兵全部遇难。

第一、第二战列巡洋舰队眼看要支持不住了,在这千钧一发的时刻,英国第五战列舰队赶到战场,三百八十一毫米的大炮终于找到了发泄的对象,德舰"冯·德·塔恩"号吃水线以下被炸开了直径数米的大洞,"塞德利茨"号被炸穿了炮塔,但德舰加强了防水结构和采取了严密保管发射药的措施,使遭到重创的两舰到底没有沉没。希佩尔一看形势不妙,立即率领舰队在冰雹一样炮弹的追击下撤退。

这时,舍尔在远处已经看到了希佩尔的窘境,只是距离太远,英舰不在射击范围内,所以只能干着急。他下令七十多艘战列舰、巡洋舰全速前进,尽快加入战斗。

十六点三十分,德国大洋舰队的巨炮开火了,密集的炮弹遮天蔽日,大有投鞭断流的气势。贝蒂顶不住了,一面缠住德舰,一面拼命地用无线电向杰利科求救。

北海恶劣的天气把杰利科的手脚拉住了，英国主力舰队未能按原计划赶到现场。不过主力舰队的前锋，第三战列巡洋舰队还是在贝蒂差不多绝望的时候赶到了，舰队司令胡德把指挥权交给了贝蒂，自己乘旗舰"无敌"号奋不顾身地杀入了战场，与德舰苦苦地厮杀。十八时十五分，英国诱敌舰队终于盼到了主力舰队出现在东北方向。

海面波涛汹涌，但风浪被炮弹爆炸的巨响完全淹没了，二百五十多艘巨型的军舰南北对峙，用激烈的炮战讨论着国家的命运。这时，一阵滚雷般的巨响过后，被击中燃烧的军舰将渐渐暗下来的天空照得火红，连艳丽的落日都失去了光芒。

舍尔看一时难以歼灭数量占优势的英国舰队，便在十八时四十五分命令德国舰队向南方边打边撤。立功心切的胡德率"无敌"号冲得离德舰太近，被一阵暴风雨般的炮弹击中，他和他的舰艇一齐被炸上了天，紧跟着"无敌"号的"防御"号巡洋舰也遭到灭顶之灾，被彻底摧毁。

在旗舰"铁公爵"号上密切观察战况的杰利科意识到，在入夜前无法全歼德国大洋舰队，便命令英舰利用航速优势，截断舍尔回港的航路，将敌人包围了起来。

舍尔立即判断出杰利科的意图。入夜，他发出突围的命令。德舰关闭了所有的灯光，摸黑前进，一些驱逐舰和护卫舰绕着自己的主力舰行动，勇敢地用自己的躯体抵挡英舰发射的鱼雷，但是鱼雷太多了，德国两艘战列舰中雷沉没。"吕措夫"号受了重创，为了不被俘获，舰长命令水兵打开了船底阀门自沉。在密集的炮火、鱼雷袭击下，大洋舰队终于杀开一条血路，向威廉军港狂奔。杰利科岂肯罢休，率英国舰队紧追不放。

德国海军在通向威廉军港的必经之路——赫尔戈兰湾一带布下的无数颗水雷发挥了作用，舍尔在水雷阵中东转西弯，将舰队带回了军港。杰利科气得暴跳如雷，却不敢冒险进入水雷区，无奈地调头返航。

整个海战，德军损失了两艘战列巡洋舰、四艘巡洋舰和四艘驱逐舰，但击沉了英国三艘第一流的战列巡洋舰、三艘巡洋舰和八艘驱逐舰，阵亡的官兵和损失的实际吨位都比英国少，应该说略占上风。但德国大洋舰队从此龟缩不出，制海权被英国牢牢控制，威廉二世从海上打破僵局的企图破灭了。

217·"怪物"冲向索姆河

1916年,一战已进入了第二个年头。9月15日凌晨,位于法国北部的索姆河地区浓雾笼罩,大地还沉浸在黎明前的酣睡中。然而,就在两个多月前,这里爆发过一场惨烈的战斗。7月1日那天,隐蔽在防御工事里的德军以机枪大炮的强大火力,迎头痛击排着密集队形冲锋的英军,结果英军一天就伤亡了六万人,真是尸横遍野,血流成河。如今德军也许还沉醉在几次击败英军的喜悦中,根本没把对手放在眼里,正在拂晓前最静寂的时刻蒙头大睡。

然而,就在这宁静的背后,一个巨大的危险正在向毫无察觉的德国人悄悄逼近。一种像汽车引擎那样的声音由远而近地传来,越来越响,一个德国哨兵被这沉闷的轰鸣惊醒,立刻瞪大眼睛四处寻找声音的方向,但由于能见度太低,他什么都没有看见。哨兵急忙叫醒了指挥官。指挥官估计是英国人要发动进攻了,马上命令部队进入阵地,严阵以待。

突然,一个眼尖的德军士兵惊叫起来:"上尉先生,你快看,那是什么?"

德军上尉顺着部下手指的方向一看,不由愣住了,只见一个个从未见过的黑乎乎的大家伙穿破晨雾,身披钢甲,绕着铁制的履带,口吐火舌,吼叫着,摇摇晃晃地向堑壕密布、铁丝网交织的德军阵地压来。"这是什么怪物?"还没等上尉反应过来,"怪物"上的机枪就把他和一排士兵打倒在地。

德军官兵如梦方醒,慌忙操枪还击,但子弹打到"怪物"上,不是弹掉,就是滑落。霎时间,"怪物"已经碾平铁丝网,跨过壕沟,冲上了德军阵地。德军士兵吓得哇哇乱叫,纷纷丢下武器,爬出工事,抱头就逃。

这种让德军失魂落魄的"钢铁怪物",就是第一次出现在人类战争舞台上的陆战"巨无霸"——坦克。它的问世,促使战争理论发生了一次深刻的革命。

坦克的发明,与两位英国人的名字密不可分——斯温顿上校与后来的二战战时首相丘吉尔。斯温顿是一名战地记者,一战爆发后被派往西线的法国战场采访。他耳闻目睹了德军的机枪、攻城榴弹炮与毒气战给协约国士兵造成的巨大杀伤,于是萌生了研制"机枪破坏器"的想法。他设想,这种"机枪破坏器"可以仿照美国的履带式拖拉机,有自动推进器和包裹车轮的履带,集防护装甲与进攻火力于一身,能越野,跨壕沟,压垮铁丝网,突破敌人的防御工事。

但是,斯温顿这一极有创意的构想遭到了英国陆军大臣基切纳的断然否定,他嘲笑它是"一个美妙的机械化玩具,但价值非常有限"。

眼看斯温顿的方案就要胎死腹中,当时担任海军大臣的丘吉尔目光敏锐,立即指示海军部成立一个"陆地巡洋舰制造委员会"。他认为它应该像海军的巡洋舰那样,具有猛烈的火力、坚固的装甲和优良的机动性能。不久,丘吉尔又秘密筹集了一笔资金,指导海军部生产出了一个操作模型。

根据斯温顿的设计方案生产出来的这种"钢铁怪物",外形像一个斜方形的铁箱子,于是,设计师们开玩笑地称它为"Tank",意思是运水的大水柜。音译过来就是坦克。

转眼到了1916年8月,英国已经秘密生产出了四十九辆坦克,但它们还处于试验阶段,坦克驾驶人员的训练也没有完成。但是,为了打破阵地战的僵局,出奇制胜,英军总司令黑格将军急不可待地下令把坦克投入索姆河战场。

由于机械故障较多,四十九辆坦克中只有十八辆到达了前线。然而,战斗打响后,当大约十辆坦克隆隆冲向德军阵地,德军吓得抱头鼠窜。其中的一辆坦克攻克了一个村庄,另一辆坦克占领了一条堑壕,俘虏了三百多名德军官兵。

虽然初露锋芒的坦克时速只有六公里,也无法越过沼泽地,越野的性能还比较差,因此战果有限,但英军毕竟尝到了甜头。所以,当第二年,英军统帅部决定发动一次大规模的攻势,以打破西线长时间胶着的对峙局面,从而牵制其他战线的德国兵力,掌握战场的主动权时,总参谋部的一名上校军官、后来成为英国著名军事理论家的富勒,提出了一个大胆的设想:选择合适的时机和有利的战场,集中坦克部队发起攻击,一举冲垮德军的防线。

这可是战争史上从未有过的冒险行动!面对总参谋部里的同僚和上司怀疑的目光,富勒早已胸有成竹。他认为,法国北部的小镇康布雷就是理想的坦克战战场。该镇的南面和西面有一大片被小溪和狭窄的堤坝割裂开的土地,结实平整,非常适合坦克的机动作战。英军总参谋部最终采纳了富勒上校的建议。

为了达到出敌不意的效果,英军做了精心准备。大批的坦克被隐蔽在英军阵地后面茂密的森林里;英军指挥部严令,开战之前坦克不得驶近德军前哨阵地

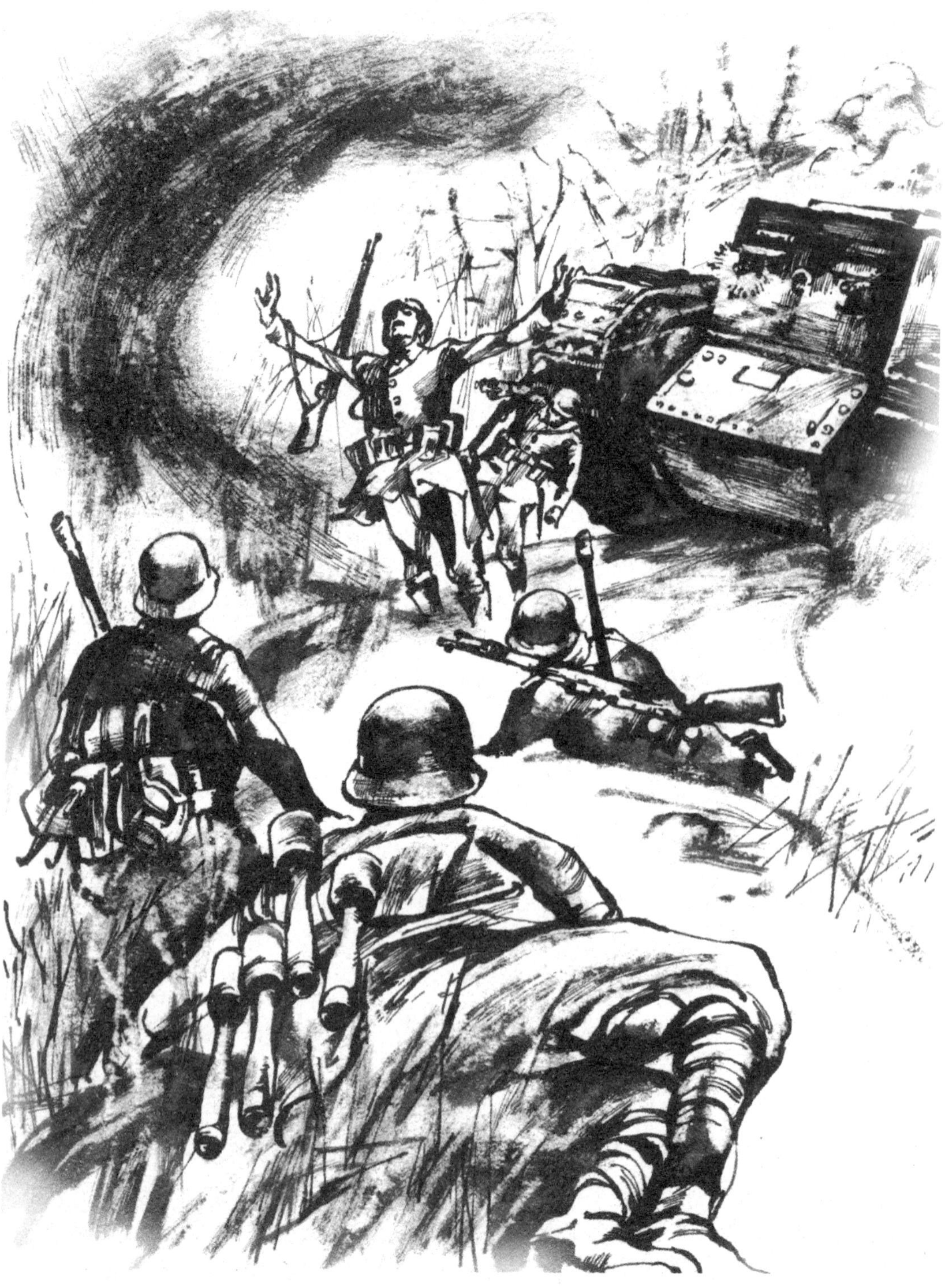

一英里之内,以免被敌人发现;英军还请来了一批美术师,用最新的彩色颜料在坦克上涂上斑纹,巧妙地与周围的景色浑然一体。

在战斗即将打响前,英军的飞机飞到了德军阵地的上空,然后降低高度,一圈又一圈地低飞,"嗡嗡嗡"的巨大轰鸣盖住了坦克发动机的声响。

1917年11月20日凌晨,天刚蒙蒙亮,康布雷地区英军的三百八十一辆坦克同时启动,沿着夜里用线带标志好的车道驶向前方。紧跟坦克冲锋的是英国第三集团军的步兵。

英军坦克与步兵排山倒海般地冲向德军阵地,德军用来阻挡英军的铁丝网和障碍物,一眨眼就被英军坦克压平了。当又宽又深的壕沟出现在坦克面前时,英军就使出富勒上校早已想好的对付办法:步兵从坦克的链条上取下长长的柴捆,迅速扔到壕沟里填平,坦克便顺利地通过,大摇大摆继续前进了。

英军这次打破了惯例,没有经过进攻前的炮火准备,就由坦克引导直接发起冲锋,打得德军措手不及。只听马达嘶吼,大地颤抖,睡眼蒙眬的德军士兵惊得目瞪口呆。还是经历过索姆河战场的德军老兵醒悟得快,大声尖叫:"'钢铁怪物'来了!敌人的坦克来了!"

但是,一切都太晚了。英军坦克在进攻当天就显示出了强大的威力,一举突破德军的三道防线,把战线向前推进了八到十公里,歼灭德军七千五百人,缴获火炮一百多门;英军只付出了六十五辆坦克被击毁、伤亡四千人的代价。

这是一战开战以来英军最成功的一次突破。但是,由于英军的预备兵力不足,缓过气来的德军调集重兵,大举反扑,又夺回了大部分阵地。双方很快又转入了相持拉锯的阵地战。一直到12月的第一周,一场暴风雪使双方不得不暂停所有的军事行动,这时,英军已伤亡了四万五千人,德军的损失也大致相当。

然而,康布雷之战毕竟开了二十世纪世界战争史上的坦克战先河。它的价值和意义,在若干年后的二战中会体现得越来越清晰和重要。

218·末代沙皇

尼古拉二世是俄国的末代沙皇,他的血液中流淌着历代沙皇热衷于侵略扩张的遗传因子。第一次世界大战中,俄国与英国、法国结成三国协约后,他便盼望着能在这场世界大战中打败德国、奥匈帝国,彻底击溃奥斯曼土耳其的势力,报上世纪五十年代俄国兵败克里米亚的一箭之仇;进而夺取在巴尔干地区的控制权,保证连接黑海与地中海的博斯普鲁斯海峡、达达尼尔海峡牢牢掌握在沙俄手中,让他的舰队能够畅通无阻地出入地中海。

自然,尼古拉二世还想通过这场大战转移国内人民的斗争视线,平息俄国各地风起云涌的革命浪潮,从而稳固自己摇摇欲坠的统治。

尼古拉二世野心勃勃,亲自担任俄军总司令。但是,由于工业落后,交通运输极其混乱,造成前线的补给跟不上,缺枪少炮,结果开战第一年,俄军就在东线战场伤亡了两百万人,远远超过对手德国,也超过了盟友英法两国。

有一次,英国的一位历史学家来到俄军的前线采访,一位俄国士兵满面忧愁地对他说:"先生,你知道,我们除了士兵的胸膛外,没有武器。"

旁边的另一位士兵忿忿地补充道:"这不是战争,这是屠杀!"

可是,尼古拉二世依然沉浸在战争的美梦中。其实,他的残暴贪婪已经被他过去的斑斑劣迹所证明。是他,借中国在甲午战争战败后,趁火打劫,攫取了在中国东北修筑中东铁路的特权;是他,向腐败无能的清政府软硬兼施,强行租借了大连和旅顺;也是他,趁八国联军侵略中国之际,霸占了东北。

尼古拉二世对自己的臣民也毫不手软。1905年,他下令枪杀游行请愿的圣彼得堡工人,酿成了血淋淋的惨案。他怂恿黑帮集团迫害国内的犹太人。他还公开咒骂俄罗斯最伟大的作家、思想家托尔斯泰是"俄国可恶的天才"。他也极端仇视在俄国革命浪潮中冲在前列的进步知识分子,咬牙切齿地说:"我多么讨厌这个词啊!我能下令国家学院从俄国字典中删去就好了。"

东线战场的形势没有好转,俄国国内的经济、政治局面却在不断恶化。沙俄政府征集了一千五百万壮丁去打仗,农村里的男劳力丧失了近一半,大片大片的土地因为无人耕种而荒芜,结果粮食产量大幅度下降,粮价飞涨。

城里的居民在挨饿,前线的士兵也吃不饱饭。有的伤兵几天领不到食物和纱布。武器弹药的补给也没有丝毫改善,甚至出现了俄军士兵把刺刀绑在棍棒上去冲锋的笑话;有的只好赤手空拳去折断敌军带刺的铁丝网。

军队的士气越来越低落,开小差的士兵人数竟然达到一百万以上。俄军的节节败退,国内经济的几乎崩溃,使得广大民众的不满和反抗之火终于爆发了。工人们在布尔什维克党的领导下,掀起了罢工的怒潮。"打倒战争!""打倒沙皇!"愤怒的口号在示威游行的队伍中此起彼伏,响彻阴霾沉沉的俄罗斯天空。

暴风雨即将来临!但尼古拉二世仍然无动于衷。当杜马(议会)议长罗德江科发出警告,"叛乱"正在席卷这个国家时,尼古拉二世居然在给皇后的信中说:"这个大腹便便的罗德江科,又给我写了一篇胡话,我甚至不愿回答。"

然而,内外交困、日益严重的局面,终于让尼古拉二世感到大事不妙。他苦思良策,最后决定瞒着英、法单独与德国讲和;还准备解散议会。他想,这样一来,就可以从东线战场抽出身来,腾出兵力把国内的革命浪潮镇压下去。

杜马中代表英、法利益的资产阶级议员不答应了。他们已经看出,跟着这位刚愎自用的皇帝走下去就是死路一条!现在他居然要解散议会!社会革命党议员克伦斯基扬言,"必要时用恐怖分子的手段"发动一场反沙皇的政变,逼迫他退位。军队中也有人密谋策划逮捕皇后,迫使沙皇改变政策。

但是,没等资产阶级动手,布尔什维克党领导广大人民群众起来推翻沙皇的专制统治了!1917年3月8日(俄历2月23日),布尔什维克党中央和彼得格勒(即圣彼得堡,一战后改为彼得格勒)委员会举行集会,庆祝国际妇女节,号召广大妇女立即开展反对饥饿、反对战争、反对沙皇制度的革命运动。散会后,女工们纷纷上街示威游行,男工们也潮水般地加入她们的行列。这一天参加罢工的人数达到了九万人。

布尔什维克抓住时机,在3月10日转变为声势更为浩大的总罢工。尼古拉二世狗急跳墙,当天晚上就命令彼得格勒军区司令:"着令于明日将京都中的骚乱悉行制止。"沙皇军队连夜出动,逮捕了彼得格勒布尔什维克党的五名领导人;首都市中心和各个交通要道迅速布满了军警,密密麻麻的屋顶上和角楼里架起的机枪,无情地射杀了不少游行示威的工人。

然而，星星之火，已经燎原。3月11日，布尔什维克党决定发动广大工人和同情革命的士兵举行起义，对沙皇政府展开最后的决战。第二天，成千上万的工人浩浩荡荡涌向市中心，士兵们纷纷倒戈，与工人们并肩战斗。他们迅速占领了克里姆林宫、兵工厂、火车站、警察局、电报局等；打开监狱，释放了大批无辜的政治犯。

平时专横跋扈的皇后慌忙收拾金银财宝，从冬宫逃走了。逃跑前，她让侍从给在前线的尼古拉二世发了一封十万火急的电报："城里掀起了一场流氓运动……望速派员来京平叛。"

沙皇收到急电，赶紧从前线调回一支部队，妄图把起义镇压下去。但这支部队刚跑到首都郊区，就与当地士兵搞起了联欢，吓得指挥官掉头就逃。尼古拉二世在返回彼得格勒的路上，铁路工人故意扳错道岔，逼得沙皇的专车开到了备用线上，停止不前了。他无奈地改乘马车，蹿回彼得格勒。

3月12日晚上，布尔什维克党中央向全国发表《告全体俄国公民书》，庄严宣告沙皇制度已经推翻，工人阶级和革命军队将建立民主共和国，没收地主土地，实行八小时工作制，联合各国人民制止帝国主义战争。

尼古拉二世见大势已去，被迫在3月15日宣布退位。统治俄国长达三百七十年的罗曼诺夫王朝终于垮台。由布尔什维克党领导的这场推翻沙皇的革命，发生在俄历2月，所以史称二月革命。

至于那位残暴昏聩的末代沙皇尼古拉二世，则在十月革命后被苏维埃政权处决。

219·"阿芙乐尔"的炮声

涅瓦河从俄国首都彼得格勒(今改回原称圣彼得堡)城中滔滔流过。1917年11月7日(俄历10月25日),它见证了世界现代史上一个具有划时代意义时刻的到来。

那天上午十一点左右,行驶在涅瓦河上的"阿芙乐尔"号巡洋舰的布尔什维克党的代表别雷舍夫,接到了革命军事委员会送来的命令,要求舰上的无线电台向全国广播:资产阶级临时政府已被推翻,全部政权归苏维埃,布尔什维克党号召全国各地举行武装起义。

很快,他又接到一份指示:已向盘踞在冬宫的临时政府成员发出最后通牒;如果他们拒绝投降,"阿芙乐尔"只要一看到彼得保罗要塞发出的红色火光,就向冬宫开炮。这将是向起义队伍发出的攻打冬宫的信号。

别雷舍夫立刻命令舰上的炮手各就各位。他自己则紧张地注视着要塞上空,一会儿又看看表。时间似乎在这难熬的等待中凝固了。

等啊等,一直等到晚上九点多,红色火光还是没有出现。突然,舰上有人叫了起来:"火光,火光!"别雷舍夫精神一振,下意识地看了看表:九点四十分。他果断地下令:"前主炮,准备——"

"喀嚓"一声,水兵们干净利落地推弹上膛。别雷舍夫挥手一劈:"放!"

"轰!"随着炮口一声巨响,一股炽红的火焰穿破浓重的夜幕,震撼了俄罗斯大地,也震撼了全世界。它宣告了人类历史上一个新纪元的降临!

由布尔什维克党领导的二月革命,推翻了沙皇的专制统治,但俄国随即出现了两个政权并存的奇怪局面:一个是占据实权的资产阶级临时政府;另一个则是彼得格勒工兵代表苏维埃。临时政府一上台就宣布:继续忠于协约国,把世界大战进行到底。而广大贫困的民众依然挣扎在饥饿和死亡线上。

俄国向何处去? 为躲避沙皇政府的迫害,在国外流亡了十五年之久的布尔什维克党的领袖列宁,心急如焚,设法从瑞士回到了祖国。第二天,也就是4月17日,列宁就在党的会议上发表了著名的《四月提纲》,明确指出应该将资产阶级革命过渡到社会主义革命,并提出了"全部政权归苏维埃"的口号。

列宁的主张引起了激烈的争论。在不久前召开的第一次全俄苏维埃代表大会上,有人宣称必须同资产阶级保持联盟;还说俄国没有一个党准备夺取政权。

话音未落,会场上便响起一个洪亮的声音:"有这样的党!"只见列宁大步流星走上讲台,庄严宣布:"有的!任何一个政党都不会放弃这样做,我们的党也一样,它随时准备夺取全部政权。"

为了加快革命的进程,7月,布尔什维克党组织了一次有五十万工人和士兵参加的示威游行。他们举着"要和平!要面包!要自由!"的标语和旗帜,走上了首都的街头。

但是,大游行遭到了临时政府的残酷镇压,有四百多名工人和士兵倒在了血泊中。资产阶级通过这次大屠杀结束了两个政权并存的局面,社会革命党头目克伦斯基爬上了临时政府总理的宝座。

冷酷的现实促使列宁和布尔什维克党彻底认清了临时政府的狰狞面目。他们认识到,革命和平发展的可能性并不等于现实性,必须使用暴力,才能推翻资产阶级,建立无产阶级政权。党中央决定,改变斗争方式,准备武装起义。

起义原定的日子是11月7日。但由于泄露了消息,11月6日(俄历10月24日)清晨,临时政府的士官生部队突然袭击了布尔什维克党中央机关报《工人之路》和印刷厂。布尔什维克党立即指挥工人赤卫队和革命士兵夺回了印刷厂,并当机立断,提前举行武装起义。

首都大部分部队的官兵已站到了革命一边,加上工人赤卫队,起义者如虎添翼,势如破竹,在11月6日上午就夺取了涅瓦河上的桥梁,占领了中央电报局、彼得格勒电讯社。一眨眼到了晚上,列宁不顾生命危险,没有卫兵,走出自己的秘密住所,步行来到布尔什维克党中央、彼得格勒苏维埃、革命军事委员会、武装起义总指挥部的所在地——斯莫尔尼宫。

列宁的亲临指挥,大大鼓舞了同志们的热情和斗志。斯莫尔尼宫的灯火彻夜通明,胜利的捷报一个接一个地传来——火车站、发电厂、邮政总局以及许多重要的军事据点、国家机关等先后被占领。到第二天中午,只剩下龟缩在冬宫里的临时政府成员,企图负隅顽抗。

随着"阿芙乐尔"巡洋舰的隆隆炮响,最后的决战——攻打冬宫开始了。

起义部队的领导人安东诺夫等人,指挥战士们向冬宫发起了勇猛的攻击。

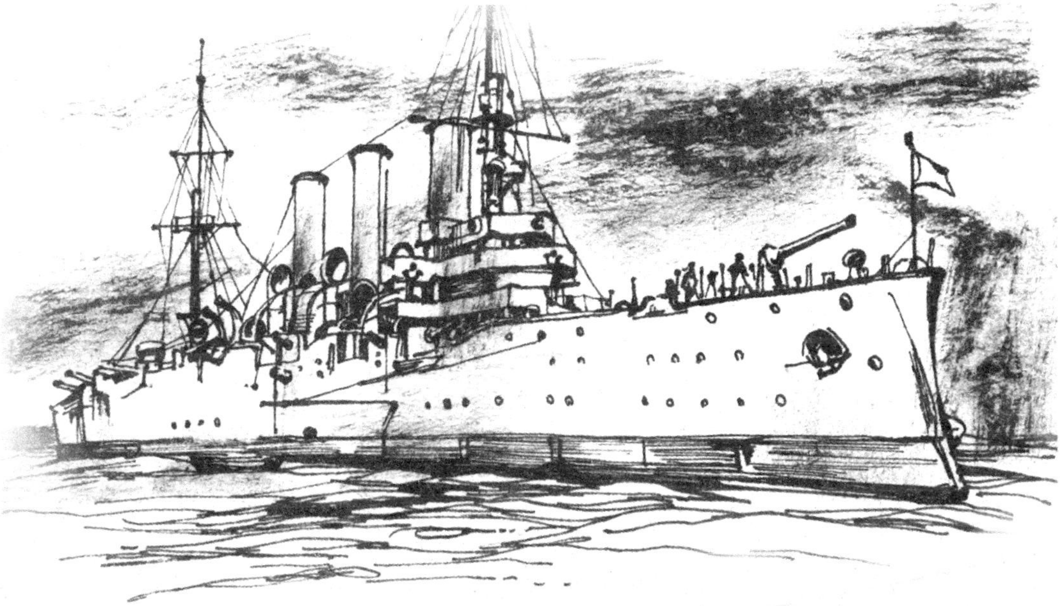

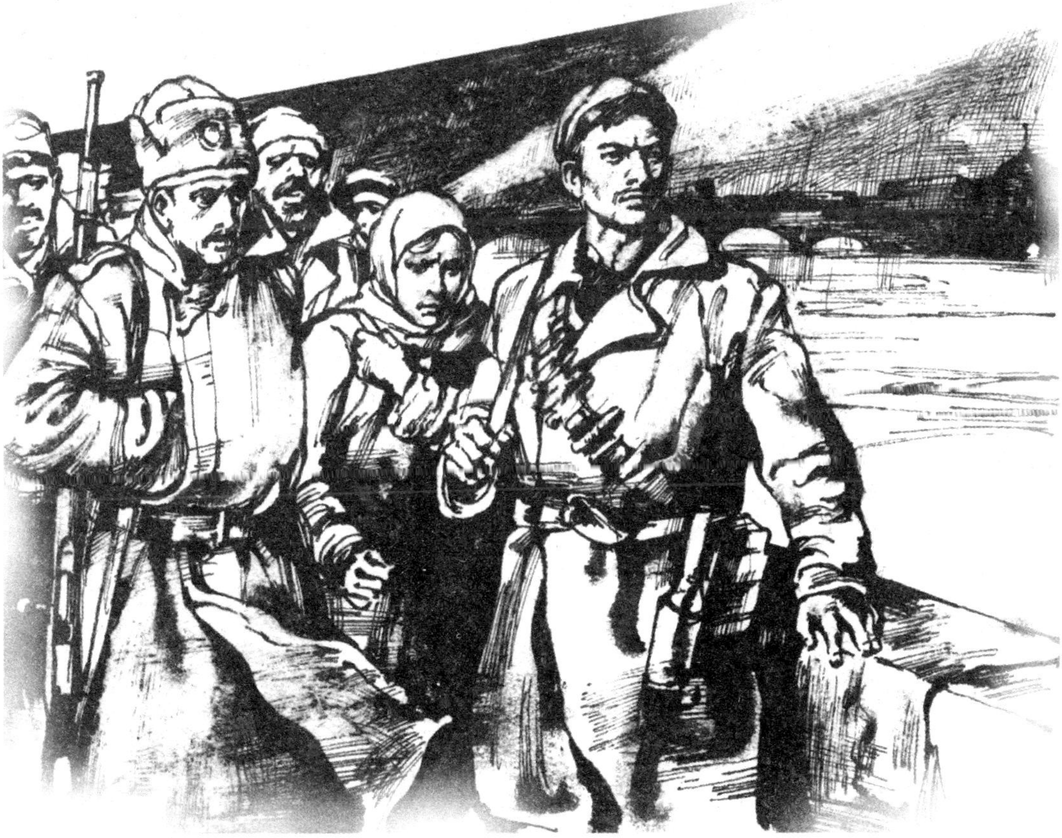

一阵激战之后,战士们冲上了冬宫门前的大理石台阶。但是,一扇巨大的铜门紧闭,挡住了去路。只见几十个战士奋不顾身地攀上大门前的铜杆,奋力爬上顶端,然后攀下大门的背面。终于,沉重的铜门缓缓打开了。

"乌拉!乌拉!"(俄语"万岁"之意)上千名战士呐喊着冲进了冬宫。安东诺夫亲自率领一支队伍直扑三楼。

穿过一个又一个房间,安东诺夫和他的战士们最后推开了一扇大门,房间里是一群西装革履、神色慌张的人,他们是临时政府的副总理和部长们。

"举起手来!"安东诺夫大声宣告,"先生们,我以革命军事委员会的名义宣布:你们被逮捕了!"

大伙突然发现,临时政府的首脑克伦斯基不见了,便愤怒地喊道:"克伦斯基逃到哪儿去了?快说!快说!"

原来,狡猾的克伦斯基明白大势已去,便借口去迎接援军,乘上美国大使馆的汽车,溜之大吉了。大伙怒吼道:"毙了这些坏蛋,省得他们也逃了!"

安东诺夫迅速稳定了战士们的情绪。然后他找出一张纸,在上面飞快地写了几行字,交给传令兵嘱咐道:"马上送到斯莫尔尼宫,直接交给列宁同志。"

斯莫尔尼宫接到攻占冬宫的胜利消息,已经是11月8日凌晨两点多了。列宁和他的战友们高兴极了。已经两天一夜没有睡觉的列宁,顾不上休息,又起草了两个非常重要的文件,一直工作到东方破晓。

当天晚上九点钟,出席第二次全俄苏维埃代表大会的代表们,以雷鸣般的掌声热烈欢迎列宁的到来。大会通过了列宁起草的要求结束帝国主义战争的《和平法令》;接着又通过了列宁签署的《土地法令》。它宣告,废除地主资本家私有制,所有土地归农民无偿使用。

大会宣布成立第一届人民委员会,列宁当选为主席。它标志着,十月革命取得了伟大的胜利,人类历史上的第一个社会主义国家诞生了!

220·布列斯特和约

布列斯特是位于白俄罗斯的一个小城。十月革命前后,它又叫布列斯特—里托夫斯克,属于俄国的领土。如果它不是记录了一段重要的历史,也许布列斯特今天仍然默默无闻。

十月革命刚胜利不久,苏维埃政府就颁布了列宁起草的《和平法令》,并多次向参加第一次世界大战的协约国英、法等国政府发出倡议,立即停火,展开和平谈判,实现不割地、不赔款、公正民主的和平。

但是,苏维埃俄国的这一和平倡议遭到英、法等协约国的断然拒绝。英、法等国对世界上出现的这第一个社会主义国家恨之入骨,他们要求苏俄在东线继续与德军作战,这样既能牵制住一部分德军,又可以让新生的苏维埃俄国与德国杀个两败俱伤,从而将苏维埃政权扼杀在摇篮之中,一箭双雕。

列宁和布尔什维克党中央决定,不受英、法等国的摆布,立即单独与德国进行和平谈判。德国竟然同意了。原来,它迫切希望摆脱两线作战的不利局面,以便集中兵力与英、法等国决战;另一方面,德国抓住苏维埃政权渴望和平、重建经济的心理,打定主意狠狠地敲一竹杠,从中捞取最大的好处。

于是,从1917年12月3日起,两国在当时俄德边境的小城、德军东方战线司令部所在地布列斯特—里托夫斯克开始了和平谈判。经过两个多月的唇枪舌剑,德国在第二年的2月9日向苏维埃代表团发出最后通牒:俄国必须割让给德国十五万平方公里土地,外加三十亿卢布的赔款;否则就继续打下去,别无出路。

这哪里是谈判,简直就是强盗的敲诈勒索!

布尔什维克党中央和苏维埃政府内部爆发了激烈的争论。许多人强烈反对在屈辱苛刻的和约上签字。他们发誓,要将同德国的这场"革命战争"坚决地打下去;还说对帝国主义的战争必将点燃德国与其他国家内部的革命烈火。

但是,列宁却主张在和约上签字。他的考虑非常实际,由于连年的战争,国民经济遭到了严重破坏,人民的生活困苦不堪,非常需要和平;士兵也已筋疲力尽,再硬打下去,新生的苏维埃政权就会迅速垮台。为了赢得喘息的时间,恢复经济,建设一支新的军队,捍卫十月革命的成果,就必须先退一步,哪怕德国人提的条件再苛刻,暂时也得接受。他深沉地告诫战友们:"现在,对社会主义事业来说,再没有也不可能有比俄国苏维埃政权的崩溃更大的打击了。"

与德国谈判的苏维埃政府代表团团长、外交人民委员托洛茨基,却不顾列宁一旦德国发出最后通牒就立即在和约上签字的指示,自作主张,向德国方面宣布:苏维埃共和国决定退出战争,继续复员军队,但是拒绝签署和约。

德国政府勃然大怒,宣布,从2月18日起全线恢复对俄国的军事行动。

列宁心急如焚,在他的反复劝说和强烈要求下,布尔什维克党中央委员会在德军恢复军事行动前的两小时,进行了一次表决。不幸的是,列宁关于重开谈判、与德国人签订和约的提议,只差一票被否决了。

然而,残酷的现实无情地粉碎了党中央内一些人的幻想。德军在2月18日果然发起了对俄军的全线攻击。由于旧军队正在复员,红军刚开始组建,许多阵地无人防守,德军夺取了大量的装备和弹药,进展迅速。

那天晚上,党中央的紧急会议一直开到深夜。列宁提出的一项新提议——立即按照德国人的全部条件签订和约,经过激烈的辩论后终于以一票的微弱多数获得通过。第二天,人民委员会立刻打电报给德国政府,同意签订和约。

但是,贪婪狡猾的德国政府故意拖着不答复。德军集中优势兵力,日夜猛攻,眼看就要兵临彼得格勒城下了。

"苏维埃社会主义共和国处在万分危急中!俄国工农的神圣义务,就是要……奋不顾身地保卫苏维埃共和国,抗击资产阶级帝国主义德国的匪军。"以列宁为首的人民委员会,迅速发布了告全国人民书。

在列宁的号召下,全国人民迅速动员起来,纷纷拿起武器,投入到保卫祖国的斗争中。一支支刚组建的、崭新的红军部队火速开往前线,顽强地挡住了德军对彼得格勒的进攻。德国最高统帅部妄图用闪击战一举打垮苏俄、夺取苏维埃首都的计划宣告破产。从此,红军开始还击德军入侵的那一天——2月23日,作为红军的建军节而载入史册。

也就在同一天,苏维埃政府收到了德国政府故意拖延多日的电报。可是,复电提出的和谈条件更加苛刻:割让土地的面积必须扩大,赔款增加一倍为六十亿卢布;而且限令在四十八小时内作出答复。

党中央内部又一次炸开了锅。许多中央委员情绪异常激动,强烈反对跟德国人签字,扬言与其这样屈辱求和,不如决一死战。列宁为已经失去了一次和平机会而痛心疾首,眼看局面可能再次失控,他焦急万分,大声地说:"这完全是一种必要的退却!如果继续这样搞革命空谈,我将退出政府和党中央委员会!"

"但是,"列宁坚定地转换语调,"我将向党呼吁,党是会支持我的!"

列宁的执著与诚挚到底感动了多数同志。他的提案最终通过,按照德国政府提出的新条件签订和约。1918年3月15日,第四次全俄苏维埃非常代表大会正式批准了布列斯特和约;会议还决定,把首都从彼得格勒迁到莫斯科。

布列斯特和约的签订,标志着苏维埃俄国正式退出了第一次世界大战。苏维埃政府赢得了宝贵的喘息时间,从而能够恢复经济,建设红军,巩固政权,为夺取国内战争的胜利和粉碎帝国主义的武装干涉,奠定了基础。

布列斯特和约的签订也让德国人暗暗得意。他们认为俄国人的退出战争,意味着从此同盟国的兵力比起协约国占据了优势。因此,和约签订后一周不到,德军就从3月21日起连续发动了三次西线攻势,企图一举击败英、法军队。但是,事与愿违,德军连连受挫。打到9月间,协约国军队全线反击,掌握了战争主动权。美国军队的加入协约国作战,更是让德国雪上加霜。而从9月底到11月初,同盟国的保加利亚、土耳其、奥匈帝国先后战败投降,又让德国更加孤立。

战争引发了德国国内的革命,声势浩大的工人总罢工和士兵武装起义,逼得不可一世的德皇威廉二世被迫在11月9日宣布退位,逃往荷兰。德国无力再战,两天后签订停战协定,宣布投降。

第一次世界大战是人类历史上一次空前的灾难。它长达四年多,卷入战争的有三十二个国家,人数超过十五亿,占当时世界总人口的四分之三以上。直接上战场的约有七千万人,死伤三千多万。各交战国的经济损失约两千七百亿美元。

一战停战协定签订后的第二天,苏维埃政府宣布,废除不平等的布列斯特和约。

221 · 肮脏的巴黎和会

旷日持久的第一次世界大战终于收场了。1918年11月11日,德国代表乘车来到巴黎东北贡比涅森林的协约国联军总部,痛苦而无奈地在条件苛刻的停战书上签了字。

德国投降的消息传来,已经七十七岁高龄的法国总理克列孟梭欣喜若狂,老泪纵横,他高喊道:"我总算等到了这个复仇的日子!"

克列孟梭当然有理由宣泄他压抑了四十多年的愤懑。1870年普法战争法国战败时,他三十岁还不到。从那时起,他就发誓,有朝一日一定要为法兰西雪此奇耻大辱。因此,当一战爆发,法、德这两个老冤家为了争夺欧洲的霸权又一次大打出手,克列孟梭便以强硬的主战派的角色再度出任法国总理兼陆军部长。他在议会上那番声嘶力竭的演讲曾震撼了整个法国与欧洲:

"我的座右铭是:到处都是战争,对内政策是为了战争,对外政策是为了战争。我要继续进行战争并将它继续进行到我生命的最后一分钟。"

克列孟梭这种强烈的仇德情绪,在法国人中间有相当的代表性,并被带到了1919年1月在巴黎开始的协约国对德缔结和约会议上。和会在巴黎近郊的凡尔赛宫镜厅进行,这是法国人刻意安排的。1871年1月18日,作为普法战争战胜国的普鲁士国王,趾高气扬地走进凡尔赛宫镜厅,当着法国人的面宣告自己已成为德意志帝国的皇帝。现在,轮到法国人来雪耻复仇了。

四十八年后的同一天,即1月18日的巴黎和会开幕式上,法国总统傲慢地说:"四十八年前的今天,德意志帝国就出生在这个大厅里。由于它生于不义,自当死于耻辱!"

巴黎和会时间长达近半年,参加会议的是战胜国协约集团的二十七个国家,但在会上唱主角的是英、美、法、意、日五个大国,从头到尾操纵会议的则是法、英、美三家。新生的苏维埃俄国被排斥在和会之外。列强各怀鬼胎,都企图按自己的意愿重新瓜分世界,攫取最多的赃物。

法国通过一战变成了欧洲最大的陆上军事强国。为了确保自己的欧洲霸主

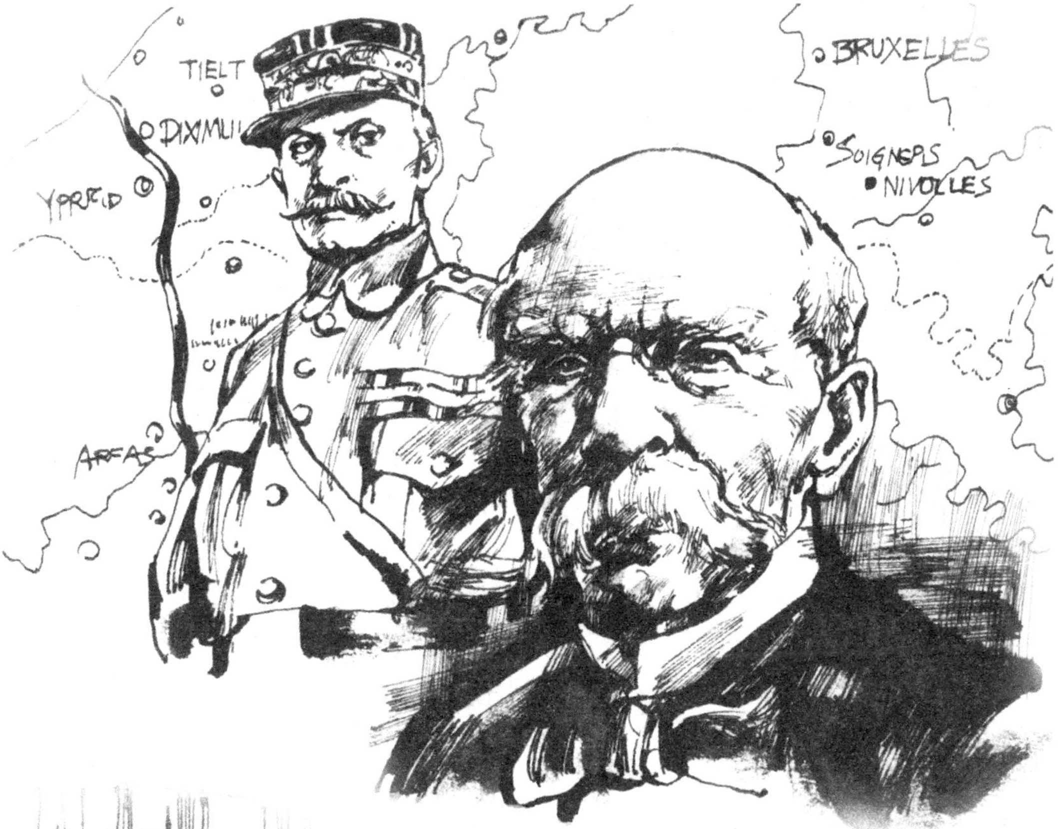
TIELT
DIXMUI
BRUXELLES
SOIGNIES
NIVELLES
ARRAS

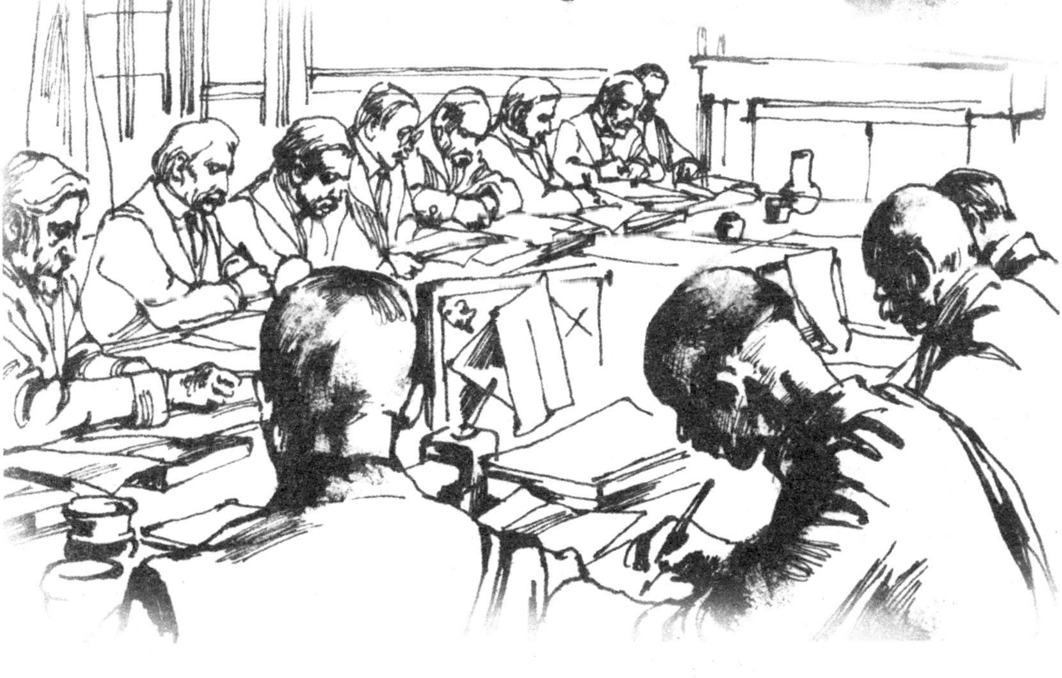

地位，报复德国，防止它东山再起，以克列孟梭为团长的法国代表团提出，必须严厉制裁德国，把德国的西部边界推进到莱茵河，在莱茵河左岸地区建立一个独立的莱茵共和国，作为法德两国之间的缓冲地带。

法国这一带有分裂德国意图的方案遭到了英、美的反对。虽然一战使英国损失惨重，但它的海军依然是傲视全球的海上霸主；它不愿法国独霸欧洲，所以不希望过分地削弱德国。它想的是最大程度地掠夺德国原有的海外殖民地。

美国是后来居上的资本主义大国。它在战争期间大发横财，实力猛增。它也不赞成使德国彻底缴械，而是想让法、英、德几个欧洲大国之间互相牵制，它可以从中渔利，从而实现夺取世界领导权、成为全球霸主的勃勃野心。

经过五个多月的激烈争吵与讨价还价，列强最后达成妥协，于6月28日在凡尔赛宫镜厅签订了《协约和参战各国对德和约》，史称凡尔赛和约。

凡尔赛和约规定，法国收回在普法战争后被德国夺走的阿尔萨斯—洛林地区，获得德国最大的萨尔煤矿十五年的开采权；莱茵河左岸的德国领土由协约国占领十五年，原有的许多边境地区分别割让给丹麦、比利时以及战后独立的波兰、捷克斯洛伐克、南斯拉夫等国家；德国必须向法、英、美等国家支付巨额战争赔款，解散总参谋部，禁止拥有和生产坦克、装甲车、潜艇、重炮和军用飞机等重型武器，只允许保留十万军队。

德国就这样失去了八分之一的领土、百分之十二的人口。德国军国主义为自己的好战付出了惨痛的代价，但协约国的无情掠夺使德国人民背上了沉重的包袱。

策划封锁与扼杀苏维埃俄国，是巴黎和会的另一项重要议程。会议批准了法国元帅、协约国联军总司令福煦提出的扩大武装干涉的反苏计划；决定对苏俄实行经济封锁。美国总统威尔逊在反对法国大幅度裁减德国军队的提议、主张保留部分德军时说得非常露骨，就是"维持国内秩序和压制布尔什维克主义"。法国与英国干脆在和会前就签订了武装侵略苏俄、划分在俄国的势力范围的协定。

难怪列宁讽刺道："熊还没有打死，甚至还没有动手打，就要分熊皮，并且为这只熊闹起纠纷来了。"

巴黎和会期间，还产生了一个国际性的组织——国际联盟。威尔逊曾提出了包含公开外交、公海航行自由、贸易自由、裁减军备、民族自决、建立国际联盟等在内的十四点"世界和平纲领",并竭力主张将它们作为巴黎和会谈判的基础。克列孟梭与英国首相劳合—乔治自然明白这其中的奥妙,是美国这个后起的资本主义国家要与英法等老牌资本主义国家分庭抗礼,争夺世界霸权。但在威尔逊的威胁利诱下,还是勉强同意了。

巴黎和会通过的《国际联盟盟约》就是凡尔赛和约的第一部分。虽然《国际联盟盟约》标榜增进国际合作,维护世界和平,实际上却变成了维护帝国主义利益的工具。它规定了"委任统治"制度,把原属德国、土耳其的殖民地分别"委任"英、法、比、日等国统治,等于是对殖民地进行了一次重新瓜分。

中国也是协约国的成员之一。一战期间,中国派出了十七万五千名劳工,飘洋过海,来到欧洲为协约国军队担任战地勤务,其中有两千人死亡,可以说为协约国的胜利做出了巨大的牺牲和贡献。中国作为战胜国之一,理应收回战前被德国强行"租借"的胶州湾和德国在山东的一切特权。

但是,阴险贪婪的日本早就盯上了中国山东这块富饶的土地,居然提出要继承德国在山东的一切权益,并以不达目的就退出和会加以威胁。英、法、美为了满足日本的侵略野心,竟然答应了这一无理荒唐的要求,并写进了凡尔赛和约中。威尔逊由此彻底撕下了爱好和平、为弱小民族伸张正义的虚伪面纱。

中国这个"战胜国"变成了任人宰割的羔羊。消息传回国内,举国哗然。全国人民群情激愤,为了捍卫神圣的主权,掀起了轰轰烈烈的"五四"爱国运动。在全国人民与海外同胞的支持、压力之下,中国代表团终于拒绝在和约上签字。

巴黎和会,是不折不扣的帝国主义分赃会议。

222·华盛顿会议

一战结束后,帝国主义列强为了角逐海上霸权,掀起了一场如火如荼的海军军备竞赛。尤以美、英、日三国表现最为突出。

美国仰仗自己急速膨胀的工业和金融实力,向世界头号海军强国英国发出了挑战。美国海军部长丹尼尔斯宣称将在五年内建造一百三十七艘军舰,"建设一支世界上最强大、最优秀的海军"。

英国不甘示弱,首相劳合—乔治表示:"大不列颠宁愿花尽最后一分钱,也要保持海军对美国或其他任何一个国家的优势。"

日本为了与美英一争高下,雄心勃勃地制定了八·八舰队计划,即拥有两支强大的舰队,每支舰队有主力舰八艘,每八年更新一次。

紧接着,法国和意大利也兴冲冲地加入了这场竞赛。就这样,列强们你造一艘我造两艘,从大西洋、地中海到太平洋,一场看不见硝烟的军备大战越演越烈。

但是时隔不久,列强们开始尝到了军备竞赛的苦头。伴随着一艘艘战舰的下水,军费开支陡然大增,各国的财政纷纷捉襟见肘。

英国首先奉陪不起。它早已被战争弄得财力匮乏,现在硬撑着加入军备竞赛,真是苦不堪言。日本也力不从心,为了实施八·八舰队计划,海军拨款已占整个国家预算的三分之一。美国虽然财大气粗,但要真正压倒英、日也非易事。

这时,蔓延资本主义各国的经济危机爆发了,各国人民要求裁军的呼声也越来越高。列强们的海军军备竞赛陷入了困境。

正是在这一背景下,美国开始倡议召开限制海军军备的会议。这样美国既可以博得"爱好和平"的美名,又可以在谈判中尽量限制对方,争夺自己的优势。

1921年11月12日,来自美、英、法、意、日、比、荷、葡和中国的代表齐聚美国华盛顿的独立纪念馆,举行了华盛顿会议。为了渲染和平气氛,会场内装饰了许多棕榈叶,摆设了"U"字形的会议桌,桌上覆盖着绿色台布。十点三十分,等各国代表全部落座,东道主美国总统哈定走上讲坛,开始致开幕词:"我们希望建立一个良好的秩序,恢复全世界的安宁……"

这次会议的主要议题是限制军备问题和处理有关远东和太平洋问题。前者由美、英、日、法、意五国组成限制军备委员会进行磋商,后者则由与会九国组成远东及太平洋委员会共同商议。

会议开幕第一天,美国先发制人,迫不及待地抛出了一个有利于美国的限制海军军备方案:一、停止建造主力舰;二、拆毁一部分旧军舰;三、以主力舰总吨位为标准计算海军实力,确定各国的比例,美英两国的主力舰各为五十万吨,日本三十万吨,即5:5:3,辅助舰则参照主力舰的规定比例。美国想用这个方案,确立对日本的海军优势,分享英国的海上霸主地位。

这个方案立刻引起了日本的强烈反对,坚决要求美、英、日主力舰之比为10:10:7。于是列强大会争小会吵,僵持了一个月。最后美国使出了撒手锏,威胁说,要是日本坚持下去,那么日本每造一艘军舰,美国就造四艘军舰。日本知道自己实力不济,只好被迫同意美国提出的主力舰比例。但是日本的软磨硬泡,也争得了美英的重大让步。美英向日本保证不在太平洋西部兴建或加强海军基地。

美、英、日三强的主力舰比例刚搞定,法国和意大利又漫天要价起来,要求拥有三十五万吨的主力舰。美英哪肯答应,经过一番讨价还价,硬是给他们打了个对折:十七万五千吨。

摆平了主力舰,五国又在限制潜艇问题上吵得不可开交。英国最忌别人的潜艇,因为在一战期间,神出鬼没的德国潜艇让英国的舰艇和商船吃够了苦头,成了英国刻骨铭心的记忆。所以英国主张完全禁止潜艇。法国针锋相对,提出了截然不同的建议,声称如果不准海军弱国使用潜艇,就等于是把它们交给海军强国任意宰割,因此根本不应对潜艇作任何限制。

于是双方展开了唇枪舌剑般的争吵。英国代表气势汹汹地说:"英国决不能允许拥有八十万陆军的法国再拥有头等的潜艇舰队!"

法国代表反将一军:"如果英国愿意取消主力舰,那我们就立即取消潜艇。"

英国代表立即回击:"基地遍布各地的法国,如果再拥有大量的潜艇,那对英国的威胁可能要比德国对英国的威胁大许多倍。"

法国代表反唇相讥:"英国建造主力舰想必是为了打捞沙丁鱼?那么,何不让可怜的法国也造几艘潜艇来研究研究海底植物呢?"

美国见英、法的"潜艇战"陷入僵局，赶紧出来打圆场，可是由于大家分歧太大，限制潜水艇问题最终没有达成任何协议，只好不了了之。

经过近三个月的明争暗斗，1922年2月6日华盛顿会议终于宣告闭幕。这天，美、英、法、意、日五国签订了《限制海军军备条约》(简称《五国公约》)，确定了五国海军主力舰和航空母舰的吨位比例为5∶5∶3∶1.75∶1.75。接着，与会的九国代表还签署了关于中国问题的《九国公约》。这个公约名义上宣称尊重中国的独立和领土、主权的完整，实际上是为各列强，特别是为美国在中国的扩张提供了条件。

华盛顿会议只是暂时缓和了帝国主义列强在远东和太平洋地区的利益冲突，而列强们口口声声宣扬的限制军备，不过是一个骗人的五彩肥皂泡而已。

223·带毒子弹射向列宁

1917年11月7日,在"阿芙乐尔"号巡洋舰隆隆的炮声中,世界上第一个社会主义国家诞生了。

各种仇视、反对苏维埃的力量不甘心失败,积极地行动起来,阴谋推翻新生的政权。1918年初,苏维埃俄国面临的形势十分严峻:德国占领着芬兰、波罗的海各国和乌克兰及克里米亚的大部分地区;罗马尼亚强占着比萨拉比亚;日本在海参崴登陆,向西伯利亚进军;伏尔加河和西伯利亚铁路沿线有捷克军团的暴动。国内,因为富农煽动中农拒交粮食,出现了严重的粮荒。莫斯科等大城市工人每天的口粮,已经减少到四分之一磅面包,后来又减到八分之一磅。

面对极其严峻的局面,以列宁为首的布尔什维克党果断地实行战时共产主义政策,将大中小企业收归国有,取消自由贸易,实行供给制,同时派武装工作队下乡征粮,贯彻余粮征集制。

极左的社会革命党处处与布尔什维克作对,他们反对布列斯特和约,反对列宁的粮食政策;在苏维埃代表大会上,攻击布尔什维克和列宁本人,还几次阻挠列宁发言。甚至在会议进行的同时,他们还发动了一次暴动。为了激怒德国,他们暗杀了驻莫斯科的德国大使米尔巴赫;同时占领了电报局,发出了反政府通电。列宁当即下令逮捕了社会革命党代表,平定了暴动,并挫败了社会革命党在其他二十四个城市的叛乱。

次又一次颠覆活动失败以后,残存的社会革命党党徒竟丧心病狂地想用暗杀列宁的办法来达到推翻政府的目的。

他们注意到,列宁为了团结广大的工人、农民支持苏维埃政权,经常到工厂、农村的集会上进行演讲。每次演讲列宁都很认真,仔细地研究工人在集会上的情绪,听取工人的建议和问题,有时一天要参加好几个集会。集会时人员混杂,是行刺的好机会。

1918年8月30日,列宁按计划来到米赫里逊工厂演讲。这天,社会革命党人在彼得格勒暗杀了布尔什维克党的领导人之一乌里茨基。消息传到莫斯科的时候，同志们想劝列宁不要外出，但来不及了，列宁已经在工厂慷慨激昂地演讲开了。

同志们的担心不是多余的，工厂门口，黑洞洞的枪口正等着列宁。

刺客名叫卡普兰。此时，她躲在工厂大门的对面，手伸在口袋里，紧紧攥着手枪，枪柄上沾上了一层黏黏的汗水。枪里装的不是普通的子弹。临行前，卡普兰仔细地挑选了每一颗子弹，并在弹头上刻了几条纹路，然后在纹路里填满了剧烈的毒药。她详细地研究过列宁的行动规律，决定在大门口动手，这样自己逃跑也方便一些。

列宁结束了演讲，在热烈的掌声中挥手向工人们告别，并在工人们的簇拥下走向大门。卡普兰的一个助手假扮成水兵，走到列宁身后，张开手臂拦住周围的工人，嘴里大声嚷嚷着："让列宁同志先走！"

不明就里的工人们上当了，以为他是列宁身边的警卫，便自觉地和列宁隔开了一段距离。临近门口时，假扮的水兵故意摔了一跤，躺在地上哼哼唧唧半天站不起来，于是欢送的人群离列宁更远了。

独自走向汽车的列宁又遇到几个向他询问粮食供应问题的妇女，他一面回答着问题，一面准备上车，一只脚已经踏上汽车的踏板。等了好久的卡普兰目露凶光，快步走上前来，掏出手枪，对准列宁开了三枪。列宁当场就倒了下来，鲜血汩汩地冒出来。另一个手放在口袋里的人快步走近车子，列宁的司机一看情形不对，大声喝道："不准走近，不然我就开枪！"

那人吓得一愣，一转身就逃走了。卡普兰可没有那么好运，被愤怒的工人当场擒获。

列宁被搀扶着上了汽车，脸色惨白，侧着身半躺半坐在座位上，紧咬牙关，一声不吭。护送的人将他的外套和上衣脱了检查伤口，发现衣服上沾满了血，胸前和手臂上的伤口还在不停地流血。陪伴左右的同志想马上找一个就近的医院包扎伤口，但列宁不肯，他用微弱的声音嘱咐大家："我不要在任何地方停留，我要直到克里姆林宫。"

车子到了克里姆林宫他的住所后，列宁在几个工人的搀扶下，艰难地从车里出来，上身只穿着一件白衬衣。工人们要将他抬进去，又被他拒绝了。他担心会吓坏妻子克鲁普斯卡娅和妹妹玛丽娅，就这样，他被左右两面搀扶着，沿着陡峭

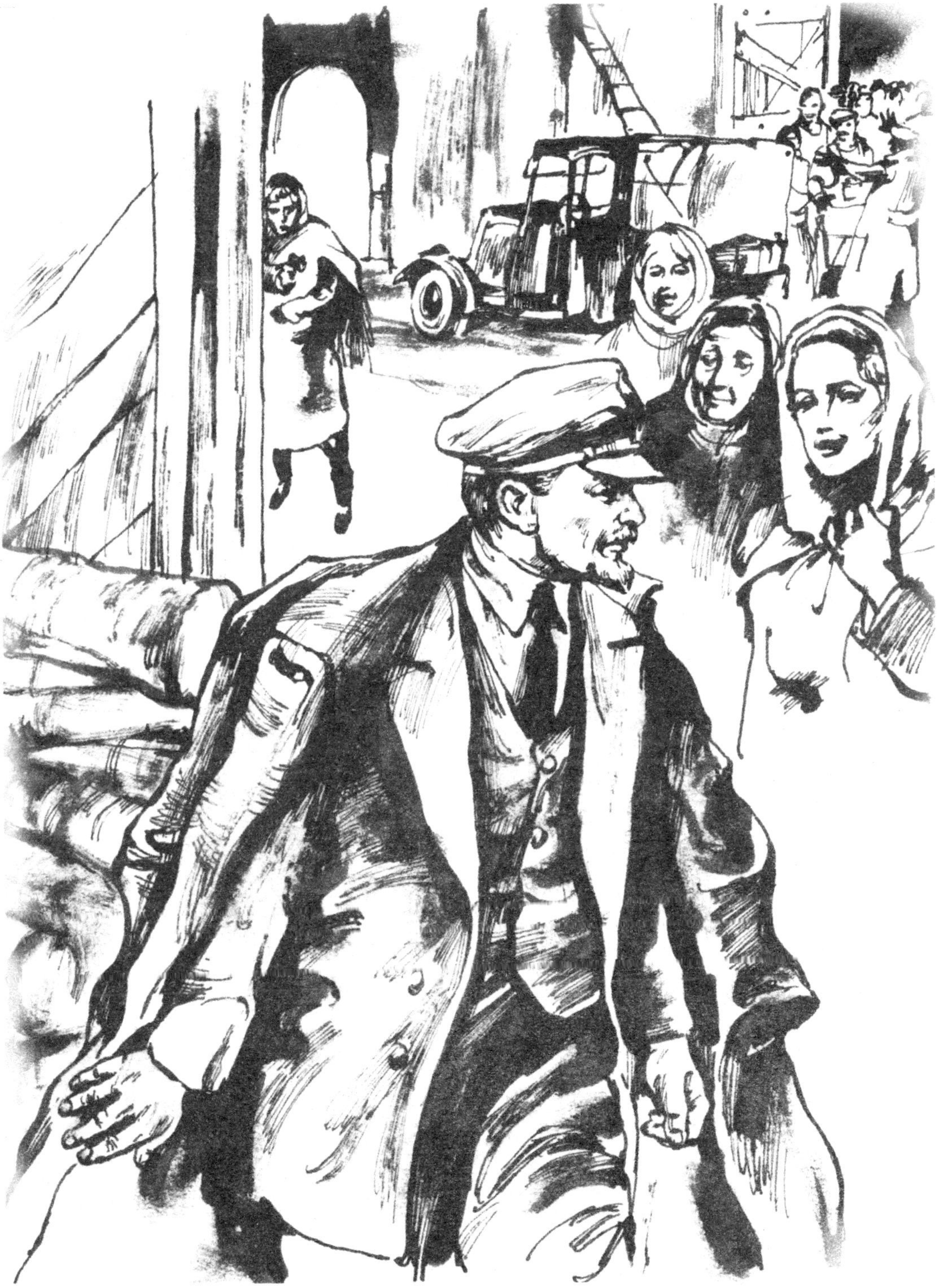

的楼梯走上了三楼。

莫斯科最好的医生闻讯赶来了。经过检查,一颗子弹射进了列宁的手臂,两颗子弹射进了胸腔,而且失血过多。医生们马上进行手术,取出了两颗子弹;另一颗离心脏太近,医生们实在不敢动手,只好听天由命了。

整整一个晚上,整整一个令人心焦的晚上,列宁无力地躺在床上,没有血色的嘴唇微微张开,不时发出低低的呻吟。但有人进来探望时,他总是要努力地微笑一下,使战友们不至于太担心。

第二天早上,列宁终于挺过了最初的难关,情况开始好转。但医生们仍然十分紧张,如果弹头上的毒药使列宁的血液中毒,麻烦就大了。直到几天后,排除了血液中毒的可能,他们悬在嗓子眼里的心才放了下来。

苏维埃政权立即展开反击。捷尔任斯基领导的肃反委员会逮捕并处决了一大批受帝国主义指使的反革命分子,粉碎了叛乱阴谋。

列宁又顽强地站了起来。9月17日,没有完全康复的列宁出席了全俄中央执行委员会的大会,并主持了人民委员会的工作;还重新掌握了红军的组织和指挥。

红军战士们决心用行动来鼓舞列宁战胜伤痛的信心。他们勇往直前,一举收复了喀山和辛比尔斯克。收复辛比尔斯克的部队给列宁发去了电报:"亲爱的伊里奇,我们夺取你的故乡辛比尔斯克,是对你受的一处伤的回报。我们将夺取萨马拉作为对你受的另外一处伤的回报。"

224·面包会有的,牛奶会有的

十月革命的胜利使帝国主义列强惊恐万分,他们一面出兵进行武装干涉,一面实行经济封锁,还支持俄国残余的反动势力发动叛乱,企图扼杀苏维埃政权。

战争的烽火蔓延到全国。许多铁路被切断了,城市里得不到粮食,发生了饥荒。工人们每天只能分配到八分之一磅的面包,只有巴掌大小。

为了把仅有的人力物力集中起来,战胜敌人,苏维埃政府制定了战时共产主义政策,规定大、中、小企业一律收归国有,一切生活必需品由国家集中分配,并实行余粮收集制,要求农民必须把多余的粮食交给国家。这一系列强硬的经济政策,对于战胜国内外敌人和保卫苏维埃政权发挥了积极作用。

1920年,国内战争虽然取得了胜利,可是连年战争却使苏俄的经济遭到了重创。许多桥梁和铁路被毁坏,矿井里灌满了水,工厂停止了生产,城市经济萧条,农村破败衰落。1920年,苏俄的工业总产值只有1913年的百分之十五,粮食产量只有1913年的一半,全国陷于饥荒。

苏维埃政府没有及时调整政策来促进经济发展,而是继续执行战时共产主义政策,终于酿成了严重的经济危机和政治危机。因为在战争年代,工人和农民为了民族和国家,愿意节衣缩食,支援前线。可是到了和平时期,人们就不愿勒紧裤带过日子了。城市里,市场上消费品奇缺,人们只能过上半饥半饱的生活,平均主义的实物分配制引起了人们的反感。在农村,农民强烈反对余粮收集制,因为政府低价强行收购粮食和农副产品的措施,严重损害了他们的利益。一些地区陆续出现了工人罢工、农民闹事的事件。更糟糕的是,这种不满情绪影响到了军队,军队也开始人心不稳。波罗的海舰队的重要基地喀琅施塔得甚至发生了兵变,兵变的士兵发表宣言,要求立即取消粮食征购队,恢复农民自行处理农产品的权利,指责"统治祖国的共产党完全脱离群众,没有力量把群众从全面崩溃的现状中拯救出来……"

苏维埃政府意识到了事态的严重性,列宁更是心急如焚,于是对现行的政策进行了深刻的反思:为什么在和平年代我们失去了人民的拥护?我们的政策究竟错在哪里？

面包在哪里？牛奶在哪里？列宁决心到人民群众中去寻找解决问题的办法。他深入农村进行社会调查，了解农民的疾苦，商量解决的办法。他接待各地来访的工人和农民，同他们亲切交谈，倾听他们的意见和要求。

有一天，列宁在办公室里接待了一位农民，他是个农民理论家，经常写文章探讨农村的社会和经济问题。列宁热情地请他坐下，然后用亲切的话语说："你叫切库诺夫，是吗？听说你跑了许多地方，了解到很多情况。"

切库诺夫见列宁这么和蔼可亲，紧张的情绪顿时少了许多，他说："列宁同志，现在农民真是苦啊！他们连基本的口粮都没有，有的地方征收的不只是余粮，连种子都没给留下。最要命的是农民们不知道这余粮收集制还要搞多久？"

列宁问："依你看，现在农村里主要的问题在哪里呢？"

切库诺夫说："我看现在主要的问题是农民失去了干活的兴趣。政府拿走的太多了。农民干得多干得少，干得好干得差都一样，反正都给拿走了。"

列宁继续问："有什么办法能唤起大家干活的兴趣呢？"

切库诺夫说："为什么不采用我们农民早已习惯，而且认为最合理公平的办法呢？我说的是政府按农田的亩数，规定固定的上缴税收，而且要事先公布，不随便改变。"

列宁忙说："你的意思是说：政府应该制定一个征税的标准，然后允许农民按规定交税后，自己可以支配剩下来的产品。"

切库诺夫说："不错，正是这样。"

列宁对切库诺夫的建议十分重视，不仅详尽地做了记录，还写信推荐他到农业人民委员部工作，让他对征税方案作进一步研究。

在经过全面的调查研究后，列宁决心调整经济政策的思路进一步成熟了。1921年3月中旬，俄共（布）第十次代表大会在莫斯科举行。列宁在会上作了关于以实物税代替余粮收集制的报告。他说："现在，我们除了和农民达成协议，没有别的办法可以拯救我们的社会主义共和国。"

列宁还对战时共产主义政策作了历史评价，并指出如果继续执行该政策，等来的只能是失败。经过热烈的讨论，大会通过了《关于以粮食税代替余粮收集制的决议》，同时作出了从战时共产主义政策向新经济政策转变的决定。

不久,新经济政策陆续出台:在农业领域,废除余粮收集制,改行实物税。农民交粮食税后,余粮完全由自己支配,可以销售,也可以兑换工业品,这大大减轻了农民的负担,调动了他们的生产积极性。在工业领域,除了涉及国家经济命脉的重要厂矿企业仍归国家所有,由国家经营,允许私人和外国资本家经营中小企业。在商业领域,允许农民和手工业者把自己的劳动产品拿到市场上自由买卖,恢复国内的自由贸易,结果活跃了流通,刺激了生产。

新经济政策的实施受到广大农民工人的欢迎,全国经济状况迅速好转,粮食和农产品的产量大幅增加,工业生产得到全面恢复。

225 · 元帅之死

1937年6月11日,苏联塔斯社突然公布了一条轰动世界的消息:苏联副国防人民委员、苏联元帅图哈切夫斯基及其他七位红军高级将领因犯间谍和叛国罪,已被特别军事法庭判处死刑。

图哈切夫斯基是一位才华横溢、功勋卓著的年轻将领,人称"红色拿破仑"。人们震惊之余,不禁会问:难道这位深受红军战士和苏联人民尊敬的元帅真是外国间谍吗?

其实,这是法西斯德国一手策划的离间计。

1936年圣诞节前夕,德国盖世太保头目海德里希得到一份绝密情报。情报里说,苏联的肃反运动弄得人心惶惶,图哈切夫斯基等将领正在策划政变,企图推翻苏联领导人斯大林的统治。

海德里希起初认为这份情报纯属无稽之谈,可长年的谍海生涯却使他敏锐地觉察出这里面也许大有文章可做。他沉思许久,一个灵感在他脑海中闪过:这是实施借刀杀人的好机会。不论图哈切夫斯基的政变是真是假,但苏联国内的这种肃反运动的确值得好好利用,如果伪造图哈切夫斯基阴谋叛变的证据,然后设法把它透露给斯大林,或许就可以借斯大林之手将图哈切夫斯基干掉。

想到这儿,海德里希觉得自己简直是个天才,竟然从毫无价值的情报中琢磨出了极有价值的主意。但此事事关重大,海德里希不敢擅自做主,于是赶紧去请示希特勒。

希特勒听完海德里希的汇报,兴奋得如获至宝。他早就意识到图哈切夫斯基是未来德苏交战时的劲敌,更让他心神不安的是图哈切夫斯基去年发表了一篇文章《当前德国的军事计划》,一针见血地道破了德国企图入侵苏联、称霸欧洲的野心。不难想象,一旦苏联高层接受了他的战略思想,积极备战,那对德国进攻苏联将是多么不利。

而借刀杀人计划不仅可以扫除心腹大患,而且可以搅乱红军军心。希特勒夸奖了海德里希几句,随即批准了这项计划。于是,一场罪恶的阴谋就这样开始了。

　　狡诈的海德里希深知凭空伪造证据是困难的,而且也不能令人信服,于是他没日没夜地查阅档案文献,希望能从中找到下手的地方。经过几周的努力,他终于发现了线索。在二十年代,苏联政府为了对付西方强国的封锁,曾与德国结盟,在经济和军事领域进行合作。当时两国将领来往频繁,留下了许多亲笔书信和谈话记录,其中自然包括红军的创造人之一图哈切夫斯基。

　　海德里希决定利用这些资料来伪造证据。为了保密,生性多疑的他没有公开派人到德国最高统帅部的档案室去取,而是命令手下间谍把有关图哈切夫斯基的R号档案秘密地"偷"了回来。

　　接着,海德里希在盖世太保(秘密警察)总部的地下室里设了一个造假中心,挑了一批技术骨干,什么语言学专家、逻辑学专家、心理学专家、印章专家、笔迹摹仿专家,命令他们对偷来的文件进行加工、篡改,伪造图哈切夫斯基谋反的证据。

　　没多久,一份份以假乱真的证据源源不断从这里制造出来:图哈切夫斯基及其同事们和德国最高统帅部将军秘密来往的信件;图哈切夫斯基向德国出卖情报所获巨款的收款凭据;图哈切夫斯基不满斯大林的谈话记录;图哈切夫斯基反对肃反的言论;图哈切夫斯基准备政变的计划;盖世太保为感谢图哈切夫斯基提供情报所写的感谢信⋯⋯

　　为了让苏联得到并相信这些伪造的证据,海德里希又设下了一个圈套。他派遣自己的亲信、老牌间谍贝伦茨,悄悄来到布拉格,向捷克总统贝奈斯透露了几份关于图哈切夫斯基的谋反材料,并装出贪财的样子,索要巨额赏金。

　　贝奈斯大吃一惊,立即电告莫斯科。斯大林本来就对同自己地位、威望差不多的人很不放心,听到这一消息后,立刻下令:不惜一切代价,一定要搞到这份情报。

　　几经反复,苏联间谍与贝伦茨在柏林进行了短暂的交易。他匆匆地翻了翻文件,开口就问:"什么价格?"

　　贝伦茨答道:"一口价,三百万卢布。"

　　实际上贝伦茨是在漫天要价,无非是想证明情报的真实。不料,苏联间谍没有还价,点点头算是成交了。在间谍史上,花如此高昂的代价购买一个惊天大阴谋,这是绝无仅有的。

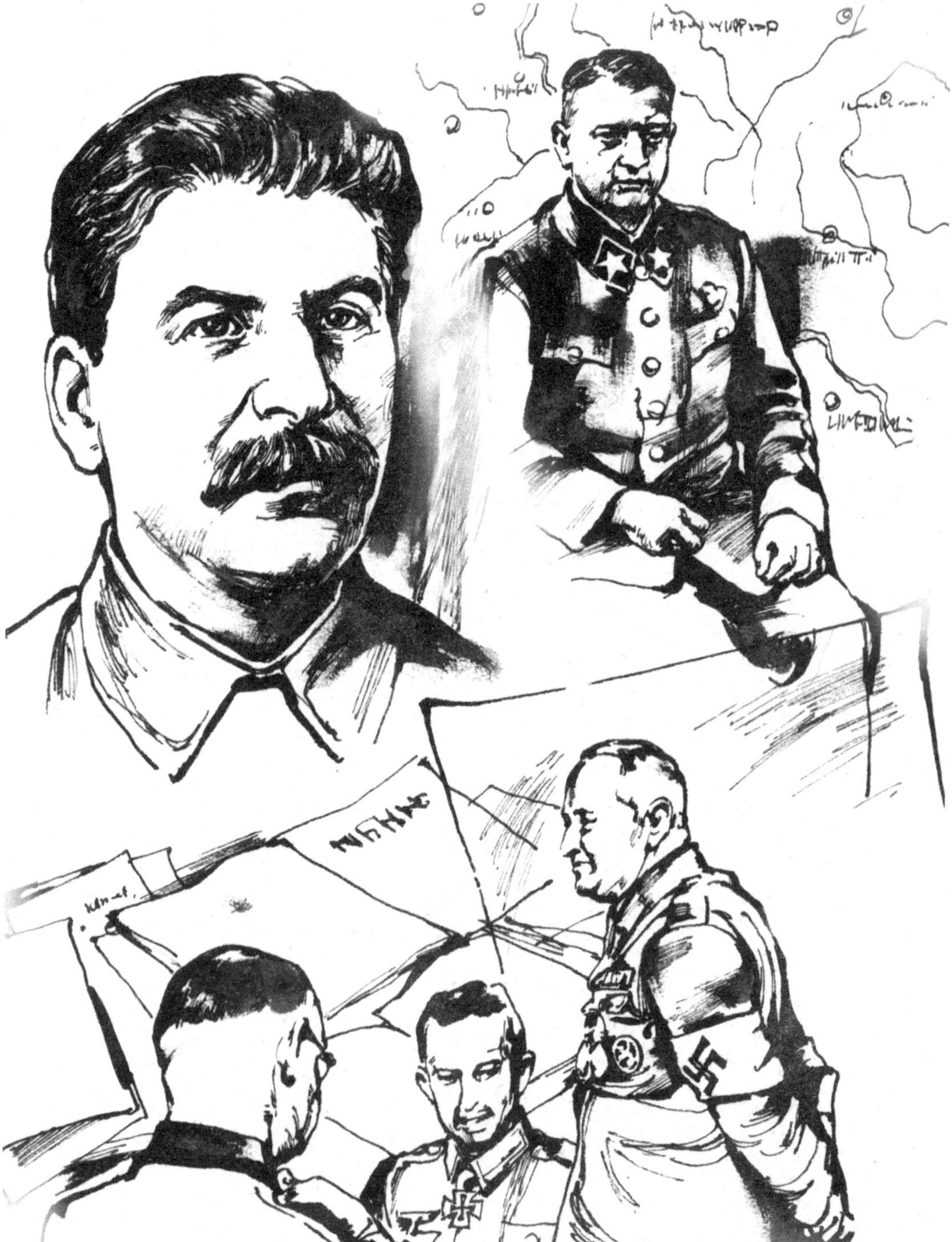

由于这些文件、信件伪造得那么逼真,斯大林深信不疑,立刻下达了逮捕令。就这样,希特勒和海德里希的阴谋得逞了。

1937年6月12日,图哈切夫斯基和其他七名著名将领被枪决。图哈切夫斯基在法庭上最后说了一句话:"我好像做了一场梦。"

这的确是一场噩梦,但被卷进去的,远不止图哈切夫斯基一人。紧接着,斯大林开始了对红军的大清洗。从1937年至1938年,共有三万五千名军官成了这场阴谋的牺牲品,差不多占全军军官的半数。

226·"土耳其之父"凯末尔

希腊军队从边境打进了土耳其安纳托利亚地区,正在向内地推进!土耳其又一次陷入了民族灾难之中,全国上下群情激愤。

这天,大国民议会召开紧急会议。只见一位英武的中年男子大步走上讲台,大声说道:"先生们!假如被破坏的国土不是五十分之一,而是全部,假如全国都处在一片火海之中,我们就上山去,在那里继续战斗!"

他一番慷慨激昂的演讲让全场的议员热血沸腾,顿生誓死保卫祖国的万千豪情。他不是别人,正是诞生才两个多月的国民政府领袖,土耳其最杰出的资产阶级革命家、军事家穆斯塔法·凯末尔。

凯末尔1881年出生在巴尔干半岛南端的爱琴海城市萨洛尼卡(今属希腊)。母亲是个虔诚的穆斯林,父亲原先是个海关小官员,儿子出生时已经弃官经商,做木材生意。开明的父亲将凯末尔送进了一所刚创办的新式小学,但是凯末尔小学还没有毕业,父亲就因为生意破产,忧郁过度病死了。凯末尔只好跟着母亲去投奔乡下的舅舅,放羊看田,吃了不少苦,也磨炼了他坚韧不拔的意志。

幸亏姨妈资助,凯末尔才继续在萨洛尼卡上学。1893年,十二岁的他背着母亲考入了萨洛尼卡预备军事学校,开始了他向往已久的军旅生涯。他聪慧勤奋,为人正派,很受老师的喜欢。有一位数学老师干脆不叫他的本名穆斯塔法,而是称呼他"凯末尔"(土耳其语"正义"的意思)。十八岁时,他又考进伊斯坦布尔军事学院深造。

十九世纪末二十世纪初,土耳其奥斯曼帝国已经日薄西山,沦落为西方列强欺凌争夺的半殖民地。青年凯末尔的爱国主义意识被唤醒。在军校里,他如饥似渴地阅读伏尔泰、卢梭、孟德斯鸠等法国启蒙学者的著作和土耳其大诗人凯马尔的爱国诗篇,进一步认识到封建领主的贪婪残暴、民族压迫的深重与苏丹(奥斯曼君主)专制制度的野蛮落后。于是,他和几个志同道合的同学组织了一个秘密革命小组,办了一份手抄小报,写文章揭露苏丹的黑暗专制统治。

1905年,凯末尔以上尉军衔从军事学院毕业。一战爆发时,凯末尔已是土耳其驻保加利亚大使馆的武官,他敏锐地指出,土耳其加入同盟国参战将是一场"可怕的灾难"。但作为军人,他还是毫不犹豫地奔赴前线。在1915年的达达尼尔海峡保卫战中,他两次率领土军成功地阻击了协约国的登陆,赢得了"伊斯坦布尔救星"的美誉。由于战功卓著,第二年4月,他被晋升为准将军衔。

这年的8月,凯末尔再露锋芒,指挥土军打退了沙俄军队对安纳托利亚东部的猛攻,收复大片失地。俄军总参谋部心服口服,承认他是土耳其"最负盛名、最勇敢、最有才能、精力充沛、最富独创性"的将军。

然而,凯末尔的军事天才并不能挽救土耳其战败投降的命运。1918年10月底,奥斯曼帝国被迫签订丧权辱国的停战协定,昔日的殖民地被协约国瓜分得干干净净。老谋深算的英国还鼓动土耳其的周边国家,妄图将它肢解分裂。

国难当头,凯末尔挺身而出,着手把全国各地分散的爱国组织统一起来,他向战友们发出呐喊:"祖国的领土完整和民族独立正处在危机中";他号召战友们:"只有民族的意志和毅力才能拯救民族的独立"。

不久,凯末尔毅然辞去军职,全身心地投入到拯救祖国的斗争中。在他的推动下,议会在1920年1月通过了庄严的土耳其独立宣言《国民公约》。

但是,协约国很快正式占领了伊斯坦布尔,驱散议会。凯末尔抓住时机,于4月23日在安卡拉发起召开大国民会议,成立了以他为首脑的国民政府。他开始组建正规军,并与列宁领导的苏维埃俄国建交,缔结了友好条约;争取尽可能多的国家的同情与支持,为独立战争的胜利打下了基础。

黑云压城城欲摧。1920年6月,希腊军队在英国的支持下,大举进攻,企图扼杀土耳其的独立运动。希军攻势猛烈,第二年8月,九万希军向安纳托利业内地发起总攻,企图一举攻克安卡拉。危难时刻,凯末尔出任国民军总司令,他果断地卜令土军撤退到萨卡利亚河(土耳其西部的一条河流),重新修筑防线。希军进攻的炮声已经传到安卡拉市区,市民、政府机关纷纷撤离,但是,凯末尔镇定自若,给全军下达了一道充满必胜信念的命令:"祖国的每一寸土地,在浸透同胞们的鲜血之前决不丢弃"。

凯末尔日夜在前线巡视。一天,他不小心从马上摔下来,折断了肋骨,将土们恳求他治伤休息,他坚决不同意,带伤指挥战斗。全军士气高涨,经过二十二天的血战,终于赢得了萨卡利亚河战役的大捷。土军从此由守转攻,以秋风扫落叶之势突破希军防线,把希军赶下了地中海,活捉了敌军总司令。

凯末尔领导土耳其人民最终赶跑了外国侵略者,协约国不得不于1923年7月24日在瑞士签订了洛桑协定,正式承认土耳其的独立和主权。

土耳其全国沉浸在民族解放的喜悦之中。在国民军举行的一次庆祝胜利晚会上,酷爱摔跤的凯末尔与军中的一位摔跤大王进行了一场比赛,观看的士兵与群众人山人海。只见那个摔跤大王紧紧抱住凯末尔的双腿,猛地一发力,把他高高地举了起来。全场鸦雀无声,他却把凯末尔又慢慢地放了下来。

凯末尔站了起来,笑着问道:"你为什么不摔倒我,因为我是指挥官吗?"

"您是土耳其民族的首脑,七个国家都没能把您打倒,我怎么打得倒您呢?"

摔跤大王的回答,激起了全场的欢笑和热烈的掌声。土耳其军民对自己统帅与领袖的由衷爱戴都包含在其中了。

1923年10月29日,土耳其共和国正式宣告成立,凯末尔当选为共和国首任总统,安卡拉被确定为首都。两天后,大国民议会根据凯末尔的提议,废除了封建的苏丹制。

"这个国家无论如何也要成为现代文明的国家。对我们来说,这是个生死存亡的问题。"凯末尔曾经这样告诫土耳其人民。他上任后采取了一系列改革措施,粉碎封建势力,推广新式教育和文字改革,实行资产阶级司法制度,废除一夫多妻制,给予妇女受教育权、遗产继承权,大力发展经济,领导土耳其摆脱了中世纪封建专制的束缚,逐步跨入资产阶级民主国家的行列。

为了表彰他为土耳其人民建立的不朽功勋,1934年,大国民议会授予他"阿塔图尔克"为姓,意为"土耳其之父"。由于积劳成疾,四年后,年仅五十七岁的凯末尔就告别了人世。但是,土耳其人民永远记住了他深情的话语:

"我的微小的躯体总有一天要埋于地下,但土耳其共和国却要永远屹立于世。"

227·"黑色星期四"与"饥饿总统"

美国纽约,闻名全球的大都会。1929年10月24日上午十点,华尔街证券交易所开盘的锣声响了。不知为什么,今天开盘的大锣听上去敲得有气无力,仿佛是一种不祥的预兆。果然,交易所的股票指数开盘后便一路狂跌,连股票行情自动收录器都来不及记录;挤满交易大厅的经纪人惊慌失色,发疯般地抛售各种股票。一天之内,几千个经纪人和几十万小投资者便破产了。

股市大崩盘终于引发了席卷美国等资本主义国家的经济危机。10月24日这一天因而被人们称为"黑色星期四"。它的来势之猛,对就任新一届美国总统才一年多的胡佛,犹如是一记响亮的耳光。因为不久前,他还在津津乐道地谈论美国的经济制度是如何如何"完美无缺";甚至得意洋洋地预言:"美国比以往任何国家的历史上都更接近于最后战胜贫困。"但他万万没有想到,在他说这些大话的时候,美国的经济已经危机四伏,快要大难临头了。

自然,胡佛当初的乐观和自信并不是没有一点道理的。进入二十世纪二十年代,美国利用它在一战中牟取的暴利,并向战后的欧洲大量出口它所紧缺的农产品和工业制成品,刺激了经济的快速发展。美利坚大地到处呈现出一派繁荣兴旺的景象。一幢幢摩天大楼拔地而起,一辆辆被命名为"新女神"的福特A型汽车在大街上骄傲地飞驰。洗衣机、电冰箱、吸尘器、无线电广播、有声电影等,也是在那时相继问世的。纽约取代伦敦成了新的世界金融中心。

到1928年,美国的国内生产总值已经超过了欧洲资本主义国家的总和,成为令人羡慕的世界头号强国。胡佛就是在这一片歌舞升平的气氛中去竞选第三十一届美国总统的。他的个人奋斗史似乎也是"美国梦"梦想成真的典范。

胡佛出身贫寒,父亲是乡村铁匠,母亲是教师。很小的时候,他不幸父母双亡,只得靠着舅舅的抚养,逐渐长大。后来,他去打杂役、送报纸、打字、经营学生洗衣房,才完成了学业,成为斯坦福大学的高材生;然后,又通过自己的奋斗,一步步成为一名优秀的地质工程师,并完成了从一名工程师到矿业巨富的成功转变。

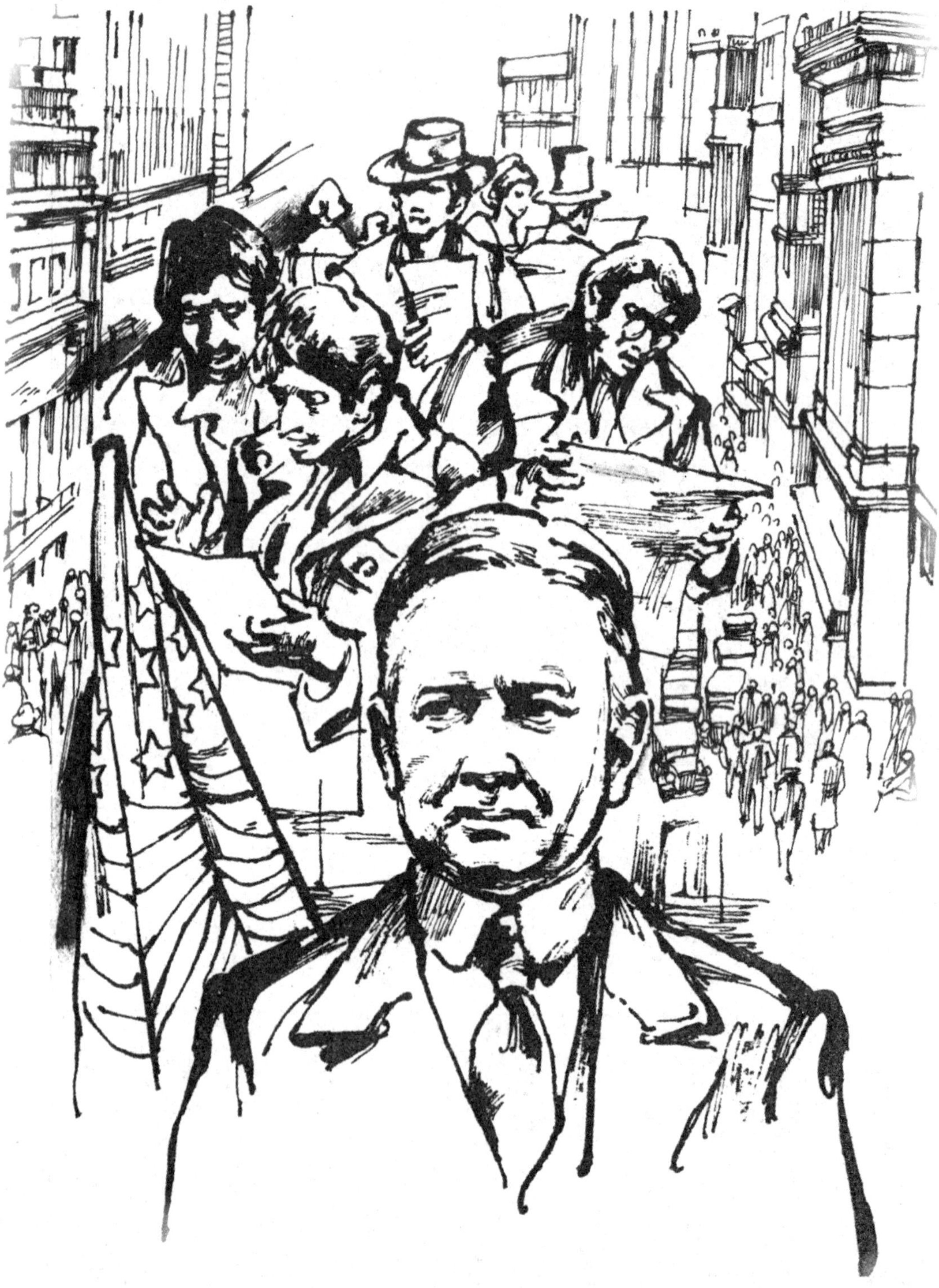

真正让胡佛闻名美国的是在一战爆发后,他成功地主持了一个在伦敦的美国救济会,帮助十二万贫困的美国侨民脱离战火,回到祖国;随后,他又负责一个规模更加庞大的救济会,它使用的运粮轮船就有七十艘、救济费高达十五亿美元,从而援助了饱尝战火与饥饿之苦的一千万比利时和法国北部的平民。

胡佛的才干得到了威尔逊总统的青睐,被召回国内担任粮食总署的署长。后来,他又在哈定与柯立芝政府中当过商业部长,领导修筑了著名的胡佛水坝和连接美国大湖地区与大西洋的圣·劳伦斯海道。这些,都使他在共和党内与美国民众中赢得了很高的威望。1928年6月,他被推选为共和党的总统候选人。

胡佛对当选充满了信心,他踌躇满志地向选民们保证:"不久就可以使每个工人家庭的菜锅里有一只嫩鸡,每间车库里有一辆汽车。"

在美国将保持"永久繁荣"的一片沾沾自喜声中,胡佛没费什么气力,就击败民主党的竞争对手,接替柯立芝,登上了第三十一届美国总统的宝座。

然而,无情的现实给了胡佛当头一棒。从华尔街的"黑色星期四"股票狂跌开始,历史上最大的经济危机很快席卷美国与资本主义世界。生产急剧下降,工厂、银行大量倒闭,无数农民破产。由于大量的农产品卖不出去,价格低于成本,光1933年,美国就有一千余万亩棉花被铲掉,几百万头猪被抛入密西西比河;最严重的时候,失业工人的人数达到一千七百万。

经济大萧条导致人民的生活水平降到了最低点。许多人食不果腹,流浪街头。有一天,西部一个旅馆的厨师把一些剩饭冷菜随手倒在厨房外的小巷里,想不到立刻冲出十几个人抢食了个精光。一些地方甚至出现了孩子与野狗争抢烂水果蔬菜,农民靠吃草根、野菜、蒲公英、紫罗兰过日子的悲惨景象。

胡佛不甘心美国的经济一蹶不振,更不愿就此葬送自己的政治前途。他想起了一件往事。年轻时,一位爱才的工程师将他推荐给一家英国矿业公司的老板,这位老板要求被推荐者的年龄必须在三十五岁以上。但是,胡佛那时只有二十三岁,他急中生智,粘了撮八字胡子,好让自己显得苍老些,然后才去见雇主。不料这位英国老板看见胡佛后惊叹道:"你们美国人真有妙法使人长青不老,你的样子简直看不出会在三十五岁以上,你究竟有何秘诀?"

胡佛自信,他虽然拿不出拯救美国经济的"秘诀",但招数还是有几下的。他的招数是什么呢?发放低息贷款给大农场主,由政府收购他们的农产品;为大银行建立复兴金融的基金,等等。但是,这些"招数"根本遏制不了企业、银行的倒闭狂潮;对于千百万饥寒交迫的民众来说,则起不了任何作用。

更要命的是,信奉自由经济政策的胡佛不懂灵活应变,不顾广大民众要求增加救济的强烈呼声,几次否决了在全国实行普遍救济的议案。而他过去正是以善于组织救济享誉欧美的。1932年,当退伍军人聚集到国会前请愿,要求政府发还拖欠他们的补助金时,胡佛竟然下令军队镇压,造成了五十多人伤亡。这是他永远都难以洗刷的政治污点。

美国的经济在不断地恶化。昔日繁华的大街上出现了用破铁皮、纸板和粗麻布搭起的棚户区,老百姓把它叫做"胡佛村",即使以富豪如云出名的纽约曼哈顿区,这样的"胡佛村"也有两个。人们还把流浪者手里拎的装破烂的口袋叫做"胡佛袋";把无家可归的人夜里包在身上聊以取暖的旧报纸叫做"胡佛毯";把抓来充饥的长耳朵野兔叫做"胡佛猪";把身无分文而翻转过来的衣袋叫做"胡佛旗"。最有趣的是,有人把锯掉车头的破汽车套上骨瘦如柴的骡子,称为"胡佛车";还"嘚、嘚、嘚"地赶着这种"胡佛车",去迎接前来"访贫问苦"的胡佛总统。

敢爱敢恨而又天性幽默的美国人,把经济大萧条产生的一切怪现象都与总统胡佛挂起了钩。后来,人们不叫他的名字了,干脆就叫他"饥饿总统"。

等待这位"饥饿总统"的,只能是黯然下台的结局。

228·炉边谈话

1933年3月4日,美国首都华盛顿乌云低垂,冷雨潇潇。正午十二点,两亿美国人从收音机和高音喇叭里,听到了一个充满自信和激情的声音:"首先让我表明我的坚定信念:我们唯一恐惧的只是恐惧本身,一种丧失理智的、毫无道理的恐惧心理。它能把我们搞瘫痪,什么事也办不成,使我们无法由退却转为进攻……我将要求国会授予我一件唯一可以应付目前危机的武器,这就是,让我拥有足以对紧急事态发动一场大战的广泛的行政权力。这种权力之大,要如同我们正在遭受外敌入侵时一样!"

这是美国第三十二届总统富兰克林·罗斯福的就职演讲。罗斯福是美国政坛的传奇人物,三十一岁出任美国海军部的助理部长,三十八岁被提名为民主党副总统候选人。正当他准备在政坛大显身手的时候,命运作弄了他,竟然让他在不惑之年患上了小儿麻痹症,从此下肢瘫痪,成了一个残疾人。可是罗斯福没有被残酷的命运吓倒,他用意志与不治之症斗争,拄双拐出席集会,坐轮椅发表演说,继续其政治生涯。凭着这种身残志不残的意志,他赢得了大多数美国人的心,十一年后,他终于击败了竞争对手、第三十一届总统胡佛,坐着轮椅进入白宫,成为新一届的美国总统。

罗斯福是在国家危难之时出任总统的,因为1929年开始的经济危机,正使美国处在历史上最严重的萧条之中。危机期间,纽约股市暴跌,许多投资者倾家荡产;银行大量倒闭,很多人的存款一夜之间就化为乌有;外贸锐减三分之二;工业生产狂减一半,钢铁工业开工率只有百分之十五,汽车工业开工率只有百分之五。美国最大的机车公司,1932年一年只卖出一台机车。几十万家企业纷纷倒闭,成千上万的工人被赶出工厂。1933年失业人数达到一千七百万,大约是美国劳动人口的四分之一。持续几年的危机使失业者饱受饥寒之苦,他们在全国四处流浪,有时露宿在丛林、公园、街头、车站,有时住在用木板、旧铁皮、油布甚至牛皮纸搭起的破屋里,靠少得可怜的救济活命。农民们仍然在田地里艰苦劳作,可是农产品的价格降到了最低点,卖价还抵不上成本。于是危机中最令人惊奇的事发生了,有些农场主干脆把成桶成桶的牛奶倒入河中,或者用枪屠杀成群成群的牛羊,或者把成吨成吨的粮食和棉花替代煤炭作为燃料……越来越多的美国人感到他们对国家对前途失去了信心。

面对这种形势,罗斯福没有畏惧。早在总统竞选时,他提出了"为美国人民实行新政"的口号,决心领导美国人民冲出危机死谷。"新政"这个词,犹如茫茫黑夜中的一盏明灯,给很多美国人带来希望。罗斯福深知美国现在最需要的不是口号,而是行动,果断而有力的行动。

3月5日早晨,罗斯福自己滚动轮椅来到白宫的椭圆形办公室,一边吸着烟斗,一边起草文件。从此,一场震撼美国的新政运动开始了。

由于大危机是由金融危机引发的,所以罗斯福首先对金融下了两剂猛药,3月6日他发布了两条总统令:一是要求国会于3月9日举行特别会议审议《紧急银行法》,二是宣布全国银行一律休假四天。

3月8日,为了争取全国人民对这关键的开头两步棋的理解和支持,罗斯福举行了白宫第一次记者招待会,达到了政府通过传媒以稳定民心的功效。在轻松和谐的家庭气氛中,罗斯福就金融形势等问题回答了记者们的提问。他的直率和随和让记者感到陶醉,招待会一结束,记者们顿时掌声雷动。

第二天,国会在欢呼声中通过了《紧急银行法》,它的通过之迅速,意见之一致前所未有。该法案授权总统对银行进行个别审理,让有偿付能力的银行尽快开业,对缺乏偿付能力的银行进行改组。

3月12日,也就是银行重新开业的前一天,罗斯福决定通过广播向全国人民谈谈银行暂停营业的问题,打消他们的忧虑,说服他们把钱重新存入银行。美国几大广播公司接到通知,赶紧在白宫外宾接待室的壁炉前安置了扩音器,约有六千万人守在收音机旁收听。罗斯福希望这次讲话讲得亲切一些,就像坐在自己家里同邻居或朋友聊天那样。一位工作人员顺口说道:既然如此,那就叫"炉边谈话"好了,从此,这个名称就叫开了。

罗斯福坐在壁炉边的一张沙发上,点着香烟,对准话筒,用亲切而又热情的语调说:"朋友们,我想告诉大家,过去这几天我们干了些什么,为什么要这样干,下一步又打算怎么干。"

他用人人懂得的词语和比喻,把银行危机这样复杂的问题讲得一清二楚,人人理解。罗斯福敦促听众把他们节余的钱存回银行,他说:"把钱存入重新开业的银行比放在床垫下更保险。"最后,他强调说,"归根结底,在我们调整金融体制时,有一个因素要比货币更为重要,比黄金更宝贵,这就是人民的信心。让我们团结起来消除恐惧。"

新总统这些平易近人的话语使人们看到了盼望已久的希望。第二天,人们不再拥挤在银行门口挤兑,纷纷把藏在家中的黄金和货币拿出来存入银行,金融恐慌过去了。

从3月9日制定《紧急银行法》至6月16日出台《全国工业复兴法》,在这短短的一百天当中,罗斯福显示出他无穷的智慧和魅力。他发表了十次重要演说,制定了一系列振兴经济的重要法案。在工业部门,政府颁布公平竞争法规,规定协定价格以减少企业之间的竞争,防止企业倒闭;并推行蓝鹰标准,依法经营的企业允许悬挂蓝鹰标志。在农业部门,政府与全国数以百万计的农场主签订减耕合同,限制农作物种植面积和农产品产量,维持农产品价格,避免农场主破产。为了消灭失业和保障百姓生活,政府把失业者组成各种工程队,以工代赈,参加植树造林、防火救灾、筑路护路、市政工程以及大规模水电建设,并对老弱病残人员进行救济,保障他们的基本生活。

这一系列极有魄力的行动让人眼花缭乱,也使人们心中感到温暖。新政的成效渐渐显现出来。工人有了工作,农民收入增加,越来越多的银行重新开业,纽约股价也开始上扬。美国经济果然冲出经济大危机大萧条的死谷,忧愁的美国人又露出了自信的笑容。为了感谢罗斯福的领导,美国人民纷纷投票支持罗斯福竞选连任,竟使他成为美国历史上第一个连任四届总统的奇人。

229·魏玛共和国

1918年秋,第一次世界大战已接近尾声,可战场上的战斗仍继续着。面对协约国的反攻,德国节节溃退。

德国政府感到败局已定,开始向协约国求和。可是,德国海军司令部却决心把战争进行到底,命令停泊在基尔港的远洋舰队出海与英国海军决战,如果不能取胜,就"光荣地沉没"。这种冒险行径引起了水兵的不满,他们拒绝出港作战,并发动了起义。11月3日,起义水兵在工人的支持下,迅速控制全城,并建立起全国第一个工兵代表苏维埃。

基尔起义吹响了德国十一月革命的号角,革命迅速向全国传播。11月9日,柏林数十万工人和士兵举行了罢工和起义。德皇威廉二世被迫宣布退位,逃往国外。仅仅一星期,德意志帝国便化为乌有。

同一天,帝国总理马克斯亲王辞职,把职位和权力移交给马鞍工人出身的社会民主党右派领导人艾伯特。正当艾伯特在帝国议会大厦商议如何组建临时政府时,卡尔·李卜克内西和罗莎·卢森堡领导的社会民主党左派——斯巴达克团夺取了帝国皇宫。李卜克内西在工人和士兵的簇拥下走上皇宫阳台,发表了慷慨激昂的演说,并宣布成立德意志苏维埃共和国。

这个消息传到议会大厦,社会党人大吃一惊。艾伯特觉得应该马上对斯巴达克团进行回击。社会民主党右派的另一个领导人谢德曼灵机一动,他也顾不得与他的同伴商量,冲向议会大厦的阳台。当时下面正聚集着许多群众,他伸出脑袋,向人群大声宣布德意志共和国成立了。

突然间,德国一下出现了两个共和国。于是两个初生的政权展开了控制柏林,乃至整个德国的斗争。

艾伯特虽然是社会党人的领袖,却十分惧怕社会革命。他有一次曾经说过,对社会革命,"我恨之入骨"。11月9日晚上,艾伯特决定采取行动制止斯巴达克团的革命,他拿起电话,拨通了德军最高统帅部的电话,与总参谋长格罗纳将军达成了秘密协议。艾伯特答应按照原有传统保留德国军队,格罗纳将军则保

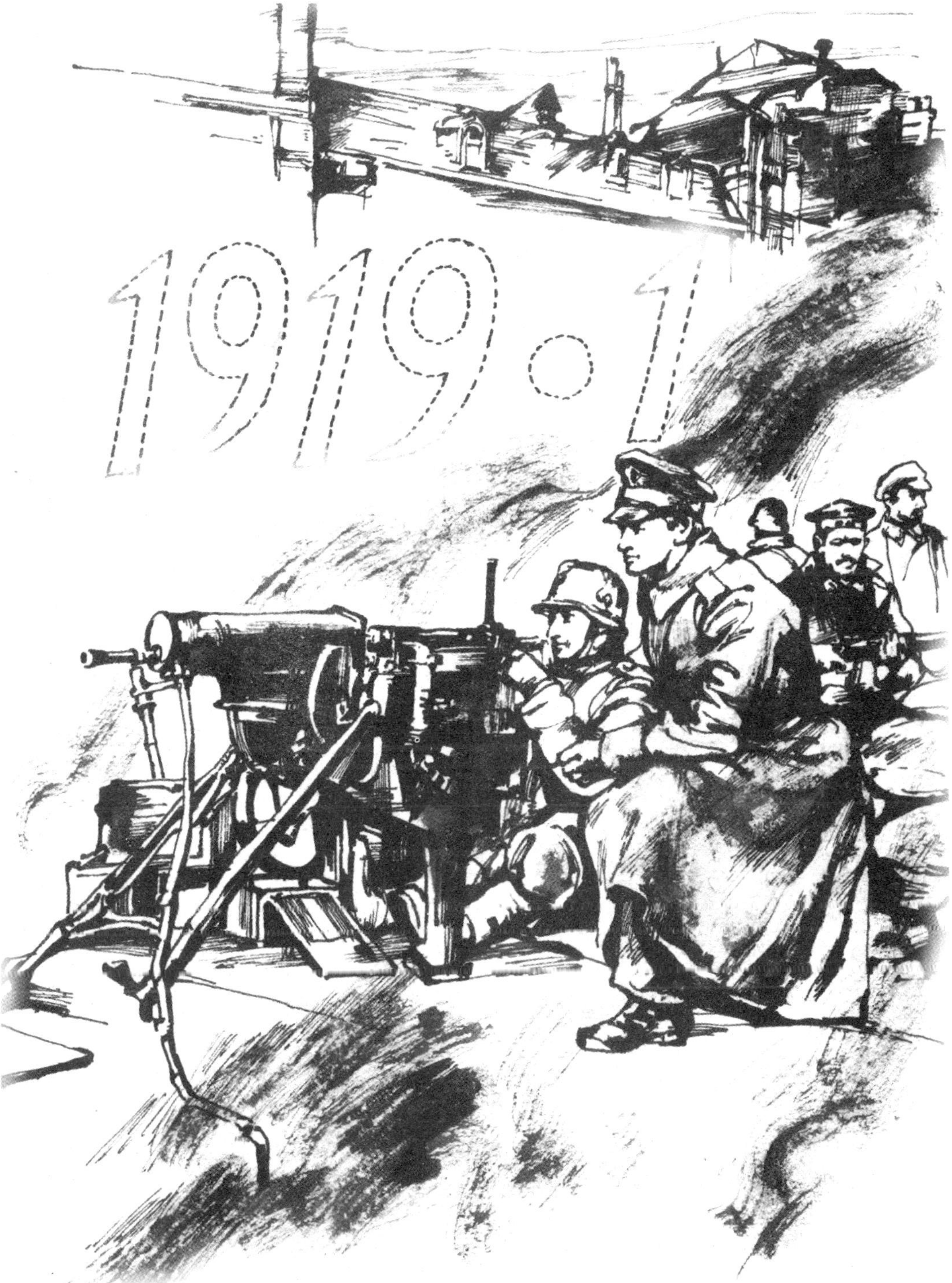
1919.1

证德国军队将效忠艾伯特的新政府。

11月10日,艾伯特成立了临时政府,下令解散工人武装,以阻止革命继续发展。第二天,艾伯特政府与协约国签署了停战协定,结束了一次大战。

革命者不愿半途而废,他们积极行动起来。11月11日,斯巴达克团进行了改组,更名为斯巴达克同盟。12月29日,斯巴达克同盟举行全国代表大会,决定脱离社会民主党,成立德国共产党。12月30日,德国共产党正式宣告成立。

德国共产党的成立引起了艾伯特的不安。1919年1月4日,艾伯特政府突然罢免了同情革命的柏林警察局长。这一挑衅行为激起革命者的极大愤慨。1月6日,在德国共产党的号召下,柏林二十万工人涌上街头,发动罢工和起义。背着武器、打着红旗的工人占领了火车站、警察局、电报局等战略要地。总理府也被愤怒的人群包围了,艾伯特就惊恐不安地躲在里边。

艾伯特向德国军队求救,命令他们镇压德国共产党领导的起义,声称"总清算的时刻到了"。1月11日,革命者在柏林的街道上受到了大炮和机枪的攻击,由于力量对比悬殊,起义失败。1月15日,李卜克内西和卢森堡被敌人俘获并杀害。敌人把卢森堡的尸体还扔进了市中心的河里。在那些血腥的日子里,柏林共有一千多名革命者被屠杀。

1月19日,在白色恐怖的气氛下,德国全国举行了国民议会而非苏维埃代表大会的选举。当选的代表绝大多数为社会民主党成员。

2月6日,国民议会在德国小城魏玛召开,一方面是为了避开柏林的骚乱,一方面是因为这里是德国文化名人歌德、席勒的故乡。

国民议会制定了《魏玛宪法》,宣布成立德意志共和国,即魏玛共和国。宪法规定人民是一国之主,"政治权利来自人民",凡年满二十岁,不分男女,都享有选举权。宪法中还有"法律面前人人平等"、"私有财产不可侵犯"等内容。

2月11日,艾伯特当选为共和国第一任总统,谢德曼为第一任总理。

然而魏玛共和国注定是短命的。1933年,独裁者希特勒上台,共和国被第三帝国取代。德国再次滑向战争的边缘。

230·希特勒成为纳粹党魁

1889年4月20日,希特勒出生在奥地利一个海关职员的家里。少年时期的他只对绘画和历史感兴趣,尤其是历史老师利奥波德·帕奇,一个狂热的日耳曼民族主义者,用慷慨激昂的词句讲述恺撒、拿破仑、俾斯麦的传奇经历时,希特勒仿佛穿越了时空,融入了那些令他神往的年代,狂热的民族主义倾向在他的胸中孳生、膨胀。

1907年,十八岁的希特勒来到奥地利的首都维也纳。他既无一技之长,又蔑视体力劳动,所以一事无成,有时只得靠施粥站的粥汤维持生命。维也纳美丽的风景和他窘迫的生活形成了鲜明的对照。后来希特勒自己承认,在维也纳的四年是他一生中最黑暗的时期。不过,穷困潦倒的希特勒竭力克制着自己,不抽烟,不喝酒,不和不三不四的女人来往,将大量时间用在读书上,知识倒是长进了不少。

1914年第一次世界大战爆发,在德国对法国宣战的同一天,8月3日,他向德国巴伐利亚国王路德维希三世上书,请求加入巴伐利亚军队。如愿以偿的希特勒在战场上全力拼杀,1914年12月获得一枚二级铁十字奖章,升为下士;1918年8月又获得一枚一级铁十字奖章,这使希特勒感到无比的荣耀,因为在德军中,将一级铁十字奖章授予一名普通的士兵是极其罕见的。

获得一级铁十字奖章后不久,希特勒在战场上被毒气熏得双目暂时失明,只得住进了医院。在医院中,他得到了德国战败的消息。

噩耗传来,躺在医院病床上的希特勒感到是那样的无依无靠。1918年冬天对他来讲是一生中最寒冷的冬天,头上缠着厚厚的绷带,双目不知道能否复明,他如此忠诚、热爱和崇拜的德意志帝国战败了,虚弱的身体仿佛再也担负不起生活和命运的沉重,他面容憔悴,形同僵尸。

终于等到了揭开眼睛上的纱布、走出医院的日子,希特勒仍然穿着军装,来到慕尼黑,返回了他原先的部队。这段日子他自己认为已经把一切都想通了:那些在后方发国难财的犹太人,以及通过犹太知识分子搞国际阴谋的布尔什维克党人,在背后捅了德国一刀,并把它按倒在地。否则,如此优秀的德国人怎么会输掉这场战争呢?他狂热地认为自己的责任,是要把德国从这场灾难中拯救出来。

团里的一些军官对他十分赏识,认为他是一个有思想的人,于是让他当了一名专门为部队收集地方上政党活动情报的特务。听了许多他认为毫无见解的政治言论后,1919年9月,希特勒却发现了新大陆。

德国工人党是一个不起眼的小党。有一次,希特勒在该党的一次集会会场里听演讲时,他还没有怎么激动,但离开的时候,党的领袖之一安东·德莱克斯勒塞给他一本名为《我的政治觉悟》的小册子。第二天清晨,他仔细阅读小册子时突然发现,这个只有不到一百名党员的小党,其主张与他自己的观点惊人地吻合,同样是反对犹太人,同样是反对使德国堕入深渊的"十一月罪犯"(共产党)。

希特勒像苍蝇找到了臭肉,马上加入这个政党,成为党的第七名委员,并担任了该党的宣传工作。

1920年2月,德国工人党在慕尼黑举行了第一次大会,希特勒当仁不让,前审后跳地操纵了这次大会。他提出了《二十五点纲领》,提出全体德意志人民联合起来,建立一个幅员更广大的"德意志国家",收回德国原有的殖民地,废除凡尔赛条约等主张。他的长篇大论受到了多数代表的极力赞扬,会场不时爆发出惊天动地的狂呼声。这次会议后,德国工人党名声大振,希特勒也被同党视若神明。希特勒自己也得意洋洋地认为,德国工人党从此"摆脱了小俱乐部的狭隘束缚,第一次对我们时代的最有力的因素——舆论发生了决定性的影响"。

这次大会是希特勒竭力显示自己的舞台,他俨然成为党的重要人物。会议结束后,他全身心投入到他的"事业"之中,拼命地拉拢、诱使一切对社会不满、对前途渺茫的人加入德国工人党,组织退伍军人和盲流人员加入该党的准军事组织——冲锋队,用极富煽动性的演讲和天才的组织能力,把一些所谓的"志同道合"者聚集到自己的周围,用疯狂的热情感染他们,使他们心甘情愿接受他的独裁统治,戈林、赫斯、罗森堡、罗姆,这些后来的法西斯魔王这时聚拢到他的身边。

同年4月1日,德国工人党正式改名为"德国国家社会主义工人党",将德文National(民族的,国家的)Sozialistisch(社会主义的)两词缩写成Nazi,这个令全世界人们胆寒的"纳粹党"名称便出现了。

纳粹党的党旗也是希特勒的杰作,红底白圆心,中间一个卐字。它在古代的东方被用做符咒或宗教标志,视为火或太阳的象征,如来佛胸前就有一个金色的卐字,希特勒赋予这个卐字新的含义。后来,在他臭名昭著的斗争纲领《我的奋斗》中,他是这样解释的:"红色象征我们这个运动的社会意义,白色象征民族主义思想,卐字象征争取雅利安人胜利的斗争的使命。"

他还用党的经费购买了一家快要倒闭的报纸——《人民观察家报》,作为纳粹党的机关报,使纳粹党的影响扩大到整个巴伐利亚(在今德国南部)。

希特勒在党内的独断专行于1921年达到了新的高峰,7月11日,希特勒宣布退党并提出最后通牒:让他入党的条件是让他担任党的第一主席,并享有指挥一切的权力。党的委员们认输了,他们知道,希特勒是党内最好的演说家,最出色的组织家,活动经费最主要的募集者。没有他,政府和军队就不会支持纳粹党,没有他,也就没有纳粹党。

希特勒回来了,同时带回"领袖原则"作为党纪。从此,任命取代了选举,希特勒也自称"元首",成为纳粹党唯一的领袖。这个专制魔王开始给世界带来无穷的灾难。

231·啤酒馆暴动

一条惊人的消息把第一次世界大战后原本已经一片混乱的德国炸开了锅：法国和比利时借口德国不按时交纳赔款，出兵占领德国最大的重工业区鲁尔。

德国人牢牢记住了，这事发生在1923年1月。

战败的痛苦和对凡尔赛和约的仇恨，已经使德国人的生活充满了绝望。外国军队占领鲁尔，在德国设立关卡、征收关税，无疑更是火上浇油。德国的工业产值猛烈下降，失业工人超过五百万，通货膨胀达到了惊人的程度，一磅牛奶从三千四百马克涨到二百八十亿马克，马克形同废纸。人民的生活极端困苦，饥饿的群众掀起了声势浩大的罢工浪潮，汉堡等地还发生了工人起义，魏玛共和国在内忧外患中摇摇欲坠。

纳粹党领袖希特勒这时却十分兴奋。他的职业政客生涯已经有两年了，尽管他巧舌如簧，到处拉拢拼凑，纳粹党仍然只是慕尼黑市和巴伐利亚地区众多政党中略有影响力的一个，与他心目中担负整个国家命运的大党存在巨大的差异。鲁尔危机给了纳粹党一个极好的机会。由于马克的崩溃，使一大批中产阶级破产。于是希特勒喜出望外地发现，他的政党人数开始激增，当然了，失业的工人、退伍的军人也是新党员的主要构成部分。

希特勒开始"理直气壮"了，魏玛共和国政府更是被他骂得一钱不值。他公开在党的大会上叫嚣："要夺取政治权力，就要从激烈反对和打击由战败耻辱而产生的魏玛共和政府入手"。他的观点得到了戈林、赫斯、罗森堡等人狂热的拥护。他们一致认为，夺取巴伐利亚政权的时机已经到来。

这年的11月8日，慕尼黑贝格勃劳凯勒啤酒馆比往常热闹了许多。巴伐利亚州州长卡尔在这里发表施政纲领的演说，驻巴伐利亚国防军司令奥托·冯·洛索夫将军和州警察局长汉斯·冯·赛塞尔上校，以及州政府的部长和其他一些高级文武官员出席聚会。

正当卡尔唾沫横飞地进行演讲时，大门被"砰"地推开了，一队纳粹冲锋队队员冲进了大厅。他们头戴钢盔，几个手拿机枪的队员把机枪架到高处，枪口对准

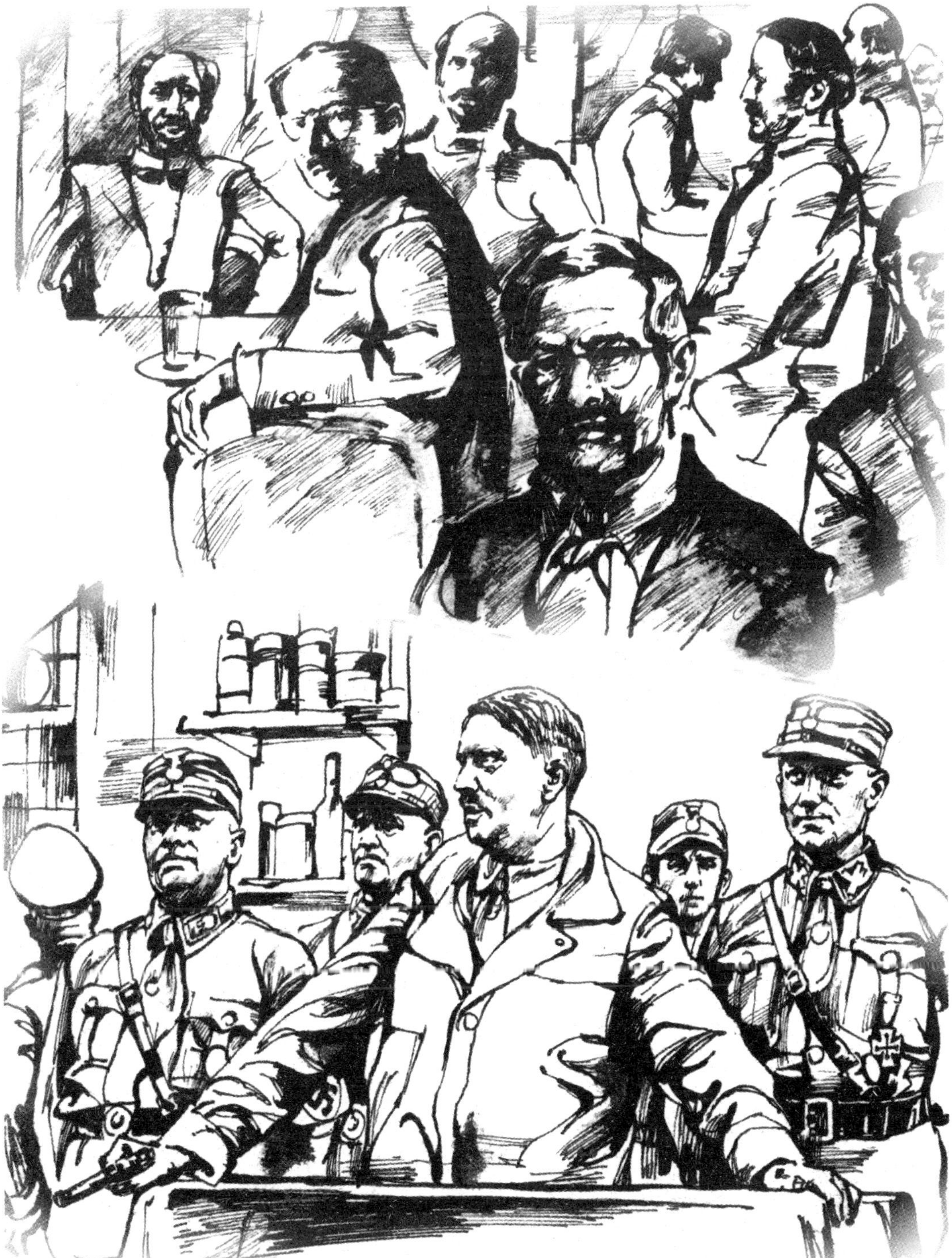

大厅里的人群。在座的一些官员认识他们是纳粹党的打手,平时就耀武扬威制造了不少麻烦,看在他们起劲地打击共产党的份上,一直睁一只眼闭一只眼,没有取缔他们。今天又不知道他们要发什么神经了。

一辆红色的梅赛德斯——奔驰赛车冲到门口,穿一件军用胶布雨衣的希特勒下了车,他摸了摸口袋里的手枪,用力挤进人群,一下子跳到大厅中央的一张桌子上。看着他歇斯底里的模样,座位中的官员们不住地摇头:"这哪像一个政党的领袖,简直就是一个无赖、暴徒。"

希特勒兴奋地环顾四周,拔出手枪对天花板开了一枪,在一片惊愕声中,他跳下桌子,快步走上讲台,大声叫道:"全国革命已经开始了,""巴伐利亚政府和全国政府已被推翻,全国临时政府已经成立。"

大厅顿时安静了,人们一下子搞不清他说的是真是假。

希特勒用更大的声音叫嚣着:"这个新政府的成员是希特勒、鲁登道夫、波纳!万岁!"

说完,他用期待的目光看着台下,希望看到听众热烈地向他鼓掌、欢呼,不料台下一片寂静。恼羞成怒的希特勒命令冲锋队员把卡尔、洛索夫和赛塞尔"请"进后面的一间密室,苦口婆心地劝说他们参加他的"革命"。

任希特勒费尽唾沫,三个人就是不同意。希特勒又拔出手枪指着他们说:"我的枪里有四颗子弹,如果你们不肯跟我合作,三颗留给你们,最后一颗留给我自己!"

威胁还是不奏效。希特勒又突发奇想,他冲到大厅里,对人群宣布三名长官已经同他一起组成新的全国政府,由他接管政策指导工作,鲁登道夫将军担任国防军长官工作。然后,希特勒把德国著名的将领鲁登道夫请到啤酒馆,劝说三位州长官。三个人一看,不答应是脱不了身了,互递了个眼色,半推半就地答应了。

希特勒喜出望外,沉浸到"革命"胜利的幻想当中。可是当他离开啤酒馆后,卡尔等三人就变卦了,并脱身逃走了。洛索夫将军马上赶到陆军第十九师师部,把军队调进了市区;卡尔回到州政府,做的第一件事就是发出取缔纳粹党的命令。

希特勒从美梦中惊醒,一下子怒火中烧,一种被欺骗愚弄的耻辱煎熬着他。"游行,明天就上街游行,我们会得到更多的支持!"他对着手下狂叫。

第二天，慕尼黑的街头出现了三千多人的纳粹党游行队伍，希特勒和鲁登道夫走在了最前面，身后是戈林、罗森堡以及臭名昭著的冲锋队，一路向陆军部走去，解救被扣押在那里的罗姆及其部下。在一条狭窄的街道上，一百多名荷枪实弹的警察拦住了他们的去路。队伍冲过警察的封锁线时，警察开枪了。

鲁登道夫迈着军人的步伐笔直地向前走。从枪林弹雨中都过来了，他根本不把警察放在眼里。况且，在德国谁不知道他的身份，他坚信在这个崇尚英雄的国家里，警察是不会向他这个一战的名将开枪的。果然，警察的子弹避开了他，在他走过警察面前时，还受到了敬礼的礼遇。

希特勒在一战战场上是一个下士，尽管因为作战勇敢得过两次铁十字勋章，但他十分明白，下士的身份不会使警察有任何保全他性命的念头。枪声一响，他就马上扑倒在地，然后登上一辆等候在附近的汽车，逃到一个乡间别墅去了。只有那些狂热的傻头傻脑的冲锋队员还在一个劲地表现他们的忠诚和勇敢，直着腰向前冲，并向警察还击，直到十六个同伴被打死后，他们才一哄而散。

两天后，希特勒在乡间别墅被捕，这场由他一手策划的"革命"闹剧就此结束了。纳粹党被解散，希特勒也被送进了监狱。但是，从狱中出来后的希特勒变得更狡猾，他重建了纳粹党，并利用经济危机对德国的打击，终于当上了德国总理，开始了纳粹在全国的独裁统治。

232·"向罗马进军"

1918年11月,第一次世界大战以协约国的胜利而告结束。作为协约国的成员,牺牲了七十万人的意大利军队也风风光光地回来了。

可是等待士兵的不是安居乐业的生活,而是动荡不安的局势。由于连年战火,意大利的经济濒临崩溃,百业凋零,民不聊生,革命运动风起云涌,工人占领了工厂,农民夺取了土地……

面对这种大变革,有人悲观失望,有人愤世嫉俗,当然也有人兴奋不已,退伍军人墨索里尼就是其中一个。他凭着自己敏锐的政治嗅觉,在动荡与混乱中发现了机会,看到了夺取政权的希望。

1919年3月,墨索里尼在米兰纠集了一百五十名青年,成立了一个名叫"战斗的法西斯"的组织。

"法西斯"一词原来是指古罗马官员出巡时所执的权利标志棒,这根权利标志棒非常奇特,它不是孤零零的一根棍棒,而是一束棍棒,中间插着一把亮闪闪的斧头。巧的是,墨索里尼为该党设计的党徽,就是斧头加棍棒。

墨索里尼为党员制定了极其严格的纪律,要求他们绝对服从领袖,不惜牺牲自己的生命,提出了"信仰、服从、战斗"的口号。而他们的任务就是铲除"赤化势力",拯救意大利。

1920年8月30日,意大利北部的钢铁工人发动大罢工,占领了工厂。就在政府束手无策的情况下,墨索里尼的法西斯党徒出场了,他们身穿统一的黑色衬衫,手提铁棒,明目张胆地袭击、捣毁工会,殴打、暗杀工人领袖,没过多久,就用暴力和恐怖把罢工镇压了下去。工人们憎恶地称他们是"黑衫党"。

被革命风暴搞得惊魂不定的政府官员、资本家把墨索里尼当成了救星,纷纷称赞他的行动维护了国家安定,还向他的组织提供了大量经费。

随着法西斯势力日益壮大,墨索里尼的野心也越来越大。1921年11月,他把"战斗的法西斯"改组为"国家法西斯党",并成为法西斯党的领袖。为了获得更多意大利人的支持,墨索里尼四处演说,用甜言蜜语诱惑民众。他向工人许诺,将给他们工作;他向农民许诺,将平均分配土地;他向军队许诺,将增加军费;他向资本家许诺,将夺取更多殖民地。

墨索里尼极具煽动性的演说产生了效果,很快,法西斯武装党徒发展到了五十万人,普通党员一百万。此时,墨索里尼再也按捺不住自己急于夺取政权的欲望,狂妄地叫嚣道:"假使我们不能和平接受国家政权,我们就到罗马去,用武力夺取政权。"

墨索里尼开始行动了。他趁全国各地爆发大罢工,打着恢复社会秩序的幌子,指挥法西斯党徒,乘乱夺取了米兰等城市的控制权,建立了向罗马进军的基地。接着,他把各地法西斯党徒按军队编制,组成四个建制完整的军团,并成立了最高司令部,统一指挥法西斯武装。

1922年10月20日,墨索里尼坐镇米兰,发出了向进军罗马的命令:"决战的时候到了!我们一定要胜利!我们肯定能胜利!"同时,他告诫军队严守中立;告诫警察不要干涉;告诫政府官员老实听话;告诫百姓不要惧怕。

成千上万身着黑衫、全副武装的法西斯党徒分成四路,浩浩荡荡地徒步进军罗马。一路上,他们占领了许多城镇以及邮电局、火车站等重要设施,几乎没有受到军队和警察的任何抵抗。

仅过了八天,也就是10月28日,黑色大军没费一枪一弹,兵临罗马,并在罗马城内举行了声势浩大的示威游行,黑压压的游行队伍一眼望不到头,口号声惊天动地,似乎整个罗马已经成了法西斯的天下。

面对法西斯的嚣张气焰,意大利政府吓得要死,不知所措。意大利国王见事不妙,赶紧下令解散意大利政府,邀请墨索里尼出任政府总理。

墨索里尼接到国王的电报,喜出望外,连他自己都没有料到,"向罗马进军"的夺权行动会这么轻而易举地得逞。10月30日,墨索里尼在法西斯党徒的欢呼声中,抵达罗马,实现了梦寐以求的愿望,登上了决定意大利命运的总理宝座。他得意洋洋地宣称:"意大利新的历史曙光将慢慢升起。"

正当人们期待"新的历史曙光"出现的时候,墨索里尼撕下了面具,露出了穷凶极恶的真相。他取缔了除国家法西斯党之外的所有政党,抛弃了所有的承诺,取消了一切民主自由,在世界上建立了第一个法西斯独裁统治。

从此,法西斯成了专制独裁和暴力恐怖的代名词,墨索里尼成了法西斯的创始人。

233·国会纵火案

希特勒爬上德国总理的宝座不到一个月,也就是1933年2月27日晚上,他来到柏林郊外戈培尔的家中吃饭。今天他似乎是难得的悠闲,吃完饭后没有谈任何公事,只是和戈培尔听听音乐,聊聊天。这时,电话铃响了,戈培尔拿起电话,有人焦急地向他报告:"国会起火了。"

戈培尔放下电话,没有马上向希特勒汇报。可过了不一会,他的神色变了,脸上露出一丝诡异的微笑。他跟希特勒说了几句话,两人随即跳上汽车,飞速驶往出事地点。

他们一赶到国会大厦失火的地点,就向聚集在那里的记者宣称,这是一桩罪行,是共产党犯下的罪行。戈林比他们早到一步,这位臃肿肥胖的德国普鲁士邦总理、国会议长气喘吁吁,脸放红光,头上还冒着汗,他显然兴奋得有点过头了。他对秘密警察头子鲁道夫·狄尔斯大声嚷道:"共产党的革命开始了!我们一分钟也不能坐待。我们要毫不留情地对付他们。共产党干部一经查获,当场格杀勿论,今天晚上就把共产党议员统统吊死。"

第二天,希特勒就诱使总统兴登堡签署了一项"保护人民和国家"法令,以"防止共产党危害国家的暴力行为"为幌子,大肆限制公民的出版、结社、集会等人身自由。全国上下立刻笼罩在冲锋队横冲直撞、到处抓人的白色恐怖中。

戈林、戈培尔一伙根据事先制定好的名单,一下子抓捕了四千名共产党员和许多左派进步人士。自然,那个"纵火犯"当场就被抓住,他叫范·德·卢勃,是个二十四岁的荷兰人,自称是荷兰共产党的党员。

保加利亚共产党与共产国际西欧局的领导人季米特洛夫那时正在柏林,他也没有逃过纳粹的魔掌。3月9日,纳粹警察以"参与纵火"的莫须有罪名,把季米特洛夫与另两位保共活动家一起抓进监狱。

经过半年的阴谋策划与精心准备,纳粹宣布9月21日在莱比锡公开审理这个案子。消息一传出,法国、美国、保加利亚、德国等国的二十五名律师挺身而出,愿意为季米特洛夫辩护。但是,德国法庭剥夺了被告自由选择辩护人的权

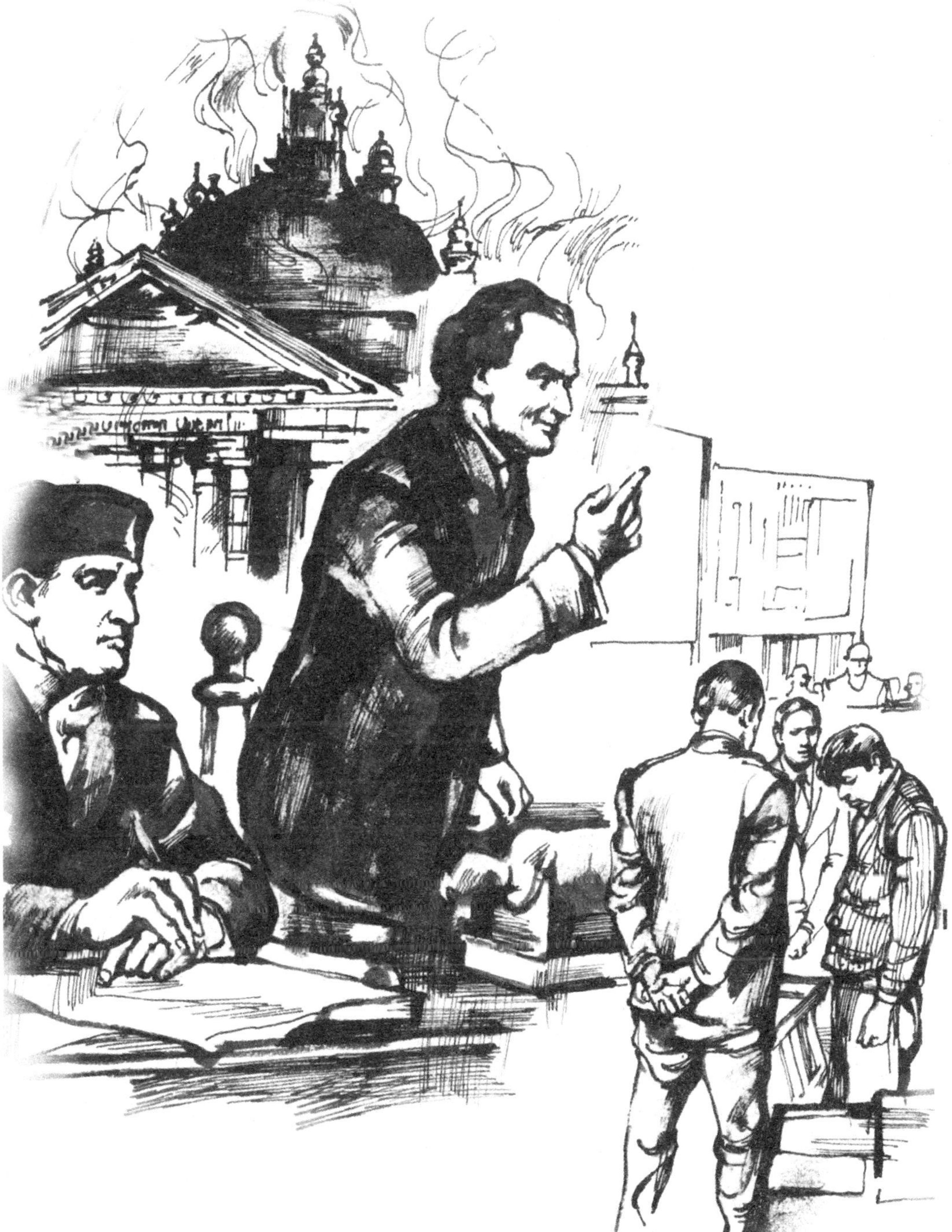

利。季米特洛夫毅然决定,自己为自己进行辩护。

审讯开始了,头两天审讯卢勃。第三天,轮到季米特洛夫出场。既是被告又是辩护人的季米特洛夫坦然坚定地声明,他是信仰马克思主义的革命者,他的奋斗目标就是共产主义的最终胜利;正因为如此,他反对任何个人恐怖活动,纵火这种行为与共产党的群众斗争原则丝毫不相容。

季米特洛夫出身贫寒,当过印刷工人,是在工人运动中锻炼成长起来的杰出革命家。听着他正气凛然的演讲,法庭庭长慌了神,急忙打断他的话,问道:"你回答,你跟纵火犯卢勃是什么时候认识的?你们是怎样密谋的?"

"我倒要问卢勃,"季米特洛夫平静地盯着卢勃,"你应该当众说明,你什么时候见过我?什么时候认识我的?"

"我不认识你,也从未见过你。"卢勃不假思索地回答。

"现在问题已经很清楚,在这场审判中,卢勃只不过是国会纵火案中的浮士德而已。"浮士德是德国著名诗人歌德的长诗《浮士德》中,向魔鬼摩菲斯特出卖灵魂的主人公。季米特洛夫借用这一典故,一针见血地戳穿了纳粹的谎言,"无疑地,站在他背后的还有摩菲斯特。可怜的浮士德被送交帝国法庭,而摩菲斯特已逃之夭夭。作为一个无辜的被告,尤其是作为一个共产党员和共产国际的成员,我对于立即彻底清查国会纵火案,同时把销声匿迹的摩菲斯特捉拿归案,是很感兴趣的。"

法庭招架不住,对季米特洛夫的第一次庭审草草收场。

"国会纵火案"发生后,在世界上激起了强烈反响。许多国家的工人和进步人士纷纷举行示威游行,强烈谴责纳粹希特勒诬陷共产党人的卑劣行径。英国伦敦出版了一本专门揭露"国会纵火案"真相的书。由欧美许多新闻工作者与律师组成的国际调查委员会,在巴黎组织了与莱比锡审讯针锋相对的反审判运动,公布了大量的人证物证,证明被控告的共产党人清白无辜。

纳粹一计不成,又生一计。11月4日,法庭再次开庭,纳粹的两个重量级人物戈林、戈培尔赤膊上阵,企图一举击垮季米特洛夫。但是,季米特洛夫凭着他的冷静、勇敢和机智,严正驳斥了他们对共产党人的恶毒攻击;而季米特洛夫反问的一个个问题,使得戈林、戈培尔矛盾百出,狼狈不堪。戈林气急败坏地吼道:"滚出去,你这个混蛋!"

庭长慌忙命警察把季米特洛夫押下去。季米特洛夫转过身来,轻蔑地笑道:"你害怕我提的问题吗?总理先生!"

原来,在戈林的国会议长办公室下面,有一条地下暖气管通道通到国会大厦,2月27日晚上,冲锋队长卡尔·恩斯特受戈林、戈培尔的指使,带着一伙冲锋队员经过这条地下通道,偷偷潜入国会大厦,洒下汽油等易燃物,点了火,然后溜了回去。说来也巧,精神不太正常的卢勃,那晚也鬼使神差般地溜进国会大厦,放了几把火,让冲锋队逮个正着。希特勒一伙喜出望外,立刻把他变成替罪羊,同时嫁祸于人,妄图一举搞垮在民众中影响越来越大的德国共产党。

最后较量的时刻终于到了。12月23日,莱比锡法庭进行最后一次审判。季米特洛夫列举大量的事实,有力揭露了纳粹策划这次审判的阴谋与险恶目的。他庄严宣告:"伽利略被惩处时,他宣布:地球仍然转动着!具有与老伽利略同样决心的我们共产党人今天宣布:地球仍然转动着!历史的车轮向着共产主义这个不可避免的、不可压倒的最终目标转动着。"

季米特洛夫的果敢无畏,国际舆论的强大压力,迫使莱比锡法庭最后不得不宣布,无罪释放季米特洛夫和另两个无辜的保共活动家。

季米特洛夫出狱后,于1934年前往苏联,出任第三国际执委会总书记,为人类的进步事业与伟大的反法西斯战争,继续贡献他的才干与智慧。

234·英勇的埃塞俄比亚

意大利法西斯头目墨索里尼上台后,一心想着侵略扩张,重温古罗马时代的辉煌和荣耀。他指使法西斯的宣传工具大造舆论,宣称意大利拥有传承于古罗马的"历史"权利,叫嚷地中海是"我们的海"。然而,遥看地中海对岸,北非的突尼斯是法国的殖民地,埃及则属于英国的势力范围,根本不容他插手。

墨索里尼实在不甘心,便把目光投向了东非北部的埃塞俄比亚。埃塞俄比亚扼守红海的南大门,历来是兵家必争之地;而且地广人稀,盛产黄金、白金(铂)、钾盐、石油、天然气等。它北面的厄立特里亚、东边的索马里已是意大利的囊中之物,如果能占领埃塞俄比亚,既能向意大利国内源源不断地提供侵略扩张所需要的战略资源和原料,又能将埃、厄、索三国联成一片,把住红海通向印度洋的咽喉要道,增加与英、法抗衡的底气,进而实现控制地中海地区的野心。

这实在是个一石三鸟的绝妙计划!自然,墨索里尼算计埃塞俄比亚还有一个目的。三十九年前,意大利突然入侵埃塞俄比亚,遭到埃塞俄比亚军民的奋勇抵抗,结果大败而归。这次,墨索里尼发誓一定要为他的前辈出这口恶气!

1935年10月3日,三十七万意大利侵略军,兵分三路,恶狠狠地扑向埃塞俄比亚。埃塞俄比亚皇帝海尔·塞拉西立即向全国发出抵抗侵略者的动员令。

"士兵们,集结到你们的首领周围,一心一意服从他们的命令,打退侵略者。"在塞拉西皇帝的号召下,富于反侵略传统的埃塞俄比亚军民,开始向敌人挥起仇恨的刀剑,射出复仇的子弹。

埃塞俄比亚军队由塞拉西皇帝的一万禁卫军与三十五万各省、各部族的地方军队组成,与拥有飞机、坦克、大炮与数千辆载重汽车的意军相比,武器装备简陋落后,缺乏训练。但是,埃军士气高昂,他们主动后撤,避开意军的正面攻击,利用山区的险要地形,灵活机动地打击敌人。老百姓勒紧裤带,把省下的粮食和肉类去送给战士们吃;东部沙漠地带淡水很少,当地的牧民用皮袋子去很远的地方装水,然后用驴子驮着送到埃军的营地,供战士们饮用。

由于埃塞俄比亚军民同仇敌忾,顽强抵抗,法西斯意军损失惨重,进展缓慢,到开战后的第五个月,即 1936 年 2 月,北部战线的意军推进了只有一百公里不到。墨索里尼大发雷霆,严令加快速度。而面对骁勇善战、不断打死打伤意军的埃军战士与游击队员,南部战线的意军司令格拉乔夫将军恨之入骨,下令:"能够烧毁的全部烧毁;能够消灭的彻底消灭。"

也许是埃军的成功抗击让塞拉西皇帝变得太乐观了,这年的 3 月,他亲自指挥三路大军对意军展开反击,但是,这种死打硬拼的战术正中火力强大的意军的圈套,结果,埃军几乎全军覆没,通向首都亚的斯亚贝巴的大道顿时敞开,意军长驱直入,在 5 月 5 日攻陷了亚的斯亚贝巴。塞拉西皇帝只好流亡国外。

意大利侵略古老弱小的埃塞俄比亚,激起了全世界人民的谴责。塞拉西一世登上日内瓦国际会议的讲台,愤怒地质问纵容法西斯侵略的国际联盟:"是否要开创一个向强权低头的可悲范例……我是在捍卫所有正在受到侵略威胁的弱小民族的事业,曾经对我作的诺言到哪里去了?"

然而,英勇的埃塞俄比亚人民是征服不了的。首都沦陷后,残存下来的埃军正规军化整为零,分散到各地,与当地的百姓组成游击队,广泛开展游击战争。游击队神出鬼没地袭击意军兵营,炸仓库,拆电线,毁交通,打得意军顾此失彼,心惊肉跳。有一天晚上,一支游击队悄悄摸近意军的兵营,神不知鬼不觉地把一筐蜜蜂扔进意军的帐篷,只听呼啦一声,成群的蜜蜂到处飞舞,蜇得敌人哇哇乱叫,抱头就逃。游击队员们乘机溜进帐篷,偷走了侵略者的全部武器。

一次次的围剿,一次次的狂轰滥炸,意军都摧毁不了埃塞俄比亚军民的抵抗意志。法西斯恼羞成怒,居然违反国际公约,派空军轰炸红十字医院;甚至对毫无防护办法的埃塞俄比亚军民使用起了化学武器。意军飞机丧心病狂地投下化学毒剂,中毒的埃军战士丢下枪支,痛苦地捂住眼睛,不少人倒在地上,难受得满地打滚,纷纷死去。曾经赤手空拳缴获过敌军坦克的埃塞俄比亚军民,竟被这种毫无人性的法西斯手段,夺走了大量的生命。

在长达六年的艰苦抗战中,埃塞俄比亚被杀死、炸死、饿死、病死、毒死的军民达到七十六万。但是,他们不屈不挠的抵抗终于汇入了二战的洪流中,迎来了胜利的曙光。转眼到了 1941 年 1 月,英国盟军向侵占厄立特里亚、埃塞俄比亚、索马里的法西斯意军发起攻击;1 月 25 日,塞拉西皇帝率领一支两千人的部队从苏丹打回埃塞俄比亚,全国各地的游击队纷纷响应,四处打击敌人。4 月 6

日,携手作战的盟军与游击队收复了亚的斯亚贝巴。5月5日,塞拉西回到首都复位,标志着埃塞俄比亚人民取得了抗击意大利法西斯战争的彻底胜利。

埃塞俄比亚人民的英勇斗争,不仅是埃塞俄比亚反侵略史,也是世界反法西斯史上的又一光辉篇章。

235·保卫马德里

二十世纪三十年代西班牙内战爆发。

1929年,席卷资本主义世界的经济危机,使得政治、经济远远落后于欧美列强的西班牙雪上加霜。通货急剧膨胀,工农业生产陷入困境,引起人民群众的强烈不满。结果在1931年4月,顺应时代潮流的资产阶级民主革命推翻了西班牙的封建王朝,建立了共和国。但是,西班牙的国内政局依然激烈动荡,不甘心失败的封建法西斯势力蠢蠢欲动,严重威胁着新生的民主共和政体。

在风云变幻的关键时刻,西班牙共产党、左翼社会党、共和联盟、工人联合总会等进步力量联合组成人民阵线,赢得了1935年2月的议会选举,新的共和政府宣告诞生。新政府实行了一系列进步的社会改革,如社会保险;养老金和工人休假制度;宣布西班牙各族人民拥有自决权;进行部分土地改革,禁止强迫农民迁离所承租的土地。

新政府的改革措施得到了人民群众的热烈拥护,而封建法西斯势力恨得咬牙切齿。1936年7月17日,西班牙殖民地摩洛哥的军队带头发动叛乱,很快便在西班牙北部的各大城市蔓延开来。叛军中由驻摩洛哥殖民军司令佛朗哥指挥的摩洛哥军团从南向北进攻,另一个叛军将领莫拉率领一支队伍由北向南,企图南北夹击,迅速攻占首都马德里,夺取政权。

然而,痛恨封建君主制度和法西斯主义的广大民众,响应人民阵线的号召,纷纷武装起来,成千上万的男子和妇女报名参加志愿军,工厂和矿山迅速组建了工人营,人们拿起旧式步枪、猎枪、手枪、刀、手榴弹等一切可以作战的武器,与忠于共和政府的军队共同浴血奋战,终于挡住了叛军对马德里的进攻。巴塞罗那、巴伦西亚等大城市的叛乱也被遏制住了。眼看叛乱就要破产,德、意法西斯便彻底撕下伪装,在这年的十一月,先是意大利墨索里尼政府与佛朗哥签订协定,向叛乱者提供一千架飞机、两千门大炮、九百辆坦克、二十四万支步枪等大量武器和十五万军队的支援。紧接着,1937年3月,德国又与佛朗哥缔结了提供军事援助的协定。纳粹德国不仅出动"舌尔上将"号、"德意志"号两艘战列舰、三艘巡

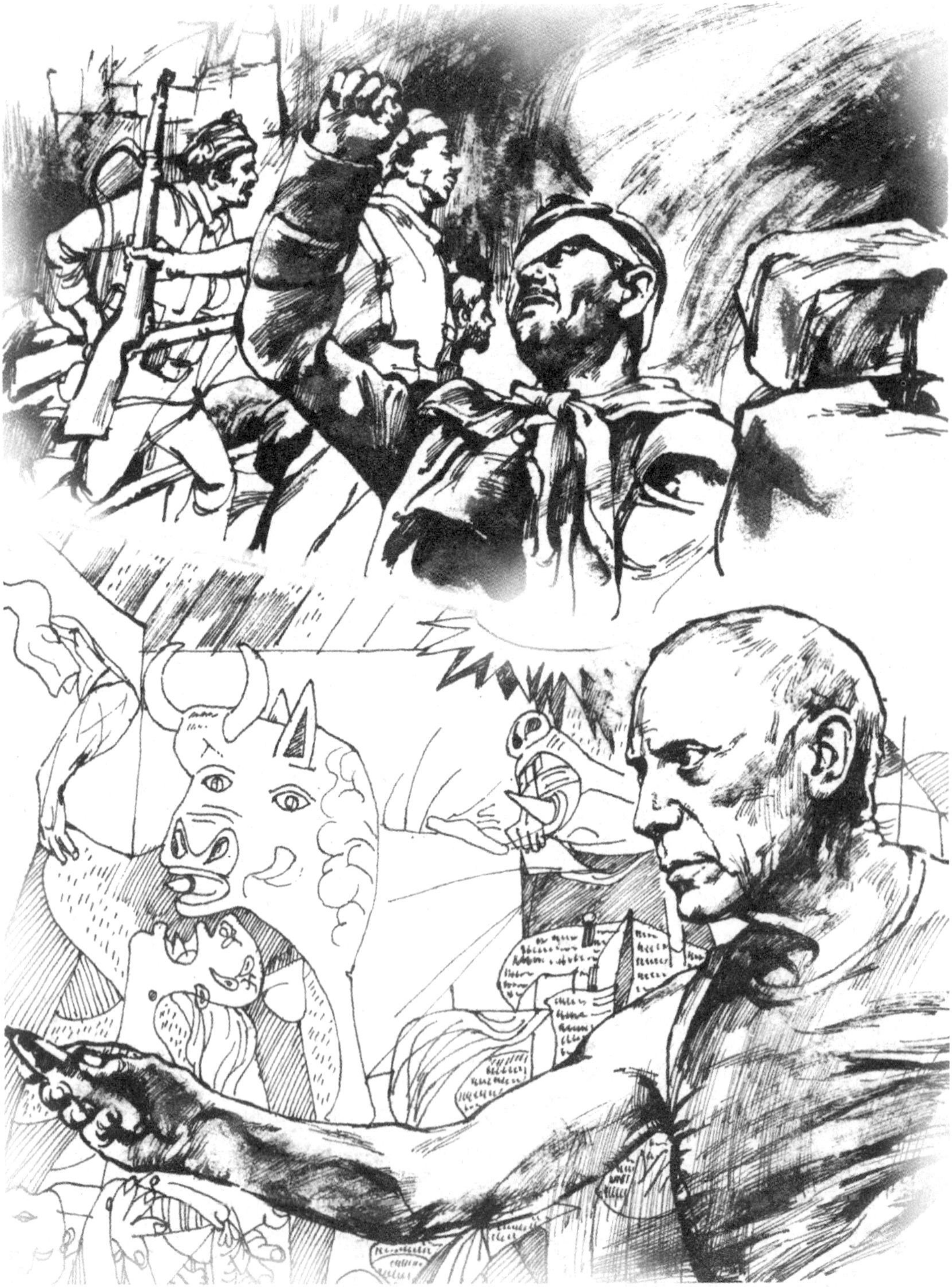

洋舰及大批驱逐舰帮助佛朗哥将大批叛军运送到西班牙海岸,还派五万德军直接加入叛军作战。

纳粹德国的十多架轰炸机飞得很高很高;而在低空,六架德制的容克52战斗机呼啸着掠过树梢。它们一反常态、肆无忌惮的编组飞行,似乎在向英勇作战但却没有制空权的西班牙共和军得意地炫耀和挑衅。

德军的猖狂轰炸终于得逞。4月26日晚上9点,共和军的罗伯特上尉正在陪几位外国战地记者吃饭,一位政府官员冲进餐厅,泪流满面地喊道:"格尔尼卡完了!德国人没完没了地狂轰滥炸,格尔尼卡被炸成了一片废墟。"

罗伯特上尉顿时怒火中烧,一拳砸在桌子上,吼道:"这些嗜血成性的猪猡!"

西班牙著名画家毕加索满怀义愤,用画笔记录了西班牙内战中北部小城格尔尼卡被炸成瓦砾这一真实的事件。世界美术宝库中从此多了一幅名作——《格尔尼卡》;而画面上扭曲残碎的肢体,是对德、意勾结西班牙法西斯势力屠杀无辜平民的有力控诉。

得到希特勒、墨索里尼公开支持的叛军重整旗鼓,在1936年8月13日攻占了西班牙西南重镇巴达霍斯,南北两支叛军汇合后再次杀向马德里。叛乱的首领们以为打下马德里指日可待,于是迫不及待地在9月底召开了会议,推举佛朗哥为国家元首和叛军最高统帅。佛朗哥粉墨登场,在10月1日发表广播演说,叫嚣必须建立专制独裁的极权主义国家;他威胁道:"所有西班牙人,毫无例外,必须工作,新的国家不能养活寄生虫。"

西班牙内战从反对法西斯主义的国内战争演变成了一场国际性的反法西斯民族战争,奋勇抵抗的西班牙人民得到了全世界进步力量的同情和支持。世界各地纷纷举行集会,谴责德、意法西斯的武装干涉,要求英、美、法等国放弃纵容侵略者的"不干涉"政策。来自苏联、中国、法国、波兰、加拿大等五十四个国家的志愿者组成国际纵队,奔赴西班牙,与西班牙人民并肩战斗。其中就有后来不远万里来到中国、支援中国人民的抗日战争直到献出生命的白求恩大夫;有以后成为卫国战争苏军名将的马利诺夫斯基、梅列茨科夫元帅。

叛军气势汹汹,在这年的9月开始轰炸马德里,11月初已经打到了马德里城郊。但是,共和军的顽强抵抗,让叛军每前进一步都要付出惨重的伤亡,始终无法攻进马德里市区。不甘心失败的叛军在德、意侵略军的配合下,又在第二年,即 1937 年 2 月和 3 月,先后发起了两次强大的攻势,但都无法得逞。

在紧靠马德里以北的瓜达拉哈拉阻击战中,国际纵队与共和军的战士们同心协力,给了叛军迎头痛击。仗已经打了一个多月了,国际纵队的战士们没有在掩体里睡过一觉,浑身污泥,手指被枪栓磨出了厚厚的茧子,而且伤亡很大,活下来的人也一个个衣衫褴褛,嘴唇干裂,面容憔悴,但大家依然斗志高昂,像钉子一样牢牢地守住了阵地。

几番激烈的较量后,法西斯叛军和侵略军只好无奈地放弃占领马德里的计划,把攻击的重点转向北方。

英勇的马德里岿然不动。但是,英、法等国却在背后捅了一刀。出于反共利益的考虑,1939 年 2 月 27 日,英、法两国宣布承认佛朗哥政权,并与共和政府断绝外交关系。不久,共和军内部的卡萨多上校和右翼社会党分子与叛军里应外合,在马德里发动政变,夺取了政权,开始实行白色恐怖。佛朗哥乘机指挥叛军全线出击,最终在这年的 3 月 28 日攻进马德里。4 月初,叛军控制了西班牙全国。新生的共和国在经历了两年八个月战火的洗礼后,终于被扼杀了。

古老美丽的西班牙从此陷入了漫长黑暗的佛朗哥独裁统治的岁月。但是,西班牙人民的英勇斗争,谱写了二十世纪三十年代世界反法西斯历史上悲壮的一页。与西班牙人民并肩战斗过的苏联著名作家爱伦堡后来深情地写道:

"西班牙人知道,我们并不是用空话,而是用鲜血来证明我们对他们的热爱,有功绩也有坟墓,这些都将感动和鼓舞一代一代的西班牙人。"

236·慕尼黑阴谋

站在慕尼黑这幢外号"领袖巢穴"的建筑宽大的办公室窗前,希特勒低头俯视着柯尼希广场上来来往往的人群,他注意到官邸前聚集了大批的群众,准备欢迎英、法两国的领导人。"这当然又是宣传部长戈培尔的杰作,"希特勒动了动眉头,"是该好好地欢迎他们,他们将给德国带来多重的礼物。"

官邸很大,特别适合于召开国际会议,有许多房间可以供每个代表团单独活动,宽阔的走廊和楼梯过道可以让代表团随行人员等候会议结束。三天前,也就是 1938 年 9 月 28 日,他收到英国首相张伯伦一封愿意参加英、法、意、德关于捷克斯洛伐克新国界问题会议信件时,希特勒就选中了他在慕尼黑的这个官邸。

外面一阵热闹,张伯伦和法国总理达拉第一起到了,有组织的、热烈的欢迎声把他俩捧得晕晕乎乎的。希特勒亲自出来迎接,在客人面前,他显得镇定自若,彬彬有礼,把无情榨取他国领土的面目掩盖得非常巧妙。

其实,这次会议前希特勒刚刚经历了难耐的煎熬。在纳粹德国吞并奥地利后,他又公开要求捷克斯洛伐克将日耳曼人聚居的苏台德地区割让给他,并发出了战争的叫嚣。半个月前,在奥地利的贝希特斯加登,他看出张伯伦和英国政府的大部分人对战争的恐惧远远超过对盟国的义务,便决定加码。9 月 22 日,张伯伦再次到德国与他会谈时,他改口了,不仅仅是苏台德,而是对整个捷克斯洛伐克提出了领土要求。张伯伦沉默了。英国、法国决定不能让步,9 月 26 日发布了措辞强硬的公报,表示如果德国进攻捷克,英国将支持法国对德国开战。

希特勒一下子陷到了一个进退两难的泥潭里,打吧,没有获胜的把握;不打吧,领袖的威信将在德国人前丢尽。还是张伯伦救了他,发表了一篇和战两可、四平八稳的演说,并写了封个人信件给他,表示愿意到德国谈判。希特勒赶紧下台阶,邀请张伯伦、达拉第和墨索里尼到慕尼黑开会。

张伯伦的心情也好不到哪里去。捷克斯洛伐克意味着什么?他心里清清楚楚。海军大臣丘吉尔曾在议会发言,强烈反对屈从于德国的压力,破坏捷克斯洛伐克的独立和安全,他同时指出,捷克斯洛伐克这个国家不仅地理位置重要,而且其军火工业的实力也相当雄厚。只是因为和张伯伦一样想不惜代价避免战争的人数较多,张伯伦向德国妥协的方案在议会里才得以通过。经过这半个月的折腾,张伯伦对原来认为希特勒是一个诚实守信的人的观点发生了一些变化。

"这次要他签一个书面的协议,保证他的承诺。"张伯伦在心里提醒着自己。

走在一边的达拉第给人不幸和可怜的感觉。捷克斯洛伐克同法国订有互助条约,为了避免卷入战争,法国只得可耻地出卖朋友。想到二十年来,捷克总统贝奈斯始终那么地信任法国,在一切场合支持法国,达拉第的脸都要红了。想到自己还郑重其事地发表声明,称"如果世界上还有所谓神圣庄严的义务的话,那么现在的法捷关系就是了",达拉第的头都要抬不起来了。周围的笑容仿佛都在嘲笑他和他的国家背信弃义,自食其言。他不自然地笑着,快步走进了会议厅。

墨索里尼在会场里不是很活跃,一副漠不关心的样子。他提醒自己今天的主角不是他,不要抢了希特勒的戏。他不时讲几句,表示他对希特勒的支持。三年前,他还不把这个法西斯世界的后生晚辈放在眼里,现在情况大不相同了,没有希特勒的支持,他重建古罗马帝国的美梦就没有实现的可能。

会议在中午正式开始。四个首脑各怀心事,关起门来一直商量到次日凌晨两点,中间休息过几次,但时间不长。他们谈妥了协定,规定苏台德区归德国,其他民族杂居地区将举行公民投票,还提到了波兰和匈牙利日耳曼人的问题。

过了午夜,四人开始在慕尼黑协定上签字。希特勒第一个签,张伯伦第二个,随后的墨索里尼字签得过于潇洒,以至于达拉第只好签在最下面的角上。签字以后,大家还举起了香槟,戈林咧着大嘴,兴奋地搓着双手,围着希特勒转,要希特勒意识到他的高兴和对领袖的崇拜。

在布拉格,没有被邀请参加会议的捷克斯洛伐克总统贝奈斯不敢相信这是真的。他有六十万军队,有发达的军事工业,有热血沸腾的爱国青年,只要他愿意,苏联的军队时刻愿意帮助他抗击侵略。但他没有那样做,他把全部的希望寄托在英、法身上,最后却被出卖了。甚至一个决定他祖国命运的国际会议都不让他参加!他绝望了,辞去了总统的职务,离开了捷克斯洛伐克。

张伯伦没有忘记索取希特勒的承诺。在等待最后文件拟出的时候,他悄悄问希特勒是否愿意同他进行一次私人谈话,希特勒当然"欣然同意"。

在希特勒的房间里,张伯伦拿出了事先预备好的一个声明,内容是英德两国将用协商的办法处理任何问题,彼此间保证不发生战争。希特勒读完后毫不犹豫地签了字。

张伯伦回到英国,飞机刚刚停稳,他就迫不及待地站在舷梯上,向迎接的人群挥舞着这个声明,并高声朗读。回到唐宁街首相官邸后,他又站到窗前,对窗外密集的人群挥动这张纸条,不无得意地说:"在我国历史上这是第二次把光荣的和平从德国带回到唐宁街来,我相信这是我们时代的和平。"

张伯伦太天真了。英、法两国采取的妥协、姑息的绥靖主义政策,只会进一步刺激希特勒的侵略胃口。慕尼黑协定的墨迹未干,希特勒就侵占了苏台德区,然后一口吞下了整个捷克斯洛伐克。他就像一只永远喂不饱的狼,最终还会向英国、法国扑来。

237·恐怖的"水晶之夜"

太阳早早地下了山,柏林的街道上刮着阵阵的寒风,行道树的叶子差不多都掉光了,残存的几片也在萧瑟的秋风中挣扎着,仿佛不甘心自己的命运。行人不由自主地缩紧了脖子,掖紧衣服快步回家,谁也没有漫步街头的雅兴。

忽然,一辆辆满载着纳粹党的特务组织——党卫队的卡车,横冲直撞地冲入各条街道。车上的党卫队员们身穿黑色制服,手臂上套着镶黑边的"卐"袖章,头戴饰有银骷髅的黑色帽子,满脸的狰狞,活像一群刚从地狱里逃出来的恶鬼。更可怕的是,他们还用低沉的嗓音,咬牙切齿地唱着几乎所有德国人都知道的党卫队队歌:"即使人人背叛,我们也忠贞不贰;大地上永远存在一支为你战斗的小分队。"

看着他们杀气腾腾的架势,所有犹太人不由自主地心里发毛,脚底打颤,一股凉意直透心头:"这群魔王今天又要拿谁开刀,他们可是杀人不眨眼,连收拾冲锋队这样的同伙也毫不留情。"

受尽了惊吓的犹太人赶紧关上了门窗,熄掉了灯火,从门缝中注视着街道上的党卫队员。年纪大一点的犹太人,已经开始向上帝祷告,恳求耶和华保佑他可怜的子民。

犹太人的恐惧并不是空穴来风。1933年希特勒掌权之后,就开始迫害犹太人。希特勒宣扬种族优越论,竭力鼓吹:要保持雅利安人(欧洲日耳曼人)种族的纯洁性,就必须排斥和征服劣等的犹太民族。1938年,纳粹政府颁布《纽伦堡法》,禁止犹太人与雅利安人通婚,剥夺犹太人担任公职的权利,犹太人不能担任公务员,不能从事新闻传播、农业、教学、戏剧和电影工作。纳粹还把犹太人从证券交易所开除出去,禁止他们做律师、医生,说到底,不让犹太人从事任何一种职业。又强令犹太人向政府登记全部财产,公开大量侵吞犹太人的财产。

犹太人的孩子在学校里,被勒令站在讲台边上,听他们德国的同学讲述雅利安人与犹太人的不同,讲述日耳曼文化的优秀与犹太文化的卑劣。孩子们鹦鹉学舌地重复着纳粹向他们灌输的观点:犹太人不是剥削德国人的资本家,就是颠

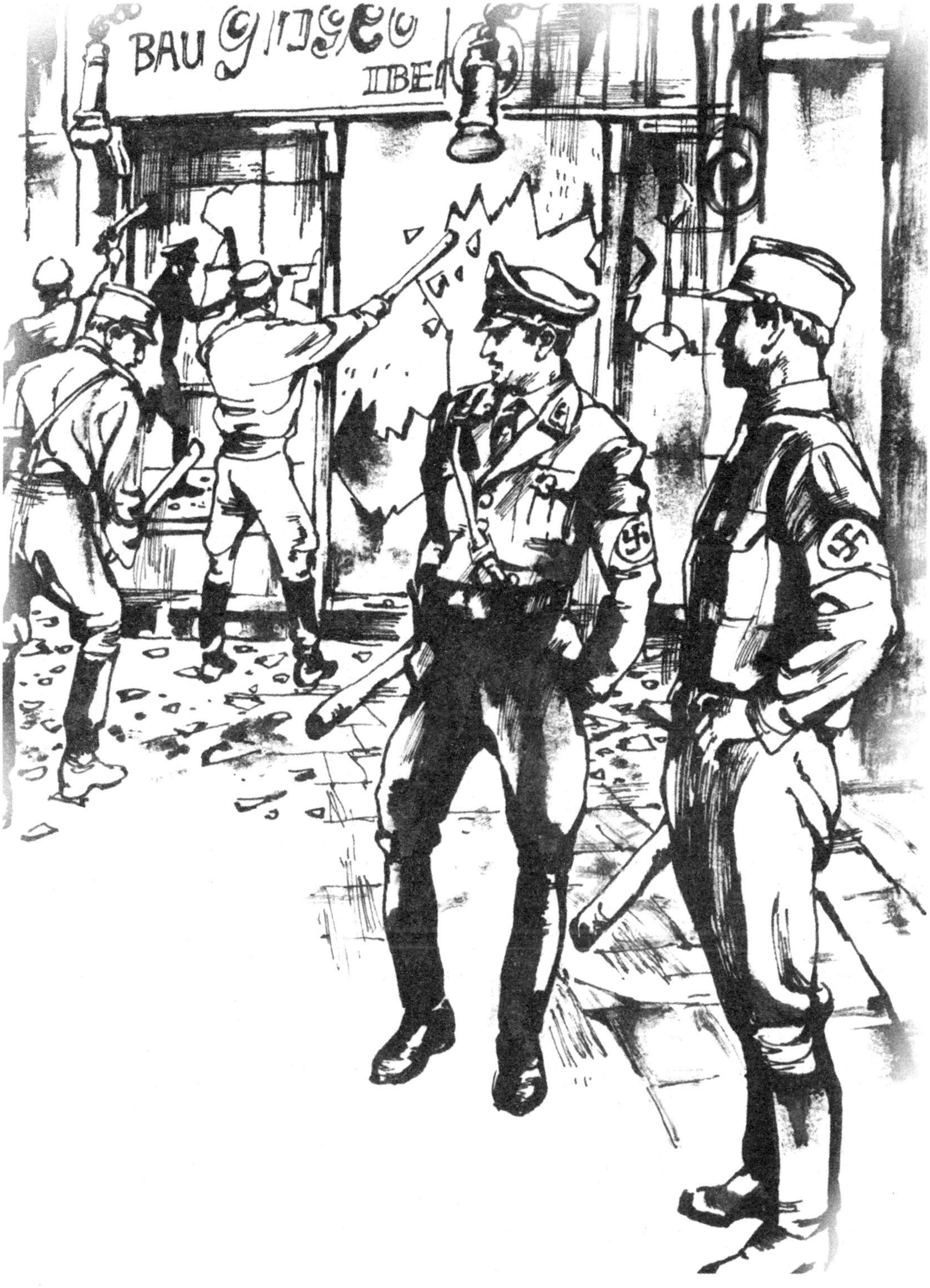
BAU

覆社会秩序的共产党人。

在纳粹希特勒的严酷统治下,犹太人甚至很难维持基本的生活。除了在犹太人自己的商店里,他们很难买到衣服和食物,许多德国人开的商店张挂着"犹太人不得入内"的告示。生了病就更麻烦了,因为药店不许向犹太人出售卫生用品和药物。外出的犹太人可要当心,德国人经营的旅馆是不让他们留宿的。

在纳粹的宣传鼓动下,几乎整个德国都对犹太人充满敌意,许多城市的郊外都树着"严禁犹太人进入本市"或"犹太人进入本市自担风险"的牌子。一些告示牌上,写着虐待狂一样残忍的字句:"小心行驶!急转弯!犹太人每小时七十五英里!"似乎犹太人的死亡能带给他们快乐。即使犹太人是世界上最善于委曲求全、忍气吞声的民族,想在当时的德国生存,也是一件困难万分的事。

1938年11月9日那天,月亮特别地亮。惨白的月光洒在大街上,仿佛想把世界照得亮一点,让人们可以看清即将发生的一幕人间惨剧。党卫队在分配好任务后,开始动手。他们像一群群摆脱了羁绊的野兽,冲向一家家犹太人的商店,肆无忌惮地挥舞棍棒,猛敲猛打,发泄着心中的仇恨。由于长期受到纳粹思想的灌输,他们就像瘾君子一样,完全丧失了人性。看到砸碎的玻璃在地面上映衬着月光,发出水晶一样的光芒,他们居然兴致盎然地把商店里每一块玻璃都砸碎,欣赏起满地的"水晶"来。街道上,玻璃的碎裂声,犹太人的惊叫声,党卫队员的狂笑和怒骂声交织一片。这一丧心病狂地迫害犹太人的事件,历史上就称之为"水晶之夜"。在破坏的同时,党卫队员有计划地进行抢劫,不过他们并没有将钱财装入自己的腰包,事后如数上交。这些钱被纳粹用来制造杀人的武器,其中的一部分被用来屠杀犹太人。当时,全世界最有名的犹太人科学家是爱因斯坦。由于恰好在美国讲学,所以他没有受到直接的冲击。但在柏林的街道上,时常可以看到以五万马克高价悬赏"爱因斯坦的头颅"的告示,他在柏林郊区的卡普特别墅被盖世太保捣毁,五千马克存款也被没收。

短短的三天,纳粹分子在全国兴起反犹高潮。他们丧心病狂地焚烧犹太教堂,亵渎犹太公墓,捣毁犹太人商店,有七千多家商店被毁。除此以外,还在犹太人身上烙上或让他们佩戴六角星标记,并把他们全部赶入隔离区。许多犹太人倾家荡产,几十亿马克的财产落入了纳粹的腰包。犹太人遭受了一场浩劫,但这只是悲惨的开始,更大的苦难还在等待着他们。

238·魔鬼的闪电

格莱维茨,是靠近波兰边境的一座德国小城。1939年8月31晚八点,夜色如墨,一队身穿波兰陆军制服的人冲进格莱维茨电台,操枪与德国警察对射了一阵,"占领"了电台;紧接着,一个军官模样的人走到麦克风前,用波兰语宣读了事先拟好的广播稿:"波兰反德战争的时刻来到了!"

话音刚落,一群凶神恶煞般的党卫军闯了进来,干脆利落地击毙了这些"波兰军人",并且把他们的尸体示众,叫嚷这是波兰进攻德国的证据。

其实,这是纳粹精心策划的一个阴谋。那些"波兰军人"是由党卫军从监狱里挑选出的一批刑事犯人充当的。希特勒抓住这一借口,命令早已集结在德波边界的一百六十万德军越过边境线,对波兰发起了全面攻击的闪电战。第二次世界大战就这样爆发了。

波兰位于欧洲中部,北临波罗的海,东与苏联接壤,西与德国相邻。夹在苏德两强之间的特殊地理位置,注定了它是欧洲最不幸的国家。尽管波兰有过辉煌的历史,中世纪时,它是北起波罗的海、南抵黑海,疆域辽阔、傲视群雄的欧洲强国。然而,由于国力的日益衰落,到十七、十八世纪时,波兰一蹶不振,竟然被普鲁士、沙皇俄国、奥地利三个强邻三度瓜分,从此从欧洲的版图上消失了。

直到1918年11月,波兰人民重建主权国家的世纪之梦才得以实现。在一战结束后的凡尔赛和会上,波德边界重新划定,波兰获得了原属德意志帝国的西普鲁士、下西里西亚;考虑到波兰没有出海口,英、法划出了"波兰走廊"——但泽(今波兰格但斯克)。传统的德国波罗的海城市但泽变成自由市,但它的铁路、公路和港口归波兰管辖。这样德国与普鲁士的发祥地——东普鲁士的陆上联系被割断,德国人的愤怒可想而知;由于波兰境内,特别是但泽自由市生活着大量的日耳曼人,便让战争狂人希特勒找到了向波兰开战、吞并波兰的理由。

在格莱维茨电台事件的第二天,即1939年9月1日拂晓四点四十五分,根据希特勒事先制订好的"白色方案",一百六十万德军、六千门大炮、两千架飞机、两千八百辆坦克与自行火炮,从南北两个方向快速攻进波兰。

密密麻麻的德军战斗机、轰炸机发出凄厉的呼啸，将全部的子弹和炸弹狂风暴雨般地倾泻在波兰全国各地的要塞、桥梁、公路上，波兰空军的五百架飞机还没起飞，就被炸成了碎片，全军覆没。

通向波兰腹地的每条道路上，马达轰鸣，尘土飞扬。无数的德军坦克横冲直撞，长驱直入。第十九装甲军军长古德里安将军的半履带式指挥车也夹杂其间。他的任务是率领一个装甲师和两个摩托化步兵师一直向东，切断波兰走廊，围歼走廊上的三个波军步兵师和一个骑兵旅。作为一个坦克兵专家，古德里安第一次有了实践自己"集中、快速、机动"的坦克战理论的机会。然而，装甲部队的推进速度太快了，使踌躇满志的古德里安反而觉得有些不对劲。

果然，快速推进的装甲部队遭到了后方德军重炮的误击，"轰！轰！"古德里安的指挥车被掀翻在路旁的深沟里。惊魂未定的部下手忙脚乱地把军长从车内拉了出来，还好，没有受伤。古德里安怒气冲冲地跳上一辆新的指挥车，抓起话筒对着炮群指挥官就是一顿臭骂："白痴！因为你们，第十九军差点失去指挥官。今后再有类似事情发生，我就命令我的坦克碾平你们的阵地！"

古德里安发泄完怒火，又驱动指挥车去追赶前面的部队了。

德波开战后不久，上午九点多钟，希特勒穿上一战时穿过的褐色下士军服，驱车前往国会，对着那些兴高采烈的国会议员歇斯底里道："从现在起我只是德意志帝国的第一名军人。我又穿上了这身对我来说最为神圣、最为宝贵的军服。在取得胜利之前，我决不脱下这身军服，要不然就以身殉国。"

德军的装甲利剑锐不可当。开战后的第三天，古德里安的第十九装甲军就与向西攻击的另一支德军会师，形成了对波兰走廊上波军的合围之势。

被围的波军困兽犹斗，把最精锐的波莫尔斯基骑兵旅摆在突围的前锋，企图杀开一条血路，使全军绝境求生。

"出击！"随着指挥官一声令下，波莫尔斯基骑兵旅如洪水决堤般冲出森林，直扑在旷野里开进的德军装甲部队。波军骑兵们一声不发，只是把身子低低地俯在马背上冲锋，手中的马刀在阳光的照耀下闪出复仇的寒光。也许是几百只马蹄撞击大地发出的巨大声响把德国人惊呆了，德军竟然忘了开炮还击。

"混蛋！快开炮！"不知是谁突然醒悟吼了一声，引发德军坦克上的所有火器发威了。密集的弹雨犹如一把硕大的镰刀，将勇敢的骑兵一排排割倒在茫茫的原野上。少数骑兵冲破火网闯进坦克阵,却发现没有劈杀的对象。战士们狂怒而无奈地挥舞战刀,猛砍坦克装甲,却被坦克无情地撞倒或打死。

富于古代波兰武士传统的波莫尔斯基骑兵旅伤亡殆尽。

陈旧的战术与落后的装备,导致波军在德军的闪电战与装甲铁流的凌厉攻势下,兵败如山倒。9月7日,德军占领了波兰走廊,然后强渡维斯瓦河,打开了通向波兰首都华沙的通道。16日,德军完成了对华沙地区的包围。

希特勒侵略波兰后,英国、法国先后向德国宣战,但未出动一兵一卒,给危难中的盟友以任何帮助。

9月17日,德军发出最后通牒,勒令华沙当局在十二小时内投降,遭到华沙军民的拒绝。这时,波兰政府及波军总参谋部已逃往罗马尼亚。法西斯德军出动一千一百多架飞机,对华沙狂轰滥炸,把这座美丽的古城炸成了一堆废墟。华沙军民孤军奋战,顽强抵抗,终于弹尽粮绝,不得不放下武器。9月28日,华沙城防司令签字投降。

德波战争只打了一个月不到,波军伤亡二十万,被俘四十二万,波兰又一次沦亡了。但英勇的波兰人民没有屈服,伟大的反法西斯战争拉开了序幕。

239·敦刻尔克大撤退

1940年5月10日,当法军总司令甘默林听到德军向比利时和卢森堡交界的阿登山脉地区突进的消息时,他一下子瘫坐在椅子里。"这不可能!"脸色惨白的甘默林喃喃自语。

阿登地区被甘默林认为是天然屏障,山路狭窄,树木茂盛,不利于大部队行进。连一战时的英雄贝当元帅也说过:"这一扇形地区没有危险"。因此,他只派了战斗力不强的部队在那里防守。阿登地区的背后是通向巴黎的捷径,一旦从这里突破……想到这里,甘默林已经满头冷汗了。

德军将领克莱斯特这几天可是春风得意、踌躇满志,他指挥的坦克部队从阿登地区茂密的森林里钻出来后如入无人之境,在飞机掩护下,上千辆坦克的履带卷起条条黄龙,一路向海岸杀去。

眼看在法国的英国远征军有被切断退路的危险,接替张伯伦担任战时内阁首相的丘吉尔在5月20日晨召开战时内阁会议,决定集结大量船只,随时准备接应部队回国。当天下午英国海运部召开会议,讨论"紧急撤退大量军队渡过海峡"的问题。这个方案被称作"发电机"计划。

就在当天晚上,克莱斯特攻占了军事重镇阿布维尔,并沿着法国北部海岸向敦刻尔克前进。十多天来,克莱斯特已经杀红了眼,尽管士兵们已经十分疲惫,英法军队的抵抗越来越顽强,但除了吃饭和给坦克加油,他命令部下不能停顿,进攻、进攻,不停地进攻。25日,占领阿拉斯,炮口直指敦刻尔克。与此同时,北方的德军大举进攻,全面突破比利时军队防线,距敦刻尔克不过四十八公里,英法军队逃生的唯一指望只剩敦刻尔克了。

伦敦唐宁街十号是英国首相官邸。临危受命、出任英国首相的丘吉尔坐在沙发上抽着雪茄烟,宽大的办公室里只亮着一盏台灯。从外表上看不出丘吉尔内心有多么焦急,含在嘴角的雪茄烟不时飘出袅袅青烟,可他的脑海中却像英吉利海峡一样波涛翻涌:在法国的英国远征军对英国至关重要,他们是英国战斗力最强的部队,保卫英国的希望全在他们身上。虽然匆忙地从海上撤退会损失所

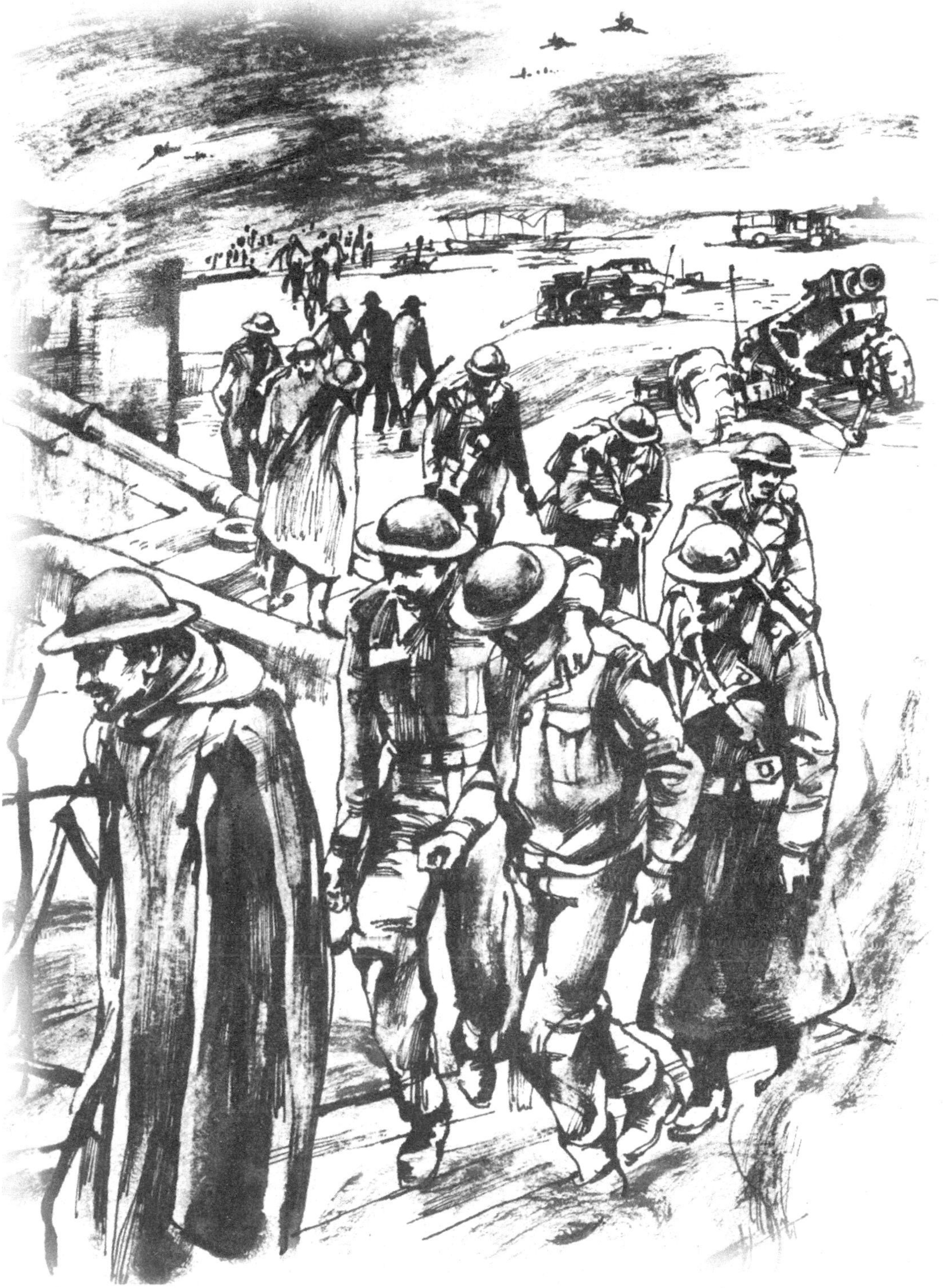

有的重装备，但和人相比装备又算什么，只要他们回到英国，重建军队就有了核心和基础。想到这里，丘吉尔把抽到一半的雪茄烟狠狠地按在烟缸里，下定了决心：不管付出多大代价，一定要把他们撤回来！

26日，英国远征军有秩序有掩护地撤向敦刻尔克，部分法军跟随行动。当晚，"发电机"计划开始实行。5月20日以来就开始向多佛尔集结的舰艇和小型船只终于开始大显身手了，第一批到达敦刻尔克的部队当夜就撤回了英国。考虑到德国可能炸毁码头设施，27日，英国未雨绸缪，采取紧急措施，搜寻更多的小型船只，以备在海滩上摆渡士兵。

整个英国行动了起来，每一秒的迟疑都可能是致命的。"兄弟们在等着我们！"伦敦各码头上的救生艇，泰晤士河上的拖船、快艇、驳船、平底船和游艇，只要可以在海滩使用的运输工具，都开向敦刻尔克。

"兄弟们在等着我们！"英国南方和东南沿海一带的船民自发加入救援行动，他们驾驶着自己的汽船、帆船驶向敦刻尔克，丝毫不把自身的安危和损失放在心上，只有一个念头："把战士们救回来！""兄弟们在等着我们！"

非但是英国，其他盟国的船只也涌向敦刻尔克。一时间，英吉利海峡上万船竞渡，蔚为壮观。

眼看煮熟的鸭子要飞走了，希特勒暴跳如雷，他命令德国空军司令戈林出动能调动的所有飞机对敦刻尔克进行猛烈轰炸。顿时，敦刻尔克的上空，德国的飞机就像一群群令人恶心的苍蝇，一刻不停地向码头、栈桥、海滩、大小船只以及密集的人员进行俯冲轰炸，到处浓烟滚滚，火光冲天，第一天就把敦刻尔克的码头、栈桥炸得面目全非。由于大型船只无法靠岸，大量士兵只能涉水到齐腰深的海水中，然后由小船摆渡到大船上。炸毁了码头后，德国飞机又集中力量对海岸边集结的大部队进行轰炸。但是炸弹投到松软的沙滩上，爆炸的弹片被沙子包住，散不开，造成的伤亡很轻微。

"不能让德国鬼子如此猖狂！"义愤填膺的英国飞行员驾驶着战斗机一次又一次地飞过海峡，对德国轰炸机群进行了顽强的不间断的袭击，打下了几百架德军飞机，大大压制了德军轰炸的力度。

天公又十分作美，撤退期间英吉利海峡像一个善解人意的小姑娘，海面上风平浪静，英国的军舰和民用船只得以冒着德军的轰炸将军队送回国内。

在猛烈的空袭下,英法军队并没有惊慌失措。士兵们不停地卧倒、爬起、继续前进,听从调度,一批批地登上返回英国的船只。值得一提的是法国军队在敦刻尔克表现出勇敢的斗志和荣誉感,达尔朗海军上将命令在敦刻尔克的法军:"让英国军队先上船。"

狡猾的德国空军不甘心失败,当英国飞机回去加油时,德国飞机趁机狂轰滥炸,使密集的船只遭到严重的损失。6月1日一天,沉没的船只就有三十一艘,其中不少都满载着士兵。6月2日晚上,英国把所有可以利用的船只开往敦刻尔克,把英国后卫部队全部撤上了船,然后法军开始上船。6月4日,德军攻入了敦刻尔克,四万多名担任后卫的法军被俘。当天下午,英国海军部宣布"发电机"计划已完成。

整个"发电机"计划,从5月26日到6月4日,共撤出三十三万八千多人。从德军重重包围和猛烈进攻中撤出如此数量的军队简直是一个奇迹。造成这个奇迹的主要原因是坚定的决心、人民的支持和空军的关键性作用。

敦刻尔克的胜利大大鼓舞了英国抗战的信心和士气。正如丘吉尔6月4日在议会中讲的那样:"尽管欧洲的大片土地和许多古老的有名的国家已经陷入或可能陷入秘密警察和纳粹统治的种种罪恶机关的魔掌,我们也毫不动摇、毫不气馁……我们将战斗到底……我们决不投降。"

240·伦敦上空的鹰

在希特勒的闪电战战术打击下,法军节节败退,最后投降了。

法国投降之后,德国空军就开始打击英国。在欧洲,英国已经没有盟友了。连一向自信、好强的首相丘吉尔也只好面对现实,深沉地表示:"就目前情况来说,我们正在单独作战,也在进入长期作战。"

希特勒被一连串的地面作战胜利冲昏头脑。1940年7月16日,他下达了针对英国的"海狮计划"作战命令:以二十五个师的兵力在航空兵的掩护下,在英国登陆并完成占领。

希特勒自己对计划很认真,但他手下有头脑的将领却认为这是胡来,是虚张声势,用来吓唬英国人主动求和的。因为没有一艘登陆舰的德国海军,根本不足以承担运输部队渡过海峡、进行登陆的任务。当陆军方面看到海军居然还准备实施计划时,终于忍不住了,抗议说:"这简直是自杀,是把优秀的德国步兵往绞肉机里扔。"

丘吉尔对德国海军嗤之以鼻,他担心的是法国那支几乎完整的舰队被德国利用。为了海峡的制海权,英国忍痛下手,袭击了法国舰队,打碎了希特勒借鸡生蛋的美梦。

"海狮计划"搁浅后,希特勒转而实行"鹰计划",计划依靠优势的空军,从空中炸毁英国舰队、消灭英国空军、炸毁英国的造船厂和飞机厂,最后由陆军完成实质性占领。

从1940年8月12日起,"鹰计划"开始实施。德国空军元帅戈林狂妄地宣称:"仅凭德国空军,就可以叫英国人跪下来舔德国人的靴子。"用来袭击英国的三个航空队有近一千架战斗机和一千五百架轰炸机,可以使用挪威、丹麦、荷兰、比利时和法国北部的所有机场。而英国用来保卫国家的战斗机不足一千架。

原以为稳操胜券的戈林,被初期战斗的结果吓了一跳:德国飞机的损失几乎比英国多一倍。经过研究,他发现几乎每次轰炸,总有一个或两个编队的飞机被伏击和围歼,而且每次轰炸的首要目标总是被英国飞机严密保护着。这是为什么？摸着大大的肚子，戈林就是想不出原因。

德国飞行员首先发现了其中的秘密。他们在空战中发现英国空军地面指挥的命令十分准确，对德机的行程了如指掌，于是猜到了英国是用某种电子设备进行侦察和指挥的。他们猜对了，是英国人发明的雷达系统在要他们的命。德国飞机一起飞，英国人就在雷达上发现了它的踪迹，德机的行程和数量被精确地算出，英国空军可以在最佳的时间、地点，集中优势兵力，打击德机，确保重要目标的安全。德军终于了解到雷达站的重要性，8月下旬，便集中对雷达站进行攻击，七个主要的雷达站中，有六个遭到毁灭性打击。英国开始指挥不灵，疲于应战，飞机损失大大增加，并有四分之一的飞行员丧生。

在这个危难的时刻，一件偶然的事情改变了英国的命运。德机在空袭伦敦时，误炸了伦敦的居民区。英国举国上下群情激愤，决定报复。8月31日，英国飞机在夜间轰炸了柏林，整个德国目瞪口呆。戈林曾狂妄地宣布，只有德国能轰炸英国，而英国无法报复德国，柏林是安全的。轰炸的当天，恰逢苏联外交代表团访问柏林，里宾特洛甫劝说莫洛托夫认清形势，倒向德国。轰炸进行时，会谈临时改到防空洞进行。隆隆的爆炸声中，里宾特洛甫还在喋喋不休地说英国已经完了。不料莫洛托夫冷冷地回答他："英国完了，那我们为什么在这儿谈判？头顶上的飞机又是谁的？"

轰炸激怒了希特勒，他决定改变轰炸目标。9月4日，戈林宣称要将伦敦等大城市炸平，把英国人炸回到穴居时代。9月7日，大规模的空袭开始了。9月15日，德机第一次在白天轰炸伦敦，并同时轰炸其他城市。凄厉的防空警报长久地回响在伦敦的上空，受过防空训练的伦敦居民不慌不忙地走进防空掩体，地铁成为最安全的地方。消防队员成为最勇敢、最繁忙的人，爆炸声就是命令，熊熊的烈火和滚滚的浓烟就是目标，哪里中了炸弹，他们就冲向哪里奋不顾身地灭火，对头顶上呼啸而过的德国飞机根本不予理睬。

到11月3日，伦敦已连续五十七天遭受轰炸，伦敦的军民并没有像希特勒希望的那样惊慌失措。相反，几乎每天晚上，英国军民都在严格的灯火管制下举行舞会，戴着钢盔在广场上跳舞成为伦敦的时尚，显示了英国人民蔑视纳粹德国的无畏气概。

由于德国将主要力量放在对平民的屠杀上，英国的雷达站、飞机厂终于缓过劲来,扭转了战场上的劣势。丘吉尔知道,空军力量的缓慢恢复,是以城市平民的牺牲为代价的。伦敦南部贫民区受炸后,他马上赶去视察。到场后,面对冒着黑烟的废墟和满身尘土的人们,他流下了眼泪。一个妇女大声叫着:"他哭了,他真的关心我们!"丘吉尔后来在回忆录中特意更正了这一说法,深情地写道:"那不是关心,是感激。"

1941年5月10日,德国飞机在最后一次轰炸了伦敦后终于认输了。当八个月的空战结束后,始终留在伦敦的英国国王爱德华七世,在巡视千疮百孔的伦敦街道时,神态安详地对人民说:"英国度过了最黑暗的时期。"

241 · 撼不动的红都

第二次世界大战进入到了1941年,纳粹德国撕毁了《苏德互不侵犯条约》,在这一年的6月22日向苏联发起了蓄谋已久的入侵。

苏德战争爆发不久,希特勒就制订了意在一举摧毁苏联首都莫斯科的"台风"计划,妄图从精神和意志上彻底打垮俄罗斯民族。德军中央集团军群的七十八个师、一百八十万人、一千七百辆坦克、一万四千门火炮、一千三百九十架飞机,投入到了规模浩大的莫斯科战役中。

为了抗击德军"台风"的肆虐,苏军最高统帅部部署了西方方面军、预备队方面军、布良斯克方面军三个方面军的兵力,总共有一百二十五万人、九百辆坦克、七千六百门火炮、六百七十架飞机。显然,德军在兵力和武器装备上占有优势。

1941年9月30日,德军"闪击英雄"古德里安指挥的第二装甲集群从南翼向莫斯科发起进攻,率先刮起了狂野的"台风"风暴。德军攻势凶猛,很快就将苏军的四个集团军南北合围,苏军第十九集团军等四个集团军的将士顽强抵抗,但除了一小部分突围外,大部牺牲和被俘,被俘的人数达六十五万人。但正是被围部队的浴血奋战,牵制了德军的二十几个师,使临危受命、接任西方方面军司令员的朱可夫大将在莫扎伊斯克组织起了保卫莫斯科的第二道防线。

"台风"行动只进行了两天,希特勒就得意洋洋地向全国宣布:"今天我宣布,我毫无保留地宣布,东方的敌人已被打垮,再也不能站起来了……在我们部队的后边,已经有了相当于我在1933年执政时德意志国家幅员两倍的土地。"

形势日益严峻。10月14日德军第三装甲集团军突入加里宁市;差不多同时,德军第四装甲集团军从西面猛攻莫扎伊斯克,在波罗金诺——当年远征的拿破仑法军与库图佐夫率领的俄军进行生死决战的古战场上,苏军第五集团军与德军血战五昼夜,击退了敌人无数次的疯狂进攻。10月18日,在德军坦克猛攻之下,苏军不得不放弃莫扎伊斯克。

莫斯科危在旦夕!但是,英勇的苏联军民没有被吓倒。11月6日,苏联人民在马雅可夫斯基地铁车站举行了纪念伟大的十月革命二十四周年大会。第二

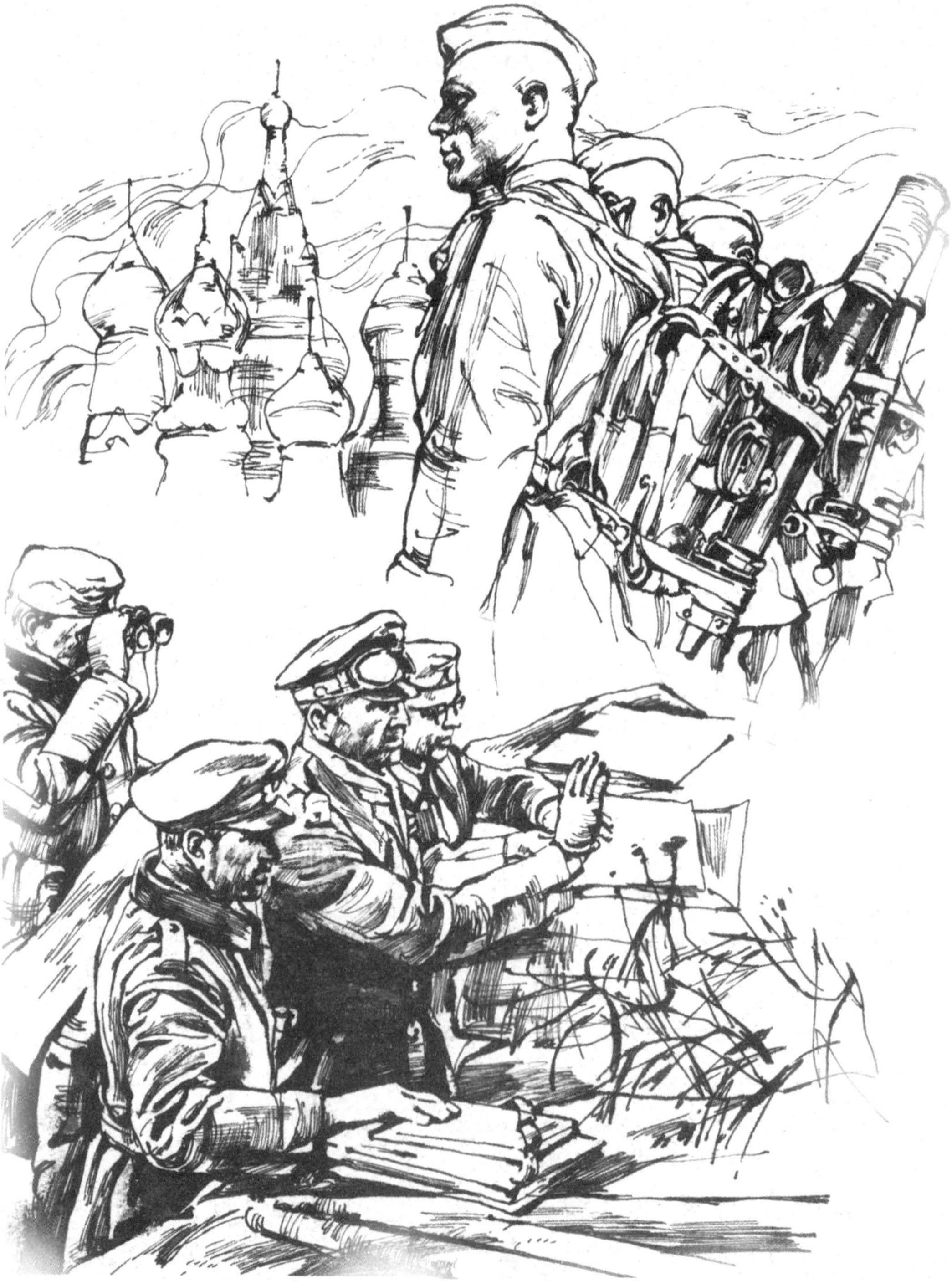

天,庄严宏伟的莫斯科红场白雪飘飘,盛大的阅兵式照例举行,斯大林巍然屹立在列宁墓上,向受阅的苏军发表了激情昂扬的演说:"全世界都注视着你们,处在侵略者压迫下的欧洲各国人民都注视着你们。伟大的解放使命已经落在你们身上,你们不要辜负这个使命!……让伟大的列宁的胜利旗帜引导我们!"

接受检阅的苏军部队,士气高昂地从红场直接开往战火纷飞的前线。

希特勒得知斯大林在红场阅兵,气得暴跳如雷:"简直令人难以置信,斯大林竟然能在德国空军机翼底下检阅部队!这是对帝国空军的公然蔑视,蔑视!"他歇斯底里地下令空军报复,但苏军严阵以待,没有让德军的空袭得逞。

11月15日,经过半月休整的德军中央集团军群重整旗鼓,向莫斯科发起了更加疯狂的第二轮进攻。扼守在沃洛科拉姆斯克地区"鲍雪契沃"农场的五连几天来挡住了德军坦克、装甲车的几十次猛烈进攻,没有后退一步,尽管全连仅剩下二十八人,但仍然在指导员克洛奇科夫上尉的带领下顽强地战斗着。

就在双方激战之时,通信员奔过来喊道:"指导员,师长的电话……"话音未落,一颗炮弹爆炸,通信员一下子倒在了血泊中,一只手还紧紧地握着连着导线的听筒,听筒的上半截早不知炸飞到哪里去了。克洛奇科夫双眼冒血,此时,又一辆德军坦克肆无忌惮地向他轧来,克洛奇科夫一把扔掉滑到前额的皮帽,顺手抄起两颗手雷,咬住导火线狠狠一拉,只见一股青烟丝丝冒出,他"刷"地挺直了身体,双目圆睁,大声吼道:"法西斯混蛋,来,来吧!俄罗斯大地辽阔,可我们已无退路了,后面就是莫斯科!混蛋,来吧,送死来吧!"

克洛奇科夫生命中这最后的壮烈一呼,通过牺牲的通信员手中紧握的那半截听筒,忠实地传到了师长潘菲洛夫的耳中。天崩地裂的巨响过后,耳机中一片沉寂。潘菲洛夫缓缓放下听筒,然后默默地摘下军帽,闭上了眼睛。他周围的人看见,他们的师长,平常刚毅如铁的师长,眼里淌下了两行热泪。许久,潘菲洛夫睁开眼睛,正视前方,低声说:"把克洛奇科夫上尉的这句话告诉全师,不,告诉莫斯科的每一位保卫者,'俄罗斯大地辽阔,可我们已无退路了,后面就是莫斯科!'"

在苏军官兵视死如归、气壮山河的抗击面前,德军寸步难行,死伤惨重。俄罗斯严冬的降临更使德军雪上加霜,战斗力锐减。虽然有一支部队攻到了离莫斯科仅二十七公里的红波利亚纳,中央集团军群司令官波克元帅通过望远镜已看到克里姆林宫顶上的红星和瓦西里大教堂的圆顶，但这是德军第一次也是最后一次看到克里姆林宫，战役的主动权已开始转入苏军手中。

1941年12月5日，苏军加里宁方面军在科涅夫上将指挥下首先转入反攻，第二天，朱可夫大将指挥的西方方面军、西南方面军也展开全线反击。苏军士气高涨，将德军向西击退一百五十至三百公里，歼敌五十余万人，消除了德军对莫斯科的直接威胁。

这是苏军在卫国战争中赢得的第一个大规模战役的辉煌胜利。在莫斯科保卫战中，有一百十名战功卓著的军人被授予"苏联英雄"称号，一百多万人荣获"保卫莫斯科"奖章。

庄严的克里姆林宫旁，有一座莫斯科保卫战的无名烈士墓，长明的火炬燃烧不熄，照耀着墓碑上刻着的两行字：

　　你的名字无人知晓，
　　你的功绩永垂不朽！

242 · 列宁格勒——不屈的九百天

法西斯德国军队发动了对苏联的闪电战后,兵分三路:中路德军扑向莫斯科;南路德军杀向基辅;在北方战线上,近七十万德军在冯·莱布元帅指挥下向列宁格勒地区发起了强攻。

7月1日,苏联加盟共和国拉脱维亚首都里加失守;7月9日,德军踏上了列宁格勒州的地界,与列宁格勒市只隔着一条卢加河了。德军第四装甲集团军司令赫普纳上将狂妄地叫嚷,现在只要一举突破卢加河,他就拿到了打开通往列宁格勒大门的钥匙。

英勇的苏联军民同仇敌忾,众志成城。7月10日,伏罗希洛夫元帅和日丹诺夫成为列宁格勒地区两个方面军的最高指挥。在他们的组织下,上百万列宁格勒居民昼夜奋战,沿着卢加河畔,抢修了一条长三百公里的卢加防线;然后,在卢加防线背后,又修起了两道防线。

7月11日,德军坦克恶狠狠地扑了上来,但在卢加防线上撞了个头破血流,损失了四百架飞机,一百二十辆坦克和一万多人,被迫停止进攻,等待后援。卢加防线为列宁格勒城赢得了一个月宝贵的备战时间。

德军怎肯罢休,从8月8日起又卷土重来,在连续几天的猛攻后,终于突破卢加防线。随后,德军步步紧逼。9月17日,德军离市中心的皇宫广场只有十十公里了。

"列宁格勒面临着危险,法西斯匪军正向我们光荣的城市——无产阶级革命的摇篮逼近。我们的神圣职责是:在列宁格勒大门口,用我们的胸膛挡住敌人前进的道路!"

伏罗希洛夫的号召传遍了列宁格勒前沿每一条战壕,传遍了城市的每一条街道,苏联军民浴血奋战,用步枪、机枪、手榴弹、刺刀等一切可以找到的武器杀死侵略者。一些无畏的战士身上绑满炸药,高喊着"祖国万岁!""为了斯大林!"冲入敌群与德军同归于尽;一些战士埋伏在战壕里,当德国坦克碾过战壕时,拉响了反坦克手雷的导火线,与敌人同归于尽。

危难之际，又是朱可夫大将临危受命。9月13日，他被任命为列宁格勒方面军司令员。他立即采取一系列手段加强防御。在危险地段集中高射炮，对来势凶猛的德军坦克进行平射；波罗的海舰队全力支持四十二集团军防区，在重要地段加强防御纵深；把波罗的海舰队的部分水兵，组成步兵旅填补缺口。到9月底，苏军终于稳住了战线，德军损失惨重，无力发动进攻，只得就地转入防御。

希特勒恨得咬牙切齿，在地图上看到列宁格勒这个城市的名字就发火，他狂怒地命令莱布元帅："要把列宁格勒从地球上抹掉，即使列宁格勒要求投降，也绝不接受。应对列宁格勒实施大规模的空袭，特别是要炸毁那里的自来水厂。"

于是，德军的飞机和大炮开始对列宁格勒狂轰滥炸。仅10月4日一天，整整九个多小时，一批接着一批德军飞机在盘旋、俯冲、投弹，城市和周围的交通线烈焰冲天。希特勒的这一招可真够毒的，11月8日，苏联内地向列宁格勒运送粮食的运输线完全被切断，三百多万军民陷入前所未有的大饥饿之中。

列宁格勒居民的面包定量一减再减，最低时职工和儿童每天仅一百二十五克一天。这一块面包，哪里抵挡得住俄罗斯的寒冬啊！到处可见饿死的人倒在风雪肆虐的街道上。母亲把自己的面包塞给年幼的儿女，自己却饿死在床上。儿女还不知道，只以为她睡着了，让邻居轻一些不要吵醒了妈妈。正在生产武器的工人一头栽倒在转动的机床上，饿死在工作岗位上。指挥交通的民警饿死在岗亭里，正在抢救伤员的医生饿死在手术台前……整个城市笼罩在死亡的气息之中。

希特勒高兴极了，他兴高采烈地向部下预言："列宁格勒不久将会出现人吃人！"

但他的预言再次破灭了。苏联人民决心全力支持列宁格勒。11月18日，列宁格勒与内地的水上通道拉多加湖，在寒冷刺骨的西北风吹拂下，湖面冰层达到了勉强可以通行的一百八十毫米厚度。一辆辆马拉雪橇出现在德军炮火够不到的中间湖面上，把一包包面粉送到饥饿的列宁格勒。

21日，一条冰上汽车运输线开通了。在列宁格勒最艰难的时候，它成了被围的城市从外界获得支持的唯一通道，因而，这条冰面公路被誉为"生命之路"。

刚通车的时候，冰层只有二百四十毫米厚，时刻有被压裂的可能。德军的轰炸和呼啸的狂风经常使冰层断裂，从裂口涌出的湖水马上又冻住，使湖面如玻璃一样又光又滑,汽车的轮子时常在这种冰面上空转打滑,方向也极难控制。11月23日到12月1日,不到十天时间内,司机们费尽力气把八百吨面粉运到列宁格勒,尽管这只够两天分配,但四十多位司机牺牲在冰窟窿之中。

困难没有吓倒苏联军民。隆冬季节,他们冒着零下四十度的严寒和十级以上的狂风,日日夜夜地行驶在光滑如镜的湖面上,伴随他们的是德军飞机的追逐和高爆炸弹的轰鸣。他们一面把粮食、燃料和其他急需物资送进城,一面把妇女、儿童、伤员及最重要的设备和宝贵的文化珍品送出城。

大多数司机一天坚持工作十六到十八个小时,跑两个来回。"司机同志们!加油!快跑!你每天多跑一个来回,一万多列宁格勒居民的生活就有了保障!"路边宣传站的高喊使他们精神更加振奋。

城内情况开始好转。1942年4月,日丹诺夫有一次开玩笑说:"好啦!现在我成为一个富人了,因为我已有十二天的粮食啦!"

拉多加湖的"生命之路"就这样奇迹般地把生命带给了列宁格勒军民,把失望和失败送给了希特勒。

和列宁格勒的军民一样,英勇的苏联军民在整个苏德战场上顽强地抗击着法西斯德军。他们熬过了战争初期的艰难时刻,承受住了巨大损失,终于在莫斯科城下击退了德军疯狂的进攻,打破了德军不可战胜的神话。接着,在斯大林格勒歼灭了德军精锐主力,使苏德战场发生了历史性的转折。

随着整个苏德战场形势的逆转,1944年1月,对列宁格勒长达九百天的围困终于打破了。当莫斯科电台的播音员用激动的语调将这个消息向全国播送后,列宁格勒沸腾了。人们冲上飘着鹅毛大雪的街道和广场,庆祝这个伟大的时刻,"红军会师了!""乌拉!列宁格勒!"的欢呼声响彻云霄。列宁格勒终于用胜利告慰了六十多万冻死、饿死、炸死、战死的军民,用胜利敲响了德国法西斯的丧钟。

243·偷袭珍珠港

太阳升起不久,在东面的天空上挂得不高,将椰树的影子拖得长长的。微风吹拂着海面,海浪轻轻拍打着珍珠港里停泊着的大大小小的军舰,灰白色的舰身在阳光下闪着光芒。除了出海的三艘航空母舰和随行的护航军舰,美国太平洋舰队八十六艘军舰都在军港内。

珍珠港位于太平洋中的夏威夷群岛瓦胡岛,是美国太平洋舰队的主要军港。1941年12月7日的早晨和以往每个星期天的早晨一样,一切是那样的平静。军港内显得悠闲,甚至有些懒散。不少军官休假了,当兵的正好睡个懒觉。然而,谁也没有想到一场灾难马上就要降临了。

天刚蒙蒙亮,两名雷达兵突然发现有一庞大的机群正向珍珠港接近,便马上向基地的值班军官报告。值班军官一口咬定是新调来的B-25轰炸机群,开玩笑似的对雷达兵说:"把这件事给忘了吧!"

七点五十五分,战列舰"内华达"号上每天例行的升旗仪式开始了。全体官兵在舰首集合,军乐队演奏着国歌,两位水兵拉着绳子升旗,官兵们的目光随着星条旗缓缓地上升,却意外地发现密密麻麻的飞机正向他们俯冲下来。

天空上的机群是日本偷袭珍珠港的第一攻击波一百八十三架飞机,前线指挥官渊田美津雄中佐坐在三菱重轰炸机的后座上,仔细观察着下面的港湾。"太像了!"他心中感叹着。珍珠港的地形和他们进行反复俯冲投弹训练的鹿儿岛基地简直一模一样,港内停泊的舰只数量、位置也与派到珍珠港侦察的日本特务森村少佐汇报的相同。

日本在悍然发动了全面侵华战争后,又确立了进攻东南亚和太平洋地区的"南进"战略。联合舰队司令长官山本五十六海军大将开始盘算,怎样在战争一开始的时候就赢得主动。想来想去,只有偷袭珍珠港,一举歼灭美国太平洋舰队,才能在一段时间内确保日军在东南亚的行动安全。

山本五十六把制订偷袭计划的任务交给了海军航空参谋源田实。源田实没有辜负他的期望,制订了以航母编队运载的作战飞机为主要攻击力量、海上

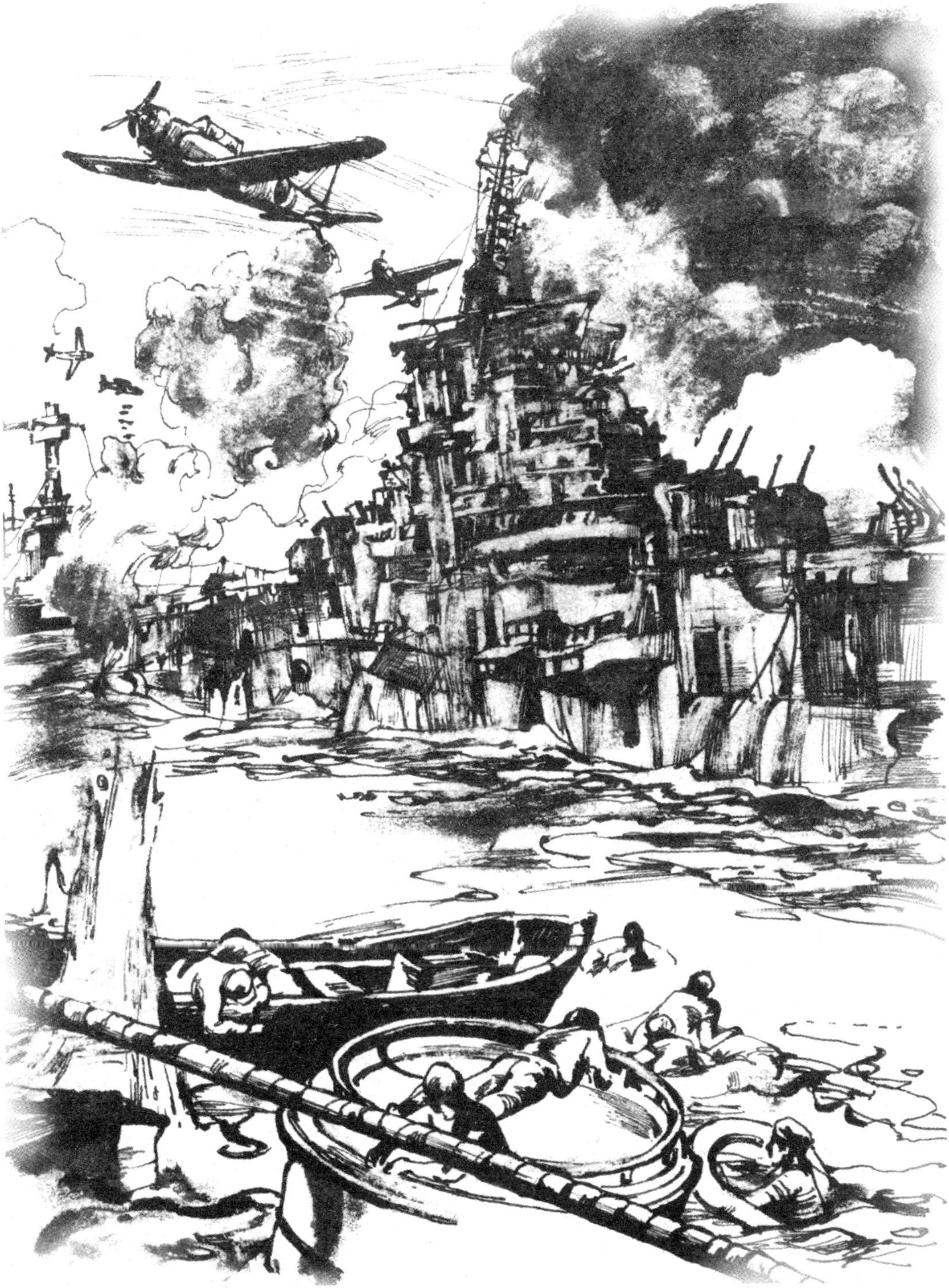

补给、长途奔袭的作战方案。根据作战要求,联合舰队进行了周密的准备,现在开始实施了。

渊田抬头环顾了四周,整个珍珠港的上空晴空万里,没有一架美国的巡逻机。渊田欣喜若狂,举起信号枪向机窗外打了一枪。信号弹拖着长长的黑烟,提示他身后的机群,攻击开始了。看到一架架水平轰炸机、鱼雷机、俯冲轰炸机和制空战斗机饿虎扑食般俯冲下去,渊田忍耐不住激动的心情,把偷袭成功后报捷的电报提前发了回去:"虎!虎!虎!"

日机发出刺耳的尖啸声向美舰俯冲。飞行员们早就等着这一刻了,长期的仿真训练,十二天海上的颠簸,北太平洋航线上的狂风巨浪让他们吃足了苦头。他们早已将每一艘美国太平洋舰队军舰的形状特征背得滚瓜烂熟,就等着向已经选定好的目标发起致命的攻击。

日机越飞越低,离水面只有十二米,机头快要栽进海水的时候,鱼雷发射了,在水面下拖着一条条白线,冲向美舰。飞行员赶紧拉起机头,转身观察效果。只听中弹后的美舰发出"轰隆隆"的巨响,舰身剧烈地摇晃,弹片激起的粗大的水柱直冲云天,烈焰升腾,浓烟滚滚。

挨了鱼雷和炸弹的美舰上,美军束手无策,有的惊慌失措,有的跳海逃生,有些人直到此刻还认为这是演习,抱怨司令部怎么会挑星期天进行突然演习。基地瞭望哨的军官看到日机发起俯冲时,还认为是美国飞行员冒险玩花活,扬言要报告司令部给这些飞行员记大过。不过,他要找的舰队司令金梅尔海军上将正准备去打高尔夫球,直到珍珠港一片火海时,金梅尔才赶到作战司令部,发出了"珍珠港遭空袭,这不是演习"的战斗警报。

与舰队同时遭到袭击的还有美军的三个主要机场,美机来不及起飞就被炸成一堆堆残骸。日本飞行员喜出望外,感到任务完成得太容易了,因为美机整整齐齐地停放在跑道两侧,炸中了其中的一架就会引起连环爆炸。兴犹未尽的日机开始用机枪扫射地面上四散奔逃的人员和车辆,机场上浓烟四起;到处是熊熊燃烧的飞机和炸裂的汽油桶,以及横七竖八的美军尸体。

日机的第一攻击波整整轰炸了四十五分钟才离开。五分钟后,第二冲击波一百七十一架飞机又开始了持续一小时的轰炸。美军全没了还手之力,勉强起飞的二十五架飞机不是被日机击落,就是被自己的高炮击毁。岛上三十二个高炮连只有四个连开火,而四千门崭新的高射炮还躺在仓库里睡大觉。

统计了两次突击的战果后,日本特遣航母舰队的指挥官南云忠一中将喜出望外:炸沉、炸伤美国战列舰八艘,巡洋舰、驱逐舰十余艘,击毁、击伤美机一百八十架。珍珠港美国空军几乎全军覆没。日本只损失了二十九架飞机和六艘潜艇。

为人谨慎的南云认为战果已经超过了预期,所以决定见好就收,拒绝了作战参谋源田实发动第三攻击波轰炸的建议。况且,美国的三艘航空母舰不在港内,时刻可能对特遣舰队构成威胁。南云指挥着由六艘航空母舰、二艘战列舰、两艘巡洋舰、十一艘驱逐舰和其他辅助舰只组成的特遣舰队,匆匆驶回日本报功领赏去了。

偷袭珍珠港的同时,日军对东南亚美、英、荷的殖民地发动进攻,太平洋战争全面爆发了。

在日机第二突击波开始肆虐的时候,日本谈判代表野村才姗姗来迟地将日本政府向美国宣战的《对美通牒》交到美国国务卿赫尔手里。已经得到珍珠港遭袭消息的赫尔强忍着怒火,听野村说完来意,然后一字一顿愤怒地说:"在我整个五十年的公职生活中,从未见过这样厚颜无耻的政府和这样厚颜无耻的文件!"

他盯着野村,选择了他当时能说出的最礼貌的词句:"出去!"

珍珠港遭袭,美国举国愤怒。第二天,美国对日宣战。英、澳、荷等二十多个国家也相继对日宣战。11日,德、意对美国宣战。第二次世界大战的规模和范围进一步扩大了。

244·中途岛海战

偷袭珍珠港,日本高兴了没多久,1942年4月18日,让日本联合舰队司令长官山本五十六大将意想不到的事发生了:十六架美国的B-25轰炸机,从距日本四百海里的"大黄蜂"号航空母舰上起飞,空袭了东京、横滨等日本重要城市。

仅仅四个月前,日军在偷袭了珍珠港后,便利用优势的海空军力量,横扫太平洋西部,控制了北起阿留申群岛,南至澳大利亚北岸,西起印度洋,东至中途岛的广大地区。日本举国上下都沉浸在喜悦和美梦之中,认为美国差不多已经被打败了。现在东京挨了炸弹,叫他这个司令官如何向天皇和国民交代。

山本一面再三地向天皇请罪,一面制定了中途岛作战计划。中途岛是太平洋北面的一个珊瑚岛,地处太平洋东西两岸的中间,战略地位非常重要。山本想通过占领中途岛,向中太平洋和西南太平洋扩张,并诱出美国太平洋舰队进行决战。为此,他派遣近藤中将指挥中途岛进攻编队,运载五万八千人的登陆部队进占中途岛;派南云忠一中将率由四艘航空母舰为骨干的第一机动编队,攻击中途岛,掩护陆军登陆,并配合主力舰队,歼灭美舰队;自己则率由七艘战列舰、三艘巡洋舰、一艘航空母舰组成的主力编队,寻找美国太平洋舰队进行决战,并一举歼灭;为了分散美军的注意力,他还派出第二机动编队进攻阿留申群岛。

山本的构思不能说不好,但美军破译了日军的密码,掌握了他的作战计划。受命于危难之际的美国太平洋舰队司令尼米兹加强了中途岛的守备力量,把在珍珠港事件中幸存的"大黄蜂"号、"企业"号、"约克敦"号航空母舰全部隐蔽在中途岛东北二百海里的海域,伺机从侧翼打击日本的舰队。

"约克敦"号航母在不久前进行的珊瑚海海战中受伤,还没有修复。为了增强作战兵力,美军调集了一千四百名技师和工人,在"约克敦"号开赴战场的途中进行抢修,仅三天时间就奇迹般的修复成功。6月2日,美舰全部到达了指定位置。

6月4日凌晨,一百零八架日本飞机从"赤城"、"加贺"、"飞龙"、"苍龙"四艘航母上起飞,气势汹汹直扑中途岛。机群离岛二百海里时,被美军巡逻机发现。

霎时间中途岛战斗警报大作,士兵们冲进掩体,准备应战;岛上的飞机全部升空,战斗机抢占高空有利位置,准备与来袭的日机搏斗,轰炸机、鱼雷机则扑向了日本的航母编队。

"赤城"号航母的指挥室里,南云一动不动地站在舷窗前,面色凝重。前方传来的消息使他很不高兴。由于没有达到偷袭的意图,所以对中途岛的第一波轰炸效果不好。当然,谨慎持重的他把最好的飞行员全部留在舰上,准备攻击美军的航母,也是攻击中途岛未达预期效果的一个原因。在他看来,美国的航母才是真正的对手。

站在一旁的参谋长草鹿神情激动,不停地催促他对中途岛发动第二波轰炸,吵得他心烦意乱。八架从巡洋舰上弹射出去的侦察机至今没有发回发现美舰队的电报,犹豫再三,南云终于命令将四艘航母飞行甲板上等待出发的飞机降到舰舱内,将悬挂的鱼雷换成炸弹。

各舰上的装卸兵一阵忙乱,好不容易改装完毕,擦着满头的大汗直喘粗气,但喇叭里传来了新的命令:"将炸弹全部换成鱼雷。"原来,这时南云得到了侦察机发现美军航母的消息;同时,正在返航的第一波飞机也发回电报,报告他大多数飞机的油料已经耗尽,请求马上登舰。

南云心里焦急万分,正在犹豫是先让返航的飞机登舰还是先让舰上的飞机起飞,一群美军的飞机突然出现在他的视野里。这是从中途岛飞来的美机,它们发现了日军的航母,立即发起攻击。在航母群上空护航的日本三十六架零式战斗机一个俯冲,把美机群冲得七零八落,大多数飞机来不及投弹就被击落,只有两架美机投了弹,但远远地落在海面上,自己也没有逃过日机的追杀。

南云松了一口气,命令四艘航母开放甲板,先让燃油耗尽的返航飞机登舰,在甲板上紧急补充燃料和弹药,然后飞往中途岛进行第二次轰炸。待它们出发后,舰舱里的飞机升空,迎击美军的航母,只要熬过这个艰难的时刻,他就又掌握了主动。

但是事与愿违,正当日军手忙脚乱地改变部署时,从美国三艘航母上起飞的机群分批赶到了。日军的零式战斗机拼命地阻挠美机对自己航母的攻击,军舰上指挥官挥舞着指挥刀,指挥防空火炮进行射击,最先赶到的美军鱼雷机全部被击毁。但是顾了这头,顾不了那头,"约克敦"号的十七架轰炸机突破密集的防空火炮,将四颗重磅炸弹扔到了"加贺"号上。甲板上的飞机和舰舱内的炸弹、鱼雷被相继引爆,顷刻间"加贺"号就烈火熊熊、粉身碎骨了。"企业"号上起飞的三十三架轰炸机,分别盯住了"赤城"号和"苍龙"号,炸弹钻入了舰舱,引起了连续爆炸,两舰拖着浓浓的黑烟沉入了海底。

"飞龙"号见势不妙,高速逃到一块雷雨云下,侥幸逃过美机的轰炸。从雨云中出来后,舰上的飞机全部升空,跟随返航的美机找到了"约克敦"号。刚刚修复的"约克敦"号又遭重创,被炸得遍体鳞伤,航速降到四节。为了不让可能赶到的日舰俘虏,美军忍痛自己施放了鱼雷,将它击沉了。

然而"飞龙"号不久就受到美机的围攻,四枚炸弹击中了它的要害,日军被迫弃舰,舰长自杀,漂浮在海面上的"飞龙"号千疮百孔,被日本自己的驱逐舰击沉。

这时,山本的主力编队全力追赶美国航母,但美舰队高速向东撤退,山本扑了一个空。考虑到没有了主力航母的掩护,自己也处于一个危险的境地,山本不得不悻悻地调头返航。他精心设计的中途岛海战以日本四艘主力航母沉没、二百五十三架飞机被击毁而告终。

美国损失了一艘航母,一艘驱逐舰和一百五十架飞机,但夺取了太平洋中部的制海权和制空权,从此,太平洋战争的转折到来了,日本在太平洋地区的力量一蹶不振,被迫从战略进攻转入战略防御。

245·斯大林格勒保卫战

莫斯科会战,使德军遭到前所未有的重创。希特勒一怒之下,把波克元帅、古德里安上将等进攻莫斯科的将领全部撤职,同时积极地筹划在1942年夏天,打一个决定意义的战役,妄图一举打败苏联。

斯大林格勒,这个有着令希特勒痛恨的名字的城市,成为1942年夏天德军的主攻目标。斯大林格勒的战略地位非常突出,伏尔加河和连接苏联南北的铁路穿城而过,占领了它,就切断了苏联南方宝贵的战争资源运向北方的动脉。德军则可以进而夺取巴库的油田、乌克兰的小麦和顿巴斯的煤矿,然后向北可以包抄莫斯科,向南可以进军波斯湾。

7月17日,担任主攻任务的德军第六集团军开始强渡斯大林格勒正西面的顿河,斯大林格勒战役开始了。

斯大林格勒的军民早已严阵以待,他们在顿河与伏尔加河之间修了四道防御工事,纵深达六十公里,总长二千二百五十公里,并挖了一千一百七十公里的野战战壕。在叶廖缅科上将和罗科索夫斯基中将领导下,全城军民士气高昂,决心将法西斯歼灭于城下。

德军在付出惨重伤亡后,在8月23日才渡过顿河,直扑斯大林格勒。

战斗在激烈地进行,纳粹空军出动了十万架次的飞机,对斯大林格勒进行了"地毯式"轰炸,一百多万颗炸弹炸得整个城市没有一幢完好的建筑。希特勒还不解气,命令德国空军"将斯大林格勒这个城市从地图上抹掉"。

9月15日,斯大林格勒迎来了最紧张、最艰苦的阶段。德军第六集团军司令官鲍卢斯上将驱使着德军整师整团发起冲锋,冲进了城市的中部地区,向北推进到"红十月"工厂区附近,向南占领了萨多瓦亚车站。两天后,柏林各报奉命预备刊出"斯大林格勒已陷落"的特大新闻。

德国法西斯的美梦做得太早了,苏联军民可不答应他们的胡说八道。防御该地区的六十二集团军战士利用下水道和坍塌的楼房,在废墟中不断地反击。每一条街道,每一幢楼房,甚至每一层楼的每一个房间,都变成了坚不可摧的堡

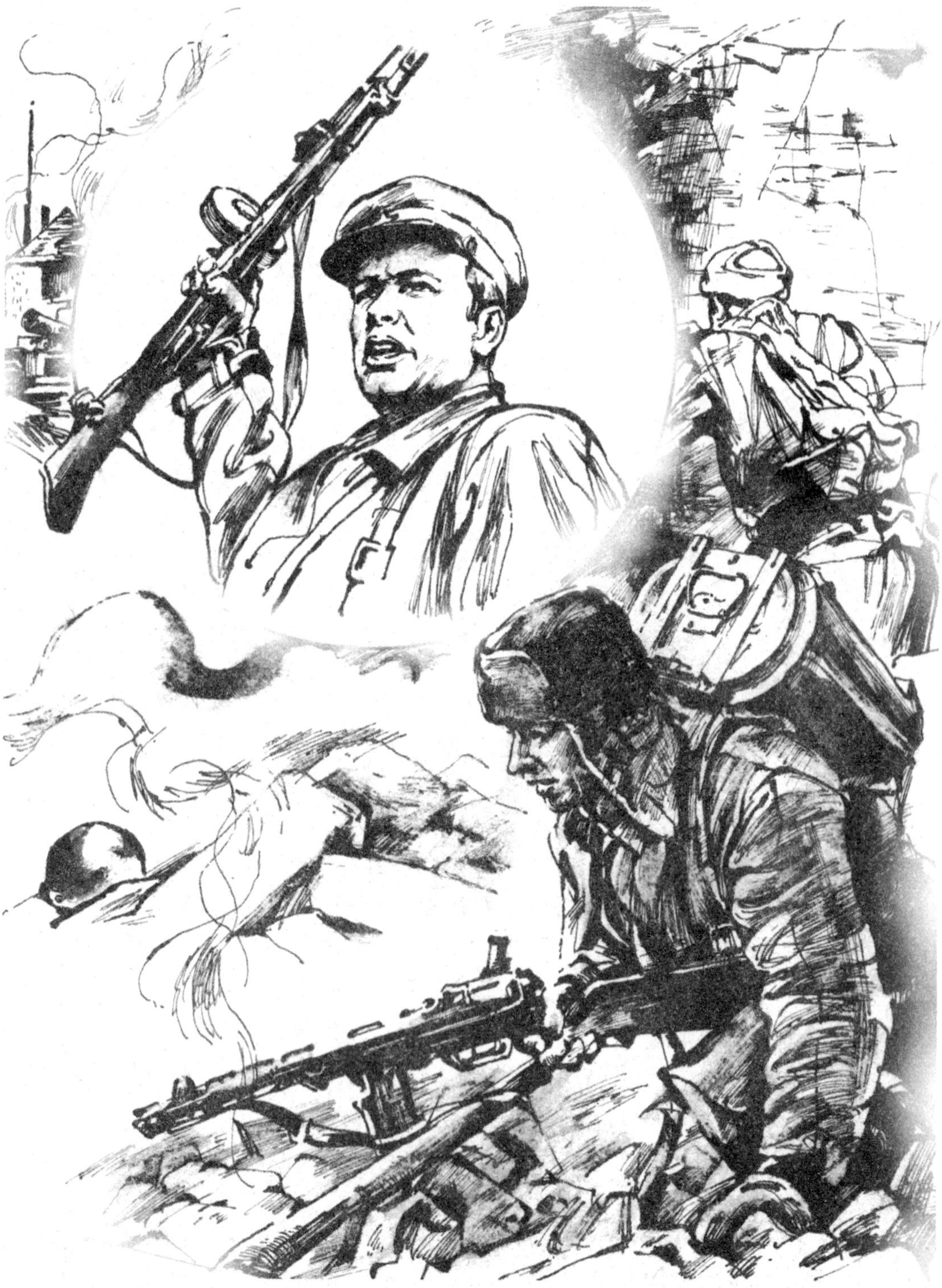

垒；每一个墙角，每一个窗口，甚至每一堆瓦砾后面，都会出现复仇的枪口。德军士兵往往还没有看到子弹从哪里飞来，已经丧命倒地。

鲍卢斯气极了，想集中兵力扫清这种抵抗。进攻"红十月"拖拉机厂时，他在五公里的宽度上布置了两个坦克师和三个步兵师，出动两千架次飞机狂轰滥炸，德军在进攻的途中几乎将每一块砖头都翻过来看了一遍。

苏军浴血奋战，寸土必争。"红十月"拖拉机厂的工人们在敌人距厂五百多米的时候，仍然毫无惧色，冒着炮火坚持生产。在战斗激烈的9月份，他们竟生产了两百辆坦克和一百五十辆牵引车。敌人越来越近了，工人们装配好最后一批坦克，然后自己钻进坦克，亲自驾驶着冲出厂门，直接投入战斗。

德军往往用一整天的时间，用大量士兵的生命作为代价，才肃清了两百米左右的残垣断壁。但一到夜里，苏军战士在夜幕的掩护下又杀了回来。他们灵活机敏，在德军的阵地中游来窜去，大量杀死敌人，重占阵地。德军官兵士气大挫，哀叹是在和苏军打一场"老鼠战争"。

废墟的争夺战这样日复一日地进行着，斯大林格勒像一只巨大的碾子，把不断投入战场的德国士兵碾成粉末。到11月中旬，德军已伤亡了近七十万人，损失火炮、迫击炮两千多门，坦克和强击火炮一千多辆。眼看寒冬快到了，德军士气越发低落，一名德国老兵在日记里写道："想想斯大林格勒大战八十个昼夜的肉搏拼杀的情景吧：街道不再是用米来计算，而是用身体作单位来丈量的；斯大林格勒不再像座城，白天它淹没在一大片漫无边际的浓烟烈火之中，简直成了一座炉火映红的巨大熔炉。"

就这样，苏军战士牢牢地扎根在伏尔加河的西岸，即使斯大林格勒三十三个区中被德军占领了三十个，他们仍在剩余的三个区内拼死血战，并不断地向敌占区突击、偷袭。战斗始终遍布全城，德军找不到一个安全的角落。苏军的勇敢战斗，不但消耗了德国的力量，还为后方聚集力量进行反攻赢得了时间。

11月19日清晨七时三十分，苏军一万五千门大炮昂首指向德军，喷出了复仇的炮弹，整整八十分钟的急射，把炮管都打得滚烫、发红。苏联西南方面军、顿河方面军和斯大林格勒方面军一百一十万大军展开了猛烈的反攻，仅仅四天，就把德国第六集团军和第四坦克集团军的一部共三十三万人包围在斯大林格勒地区。

希特勒气得暴跳如雷,命令鲍卢斯坚守待援;同时,组织了三十个师的兵力,由德军中处理危局的高手曼施坦因元帅指挥,杀向包围圈,最近的时候离鲍卢斯只有四十公里距离了。但苏军展开了强大的反攻,到12月底歼灭了曼施坦因的主力,把战线推到距被围德军二百至二百五十公里之外。

包围圈中的鲍卢斯已经绝望,要求分散突围的请求一再被希特勒拒绝。在苏军的不断猛攻下,包围圈中德军的粮食、弹药极度缺乏,空中的补给在苏军飞机和高射炮的阻击下也几乎停止。每个士兵每天只能得到一两片面包,大量的伤兵缺衣少药,不断发出痛苦的呻吟。鲍卢斯实在不忍心看着部下就这样一天天地走向死亡,但长期的法西斯思想熏陶和普鲁士军官传统,又让他不能违抗希特勒的命令。

1943年1月10日,在鲍卢斯拒绝投降后,苏军发动了总攻。很快就把包围圈中的德军分割为南北两个集团。1月30日,鲍卢斯龟缩在城内已成废墟的"万有"百货公司地下室里,向希特勒发出了"部队将于二十四小时内最后崩溃"的哀鸣。这一天,正好是希特勒上台十周年的日子。希特勒赶快回电,给包围圈里的一百一十七名军官各升一级,晋升鲍卢斯为元帅,想借此刺激一下士气。

但是,在柏林庆贺希特勒上台十周年的仪式还没有结束的时候,前线的鲍卢斯已经撑不住了。苏军的喊杀声渐渐地逼近,他命令部下对天扫射,表示进行了最后抵抗,然后就平平静静做了苏军的俘虏。2月2日,另一集团的德军也停止抵抗,枪声终于停止了。

在斯大林格勒会战中,德军共损失了一百五十万人,占其在苏德战场兵力的四分之一,损失的武器和物资更是不计其数。希特勒丧魂落魄地下令全国为在斯大林格勒覆灭的德军哀悼四天。

斯大林格勒战役不仅成为苏德战场的转折点,也成为世界反法西斯战争的转折点。从此德军转入战略防御,直至最后灭亡。

246·击溃"沙漠之狐"

"我们马上要打的战役将是决定性的一仗。它将是战争的转折点……要求每个官兵怀着只要一息尚存就必须坚持到底的决心投入战斗。在未受重伤尚能作战的情况下,决不允许任何人投降。"

英国第八集团军司令蒙哥马利对集团军全体官兵私人文告中的这番话,久久地在战场上空回荡,阿拉曼前线英军的一侧,士兵们沉浸在回忆和憧憬之中。许多士兵在写着家信,准备和亲人永别;随军的牧师为他们举行布道,这可能是他们的最后一次,因为战斗结束后,不知道有多少人能活着回来。但每个人都士气高昂,期待着投入战斗。

英国在北非的第八集团军的官兵,没有一个不知道德国北非军团指挥官隆美尔的。有些人来北非之前,已经知道了这个狂热的德国装甲师师长,在敦刻尔克,他驱使着德军坦克,差一点就把英国远征军赶下了大海;那种在海边等着救援船只,心里希望德国坦克慢一点到来的可怕心情至今记忆犹新。

大多数的官兵对隆美尔的认识来自于酷热的北非。1941年,正当他们高奏凯歌,把意大利军队打得屁滚尿流的时候,隆美尔率两个德国师从利比亚踏上了北非大地。令他们惊奇的是,隆美尔仅仅用两个德国师和一个意大利师,就发起了反攻,打了他们一个措手不及,军事要地昔兰尼加失陷了,英军在北非最大的军需补充基地托卜鲁克被围了。只差几英里,隆美尔就要横穿利比亚到达埃及了。

噩梦还没有结束。1941年冬天第八集团军发动了"十字军战士"战役,向前推进了八百公里。脚跟还没有站稳,隆美尔又反攻了。1942年1月和6月的两次进攻,德国装甲部队向东猛扑了一千多公里,迅雷不及掩耳地推进到埃及的阿拉曼地区。托卜鲁克落到了隆美尔手里,不计其数的军用物资和三万三千名英军成为他的战利品。

第八集团军的官兵搞不明白,隆美尔为什么总能以劣势的兵力打败他们?为什么每次出击总打在他们最软弱的地区?为什么每次的行动总是那么飘忽不定？所以，不知谁把隆美尔称为"沙漠之狐"，这一绰号不胫而走，广为传播。隆美尔被罩上了一层神秘的光环。

直到蒙哥马利担任了第八集团军的司令，情况才发生了变化。这个自信、坚强的"硬汉"领导第八集团军成功地阻止了1942年8月底隆美尔发动的进攻，重创了德国北非军团。狐狸再狡猾，总有优秀的猎人去抓捕它。官兵们相信，这个猎人就是蒙哥马利，而现在，他要带领他们去抓"狐狸"了。

1942年10月23日晚上，代替因病回德国治疗的隆美尔指挥德、意军队的施登姆将军，给德军最高统帅部发出了敌情通报："敌情无变化。"他哪里知道，第八集团军一千多门大炮的炮口已经昂起，指向了德军的阵地。

晚上九时四十分，阿拉曼战役打响了。复仇的炮弹雨点般倾泻到德军的炮兵阵地上。刹那间，地动山摇，沙尘满天，德军炮兵阵地一片通红，千疮百孔。借助探照灯光和轻高射炮发射的曳光弹，一排排头戴钢盔、端着步枪的英国士兵，在苏格兰风笛凄厉高昂的声调中，向德军的前沿猛扑过去。

隆美尔是第二天从电话里得知这一消息的，他正在国内休养。他同时得知代替他指挥的施登姆将军在赶到前沿阵地的时候，碰上猛烈炮击，从车子里摔了出来，心脏病突然发作，已经一命呜呼了。

电话铃声又响了，传来希特勒焦急的声音："隆美尔，你的身体支撑得住吗？"

"我的身体可以坚持，我的元首，"隆美尔恭敬地说，"请安排飞机，让我马上飞往阿拉曼。"

10月25日夜里，隆美尔回到了北非军团的司令部。为了稳定军心，他第一件事就是向全体官兵发出告示："我再次担任全军总指挥。隆美尔。"

可是，战场上越来越不妙的形势已经超过了他的预计：两昼夜多一点时间里，前沿阵地已经被英军占领，五十万颗地雷组成的雷区被全面突破。隆美尔带着不解的神态责问部下："当敌人集结进攻的时候，为什么不用炮火轰击？"

"施登姆将军严禁进行炮击，以免浪费宝贵的炮弹。"部下喃喃低语。

"这简直是在犯罪！"隆美尔怒不可遏地大声责骂着已经丧命的施登姆。

天放亮了，隆美尔钻入指挥车，直趋前线，用双筒高倍望远镜仔细观察着英军的动态，视野里英军正在高地上急修工事。他敏锐地估计到德军的北部战线将成为英军下一轮攻击的主要目标。

"命令,第二十一装甲师和炮兵部队迅速从南部调到北部。"参谋带着隆美尔的命令一溜小跑离开了。

果然,重新进攻的英军陷入了伏击圈,大规模展开的坦克部队遭到德军反坦克炮交叉火力的猛烈反击,在沙漠里一辆接着一辆变成废铁。英军一支支部队继续投入进攻,战场上人山人海,数以千计的炮弹和炸弹不断地掀起巨大的沙尘,低飞俯冲的飞机几乎把士兵的帽子卷走。激战一天,英军损失惨重。

战局出现了短暂的僵局。29日,蒙哥马利得到了一份至关重要的情报:一支部队发现前一天与他们交战的是德军第九十轻装甲师的第一百五十五战斗群。这不仅表明隆美尔的全部精锐部队已经投入了北部战场,而且表明隆美尔已经没有预备队了。蒙哥马利马上调整了进攻部署,重点打击意大利军队。

几天的消耗战使隆美尔捉襟见肘,坦克越来越少,炮弹和油料几乎耗尽。装载油料的"路易斯安娜"号油轮在托卜鲁克港外沉没的消息,使他又一次遭到重击。他开始瞒着上司,准备把部队撤到一百公里外的预备阵地去。

11月1日夜十点,英军总攻前的火力准备开始了。英军的大炮不停地怒吼了三个小时,成群的重型轰炸机潮水一样漫过德军阵地,投下雨点般的炸弹。地面上,英军的坦克拖起沙尘,轰隆隆地碾了过来;步兵在坦克的后面,端着上了刺刀的步枪冲向德军。

德军仍在死命抵抗,但他们发现八十八毫米的高射炮对新投入战斗的美制谢尔曼坦克没有什么作用,而谢尔曼坦克却可以在一千米的距离外向他们开火。德军的坦克与英军的坦克混成一堆,互相厮杀,这样至少可以躲过一群群英国轰炸机的攻击。隆美尔在他的最后一次沙漠坦克战中费尽了心机,总算坚持到了11月2日太阳下山,手里只剩下三十辆坦克,两个装甲师共剩下两千人。

撤退,只有撤退才能保住残余的部队。隆美尔决心后撤了,但希特勒的电报帮了蒙哥马利一个大忙,把北非军团彻底葬送了:"我,你们的元首……注视着在埃及进行的英勇的防御战……只有坚守阵地,绝不后退一步,把每一支步枪和每一名士兵都投入战斗……不胜利,毋宁死,别无其他道路。"

隆美尔沉默了,他只得执行命令,他把自己所有的积蓄——两万五千意大利里拉(约合六十美元)塞进了给妻子的告别信后,又开始指挥部下死守阵地了。11月4日,赶到战场的凯塞林元帅一看隆美尔手中只有二十二辆坦克了,马上改变了原来的看法,劝他撤退。隆美尔又向希特勒发出了要求撤退的电报。

不等回电,德军就撤退了。英军的飞机在空中追逐着北非军团。为了加快速度,隆美尔抛弃了步兵和用完了燃料的部分坦克、汽车。一场沙漠中罕见的大雨使路面变得十分泥泞,延缓了英军装甲部队的追击。隆美尔一直逃到利比亚的阿盖拉地区才停下来喘了口气。昔日横扫北非的"非洲军团"灰飞烟灭,隆美尔一气之下又回德国养病了。

阿拉曼战役成为北非战场的转折点。此后,蒙哥马利率领英军乘胜前进,与在北非登陆的美军胜利会师。英美军队携手进攻,最后在突尼斯全歼了法西斯军队,为直接进攻欧洲大陆打开了大门。

247·山本五十六葬身记

山本五十六一身白色的海军礼服,在周围一片蓝色和草绿色军服中显得十分耀眼。近来,他常常穿着这一身礼服,使他的部下时常感到一种莫名的不安。

此时的山本,端坐在位于南太平洋的腊包尔岛上日本联合舰队司令部办公室里,面色祥和地看着特地从前线赶回来的城岛少将。城岛满头大汗,领子上的扣子没有松开,把脖子勒得有点紧,脸上因为激动涨得通红。他是特意前来阻止山本按原计划视察前线的。

山本对日本和日本海军意味着什么,是每一个日本海军人员和全体国民都知道的。正是他策划了著名的偷袭珍珠港行动,一举重创了美国太平洋舰队主力,才使得日本海军在太平洋和印度洋上所向披靡,才使得日本在短短半年内建立起一个东到中途岛,北至阿留申群岛,南接澳洲近海,西临印度洋的"大东亚共荣圈"。日本的国土和势力范围从未如此宏大过,日本的侵略野心也膨胀到了极点。率领联合舰队东征西杀的山本被日本国民奉若神明。

但战局的发展实在出乎日本的意料,美国迅速地反击了。珊瑚海、中途岛、瓜达尔卡纳尔岛、俾斯麦海,一个个令日军胆战心惊的战役吞没了日本海空军的精锐主力,太平洋已经成了埋葬天皇武士的巨大的坟墓。特别是美军改变了原来逐岛进攻的战略,开始跳岛进攻,大大加速了日军的灭亡,一个接着一个群岛和驻防的日本军队从日本的势力范围里消失了。为了鼓舞前线士兵的士气,山本决定亲自出巡,到前线去视察战况。城岛闻讯大惊失色,匆匆忙忙前来劝阻。

城岛坐在山本的面前,头垂得低低的,泪水滑下了脸颊,一滴一滴流到军服的前襟上。他嘶哑着喉咙再次恳求山本:"如果密码被对方解读可就麻烦了。长官,这太危险了,请不要去了。"

山本心里也有些激动,看着忠心耿耿的部下,他知道城岛的担心不是多余的。近来的一些迹象表明,美军有可能掌握了日军的密码,他按计划视察布干维尔等地的确是一个冒险的行动。但他是一个不轻易改变主意的人,只要是决定了的事,就一定要坚持到底。这种作风使他在一系列的作战中屡建战功,再说前

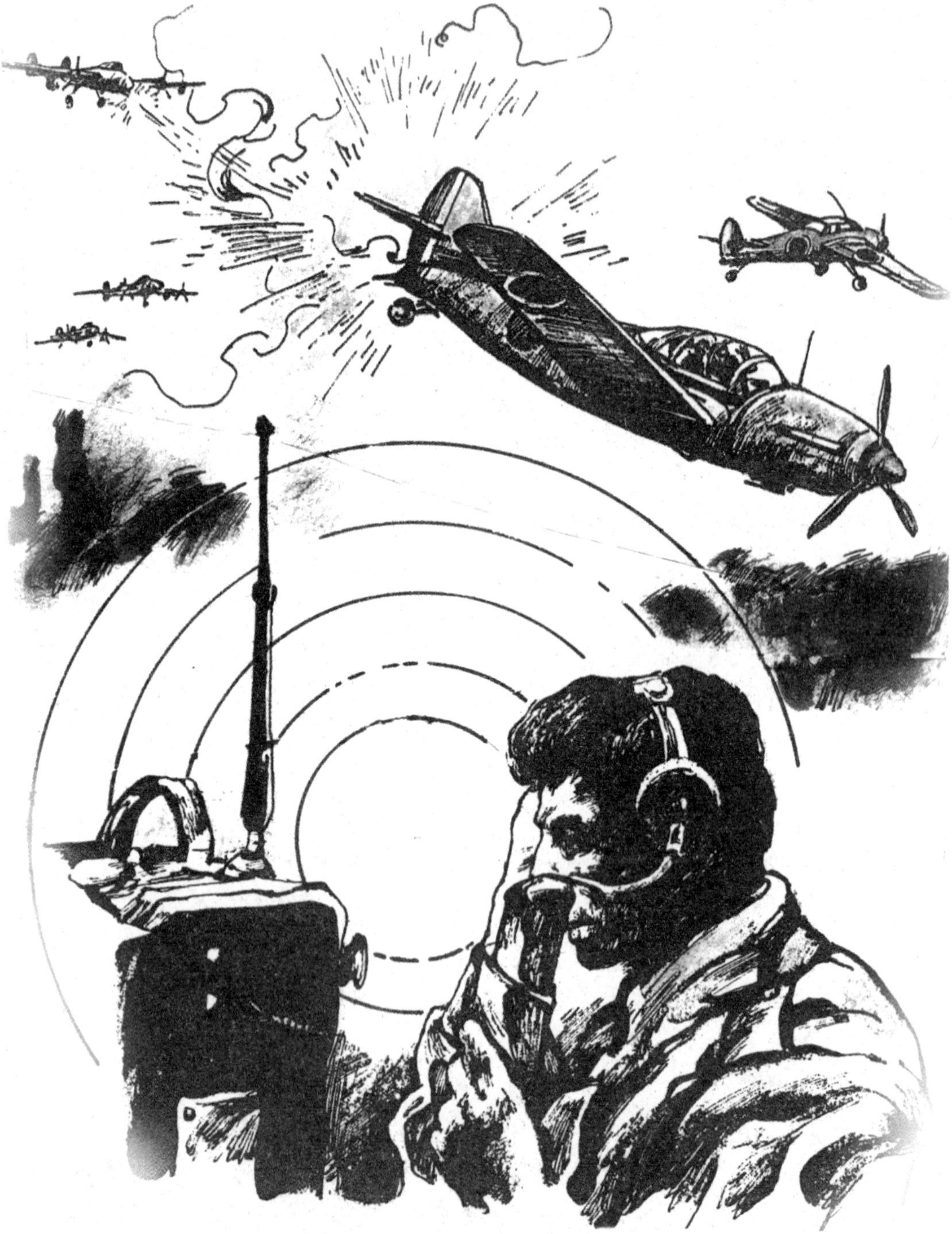

线的将士正盼望着他的到来,因为怕死就不去了,日本武士的脸面又何在?

沉默了一会儿,山本很坚决地看着城岛,略带安慰地说:"不,已经通知各基地了,怎么能反悔呢?请您等着吧,回来后,咱们一块儿吃晚饭。"

机群按时起飞了,时间是1943年4月18日清晨,星期天。

山本从飞机的窗口向外望去,参谋长宇垣和其他参谋人员乘坐的三菱重型轰炸机紧紧地跟在身后,六架零式战斗机在周围护航。战斗机飞行员们都很年轻,山本起飞前接见了他们。在接受他们敬礼的时候,山本回想起偷袭珍珠港前的那几百名海军航空兵。那是多么优秀的飞行员啊,平均一千五百飞行小时的纪录可谓举世无双,可惜,他们随着日本多艘航空母舰永远沉入了中途岛附近的太平洋深处了。山本感慨着,在三菱重型轰炸机的座舱里调整了一下坐姿,双手扶着武士刀,腰挺得笔直,又陷入了沉思。

太平洋西南部所罗门群岛布干维尔岛的上空,十八架美军P-38"闪电"式战斗机在云层中徘徊,它们是从瓜达尔卡纳尔岛起飞,执行一项特殊任务的机群。美军从截获的电报中得知山本的行踪后喜出望外:剪除这个联合舰队司令,就可以沉重地打击日本人的士气;从另一个角度说,等于消灭了半支日本联合舰队。美国太平洋舰队司令尼米兹将军决定派飞机伏击山本,制订了代号为"复仇行动"的作战计划。

七点三十四分,美机发现了山本的机群。担任掩护的十二架美机迅速爬上六千米高空,并将机群暴露在日本机群的视野里;六架担任狙击的飞机低空飞行,尽量避免日机发现。

日本的护航战斗机上当了,年轻气盛、缺乏经验和耐心的飞机员们忘记了他们的主要职责,把山本的座机扔在一边,像一群看到了肉骨头的小狗,一窝蜂地扑向高空的美机。两架三菱重型轰炸机形单影只、相依为命,降低高度向一边逃去。

在山本座机右下方五百米处的六架美机,迅速地从隐蔽位置拉起爬高,咬住了山本的座机全力追逐,一串串炮弹射向了山本的座机。山本的座机猛地一抖,机翼和座舱同时冒出黑烟,发出长长的怪啸声,向地面摔了下去。发现上当的零式战斗机这时赶了回来,但已经于事无补了,山本座机坠毁在一片树林之中。美机达到了目的,迅速地撤出战场,只留下几架日机,在树林中大火燃起地方的上空久久盘旋。

具体负责伏击行动的米切尔海军少将,马上将情况向哈尔西海军上将汇报,哈尔西不无幽默地回电:"祝贺你们成功!在猎获的家鸭中,似乎夹着一只孔雀。"

日本得到山本丧生的消息后举国大悲。山本的遗体被送回国内,日本为他举行了国葬,东京几十万居民为他送葬,日本全国也进行了隆重的哀悼。法西斯军人更是如丧考妣,仿佛并不是送走了山本,而是为大日本帝国举行葬礼。接替山本担任联合舰队司令长官的古贺峰一海军大将一语道出天机:"山本只有一个,无人能够代替得了他。他的死对我们是个难以忍受的打击。"

248·库尔斯克坦克大战

凌晨,天空特别地黑暗。朱可夫元帅趴在战壕里,一点睡意都没有,他使劲地睁大双眼,想从对面模模糊糊的德军阵地中发现一些情况。战局十分复杂,1943年3月以来,苏德两军沿莫斯科到里海的铁路,东西对峙。苏军的中央方面军和沃罗涅日方面军的防区,孤立于铁路的西面,成为战线上的突出部,这一地区被称为库尔斯克弧形地带。弧形地带中的两个方面军,实际上已经三面受敌。如果德军沿着铁路北上和南下,两个方面军就被包围了。

斯大林派朱可夫元帅前往库尔斯克,加强指挥。两小时前,朱可夫派了一支精锐的侦察部队,悄悄地越过了战线,侦察德军的情况。"最好抓一个德国军官回来审问一下。"刚想到这里,朱可夫的眼睛突然一亮,在薄薄的晨曦中,一小队人弯着腰,快速地向苏军阵地运动过来。

朱可夫不由自主地站直了身子,近了,更近了,是他们回来了,其中四个战士还押着一个德国军官。"太好了!"朱可夫长长地出了一口气。

被抓住的是德军"骷髅"装甲师的一名参谋军官,从他口中得知,德军将进攻库尔斯克。朱可夫立即报告了斯大林。苏军最高统帅部经过周密的研究,决定在库尔斯克与德国进行一场决战。

随着决战的临近,双方都认识到装甲部队将决定战役的命运,都在大量调集坦克。1943年,苏联的坦克生产能力已经超过德国,仅上半年就生产了坦克和自行火炮一万一千一百八十九辆,不但及时补充了战场损失,而且能大量装备新组建的部队。苏军在库尔斯克结集了三个方面军,中央和沃罗涅日方面军编制内有一百三十三万人,坦克、自行火炮三千四百辆,草原方面军为总预备队。在主攻方向上,德军集中了五十个师,两千七百辆坦克,投入了最新的虎式和豹式坦克,并配置了大量费迪南重型火炮。

斯大林担心苏军顶不住德军发动的猛攻。回想起1941年苏德战争爆发初期,德国发动的闪电战的情景历历在目。他惟恐苏军顶不住德军发动的猛攻,重演战争初期的一幕。为了削弱德军的攻势,他要求朱可夫在敌人发动进攻的当口进行炮火打击,打乱德军的进攻计划和节奏。

"这一招高明!"放下电话,朱可夫发出由衷的赞叹。他马上又拿起电话:"给我接罗科索夫斯基同志。"他在电话中向中央方面军司令员罗科索夫斯基布置了侦察任务。

7月5日凌晨两点,朱可夫桌子上的电话突然铃声大作。正趴在桌子上打瞌睡的朱可夫伸手拿起听筒,里面传来罗科索夫斯基激动的声音:"元帅同志,据可靠情报,德军将在凌晨三时发动进攻,我们是不是进行打击?"

朱可夫马上坐直了身子,眼神中没有了一丝睡意,他拉了一拉滑落的大衣,一字一顿地说:"罗科索夫斯基同志,你是前线指挥官,你有权决定何时进行打击,你决定吧。"

"是!我马上命令进行炮火打击。"

朱可夫精神抖擞地走出房门,走上一个小山坡,向远处德军阵地瞭望。突然,苏军的大炮开火了。榴弹炮、加农炮高昂着炮口,吐出道道火光,后坐力把大地震得微微地晃动。"喀秋莎"火箭炮密集的火光划破夜空,飞向敌阵,把天空都照亮了。三千多门各类火炮,共进行了两次各三十分钟的炮火袭击。德军被炸得晕头转向,乱作一团。他们没有料到处于守势的苏军会先发动打击,炮兵阵地和通讯联络设施遭到沉重打击,第一批进攻部队被严重削弱。

辽阔的原野静悄悄的,这是决战前特有的宁静。低缓起伏的大地上,太阳还没有升起,树林、草原蒙上一层薄薄的白雾,鸟儿欢快地鸣唱着,仿佛战争并没有发生。经过匆忙的准备,早上六时,德军还是发动了全面进攻。德军主力沿铁路从南北两个方向向苏军猛扑而来。冲在前面的是虎式重型坦克和费迪南重型火炮,随后是中型坦克,后面是摩托化部队。

第一天德军就发动了五次猛攻,突入苏军防线六十八公里。在突出部南面,德军投入一千辆坦克,在铁路沿线主攻方向上就有七百辆。德军指挥官是曼斯坦因元帅,他是苏军的老对手,谋略过人。他在主攻方向连续投入新的坦克部队,连续突破沃罗涅日方面军的两条防线,方面军把所有预备队投入危险地带,才勉强顶住德军的突击。

7月10日,曼斯坦因决定缩小进攻的正面,实施重点突破。普罗霍罗夫卡村正在德军进攻的轴心上。朱可夫洞察了曼斯坦因的意图,紧急调动了八百辆坦克,于 7 月 12 日赶到普罗霍罗夫卡村,与隆隆开进的德国坦克正面相遇,第二次世界大战中最大的一场坦克战爆发了,共有一千二百辆坦克在战场上相互厮杀。

苏军的 T-34 坦克排着密集的队形,冲进德军的坦克群内,进行近距离炮击。德军的虎式重型坦克无法发挥装甲厚、射程远的优势,在混战中一辆接着一辆被炸成废铁。苏军还组织力量,专门打击德军的指挥坦克。

逐渐失去有效指挥的德国坦克,像闻到了杀虫剂的蟑螂,在战场上跌跌撞撞地到处乱窜。战斗进行了一整天,德军的六百辆坦克非毁即伤,曼斯坦因的老本在这一天几乎拼光了,只得垂头丧气地转入防御。

就在这一天,苏军五个方面军在八百公里正面上转入反攻。三个方面军从三个方向向奥廖尔突破,并解放了奥廖尔,另两个方面军解放了别尔格罗德。库尔斯克战役彻底改变了苏德战场的形势,苏军完全掌握了战场主动权,从此,苏军再也没有停止过前进的步伐。

8 月 5 日晚上,莫斯科鸣响了卫国战争以来的第一次礼炮,向这两个城市的解放祝捷,向勇敢的苏军战士致敬。

249·西西里岛战役

地中海,马耳他岛附近,一阵接着一阵的巨浪排山倒海地涌来,几百艘军舰像醉汉一样东倒西歪。这是盟军准备进攻意大利西西里岛的部队,已经完成了集结,等候出发的命令。

一个美军士兵跌跌撞撞地冲向舷边,途中结结实实地撞到了集团军司令巴顿的身上,他紧捂着嘴,也没有来得及道歉,便急急忙忙地加入到船舷边呕吐的"大军"中间去了。

巴顿一咧嘴,骂了句粗话。尽管没有晕船,他的心情也非常的糟糕。满船萎靡不振的士兵,令人作呕的空气,已经使他恼火,更令他生气的是进攻西西里岛的作战计划。

德国北非军团在突尼斯覆灭后,在丘吉尔再三坚持下,盟国决定进攻意大利西西里岛,计划代号"哈斯基"。西西里岛是地中海中最大的岛,位于亚平宁半岛和北非之间,与北非的突尼斯海峡只隔一百四十五公里;与意大利最大的亚平宁半岛仅隔宽两到五公里的墨西拿海峡。攻占西西里岛,既可以扫清地中海航线,又可以作为进攻意大利的基地,还可以为登陆诺曼底的"霸王行动"积累宝贵的经验。对此,巴顿倒没有太大的意见,他耿耿于怀的是作战任务的分配方案。

西西里岛战役盟军总司令艾森豪威尔,任命英国的亚历山大将军指挥地面作战部队,包括巴顿指挥的美国第七集团军和蒙哥马利指挥的英国第八集团军。按计划,蒙哥马利率第八集团军袭击波尔科蒙罗角和波扎洛之间的地区,夺取锡腊库扎和帕基诺的飞机场,建立强大的桥头堡,然后向北进攻;巴顿率第七集团军,在斯卡拉亚角和利卡塔之间的地区登陆,保护第八集团军的侧翼,最后两军在西西里岛北部的墨西拿会师。

对这样的安排,脾气暴躁的巴顿窝了一肚子的火。进攻路线上,蒙哥马利走的是弓弦,他走的是弓背,而且尽是山路。在巴顿看来,整个西西里岛作战计划好像是为了成就蒙哥马利的业绩而度身定做的。当惯了先锋的巴顿可没有胃口给别人打掩护。经过艾森豪威尔的劝解和命令,他闷闷不乐地踏上征程,心里暗

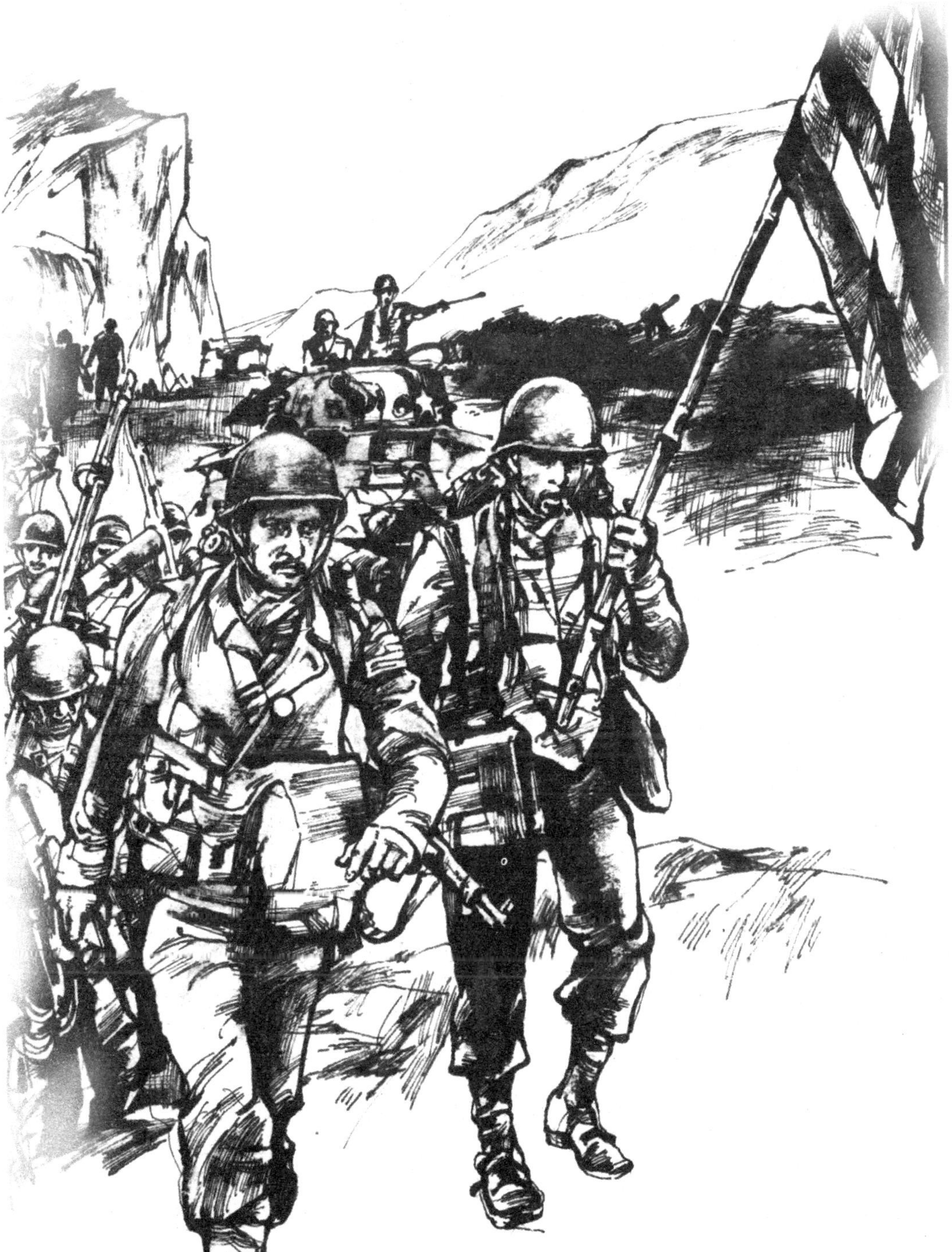

暗地与蒙哥马利较劲:别得意,谁先到墨西拿,谁才是真正的先锋。

舰船又是一阵摇晃,巴顿抬头看了看天空,乌云仍在不停地翻滚。这鬼天气,能登陆吗?巴顿无奈地摇了摇头。

天助我也!亚历山大从气象军官那里得知,大风将在午夜停止。他高兴得差一点跳起来。大风肯定会迷惑敌军,正是偷袭的好时机。为了转移敌军的视线,他曾故意将一具尸体抛在西班牙海岸附近,尸体身上带着一些"重要"的文件,记录着盟军进攻意大利撒丁岛的计划。西班牙当局发现后,马上通报了德国,德国信以为真,果然加强对撒丁岛的防御,放松了对西西里岛的警惕。

对西西里岛和撒丁岛的轰炸已经进行一个星期了,四千架盟军的飞机把一千八百架敌军的飞机赶出了战场。时不我待,"行动!"亚历山大发出了进攻的命令。

1943年7月10日早晨,海岸边的意大利士兵被震耳的飞机声从睡梦中惊醒。看着低空掠过的密密麻麻的飞机,他们打着哈欠不以为然,反正几天来都是如此。当目光转到海面上时,他们张大的嘴再也合不拢了:海面上大大小小的军舰冲向岸边,多得数也数不清。军舰的炮口红光一闪,飘出一股浓烟,不久闷雷一样的巨响就在他们的头顶连成了一片。

更令他们吃惊的是,一些方头方脑的舰艇一直冲上了海滩,然后舰首的舱门徐徐放下,两列士兵跟着中间的坦克直接冲上滩头,向他们逼近过来。守军的心理防线崩溃了。盟军当天就站稳了脚跟,建立起强大的登陆场。

只有空投向一些重要地区的伞兵吃足了苦头。英国第一空降旅的滑翔机,有三分之一以上被美国的拖带飞机过早地甩脱,许多士兵坠海丧生。其余着陆的伞兵由于过于分散,被敌人各个击破,只有少数战士生还。

7月16日,分别登陆的英美军队打通了战线,取得联络。亚历山大命令蒙哥马利进攻埃特纳火山的两侧,巴顿在英军的西侧掩护,并向西北方向进攻。

如果说墨西拿是意大利的大门,那么具有许多丘陵和山峰的埃特纳火山则是这扇大门的门槛。它耸立在卡塔尼亚平原的北面,俯视着西西里岛的东南角。如果想从南面和西面接近或占领墨西拿,就必须经过埃特纳火山。

德军和意军当然也知道这点,他们在埃特纳周围组织了严密的防守,构筑了层层的工事。崎岖的地形使盟军的轰炸起不了太大的作用,蒙哥马利费尽心机也一筹莫展,只能眼睁睁地看着英军一寸一寸地争夺阵地,几乎每一寸阵地上都染上了战士的鲜血。

由于德意军队把主力放在了埃特纳,一旁的巴顿倒是捡了一个便宜。进攻途中,他遇到的抵抗大大弱于英军,主要的困难是翻越崎岖的山谷和险峻的山峰。为了先到墨西拿,他发了疯似的催促部下不停地前进、前进、前进!甚至不顾自己司令官的身份,亲自登上第一辆坦克为全军开路,好几次差一点翻落悬崖,车毁人亡。可他一点也不在乎,依然挥舞着手杖,斜叼着雪茄,大声吼叫着让士兵向前冲。

7月25日,战局突变。墨索里尼垮台,新的意大利政府向盟军投降。德国迅速作出了反应,德军接管了意大利北部的防御。这个巨大的变化使西西里岛的情况完全改观。尽管德军仍在拼死地抵抗,但意军无心恋战,开始成批地投降。

巴顿的速度更快了,先头部队已经绕过了西西里岛的西北角转向东北,直指墨西拿。8月13日,德军全线后撤,没命地逃往墨西拿,渡海北逃。美军于16日进入墨西拿。

蒙哥马利简直气疯了,德军撤退时破坏了所有的公路,造成了英军在和德军主力激战一个多月,伤亡惨重,结果被美军夺了头功。想到胜利的荣誉和丰富的战利品都被巴顿夺走,还要去看巴顿那张骄横的、充满嘲笑和讥讽的脸,蒙哥马利实在咽不下这口气。

为了向世人表明,攻克西西里岛的主要功绩是英军的,英军在进入墨西拿时举行了盛大的入城式,蒙哥马利走在穿着苏格兰短裙的仪仗队的最前列,大摇大摆地进了城,仿佛是毫不客气地向巴顿示威:我才是真正的胜利者!

250·开罗宣言

1943年底,盟国的领袖们终于可以松一口气了。太平洋战场上,经过血战,美军占领了瓜达尔卡纳尔和其他一些岛屿,完全掌握了战场的主动权;北非和西西里岛已在盟军的控制之中,意大利退出了轴心国,加入对德作战;苏德战场上,强大的苏联红军在库尔斯克歼灭了德军主力,正向白俄罗斯和乌克兰大踏步前进。

到了盟国的领袖们坐到一起,商量一下加快战争步伐、早日消灭法西斯的时候了。经过再三协商,决定在埃及的开罗举行这次重要的会议。但是,斯大林却无论如何不肯与美、英、中这三个日本的敌国一起开会,担心会影响到与日本的中立关系,因此坚决不肯到开罗开会,也不允许任何苏联官员以正式身份参加会议,原来的四国会议变成了三国会议。

11月23日,开罗会议的第一次会议在罗斯福的住处召开。大客厅里,围成三面的长桌后面,分别坐着罗斯福、丘吉尔、蒋介石和各自的参谋人员。会场内唯一的女性是蒋介石的夫人宋美龄,她是作为蒋介石的翻译参加会议的。会议进行时,她不断地将别人的发言小声地告诉丈夫。蒋介石则略略歪着头,认真地听着,并仔细地观察各人的神态。

罗斯福不时看他们一眼。蒋介石参加这次会议,是在他再三坚持下实现的。在哪些人能作为反法西斯主要领袖参加会议这个问题上,罗斯福与丘吉尔、斯大林的看法不同。他认为,除了美、英、苏是反法西斯主要力量之外,中国的作用也十分突出。由于在太平洋战场上,美军正日夜与日军进行着殊死战斗,所以他深深体会到中国正在进行的抗日战争的重要性。他神态严肃地对儿子说过:"假如没有中国,假如中国被打垮了,你想一想有多少日本师团的日本兵可以因此调到其他方面作战?他们可以马上打下澳洲,打下印度——他们可以毫不费力气地把这些地方打下来。他们并且可以一直冲向中东,和德国配合起来,举行一次大规模的夹攻,在中东会师,把我们完全隔离起来,吞并埃及,切断通过地中海的一切交通线。"

对此,当时的日本陆军大臣,战后日本头号战犯东条英机与罗斯福有同感,他说:"如果没有中国事变,事情就简单了。"

11月21日,罗斯福到了亚历山大港,随即转机来到离金字塔不远的卡塞特森林,住进美国大使柯克的别墅。开会前,他和蒋介石夫妇进行了几次长时间的密谈,罗斯福答应在未来几个月内,在孟加拉湾举行一次大规模的两栖作战行动。

会场上,英美向中国通报了有关盟军在东南亚作战计划的草案。蒋介石建议,在缅甸战场的作战上,要将海军的行动和陆军的行动结合起来,配合行动。丘吉尔毫不客气地指出这种配合没有必要,并认为这次行动会严重影响他主张的在土耳其或爱琴海的进攻计划,也会大大削弱正在酝酿的"霸王"行动——在法国开辟第二战场的力量。

说完话,丘吉尔瞥了一眼蒋介石,心想,这里还轮不到你指手划脚。对罗斯福坚持要求蒋介石参加会议,他本来就不以为然。但碍于美国的情面,不便过于反对。其实,丘吉尔与蒋介石也是第一次见面。他对蒋介石本人的评价不高,尽管对蒋介石"沉着、谨严而有作为"的性格赞赏有加,但对他的能力抱有怀疑。在知道罗斯福对中国的承诺后,他已经大为不满。他首先竭力邀请蒋介石夫妇到金字塔去游玩,想减少他们与罗斯福接触的时间,后来则公开反对罗斯福对中国的承诺。

不过,丘吉尔对宋美龄十分欣赏,认为她是一个"非常出色而又富于魅力的人物"。的确,在美国度过童年和少年时代,接受贵族教育的宋美龄,除了一口比汉语还要流利的英语外,她的社交礼仪和大家闺秀的风范也倾倒了无数西方人士。会议期间,宋美龄精湛的英语和卓越的社交能力得到了充分发挥,她在开罗的作用绝不是礼节性陪同丈夫出访那样简单。

蒋介石气得脸色发白,一声不吭,不过他没有当场发作。会前,他已经预计到有类似的事情发生,知道斯大林坚决反对与他一起开会时,他就明白了这一点。但是蒋介石并不太在意。虽然斯大林没有来,但只要他和罗斯福、丘吉尔一起出现在开罗,他中国抗战领袖和世界反法西斯主要国家领袖的地位已经得到了确认。所以,接到邀请后,他兴高采烈地携夫人宋美龄飞赴开罗,在卡塞特森林中一座豪华的别墅里住下,优哉游哉,在茂密的森林里散步,呼吸着清新的空气,不时眺望远处巍峨的金字塔和无垠的沙漠,等待罗斯福和丘吉尔的到来。

"你说了也不算,"蒋介石心里宽慰着自己,"你也得听罗斯福的!"

会议的第三天恰逢感恩节,这是美国人生活中的一件大事。罗斯福邀请丘吉尔和一些朋友到别墅晚餐。他亲自操刀,用非常高明的技巧,将两只大火鸡的肉平均地分派给每一个客人。晚餐后,在召开会议的大厅里,伴随着留声机中唱片悠悠地转动,人们翩翩起舞。丘吉尔的夫人是舞会中唯一的女性,被不断地"抢来抢去",引起阵阵哄笑。丘吉尔自己只好搂着罗斯福的副官沃森在舞池里转来转去,引得罗斯福哈哈大笑。

11月26日,会议进入最后一天,集中讨论了对日作战问题,盟国作出了在滇缅公路对日作战的决定,还讨论了日本战败后的处理问题。

12月1日,发表了《中、美、英三国开罗宣言》。宣言规定:"三国的宗旨在剥夺日本自1914年第一次世界大战以后在太平洋上所夺得或占领之一切岛屿。在使日本所窃取于中国的领土,例如满洲、台湾、澎湖群岛等,归还中国。"同时还声明,"我三大盟国轸念朝鲜人民所受之奴隶待遇,决定在相当时间,使朝鲜自由独立。"宣言最后声称,"将坚持进行为获得日本无条件投降所必要之重大的长期作战。"

开罗会议,确立了中国反法西斯大国的地位,使世界人民认识到中国抗日战争的重要性,也为美英加强对中国抗战的支持奠定了基础。漫长的抗日战争终于得到了广泛的认可和急需的援助,长期被日本奴役的台湾、澎湖、东三省人民也盼到了重获自由的曙光。

251·诺曼底登陆

隆美尔兵败阿拉曼之后,希特勒非但没有处罚他,反而晋升他为元帅,并把他调到西线,委以 B 集团军群司令的重任。这天,隆美尔在他德国的住所起得特别早。今天,1944 年 6 月 6 日,是他深爱的夫人的生日,他一大早起来要忙碌许多事。为了这一天,他特意在巴黎买了双精巧的手工女鞋作为送给夫人的生日礼物,并请假在 4 日那天专程驱车赶回德国。

"叮铃铃——"一阵急促的电话铃声搅乱了隆美尔的好心情,身着睡衣、趿拉着拖鞋的他有些不满地拿起电话,却听见听筒中传来让他目瞪口呆的报告:"司令官,盟军在诺曼底登陆。"他手中的一束鲜花不禁掉在地毯上,双脚不由自主踏过艳丽的花瓣;迅速更衣后,隆美尔简要地与希特勒通了电话,然后便跳上汽车,像北非阿拉曼战役爆发时那样,再次心急火燎地赶回前线。

此时的英吉利海峡,依然狂风怒号,波涛汹涌,然而,运载着美国、英国、加拿大官兵的成千上万艘盟军舰艇、商船劈波斩浪,在护航的战斗机群的掩护下,势不可挡地冲向对岸法国的诺曼底海滩。

其实,盟军的诺曼底登陆战,是以美军的王牌劲旅第八十二、一零一空降师,英军第六空降师的十三万官兵凌晨一点三十分的大规模伞降拉开序幕的。他们迅速占领了登陆地点附近的交通要道、桥梁、渡口和军事要地,切断诺曼底地区的德军与后续增援部队的联系,为盟军的登陆解除了后顾之忧。

而后,美、英空军的两千多架轰炸机从五点开始,一波又一波地对德军的海岸碉堡、铁丝网、炮兵阵地、地雷场展开狂轰滥炸,为盟军登陆扫清了障碍。

诺曼底登陆标志着盟军正式开辟了反法西斯战争的第二战场,从此纳粹希特勒陷入东西两线作战、顾此失彼的困境中,直到灭亡。

诺曼底登陆战的酝酿成熟经历了一个复杂的过程。早在苏德战争爆发后不久,英国人就主动提出要在德国西部和法国北部开辟第二战场,以减轻苏联红军的压力。但是,以后很长的一段时间里,丘吉尔首相始终在是先开辟西线第二战场还是先在北非登陆之间摇摆不定,弄得斯大林很不高兴。

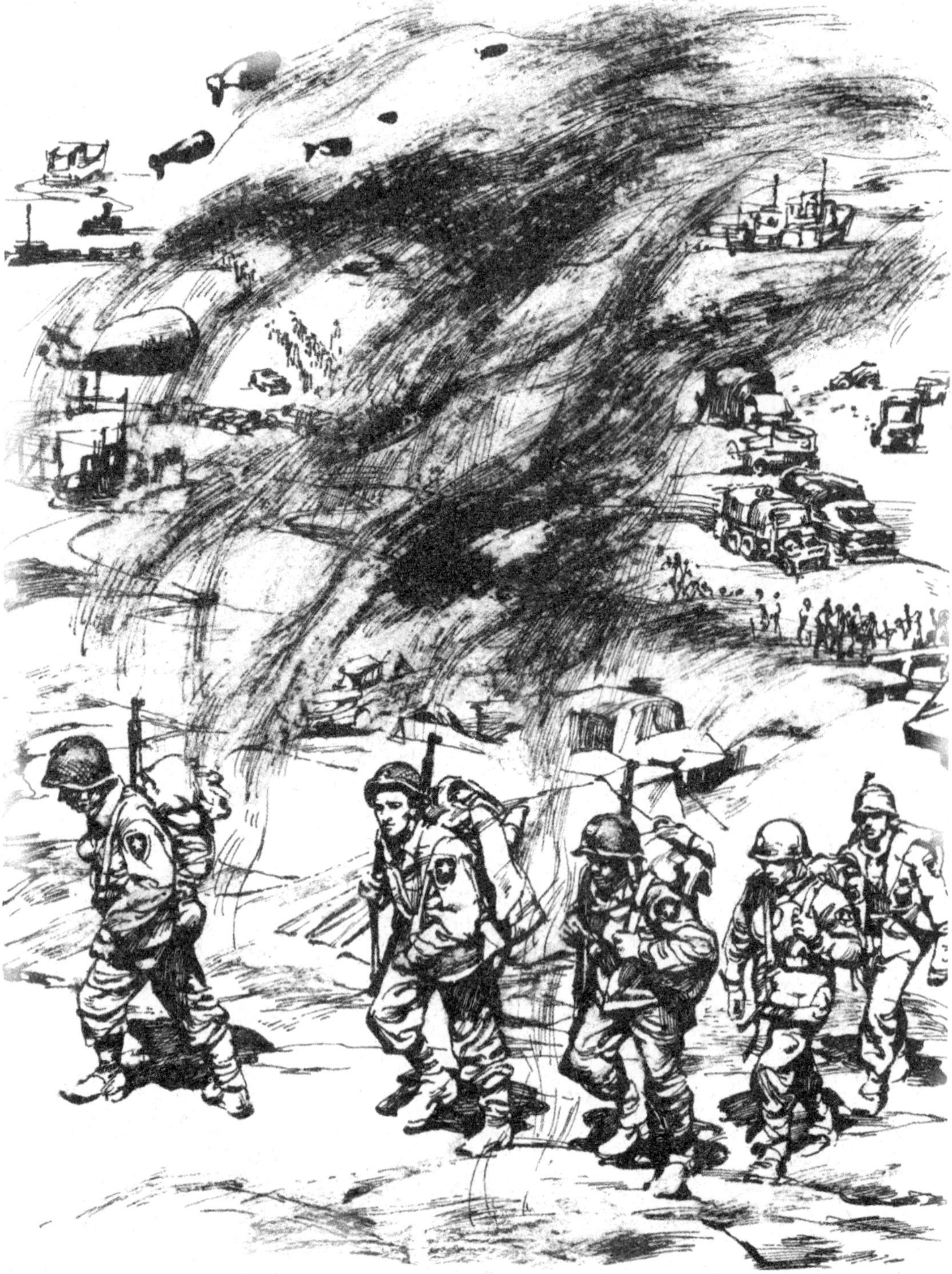

转眼到了1943年,经过斯大林格勒大会战与北非阿拉曼战役,盟军终于扭转战局,掌握了二战的主动权。于是,在这年11月底举行的德黑兰苏、美、英三国首脑会议上,开辟欧洲第二战场被重新提上了议事日程。

斯大林明白美国总统罗斯福在这一问题上基本站在苏联一边,他还了解到美、英已将开辟第二战场的行动命名为"霸王"战役,但丘吉尔仍然态度暧昧,于是他单刀直入,问丘吉尔:"我想问问英国人,你们对'霸王'战役究竟有没有信心?还是只不过为了安慰苏联人说说而已?"

丘吉尔只好尴尬地表示,他将和罗斯福总统协调一下观点,明天回答苏方。

第二天复会时,罗斯福满面春风地宣布,他要告诉斯大林大元帅一个好消息,"'霸王'战役定于1944年5月间进行"。

斯大林喜上心头,当即向罗斯福和丘吉尔保证:"在法国登陆战役开始时,苏联将对德寇实施沉重的打击。"

斯大林回到莫斯科后不久,便同时收到罗斯福和丘吉尔的信。罗斯福在信中通知斯大林,艾森豪威尔将军已被任命为"霸王"战役的盟军总司令。

刚刚晋升为五星上将的艾森豪威尔在1944年1月到达英国伦敦,以他特有的既坚持原则、又善于协调,高效而和善的工作作风,迅速组建起"霸王"战役司令部。盟军陆、海、空三军的参战总兵力为二百八十八万人,有三十六个地面师,九千余艘舰艇,一万三千余架飞机,与德军相比占有压倒性的优势。

但是,让艾森豪威尔将军伤脑筋的是,为如此大规模的登陆行动所做的准备工作,肯定瞒不了德国间谍的眼睛,怎样才能声东击西、让敌人上当呢?他指示下属制定了一个代号为"刚毅行动"的欺骗计划。它的要点归纳起来就是,隐藏盟军将在法国西北海岸诺曼底地区登陆的真实作战意图,让德军相信盟军会在法国东北的加来地区登陆。

为了实施"刚毅行动"欺骗计划,盟军特意在加来海峡附近虚设了一个美军第一集团军司令部,艾森豪威尔调来大名鼎鼎的巴顿将军担任这个无中生有的集团军司令;还让巴顿带着一辆广播车招摇过市,到处发表讲话。

盟军还请来了英国的一批电影布景师,让他们制作了大量逼真的假坦克、登陆艇、飞机、大炮、弹药库、军营,布置在加来海峡地区;一个巨大的假油船码头、发电厂等被放置在十分显眼的地方;一辆辆军用卡车在加来海峡地区来回穿梭,扬起漫天烟尘,仿佛是大部队在调动;盟军的情报人员像豆子一样被撒出去,虚张声势地大量收购加来地区的地图;盟军的通讯部门则频繁地拍发能让德军破译的假电报,造成盟军将在加来地区登陆的声势。

"刚毅行动"成功地迷惑了希特勒与德军的将帅们。由德军西线总司令伦德斯泰特元帅统率的部队加上德军B集团军群的总共六十个师,绝大部分被部署在加来地区;而诺曼底地区只有六个师又三个团,七十五公里的防线上只配备了四个炮兵连共三十门大炮。在法国北部海岸的德国空军只有五百架飞机与少量的舰艇,根本不是盟军的对手。因此,当隆美尔火烧眉毛地赶回诺曼底前线,德军阵地与兵力已经被盟军铺天盖地的炸弹和炮火摧毁得差不多了,隆美尔本事再大,也难以挽回败局了。

6日早晨六点三十分,美军的第一支部队登上了诺曼底海滩。一个小时后,英军的第一批登陆部队也成功地登上海岸。当天,盟军的五个师突击登陆成功。

诺曼底登陆战的第二天晚上,英军空降兵的一支前锋小分队敲开法国乡村的一户农家的门,想休息一会。带队的布兰姆威尔礼貌地对开门的中年农妇说:"对不起,夫人。我们是盟军登陆部队的英国伞兵。"

那位农妇愣了片刻,然后紧紧地拥抱住布兰姆威尔,眼泪从她脸上簌簌地流下。厨房的蜡烛很快点起来了,农妇的丈夫与孩子们将一瓶瓶白兰地和苹果酒摆上餐桌,一边看着这些口渴异常的英军战士们畅饮,一边忍不住摸摸他们的身体,向他们诉说被纳粹德国占领的痛苦与仇恨。

布兰姆威尔与同伴依依不舍地与农妇全家告别了,因为前面的战斗在召唤他们。

到七月初,在诺曼底地区登陆的盟军已有二十五个师,一百万人;7月24日,盟军胜利完成诺曼底登陆。盟军歼灭了十一万三千德军,自己也付出了十二万两千人伤亡的代价。但是,已经没有任何力量能够阻挡盟军势如破竹,铁流滚滚,全速向巴黎挺进。

252·戴高乐跨过凯旋门

1940年6月7日清晨,法国南方城市波尔多。

机场上,送英国特使斯皮尔斯返回英国的飞机引擎已经发动,发出震耳的轰鸣声。欢送的英国外交官员们都知道法国就要投降了,所以怎么也高兴不出来,出于礼貌,大多数官员勉强挤出一丝苦恼的微笑,向斯皮尔斯挥舞着手臂。斯皮尔斯缓步走上飞机,又转过身来,注视着他熟悉的法兰西大地,心里默默地呢喃着:什么时候才能重回这片美丽的土地?

突然,送行人群中一个身材瘦长的将军,飞奔上飞机,簇拥着斯皮尔斯一起进入机舱。飞机冲上了蓝天,同行的法国官员无不瞠目结舌,茫然不知所措。叛逃吗?在外交场合公然外逃,可是很少见的。

跃上飞机的是夏尔·戴高乐,法国国防部副部长。他参加过第一次世界大战,1939年9月第二次世界大战爆发时担任坦克旅旅长,1940年6月升任为法国国防部次长。在雷诺内阁中,他竭力主张抵抗到底,多次奔波于英法之间,与英国协商共同抗击德军的方案。雷诺内阁垮台后,6月16日,一战时法国的老英雄贝当组阁。正当法国人认为出现了一丝曙光时,贝当却宣布停止抵抗,准备向德国投降。戴高乐不愿与投降派同流合污,但又无力回天,便决定出逃英国,演出了上述离奇惊险的一幕。

英国首相丘吉尔马上接见了戴高乐,答应资助他组织抵抗运动,并让他在电台发表讲话。6月18日下午,戴高乐在英国广播电台发表了演讲,他坚定、浑厚、充满自信的声音,通过电波送到了法兰西的每一个角落:"我要告诉你们,法兰西并未落败。总有一天,我们会用目前战胜我们的同样的手段使自己转败为胜。我,戴高乐将军,现在在伦敦发表广播讲话。我吁请目前或将来来到英国国土的法国官兵,不论是否还持有武器,都和我联系;我吁请具有制造武器技术的技师或技术工人,不论目前或将来来到英国国土,都和我联系。无论出现什么情况,我们都不容许法兰西抗战的烽火被扑灭,法兰西抗战的烽火也永远不会被扑灭!"

戴高乐的讲话像拨开层层乌云的一道闪电,照亮了法西斯阴霾笼罩下的法国大地。高傲的法国人终于记起了他们光荣的历史,记起了拿破仑怎样统率法兰西大军,横扫封建统治下的欧洲大地;记起了他们的先辈是怎样唱着《马赛曲》,一次次击退强敌对祖国的侵犯。在戴高乐的号召和组织下,"自由法国运动"诞生了。法国国内许多爱国人士,冒着被德军打死的危险,冒着被大海吞噬的危险,乘小艇偷渡英吉利海峡,奔赴英国参加"自由法国运动";另外一部分人不畏艰险,攀越比利牛斯山,绕道西班牙到英国参加抗战。

戴高乐不仅着眼于抗德救国的当务之急,而且也考虑到战后恢复法国的大国地位。组织"自由法国"的目的,是让法国作为一个主权国家,回到反法西斯战争的行列之中。"建立一支军队比什么都重要",他从敦刻尔克的残军中招集人马,建立起一支七千人的队伍,到1942年发展到七万多人,并建有小规模的空军和海军。

在北非的作战中,这支"自由法国"的部队与隆美尔的非洲军团在托卜鲁克进行激战,坚守阵地半个月,屹立不动,与战争初期法军的懦弱无能形成鲜明的对比,全世界为之瞩目。"自由法国运动"的胜利,也大大鼓舞了法国国内人民抵抗的决心,地下抵抗组织积极响应,发动了一次又一次对德军的袭击,参加各个地下抵抗运动的人数也大大增加,总人数将近五十万。

1941年9月,戴高乐宣布正式建立"自由法国"的政府机构——法兰西民族委员会。国内各地的抵抗组织纷纷承认它的权威。为表明与国内外反法西斯力量的团结,戴高乐1942年7月将"自由法国"改名为"战斗法国"。次年,戴高乐与另一位抵抗运动领袖吉罗将军达成协议,成立了法兰西民族解放委员会,共同指挥抵抗运动。

在诺曼底登陆前,戴高乐把国内武装抵抗力量改组为内地军,将民族解放委员会改为法兰西共和国临时政府。6月,他的部队随英美军队返回法国,与德军作战,迅速解放大片国土。8月19日,巴黎人民举行武装起义,赶走了德国鬼子,解放了巴黎,蓝白红三色旗又重新飘扬在巴黎的上空。"战斗法国"的第二装甲师,排着整齐的方阵,雄赳赳、气昂昂地开进城区,成为第一支进入巴黎的盟军队伍。

8月25日,戴高乐返回巴黎。与几年前匆忙地逃离法国相比,返回巴黎的戴高乐是如此的从容不迫、雍容大度。他的脸上洋溢着胜利的微笑,频频地向夹道欢迎的巴黎人民挥手致意。想到几年来法国人民遭受的苦难和抵抗运动的艰辛,他的眼眶里充满了泪水。

香榭丽舍大街两旁,巴黎人民挥舞着鲜花,拼命地挤向前排,他们想看一看几年来只闻其声、不见其人的民族英雄,看一看在黑暗中带给他们光明的民族领袖。在人们的欢呼声中,戴高乐的敞篷汽车缓缓地驶过凯旋门。戴高乐不由自主地站起身来,在埃菲尔铁塔的映衬下,他的身影显得如此的高大。

经过磨难,戴高乐率领法国终于又站了起来。

253·雅尔塔会议

1945年2月4日,苏联克里米亚半岛,雅尔塔。

冬日的太阳懒洋洋地挂在西面的天空上,照到雅尔塔错落有致的宫殿的金顶上,映衬出一片金光。在这个苏联气候最宜人的城市中,聚集着盟国最重要的领袖们,他们将在这里决定世界的命运。

一队汽车缓缓地驶入利瓦吉亚宫,站在宫门口的苏军战士整齐地"咔"一声,将立正姿势换成持枪礼,同时用警惕的目光扫视着四周。

汽车停稳后,英国首相丘吉尔、苏联最高统帅斯大林先后从车子上走下来。丘吉尔手中的雪茄和斯大林手中的烟斗相映成趣。两人尽管心里始终保持着对对方的高度警惕,但脸上却洋溢着微笑。一阵寒暄之后,他们一齐步入大厅。美国总统罗斯福因为行动不便,没有出门迎接,在大厅门口迎候着两位领袖的到来。

下午五时,雅尔塔会议正式召开。

斯大林舒坦地坐在靠椅里,身子向后微微靠着,用缓慢、沉静的语调发言了:"我建议,由美国总统罗斯福阁下担任大会的主席。"提议赢得了一片掌声。在掌声中,罗斯福挥手向大家致意,然后宣布会议开始。

会议现场的气氛很活跃,战场上的胜利使每个人的心情都很兴奋。西面,盟军挫败了德军一个月前在阿登发动的反扑,正大踏步地向德国的莱茵河防线进攻,空军正对德国全境的军事目标进行轰炸,重点是交通运输枢纽和鲁尔工业区,缺少燃料的德军甚至组织不起像样的撤退;东面,苏军发动维斯瓦河—奥得河战役,快速兵团的前进速度达到每天七十五公里,步兵也达到每天四十五公里的惊人速度,过去德国引以为豪的坦克集团突破的速度,现在被苏军打破了。1月25日,苏军占领波兰波兹南,打开通向柏林的大门,距柏林只有七十公里。与此同时进行的东普鲁士战役,七十多个师的德军被苏军包围,他们再也没有以士兵的身份回到德国。

战争到了这个时期,盟军将最终获得胜利是不言而喻的。如何彻底铲除法西斯,如何处理战后的国际关系,盟国的领袖们该坐下来谈一谈了。因为斯大林亲自指挥作战,不便出国,所以丘吉尔和罗斯福应邀来到了雅尔塔。

胜利者总是比较容易赢得尊重。尽管对共产主义充满敌视,丘吉尔还是代表英国国王将一把嵌满宝石的宝剑赠给斯大林。在会议上,丘吉尔与斯大林之间的唇枪舌剑也没有德黑兰会议时那样咄咄逼人了。

会议首先讨论了如何惩罚德国的问题。为了彻底铲除法西斯主义,三国原则上同意分割德国。丘吉尔这时从嘴角拿下了雪茄,用若无其事的神态突然提出:"我建议,在对德国的分割占领中,法国人应该占领其中的一个部分。"

斯大林听了不禁一愣,心想丘吉尔又在玩制约苏联的老把戏了。他压制着心中的怒火,语气平缓地对罗斯福说:"主席阁下,我们苏联认为,在打败法西斯德国的战争中,法国并没有起什么作用,不应该单独占领一块德国土地。"然后挑战性地看了丘吉尔一眼。

罗斯福对两人的言外之意当然心知肚明,他也明白丘吉尔的提议是符合美国利益的,于是赶紧出来打圆场:"大元帅阁下,考虑到美国不会在欧洲长久地驻军,所以让法国协助英国压制德国还是可行的,请您再考虑一下丘吉尔首相的提议。"

看到罗斯福同意了丘吉尔的提议,斯大林悻悻地表示可以再考虑这个问题。他话锋一转,提出了德国的赔偿问题:"在反法西斯的战争中,苏联军民做出了巨大的贡献,他们消灭了德国法西斯的主力,单独抗击德军达两年之久。在战争中,苏联人民付出了沉重的代价。据不完全统计,死亡人数在两千万以上,几乎每个苏联家庭都在战争中失去了亲人,所以战后德国必须进行赔偿,我们认为只有这样才能对死难者的家属做个交代。我们认为总数应该在两百亿美元左右,而苏联则要一百亿美元。德国可以用实物抵偿,包括粮食、工厂和矿山设备等。"

罗斯福刚在分区占领的问题上占了便宜,又知道苏联的要求并不过分,所以痛快地答应了,以苏联的赔偿方案为基础,在莫斯科组成一个三国委员会,具体解决细节问题。

雅尔塔会议期间,这种三巨头出席的正式会议共进行了八次,除一次是讨论军事问题外,其余都是讨论战后德国问题和国际问题。由于本身的实力和打败法西斯中的作用,美苏成为大会的主宰,英国则不得不处于陪衬地位。甚至在讨

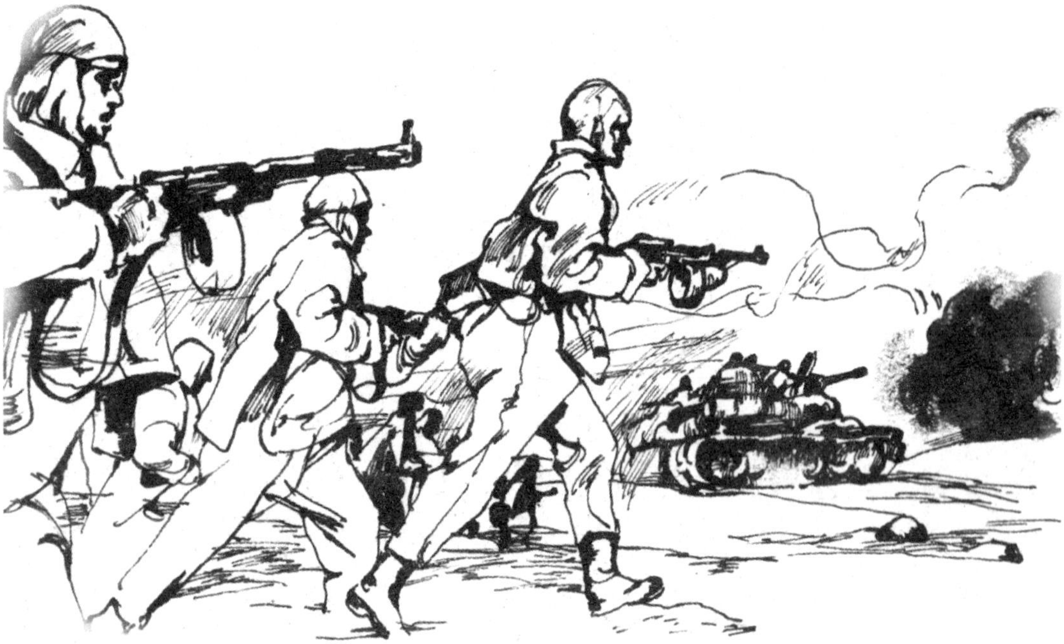

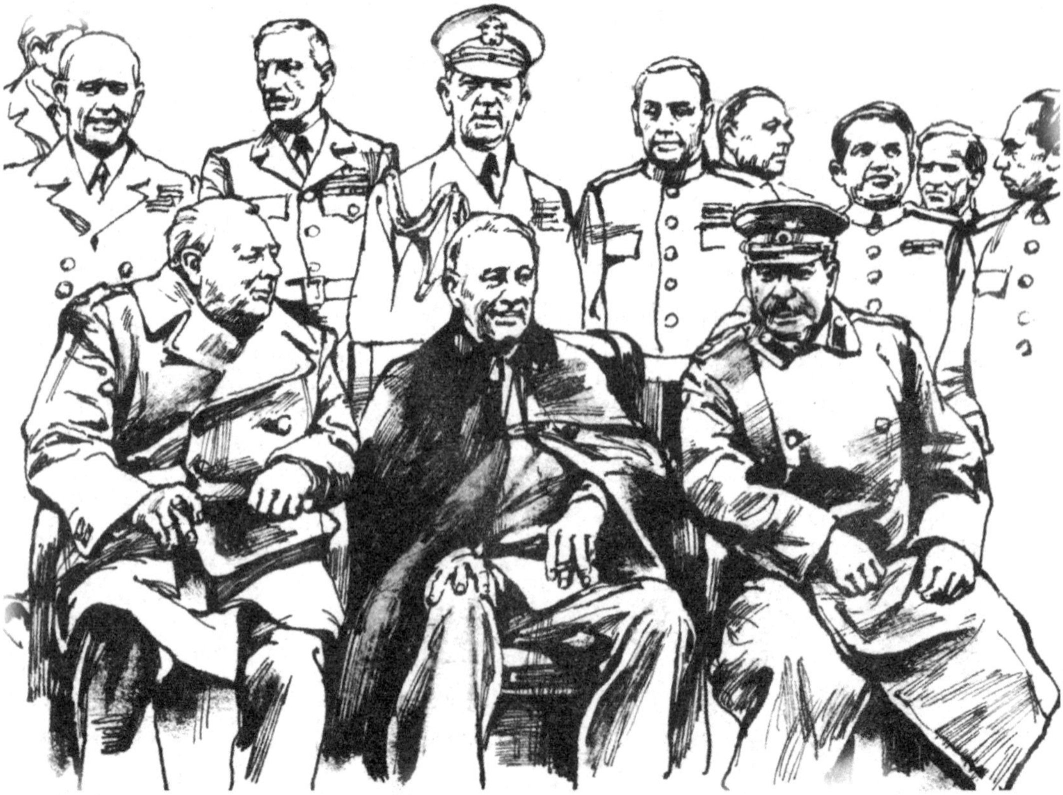

论苏联对日作战问题时,斯大林和罗斯福用了两个下午的时间,用私人讨论的形式完成了,没有邀请丘吉尔参加。

罗斯福知道,在太平洋战场上,美军受到日军的顽强抵抗,不少法西斯分子用自杀的形式向美军发动"神风特攻"。美国军方预计,要彻底打败日军,完成占领日本本土,至少还要牺牲一百万人。他想让苏联去啃日本这块硬骨头。

但是日本与苏联之间签有中立条约。怎样才能使苏联进攻日本呢?罗斯福的目光在世界地图上巡视,终于,停留在中国的旅顺、大连和东北地区。这可是历代沙皇梦寐以求的地方,斯大林肯定也经不住它的诱惑,反正是中国的领土,美国没有什么损失,蒋介石也不敢违抗美国的意愿。

坐在舒适的沙发里,沐浴着冬日温暖的阳光,关系着中国、日本、朝鲜、苏联、美国的大事以闲聊的方式进行着。罗斯福悠闲地抱着手,在阳光的照射下惬意地眯着眼睛,对斯大林提出了苏军对日作战的问题。斯大林同样胸有成竹,用悠闲的声音对罗斯福说:"总统阁下,我用什么理由来说服苏联人民,在刚完成对德国如此损失重大的战争后,再对中立的日本宣战?"

罗斯福淡淡一笑:"您认为旅顺、大连、中长铁路作为理由够不够呢?"

斯大林吐出一口轻烟:"我认为加上外蒙和库页岛南部大概差不多了。"两人相视,都笑了起来。

雅尔塔会议结束了,它基本解决了战后德国的处理问题,基本划定了波兰的领土疆界,讨论了联合国的原则性问题;但背着中国政府,以出卖中国主权作为交换,达成了苏联对日作战的秘密协议。战后世界的格局基本定型了。

离开雅尔塔的时候,丘吉尔对协定不是很放心,毕竟它是在中国代表不在场的情况下签订的。斯大林微笑着目送丘吉尔登机离去,他倒是一点也不担心,对蒋介石的国民政府,他很了解。他心中喃喃自语道:"就是他们知道了,又能怎么样呢?"

254·墨索里尼的下场

1943年3月,意大利掀起了全国性的罢工浪潮,7月,英、美盟军成功地登陆西西里岛,意大利军队士气低落,连吃败仗,墨索里尼内外交困,法西斯统治集团对他彻底失去了信心,便发动了一场政变,将他赶下了台。7月25日,国王下令将他囚禁起来,于是,他被关进了山区一座悬崖绝壁的监狱里。

还好,希特勒没有忘记这位难兄难弟。9月12日,一支党卫军突击队乘坐滑翔机,突然飞到墨索里尼的囚禁处,把他救了出来。墨索里尼自然对希特勒感激涕零,在希特勒的扶植下,他第二天就回到被德军占领的意大利北部,宣布成立"意大利社会共和国"。他一上台,就下令枪毙了几个月前推翻他的人,其中包括他女婿齐亚诺;还对全国各地的反法西斯运动展开了疯狂的反扑。

但是,墨索里尼的傀儡政权苟延残喘了不到一年,就土崩瓦解了。

1945年4月26日,一支车队正沿着意大利瑞士边境公路疾驶,墨索里尼身穿军大衣、头戴德军钢盔,萎靡不振地坐在前面的一辆阿尔法·罗米欧牌轿车里。就在昨天,意大利的反法西斯抵抗运动举行了全国总起义,抵抗运动的最高领导机构——北意大利民族解放委员会命令他必须在两小时之内无条件投降。墨索里尼害怕正义的审判,于是化装成德国士兵,如丧家之犬一样逃往瑞士边境。到达意大利北部靠近意瑞边境的科摩湖畔后,他要等候护送他的五千名士兵,便下令停下休息。

在美丽的科摩湖畔的一家旅馆里,墨索里尼预感到自己的末日就要到了,对妻子儿女的思念和愧疚之情油然而生,于是给妻子雷切尔写了封诀别信,关照她带上孩子逃到瑞士去。他叮嘱她:"如果他们拒绝你的要求,那你就向同盟国投降,他们也许会比意大利人更宽宏大量,你要照顾好安娜和罗马诺,特别是安娜,她才十六岁,很需要照顾……"

墨索里尼没有等来他的五千名救兵,他们早已被盟军和游击队的进攻吓得顾不上自己的领袖,像鸟兽一样四散逃跑了。只有十二名士兵和一辆装甲车来到了科摩。墨索里尼无奈地在第二天拂晓时上了路,碰巧遇到一支由二十多辆卡车组成的德军车队,他一打听,附近到处都是游击队,便慌忙钻进那辆装甲车,跟着德军车队继续逃跑。

但是,这支德军车队没有走出多远,还是被附近的一支游击队截住了。游击队队长是一位二十二岁的英俊青年,叫贝里尼,佛罗伦萨大学法律系的毕业生。他正在盘问带队的德军军官,一个留着大胡子的人疾步跑过来,低声说:"小伙子,墨索里尼就在这个车队里。"

贝里尼大吃一惊,急忙走到装甲车前,朝里面探头一看,一个人也没有。他又检查了其他车辆,还是没有墨索里尼的影子。贝里尼不禁心中嘀咕:"难道是那个大胡子骗了我?"

突然,他恍然大悟,墨索里尼肯定是混在德国人中溜走了。他立即叫来了游击队副队长拉扎罗。

拉扎罗带着几名游击队员迅速追赶,终于在东戈市广场追上了德军车队。他吩咐大伙仔细检查每辆车子。这时,当地的一名鞋匠、因帮助游击队而蹲过监狱的内格里兴冲冲地跑来,找到拉扎罗说:"我们可抓住那个大坏蛋了!"

"你在做梦!"拉扎罗将信将疑。

"不,不,是墨索里尼。我亲眼看见了他。"

内格里绘声绘色地告诉拉扎罗,他们在检查一辆卡车上的德国人证件时,发现一个人蜷缩在驾驶室里,竖起的军大衣领子和压在头上的德军钢盔,让人看不清他的脸庞。内格里走过去要他出示证件,旁边的德军慌忙拦住说:"酒鬼,酒鬼。"内格里不动声色地拉下他的领子,虽然只看到他的侧影,但立刻认出了,此人就是墨索里尼。于是,马上来找拉扎罗报告这一重大的情报。

拉扎罗拉着内格里迅速找到了那辆卡车。他跳进车里,摘掉那人的钢盔,一个亮晃晃的秃脑袋露了出来;拉扎罗又拿掉他的墨镜,翻下他的大衣领子,果然,他正是法西斯头子墨索里尼。

由于激动,拉扎罗一下子说不出话来。他努力使自己平静下来,随后对墨索里尼宣布道:"我以意大利人民的名义逮捕你!"

"悉听尊便。"脸色蜡黄的墨索里尼有气无力地回答。

墨索里尼的情妇佩塔奇也被抓住了。4月28日傍晚,抵抗运动的瓦莱里奥上校奉命带着一队游击队员来到东戈,将墨索里尼和佩塔奇押上汽车,驶到一幢叫贝尔蒙蒂的公馆大门前。瓦莱里奥让墨索里尼和佩塔奇下车走到铁栅栏大门前,冷冷地向他们宣布,他代表意大利人民对他们处以死刑。

墨索里尼呆呆地转过身,佩塔奇一下子什么都明白了,一边尖叫道:"不!不!你们不能打死他!"一边不顾一切地扑过去,搂住了墨索里尼的脖子。

"闪开,你这个婊子!"瓦莱里奥怒吼道。

"哒!哒!哒!"一阵密集的枪响,墨索里尼与佩塔奇双双倒毙。

第二天,墨索里尼与佩塔奇的尸体被拉到了米兰一个加油站旁边的空地上,两人的尸体被倒挂在柱子上示众。

墨索里尼曾经表白:"希望到我整个一生的长戏演完,最后落幕的时候,人类将为之心碎。我的墓碑上应该刻上这样的墓志铭:'在这里躺着有史以来最聪明的动物。'"但他根本想不到,他的死激起的是千百万人的唾骂,这个法西斯头目的下场只能是遗臭万年。

255·攻克柏林

苏联红军攻打柏林的战役进入了最后关头。1945年4月29日,苏军攻入柏林市中心。白俄罗斯第一方面军下令由步兵第七十九军攻打国会大厦。战斗非常艰苦,夺取每一个房间、每一条走廊都要经过血战。直到第二天,西亚诺夫连长才带着几十名战士,冒着炮火首先冲进国会大厦。

西亚诺夫把两名战士叶戈诺夫和坎塔里亚叫到身边:"现在我交给你俩一个光荣任务,瞧,这是集团军发给我们的一面红旗,编号五号。现在,由你们把它插上国会大厦。去吧,我掩护你们。"

说完,他把一个皮包交给这两名战士。叶戈诺夫和坎塔里亚郑重地接过装红旗的皮包,激动地说了声:"等着瞧吧,连长!"转身就向楼上冲去。

4月30日下午两点二十五分,红旗终于在国会大厦楼顶高高升起。

1945年的柏林早已失去了往日的辉煌与荣耀,变成了人间地狱。盟军的狂轰滥炸使柏林到处布满瓦砾和废墟。但纳粹不允许任何人撤离,街头的灯柱和行道树上挂着违令士兵的尸体,穷凶极恶的党卫军在尸体的脖子上吊上写有"我是胆小鬼"、"逃兵"等字样的木牌,一派恐怖凄惨的景象。

穷途末路的希特勒梦想着与英、美单独媾和,因此将残存的绝大部分兵力投入苏德战场。在柏林方向上,德军统帅部部署了维斯瓦集团军群的全部和中央集团军群的大部分兵力,共一百万人。此外,柏林城内还有二十万守备部队。德军利用柏林地区河流纵横、湖泊众多、森林密布的特点,构筑了三道环城防线,并在柏林以东修筑了三条针对苏军的坚固防线,企图固守柏林,负隅顽抗。

但是,经过近四年的战火锤炼,苏军已是兵强马壮,猛将如云,没有任何力量能够阻挡他们直捣法西斯德国的老巢。苏联最高统帅部决定,从1945年4月中旬发起柏林战役。

斯大林将实施柏林战役的这一历史性重任交给了三位最杰出的苏军统帅领导的三支最强大的方面军:朱可夫元帅统率的白俄罗斯第一方面军,科涅夫元帅领导的乌克兰第一方面军,罗科索夫斯基元帅指挥的白俄罗斯第二方面军。三

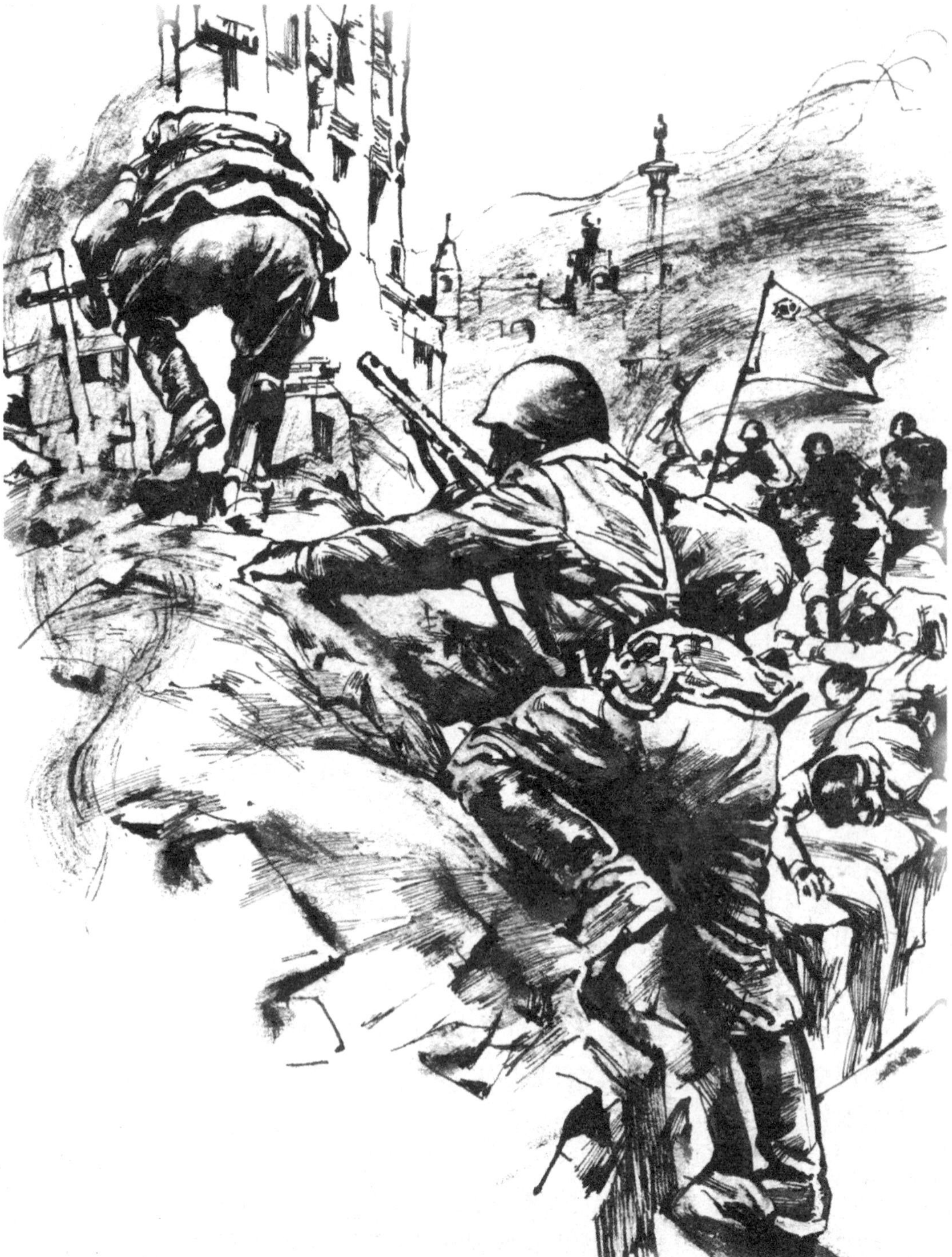

大方面军拥有二百五十万兵力,火炮四万两千门,坦克和自行火炮六千二百辆,作战飞机七千五百架。苏军在兵力和武器装备上占有压倒性优势。

4月16日凌晨5点,白俄罗斯第一方面军的几千门大炮、迫击炮与"喀秋莎"火箭炮齐声咆哮。黑压压的轰炸机群宛如滚滚惊雷,穿过夜幕和火光,掠过奥得河(今波兰与德国界河),将雨点般的炸弹扔向德军阵地。密集的炮火持续了三十分钟后,天空中突然升起几千发彩色信号弹,地面上间距二百米的一百四十部探照灯骤然打开,将德军阵地照得亮如白昼,没有在刚才苏军炮火下丧命的德军官兵,被这突如其来的刺眼亮光照得头晕目眩,阵脚大乱。

朱可夫元帅精心设计的用探照灯配合进攻的战术成功了!在满天雪亮的光芒引导下,苏军的坦克与步兵迅速突破了德军的前沿阵地。

进攻的第一天,白俄罗斯第一方面军向东顺利撕开了德军的第一道防线。但在进抵德军第二道防线的核心阵地泽劳弗高地时,遇到了不小的麻烦。

泽劳弗高地的上部地势平坦,突然间拔地而起,居高临下,像一道高大厚实的墙堵住了通往柏林的道路,因而有"柏林之锁"之称。德军利用这天然屏障重兵设防,在高地顶部放置了几百门大炮,几千名德军死守。苏军坦克与步兵的几次强攻都被打退,伤亡惨重。

斯大林得知白俄罗斯第一方面军进攻受阻,在电话中生气地批评了朱可夫,他说:"科涅夫那儿,敌人防御要弱些,我们打算命令他手下的两个坦克集团军,掉头向南,从南面突击柏林。"

朱可夫没有多说什么。但他毕竟久经沙场,能够处惊不乱,立刻调整了部署。4月17日早晨,朱可夫命令方面军炮兵集中炮火,猛烈轰击了半个小时。紧接着,苏军发起了波浪般的轮番冲锋。战士左罗达连科高呼:"斯大林格勒的战士来了!"踏过密密麻麻的弹坑与尸体,第一个冲上了泽劳弗高地。卡特阔夫中士奋勇向前,首先把红旗插到了高地上。经过四十八小时的血战,苏军终于攻占了泽劳弗高地,打开了通向柏林的大门。

罗科索夫斯基元帅指挥的白俄罗斯第二方面军是在打完另一场战役后,于4月18日发起进攻的。他们利用两天时间强渡奥得河,牵制了柏林以北德军维斯瓦集团军群的兵力,有力地支援了白俄罗斯第一方面军的攻势。

战争狂人希特勒在风雨飘摇中迎来了4月20日他的五十六岁生日。他早已失去了往日不可一世的气焰,背部佝偻,双目失神,手臂不时地颤抖。他颤颤巍巍地走进五十米深的总理府地下室的会议室,主持例行的局势讨论会。

突然,"轰!""轰!"两声巨响,苏军远程火炮发射的两枚五百公斤炮弹落在地下室入口附近,震得地下室里的纳粹头目们大惊失色。心怀鬼胎的空军总司令戈林、党卫军首脑希姆莱、外长里宾特洛甫等人纷纷借故离去。

众叛亲离的希特勒脸色苍白,先是一阵茫然,突然脖子涨得通红,大喊大叫道:"我绝不投降!投降!那是懦夫、骗子、劣等人的勾当!不,谁都没权力让我投降,也不能让我离开柏林一步!"

就在科涅夫麾下的第四坦克集团军与朱可夫的近卫第二坦克集团军在柏林以西会合,完成对柏林合围的4月25日,乌克兰第一方面军近卫第五集团军已经向西推进到易北河,与美军第一集团军的部队会师。一名美军中尉与一名苏军少校的手握在了一起,随后两人紧紧地拥抱。

苏军攻进柏林市区后,与德军展开了异常惨烈的巷战。守城的德国士兵大都是白发苍苍的老人与十三四岁的孩子,他们深受纳粹宣传的毒害,流着泪,用机枪、步枪、反坦克火箭筒,从窗口、街角、下水道疯狂地袭击苏军坦克和步兵。苏军不得不一幢屋、一条街地争夺,在遍地瓦砾的柏林市区缓缓推进。但是,最终的胜利必定属于越战越强的苏联红军。

希特勒自知末日已到,在苏军攻占国会大厦的同一天自杀。5月2日下午3时,德军停止抵抗,柏林城防司令率残部投降,柏林战役胜利结束。5月7日,德国宣布无条件投降。5月9日凌晨,朱可夫元帅代表盟军主持了德国的投降仪式,凯特尔元帅代表德军最高统帅部,无奈地在无条件投降书上签了字。

苏军攻克柏林,标志着德国纳粹政权的彻底垮台,希特勒苦心经营的第三帝国的彻底灭亡;同时标志着第二次世界大战欧洲战场的战事落幕,伟大的反法西斯战争取得了决定性的胜利。日本法西斯的彻底失败也为期不远了。

256·死亡工厂

火车停了下来,像沙丁鱼一样挤在车厢里的犹太人被赶下了车。他们瞪大惊恐的眼睛四处探望着,见巨大的标示牌上写着"奥斯威辛"的字样,站台上忙忙碌碌的,还有一个乐队在演奏着轻快的音乐。从站台向远处望去,一片修剪得很好的草地上鲜花盛开,一排排整齐的房子鳞次栉比。已经受尽了惊吓的犹太人终于把提在喉咙口的心略略放了一点下来。

很快,佩戴着党卫队标记的德国军官把下车的犹太人分成两群:看上去强壮的和看上去瘦弱的。犹太人的心又开始抽紧了。

来这儿之前,纳粹告诉他们,在波兰的奥斯威辛建立了一个类似耶路撒冷的犹太人居留区。犹太人信以为真,带上所有值钱的东西上了火车,却不知自己走上了死亡之路。

比较强壮的一群先被带离了站台送进消毒站。他们被剃光头发,脱光衣服洒了一身药粉之后,换上一套破旧的囚衣,每个人的左臂都编上号码。

其余的犹太人被领到一座巨大的房子前,门口挂着"浴室"的牌子。纳粹军官用友善的口吻告诉他们在门外脱光衣服,排队进入浴室洗澡消毒。犹太人开始还真的相信只是把他们带来消灭身上的虱子,一走进"淋浴间",他们发现上当了,哪有两千多人像沙丁鱼似的挤着淋浴呢?

厚重的大门关上了,并加了锁,"淋浴间"被密封起来。德国兵从屋顶上蘑菇形的通气孔倒下紫蓝色的毒药,倒完后立即把气孔封上。浴室里马上响起一片尖叫声,人群发疯般地涌向大门想逃出去,可大门关得死死的,很快门口的人就爬成了一座小山。不一会儿,人们身上发青,血迹斑斑,直到痛苦地死去。

过半小时左右,抽气机把毒气抽掉,大门打开了。尸体被一个个严格检查。在纳粹眼里,尸体上有许多宝贵的战略物资:嘴里镶的金牙可以敲下来熔成金块,头发可以编织成地毯,脂肪做成肥皂,人皮剥下来可以做灯罩……最后,尸体被运往焚尸炉焚烧,烧剩的骨渣运到工厂磨成粉末,可以当做肥料。

侥幸暂时逃过毒气室的"犯人"住进了一排排平房里。房内阴暗潮湿,钉满三层木板通铺，一个二百平方米的房间最多时住了一千名"犯人"。整个集中营用带刺的铁丝网围住，每隔二十米就有一座岗楼。为了便于监视，偌大营区内没有一株树木。

犹太"犯人"们被逼从事繁重的劳动，还时常受到各种残酷的刑罚。纳粹们手里时刻攥着皮鞭或钢索，把"偷懒"的"犯人"抽打得血肉横飞；企图反抗的"犯人"被关进狭小的笼子里不见天日；有时，仅仅因为取乐，纳粹就强迫"犯人"趴在地上，跳起来匍匐前进，再双膝行走。企图逃跑的"犯人"，更会受到最残酷的惩罚，直至死刑。

纳粹的军官为了加快"犯人"的"工作效率"，有时会在高处，用装在狙击步枪上的瞄准镜巡视工地，看到哪一个"犯人"慢了下来，扣动扳机就是一枪，用飞溅的脑浆和鲜血来提醒周围的"犯人"加快速度。

集中营里还定期检查"犯人"的身体情况是否能够继续进行工作。"犯人"们当然知道不能工作就意味着进毒气室。所以，每次检查时，他们总会咬破手指，将鲜血涂在嘴唇上，显得气色很好；赤身裸体地在广场上绕圈跑步时，他们尽量挺起胸膛，坚持到最后。

奥斯威辛原是一片宁静而美丽的乡村，1939年波兰被德国侵占后，一个高效率的杀人工厂建立起来了。奥斯威辛集中营由三个部分组成。一号营，也被称作母营。二号营，也就是比克瑙集中营。三号集中营由大约四十个下属集中营组成，其中最大的一个在莫诺维茨，被称作莫诺维茨集中营。奥斯威辛是希特勒种族灭绝政策的执行地，是第三帝国——纳粹德国最大的死亡工厂。

奥斯威辛集中营有五座配有毒气室的焚尸炉、两间内置焚尸沟的毒气室。它的毒气室有时一天竟毒死六千多人。从1940年6月开始，成批的战俘和无辜的百姓每天从欧洲各地被运到这里，到苏军解放这里之前约有四百万人，其中绝大部分是犹太人。他们被送往集中营的唯一理由是他们的民族出身，他们不是被饿死、病死、被拷打折磨而死，就是被毒气杀死。

奥斯威辛集中营里也有一家"医院"。这家医院并不是给"犯人"们看病的，法西斯医生经常用活人进行细菌武器的研究和其他"科学"试验。门格勒是集中营的主任医生，他因为在"犯人"的身上进行疯狂和野蛮的实验而被称为"死亡天使"。他还专门进行双生子的生物学"研究"。来到集中营的孩子，一般送到毒气室毒死，而双胞胎则被送到门格勒处接受试验。一对双胞胎之一死于某种异常病症，另一个双胞胎马上被门格勒用手枪击中脑部，并立即解剖，目的是为了确定他的器官上是否有他同胞兄弟姐妹的类似的病症。

罗马尼亚的犹太人珀拉·奥维奇是一个侏儒。他的九个哥哥姐姐中有六个是侏儒，是世界上最大的侏儒家庭。1944年5月，珀拉一家到了奥斯威辛后，门格勒如获至宝。

"太好了，在他们身上可以工作二十年。"门格勒想要解开人类生长之谜，六个侏儒和他们两个发育正常的姐妹，还有一个周岁大的小孩就成了残酷的实验品。

他们和一群双胞胎一起，接受门格勒的试验。他从他们的血管里抽血；从脊柱里抽骨髓；拔下他们的头发和臼齿；往他们的眼睛里滴溶液使他们短暂失明；往他们的耳朵里灌热水和冷水；往不同的神经中枢里插针；在头上贴电极……

在奥斯威辛集中营，即使婴儿也不能幸免，也要受相同的试验。有一次，珀拉家的一个婴儿蹒跚地走到门格勒面前叫他"爸爸"，然后等着他来抱。门格勒笑了，摸着他的头告诉他："我不是你的爸爸，是你的伯伯。"然后就把婴儿放上了实验台。

珀拉一家害怕极了，一旦实验全部结束，他们就会被装进灌满福尔马林的瓶子里。可怜的一家人只能盼望残酷的实验不要结束。万幸的是，他们熬到了战争结束，成为进了集中营后全家再活着出来的唯一的家庭。

1945年1月，苏联红军解放了奥斯威辛，七千名剩余的囚犯获得了解放。苏军战士进入集中营后，发现纳粹来不及毁灭的旧皮鞋、日常用品、眼镜、皮箱等堆积如山，来不及被纳粹运回的犹太人的头发有七吨。被解放的囚犯骨瘦如柴，几个星期后还习惯性地把面包藏起来。他们不相信能天天吃上饭。由于担心送死，一些人始终拒绝去洗澡和打针。

战后，波兰政府将奥斯威辛建成展览馆，为的是让全世界的人们永远记住在这里被纳粹残杀的四百多万犹太人，永远记住这段血腥的历史。

257·"曼哈顿计划"

二十世纪三十年代,以原子科学为基础的核技术取得了一系列突破性的进展。1939年3月,诺贝尔奖获得者、杰出的美籍意大利科学家费米提出了用中子轰击原子核产生链式反应的大胆设想;依据这一理论,他向美国海军提出建议,利用铀的裂变释放巨大能量的原理制造原子弹。差不多与此同时,纳粹德国也正在利用核物理科学的最新成果,秘密进行一项巨大的工程,企图制造出一种空前绝后的毁灭性武器。

这一惊人的消息传到美国,让许多正直的科学家十分震惊,尤其是那些曾遭受纳粹迫害,从德国逃到美国的科学家,如匈牙利科学家西拉德、犹太女科学家迈特纳等人,更是忧心如焚。当时,欧洲正处在二战爆发的前夜,气氛非常紧张,这些科学家担心,一旦纳粹德国抢先制造出原子弹,将是人类的可怕灾难。

在这种情况下,西拉德等人找到爱因斯坦,请他出面给罗斯福总统写一封信,请求美国务必赶在纳粹德国之前造出原子弹。因为他们知道,作为相对论的发明者,爱因斯坦对科学超凡的理解力和强烈的正义感,使他成为德高望重的伟大科学家,他也是从纳粹的魔爪下逃到美国的。

就这样,一封由别人起草、爱因斯坦签名的信,在这年10月11日由罗斯福的科学顾问萨克斯带进了白宫的椭圆形办公室。萨克斯给总统读了这封信,信中说明了德国正加紧制造原子弹的严峻形势,请求总统马上设置相应的权威机构,由专人负责,加速研制工作的进行。

"……就我所知,目前德国已停止出售它侵占的捷克铀矿的矿石。如果注意到德国外交部次长的儿子在柏林威廉皇帝研究所工作,该所目前正在进行和美国相同的对铀的研究,就不难理解德国何以会有此举了。"

罗斯福默默地听萨克斯念完这封信,也许他的心思正集中在刚刚爆发的欧陆战事上,也许他还没有领会爱因斯坦信中的深意,他只是淡淡地说了一句:"这些都是很有趣的,不过现在由政府出面组织,是不是为时过早?"

萨克斯十分失望,怎样才能说服总统呢?他陷入了沉思。第二天早上,罗斯

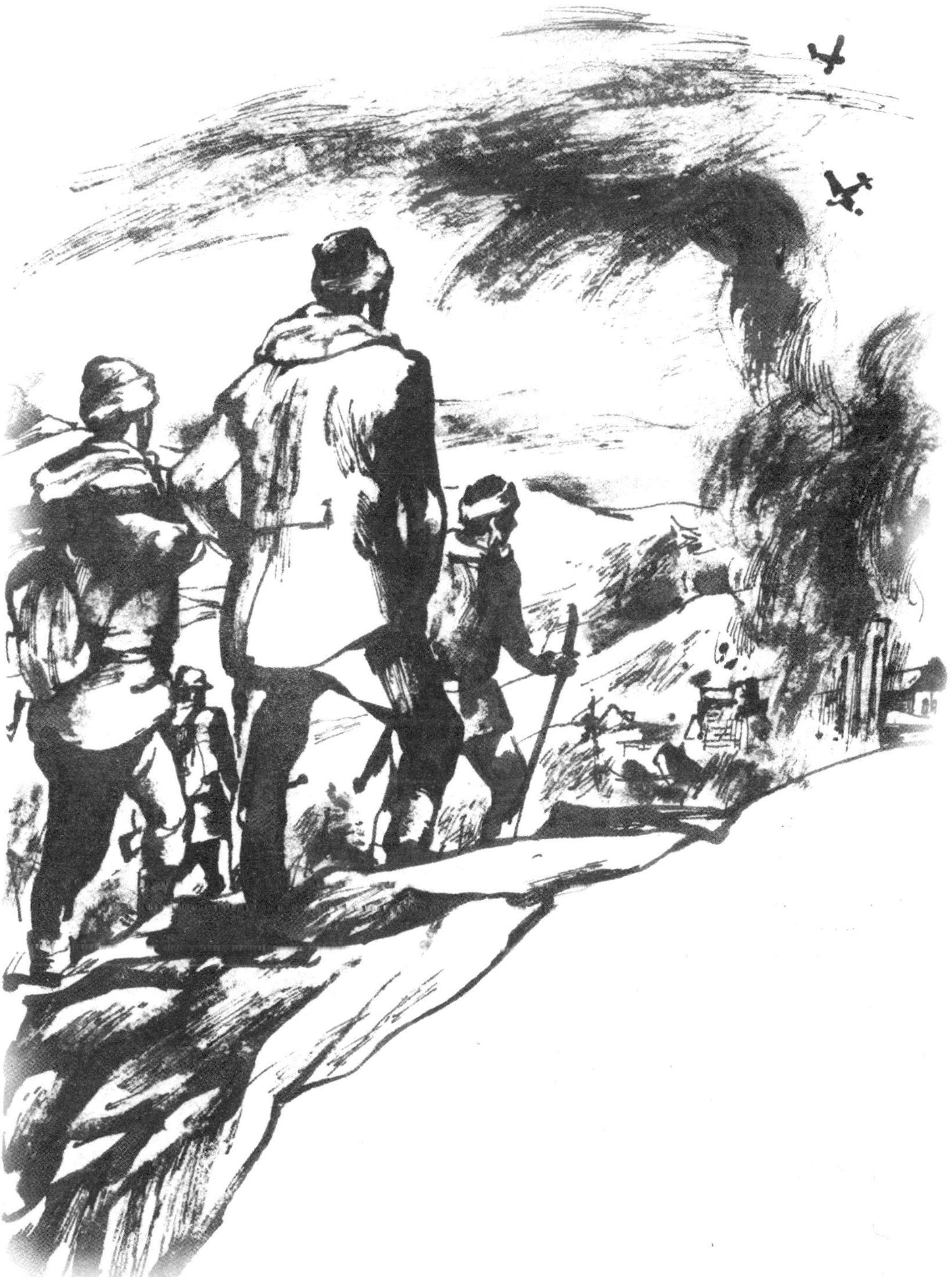

福邀请萨克斯共进早餐。他似乎知道萨克斯想说什么,一边把刀叉递给萨克斯,一边说:"今天不许再谈爱因斯坦的信,一句话也不许谈。知道吗?"

聪明的萨克斯只字不提爱因斯坦的信,而是给罗斯福讲了一个历史故事。

当年,拿破仑几次三番想征服英伦三岛,但都由于英吉利海峡这一天堑而望洋兴叹。就在他一筹莫展之际,美国发明家富尔顿给他出了个主意,只要建造一支动力强大的蒸汽舰队,就定能一举跨越海峡,打败英国。但是,曾经横扫欧洲大陆,并在军事理论上锐意创新的拿破仑,这时却显得非常保守,拒绝了富尔顿的建议。假如当初拿破仑采纳了富尔顿的建议,十九世纪的欧洲历史就得改写。

萨克斯的迂回战术终于打动了罗斯福总统。10月19日,罗斯福果断拍板,成立一个代号为"S—11"的特别委员会,专门负责核武器的研制工作。

珍珠港事件爆发的前一天,即1941年12月6日,美国成立了一个庞大的工程机构——曼哈顿工程管理区,它的使命就是负责设计制造原子弹。第二年8月,美国陆军工程兵团建筑部副主任格罗夫斯将军走马上任,主持了"S—11"委员会的科学家、高级管理人员会议,决定实施"曼哈顿计划"。这一计划规定,原子弹研制工作的所有指挥权都集中在曼哈顿工程管理区,由格罗夫斯将军坐镇指挥,著名物理学家奥本海默教授领导新墨西哥州原野中的洛斯阿拉莫斯实验室,具体负责原子弹的研制工作。奥本海默教授在这项工程中显示了卓越的组织才能与人格魅力,他后来被誉为美国的"原子弹之父"。

由于格罗夫斯将军的前任马歇尔上校的办公室最初设在纽约,纽约有个著名的曼哈顿区,美国研制原子弹的计划就被命名为"曼哈顿计划"。这项计划高度保密,直接受总统控制。连副总统杜鲁门也是在罗斯福总统1945年4月去世之后,接任总统时才知道的。

在紧张秘密地研制原子弹的同时,美国与英国密切合作,严密监视纳粹德国的核计划。1943年2月17日,英军的一支特种小分队神不知鬼不觉地在挪威空降,成功地炸毁了设在山谷中的纳粹的重水工厂。这使得纳粹至少在一年内生产不出控制核反应堆必不可少的重水,对希特勒是个致命的打击。

经过十万人三年的努力,耗资二十亿美元的"曼哈顿计划"终于到了收获的时刻。1945年7月16日清晨五点三十分,世界上第一颗原子弹在美国新墨西哥州阿拉莫戈多沙漠中爆炸成功。震天动地的爆炸巨响传到了一百六十公里之外,燃烧的高温达到了太阳表面温度的一万倍,三十米高的铁塔眨眼间化为乌有。

正在德国参加波茨坦会议的美国总统杜鲁门,收到第一颗原子弹爆炸成功的绝密报告,异常高兴。7月24日会议结束那天,他走到斯大林的翻译面前,故作轻松地说:"请你告诉大元帅,我们已经完善地制造出了威力很大的爆炸物,准备用来打日本,我们想它将使战争结束。"

斯大林不卑不亢地回答,他希望总统很好地利用它来对付日本。

杜鲁门也许不知道,神通广大的苏联情报机关早已掌握了"曼哈顿计划"。斯大林一离开会场,就向国内发回指示,加紧发展苏联自己的原子弹。

258·广岛上空的蘑菇云

　　太平洋西北部的马里亚纳群岛中,有一个提尼安岛。美军攻占马里亚纳群岛后,就把一个秘密空军基地驻扎到提尼安岛。1945年8月6日凌晨两点四十五分,美军第五百零九特种大队的三架B-29"空中堡垒"轰炸机奉命起飞,震耳欲聋的引擎声打破了长夜的静寂。其中的一架"伊诺拉·盖伊"号B-29轰炸机上装着一枚绰号"小男孩"的原子弹,蓝色的弹壳上涂着嘲笑、辱骂日本天皇的字句,还有美艳照人的好莱坞女明星海沃丝的照片。

　　亲自驾驶这架轰炸机的大队长蒂贝茨上校也许太紧张了,也许是飞机的负荷太重,眼看就要滑到跑道尽头,机头还是没有拉起来,蒂贝茨浑身已被汗水湿透。说时迟,那时快,他用足全力把操纵杆朝后猛拉,在离跑道尽头只差几厘米的地方,机头猛地抬起来了,然后呼啸着直冲繁星闪烁的茫茫夜空。

　　蒂贝茨上校的紧张情有可原,因为他们去执行的将是一项震惊全球的使命。

　　珍珠港事件爆发后,美军经过中途岛大海战,给予日本联合舰队毁灭性的打击,从此牢牢抓住了太平洋战争的战略主动权。瓜达尔卡纳尔岛争夺战、马里亚纳群岛战役、塞班岛战役、莱特湾海战,美军连战告捷。但是,越是逼近日本本土,日本人的抵抗就越是死硬顽强。在攻打硫磺岛的战役中,美军付出了伤亡三万一千多人的代价;随后美军在攻打日本的门户冲绳岛的"冰山行动"战役中,更是吃足苦头,为夺下冲绳岛,美军的伤亡达到了空前的四万四千多人。

　　美军虽然打下了硫磺岛和冲绳岛,但是惨重的伤亡却让陆军参谋长马歇尔将军心情沉重;一想到假如攻打日本本岛,可能要伤亡一百万官兵,更是让他不寒而栗。有什么办法既能减少美军的伤亡,又能逼迫日本尽快投降呢?

　　马歇尔将军与陆军部长史汀生都想到了刚刚在美国新墨西哥州阿拉默戈多沙漠里爆炸成功的第一颗原子弹。但是,他们的设想遭到了不少科学家的反对,其中就有"曼哈顿计划"的参与者、丹麦著名物理学家丹尼斯·玻尔。他认为使用破坏力异常巨大的原子弹,后果不堪设想;他甚至准备为此事警告丘吉尔首相。另一位从德国移居美国的科学家、诺贝尔奖获得者弗兰克博士也是忧心忡忡，特意起草了一份报告，告诫美国如果使用这种毁灭性的武器，可能会失去全世界公众的支持；而且会"促进武器竞赛，损害达成今后控制这种武器的国际协议。"

尽管这样，投掷原子弹镇住日本、尽快结束战争的意见还是占了上风。杜鲁门总统在 7 月 22 日批准对日本使用原子弹。经过反复论证，最终选定原子弹的轰炸目标为四个：小仓、广岛、新潟和长崎。

杜鲁门决定使用原子弹，还有更深的含义。他很清楚，战后妨碍美国称霸全球的唯一对手将是强大的社会主义苏联，必须敲山震虎，给苏联一个下马威。正如他后来说得再明白不过了："炸弹投在日本，正是为了在俄国收到效果。"

另一方面，死到临头的日本法西斯依然执迷不悟。他们像输红了眼的疯狗，狂喊乱叫不惜"一亿玉碎"、"本土决战"，准备把日本领向彻底灭亡的死路。日本法西斯当局进行了大规模的战争动员，一再降低征兵年龄，规定从十五岁到六十岁的男人、十七岁到四十五岁的女人都必须参加"义勇兵"。农民拿起农具当长矛，小孩举起竹棍练拼刺。甚至夜总会里的舞女，也被军国主义的狂热鼓动得拿起步枪去练射击。

针对中、美、英三国在 7 月 26 日发表的敦促日本无条件投降的《波茨坦公告》，日本首相铃木竟然狂妄地宣称不予理睬，要把战争进行到底。

从 7 月 27 日到 8 月 1 日，美军飞机连续六天在日本各城市空投了一百五十万张传单和三百万份《波茨坦公告》，警告日本只有无条件投降，否则将面临更加猛烈的空袭。每次散发传单后，就是一顿狂轰滥炸。但日本当局还是无动于衷。

美国决定，按照原计划投掷原子弹。于是，8 月 6 日凌晨，美军的三架气象侦察机首先飞往日本。在接到气象侦察机传来的日本天气晴朗的报告后，蒂贝茨上校便率领三架"空中堡垒"向广岛方向飞去。

早上八点零九分，三架"空中堡垒"飞到了广岛上空。街上的人们对每天都要"光临"的美军轰炸机已经习以为常了，却不知一场可怕的灾难就要掉到他们的头上。八点十四分，蒂贝茨上校下令机上的人员戴上护目镜。投弹手费雷比少校将轰炸瞄准器的十字线牢牢地对准了广岛那座著名的相生桥。

"投弹！"随着蒂贝茨上校一声令下，八点十五分十七秒，"伊诺拉·盖伊"号炸弹仓的门自动打开，装着原子弹"小男孩"的降落伞从九千六百米高空迅速落下,五十秒之后,"小男孩"在离地面六百米的空中爆炸,先是出现一道刺眼的带白色的粉红色闪光,随即一团蘑菇状的烟云腾空而起。

"我的上帝!"蒂贝茨听到机上有人惊叫了起来。他以一个强劲的俯冲,将轰炸机向右转去,以尽力避开爆炸点。

刹那间,广岛化成了一片熊熊的火海。只见岩石被熔化,工厂、民房、花园及其他建筑物随着大爆炸的气浪炸得四分五裂,碎片被旋转的热风卷到空中;许多人被当场活活烧死,被核反应的强光击中或被烈焰灼伤的人痛苦地在地上打滚,发出撕心裂肺的惨叫。当场死亡以及患上放射病在二十天后慢慢死去的人数达到十三万。

正在美军"奥古斯塔"号巡洋舰上与水兵们共进午餐的杜鲁门总统,接到广岛被炸的电文后兴奋地喊道:"这是有史以来最伟大的事情!"

十六个小时后,日本收听到了杜鲁门向全世界广播的声明:"这是一枚原子弹,它驾驭的是宇宙间的基本力量,太阳从之获得能量的那种力量,我们把它释放出来对付那些在远东发动战争的人。"

杜鲁门总统警告日本,假如不投降,更大的毁灭性打击将从天而降。但是,日本法西斯仍然负隅顽抗。8月8日,苏联正式对日本宣战,苏联红军出兵中国东北,号称日本"皇军之花"的关东军土崩瓦解;8月9日,美国在长崎扔下第二颗原子弹。日本天皇终于撑不住了,8月15日,他用颤抖的声音在广播中向中、美、英、苏等同盟国宣布,日本战败,无条件投降。

259·关东军的末日

红旗飘扬,军歌嘹亮,1945年6月24日,苏联军民在著名的莫斯科红场举行了庆祝卫国战争胜利大型阅兵式。在威武整齐的白俄罗斯第三方面军的千人方阵里,司令员华西列夫斯基元帅昂首阔步地走在最前面。只有很少人知道,他已经被苏联最高统帅部任命为远东苏军总司令,正紧张秘密地准备远东战事;同样,也只有很少人知道,根据雅尔塔秘密协定,苏军将在对德战争结束后三个月对日宣战。

据情报部门提供的情报:日军当时在本土和沿海岛屿上有二百三十万军队;在中国内地沿海有八十万军队;在中国东北三省有一百万军队。当然,进攻日本本土是最快速有效的手段,但苏联的海军尚不具备大规模登陆作战的能力;中国内地的日军兵力分散,不容易速战速决;只有号称精锐的关东军,人数多,布置密集,比较容易形成大规模的歼灭战。

由山田乙三大将指挥的日本关东军拥有近一百万的作战兵力,在滨海地区苏军进攻的正面,依靠天然地形屏障,构筑了大纵深的坚固防御阵地体系。日本一直宣称关东军是日本最精锐的部队,装备好,训练精,叫嚣"宁可放弃本土,也不放弃满洲",摆出一副顽抗到底的架势。

但是,外强中干的日本法西斯已经无法阻挡苏军的滚滚铁流。连接苏联欧洲和远东地区的唯 大动脉——长达七千四百公里的西伯利亚大铁路,从1945年5月起,经受了它有史以来最人的一次考验:苏军历史上最大的 次兵力调动在它身上展开了。一百五十万士兵,两万门各种火炮,五千辆坦克,四千架飞机,共需大约十三万六千节车厢、车皮来运输;铁路上民用运输几乎完全停止了,一辆辆军事专列日夜奔驰在铁轨上,有时列车首尾相接,长达几公里。

1945年8月8日,苏联驻日大使马立克向日本政府递交宣战书。此后,国民政府外交部长王世杰在同意苏军出兵的条约上签字。尽管条约太屈辱了,特别是同意外蒙古独立,那是二百三十万平方公里土地呀,连腐朽的清政府也没敢答应,但蒋介石为了换取美国支持他发动内战,一咬牙,认了。

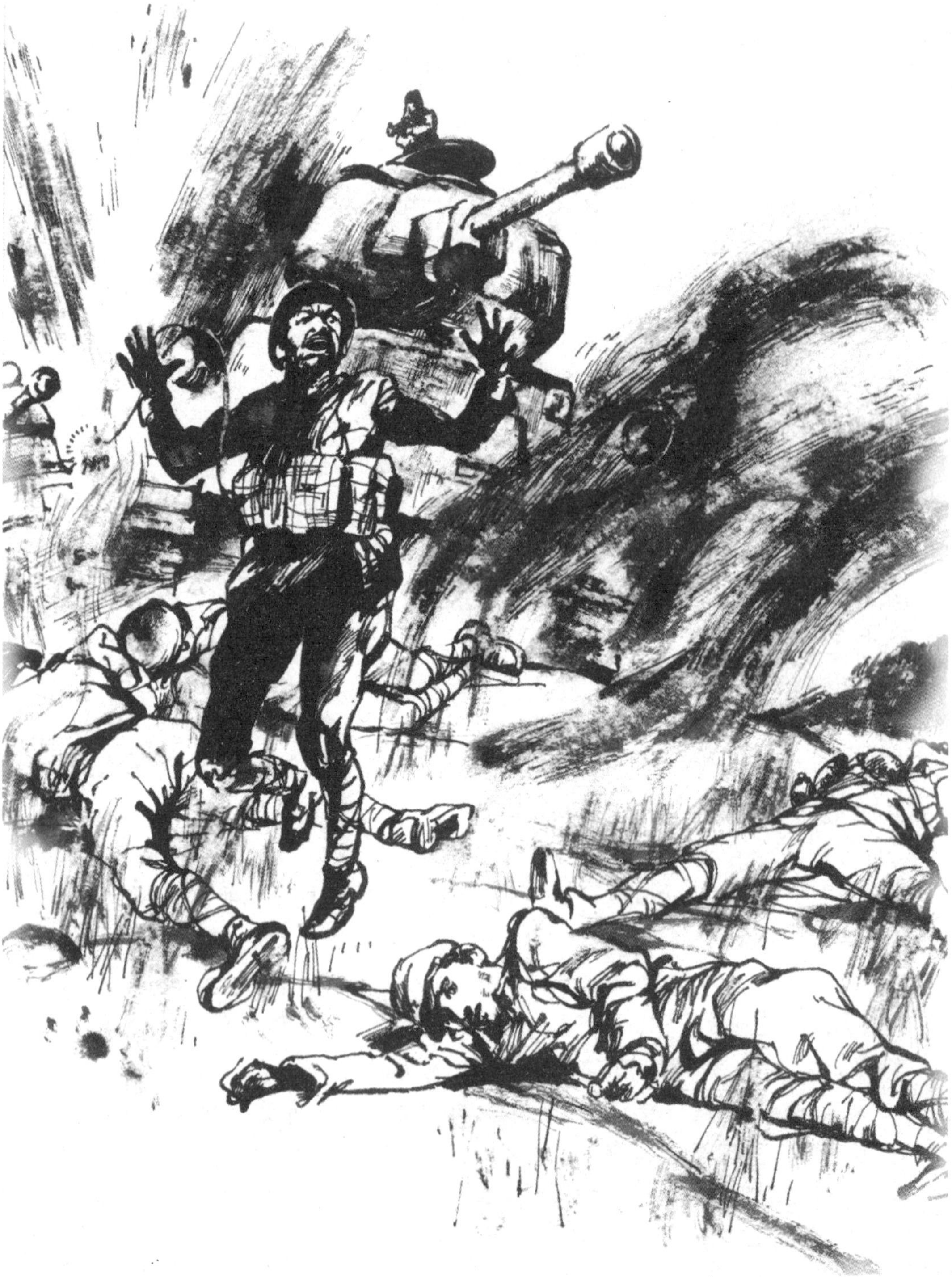

第二天零点十分，华西列夫斯基元帅一声令下，一百五十万苏军发起了排山倒海般的进攻。五千辆坦克轰鸣着碾过了国境线，上千架满载炸弹的轰炸机，在歼击机的掩护下，冲进大雨瓢泼的夜空。许多日本边境守备队的士兵，被枪炮声从睡梦中惊醒时，已经稀里糊涂地当了俘虏。在大多数地区，日军根本无法阻挡苏军的进攻，甚至连逃跑也来不及。苏军的坦克已经深入敌后，切断了他们的退路。

但是，长期受法西斯思想和武士道精神灌输的中下级军官，驱使着士兵进行毫无希望的抵抗。他们丧心病狂地组织了陆上神风特攻队，全身挂满手榴弹，口中狂喊着"万岁"、"为天皇尽忠"的口号，冒着密集的子弹，冲向苏军的坦克同归于尽。不少地区的日军还派大量士兵，身上捆着炸药，分散潜伏在苏军进攻的地区，组成所谓的"流动雷场"，企图阻止苏军的坦克部队。

在绥芬河，日军筑有密密麻麻的碉堡群，配备五十多个炮兵阵地。苏军第五集团军用三千五百门大炮、四百多门"喀秋莎"火箭炮、一千六百架次飞机，进行了四个小时的毁灭性轰炸，十几米厚的土层、三米多厚的钢筋水泥地堡被一层层地剥去。日军的炮火终于哑了，苏军战士高喊着"乌拉"发起冲锋，但日军阵地上又响起密集的枪声。原来，狡猾的日军躲在二十几米深的地下，苏军摧毁了第一层地堡，他们从第二层、第三层地堡里钻上来，用轻重机枪向苏军进行疯狂的扫射。经过血战，表面阵地被苏军占领，残余的日军又全部转入地下永久工事。

"放下武器投降吧，你们已经没有出路了！"苏军战士在外面喊话。

"我们投降，我们投降。"日军在里面回话。

苏军停止了射击，等待日军出来投降。一队日军高举着双手走了出来，走到苏军跟前的时候，突然一下子散了开来，一个个往苏军人多的地方扑去，紧接着爆炸声四起，一大片苏军倒在血泊之中。他们就是神风特攻队员，事先在身上绑满了炸药，以投降为名，出来跟苏军同归于尽的。愤怒的苏军在地堡上安装了成吨的炸药，把地堡一层层地炸开，直到最后一层，所有负隅顽抗的日军都被炸死在了地堡中。

8月10日，中共中央决定向关内的日军展开大反攻。八路军、新四军各部向华北各地铁路沿线的日军发动全面猛攻，牵制华北日军向东北增援，有力地支援了苏军的行动。

两天后,在苏军强大的攻势之下,日本关东军的指挥部被迫从长春转移到通化,关东军一下子失去了统一的指挥,更加不堪一击。仅仅四天不到,关东军的主力已经被歼灭了。

经受了原子弹袭击的日本,原想继续抵抗,但关东军的灭亡,促使日本天皇从侵略者的迷梦中惊醒,8月14日,日本天皇发表文告,宣布战败。

19日清晨,苏军特命全权代表阿尔乔缅科上校一行十一人飞抵长春,他只身一人闯进了关东军司令官山田大将的办公室,使山田大将成为苏军的俘虏,在此开会的日军高级将领被惊得目瞪口呆。

就在这一天的十三点十五分,苏军普里图拉少将率一支二百二十五人的伞兵分队飞抵奉天(今沈阳)机场,苏军刚刚占领了机场,还没有完成对机场四周的兵力戒备,突然,一架身上涂满了绿绿黄黄伪装花纹的日本军用飞机,傻头傻脑地降落在跑道上,根本不知道机场已经落到了苏军手里。苏军战士迅速地冲上跑道,把尚未停稳的飞机团团围住,俘虏了这架飞机。

过了一会,从飞机上走下来一大溜人,有中国人,也有日本人。一个高高的、瘦瘦的,戴着金丝眼镜的人引起了苏军的注意,从周围人看他的目光中,普里图拉感到,这是这群人的头。经过查问,他才惊讶地发现自己在无意中立了大功,被俘虏的正是伪满洲国的皇帝爱新觉罗·溥仪和他的随行高级官员,伪满洲国的头面人物几乎被一网打尽。普里图拉兴奋得合不拢嘴,只顾押送溥仪走向候机楼。只听身后一阵喧哗,他一问,才知道随行的"御用挂"吉刚(日本高级顾问)悄悄地溜回机舱,剖腹自杀了。苏军战士只是听说过日本的武士会有这种"壮举",但亲眼看到了血淋淋的剖腹现场,饱经战火的战士们还是禁不住发出了惊呼。苏军军官懊悔地一摆手:"算了,反正大鱼已经捕到了,小虾就不考虑了。"

苏军乘胜向前,消灭一切继续顽抗的日军,迅速占领了内蒙古东部、东北全境、库页岛、千岛群岛和朝鲜三八线以北地区。到8月31日,战斗全部结束,至此,华西列夫斯基元帅指挥的远东战役以击毙日军八万四千人、俘敌五十九万四千人的胜利而告终。

人类终于从二战的苦难中彻底摆脱出来了。

260·联合国的成立

在纽约繁华的曼哈顿区,有一块人类共有的"国际领土",它就是联合国的总部。

创建联合国的想法,是在反法西斯战争最艰苦的岁月中开始酝酿的。1941年,罗斯福和丘吉尔发表了《大西洋宪章》,提出要在战胜法西斯之后,建立一个"广泛而永久的普遍安全制度"。

第二年1月1日,二十六国代表在华盛顿签署了共同抗击法西斯的《联合国家宣言》,一致赞同《大西洋宪章》所规定的宗旨和原则。同时,战后"广泛而永久的普遍安全制度"的设想,被反法西斯的中、美、苏、英等同盟国家所接受,宣言首次使用了"联合国家"一词,作为反法西斯国家的总称。

1943年,反法西斯战争的胜利已现曙光,建立战后世界新秩序被提上议事日程。这年10月底,在苏联莫斯科签定的《中、苏、美、英四国关于普遍安全的宣言》,首次呼吁建立一个国际安全机构。

1944年8月28日至10月7日,在华盛顿附近的敦巴顿橡树园,先后举行了美苏英和中美英三国会议。敦巴顿橡树园是一个古老的庄园,以前属于富有的美国外交官罗伯特·伍兹·布利斯的家族所有,后来成了哈佛大学的产业,这次被美国国务院临时租用作会场。

庄园高雅而幽静。入口处的大铁门上饰有精美的花纹,进入庄园后,映入眼帘的是一片精心设计的园林,草地修剪得整整齐齐,夹竹桃正在怒放。园林尽头的高坡上,大树环抱之中掩映着一栋三层楼别墅,墙上爬满了长春藤。会议大厅就设在这栋别墅的底楼。

会议建议未来的国际组织名称为"联合国",规定了联合国的宗旨和原则,以及联合国大会、安全理事会、秘书处等主要机构的组织和职权。

苏联担心自己在联合国大会和安理会内遭到孤立,尤其是战时"三巨头"在美英两国的坚持下增加了中国和法国,逐渐扩大成"五大国"之后,这种担忧更为强烈,因此断然拒绝对否决权施加任何限制。在第二年的雅尔塔会议上,就安理会表决程序适用"大国一致原则"达成协议,史称"雅尔塔公式"。

英国拥有世界上最多的殖民地,所以丘吉尔对托管殖民地的问题也最为敏感。雅尔塔会议期间,美国国务卿斯退丁纽斯说,未来的安理会常任理事国应该在联合国成立以前,就殖民地和附属国的托管问题进行磋商。

这时,丘吉尔非常激动地打断了他的话头,极为愤慨地说:"英国为维护不列颠联邦和不列颠帝国的完整,进行了多少年的艰苦斗争,我相信这个斗争将获得完全的胜利,只要不列颠的旗帜飘扬在不列颠帝国的领土上空,我绝不肯让哪怕是一小块不列颠帝国的土地由四十至五十个国家实行拍卖。"

他表示英国决不会同意自己因为此事而被置于国际法庭的被告席上。

罗斯福赶紧出来打圆场,劝说丘吉尔听完斯退丁纽斯的讲话再作评论。

丘吉尔仍然怒气冲冲,不肯罢休地说:"假如我们被一脚踢开,我自然无话可说。只要飘扬着不列颠国旗的每一块土地被人们拖到被告席上,只要我还活着,我就要反对。"

斯退丁纽斯对丘吉尔的发作毫无准备,弄得一脸尴尬,忙不迭地解释托管机构仅仅负责处置敌国的附属地区,比如日本在太平洋上的岛屿,他反复强调这一安排无意涉及英帝国。

丘吉尔听清了美国的意图,马上口风一转,大言不惭地表示:"大不列颠并不想扩大自己的领土,但也不反对托管一些敌人的领地,不过最好还是在文件上写明,托管并不涉及英帝国。"

在雅尔塔会议上,由于斯大林的强烈要求,英、美同意不拥有主权国家地位的乌克兰和白俄罗斯以主权国家身份加入联合国,这样,苏联拥有三个投票权。

1945年4月25日下午四点三十分,联合国制宪会议在旧金山市中心的歌剧院举行。楼下大厅是主会场,主席台上设四个座位,是大会临时主席、加利福尼亚州州长、旧金山市市长和大会秘书长的专席。主席台的后方悬挂着四十六个国家的国旗。阿根廷、丹麦等四个国家被邀请参加会议。

会议临时主席、美国代表团首席代表斯退丁纽斯首先发表了简短的讲话,大会收听了美国新任总统杜鲁门的讲话及其他一些要人的贺词。

联合国的主要缔造者之一罗斯福在会议开幕前十余天逝世了,继任总统杜鲁门同样十分重视这次会议,他在讲话中重点强调了联合国对世界和平与人类发展的意义:"你们是美好世界的建筑师,我们的未来就掌握在你们的手里。由于你们在这次会议上的努力,我们将知道在苦难中的人类可能得到公正和持久的和平。"

6月26日举行《联合国宪章》签字仪式。签字仪式在旧金山退伍军人纪念堂举行,大礼堂的讲台上插着数十面会员国国旗,大圆桌上放着五种文本的宪章,它们分别用中、法、英、俄和西班牙文写成。

大会指导委员会以中国抵抗侵略最先,特准为签署《联合国宪章》的第一签字国。中国代表团团长宋子文和胡适因故不在,所以没有在《联合国宪章》上签字。其他八名代表,包括中国共产党的代表董必武在宪章上庄严地签上了自己的名字。这一宝贵历史记录至今还保存在纽约联合国总部。

接着是苏联、英国、法国三个常任理事国的代表依次走向了签字台,其他国家依照各自国名的英文字母顺序签字。美国作为东道国,最后一个签字。杜鲁门总统率领美国代表团参加签字仪式。签字仪式是庄严而隆重的,来不得半点儿草率和仓促,花了整整八个小时。

1945年10月24日,联合国宪章正式生效。这一天后来被定为"联合国日"。

第二年的1月10日至2月14日,在伦敦举行联合国大会第一届会议,联合国正式开始工作。第一次世界大战后建立的国际联盟早已名存实亡,于1946年正式宣告解散,其财产和档案材料全部移交联合国。

261·纽伦堡大审判

二战的硝烟在欧洲刚刚散去,欧洲国际军事法庭在德国南方城市纽伦堡,对第一批二十一名首要战犯进行了审判。

1945年11月20日,纽伦堡,欧洲国际军事法庭。

审判大厅里,人声嘈杂。来自英、法、美、苏,以及德国和其他国家的工作人员、辩护律师及听众把大厅挤得满满的,战犯们也已坐在被告席上。他们衣着敝旧,以前那种颐指气使的神气一扫而光,看着他们那副无辜的神情,很难想象他们曾经使整个欧洲暗无天日。

当各国法官走上法官席时,大厅里安静了下来。英国的劳伦斯法官主持审判,主起诉人宣读了五万多字的总起诉书,战犯们被起诉的罪名有:策划阴谋罪、破坏和平罪、战争罪以及破坏人道罪。赫尔曼·戈林、鲁道夫·赫斯、冯·里宾特洛甫、卡尔滕·布隆那、罗森伯格、邓尼茨、沙赫特等战犯无一例外地否认有罪,戈林甚至准备了长篇的书面发言为自己辩护,被法官制止后,还悻悻地声明他是无罪的。

大厅里开始不安地骚动起来。这时,苏联主起诉人走上了讲台,他准备好了用事实进行回击。应他的要求,法庭播放了一部影片,它是用缴获的德军拍摄的影片剪辑而成的。由于没有倒片,所以放出的影像是倒立的。战犯们当然不肯放过任何一个嘲笑苏联的机会,在被告席上笑得前仰后合。不过,他们很快就笑不出来了,影片中德军的暴行震撼了在场的每一个人。战犯们开始默不作声,竭力装出一副与己无关的样子,只有与苏德战场没有多大关系的赫斯在座位上不安地扭动起来,不久就中途退场了。

重挫了战犯们的气焰后,苏联主起诉人指出:这次审判具有深远的历史意义。这是有史以来第一次,将那些把国家作为犯罪工具的罪犯们送上了法庭,这也是有史以来第一次,不仅将对这些罪犯本人,还将同时对犯罪机构和组织进行审判,对用来欺骗民众的思想和理论做出审判。

在纽伦堡审判期间,战犯们对犯下的罪行百般抵赖。

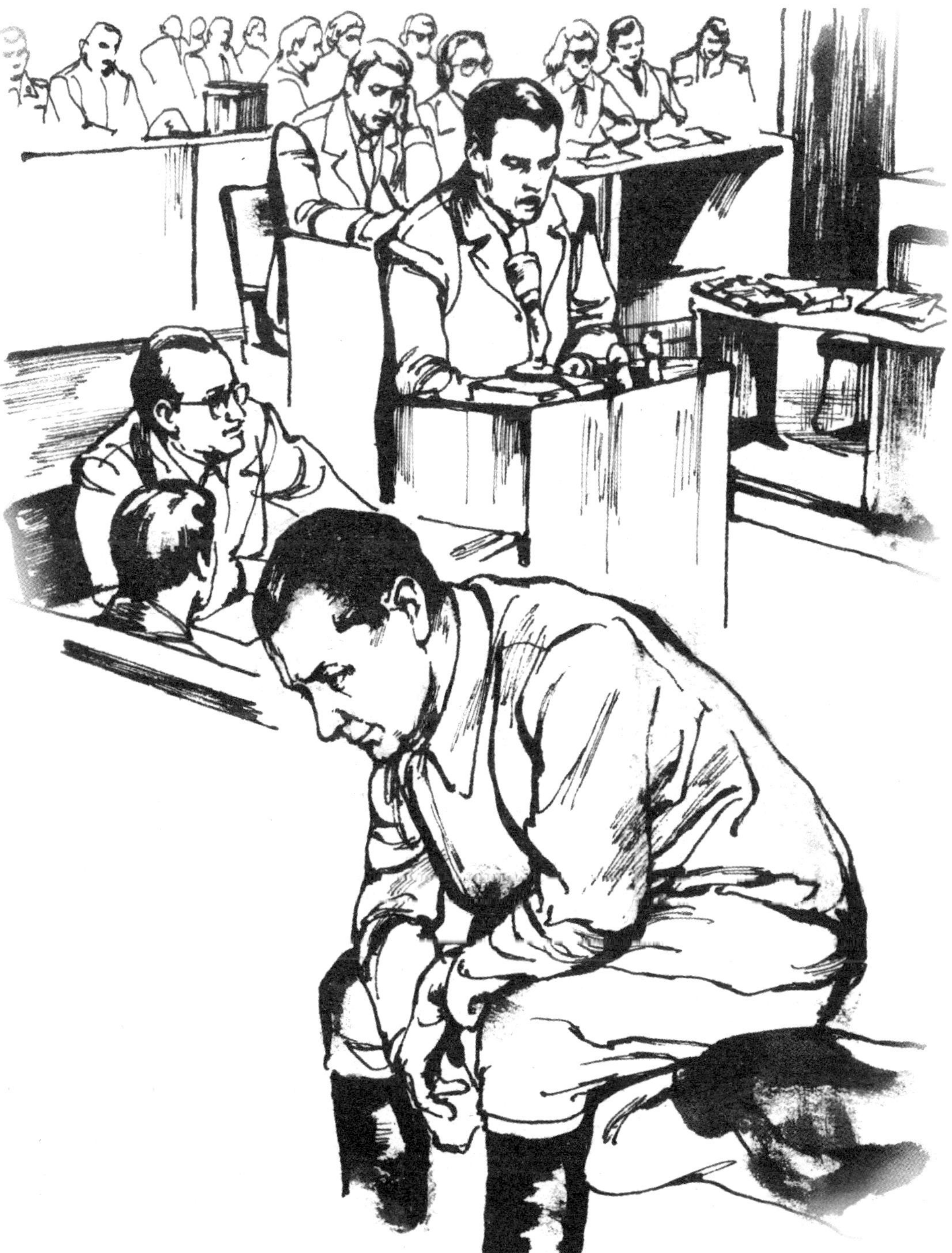

戈林，希特勒最重要的帮凶之一。这个一战时德国的空军英雄，挺着肥大的肚子，脸上堆满微笑，在公众场合总是摆出和蔼的面容倾听他人讲话，具有极大的欺骗性，被德国人称为赫尔曼大叔。但实际上他是一个城府很深、内心狠毒的家伙。正是他帮助希特勒建立了冲锋队和秘密警察，对德国乃至整个欧洲进行特务统治；正是他在担任经济部长期间，无视凡尔赛和约，推行四年计划，将德国资源的一半用于军事目的，使德国转入整体战经济轨道；正是他指挥德国空军对华沙、敦刻尔克、伦敦、列宁格勒和许多城市进行了狂轰滥炸；正是他与希特勒一起制定了进攻苏联的"巴巴罗萨"计划；正是他自认为居功至伟，要求希特勒指定他为元首继承人。此时却装出满脸的无辜，对任何问题的答复总是闪烁其词，把责任推得一干二净。

里宾特洛甫，纳粹外交部长。他平生最得意的是亲手签署了《苏德互不侵犯条约》，又亲手向苏联大使递交了宣战书。1941年6月22日上午，当苏联大使来到他的办公室时，他像一头被囚禁在笼子里的野兽，大步地走来走去，神情亢奋、目露凶光。交谈刚进行不久，他打断了苏联大使的讲话，大声叫嚣今天不谈这个，今天的话题是战争！

卡尔腾·布隆那，秘密警察的头子。在他领导下，杀人居然实行了流水线化。成千上万的犹太人被火车运到集中营，在挑出需要的技术人员后，其他人被赤身裸体地送入所谓的淋浴室。不幸的犹太人从水管中得到的不是清水，而是毒气。他们痛苦地尖叫着，手指在身上抓出一条条血痕，到处寻找可以逃命的出口，可是纳粹怎么会留一丝缝隙给他们呢。毒气室的门口，青肿的尸体一层又一层地堆成小山。死后尸体还不得安宁，焚烧前要拔下牙齿、剪去头发，因为在纳粹看来这也是战略物资。尸体则用轨道车运到大型焚尸炉焚毁，高高的烟囱始终冒着浓浓的黑烟，集中营周围的恶臭终年不散。据苏联调查，仅在奥斯维辛集中营，纳粹就屠杀了四百万犹太人。当法官问卡尔腾·布隆那对集中营中的屠杀应负什么责任时，他恬不知耻地说没有责任，直到法官向他出示他亲笔签字的屠杀命令时，他才哑口无言。

对战犯们的这种无赖行径，美国首席起诉人罗伯特·杰克逊愤怒地指出：被告们拼凑出来的图画荒谬得令人难以置信，如果他们的话还可信的话，那么上帝就不可信了，因为这等于说根本就没有发生过战争，没有发生过屠杀，也没有发生过罪恶。

经过大量的调查和取证,1946年9月30日进行了总宣判。纳粹党组织、党卫军和秘密警察(盖世太保)被宣判为犯罪组织。10月1日,戈林、里宾特洛甫、卡尔腾·布隆那等十一人以及缺席的鲍曼被判处绞刑;赫斯等三人被判处无期徒刑;施佩尔、邓尼茨等四人被判处有期徒刑;沙赫特、巴本和弗里茨被判无罪,当庭释放。对此,苏联依基琴科法官表示了不同意见,他不同意无期徒刑、有期徒刑和无罪释放的判决,要求战犯们偿命。10月16日,对里宾特洛甫等人执行死刑。除了戈林在向他宣布死刑命令前服毒自杀外,其他战犯一个个被吊死在绞架上,他们也永远被钉在历史的耻辱柱上。

在纽伦堡大审判还没有结束的时候,经同盟国授权,中国等十一个国家在日本东京开始审判日本战犯。1948年12月23日,东条英机、松井石根等法西斯元凶也被送上绞刑架。

纽伦堡大审判是历史上第一次对侵略战争的元凶们进行审判,它开创了将战犯送上国际法庭接受惩处的先河。尽管它对某些纳粹分子和机构过于宽大,但是一批恶贯满盈的首要战犯受到严厉惩罚,法西斯侵略战争的罪行受到揭露,是对法西斯力量的一次全面打击,是和平对战争的胜利,是正义对邪恶的胜利。它将永垂史册。

262·远东国际大审判

1945年9月2日上午9点,是世界现代史上一个历史性的时刻。在停泊于东京湾的美国战列舰"密苏里号"上,举行了日本无条件投降的签字仪式。九天之后,即9月11日,盟军最高司令官、美国陆军五星上将道格拉斯·麦克阿瑟发布命令:"逮捕日本战犯!"

下午一点多,三十多名美国宪兵奉命包围了日本前首相东条英机的寓所,大批记者闻风而动,纷纷赶来,将东条的住所围了个水泄不通。其实,早在8月15日,东条英机收听了裕仁天皇的无条件投降广播后,就彻底绝望了。他预感到自己的末日即将来临,已经做好了自杀的准备。

傍晚,美军宪兵少校保罗·克劳斯乘车来到东条英机家门口,他将负责执行逮捕任务。少校用不容置疑的口气对把守门口的宪兵命令道:"告诉这个狗杂种,我们等的时间够长了,把他带出来!"

话音刚落,屋内传出一声沉闷的枪响,克劳斯立刻带领宪兵冲了进去,只见东条脸色苍白地倒在沙发上,手里拿着手枪,胸部流血的伤口十分刺眼。

盟军总部得知东条英机自杀,立即下令抢救。因为他是远东军事审判最重要的对象,不能让他轻易死掉。还好子弹没有击中心脏,很快就被救活了。

那些罪恶滔天的日本战犯为了逃避正义的审判,一个个地自绝于世。12月16日凌晨,对日本法西斯挑起战争罪责难逃的前首相近卫文麿公爵服毒自尽。在这之前,前侵华关东军司令官本庄繁、前华北方面军司令官杉山元、前台湾总督安腾利吉等人先后畏罪自杀。

经过半年多的准备,1946年5月3日,由中、美、苏、英、法等十一国代表组成的远东国际军事法庭开庭。法庭设在原日本陆军士官学校礼堂内。审判长韦伯代表法庭致辞,他那清晰庄严的话语在法庭内回荡。

"我们完全了解我们担负的重大责任,历史上没有哪一次审判比这次审判更为重要。"

下午两点三十分,法庭重新开庭。当检察官以破坏和平罪、违法人道罪及共谋罪宣读完对日本战犯的起诉书时,甲级战犯、日本法西斯著名理论家大川周明突然发起疯来,他嬉皮笑脸地走到东条英机身后,故意把木屐踢向一边,随后脱下西服,解开衬衣扣子,怪叫道:"我有精神分裂症,申请住院治疗!"

"没有医院证明,被告本人单方申请无效!"韦伯审判长厉声制止。他让宪兵把大川周明押下去,法庭恢复了安静。

但是,当庭审判的第一批二十八名甲级战犯,除了已经死亡的松冈洋右、永野修身,以及大川周明外,其余的二十五人,从东条英机、土肥原贤二,到板垣征四郎、松井石根,全都声明自己无罪。东条英机,这个"七·七"事变的罪魁祸首、太平洋战争的阴谋策划者,要么百般抵赖,要么装聋作哑;"九·一八"事变的主谋之一、大特务土肥原贤二针对对他的指控,狡诈地辩解道:"一切指控都需要证据调查。"

远东国际军事法庭的中国检察官向哲濬心情异常沉重,他深感要彻底制服那些顽固奸猾的法西斯战犯,必须迅速找到大量切实的证据。于是,他特意赶回南京,向国民政府司法部求援。刚从英美两国考察司法制度归来的著名法学家倪征燠博士,因此被任命为中国检察处的首席顾问。倪征燠沉着应战,组织中国检察处的成员奔赴全国各地,多方寻找能够提供证据的重要证人;到了日本后,倪征燠他们设法征得盟军总部的同意,让军事法庭的中国组成员进入已被封闭的日本前陆军省档案库,果然找到了土肥原贤二、板垣征四郎等被告在中国策划"九·一八"事变、制造伪满洲国等大量罪证。

重新开庭后,倪征燠面对土肥原、板垣使出的各种抗辩伎俩和不光彩手法,义正词严、依法据理,与这些侵华战犯展开了针锋相对的交锋。他抓住时机给土肥原贤二以致命的打击:"被告曾多次吹嘘日本要用刺刀、鸦片、特务'三大法宝'来灭亡中国。他首先利用鸦片作为征服中国计划的一部分。土肥原贤二走到哪里,就把哪里变成以鸦片通往军事侵占的坦途。"

倪征燠当庭展示了多份证据,有力揭露了土肥原在中国犯下的累累罪行。

一天,盟军总部法务处处长卡本德上校来找军事法庭的中国法官梅汝璈,对他说:"贵国国防部已两次来电,请求东京盟军总部将战犯谷寿夫引渡到贵国去受审。我想知道您对这件事的个人见解。"

谷寿夫是侵华日军的中将师团长,一手制造了震惊中外的南京大屠杀。梅汝璈明白此人双手沾满了中国人民的鲜血,立刻坚决地表示:"根据国际法则和远东委员会处理日本战犯的决议,对乙、丙级战犯,如对直接受害国,也就是暴行实施地国家的要求,盟军总部是不能拒绝引渡的!"

梅汝璈了解到盟军总部对这件事的态度还不明朗,生怕夜长梦多,立即找来罗集谊、唐铭等中国律师,商量如何促使盟军总部早日将谷寿夫引渡到中国。

唐铭略思片刻,出了个点子:"既然卡本德上校已大体同意引渡方案,我看可以在报上披露你们的谈话内容。"

第二天清晨,有关盟军总部同意将日本战犯谷寿夫引渡给中国政府审判的特大新闻,出现在一家家中、英、日文报纸的头版显要位置,激起了巨大反响。盟军总部终于同意了中方的引渡要求。谷寿夫,这个大肆残害中国人民的刽子手,最终在南京雨花台伏法。观看行刑的无数百姓当场燃放爆竹,以示庆祝。

经过两年九个多月的审讯,1948年11月12日,远东国际军事法庭最后一次开庭,当庭宣判日本前首相东条英机、侵华派遣军总参谋长板垣征四郎、"九·一八"事变的策划与组织者土肥原贤二、南京大屠杀的首犯松井石根、前首相广田弘毅、前关东军参谋长木村兵太郎、前陆军军务局局长武藤章等七人死刑。12月23日,东条英机等七名甲级战犯被送上绞刑架,结束了他们罪恶的一生。其余法西斯战犯也受到了应有的惩罚。

但是,世界各国人民在二战中付出的惨痛代价,却是空前的。光是苏联,死亡的军民人数就达到约两千万人;在中国,仅平民就死亡了一千八百万。

二战也彻底改变了世界格局。美、苏两个超级大国开始争夺世界霸权;一大批亚、非、拉美国家在战后纷纷独立,民族解放运动风起云涌,空前高涨。

263·"圣雄"甘地

1893年,二十四岁的青年律师甘地接受了一个印度富商的聘请,来到那位富商开在南非纳塔尔的公司任职,负责处理公司的债务纠纷。

一天,甘地乘火车去首都比勒陀利亚。他买了一张头等车票,可还未在头等车厢坐定,一个殖民当局的官员就跟了进来,盛气凌人地对他说:"这儿不接待有色人种,你应该到货车车厢里去。"

"可是我有一张头等车票。"甘地理直气壮地回答。

"那不算数。如果你不走,那只能让警察来把你'请'走。"那个官员蛮横地警告甘地。

甘地不理他,端坐不动。但是,一会儿,警察果然来了,不由分说便把甘地推出了车厢,并把他的行李扔到了月台上。

这件事对甘地触动很大。他满怀希望来到也是英国殖民地的南非,原以为凭着自己留学英国、在英国考取的律师执照,在这里可以干一番事业,但仅仅因为自己是有色人种,是一个印度人,就遭到这般歧视,这是哪家的道理?

那时南非有十余万印度劳工,他们干的是当地人不愿干的苦活累活,收入却非常微薄,还遭到种种歧视和压迫。印度人不能坐头等和二等车厢,几乎没有一家旅馆肯接待他们;印度人必须住在特别划定的"专区"里,晚上九点以后禁止出门;印度人必须缴纳人头税,南非殖民当局甚至要剥夺他们的选举权。

甘地越来越为印度人在南非的遭遇而不平。于是,他在1894年5月组织了南非印度侨民的第一个政治团体——纳塔尔印度人大会,为争取印度人的权益而奔走。1901年,为了支持印度劳工掀起的罢工浪潮,他在南非创办了《印度舆论》周刊,宣传印度侨民的正义主张。甘地还花一千英镑在德班附近买了一百英亩土地,建立了一座专门帮助同胞的"凤凰新村",他带着妻子和友人住了进去,也让失业的印度劳工入住,让他们自食其力,维持简朴的生活。

不过,真正让甘地名声大噪的是1907到1908年、1913年,他两次领导南非的印度人举行非暴力抵抗运动,要求殖民当局废除禁止印度向南非移民的"黑色

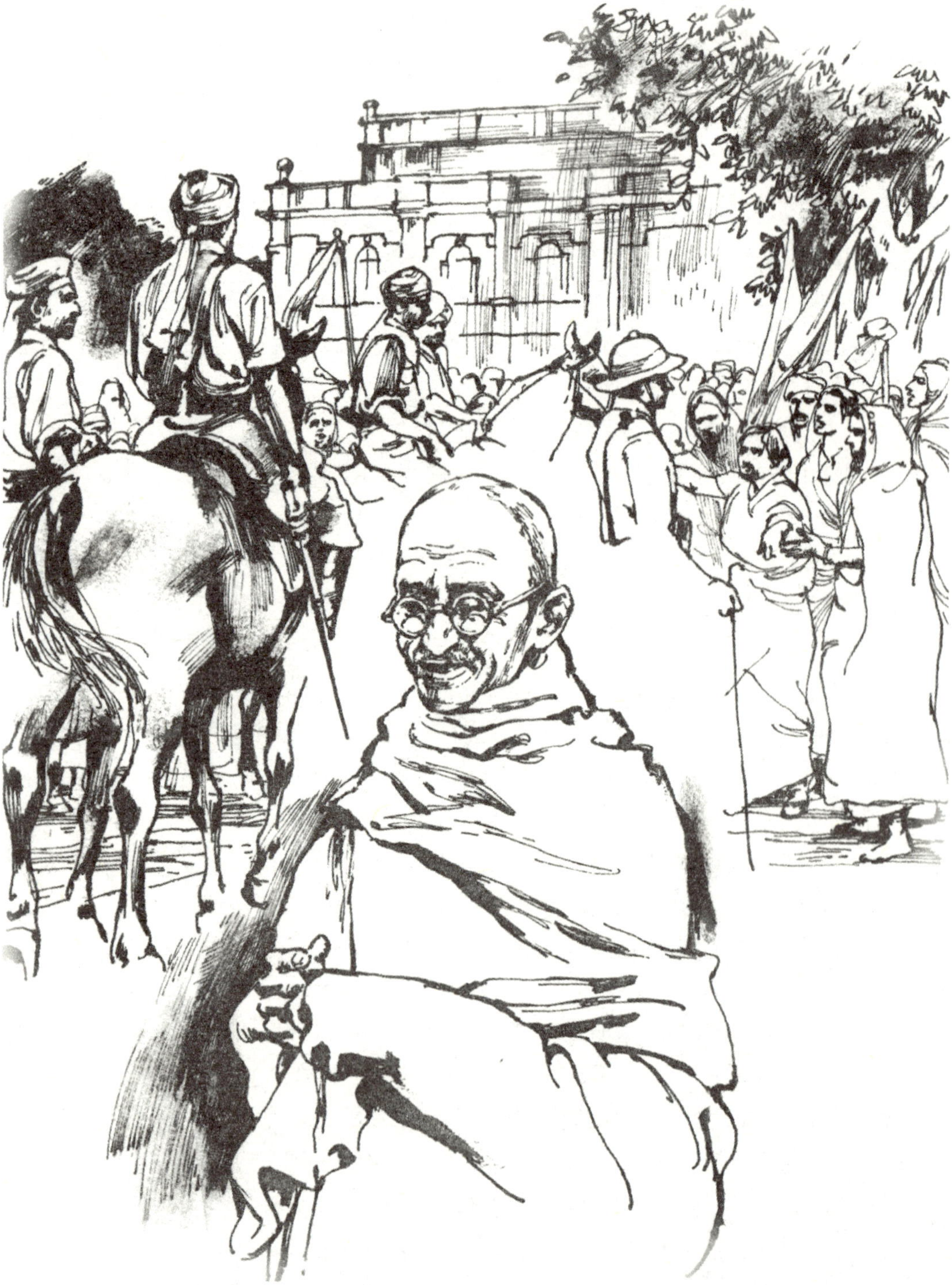

法案"、废除人头税,虽然甘地几次被捕,但印度人罢工的浪潮愈演愈烈,迫使殖民当局最终释放了甘地,不得不取消人头税,允许印度人进入南非。

因此,当1915年1月甘地回到祖国时,他已是威望相当高的社会活动家了,很快就成了印度国民大会党(简称"国大党")的实际领袖。

甘地原先对英国当局还抱有幻想。无论是1899年爆发的英国对南非荷兰移民后裔布尔人的英布战争,还是1906年南非纳塔尔人的反英起义,他都组织了印侨救护队去支援英国;一战期间,他更是站在英国一边,希望以此换取英国人的好感,让印度在战后获得自治。但是,战后英国对印度人民的统治和镇压变本加厉。1919年,英国当局公布了"罗拉特法案",规定警察可以随意逮捕嫌疑分子,不经公开审讯就可以长期监禁。这激起了印度人民更加强烈的反抗。这年的4月13日,旁遮普邦阿姆利则市的群众在市政广场举行了大规模的和平集会,警察开枪镇压,当场打死一千二百人,打伤三千六百人,酿成了印度历史上著名的"阿姆利则"惨案。

血淋淋的事实让天性善良的甘地心潮难平,他决定回击英国殖民者。1920年9月,国大党在加尔各答的特别会议一开幕,甘地就作了发言。

"首先,我已经给印度总督李定勋爵写信,要求他收回我为英帝国服务而获得的三枚勋章,"甘地说,"以前,我曾经把它们看做是荣耀,现在,我认为这恰恰是我们的耻辱。因而,我提议诸位,辞去你们在殖民当局担任的职务,退还你们的勋章,不要去参加殖民政府的集会,我们决不同殖民政府合作。"

大会通过了甘地提出的"非暴力不合作"决议,号召印度人把子女从英国学校中领走,让他们进印度人小的学校;不同殖民者的法院打交道;抵制英国货,使用土布;不买英国公债;不纳税;不到英国人的银行里存钱,等等。

为什么面对强盗般的殖民者,甘地的不用暴力抵抗的思想会被印度人民广泛接受呢?这与印度的宗教有关。印度人大都信奉印度教,印度教最基本的教义就是"戒杀",提倡以爱对恨,以德报怨。因此,他们接受了甘地的理念,相信只要坚持和平斗争,就一定能从精神上战胜殖民者。

甘地领导印度人民展开了轰轰烈烈的非暴力不合作运动。1921年7月,他在孟买带头焚毁英国布,全国各地纷纷响应,并有五十万工人举行罢工,使不合作运动达到了高潮。但是,当第二年2月2日,联合省(今印度北方邦)乔里乔拉的农民举行示威游行时,警察公然开枪射击,激怒了示威的群众。他们一把火烧毁了警察局,烧死了困在里面的一名警官与二十一名警察。

"乔里乔拉事件"发生后不到十天,甘地突然宣布停止非暴力不合作运动。因为他认为群众使用了武力,超出了他规定的范围,必须停止。

当时,英国纺织品在印度的倾销铺天盖地,既损害了印度民族经济的发展,也造成了人民对英国货的盲目崇拜。因此,甘地发起了一个"提倡纺织和用土布"运动。他找出一架旧式的纺车,经过学生的改造后,带头使用,一根一根地纺出纱线,织成土布。从此,他无论去哪里,都随身带着这架木质纺车,一有空就纺纱。一个剃光头发,裸露上身,光脚盘腿坐在纺车前认真纺纱的老人形象,成为印度人民争取民族独立的象征。

在印度人民反英斗争不断高涨的压力下,1930年年初,印度总督欧文被迫与甘地进行谈判,不久签订了"甘地—欧文协定"(又称"德里协定"),规定殖民当局停止镇压,但国大党必须停止不合作运动。由于这个协议没有达到国大党提出的印度自治的要求,引起了党内外与民众的强烈不满。

二战爆发后的1942年4月,甘地提出了英国"退出印度"的口号,领导印度人民掀起了新一轮民族独立运动的高潮,从声势浩大的全国大罢工到英国皇家海军中印度士兵的武装起义,此起彼伏,汹涌澎湃,迫使英国不得不同意印度独立。但是,印度最后一任总督蒙巴顿少将利用印度教徒与伊斯兰教徒的严重对立,制定出了分而治之的《蒙巴顿方案》,宣布在印度半岛建立两个国家:以伊斯兰教徒为主的巴基斯坦(包括今天的巴基斯坦与孟加拉国),以印度教徒为主的印度(即现在的印度共和国)。1947年8月14日,巴基斯坦自治领成立;第二天,印度联邦宣告诞生。印度举国欢庆,但甘地却在加尔各答的寓所中静静地绝食一天,因为他认为自己未能使印度人民团结起来,这是终身的遗憾!

传说"圣雄"——玛哈拉是印度教三大主神之一毗湿奴的第十一个化身,与第十个化身佛祖释迦牟尼可以相提并论。"圣雄"的意思就是"伟大的灵魂"。甘地被尊称为"圣雄",可见他在印度人民心中至高无上的地位。1948年1月30日,甘地在赴祷告场的途中,被一个狂热的青年刺杀身亡。但正如印度联邦制宪会议上对他的高度评价,他无愧于"过去三十年来的向导和哲学家,印度自由的灯塔"。

264·巴基斯坦国父真纳

巴基斯坦与印度原来属于一个国家,是英国的殖民地。经过长期的民族斗争,1947年8月,印度获得了独立;同月,独立的巴基斯坦国也宣告诞生。

8月7日,巴基斯坦制宪会议在北部的卡拉奇召开,会议主席、巴基斯坦国的奠基者真纳激动地向代表们宣布:"你们自由了,你们可以自由地到庙宇去,到清真寺去,或者到这个巴基斯坦国家任何其他做礼拜的地方去。不论你们属于什么宗教、种性或信仰,都毫不妨碍我们都是同一个国家的公民,而且是平等的公民的这一基本原则。"

全场代表爆发出雷鸣般的掌声和欢呼声。想到新生的祖国从此屹立在南亚次大陆,作为民族独立运动的领袖,真纳感到无比的欣慰。

1876年12月25日,穆罕默德·阿里·真纳出生在卡拉奇。他的父亲是一个皮革商人,共养育了七个子女,真纳是老大。他六岁开始在卡拉奇念书,十岁时转到孟买的一所小学上学,十一岁又回到故乡读中学。真纳从小聪颖好学,十六岁中学毕业后,有个非常喜欢他的英国商人说服了真纳的父亲,将真纳送到英国伦敦攻读法律。

真纳只用了两年时间就读完了全部课程,以优异的成绩从伦敦林肯律师学院毕业。1896年,取得高级律师资格的真纳回到了卡拉奇。第二年,他踌躇满志地前往孟买创办了自己的律师事务所。但是,起初的几年,律师事务所的业务开展得并不顺利,这让年轻的真纳尝到了创业艰难的滋味。

但是,真纳通过不懈的努力,到底在法律界站住了脚。他的反应敏捷,口才雄辩而犀利。有一次,他在法庭上将法官彻底驳倒了,恼怒的法官叫道:"真纳先生,请您记住您不是在对一个三等推事(法院中受理案件的官吏)讲话。"

真纳毫不客气地回答:"法官先生,请允许我警告您,我也不是一名三等律师!"

真纳是从1906年起参加政治活动的,他加入了印度国大党,做了党的主席纳奥罗治的秘书。就在这一年的年底,全印穆斯林联盟宣告成立。穆盟提出按照宗教信仰划分选区的主张;要求实行立法机关的选举,并在立法机关中给予伊斯兰教徒独立的代表权。

为了平息印度人民的反抗,维持殖民统治,英国不得不在1909年颁布印度议会法,成立立法议会,增加议员的名额。穆盟的要求得到了一定程度的满足。还未加入穆盟的真纳被孟买的伊斯兰教徒选为印度中央立法议会的议员。

由于历史形成的原因,印度的民族与宗教问题错综复杂。伊斯兰教徒主要居住在东孟加拉,印度教徒则主要住在西孟加拉。他们之间经常爆发大规模的宗教冲突与仇杀。为了达到分化打击的目的,印度总督寇松曾经在1905年颁布分割孟加拉的法律。但是,到了1911年年底,新任印度总督哈丁又废除了这项法律,从而激起伊斯兰教徒的强烈不满,反英斗争此起彼伏。

现实的斗争让穆盟领导人意识到,伊斯兰教徒需要同印度教徒联合起来。在1912年召开的穆盟会议上,真纳第一次应邀出席。第二年,穆盟通过新的章程,提出"同其他教派合作,以建成一个适合印度的政治制度"。这一年,真纳正式加入穆盟。

第一次世界大战以后,印度人民的反英斗争更加高涨。如何适应新的斗争形势呢?在1920年9月召开的国大党非常会议上,甘地提出对英国殖民当局的不合作纲领,12月,这一纲领获得通过。但是,真纳不同意不合作纲领,认为这是在宣扬无政府主义,于是在第二年退出了国大党。

然而,真纳在伊斯兰教徒中的威望日益提高,1924年他当选为穆盟主席。他在穆盟大会上呼吁:"外国统治印度并且继续维持统治,主要是因为印度人民,尤其是印度教徒与伊斯兰教徒不能团结一致,缺乏互相信任……我几乎可以说,印度教徒与伊斯兰教徒团结之日,就是印度实现自治领责任政府之时。"

不过,真纳的主张没有得到积极的响应。心灰意冷的他便在1930年跑到英国,重操律师职业。1933年,穆盟派代表来到伦敦,恳切地劝说真纳:"你必须回去,人民需要你,只有你才能挽救穆斯林联盟,使它获得新生。"

真纳被感动了,此后便奔走于英国与印度之间。1934年,他当选为穆盟终身主席。第二年,英国国王在印度人民的斗争压力下,批准了印度政府法,印度有十一个省获得了自治权。真纳深受鼓舞,在这一年离开伦敦,回到印度。

不久发生的一件事,却改变了真纳原来的想法。1936年到1937年,印度举行大选,国大党获得了多数票,该党的领导人拒绝与穆盟合作,坚持由国大党一党组织政权。真纳深切地感受到,在这种形势下,再提伊斯兰教徒与印度教徒的合作,已经不切合实际了。

伊斯兰教徒对真纳的爱戴越来越热切,他们称呼真纳为"卡伊德—卡—阿扎姆",意思是"最伟大的领导者",他成为伊斯兰世界当之无愧的领袖。在他的主持下,1940年3月,穆盟在拉合尔(在今巴基斯坦东北部)召开了具有划时代意义的年会,通过了著名的《巴基斯坦决议》,决定伊斯兰教徒聚集的省份脱离印度,建立一个独立的伊斯兰国家。真纳接着创办了《黎明报》,积极宣传这一决议和巴基斯坦建国的思想,为独立事业而呐喊。

然而,真纳的建国努力也遭到了重重阻力,甚至反对他的集团下毒手要杀害他。但是,真纳毫不动摇,继续为独立事业不辞辛苦地奔走。他语重心长地说:"在作出决定之前要思考百遍,一旦决定以后,就要万众一心,坚持到底。"

1944年4月,真纳与甘地在孟买举行会晤。甘地坚持印度是一个民族的观点;真纳则坚定地认为,伊斯兰教徒与印度教徒分属两个不同的民族,国大党应该同意建立巴基斯坦国。双方各执己见,结果不欢而散。

在印度人民的不断斗争下,英国政府不得不同意印度自治。但是,在1945年8月国大党与穆盟的谈判中,国大党依然坚持必须由它领导统一的印度,不承认伊斯兰教徒的自决权。真纳领导的穆盟坚决反对,谈判又破裂了。

很快到了1947年2月,英国宣布将给予印度完全独立。6月,最后一任印度总督、海军少将蒙巴顿公布《印度独立法》,也就是著名的《蒙巴顿方案》,实行印、巴分治。真纳为之奋斗的建立巴基斯坦国的理想终于实现了。

这年8月17日,真纳在他的故乡卡拉奇宣誓就任巴基斯坦自治领首任总督。巴基斯坦建国后百废待兴,真纳日理万机,呕心沥血,不幸染上了肺结核,于1948年9月11日病逝。但是,他是活在巴基斯坦人民心中的永远的国父。

265·巴勒斯坦问题的由来

二战结束后的第三年,即1948年5月14下午四点,在特拉维夫博物馆,犹太人要宣布成立自己的国家,成千上万的犹太人拥向博物馆,来亲眼目睹这个梦寐以求的仪式。

戴维·本—古里安,犹太复国主义运动的领袖之一,矮小的身材上穿着白衬衣,打着领带,一身深色西服,稀疏的花白头发向后梳得一丝不乱。四时整,他用小木槌敲了敲桌面,示意大家安静,然后用粗哑的嗓音向在场的全体观众,并通过收音机向全国宣布:犹太人梦想了两千年的国家成立了,名称叫以色列。

会场内外一片欢呼,直到夜色深了,尽情欢庆独立的人们才渐渐散去。但在海边一幢低矮的粉红色建筑——"红宫"里,灯火彻夜通明。犹太人秘密军事组织"哈加纳"的领导人和本—古里安商议了整整一夜。根据情报,他们已经确定,黎明时分,阿拉伯军队就会向以色列发起进攻。

果然,伴随着初升的太阳,三架埃及的喷火式战斗机,袭击了特拉维夫的里丁发电站。同时,一些犹太人的居民点也遭到袭击和轰炸。从此,一场似乎无穷无尽的恶斗拉开了序幕。第一次中东战争爆发了。

人们不禁要问,犹太人与阿拉伯人是如何结怨的?为什么要在巴勒斯坦建立以色列国?谁是巴勒斯坦人?他们原先的家园在哪?他们后来又是怎样沦为难民的?

这得从公元前1010年说起,大卫登基,统一了犹太人各部落,并征服了耶路撒冷,将其定为首都,称为大卫城。以后,他的儿子所罗门在耶路撒冷建立了犹太教第一圣殿,保存犹太教圣经的约柜就安置在这里。从此,耶路撒冷就成为犹太民族的中心。

所罗门王死后,王国分裂成以色列国和犹太王国。公元前721到前715年,亚述灭掉了北面的以色列国。一百多年后,犹太王国被新巴比伦所灭,耶路撒冷遭到洗劫,所罗门圣殿被毁,犹太人遭驱逐,数万人作为俘虏被流放到巴比伦,开始了犹太史上的"巴比伦之囚"时代,犹太人开始了第一次大离散。

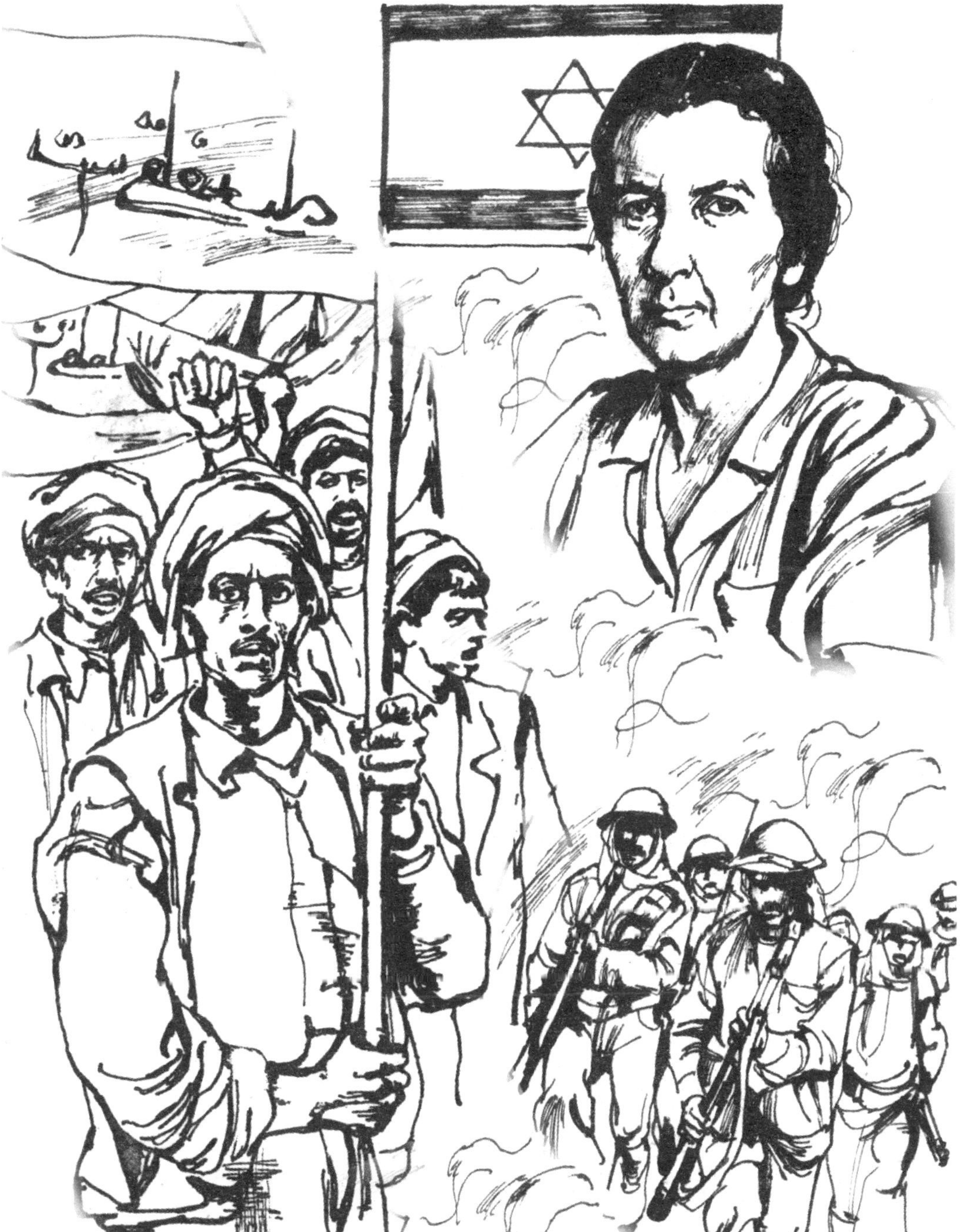

在其后的时间中,巴勒斯坦地区先后被波斯、马其顿、罗马、阿拉伯、奥斯曼土耳其等统治。在一次次的战火中,巴勒斯坦的犹太人流离失所,最后在世界各地,主要是欧洲定居下来。到十二世纪中叶,整个巴勒斯坦只有一千四百多名犹太人了。

在七世纪的时候,伊斯兰教在阿拉伯半岛兴起,穆罕默德和他的子孙建立起阿拉伯帝国。公元637年,巴勒斯坦成为阿拉伯帝国的一部分。阿拉伯人不断移入,逐渐形成现代的巴勒斯坦阿拉伯人。他们一直在这里生活,巴勒斯坦作为阿拉伯人的家园得到开发。

然而,长期流落他乡的犹太人,遭到各国统治阶级的种族歧视和迫害。甚至莎士比亚在文艺作品中都将犹太人描绘成贪婪、刻薄、阴险的人物。十二世纪时,西欧有一百五十万犹太人,到十五世纪,只有三十万人了。劫后余生的犹太人也只能住在经过划定的"隔都"(犹太人居住区)里,并被限制从事很多职业。

悲惨的处境,使广大犹太人一直想回到他们祖先曾经生活过的地方——巴勒斯坦,重建犹太国。他们认为这是摆脱苦难的唯一出路。在近两千年的时间中,返回耶路撒冷的梦想成为支撑犹太人的精神力量。在家庭聚会上,他们经常为"来年回到耶路撒冷"干杯,祈祷时总是面对故乡。到十九世纪后期,犹太复国主义运动诞生了。1897年,犹太复国主义第一届代表大会在瑞士巴塞尔召开。会议大厅正面高悬"犹太复国主义者代表大会"的横标和一面饰有两条蓝条子、一颗大卫星的白旗,大会宣布成立了世界犹太复国主义者协会,号召犹太人向巴勒斯坦移居。

一战爆发后,英国借口支持犹太复国主义运动,把自己的势力渗入巴勒斯坦。1917年,英国外交大臣贝尔福代表政府向犹太人社团递交了一份文件,史称贝尔福宣言,对犹太人建立民族之家表示支持。战后,英国以委任统治的方式占有了巴勒斯坦,犹太人向巴勒斯坦移民的速度加快了。

巴勒斯坦阿拉伯人忧心忡忡,担心犹太人数量将超过阿拉伯人。此时,中东的其他阿拉伯国家已经或正在成为独立的主权国家,唯独巴勒斯坦的阿拉伯人不仅被剥夺了民族自决权,就连在本国生存的基本条件也受到侵犯,终于在1936年至1939年爆发了起义。

法西斯意大利和纳粹德国看到有机可乘,一面大造舆论,一面向阿拉伯人提供金钱和武器。阿拉伯人宣称,如果英国不改变政策,"就将与执行敌对英国政策的其他欧洲大国联合起来"。

英国吓坏了。一旦阿拉伯与法西斯轴心国相勾结,对英国绝对是个严重威胁。为了确保阿拉伯地区的石油并维护大英帝国交通线的中东环节,英国在阿以问题上改变态度,否认贝尔福宣言的权威性,犹太人差不多绝望了。

这时,美国迫于国内犹太人社团的压力和自身利益的考虑,开始支持犹太复国运动。纳粹德国大肆残杀犹太人的暴行,也使全世界人民同情犹太人的遭遇,犹太复国主义开始被越来越多的人所接受。

二战的硝烟散去,英国依然无法解决巴勒斯坦问题,被迫将此问题提交联合国表决。

1947年11月29日,纽约时间下午三点钟,联合国大会就巴勒斯坦分治方案进行表决。这时,在耶路撒冷,一位中年妇女和所有的犹太人一样,守在收音机旁等待投票结果。她叫戈尔黛·马波维奇,狂热的犹太复国主义者;为了犹太复国主义运动,她不顾家庭,不顾孩子,甚至与丈夫离了婚,改名果尔达·梅厄。

她紧张地等待着,用手中颤抖的铅笔记录着票数。表决结果终于出来了,三十三票赞成,犹太人可以建立自己的国家。她长舒了一口气,悬着的心放回肚里。

嘶哑的羊角号划破了耶路撒冷宁静的夜空,欢腾的人群涌上街头,一齐向灯火辉煌的犹太人代办处大楼汇集。人们在大楼的院子里手挽手唱歌跳舞,尽情欢呼,沸腾的人群有节奏地喊着他们所熟悉的领袖的名字。当果尔达·梅厄出现在宽敞的阳台上时,人们静了下来,聚光灯照亮了她泪流满面的脸,她把双手放在阳台栏杆上,喘了口气,努力使自己平静下来,然后高声说道:"我们盼望解放已经盼了两千年了。我们一直相信,这一天终究会来的。现在,这一天到来了,犹太人同胞们,祝大家幸福!"

联合国的这个决议,无论是在分治原则方面,还是在划分方法上,对阿拉伯人来说,都是一个不公正的决议。这一决议将百分之六十的土地划归人口不到三分之一的犹太人,而且都是肥沃的沿海地带。而占巴勒斯坦地区百分之六十人口的阿拉伯人仅得到百分之四十的土地,被赶离世代生活的家园,挤入贫瘠的丘陵与沙漠地区。阿拉伯世界愤怒了,他们团结了起来,从决议通过时起,就不停地袭击犹太人,而以色列国宣告成立,则成了阿以冲突大规模爆发的信号弹。

266·"铁幕"演说

富尔敦是美国密苏里州的一座小城,是为纪念轮船的发明人富尔敦而命名的。1946年3月5日,城里的威斯敏斯特学院热闹非凡,学院门口车水马龙,各种名贵、时髦的轿车鱼贯而入,就像在举行汽车展览会。

学院的草坪上,密密地排列着座椅,三千多名听众正陆陆续续进场。有的老朋友见面大声寒暄,有的新朋友初次相见互相介绍,有的政敌邂逅冷言冷语。不过,大多数人在议论将要进行的演讲。演讲者是鼎鼎大名的丘吉尔,他的演讲可是举世闻名的,今天会讲些什么呢?

不久,听众差不多都到齐了。喧闹的人群忽然安静了下来,因为美利坚合众国总统杜鲁门出现在演讲台上。"女士们、先生们,欢迎我们的老朋友,伟大的温斯顿·丘吉尔进行演讲,题目是《和平砥柱》。"

在掌声中,丘吉尔挪动着水桶一样肥胖的身躯,满脸微笑,走向演讲台,一手轻轻挥舞着白色的礼帽,一手的中指和食指摆出他那著名的象征胜利的V字形,频频向听众致意。

今天的演讲他准备了很久。有一些话他藏在心里,如骨鲠在喉,不吐不快。在他心里,法西斯主义和共产主义,希特勒和斯大林并没有什么两样,都是洪水猛兽。只不过纳粹的打击来得快一些。为遏制法西斯对西方民主制度的肆意践踏,他不得不与社会主义苏联结成反法西斯联盟。战后,共同的敌人消失,双方在一系列国际问题上,尤其是战后世界秩序的构想上分歧扩大,互不相让,矛盾日趋尖锐。他深知,英国在二战中损失惨重,根本无力阻挡苏联在欧洲的扩张,他又在竞选中失败,一个在野党的领袖左右不了英国的政坛。幸好,美国有足够的实力遏止苏联,杜鲁门对苏联的观点又和他一样,他才有了今天这样的机会。

坐到台下的杜鲁门心中也有些紧张。罗斯福病逝后,他从副总统继任了总统。上台后,他就表示要对苏联采取强硬政策。日本投降后,他公开宣称:"我已厌倦了笼络苏联人",开始推行一种以苏联为主要对手,以欧洲为重点,以谋求世界霸权为目标的战略。他依仗有原子弹,在东欧、伊朗、土耳其问题上,直接向苏联发难。

苏联也不是好惹的,二战使它的军事实力和国际影响与日俱增。在追击德军的过程中,苏军进入东欧和中欧地区,波兰、罗马尼亚、匈牙利、保加利亚、捷克斯洛伐克等国都建立了人民民主政权,同美国处于直接对峙的局面。

1946年2月9日,斯大林发表演说,指出战争是现代垄断资本主义发展的必然结果。杜鲁门像是被踩住了尾巴,立刻跳了出来,把这篇演说污蔑为"第三次世界大战的宣言"。美国驻苏联大使馆代办乔治·凯南,向国内发回长达八千字的电文,提出必须对苏联采取"遏制"政策。

但是,当时国际国内舆论对苏联普遍持有好感,于是杜鲁门决定邀请反共斗士丘吉尔访美,打响反苏反共的信号枪。丘吉尔一拍即合,搭乘"伊丽莎白"号客轮前往美国。杜鲁门亲自赶到迈阿密海滩,与丘吉尔商量了演说的基本内容,又亲赴富尔敦,为丘吉尔助阵,还通过无线电台向全国转播。

台上,丘吉尔开始了他的演说。首先,他将美国吹捧为"正高踞世界权力的顶峰",听得台下的人群点头晃脑、得意洋洋。随即话锋一转,貌似关心地提醒美国人民不要高枕无忧,因为新的战争和暴政日益威胁着世界,而根源就是苏联和国际共产主义运动。

丘吉尔用他那特有的富于感染力的声音说道:"从波罗的海斯德丁到亚德里亚海边的里雅斯特,一幅横贯欧洲大陆的铁幕已经降落下来了。在这条线的后面……华沙、柏林、维也纳、布达佩斯、贝尔格莱德、布加勒斯特和索非亚——所有这些名城及其居民无一不在苏联的势力范围之内,不仅以这种或那种形式屈服于苏联的势力影响,而且还受到莫斯科日益增强的高压控制。"

"不久刚被盟国的胜利照亮的大地,已经罩上了阴影。没有人知道,苏俄和它的共产主义国际组织打算在最近的将来干些什么,以及他们扩张和传教倾向的止境在哪里,如果还有止境的话。"

"如果我们不趁现在还来得及的时候正视这些事实,那就不太明智了","现在需要的是做出解决问题的安排。拖得越久,就越困难,对我们的危险也就越大。"

他建议:"必须马上着手给联合国配备一支国际武装力量",要对制造原子弹的秘密知识和经验"加强保密工作","各英语民族要像情同手足一样的联合"。

更重要的是在军事上"继续保持密切的联系，以便共同研究潜在的危险"，用"实力"反对苏联。

演说震动了台下的听众，那些一直把苏联看成盟友的人惊得张大了嘴巴，甚至忘了礼节性的鼓掌，一些敏感的记者马上嗅出演讲中透露的信号，立即冲向电话局、电报局，发出爆炸性的头条新闻。美国朝野哗然，报刊纷纷发表评论。美国政府立即大造舆论，《纽约时报》载文宣称"两国为同一命运所支配"，应"同情和支持"丘吉尔的建议，掀起"冷战"的浪潮。

丘吉尔的演说遭到了世界爱好和平人民的反对。美国《芝加哥太阳报》说："紧接着这位伟大而盲目的贵族所高举的大旗，就会使我们投入这个世界最恐怖的战争中去。"斯大林在《真理报》上指出：丘吉尔的演讲是"危险的行动"，"是站在战争挑拨的立场上"，是"号召同苏联战争"。

杜鲁门一看时机尚未成熟，慌忙召开记者招待会，否认自己与丘吉尔的演说有关系，否认事先知道了内容。美国政府不得不有所收敛，一年后，才正式形成了冷战计划。

267·马歇尔计划

1947年6月5日,是这一年哈佛大学举行毕业典礼的日子。毕业生们身穿学士服,头戴学士帽,帽子一角的流苏随着兴奋的脑袋不停地晃动。他们三三两两地走向大草坪,有的在畅谈事业和理想,有的依偎在前来参加典礼的父母身边,像小孩子一样撒着娇。阳光灿烂的大草坪上搭好了临时主席台,校徽放在中间最显眼的地方,仿佛时刻在提醒大家,哈佛是美国乃至世界最著名的学府之一。

每年的毕业典礼都会邀请一位社会知名人士来发表演讲,或是政界显要,或是工商巨子。今天受邀请的是现任国务卿乔治·马歇尔,在美国,不知道他的人恐怕不多。在学子们的眼里,马歇尔是二战英雄,又是杰出的政治家,是一位高山仰止的人物,今天他要给学子们讲些什么呢?

毕业典礼开始了。一个个心情激动的学子走上舞台,从校长手里接过毕业证书,有的双手颤动,有的嘴唇哆嗦,有的满含泪水,但每人脸上都洋溢着幸福的笑容。台下掌声、欢呼声连成一片,真是欢声笑语、喜气洋洋。

坐在贵宾席上等待演讲的马歇尔心中另有一番感慨。这里的景象和他刚访问过的欧洲是多么不同。二战后的欧洲满目疮痍,到处是残垣断壁。过去威风凛凛的英法两国,现在已是奄奄一息,战争的伤口尚未抚平,罕见的严寒和暴风雪又在伤口上撒了一把盐。战败的德国更是惨不忍睹,农业歉收,物价飞涨,货币贬值,1947年的生产总值仅为1936年的百分之二十九,许多工人一个月的工资只够买一条香烟。欧洲各国的罢工此起彼伏,就像冰封的河面下涌动的春潮,时刻可能天翻地覆。

令马歇尔担心的还不止这些,苏联在欧洲的影响正不断扩大,东欧、中欧相继出现了一批人民民主国家。为了控制黑海的出海口,苏联在土耳其边境集结了大量军队,真是山雨欲来风满楼。

必须立即采取行动,来挽救苟延残喘的欧洲,这是他访欧归国后强烈的感受。

当时的美国,正处在历史上从未有过的经济、军事实力的顶峰。1948年,美国工业生产占资本主义世界的百分之五十四点六,世界外贸出口总额的百分之三十三,黄金储备的百分之七十五。阻止苏联或英国控制欧洲,由美国充当复兴欧洲的救世主,与苏联全面抗衡,是美国当时的秘密国策。况且,美国大批的剩余物资和过剩资本,急需寻找销售市场和投资场所,所以援助欧洲也是一个双赢的设想。

掌声打断了他的沉思,他抬头一看,全场的目光都热切地注视着他,在校长的带领下,人们用热烈的掌声欢迎他进行演讲。他站起身来,微笑着向大家点头致意,然后迈着沉着的步伐走上演讲台。掌声依然,他摆了摆手,人群逐渐安静了。

马歇尔首先对毕业生表示真诚的祝贺,希望他们鹏程万里,当然,又赢得热烈的掌声,然后他马上引入了演讲的主题——美国对欧洲进行援助的计划。

他向人们描绘了欧洲面临的困难局面:"事实真相是,欧洲在今后三到四年内……必须获得大量的额外援助,不然就得面临性质非常严重的经济、社会和政治的恶化。"

继而他又阐述了援助欧洲的政治意义:"美国应当尽其所能……否则,就不可能有稳定的政治与有保障的和平……我们的政策的目的应该是恢复世界上行之有效的经济制度,从而使自由制度赖以生存的政治和社会条件能够出现……"

演讲的内容迅速传遍了全世界,尤其是在欧洲,就像溺水者看到有人拿着竹竿跑过来,人人翘首以待。

1948年4月2日,美国国会通过了《1948年对外援助法》,次日由杜鲁门总统签署生效,马歇尔计划开始实施。提供给欧洲的不是现金而是信贷,主要用来在美国购买设备、机床以及生活用品,到1952年6月30日,计划结束时美国实际拨款一百三十一点五亿美元。

欧洲经济出现奇迹般的恢复,非但英、法等国赶超了战前水平,就连战败的德国也加入快速增长的行列,强大的法国和意大利共产党由于没有什么经济上的不满可以利用,影响力大大下降。

马歇尔计划是杜鲁门主义的演化和延伸,正如杜鲁门讲的,两者是"一个胡桃的两半"。它回避了杜鲁门主义的挑战性论调,糅和了美国传统的人道主义精

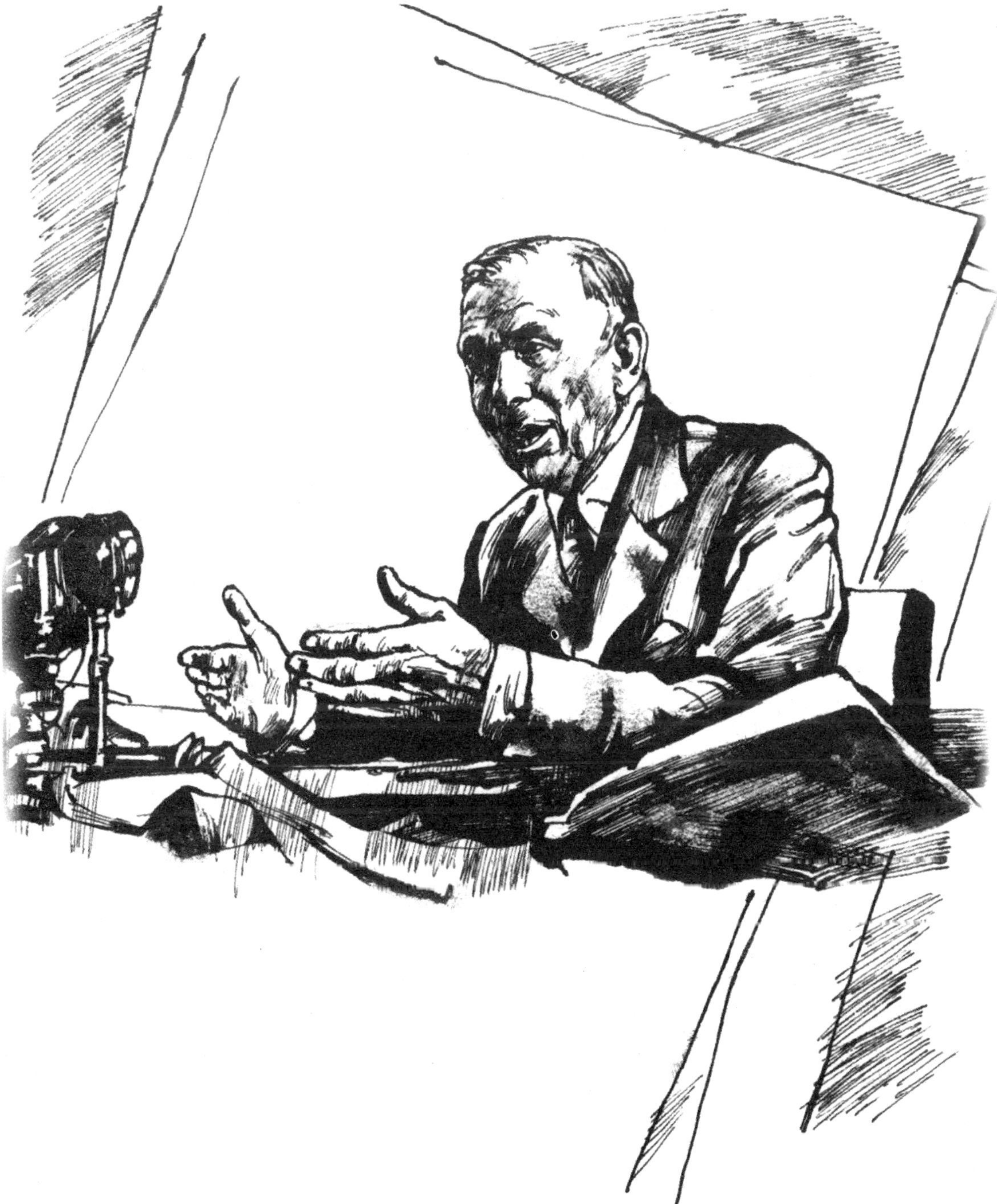

神,和美国关于战后贸易和投资的门户开放的想法,它有促进国内工业生产的念头,也有针对苏联进行遏制的动机。

苏联对马歇尔计划的反应是多方面的。它指责该计划是反苏的,强迫波兰和捷克斯洛伐克放弃加入马歇尔计划的权利,加强了对两国的控制,并提出了莫洛托夫计划进行反击。因此,马歇尔计划并未遏制住苏联,反而进一步加剧了冷战分化。

令美国始料不及的是,复兴后的欧洲走上了联合自强的道路,随着欧洲一体化的推进,欧洲成为一支不完全受美国控制的政治力量。

268·"D 记"马克和"B 记"马克

二战结束,德国投降。1945 年 5 月,苏、美、英、法四国根据波茨坦公告对德国实行了分区占领:东区由苏联占领,西区由法国占领,英国占领西北区,美国占领西南区作为第四个占领国。德国首都柏林虽然位于苏占区内,可它也由四国共管,苏联占领柏林东部,由美、英、法三国占领柏林西部。

随着冷战的不断升级,苏美两国围绕德国未来前途的争斗也越来越激烈。1948 年 2 月,美国拉拢英国、法国、荷兰、比利时和卢森堡等国,在伦敦举行了六国会议,提出了成立独立的西德政府的设想。这样一来,德国的四个占领区实际就变成了以美国为首的西方和苏联两大占领区。而柏林也相应地分成了东柏林和西柏林。

面对美国咄咄逼人的攻势,苏联毫不手软。1948 年 3 月 30 日,苏联通知美国,从 4 月 1 日起,苏方将对通过苏占区的西方人员、车辆实施检查,并实行交通限制。美、英、法三国没有理会苏联的反应,加紧推行分裂德国的计划。6 月 18 日,他们宣布在西占区实行货币改革,发行印有特别标记"B"的货币——"B 记"马克。

苏联针锋相对,几天后,发行了加上特别印记"D"的新马克——"D 记"马克,作为苏占区和整个柏林的流通货币,以保护苏占区的经济利益免遭"B 记"马克的破坏。这下可难坏了柏林市政当局,他们知道双方都不好惹,只好采取折衷方案,决定在东柏林流通"D 记"马克,在西柏林流通"B 记"马克。

柏林市政当局的这个决定惹恼了斯大林。他感到德国的分裂已经势在必行,一旦分裂,西柏林就会成为西方的前哨阵地,如鲠在喉。他认为这是绝对不能容忍的,必须拔掉这根刺,把西方势力挤出西柏林。

于是,6 月 24 日,斯大林下令全面封锁西柏林,切断了所有西占区通往西柏林的水陆交通,还停止向西柏林供应电力和煤炭,只有从西占区通往西柏林的三条空中走廊仍然敞开着。

当时西柏林还是一片废墟,可那里却居住着二百五十万居民,还驻扎着许多美英部队。然而这座城市根本不生产食物或其他生活必需品,它的生存完全依赖陆路、水路的运输。苏联这一招使西柏林顿时变成了一座"孤岛",被封锁、被孤立的柏林居民和美英官兵胆战心惊,度日如年。

消息传到华盛顿,杜鲁门大吃一惊。经过深思熟虑,杜鲁门宣布,西方不仅要留在柏林,而且要通过空运冲破苏联对柏林的封锁。

这是一个冒险的决定,因为谁都没有用过空运方式去供给一个大城市。光是维持柏林人活命,每天就要运去四千吨生活必需品;想要维持整个城市正常运转,每天需要的物资高达八千吨。可是空运是破解苏联绝招的最理想的办法,其他对抗手段极有可能把世界再次拖入世界大战的深渊。

驻德美军总司令克莱将军接到杜鲁门的指示,立刻出动当时所能动用的全部运输机,在西占区和西柏林之间架起"空中桥梁",开始了人类史上前所未有的空运壮举。26日,第一批空运的生活物资运抵西柏林,重新点燃了"孤岛"民众的希望。

从此,西柏林上空,飞机的轰鸣声昼夜不断。在运输高峰期,平均每一分钟,就有一架飞机降落。食物、衣物、药品、燃料以及一切所需的生活物资源源不断送到西柏林。

美、英空军的空运计划越来越周密、精确,使空运的总量从每天的两千吨,增加到四千吨,以后又增加到八千吨,最后增加到一万二千吨。这个运输量比封锁前的地面运输量还要大。

在不知疲倦的飞行员的努力下,西柏林不但可以维持生存,而且正在变成欧洲最富裕的城市之一,仓库里、空地上到处都堆满了空运来的物品。

为了安抚西柏林的孩子,美国飞行员哈弗森用手绢做成降落伞向孩子们空投糖果、巧克力,引起了轰动。飞行员们纷纷效仿,每天数以千计的小降落伞从空中飘落,给孩子们送去玩具、糖果。许多国家的孩子们也展开了为西柏林儿童捐赠糖果的活动。

斯大林本来以为封锁能迫使西方从柏林撤军,万万没有料到,西方会用令人难以置信的空中补给打破封锁,他明白封锁已经失败,如果继续封锁,反倒成了西方攻击性宣传的口实和把柄。1949年5月,苏联解除了地面封锁,延续了十一个月的柏林危机终于结束了。

虽然"柏林危机"缓和了,但是德国分裂的局面却已无可挽回了。不久,德意志联邦共和国和德意志民主共和国相继宣告成立。

269·北约和华约

冷战开始以后,西欧虽然在美国的经济援助之下,渐渐恢复了元气,可是面对苏联信誓旦旦要在全球实现共产主义的宣传,不免忧心忡忡。

1948年初,捷克斯洛伐克的政权变更,加入了社会主义阵营,希腊、土耳其的局势也岌岌可危。西欧如同惊弓之鸟,惶惶不可终日。英国外交大臣贝文心急如焚,禁不住大声疾呼:西欧正面临被苏联颠覆的危险。为保卫西欧的安全,各国应该联合起来,建立西欧联盟。

贝文的呼吁立马得到了法国、比利时、荷兰、卢森堡四国的响应。3月17日,五国经过协商,在比利时首都布鲁塞尔签署了《经济、社会、文化合作和集体防御条约》,又称《布鲁塞尔条约》。条约规定,当任何成员国遭到侵略时,其他成员国必须给予一切援助。条约虽然宣称旨在防止德国可能的侵略,可是当时的德国已是手无缚鸡之力,所以该条约显然是把苏联当做了假想敌。紧接着,五国成立了西方联盟防御委员会和以英国元帅蒙哥马利为首的作战司令部,并且着手加强装备,进行各种军事演习。

《布鲁塞尔条约》的签订并没有完全消除西欧各国心头的不安全感。当时整个西欧只有十四个师的兵力,其中还包括了美国的两个师。而苏联与东欧连成了一片,拥有二百一十个师的大军。他们感到依靠自己这点单薄的力量难以抵御苏联,还得寻找一个能和苏联抗衡的有头力的伙伴,而这个理想伙伴非美国莫属。

同年6月爆发的"柏林危机",更加坚定了西欧联合美国的决心。而美国早就想把军事触角伸向欧洲,这样既可加强对西欧的控制,又能遏制苏联势力的扩张,实现自己称霸世界的野心。如今西欧亲自登门来寻求自己的军事保护,美国哪肯放弃这千载难逢的机会。于是,双方一拍即合。

1948年7月6日,美国、加拿大与《布鲁塞尔条约》的五个缔约国在华盛顿举行会议,讨论建立北大西洋安全体系问题。为了防止苏联间谍窃取情报,会议采取英国外交部的保密制度,分发的文件减少到最低限度,由特别信使传送,讨论的议题绝对禁止在电话中交谈。在长达八个月的会议上,西欧和美国讨价还价,

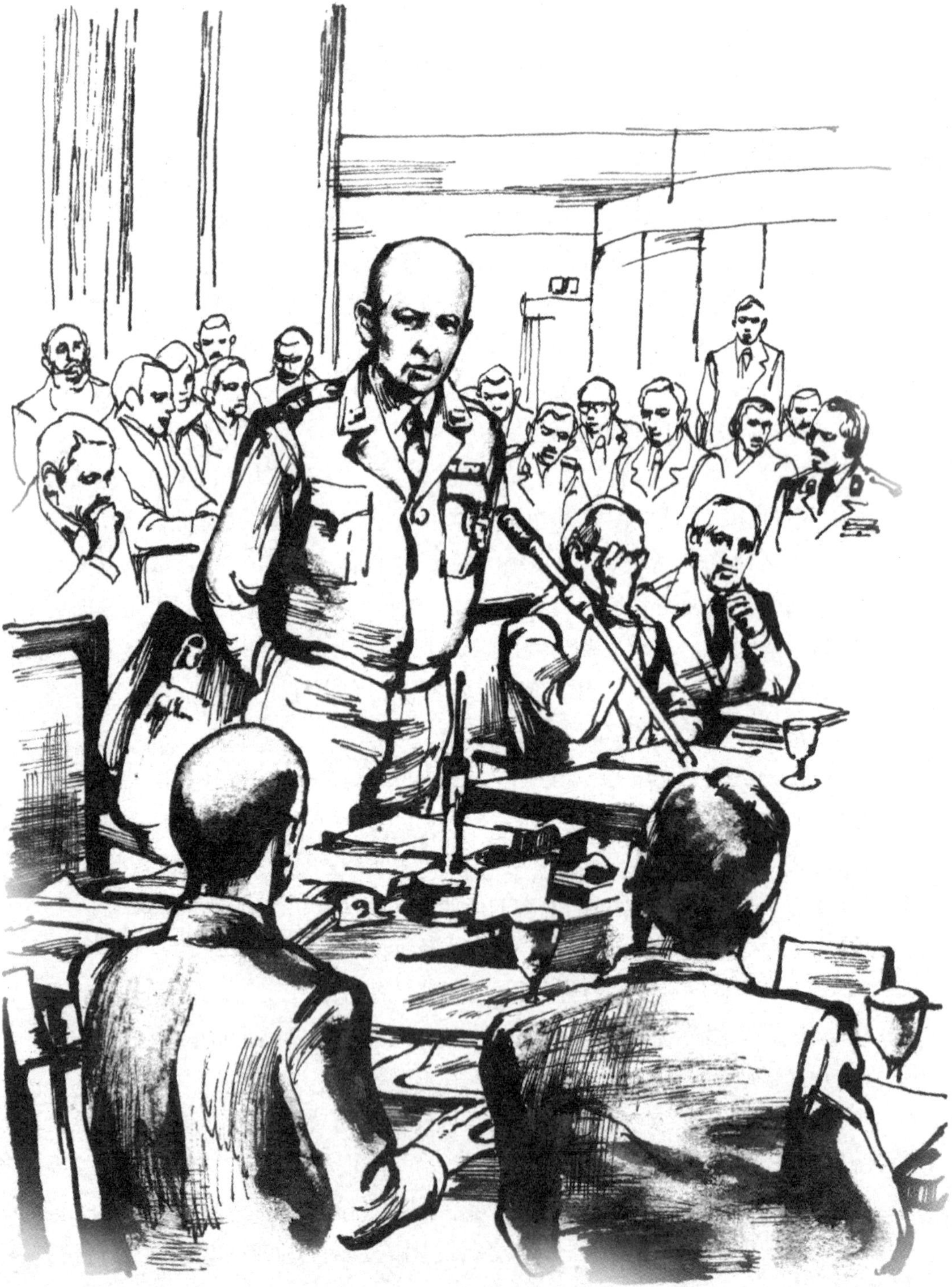

争吵不断，最终达成了一个包括序言和十四项条款的《北大西洋公约》。

1949年4月4日，美国、比利时、加拿大、丹麦、法国、意大利、卢森堡、挪威、荷兰、葡萄牙、英国、冰岛等十二国代表聚首华盛顿，在美国国务院签订了《北大西洋公约》，宣布成立北大西洋公约组织，英文缩写NATO。条约声明北约将联合一切力量"进行集体防御及维持和平与安全"，矛头直指苏联及东欧各国。条约规定，"对一个或数个成员国的武装攻击，应视为对全体成员国的攻击"，每一成员国应采取必要的行动，包括使用武力，援助被攻击国，"以恢复并维持北大西洋区域的安全"。美国总统杜鲁门出席仪式并讲话，盛赞这个公约是"真正的睦邻措施"，并把十二个国家比作十二家户主，还说"这个公约是一个反侵略的盾牌……我们希望用它来防止第三次世界大战，如果在1914年和1939年有这样的公约存在，那么曾把世界推入两次战争浩劫的侵略行为就不会发生了"。

北约是一个政治、军事联盟，总部设在巴黎。北约的最高权力机构是北约理事会，第一任秘书长——北约的最高领导是英国的伊斯梅勋爵。北约的主要作战机构是欧洲盟军最高司令部，第一任总司令是美国的二战英雄艾森豪威尔将军。伊斯梅勋爵有一句名言，非常形象地说明了北约最早的作用："赶走俄国人，请来美国人，压制德国人。"

北约的成立立刻遭到了苏联的强烈谴责，苏联认为北约的建立是为新战争做准备，而且与《联合国宪章》背道而驰。西方国家不顾苏联的反对，不断加强北约的军事实力和扩充北约的组织成员。到1951年底，北约组织的军事力量已增加到三十五个师，三千架飞机，七百艘舰艇。1952年希腊和土耳其加入北约。1955年5月9日北约又接纳了联邦德国，并允许它重新拥有军队。1982年，西班牙也正式加入北约。从而在欧洲大陆形成了一个遏制苏联的包围圈。北约咄咄逼人的气势令苏联深感不安。苏联意识到：只有建立实力强大的军事集团，才能和北约分庭抗礼。于是苏联针锋相对，联合阿尔巴尼亚、保加利亚、匈牙利、民主德国、波兰、罗马尼亚和捷克斯洛伐克等七国，于1955年5月14日在波兰首都华沙签署了《友好合作互助条约》，简称《华沙条约》。华约组织的总部设在莫斯科，建立了华约最高决策机构——政治协商委员会以及武装部队联合司令部。

北约和华约的成立，标志着欧洲从此进入两大阵营、两种社会制度、两大军事集团对峙的时代，美苏冷战全面铺开，欧洲彻底分裂，东西方彻底分裂。

923

270·美军的"伤心岭"

二战结束前夕,美苏两国划分了在朝鲜半岛对日军事行动和受降范围的临时分界线,由于在北纬三十八度线上,所以这条分界线被称为三八线。三八线以北,是苏联红军受降区;三八线以南,则为美军受降区。

1950年6月25日拂晓,三八线上突然枪声大作,朝鲜战争爆发了。朝鲜民主主义人民共和国人民军仅用三天时间就攻克了南朝鲜的首都汉城,然后像秋风扫落叶一样席卷朝鲜半岛南部,把南朝鲜军队和已经参战的美军压缩到半岛南端的大邱、釜山地区。

美国马上纠集英、法等国,组成十五个国家军队参加的"联合国军"侵略朝鲜。"联合国军"总司令麦克阿瑟率军在朝鲜半岛腰部的仁川登陆,一举切断人民军的后路。弹尽粮绝的人民军遭到重大损失,被迫分散突围。"联合国军"一路向北,先后攻陷汉城和朝鲜民主主义人民共和国的首都平壤,将战火燃向中朝边境的鸭绿江边。

为了保家卫国,在朝鲜民主主义人民共和国的反复请求下,中国组建了中国人民志愿军赴朝作战。在司令员兼政委彭德怀的指挥下,志愿军于10月19日秘密入朝,连续进行五次大规模战役,将战线稳定在三八线附近。

以美国为首的"联合国军"无法在战场上获胜,只得坐到谈判桌上。但他们不甘心失败,朝鲜战争在谈谈打打中进入了1952年夏天。

志愿军预感到敌人为了在谈判桌上掌握主动,有可能再度发起秋季攻势,地点就在五圣山地区。五圣山是朝鲜中部的天然屏障,也是我军中部战线的战略要地。尤其是五圣山南麓的上甘岭,山高坡陡,地形复杂,居高临下,直接威胁着敌人的金化防线。敌军一旦突破五圣山,就可以进入平原地区,不但可以充分发挥坦克的优势,还可以进一步攻占平康、金城以北地区。

10月14日凌晨五时,"联合国军"的"金化攻势"作战计划的地面进攻果然开始了。美军、南朝鲜军共七个营的兵力,在三百门大炮、三十多辆坦克和四十余架飞机的支援下,对上甘岭地区仅三点七平方公里的两个山头发起连续不断的猛攻。

防守上甘岭两个高地的志愿军十五军某团九连和一连,在只有十五门山、野、榴弹炮和十二门迫击炮支援作战的情况下,主要依靠步兵火器,依托坑道和野战工事,顽强地击退了敌人的三十多次冲锋。到下午一时,表面阵地全部被摧毁,人员伤亡较大,弹药消耗殆尽,战士们被迫转入坑道作战。

当晚,志愿军趁敌立足未稳,用四个连反击,恢复了表面阵地,第二天,又投入了三个营的兵力,加强高地的防御。敌人也不断增兵,从15日到18日,先后投入两个团又四个营的兵力,在飞机和大炮掩护下向我两个高地连续猛攻。

志愿军部队与敌反复争夺,表面阵地昼失夜复,战斗异常残酷。19日夜,志愿军在炮火支持下,分别以四个连和三个连的兵力向两高地反击。

在反击597.9高地的战斗中,二营通信员黄继光,跟随营副参谋长张广生来到六连参加战斗。从黄昏到深夜,六连已连续五次冲击,都因为敌人的一个中心火力点未被摧毁,部队被阻止在山梁前面不能前进,伤亡惨重。

六连组织了九名立过战功的战士编成"功臣第六班",分三个小组对敌人的中心火力点进行爆破,但都未成功。离天亮只有四十分钟了,眼看着天明前反击的任务无法完成了。

"参谋长,让我去。我地形熟,保证完成任务!"黄继光恳求着张广生。张广生看看黄继光尚带稚气的脸,又看看手表,"去吧,注意安全!"

黄继光带领连部通信员吴洋、肖登良,以灵活巧妙的动作迅速向敌火力点接近,当运动到距敌人三十多米时被发现了,一阵密集的子弹扫了过来,吴洋牺牲,肖登良身负重伤,黄继光的左臂也被子弹打穿。黄继光忍着剧痛,冒着密集的火力,继续匍匐前进。在距火力点八到九米时,他挺身连投数枚手雷,火力点内枪声哑了一会儿,但马上又开始了疯狂射击。此时,他身边没有弹药,身体又多处负伤。

"坚决完成任务!"黄继光默念着,顽强地一寸一寸地爬着,鲜血在地上留下了宽宽的拖痕。爬到火力点前,他拼尽最后的力气,用胸膛堵住了敌人机枪的射击,为反击部队开辟了前进道路。

战友们高喊"为黄继光报仇!"满含着热泪冲上前去,迅速消灭敌人,全歼美军第七师五个连,夺回了阵地。

黄继光被十五军党委追认为中国共产党党员，志愿军总部追记特等功，追授特级战斗英雄称号；朝鲜最高人民会议授予他"朝鲜民主主义人民共和国英雄"称号和一级国旗勋章、金星勋章。

敌军第二天又以三个营的兵力疯狂反扑。志愿军与敌人激战了一整天，终因伤亡过大，弹药缺乏，除 597.9 高地北山脊外，表面阵地全部被敌占领。为此，敌军付出了七千余人伤亡的代价，志愿军也伤亡三千余人。

在敌军的围攻和轰炸下，坚守坑道的部队缺粮、缺水、缺少弹药，空气浑浊，呼吸困难，但战士们不畏艰难，不怕牺牲，在志愿军后方炮火支援下，顽强地坚守着。

除坚守坑道外，志愿军还采用冷枪狙击和夜摸偷袭战术，杀伤敌人。八连坚守 597.9 高地坑道时，三天时间以冷枪狙击歼敌一百一十五名，20 日到 29 日，坑道部队夜摸偷袭一百五十余次，歼敌两千余人。这两种作战方式虽然投入兵力不多，活动范围也小，却能不断杀伤消耗敌人，使敌人日夜不得安宁。

11 月 11 日，志愿军将反击重点移到 537.7 高地，在猛烈的炮火支援下，两个营的兵力发动反击，当晚全部收复失地，全歼守敌。第二天，敌人反扑，占领高地。第三天，志愿军又夺回阵地。第四天，志愿军坚守高地，击退敌人一百三十多次反扑，歼敌两千余人。志愿军激战一星期，巩固了 537.7 高地北山阵地。敌人伤亡惨重，被迫将南朝鲜二师和美七师撤出战斗。"金化攻势"在惨重的失败下不得不到此结束，上甘岭战役以志愿军的胜利而告结束。

上甘岭战役持续四十三昼夜，歼敌二万五千余人，击落击伤敌机二百七十余架，给"联合国军"以沉重打击。最终美国无奈地坐到谈判桌前，不得不在《朝鲜停战协定》上签字。1953 年 7 月 27 日 22 时起，抗美援朝战争胜利结束，上甘岭永远成为美军可望而不可及的"伤心岭"。

"联合国军"总司令克拉克在回忆录中异常沮丧地说："在执行我国政府的训令中，我获得了一项不值得羡慕的荣誉，那就是我成了历史上签订没有胜利的停战协定的第一任美国陆军司令官。我感到一种失望的痛苦，我想我的前任麦克阿瑟与李奇微两位将军一定具有同感。"

271·万隆会议

第二次世界大战以后,帝国主义势力大打折扣,根本无暇顾及海外的殖民地。于是亚洲、非洲的民族解放运动蓬勃发展起来,许多殖民地、半殖民地国家,取得了民族独立。

由于国际形势纷纭复杂,刚刚独立的亚非国家迫切希望加强团结和合作,一起维护国家主权和世界和平。因此印度尼西亚、缅甸、锡兰(今斯里兰卡)、印度和巴基斯坦五国总理决定邀请一些新兴的亚非国家,召开一次没有西方国家参加的亚非会议,讨论亚非各国共同关心的问题。邀请一发出,立刻得到了被邀请国的热烈响应。

1955年4月18日,印度尼西亚的山城万隆春意盎然,繁花似锦,到处洋溢着喜庆的气氛。来自二十九个亚非国家的三百四十名代表齐聚万隆的独立大厦,准备出席亚非会议。

在众多首脑中,最引人注目的当数中国的周恩来。这不仅是因为周恩来是亚非国家中最大一个国家的总理兼外长,更因为此前发生的"克什米尔公主号"事件使周恩来在来万隆之前已经成为"传奇人物"。

4月11日,中国代表团租用印度航空公司的"克什米尔公主号"客机飞往印尼首都雅加达。不料,飞机在飞临印尼附近海域上空时突然爆炸,坠入海中,中国代表团工作人员和中外记者十一人罹难。

"克什米尔公主号"事件震惊了世界。后来查明,这是美国和台湾当局为了阻挠中国参加亚非会议,蓄意策划的炸机行动。他们获悉中国代表团准备取道香港前往印尼的情报后,立刻派遣特务把定时炸弹由台湾秘密运到香港,并重金收买了一名机场清洁工,让他利用打扫卫生的机会,将定时炸弹放在"克什米尔公主号"客机上。他们本来的目标是周恩来一行,所幸的是由于周恩来临时改变了行程计划,没有乘坐这架飞机,才幸免于难。

周恩来没有被敌人的卑鄙伎俩吓倒。他不顾个人安危,亲自率领代表团,按时来到万隆赴会,并受到了明星般的欢迎。他出现在哪里,哪里就有欢呼和掌

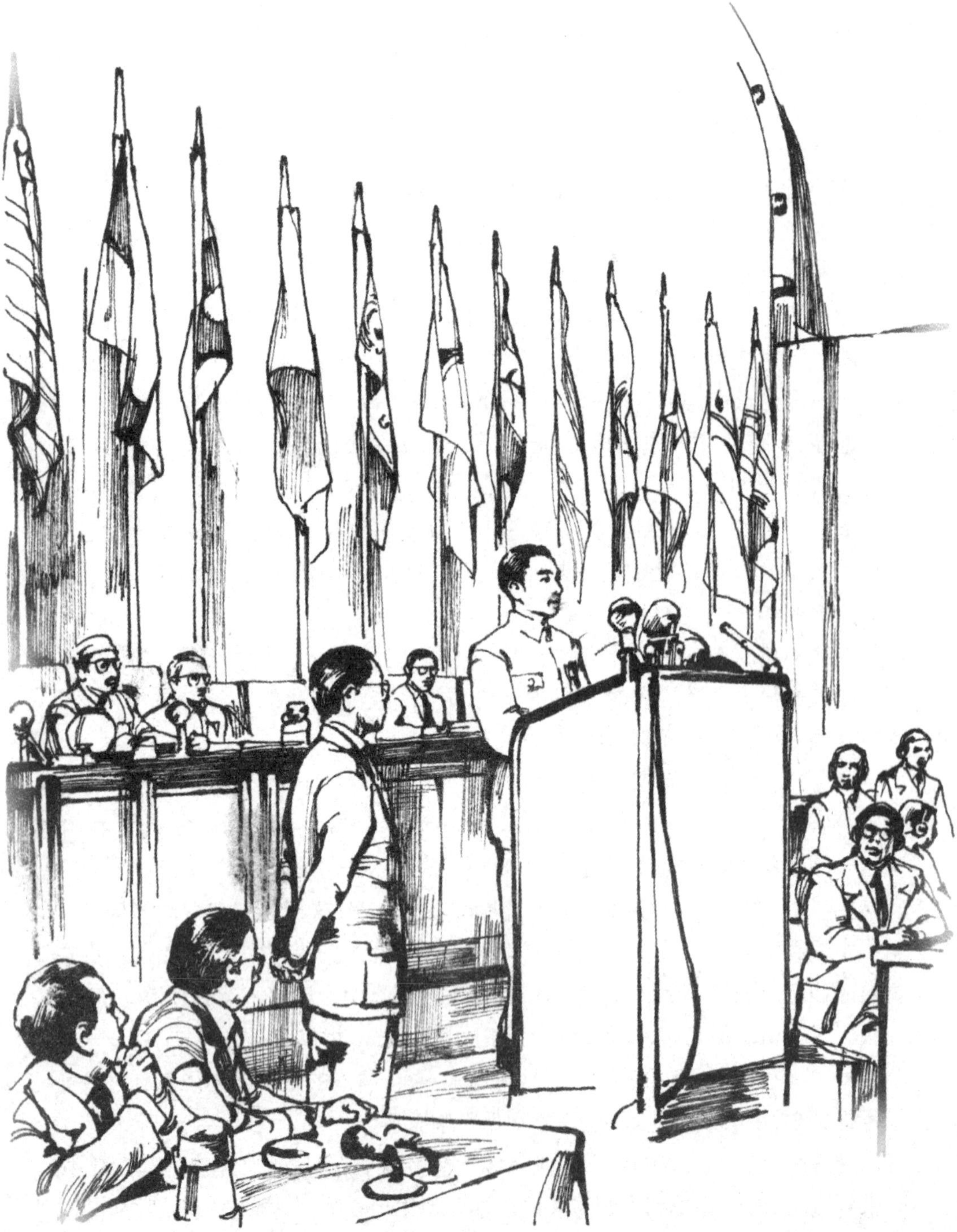

声。一位记者感叹道:"人们为他发疯了!"

4月18日上午九点十五分,亚非会议隆重开幕。印尼总统苏加诺精神抖擞地登上讲台,以《让新亚洲和新非洲诞生吧》为题,激情洋溢地致开幕词:"这是人类有史以来第一次有色人种的洲际会议……殖民主义并没有死亡,必须予以铲除!让我们记住,为了这一切,我们亚洲人和非洲人必须团结起来!"

接着,与会各国代表纷纷上台发言,大多数国家的代表都谴责了殖民主义和种族主义,表示要加强亚非国家之间的团结,会场里的气氛显得融洽而热烈。

但是随着会议的深入,由于各国不同的社会制度和意识形态,彼此之间产生了一些隔阂和误解。有的国家代表硬说亚非国家当前面临的任务不是反对殖民主义,而是"反对共产主义",有的干脆对中国作了公开或影射的诋毁性指责。

这些火药味十足的言论顿时使会议气氛紧张起来。各国代表不由自主地将目光射向中国代表团,只见周恩来镇定自若,一边听着发言,一边伏案疾书。人们猜测周恩来一定是在起草驳斥这些言论的发言,不禁担心会议是否会陷入无休无止的争吵,最终导致会议不欢而散。

终于轮到周恩来发言了。人们原以为,这回中国这头雄狮要发怒了,要反击了。可周恩来仍是那样彬彬有礼、不卑不亢,他走上讲台,环顾了一下会场,坚定而诚恳地说道:"中国代表团是来求团结而不是来吵架的。"这句出人意料的话语如同一阵清风,吹散了笼罩在会场上的乌云,同时换来了暴风雨般的掌声。苏加诺暗自庆幸:有周恩来在,亚非会议就砸不了!

接着周总理巧妙地引导亚非会议走上正路,他说:"中国代表团是来求同而不是来立异的。我们中间有无求同的基础呢?有的,那就是亚非绝大多数国家和人民自近代以来都曾经受过,而且现在仍在受着殖民主义所造成的灾难和痛苦。这是我们大家都承认的。从解除殖民主义痛苦和灾难中去找共同基础,我们就很容易互相了解和尊重、互相同情和支持,而不是相互疑虑和恐惧、互相排斥和对立……"

周恩来的讲话入情入理,打动了所有人的心。整个会场鸦雀无声,人们聚精会神地聆听着他的发言。

最后,周恩来真诚地欢迎各国代表到中国参观访问,并热忱地呼吁:"让我们亚非国家团结起来,为亚非会议的成功努力吧!"

这时,全场响起经久不息的热烈掌声。当周恩来走下讲台,代表们纷纷站了起来,前来同周总理握手、拥抱。一些在会上攻击过中国的代表主动与周总理握手,表示歉意和懊悔。

4月24日,举世瞩目的亚非会议胜利闭幕。大会通过了《亚非会议最后公报》,提出指导国际关系的十项原则,其核心内容便是一年前由中国和印度首先倡导的"互相尊重主权和领土完整、互不侵犯、互不干涉内政、平等互利、和平共处"五项原则,为亚非国家之间友好合作的发展奠定了基础。

272·苏伊士运河战争

苏伊士运河是埃及境内一条国际航道,全长一百七十五公里,它沟通了地中海和红海,大大缩短了欧洲到亚洲的航程,战略位置十分重要。埃及为了开凿运河,花了整整十年的时间,付出了十二万人生命的代价。可是运河开通后,它的主权一直被英国和法国所控制着。埃及人民多么希望政府能收回运河,维护国家的主权和尊严。

1956年7月26日下午,在埃及亚历山大港,人们冒着盛夏炎热,像潮水一样从四面八方涌向解放广场,载歌载舞欢庆"七月革命"胜利四周年。四年前的今天,"埃及雄狮"纳赛尔领导人民发动起义,推翻了殖民统治,建立了新政权。

傍晚时分,当纳赛尔总统神采飞扬地走上主席台,广场上欢声雷动,久久难以平息。

"同胞们……同胞们……"纳赛尔挥了挥手,等欢呼声渐渐平息下来,开始向全国人民发表演说。他首先强烈谴责英、美、法帝国主义企图扼杀埃及和阿拉伯民族的阴谋。接着他说:"苏伊士运河是埃及的运河,是由埃及人民的灵魂、头颅、鲜血和尸骨筑成的,可是它却被英法掌握的国际苏伊士运河公司控制着。这种现状再也不能继续下去了……"

这时,远在苏伊士运河中部伊斯梅利亚市的运河公司门前,一个名叫尤尼斯的工程师正坐在一辆汽车内,通过收音机聚精会神地收听总统的演说。他可不是普通的工程师,而是纳赛尔总统特别委任的负责接管运河的指挥官。为了防止电话传达命令走漏消息,纳赛尔与尤尼斯约定,当演说一提到法国殖民者勒赛普的名字,立刻展开接管运河的行动。

当"勒赛普"四个字从收音机里传来,尤尼斯知道一个伟大的时刻到来了。他关掉收音机,跳下车,带领全副武装的特种兵和接管运河的埃及员工,冲进运河公司。正在公司里工作的英法殖民者被弄了个措手不及,面对埃及士兵手中的武器,只得乖乖地撤走了。埃及员工迅速各司其职,保证了运河航运的正常进行。接管运河的行动一举成功。

正在演讲的纳赛尔几乎在同一时刻得到了这个令人鼓舞的消息,在演讲结束前,他宣读了《共和国总统关于国际苏伊士公司国有化的命令》,并大声宣布:"现在,埃及人民的儿子,正在采取行动接管苏伊士运河公司。我们做出这项决定是要恢复埃及失去的光荣,维护国家的尊严和民族的自豪感……从今天起,运河属于埃及人民!"

收复苏伊士运河的壮举使埃及全国沸腾了,使阿拉伯世界沸腾了。可这对英国和法国无疑是一个沉重的打击。英国首相艾登气急败坏地说:"他怎么能干出这种事来……他怎么能干出这种事来……"

为了夺回运河的控制权,英法不仅冻结了埃及在英法的存款,实行经济制裁,而且调兵遣将,准备通过战争使埃及屈服。

1956年10月29日,在英法两国的怂恿下,以色列军队对埃及发动了突然袭击,直逼苏伊士运河,打响了第二次中东战争,即苏伊士运河战争。

纳赛尔毫不示弱,下令全国总动员,反击以军的入侵。埃及空军在两天之内,击落以色列飞机十八架。在西奈东北部,埃军一个步兵连浴血奋战,连续打退了以色列装甲部队的多次进攻。埃及海军也英勇出击,派驱逐舰北上炮击以色列的海法港。

正当埃及军队准备对以色列大举反攻时,英法出动十六万军队,一百多艘军舰,二千多架飞机,开始了赤裸裸的武装侵犯。10月31日至11月4日,英法战机对开罗、亚历山大、塞得港、伊斯梅利亚和苏伊士等城市和机场狂轰滥炸,让埃及空军遭受了毁灭性的损失。紧接着,英法联军向埃及重要城市空降大批伞兵,企图和以军呼应,两面夹击埃及。

埃及腹背受敌,危在旦夕。有些官员害怕了,劝纳赛尔放弃抵抗,向英法联军投降。纳赛尔怒斥道:"我宁愿在战斗中牺牲,也不会去投降!"并号召人民"为保卫埃及的荣誉、自由和尊严而战斗"。

纳赛尔的气魄和勇气极大地鼓舞了埃及军民的斗志。11月6日,八万名英法联军在塞得港登陆,企图在战舰和飞机的掩护下一举占领塞得港。英勇的塞得港军民在敌人疯狂的进攻面前,寸土不让,与侵略军展开肉搏和巷战。埃及士兵化整为零,变成了一支支神出鬼没的游击队,年轻人组成狙击小组,打得敌人晕头转向,连十三四岁的孩子也拿起武器参加战斗。侵略军碰上了硬钉子,原先设想的侵略计划全部落空了。

英法以的侵略行径遭到了全世界人民的谴责,苏联和美国也从各自的战略利益出发表示反对战争。在各方面强大压力下,英、法不得不在 11 月 6 日宣布停火,随后英、法、以军队先后撤出埃及领土。

埃及尽管经受了战争的洗礼,但终于收回了苏伊士运河的主权,在争取独立和维护主权的斗争中写下了光辉的篇章。

273·加纳独立领袖恩克鲁玛

加纳位于西非中南部,矿产资源比较丰富,主要有:黄金、钻石、铝矾土。钻石开采量居世界第四位,锰矿产量在非洲名列前茅。优越的气候和土壤条件,使它的可可产量曾长期居世界之首。丰富的自然资源引来了一批批贪婪的殖民者,葡萄牙、荷兰、英国、法国先后来到这一地区。1897年,英国独占了加纳,改称"黄金海岸",把加纳当成一只聚宝盆,拼命掠夺宝贵的资源。阿克拉是英国在加纳的统治中心。

其实,自从成为殖民地以后,加纳人民从来没有停止过要求独立的斗争。但由于英国殖民当局的血腥镇压,一直没有获得成功。二战后,亚非拉民族解放运动高涨,苦难深重的非洲有许多国家摆脱了宗主国的控制,1960年,有十七个国家获得独立,这一年因而被称为"非洲年"。加纳则走在了整个黑非洲民族独立的最前列。

加纳独立运动的领袖是恩克鲁玛。他早年赴美留学,后前往英国从事法律研究。1946年,他提出争取非洲统一和完全独立的口号。

迫于殖民地普遍要求独立的呼声,1946年,英国在加纳进行"宪制改革"。考虑到战后的国际环境、英国殖民政策的改变以及英属西非的社会实际状况,恩克鲁玛主张采用非暴力方式来达到独立的目的。1947年他回到阿克拉,提出争取自治和民族独立的纲领,进行组织和发动工作,开展示威游行和抵制、罢工运动。

1948年2月28日,和煦的阳光洒在阿克拉的大街上。在城市东南角海滨,耸立着一座白色古城堡——克里斯琴博堡,塔顶的米字旗在微风中轻轻拂动,提醒人们这里是殖民总督府。在克里斯琴博堡附近,还有葡萄牙人和荷兰人修建的专门用来关押奴隶的"奴隶城堡"。城堡背靠大海,面对大陆,城墙很厚,堡内有巨大的地下室,地下室里有出海的通道。在奴隶贸易盛行的两百多年时间里,不知有多少贫苦的非洲人从这里被运到美洲大陆,沦为奴隶,也不知有多少人因不堪折磨而惨死在城堡里。这里曾经多次发生奴隶暴动事件,都被血腥地镇压

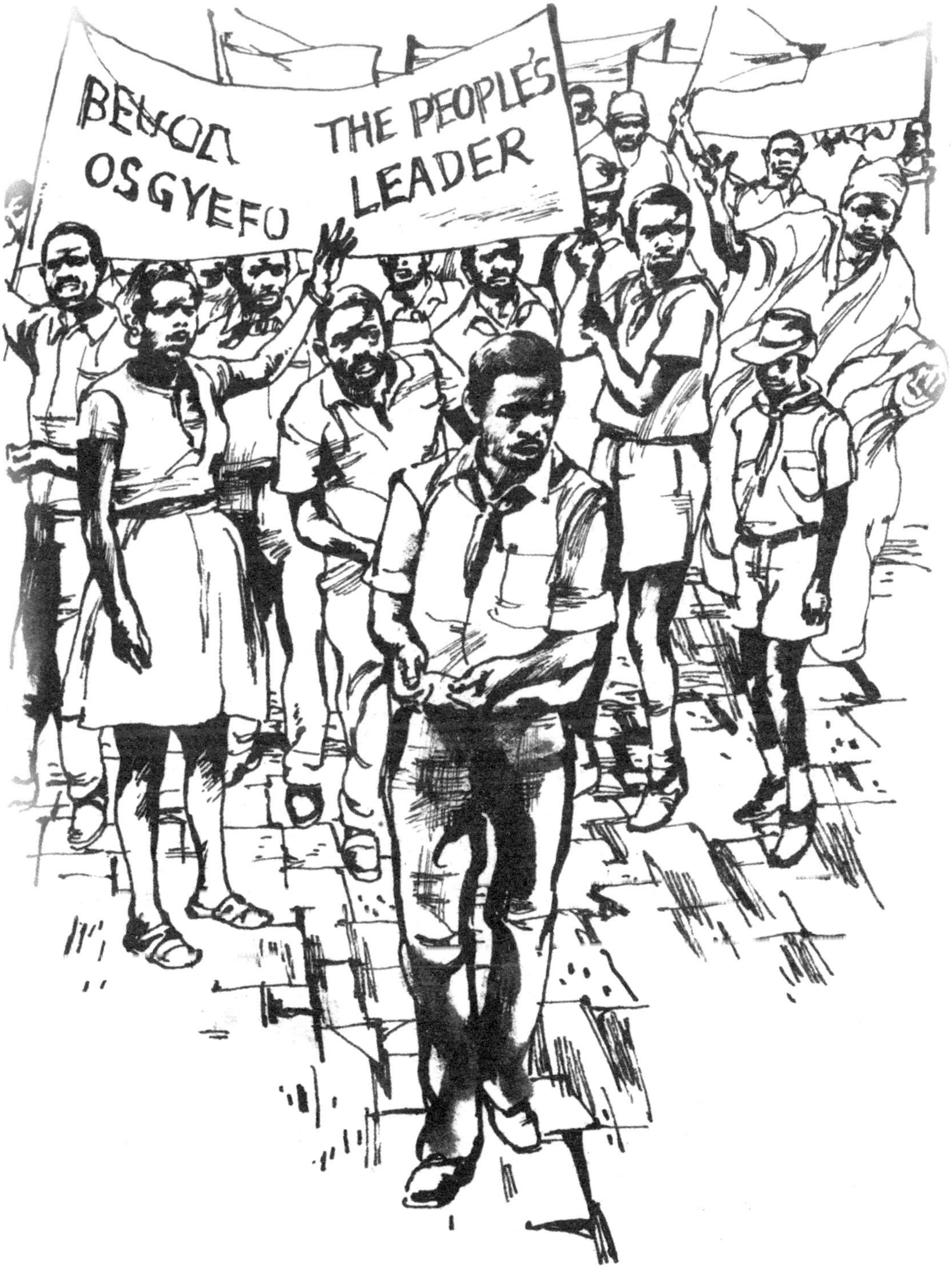
OSGYEFO
THE PEOPLE'S LEADER

下去了。可以说,城堡的每一块砖、每一块石头上都沾满了非洲人的鲜血。

街头一阵骚动,数百名复员军人举着各种各样的标语牌,聚集到殖民总督府门前。他们是第二次世界大战期间,七万多名被英国人征去服役的加纳士兵的一部分。战争结束后,英国殖民当局没有实现战前的诺言——保证复员军人的生活和工作,愤怒的他们来讨回公道,举行游行示威。

意想不到的事发生了,一队总督府的卫队全副武装、荷枪实弹地出现在窗口、墙角、花坛和廊柱后面,不等人群反应过来,子弹已经像暴雨一样劈头盖脑地砸来,惊呼、惨叫连成一片,游行和旁观的人群四散奔逃。

消息传开,阿克拉全城群情激愤,又举行了空前的群众示威,殖民军警又一次实行镇压,打死二十九人,打伤二百三十七人。殖民当局的暴行,激起了加纳全国的斗争怒潮,从城市到乡村,到处是游行的队伍,人们散发传单,发表演说,捣毁英国人的商店,袭击警察署和监狱,前后持续一个多月。加纳独立后,为了让子孙后代永远记住这个为争取独立与自由而付出鲜血的日子,发生血案的这条大街被命名为"2月28日路"。

2月28日事件后,恩克鲁玛等大批民族主义领导人被捕。这时,以丹夸为首的老一代民族主义者打算与殖民当局妥协,但恩克鲁玛却主张进行更坚决的斗争。他宣布与丹夸派分手,建立黄金海岸人民大会党,提出要以"非暴力的积极行动"立即实现完全自治,受到广大群众的热烈拥护。

从1950年1月8日起,人民大会党发动了全国规模的积极行动。工人总罢工、商店罢市、交通瘫痪、政府机关停止办公,到处举行示威游行,整个社会经济生活陷于停顿。殖民当局再次逮捕了恩克鲁玛和所有人民大会党领导人。

恩克鲁玛的人民大会党赢得了加纳人民的信任。1951年,加纳历史上的第一次大选开始了,人民大会党获得了百分之九十以上的选票。这一大选结果虽不符合英国的愿望,但英国总督不得不释放恩克鲁玛,并任命他为政府事务领导人,不久改任内阁总理。

1954年和1956年的全国大选,人民大会党继续获胜,建立了非洲人的自治政府,控制了议会中的多数。议会授权恩克鲁玛与英国交涉加纳独立事宜。经过艰苦的谈判,1956年9月,英国殖民大臣代表英政府宣布,同意加纳于1957年3月6日在英联邦内独立。

3月6日终于来到,阿克拉万人空巷,人们穿上最好的衣服,带着满心的喜悦,涌向"2月28日路",去见证这个伟大的时刻。盼望了几个世纪的自由终于降临了,他们唱啊,跳啊,几乎没有人是走到那里的。

英国当然没有那么高兴,殖民主义者像煮熟的鸭子——肉烂嘴不烂,英国驻加纳总督克拉克竟然大言不惭地说:"我自以能身为一个大不列颠王国的殖民主义者而感到骄傲。"此种论调当场招来一片嘘声。是啊,殖民主义为所欲为的日子一去不复返了。

三年后,即1960年7月1日,加纳正式宣布成立共和国,恩克鲁玛当选为总统。1964年,加纳举行全民投票,恩克鲁玛成为终身总统。1966年2月加纳发生政变,恩克鲁玛领导的政府被推翻。此后他寄居几内亚。几内亚总统塞古·杜尔授予他几内亚共和国两总统之一的头衔。

1972年,恩克鲁玛病逝。他著有《殖民地走向自由之路》、《非洲必须统一》等书。

274·击落"黑色幽灵"

1960年5月1日,在苏联莫斯科的红场上,正举行着盛大的阅兵式,只见各式各样的坦克、装甲车、火炮和导弹排着整齐的方队缓缓通过检阅台。检阅台上,站满了苏联党政军首脑。忽然,苏联防空部队司令比留佐夫元帅急匆匆登上检阅台,走到苏共中央第一书记赫鲁晓夫身边,在他耳旁轻轻说道:"'黑色幽灵'已被击落,并活捉了飞行员。"

赫鲁晓夫立刻露出满意的笑容,向受阅士兵挥动的手舞得更有力了。

"黑色幽灵"究竟是什么东西呢?原来,"黑色幽灵"是美国U-2高空侦察机的绰号。U-2飞机全身乌黑,样子很像滑翔机,它不仅飞得快,而且飞得高。更令人叫绝的是它的侦察本领,它从高空拍摄的照片,经过放大,能清楚地辨认出地面上极小的东西,比如地上的香烟头或者报纸上的标题。

从1956年到1960年,U-2飞机不断地侵犯苏联领空,大肆搜集军事情报。面对它两万多米的飞行高度,苏联的战机和导弹鞭长莫及,只好眼巴巴地看着它在高空嚣张。赫鲁晓夫大为恼火,下令无论如何也要击落一架U-2飞机,可是望着一脸无奈的防空司令,他知道要完成这项任务,光靠战机和导弹肯定不行。他灵机一动,决定用地上的间谍去对付天上的间谍。神通广大的克格勃(苏联国家安全委员会的简称)得到最高指示,立刻策划出一个既能让U-2飞机落地、又能让苏联导弹扬名的计划。

一天夜晚,一个克格勃间谍利用夜色的掩护,秘密潜入巴基斯坦境内的白沙瓦美军空军基地,这儿正是U-2飞机的老巢。瞄准换班哨兵相互聊天的间隙,克格勃间谍悄无声息地钻进一架U-2飞机的驾驶舱。他先用一把小巧的螺丝刀拧开飞机高度仪上的一颗螺丝,然后从自己衣袋里取出另外一颗螺丝,把它换了上去。这颗螺丝是经过特殊处理的,具有很强的磁性。当飞机升到一万米高空后,它能让高度仪的指针直接指向两万米,这既不容易被驾驶员察觉,又使U-2飞机留在了苏联导弹的射程之内。做完这小小的手脚后,克格勃间谍一动不动地蹲在驾驶舱里,一直等到又传来哨兵相互换班的声音,他才敏捷地溜下飞机,消失在茫茫夜幕里。

5月1日凌晨,美国飞行员鲍尔斯像往常一样,驾驶这架U-2飞机从白沙瓦起飞去执行侦察任务。飞机进入苏联领空后,鲍尔斯一拉操纵杆,开始爬升。当他看到高度仪的指针指向两万一千米时,便不再上升,放心地沿着既定路线,一边飞行,一边侦察、照相。他哪里想到,飞机的实际高度只有一万多米。

苏联防空部队这段时间早已进入紧急战备状态。雷达很快发现U-2飞机踪影,三架米格战机迅速升空截击。这回高度是够了,可是速度却追不上。

轻松摆脱米格战机的追逐后,鲍尔斯仍然没有察觉出异常,依旧保持原来的高度,毫无顾忌地飞行。当飞到苏联斯维尔德洛夫斯克上空时,U-2飞机被苏联导弹盯上了。突然,几道耀眼的亮光刺向U-2飞机,并猛烈爆炸。尽管导弹没有直接击中U-2飞机,可是爆炸产生的强大冲击波使机翼折断脱落,飞机顿时失去控制,直线坠落。惊慌失措之中,鲍尔斯没有按动美国中央情报局特意设置的自动引爆按钮,而是选择了弃机跳伞。因为生命只有一次,鲍尔斯不想献给祖国而想留给自己。鲍尔斯一落地,立刻被抓了起来,押解到莫斯科的克格勃总部。U-2飞机的残骸也落在那个农场里,飞机上的侦察设备几乎完好无缺。

得知"黑色幽灵"人赃俱获的消息后,赫鲁晓夫决定跟美国人玩一次心理游戏。他故意对苏联击落U-2飞机一事秘而不宣,只等美国编造弥天大谎来否认U-2飞机进行间谍勾当的真相,到时再用铁证加以戳穿,让美国出尽洋相。

U-2飞机失踪的消息让美国总统艾森豪威尔吃惊不小,生怕苏联捉住了美国搞间谍活动的把柄。可是等了一两天,苏联方面什么动静也没有,艾森豪威尔和手下以为鲍尔斯和U-2飞机早已机毁人亡,于是立刻发表了一个掩人耳目的声明,声称U-2飞机是在研究高空的气象状况时失事的,当时飞机正在土耳其的上空。

赫鲁晓夫见艾森豪威尔中了圈套,欣喜若狂,立刻报之以有力的还击。5月7日,赫鲁晓夫向全国、向全世界披露了一个令人震惊的消息:苏联防空部队用最新式的导弹击落了美国的U-2飞机,飞行员鲍尔斯已被活捉。而且鲍尔斯已经招认,他是奉命按预定的航线飞行,在苏联领空进行间谍侦察活动的。赫鲁晓夫还下令将U-2飞机的残骸放在莫斯科的公园里,向公众展出。

U-2事件搞得美国狼狈不堪,在全世界人民面前丢尽了脸。在这场间谍与反间谍的斗争中,美国彻底地失败了。

275 · "柏林墙"的危机

西柏林作为西方冷战的前哨阵地,一直被苏联视作长在德意志民主共和国(东德)心脏上的一个"毒瘤"。

1958年,苏联成功发射洲际导弹后,赫鲁晓夫认为自己有了谈判的筹码,要求西方就西柏林问题进行谈判,企图逼迫美、英、法退出西柏林,并扬言要以"外科手术"割掉这个"毒瘤"。西方毫不示弱,决心留在柏林。

双方调兵遣将,战争一触即发。骑虎难下的美苏首脑赶紧在戴维营举行了磋商,柏林危机才得以缓解。

1961年6月,上任不久的美国总统肯尼迪与赫鲁晓夫在维也纳举行了会晤。当谈到柏林问题时,赫鲁晓夫决定给这位年轻的美国总统一个下马威,再次发出最后通牒,要求西方必须在六个月内从西柏林撤军。肯尼迪竭力劝说赫鲁晓夫不要采取这样莽撞的行动。赫鲁晓夫断然拒绝,说:"我希望和平,可如果你要战争,我会奉陪到底!"

肯尼迪冷冷地回答说:"如果真是那样的话,那将是一个寒冷的冬天。"

维也纳会谈后,赫鲁晓夫立刻磨刀霍霍,又是征召士兵,又是增加军费,还宣称如果爆发核战,苏联只需六颗氢弹就可以消灭英国,九颗氢弹就可以灭亡法国,肯尼迪也将成为美国最后一任总统。

肯尼迪立刻给予回敬,宣布追加国防预算,购置新式武器。他还说西柏林现在已经成为"考验西方勇气和意志的伟大场所",西方应该敢于承担保卫柏林的"庄严的义务"。

双方剑拔弩张,柏林危机达到高潮。全世界人民似乎听到了第三次世界大战的脚步声。

随着柏林局势日趋紧张,成群结队的东德公民从东柏林逃亡西柏林。因为东柏林与西柏林的边界是开放的,既无安全措施,也不进行检查,边界线就蜿蜒在街道、住宅区、树林或河道中。这种逃亡从1949年就开始了,到了1961年夏,已有二百七十万人逃到了西方,几乎占了当时东德人口的三分之一。其中不少

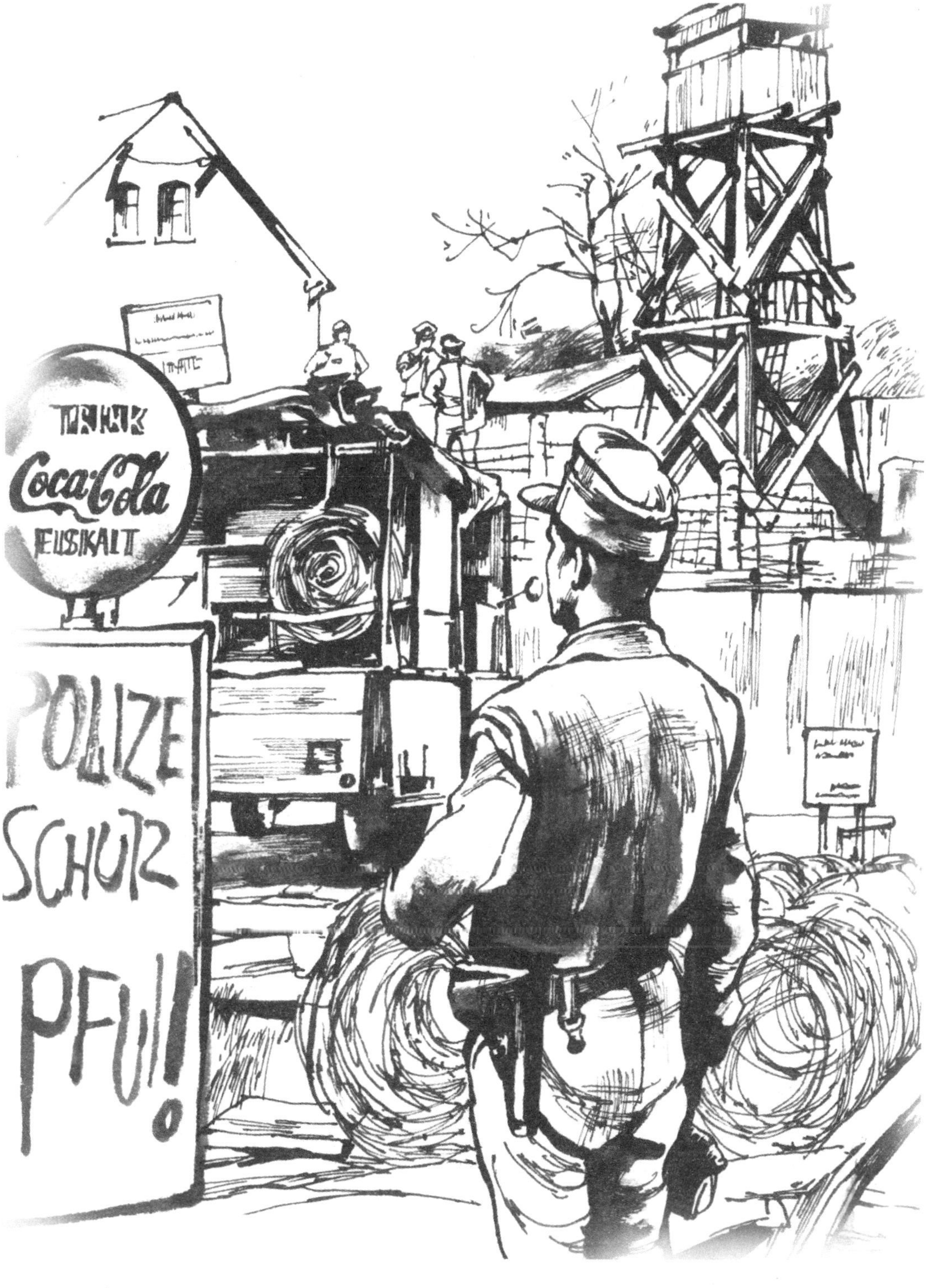
TRINK
Coca-Cola
EISKALT
POLIZE
SCHUTZ
PFUI!

人员是东德经济建设急需的科学家、工程师和其他专家。由于逃亡愈演愈烈,直接威胁到了东德的生存,引起东德领导人的恐慌。

1961年8月13日凌晨,全副武装的东德军队封锁了整个边界,并在短短几小时内,修筑了一道带刺的铁丝网,把西柏林隔离了起来。第二天,建筑队开始施工,用一堵高高的水泥墙取代了铁丝网。这堵墙就是被西方称为"铁幕"的柏林墙,总长度一百五十四公里,设立九个边境站。从此,柏林城被活生生地一分为二,东西柏林民众再不能自由往来。

在柏林墙旁,东德修筑了许多瞭望塔和碉堡,军警牵着警犬日夜巡逻,把柏林墙变成了令人无法逾越的"死亡地带"。任何试图翻越柏林墙的逃亡者,将在没有任何警告的情况下遭到枪击。

为了冲破柏林墙的阻隔,逃亡者想出了五花八门的办法,留下了许许多多生与死、悲与喜的传奇故事。

柏林墙的出现震惊了全世界。赫鲁晓夫称赞柏林墙是"阻止西方帝国主义侵略的篱笆"。肯尼迪则反唇相讥,认为"这是人类历史上第一堵不是防范外敌,而是防范自己人民的墙"。

为了表示坚守西柏林的决心,肯尼迪一面派遣副总统约翰逊访问西柏林,鼓舞市民的信心,一面命令一支一千五百人的部队,从德意志联邦共和国(西德)乘坐装甲车,沿着高速公路通过东德检查站开往西柏林。出乎意料,这支美军没有受到苏军的干扰,畅通无阻地进入了西柏林。

就在肯尼迪松了口气的时候,赫鲁晓夫又给战争浇了一桶油。9月1日,苏联宣布恢复核试验,在随后的一个月里,苏联一共引爆了三十多枚超级核弹。华约部队也举行了第一次大规模联合军事演习。肯尼迪不甘落后,也下令进行地下核试验,还不断向西欧运送军队和武器。双方你来我往地相互谴责,相互警告,唇枪舌剑,战争的气氛越来越浓。

10月27日,十几辆美国的坦克和装甲车正要通过柏林墙的一个交通检查站,前往西德,突然早已等候在附近的十几辆苏军坦克从隐蔽处冲了出来,挡住了美军的去路。双方的坦克在检查站旁的柏林墙两侧,相距一百多米,炮口对着炮口,谁也不肯后退一步,不过谁也不敢先开第一炮,因为这一炮可能成为世界核大战的导火索。战争从来没有像现在这样迫近过……

在双方虎视眈眈地对峙了十六个小时后,苏联坦克接到命令,率先从战争边缘缩了回去。二十分钟后,美军坦克也撤离了现场。

赫鲁晓夫和肯尼迪慑于可能引发的核战的灾难性后果,都没有大打出手的决心。经过各种形式的秘密接触,双方都做了一些让步,纷纷表示西柏林问题没有最后期限,问题什么时候成熟,就什么时候解决。

就这样,一场惊心动魄的对抗终于结束了。

276·不结盟运动的诞生

在亚得里亚海北部,有十几个风景秀丽的小岛,犹如一串璀璨的珍珠,点缀在蔚蓝的大海中。那就是南斯拉夫的旅游胜地——布里俄尼岛。

1956年7月,宁静的布里俄尼岛成了全世界关注的焦点,因为一场不结盟运动的浪潮将从这里兴起。

众所周知,北约与华约两大军事集团的建立加剧了国际紧张局势,也威胁着二战后新独立国家的安全。这些新兴国家为维护独立和发展经济,既需要国际合作与团结,又不愿介入美苏的争霸斗争,在这种情形下,它们采取不与任何大国结盟的外交政策,希望在两极格局中保持和平的中立地位,把命运掌握在自己手中。

万隆会议后,民族解放运动蓬勃高涨,奉行独立自主、和平中立和不结盟政策的新兴国家日益增多,因此一些有声望的民族独立运动的领袖萌发了建立不结盟国家组织的想法。

1956年7月18日至19日,南斯拉夫总统铁托、埃及总统纳赛尔和印度总理尼赫鲁在布里俄尼岛的一幢别墅里举行了一次具有历史意义的会谈,就发起不结盟运动进行了磋商,迈出了不结盟国家开展国际合作的第一步。

会谈结束后,铁托、纳赛尔和尼赫鲁发表了联合声明,表示拥护万隆会议提出的和平共处原则,坚持民族独立,反对加入军事集团,主张各国之间应该进行经济、文化合作。

经过几年的酝酿,铁托、纳赛尔、尼赫鲁又与加纳总统恩克鲁玛、印度尼西亚总统苏加诺在纽约举行了会晤,倡议召开不结盟国家首脑会议。

在这些领导人的共同努力下,1961年6月在埃及首都开罗召开了不结盟国家首脑会议的筹备会议,有二十个国家的代表参加。会议规定了参加不结盟国家首脑会议的五项标准:(1)它的政策应当是在和平共处和不结盟基础上的独立政策,至少应当采取符合这种政策的态度;(2)它应当支持民族解放运动;(3)它不应当是任何会使卷入大国冲突的集体军事联盟的成员国;(4)它不应当是同某个大国缔结的双边联盟的参加国;(5)它的国家领土不应当有在它的同意下建立的外国军事基地。

1961年9月1日,第一届不结盟国家元首和政府首脑会议在南斯拉夫首都贝尔格莱德隆重开幕。出席会议的有二十五个国家,其中十五个国家出席过万隆会议。这次会议的召开,宣告不结盟运动正式形成。铁托声称:"不结盟运动的目的,是要使大国认识到,世界命运不能掌握在它们的手里。"

会议结束时,与会各国通过了《不结盟国家元首和政府首脑会议宣言》。宣言表示全力支持各国人民争取和维护民族独立的正义斗争,指出只有根除帝国主义和殖民主义才能实现永久和平,呼吁各大国签订全面彻底的裁军条约,以缓和国际紧张形势。宣言反对把世界分裂成集团,主张用和平共处来代替冷战的政策,认为"不结盟国家应该参与有关世界和平与安全"的国际问题的解决。宣言还强调要消除发达国家和发展中国家之间不断扩大的鸿沟,加强各国之间的经济合作。

不结盟运动的组织形式与北约、华约不同,没有总部,也没有成文的章程。除每三年一次的首脑会议、外长会议以外,还设有不结盟部长级委员会、不结盟国家协调局、不结盟国家通讯社联盟等机构。

不结盟运动得到了亚非拉国家的积极响应,规模不断扩大。到1997年,不结盟运动的成员国已发展到一百一十三个,包括了世界上三分之二的国家和五分之二的人口。中国于1992年正式成为不结盟运动观察员国。

不结盟运动的兴起标志着一支独立的政治力量——第三世界的崛起,改变了以超级大国为中心的国际关系格局,提高了发展中国家的政治地位和经济地位,维护了世界的和平与稳定。

277·加勒比海的阴云

1959年古巴革命的胜利,动摇了美国在拉丁美洲的统治。美国一直把拉丁美洲看成自己的后院,如今后院起火,不由惊恐万分,把古巴共和国视作眼中钉、肉中刺,想方设法企图推翻卡斯特罗政权。

1961年春天,美国中情局招募了一千四百名古巴流亡分子,组成"古巴旅"。在美国飞机和战舰的掩护下,"古巴旅"在猪湾登陆,对古巴发动了攻击。然而,在古巴革命领袖卡斯特罗的沉着指挥下,古巴军民只用七十二个小时,就粉碎了这次入侵。

美国一计不成又生一计,他们多次派遣间谍潜入古巴,试图暗杀卡斯特罗,制造混乱。可是他们的暗杀计划也纷纷落空。

为了对付美国的威胁,卡斯特罗不得不向苏联求援。1962年7月,古巴国防部长前往莫斯科请求军事援助。要求一提出,赫鲁晓夫爽快地答应了。然后他故意问道:"就凭这点飞机、坦克、大炮,你们真能抵抗住美国的入侵?"

古巴国防部长说:"我们当然不是他们的对手!可是我们有了你们苏联这个强大的朋友,他们总会有所顾虑吧!"

赫鲁晓夫意味深长地说:"我们相隔太远了,只怕到时候远水救不了近火啊!要不这样吧,把我们威力巨大的进攻性武器搬点儿到古巴,比如,装上核弹头的中程导弹、中远程导弹。有了它们,以后就没有人敢威胁你们了!"

赫鲁晓夫的冒险计划得到了卡斯特罗的认同。两国秘密达成协议:苏联提供的军事援助中,常规武器归古巴所有,导弹、核弹由苏联掌握。于是,在极其保密的情况下,苏联偷偷把导弹运到了古巴,导弹基地也进入了紧张的建设中。

世上没有不透风的墙。美国很快得到了风声,于是加强了对古巴的空中侦察。10月14日,一架美国U-2高空侦察机对古巴西部的军事基地进行了侦察。军事专家们分析了U-2拍摄的照片后,得出了一个令人震惊的结论:二十几个中远程导弹发射场已经粗具规模,用不了多久,美国人就要生活在古巴核导弹的阴影之下了。

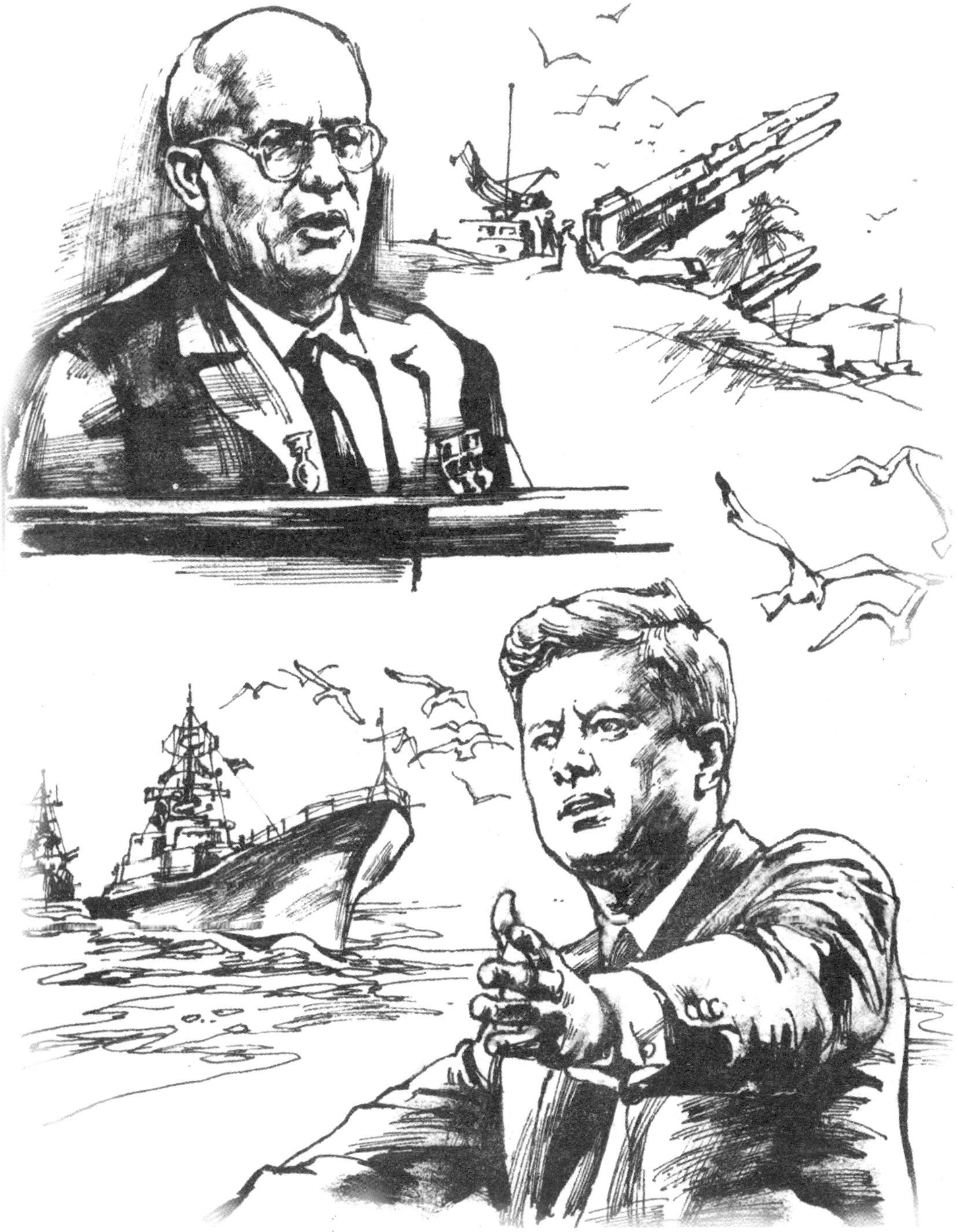

美国总统肯尼迪意识到了问题的严重性,立刻召开紧急会议。惊恐的气氛笼罩了整个会议室,谁也没想到苏联的核导弹竟然出现在家门口,只需一二分钟就能落到自己的头上。大家议论纷纷,有的主张实行海上封锁,禁止苏联舰船驶往古巴;有的主张采取军事打击,摧毁苏联设在古巴的导弹基地。

肯尼迪权衡再三,认为海上封锁是一个进可攻、退可守的上策。因为这样既可以避免立即爆发战争的危险,又使赫鲁晓夫有时间重新考虑他的行动。如果封锁发生作用,苏联将撤走导弹,反之,美国仍然可以进一步采取军事行动。不过,他觉得"海上封锁"这个词火药味太浓,就改成了"海上隔离"。

10月22日晚上七点,肯尼迪神情严肃地出现在电视荧屏上,向美国人民披露了苏联正在古巴修建进攻性导弹发射场的消息。他宣布,为了消除这一核威胁,美国将实施"海上隔离",对一切正在运往古巴的进攻性军事装备进行严格的检查。他同时表示,"海上隔离"仅仅是第一步,在必要时还将采取更有力的行动,"没有谁能正确地预料事态将如何发展,或者将要付出怎样的代价或伤亡"。

苏联马上做出反应,态度是同样的强硬,威胁要击沉阻止苏联船只向古巴航行的美国军舰。

一时间,山雨欲来风满楼。苏军和美军都进入了最高戒备状态,战略轰炸机满载核武器在空中盘旋,核潜艇进入了作战倒计时……核大战似乎一触即发。

10月24日上午十点,一百八十多艘美国军舰驶向加勒比海,"海上隔离"正式展开。与此同时,一支由二十五条商船和战舰组成的苏联船队,毫无畏惧地直冲美国海军的封锁线驶来。双方的距离越来越近,人类的末日也似乎越来越近。

就连一向沉着的肯尼迪也难以承受这种压力,他把手伸向扭曲的脸,捂住了嘴,眼里露出痛苦的神色。他知道,如果苏联船队再向前一步,美国军舰就要对其开火,那意味着核战争的爆发,一小时内,苏联和美国将各有一亿人死亡,这是一个多么令人毛骨悚然的可怕情景!

然而,十点二十三分,局势突然有了转机,苏联船只在封锁线外停了下来,接着,部分船只开始掉头返航。危机顿时缓和下来。

赫鲁晓夫在对抗中看到了美国决不后退的决心,深深感到对峙的唯一结局就是死亡和毁灭,于是他决定妥协,当然这种妥协是有条件的。

两天后,赫鲁晓夫亲自致信肯尼迪,在信中,他一再强调把导弹运进古巴只是为了防卫美国对古巴的入侵。如果美国能作出不入侵古巴的保证,那么苏联愿意在联合国的监督下,从古巴撤走导弹。肯尼迪见好就收,赶紧回复赫鲁晓夫说:只要苏联先从古巴撤走所有进攻性武器,美国将随时解除对古巴的封锁,并不再入侵古巴。10月28日,莫斯科电台广播了赫鲁晓夫的决定:苏联将从古巴撤走全部导弹。

不久,苏联不顾古巴反对,拆除了导弹设施,并装箱运回国内。美国随即也解除了封锁。笼罩在世界上空的核大战阴云终于散去了。

278·达拉斯城的冷枪

1963年11月22日,美国总统约翰·肯尼迪来到得克萨斯州的达拉斯。这是他得克萨斯巡回演讲的一部分,按计划,中午要在此发表午餐讲话。

长长的汽车队伍在达拉斯的大街上缓缓行进。肯尼迪夫妇坐在敞篷车里,肯尼迪西装笔挺,头发一丝不乱,身边的夫人杰奎琳一身洁白的礼服。夫妇俩显得那么年轻、英俊,生气勃勃。

肯尼迪向街道两旁的人群频频地点头致意,对这种场面他很习惯,也很喜欢。他很善于在公众面前演讲,善于引导公众的情绪,善于利用公众的力量达到自己的政治目的。事实上,他就是利用新颖的电视讲话,击败了竞争对手尼克松入主白宫。由于国会中反对的力量很强大,所以他十分注重舆论和公众的支持,经常对全国发表政策性讲话。巡回演讲和盛大的欢迎仪式已成为他政治生活中的家常便饭。

突然,他的头猛地向后一昂,身子连带微微地一跳,然后就无力地歪倒在妻子杰奎琳的肩上。鲜血从肯尼迪的头上、脖子上汩汩地流出,在杰奎琳的胸前汇成鲜红的一大片。杰奎琳惊呆了,抱住丈夫,不知所措,甚至忘记了惊叫。坐在同一辆车子前排的得克萨斯州州长康纳利也被子弹击中,无力地瘫倒在座位上。

肯尼迪微眯着眼睛,仰望着天空。天空是那样的晴朗,那样的湛蓝。但是,几分钟后,壮志未酬的肯尼迪便黯然逝去。

命运的安排好像刻意使肯尼迪成为一名政治家。童年时代,因为父母都是政界要人,所以家中巨大的客厅里经常人头攒动,衣着华贵的客人们三五成群地大声争论着什么,看他们一个个面红耳赤的样子,躲在沙发后面的小肯尼迪感到很好笑,他就是这样被带进政治生活的。

步入青年的肯尼迪在普林斯顿、哈佛和斯坦福三所大学念过书,毕业时已是畅销书作者。二战爆发后,他参加了海军,因为工作勤勉,很快升任海军上尉。他曾指挥一艘鱼雷艇,在南太平洋上追逐着日舰。一次,他的鱼雷艇被炮弹击中了,在剧烈震颤中,鱼雷艇急速下沉。他和十名水兵顽强地坚持在残骸上,在海中游啊,游啊,眼前是一望无垠的大海,漫无边际。不知道过了多少时间,不知漂过了多少个无人的小岛,终于看到了穿着草裙的土著人向他走来。事后才知道,上司早已将他列入了阵亡名单。

战争中锻炼出来的坚强和不屈的性格,帮助他在以后的政治活动里一再击败强敌,终于当选美国总统。在就职演说里,他意气风发地说:"……从此时此地开始……火炬已传到了美国新一代的手中。接过火炬的这一代新人出身在本世纪,经过战争的锻炼,经过和平时期艰难困苦的锻炼,有祖先留下的值得骄傲的遗产,不愿目睹或允许国家一直保证的这些人权慢慢地被毁灭,对此,我们今天在国内以至在全世界都承担着义务……"

当美国的高空侦察机发现苏联在古巴布置了装有核弹头的导弹时,年轻的肯尼迪面临严峻的挑战。美苏紧张地对峙,核大战一触即发。

肯尼迪没有后退。他命令封锁古巴,并暗示苏联必须拆除布置在古巴的导弹基地,否则将轰炸这个基地。美国海军对苏联军舰进行了肉眼检查,赫鲁晓夫在战争爆发的一刹那终于退了回去。

以强悍和霸气闻名于世界政坛的肯尼迪,对国内的黑人却十分关心。他给国会送去了人权立法,十分动情地说:"自从林肯总统解放奴隶以来,这个方案已拖了一百年了,他们的子孙后代现在还没有享受到充分的自由。他们还没有从不公正的限制中获得自由,他们还没有从社会和经济的压迫下获得自由。国家所有的希望和可以夸耀的东西就是自由,但在其所有公民都自由之前,是不能说他有充分的自由的……"

年轻、勇敢、富于想象力和冲击力的肯尼迪,赢得了多数美国民众的爱戴,也使一些人如坐针毡。于是,黑洞洞的枪口瞄向了肯尼迪。

警方宣称凶手是缅因州人奥斯瓦尔德,他曾放弃美国国籍在苏联生活过。在一个仓库的楼上,他向总统开了枪。当警察进行追捕时,他又打死了一名警察,逃到一个剧院时被抓住。两天后,在数百万电视观众和现场群众面前,达拉斯夜总会的老板杰克·鲁比在奥斯瓦尔德被押送监狱的时候,公然枪杀了奥斯瓦尔德。他说他是出于义愤才这么做的,但事实上他掐断了进一步调查的线索。

十个月后,以首席法官厄尔·沃伦为首的一个委员会确认奥斯瓦尔德就是凶手,但除了"根深蒂固的感情根据"外,没有找出别的动机,所以许多美国人认为案子还有更大的隐情。

林登·约翰逊在肯尼迪遇刺的当天晚上接任美国总统。11月27日,他在国会参众两院的联席会议上强调,要继续执行肯尼迪的政策,让所有的孩子都接受教育,所有的老人都得到照顾,所有的美国人一律平等。

然而,建立一个美好世界的梦想,还有很长的路要走。

279·中东"六·五"战争

1967年6月5日拂晓,天色微明。

以色列空军司令部里异常地紧张,大批的参谋人员进进出出,几乎都是一路小跑,但谁也不敢弄出太大的声响。以色列国防部长达扬正襟危坐在巨大的沙盘前,纹丝不动。七时十分,"起飞!"以色列空军司令霍德将军向早已做好战斗准备的突击机群发出了命令。

顿时,一百八十三架战斗机、轰炸机、战斗轰炸机、截击机呼啸而起。为了确保战斗的威力,以空军几乎倾巢而出。这不是作战,简直是赌博。万一袭击失败,天晓得留在后方的十二架飞机能干什么。

天空上,"兀鹰"、"天鹰"、"飓风"、"神秘"、"超级神秘"、"幻影CS"等英法美各国生产的主力战机,正在急速地完成战斗编队,它们四架一组,迅速地向埃及十七个飞机场扑去。低空飞行的机群保持着无线电沉默,成功地躲过了雷达侦察,七时四十五分(开罗时间八时四十五分),各突击机群已经各就各位。

保持了一个早晨警惕的埃及空军,此时正好结束了戒备状态。值勤飞行员关闭了米格战斗机的引擎,伸着懒腰,准备到军官食堂去喝一杯咖啡。值夜班的军官刚吃完早餐,正走向宿舍。日班的军官刚刚上班,正在整理着办公桌,互相打着招呼,聊几句家常。机场上,一排排苏制的米格战斗机昂首挺胸,密密地停放着,既没有隐蔽,也没有做好升空准备。

突然,天空轰鸣一片,一枚枚火箭弹、导弹和炮弹雨点般倾泻下来,落到机场的跑道和机群上。顷刻间,埃军机场被炸得千疮百孔,停放的飞机一架接一架炸开了花。

以色列飞行员轮番上阵,飞机不停地穿梭进攻。埃及人一下子还没有清醒过来,担任掩护的高炮手瞪大眼睛,张大嘴巴,看着这一切发生,却忘了开炮还击。

以色列取得了几乎完美的开局,战争爆发的头三个小时,甚至在头二十分钟,以色列实际上已获得了胜利,阿拉伯世界中实力最强的埃及空军已经全军覆灭了。

消息马上传遍了全世界：第三次中东战争，也就是著名的"六·五"战争爆发了。

其实，自第二次中东战争以来，以色列就把埃及作为它的头号敌人。为了使埃及上当，以色列一方面公开发出战争叫嚣，一方面故意让一些所谓的绝密情报被苏联截获。果然，1967年5月13日，埃及总统纳赛尔收到一份由苏联驻开罗大使馆转来的紧急情报，称以色列在叙利亚边境集结了十二至十五个旅的步兵和装甲部队，将于5月17日凌晨发动战争。

纳赛尔决定接受挑战。他一方面要求联合国维和部队撤出军事分界线，一方面命令埃及军队进入前线，向以色列的南方边境西奈半岛大量增兵，同时，封锁蒂朗海峡，关闭亚喀巴湾。

纳赛尔封锁蒂朗海峡的行动几乎断绝了以色列的生路。这真是一个绝妙的战争借口！战争在强硬派代表贝京、重新出任国防部长的达扬的精心策划下，突然爆发了。

6月5日早上，纳赛尔听到了"以色列之声"电台播送的战争公告。他不慌不忙地穿好衣服，乘车到司令部了解战况。在司令部门口，苏联大使的汽车已经到了，他感到有些奇怪。埃军总司令阿密尔元帅站在办公室里，神情呆滞，周围的军官也是一语不发。纳赛尔突然感到心里像被绳子抽紧了，瞪大了眼睛，注视着阿密尔，等待他的汇报。

阿密尔迟疑了片刻，终于低声说："我们的飞机……已经全部被摧毁了，当时都还在地面上。"

纳赛尔克制住愤怒的心情，问阿密尔："那么空袭的时候，你在做什么？"

阿密尔吞吞吐吐地说："我和一些指挥官正乘飞机前去巡视西奈半岛，没想到飞机刚起飞，就……"

纳赛尔全明白了，冷笑道："哦，是啊，当总司令满天飞的时候，部队当然接到命令不能使用导弹，不得向空中开炮。以色列的空军这才在我们埃及总司令的掩护下，一举摧毁我们所有的机场和飞机……奇怪，以色列的飞机怎么没有把你打下来！"

总统转身离开，走到门口，又回头问："苏联大使的车，怎么回事？"

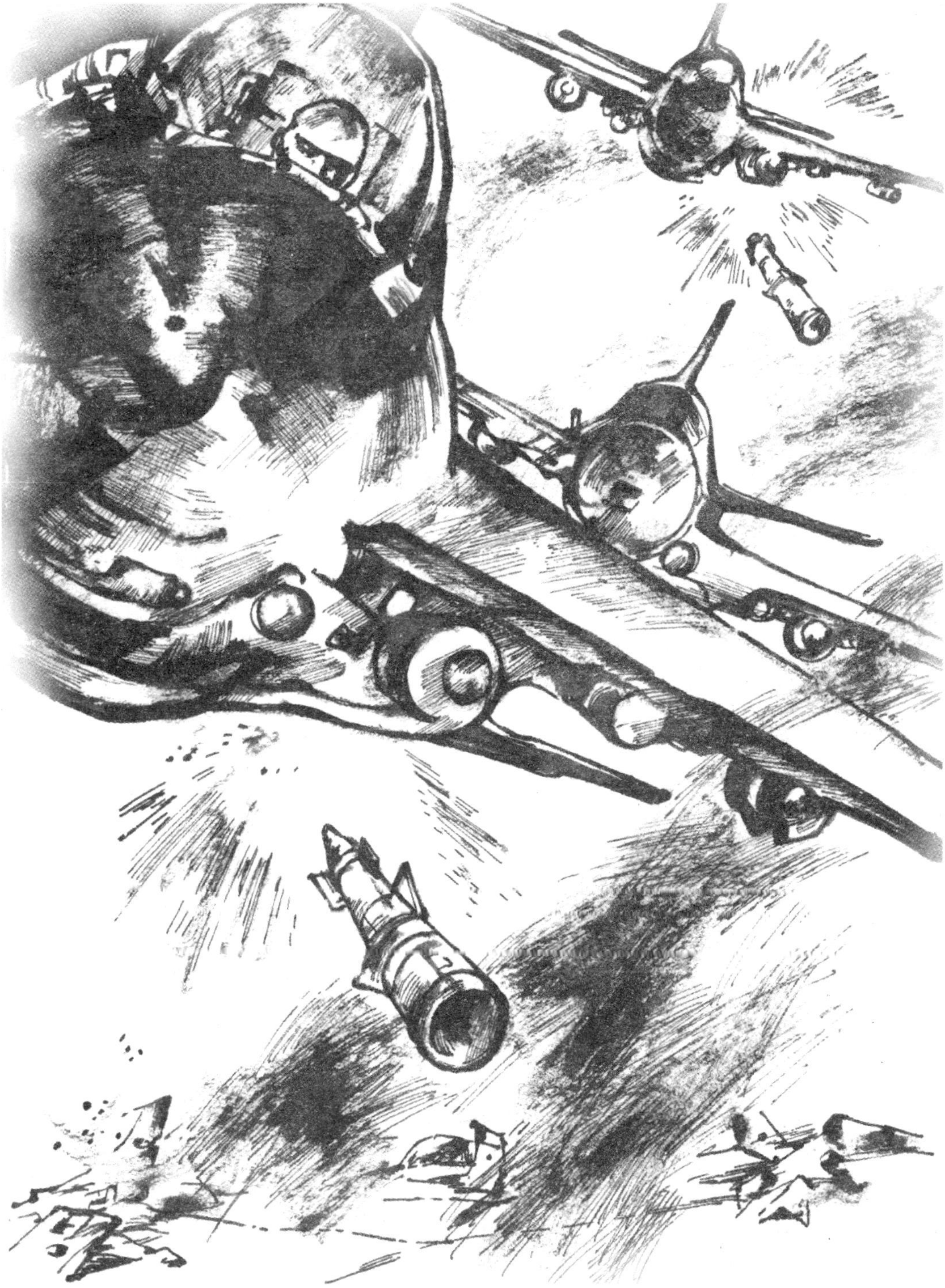

"哦,我派人把他找来,为的是向他要求停火。"

"停火?战争刚打了不到三个小时……这简直是玩笑。我还有强大的陆军,希望他们在没有空军掩护的情况下,创造奇迹吧。"纳赛尔在心中对自己喃喃自语。

奇迹没有出现。当晚,十二点十五分,以空军又掉头扑向约旦、叙利亚和伊拉克的空军基地。约旦两个基地,二十八架飞机被毁;叙利亚五个基地,一半飞机报废;伊拉克损失十架飞机。

布置在西奈沙漠里的埃军七个师,尽管进行了顽强的抵抗,但是以军装甲部队在空军掩护下,还是占领了重镇阿里什,并且切断了加沙地带与埃及的联系。

战争爆发不到六小时,连接莫斯科与华盛顿的"热线电话"接通了。这是它自安装以来第一次使用。美国和苏联的领导人出于各自的利益考虑,一致同意马上促成停火。但在联合国安理会正式讨论停火时,双方又因为实际的利益争论起来。

以色列人可不会浪费时间。6月6日凌晨,以色列内阁决定进攻约旦,征服约旦河西岸;夺取沙姆沙伊赫,消灭西奈的埃及军队。第二天上午十时,以色列人在付出沉重代价后终于到达了耶路撒冷旧城的"哭墙"。经过两千年的时间,圣殿区又回到犹太人手中。

当联合国安理会的停火决议被双方接受时,阿拉伯世界静下心来,才发现自己的损失有多么惨重。四十四万军队仅剩二十六万,六百三十一架飞机剩二百三十三架,一千七百五十辆坦克剩七百五十辆,加沙地带和西奈半岛没有了,耶路撒冷旧城和戈兰高地也没有了。以色列的国土则是战前的三倍,并成为中东最强的军事大国。

阿拉伯人沉默了,但并不放弃。他们卧薪尝胆,等待着复仇的时机。

280·格瓦拉的传奇

二十五岁的格瓦拉从布宜诺斯艾利斯大学毕业了,拿到了医学博士学位。今后的人生道路怎么走呢?他已经打定主意,去寻求正义和真理。虽然父母很不赞成,女友也柔情相劝,都不能改变他踏上征途的决心。但在布宜诺斯艾利斯火车站,面对前来送别的双亲那衰老的容颜和莹莹的泪光,他的心抽紧了。

沉默良久,格瓦拉终于深情而坚定地对双亲说道:"一个美洲战士同你们告别了!"

埃内斯托·"切"·格瓦拉·塞尔纳,1928年6月14日出生在阿根廷罗萨里奥省的一个中产阶级家庭中。父亲是土木工程师,经营过一家建筑公司;母亲生于名门望族之家。格瓦拉自幼就在慈母的抚爱与教育下成长,四岁开始读书识字,学习被阿根廷上流社会奉为时尚的法语。他如痴如醉地阅读大仲马、雨果和杰克·伦敦的小说,对具有惊险、探险内容的那些文艺作品爱不释手。

1946年,格瓦拉考入布宜诺斯艾利斯大学医学院。在大学期间,他实现了在心底酝酿很久的漫游拉丁美洲的计划。他与好友结伴而行,从阿根廷首都布宜诺斯艾利斯出发,绕过安第斯山,穿过智利,游历了秘鲁、哥伦比亚和委内瑞拉。一路上,拉美富饶的土地、壮丽的风光让他心旷神怡,但他广泛接触到的底层民众,他们的贫穷与苦难,又让他触目惊心,成为促使他毕业后踏上革命道路的重要因素。

大学毕业后的第二年,即1954年1月,格瓦拉来到危地马拉,参加危地马拉总统阿本斯领导的抵抗美国干涉的斗争。阿本斯的民主政权被美国扼杀了,年轻的格瓦拉受到了一次深刻的教育。他后来在一篇文章中写道:"我认识到一个根本问题,要成为一个革命的医生或革命者,首先必须要发动一次革命。"

如果说在危地马拉的经历促使格瓦拉成为革命者,那么,1955年7月的一个夜晚,在墨西哥城埃姆帕朗街的一间屋子里,格瓦拉与古巴革命领导人菲德尔·卡斯特罗的历史性会见,则是他走上武装革命之路的转折点。

这年的11月25日,格瓦拉、卡斯特罗与另外八十名战友登上"格拉玛"号游艇,横渡墨西哥湾。海上狂风大作,巨浪滔天,他们与惊涛骇浪整整搏斗了七天七夜,终于到达了古巴东部的奥连特省南端的海岸。但是,他们一在海滩登陆,就遭到了敌人的凶猛阻击,伤亡惨重。当这支古巴远征军冒着滂沱大雨,经过二十多天的艰难跋涉,最终转移到马埃斯特腊山区的丛林中时,原先的八十二人只剩下了十二人。可他们没有在饥饿、死亡和敌人的追捕面前屈服,卡斯特罗神情刚毅地宣布:"现在一支真正的起义军诞生了,胜利属于我们!"

格瓦拉肩背医药箱,手握步枪,忍着哮喘病的折磨,与战友们一起翻山越岭,出生入死,发动群众,开展游击战争。在推翻巴蒂斯塔独裁政权的战斗中,他迅速地从一名随军医生成长为起义军最杰出的指挥员,屡建战功,使敌军闻风丧胆。1959年1月1日,格瓦拉率领一支起义部队攻克了古巴中部的交通枢纽圣克拉拉市。1月4日,又是他指挥部队解放了首都哈瓦那。古巴革命胜利后,2月9日,古巴政府通过特别法令,授予他古巴荣誉公民的称号。

格瓦拉在古巴革命政权中先后担任过国家银行行长、工业部长等重要职务,是新政权中仅次于卡斯特罗兄弟的第三号人物。

然而,和平的岁月也许不适合格瓦拉,拉美劳苦大众的生活更无法让他忘怀,他的胸中始终燃烧着战斗的激情。于是,1965年4月,他给卡斯特罗写了一封信,请求辞去自己所担任的古巴党和政府中的一切职务、军衔和古巴荣誉公民的国籍;他坚定地表示:"我将走向新的战场……哪里有帝国主义,就到哪里去战斗。"

格瓦拉从热爱他的古巴人民的视线中消失了,从风云变幻的政坛上消失了,带着一支一百多人的古巴游击队,奔赴非洲的刚果(利)。虽然这次远征很快就失败了,六个月后格瓦拉不得不撤回古巴,但他毫不气馁,1966年11月又秘密进入玻利维亚丛林。他要将安第斯山中的这片丛林变成"马埃斯特腊山区",点燃拉美地区的革命烈火。

格瓦拉率领着来自古巴、阿根廷、秘鲁和玻利维亚的五十多名游击队员,在孤立无援和极其恶劣的环境下,转战丛林,打了许多胜仗,使得美国中央情报局惊恐万分。一支美国的特种部队和专家立即来到玻利维亚,帮助玻利维亚当局训练专门对付格瓦拉游击队的特工营,并重金悬赏捉拿这位拉美反帝斗士。

格瓦拉的游击队处境越来越艰难。1967年10月8日清晨,游击队被重兵包围在尤罗峡谷中,格瓦拉指挥战士们且战且退,不幸中弹被俘。

玻利维亚总统在收到格瓦拉被俘的报告后,竟然不知道怎么办才好,在征求了美国驻玻利维亚大使的意见后,才作出了尽快就地处决的决定。

10月9日,最后的时刻就要来到了!格瓦拉往常那浓密的胡须已变得蓬乱不堪,但他的双眼依然炯炯有神、正气凛然。行刑的枪手双手发抖,格瓦拉逼视着他,厉声喊道:"开枪吧,懦夫!你要杀死的是一个堂堂正正的男子汉!"

三十年后的1997年8月,当年参与杀害格瓦拉的恶魔之一、曾亲自监督剁下格瓦拉双手的情报中校罗伯特,摇身一变,成了驻德国汉堡的总领事。这一天,他企图在自己的官邸奸污前来领取签证的女郎莫尼卡,但他万万没有想到,他的末日到了。莫尼卡就是当年格瓦拉游击队中的女战士,只见她以迅雷不及掩耳之势从手提包里掏出消音手枪,对着罗伯特连射四枪,罗伯特一命呜呼。莫尼卡深沉地说道:"切,我们终于为你报了仇!"

这年的10月17日,古巴政府在格瓦拉当年战斗过的圣克拉拉市,为他举行了遗骨安放仪式。十万群众扶老携幼,拥向专门修建的格瓦拉陵墓,怀念这位伟大的美洲战士。10月8日,拉丁美洲最有影响的墨西哥《至上报》,头版刊登了格瓦拉被害后怒目圆睁的照片;图片的说明是:"希望的目光永不泯灭!"

281 · "布拉格之春"的凋落

二十世纪六十年代中期,捷克斯洛伐克的经济陷入了困境,通货膨胀加剧,市场供应不足,人民不满情绪日益增长,要求改革的呼声也越来越高。

1968年1月,杜布切克出任捷共第一书记,他顺应民情,积极倡导改革。不久,捷共中央全会通过了《行动纲领》,提出了建设"富有人性的社会主义"的口号。一场广泛而深刻的政治经济改革在国内展开了。

由于政府放松了新闻检查,报纸和电台很快活跃起来,人民参与政治的热情也迅速高涨,特别是广大知识分子,他们对社会各个方面的问题进行了热烈讨论,提出了许多批评和建议。一时间,全国出现了一种思想解放、舆论自由的激动人心的局面。这就是深得人心的"布拉格之春"。

就在捷克人民陶醉在改革的春风之中时,一场来自克里姆林宫的严寒悄悄向他们袭来。

"布拉格之春"引起了世界的极大关注。但苏联则忧心忡忡,生怕捷克的离经叛道之举会导致整个华约集团的崩溃。

苏联领导人勃列日涅夫企图逼迫杜布切克终止捷克民主改革进程。可是,杜布切克坚决顶住压力,不愿屈服。恼羞成怒的勃列日涅夫决定冒天下之大不韪,用武力平息"布拉格之春",扑灭人们对民主自由的追求和向往。

1968年8月20日晚十一时。距捷克斯洛伐克首都布拉格市中心仅六公里的鲁津机场上空,飞来一架苏联民航客机。机场值班人员突然接收到苏联客机发来的信号:由于飞机发生机械故障,要求允许紧急降落。情况紧急,机场的值班人员没有犹豫,立即发出信号:同意迫降。并采取措施,引导苏联客机在机场降落。

奇怪的是,客机安全降落后,没有停在跑道上,而是直接开到机场指挥塔附近。更让值班人员惊讶的是,从飞机上下来的不是被事故吓坏了的旅客,而是几十名荷枪实弹的苏军突击队员。他们以迅雷不及掩耳之势制服了值班人员,控制了机场的指挥系统。

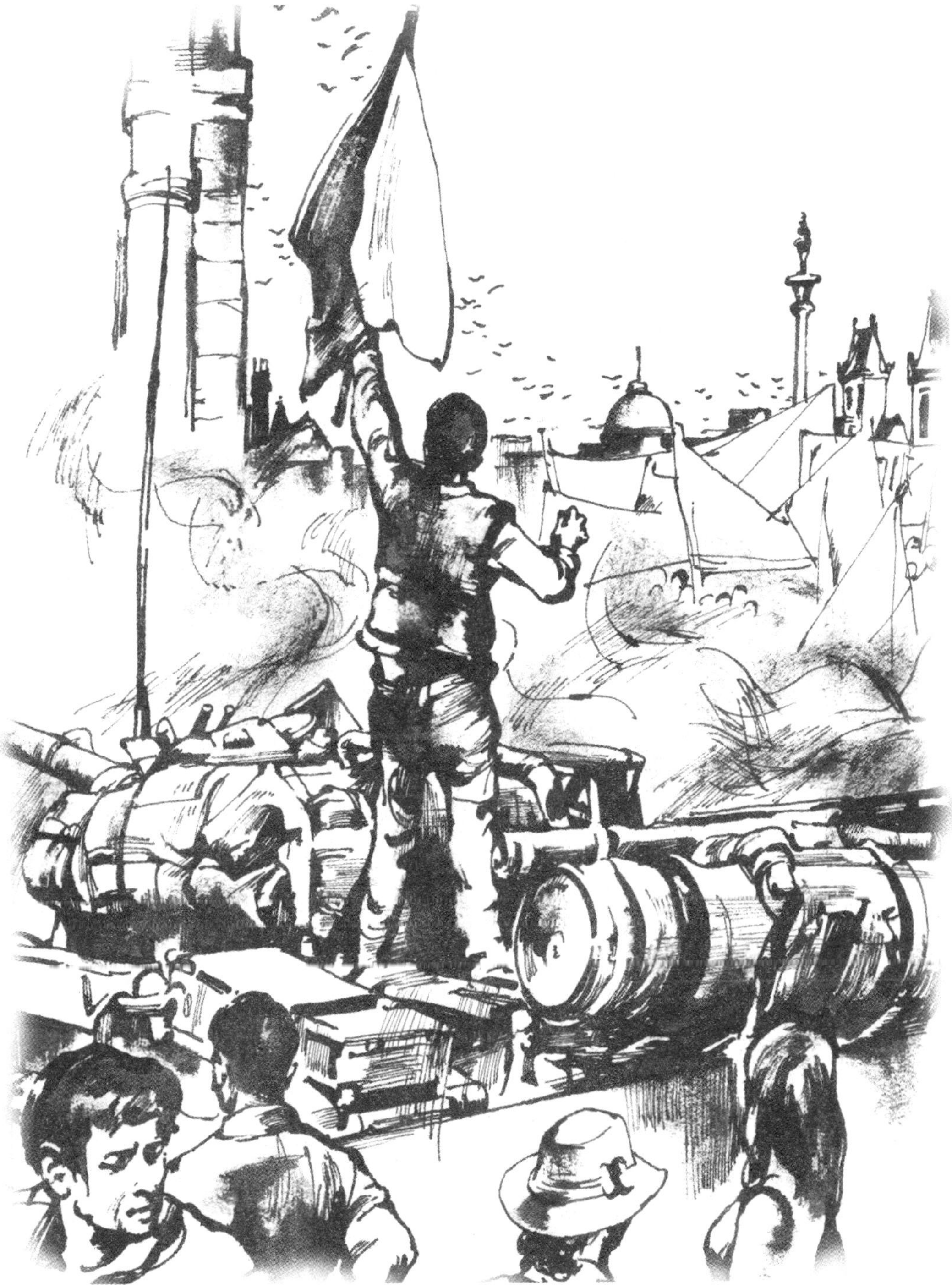

几分钟之后，一架架装载着坦克和士兵的苏联安东诺夫式巨型运输机，在突击队员的指挥下，以每分钟一架的速度降落在鲁津机场。大量的坦克、装甲车和士兵，从飞机的肚子里爬了出来。

这支空降坦克部队，在苏联驻捷大使馆小车的引导下，高速冲向布拉格，迅速控制了全市各个战略要地，并包围了捷共中央大厦和总统府。

与此同时，苏联、东德、保加利亚、波兰和匈牙利五个国家出动了二十四个师，在无数飞机、坦克的簇拥下，从四面八方越过捷克斯洛伐克边界，占领了捷克斯洛伐克的各个战略要地。不到二十四小时，整个捷克斯洛伐克就沦陷了。

当入侵的消息传进捷共中央大厦时，捷共中央主席团正在开会。大家又震惊又愤怒。杜布切克立刻起草了一份《告全国人民书》，谴责了苏联的侵略行径，号召全国人民保持平静，不要抵抗前进中的外国军队。没过多久，手持冲锋枪的苏军士兵冲进捷共中央大厦，扣押了杜布切克和他的战友们。

面对苏军的侵略，捷克斯洛伐克人民在各地展开了各种斗争。布拉格的市民涌上街头，举行游行示威，并高呼"我们不愿屈膝求生"、"你们有坦克，我们有真理"等口号，还组成人墙阻挡苏军坦克前进。青年们把讽刺苏军的漫画和标语贴满了首都布拉格的大街小巷，还在苏军坦克上画上法西斯标志。为了让苏军迷路，布拉格市民纷纷摘下路标门牌，使布拉格成为全世界唯一一个没有路标和门牌号的首都。

在黑洞洞的枪口下，杜布切克等党政主要领导人被带到了苏联"会谈"。由于杜布切克拒不放弃改革主张，谈判一度陷入僵局。最后，捷方在苏方的威胁和分化下，签署了一个妥协性文件，使苏联的武装入侵有了冠冕堂皇的理由。

仅仅活跃了八个月的"布拉格之春"终于在严寒中夭折了！

282·中国回到联合国

1949年10月1日,中华人民共和国正式宣告成立,成为全中国人民的唯一合法政府。按照国际惯例,新旧中国虽在社会制度上截然不同,但中国的主权和国家地位并没有改变。可是,美国顽固地执行敌视和孤立新中国的政策,千方百计地操纵联合国,把新中国排斥在联合国之外长达二十多年之久,并让国民党集团非法占据了联合国席位。

为了恢复新中国在联合国的合法席位,周恩来总理多次致电联合国秘书长和联大主席,郑重申明:中华人民共和国政府是代表中国人民的唯一合法政府,国民党集团已经根本不能代表中国人民,要求联合国立即取消"中国国民党政府代表团继续代表中国人民参加联合国的一切权利"。

进入二十世纪七十年代,随着中国国际影响的日益扩大和亚非拉国家的不断崛起,支持新中国的国家不断增多,美国想再阻挠中国恢复在联合国的合法席位已力不从心。1970年10月,美国的近邻加拿大与中国建立了外交关系,在世界上引起强烈的反响。紧接着,在第二十五届联合国大会上,由阿尔巴尼亚等国提出的"关于恢复中国合法权利"的提案,支持的国家有五十一个,反对的国家有四十七个,这是二十年来赞成票首次超过反对票。尽管因为票数不足三分之二,这个提案没有通过,但它表明大多数国家已经站到了中国一边,预示着美国操纵联合国的指挥棒开始失灵了。

而此时,美国为了制约咄咄逼人的苏联,也急于改善与中国的关系。1971年年初,中美双方通过"乒乓外交"打开了中美交往的大门。随后,美国特使基辛格秘密访问中国,与周恩来总理举行了会谈,然后向全世界宣布了尼克松总统即将访问中国的消息。这个消息的宣布震撼了世界,并引起了连锁反应。以前,美国的一些盟国由于担心得罪美国,不敢对中国表示友好,而现在连美国总统也要访问中国,他们自然不甘落后,纷纷调整对华政策。

1971年9月21日,第二十六届联合国大会在纽约召开。阿尔巴尼亚、阿尔及利亚、古巴等二十三个国家向大会提交了"恢复中华人民共和国在联合国一切合法权利和立即把国民党集团的代表从联合国及一切机构中驱逐出去"的提案。

经过激烈的辩论，10月25日，大会就恢复中国合法席位的提案进行最后表决，结果以七十六票赞成、三十五票反对、十七票弃权的压倒性多数通过了该项提案。当电子记数牌上显示出表决结果时，会议大厅里顿时爆发出热烈的欢呼声和经久不息的掌声。亚非拉国家的代表欣喜若狂，相互握手、拥抱，以示庆祝。坦桑尼亚代表还情不自禁地在会场上跳起了民族舞蹈。美国代表懊丧不已，哀叹这是美国"最丢脸的时刻"。至此，从1949年开始的恢复中国联合国席位之争终于尘埃落定。

喜讯传到北京，毛主席高兴地说："今年有两大胜利，一个是林彪覆灭，一个是联合国，这两大胜利我都没有想到。这次英国、法国、荷兰、比利时、加拿大都造了美国的反，在联合国投我们的票。投赞成票的，亚洲国家十九个，非洲国家二十六个。拉丁美洲是美国的'后院'，这次居然有七个国家投我们的票，美国的'后院'起火，这可是一件大事。"

他还风趣地说："这次是非洲黑人兄弟把我们抬进联合国去的。"

毛主席决定立刻组团出席第二十六届联大，还亲自点将，要外交界才子、外交部副部长乔冠华当代表团团长。

在大洋彼岸，联合国总部的官员们也正在为中华人民共和国进入联合国而紧张地忙碌着。11月1日，中华人民共和国的五星红旗第一次飘扬在联合国总部的上空。

11月11日，引人注目的中国代表团抵达纽约肯尼迪机场，受到了热烈的欢迎。有近四百名记者前往机场采访。中国代表团团长乔冠华以其潇洒的微笑一下赢得了人们的好感。

11月15日上午10时，被大会主席马利克称之为"历史性的时刻"到来了。风度翩翩、面带微笑的乔冠华团长率领中国代表团从容走进大会会议厅。偌大的会议厅座无虚席，后面的听众席上坐满了来自美国各地的侨胞。当中国代表团成员走过时，他们伸出手来同代表们握手，激动地说：等了你们多少年了，你们终于来了。

这是新中国代表团首次出席联大，因此欢迎仪式盛况空前。大会主席致欢迎词后，五十七个国家的代表相继登台致欢迎词，欢迎仪式进行了整整一天。这在联合国的历史上是极为罕见的。

最后,乔冠华在暴风雨般的掌声中登上了联合国大会讲坛,发表了精心准备的演说。他首先表达了对亚非拉国家的敬意,然后入情入理地分析了国际形势,淋漓尽致地抨击了美国和苏联的霸权主义。他的演讲不仅震动了整个会场,而且震撼了全世界,新中国终于可以在国际舞台上扬眉吐气了。

从此以后,新中国出席了联合国的历届会议,与其他会员国一起为联合国的发展做出了积极的努力。

283·小球推动大球

　　1971年春,第三十一届世界乒乓球锦标赛在樱花盛开的日本举行。比赛期间的一天,中国运动员登上巴士,准备从宾馆去体育馆参加比赛,就在车门关闭的一刹那,一个留着长发的外国运动员突然跳上车。巴士缓缓开动了,中国运动员猛地发现那个外国人的运动服上印有"USA"的字样,心里咯噔一下,糟糕,这是一个美国人!

　　要知道,新中国成立后,美国一直对中国采取极端敌视的政策,不仅拒绝承认新中国,阻挠中国参加联合国,而且庇护逃往台湾的国民党政权,阻挠中国的统一。朝鲜战争时,中美又兵戎相见。从此,两国人民长时间处于相互敌对与互不来往的状态。

　　此时那位美国运动员,也认出了车上的运动员是中国人。在最初的几分钟,双方十分尴尬。世界冠军庄则栋想起了周恩来总理提出的"友谊第一,比赛第二"的方针,大着胆子走上前,热情地同他握手、交谈。原来这位不速之客名叫科恩,是美国乒乓球队的主力球员,他急于赶往赛场,匆忙之中上错了巴士。很快,巴士到达了体育馆。下车前,庄则栋还送给科恩一块中国杭州织锦留作纪念。这件事被敏锐的记者捕捉到了,第二天,日本的各大媒体在显著位置上刊登了庄则栋与科恩交谈、握手的照片,并加了醒目的标题"中美接近",立刻引起了轰动。

　　几天后,美国乒乓球队的领队突然登门拜访中国队,他说:"你们的球打得实在太好了!听说,你们邀请了一些国家的乒乓球队在世乒赛后访问中国。你们能不能也邀请我们美国乒乓球队访问中国呢?"

　　面对美国人的请求,中国乒乓球队做不了主,只好赶紧向国内请示。4月3日,外交部和国家体委经过研究,向国务院递交了一份《关于不邀请美国乒乓球队访华的报告》。4月5日,周恩来总理在报告上写了"拟同意"三个字,然后将它送交毛泽东主席审阅。看完报告后,毛主席点燃了一支香烟,陷入了沉思。

　　虽然中美已经对峙了近二十年,可是随着世界形势的不断变化,近几年中美关系出现了一丝缓和的迹象。

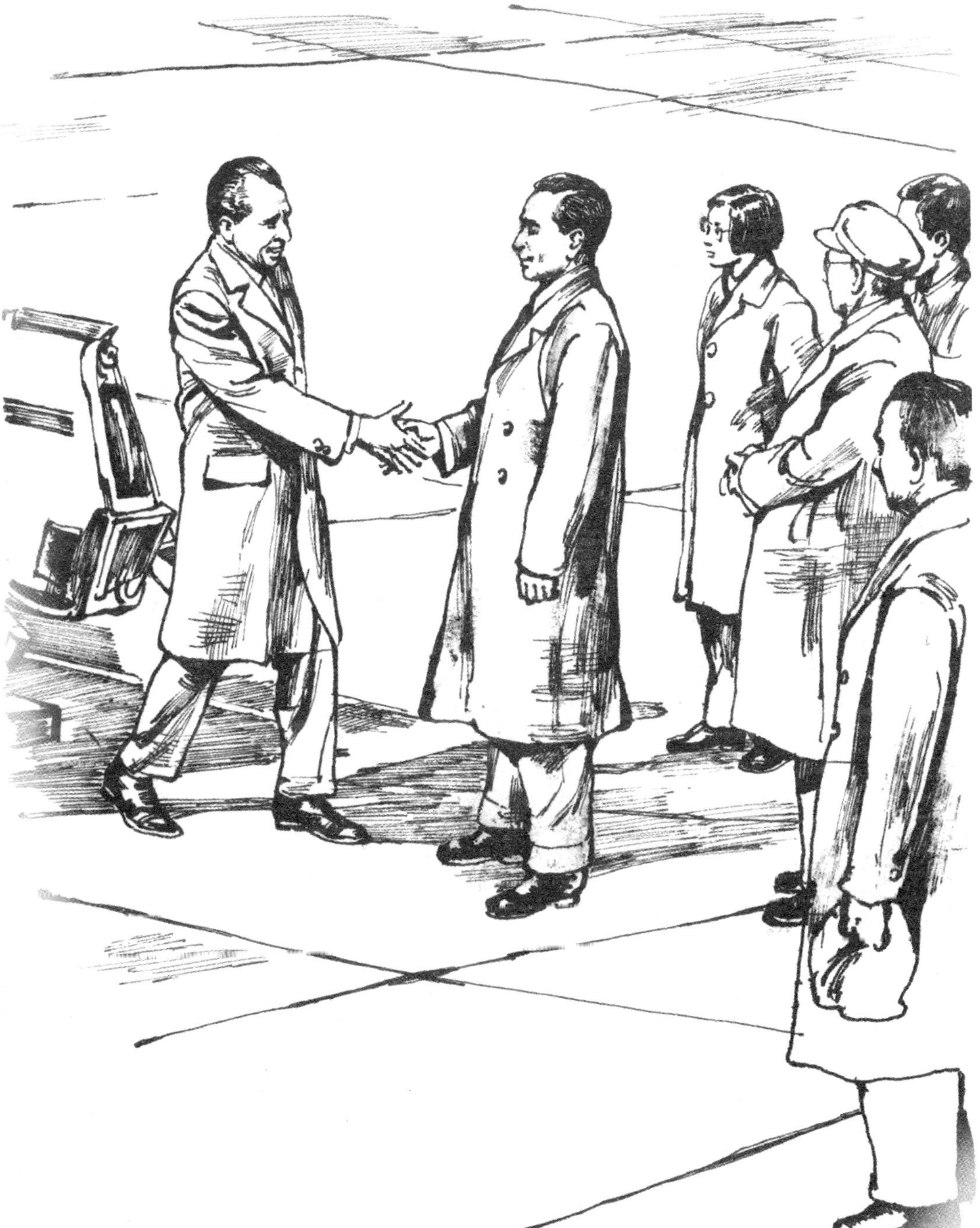

美国由于陷入了越南战争的泥潭,使它在与苏联争霸世界的较量中落了下风。为了集中精力对付苏联,美国总统尼克松一上台,开始调整对华政策,试探"重新同中国人接触的可能性",并通过各种公开的和秘密的渠道不断向中国发出和解信号。1969年8月,尼克松环球旅行时,请巴基斯坦总统叶海亚和罗马尼亚共产党总书记齐奥塞斯库向中国领导人传话:希望同中国对话。10月,美国宣布将停止派驱逐舰到台湾海峡巡逻。12月,美国又宣布部分取消对中国的贸易禁运。1970年,尼克松在接受《时代》周刊的采访时说:"如果我死之前有什么事情可做的话,那就是到中国去。如果我去不了,我要我的孩子们去。"明确表达了他想访问中国的愿望。10月,尼克松在为来访的齐奥塞斯库举行的欢迎晚宴上,意味深长地使用了"中华人民共和国"的名称,这是新中国成立以来,美国总统首次在公开场合使用这个正式名称。

而此时中国与苏联的关系急剧降温,从好朋友变成了死对头,甚至还在珍宝岛发生了武装冲突。这样一来,中国就不得不承受来自苏美两个超级大国的压力。为了摆脱两面受敌的孤立被动局面,中国也希望能在中美关系上有所突破,打破僵局,并对尼克松的这些举动做出了巧妙的、含蓄的响应。

1970年10月1日,美国作家埃德加·斯诺和夫人应邀来到天安门城楼,成为首个登上城楼观看国庆大典的美国人。《人民日报》还在头版的显著位置刊登了毛主席和斯诺夫妇亲切交谈的照片。11月,周总理通过巴基斯坦和罗马尼亚向尼克松总统转达了中国政府欢迎尼克松来华访问的口信。

这一连串事件不断在毛主席的脑海中浮现,毛主席感到,中美关系正处在一个转折关头。既然我们欢迎美国总统来访问,为什么不能打开大门,邀请美国乒乓球队来做客呢?经过三天的反复思考,毛主席终于做出了历史性的决定:立即邀请美国乒乓球队访华。

顿时,中国邀请美国乒乓球队访华的消息轰动了全世界。美国总统尼克松又惊又喜,立即下达指示:美国队务必去北京!

4月10日,美国乒乓球队如愿以偿,来到了中国,来到了北京,不仅与中国队进行了友谊比赛,还参观了长城、故宫、天安门。周总理在接见这支二十多年来第一支访问中国的美国代表团时,用"有朋自远方来,不亦乐乎"这句话表达了欢迎之情,还风趣地说是乒乓球"打开了两国人民友好交往的大门"。

乒乓外交的成功激发了中美两国改善关系的信心,乒乓小球居然推动了世界大球的转动。不久,周总理乘着乒乓外交的东风,通过巴基斯坦给美国白宫传去口信,表示中国愿在北京接待美国总统特使或者美国总统。尼克松接到口信,立刻制定了"波罗"计划,期盼自己能像马可·波罗一样创造新的世界历史。

7月9日,美国总统特使基辛格巧施小计,躲开世人的耳目,秘密进行了第一次北京之行。在北京,他同周总理会谈了十七个小时,商定了尼克松访华事宜。

7月15日,中美双方同时发表了只有两百字的公告,宣布了尼克松即将应邀访问中国的消息。这个消息震惊了全世界。

1972年2月21日,尼克松来到中国访问。在机场,尼克松微笑着走向前来迎接自己的周总理,两双手紧紧地握在了一起,足足有一分多钟。他们感到,一个时代结束了,另一个时代开始了。当天,毛主席会见了尼克松,两人兴致勃勃地交谈了一个多小时。

2月28日,经过双方反复协商,中美在上海公布了著名的联合公报,也称上海公报。中美关系终于走向了正常化,而且大大缓和了亚洲以及世界的紧张局势。正如尼克松说的,这一周"是改变世界的一周"。

284 · 第三次印巴战争

1947年,巴基斯坦独立时,巴基斯坦的领土由东巴基斯坦和西巴基斯坦两部分组成。东巴与西巴相距两千多公里,中间还隔着一个印度,而且两地居民的文化和民族也不尽相同。虽然东巴的面积比西巴小得多,可人口却比西巴多。由于中央政府的大权长期控制在西巴人手中,东巴人愤愤不平,东巴与西巴之间的隔阂日渐加深。

1970年12月,巴基斯坦举行首次全国大选。以拉赫曼为首的人民联盟主张东西巴完全平等,得到大多数东巴人的拥护。仰仗东巴人口上的优势,人民联盟在选举中获得了国民议会的多数席位,成为议会第一大党。面对大选结果,东巴人欣喜若狂,西巴人则忧心忡忡。拉赫曼与巴基斯坦总统叶海亚商讨东巴自治问题,以期改变东巴长期遭受的不平等的对待。可是双方分歧太大,会谈最终破裂。

第二年的3月初,东巴各地掀起罢工和示威的浪潮,纷纷要求实行东巴自治,局势一片混乱。3月25日,驻守吉大港的军队哗变,占领了全城。3月26日,人民联盟宣布东巴基斯坦脱离巴基斯坦,成为独立的孟加拉人民共和国。

为了阻止分裂,叶海亚总统急忙宣布取缔人民联盟,并且派遣大批军队开赴东巴,镇压人民联盟的独立运动。一时间,东巴火光冲天,枪声震耳,拉赫曼和其他独立运动领导人纷纷被捕。从此,东巴基斯坦的民族自治运动变为争取民族独立的武装斗争。经过几个月的战斗,西巴军队虽然控制了东巴的局势,但造成一百万孟加拉人丧生,一千万孟加拉难民逃往印度。

印度与巴基斯坦为了争夺克什米尔的领土主权,已经在1947年、1965年两次刀兵相见。现在削弱和分裂巴基斯坦的机会来了,印度哪肯放过。就在此时,印度与苏联签订了合作友好条约,得到了大批先进的武器装备,更助长了印度对巴基斯坦大动干戈的决心。印度总理英迪拉·甘地夫人宣布全力支持孟加拉独立,好让"不断逃亡印度的难民重返家园"。

经过几个月的精心策划,11月21日,印度军队向东巴发动了海陆空全方位的攻击,一辆辆印军坦克越过国界,旋风般杀向巴军阵地;一架架印军战机腾空而起,呼啸着扑向预定目标。印度陆军迅速向前推进,直逼东巴首府达卡。12月3日,印军又越过克什米尔军事分界线,猛攻西巴,试图牵制巴军主力,不让他们腾出手来支援东巴战场。第三次印巴战争爆发了。巴基斯坦总统叶海亚立刻宣布全国处于紧急状态,全力抗击印军的入侵。

印巴两军出动战机你轰我炸,并发生了激烈的空战。12月8日,印度的两架苏-7战斗轰炸机企图偷袭西巴的空军基地,不料,被高度戒备的巴军发现了。随着三颗信号弹腾空升起,两架中国制造的歼-6战斗机冲入天空朝敌机扑去。驾驶歼-6的哈斯米中校是一个经验丰富的巴军飞行员,当飞机爬升到两千米的高空时,根据地面通报的情况,他立刻在机头左方发现了敌机。哈斯米随即来了个大坡度转弯,绕到敌机后方,占据了有利的攻击位置。印军飞行员猛地发现自己被歼-6盯上了,慌乱之下,企图加速甩掉歼-6。哈斯米十分沉着,死死咬住苏-7,随后按下导弹发射按钮,一枚响尾蛇导弹直冲敌机而去,苏-7躲闪不及,顿时凌空炸得四分五裂。另一架苏-7见势不妙,刚想掉头逃走,这时另一架歼-6赶到,做了几个漂亮的空中动作,迅速把敌机锁定在射击光环中。炮弹像雨点一样射向敌机,第二架苏-7战斗轰炸机应声落地。

虽然巴空军的表现十分出色,但是巴陆军却不争气,在印军的猛攻下,接连败下阵来。叶海亚总统心烦意乱,赶紧派外交部长布托前往联合国,要求安理会制止印度对巴基斯坦的侵略。12月7日,联合国大会以一百零四票的压倒优势通过了要求印巴双方停火和撤军的决议。可是印度在苏联的支持下,拒不执行联合国的决议,宣布印度将"打到孟加拉国获得解放为止"。

孤军奋战的东巴守军虽然从战争一开始就在数量上和武器上处于劣势,但是他们顽强地抵抗着。印军速战速决的意图受到了挫折后,立刻使出了撒手锏,出动无数飞机,在达卡周围空投了大批伞兵,使东巴守军首尾不能相顾,顺利完成了对达卡的合围。与此同时,印度的海军和空军则从海上和空中实施严密封锁,完全卡断了东巴与西巴的任何联系。

决战在即,巴基斯坦总统叶海亚十分清楚,失败是不可避免了,他授权东巴指挥官尼亚兹中将"有权最后决定是否向印军投降"。12月16日,印军向达卡发起总攻。尼亚兹见大势已去,决定无条件投降。他在达卡的赛马场向印军递交了投降书,然后交出了军旗和手枪。

印军攻占达卡的消息传来,印度总理英迪拉·甘地欣喜若狂,她赶到新德里的议会大厅,激动地宣布:"现在达卡已是一个自由国家的自由首都了。"

12月17日,印度在西线宣布停火。叶海亚总统无可奈何,只得接受印度的停火建议。第三次印巴战争以巴基斯坦的失败而告终。

1972年1月,孟加拉人民共和国正式宣告成立,得到释放的拉赫曼就任孟加拉国第一任总统。

285·水门事件

1972年6月17日晚上,美国民主党总部的一位工作人员离开水门大厦后,偶然回头看了看自己的办公室,他惊异地发现,已经熄了灯的办公室里有几条光柱在晃动。不对呀,同事们都已经走了,谁又进了办公室,不开灯,却打着手电筒到处乱照。他马上回到水门大厦,把疑点告诉了保安人员。保安人员立即搜查了有关的房间,抓到五个戴着医用外科手套、形迹可疑的男子,其中一人名字叫詹姆斯·麦科德,自称是前中央情报局雇员。其实,他是尼克松总统竞选连任委员会负责安全工作的头头,奉命到水门大厦民主党总部安装窃听设备。

第二天,《华盛顿邮报》在头版显著位置报道了这一事件。正在佛罗里达州比斯坎岛度假的尼克松总统闻讯后,心里不由咯噔一下:如果民主党抓住水门事件追查下去,他不但连任无望,而且马上就会名声扫地,有可能立即下台。他哪里还有心情度假,第二天就返回了华盛顿。

白宫,总统办公室。已经是深夜了,尼克松还在与几个最亲密的助手们紧急商讨应对措施。经过长时间的讨论,大家都沉默了下来,有的猛抽着雪茄,有的端着咖啡杯却久久不送到嘴边,目光都集中到尼克松身上。尼克松思考再三,终于发话了:"不是有三个古巴人吗,麦科德以前也参与过'猪湾事件',那么就把水门事件解释成古巴人为了自己的民族利益而进行的窃听活动。霍尔德曼,你去见一见中央情报局局长,叫他出面,以国家安全为理由,不要让联邦调查局插手。叫那几个被抓的人不要开口,多花一点钱没关系。还有,白宫里的人在大陪审团那里不要再胡言乱语了,这事由迪安负责。"

助手们分头行动,尼克松自己也赤膊上阵,在第一次竞选连任的记者招待会上,信誓旦旦地向美国公众表示:"白宫班子和本届政府中,没有一个现在受雇用的人卷入这一荒唐事件。"他还故作镇定地表示,"令人痛心的不在于发生了这类事,因为在竞选中一些过于热心的人总会做些错事。如果你企图把这类事掩盖起来,那才是令人痛心的。"

一系列的活动,特别是总统的表演,暂时欺骗了公众。大选结果,尼克松以

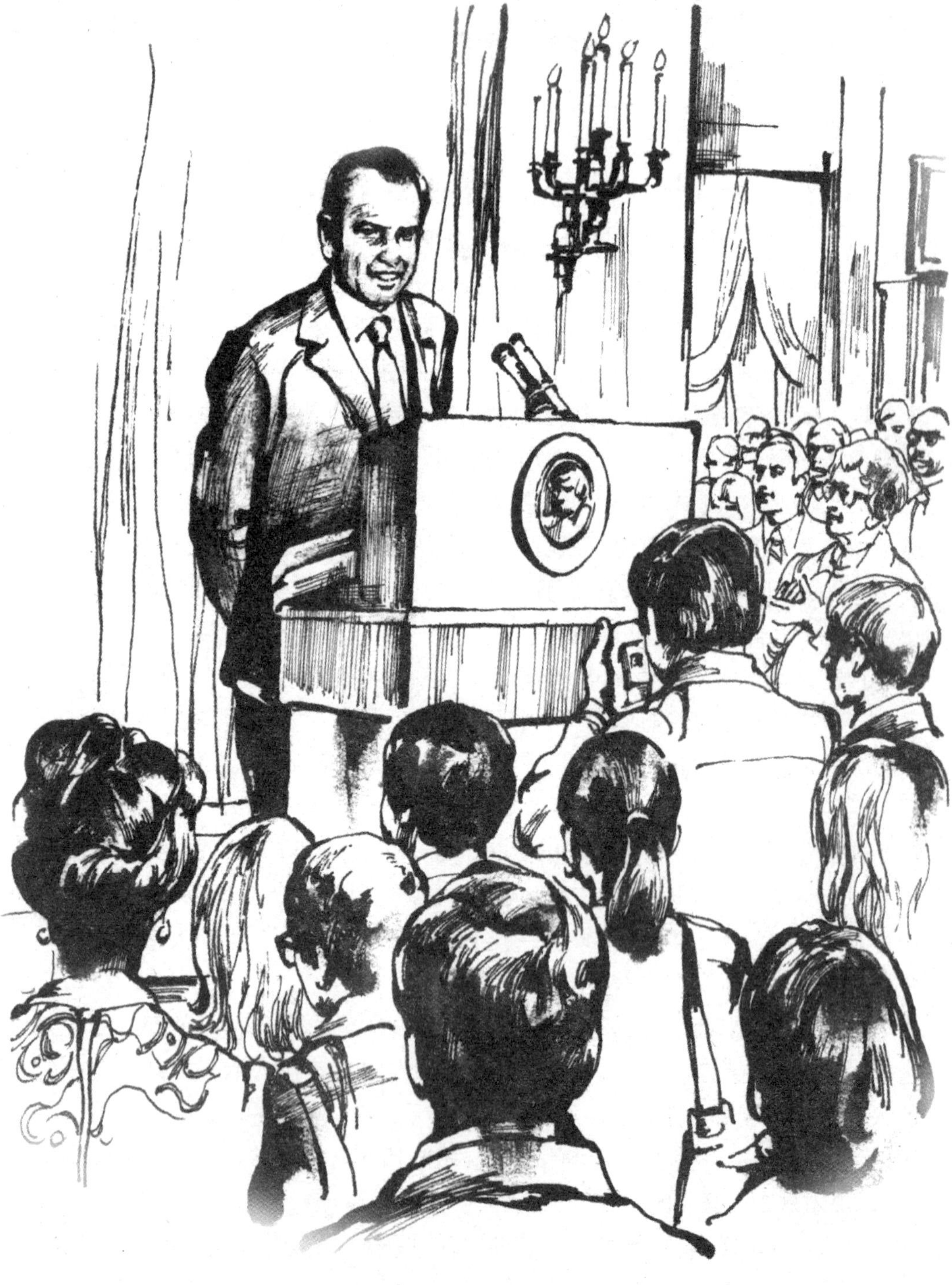

少有的压倒性优势击败了民主党候选人麦戈文,获得连任。正当尼克松和助手们弹冠相庆、得意忘形的时候,一封又一封匿名信寄到法院,密告水门事件还有隐情。

民主党占优势的国会,决定成立一个特别调查委员会,对总统竞选活动进行彻底调查。果然,1973年3月23日,麦科德在法庭上将白宫法律顾问迪安暴露了出来。尼克松决定弃车保帅,让迪安当替罪羊。

迪安可不是任人宰割的角色,他不甘心束手就擒。在得知他的罪行可判四十年徒刑时,他主动向检察官做了三小时的交待和揭露,想将功赎罪,换取赦免。

为了挽回局面,尼克松再次发表声明,表示事先不知道水门事件,事后也没有任何阻挠调查的行为,并为窃听活动辩护,说这些都是为了国家安全,是合法的、必要的,从罗斯福总统时开始,每一个总统都这么干。他企图再次利用美国人民对他的信任来蒙混过关。

不幸的是,一枚更大的定时炸弹爆炸了。水门事件委员会掌握了一个新的情况:尼克松从1971年年初起,为了记录与手下的谈话和电话内容,下令在白宫办公室里安装窃听系统。委员会要求尼克松交出有关的录音带和文件资料。尼克松以行政特权为理由拒绝交出,并将事情闹到上诉法院。不料,在经过三星期的考虑后,多数法官认为总统也要受法律的约束,必须交出录音带和文件资料。

尼克松恼羞成怒,下令免去调查水门事件的特别检察官考克斯的职务。这一下可捅了马蜂窝,美国各电视网立即中断正常节目,向美国公众报告这一爆炸性新闻。公众的反应就像火山开始喷发,抗议电报像雪片一样铺天盖地,舆论将尼克松与希特勒相提并论。连宗教界和原先支持尼克松的出版物,都愤怒地指责尼克松。血气方刚的大学生则组织了大规模的示威游行。整个美国像开了锅一样,群情激愤。在民意的推动下,众议院决定对总统进行弹劾。

尼克松决心顽抗到底,他一面销毁录音带上对他不利的内容,一面继续强调行政特权,表示"将遵循从华盛顿到约翰逊历届总统所遵循与捍卫的先例,决不做任何削弱美国总统职位的事情"。他交出的电话记录千疮百孔,大量重要的内容被诸如听不见、无情报价值等字眼代替。尼克松的行为进一步激怒了公众,最高法院首席大法官裁决尼克松必须交出有关的录音带。

新任命的特别检察官在白宫被迫交出的录音带中找到了新证据,有一盘录音带上清楚地记录着水门事件发生后六天,尼克松指示他的助手,让中央情报局阻挠联邦调查局调查水门事件,这是尼克松掩盖事实真相的铁证。整个白宫被惊得目瞪口呆,他们一直相信总统的清白,一直超出自己的职权范围来保护总统,而总统却从一开始就掩盖真相,并欺骗他的顾问、公众、国会甚至自己的家庭达两年之久,每个人都感到被出卖了,就连共和党的一批参议员、众议员也建议他辞职,尼克松终于到了众叛亲离的地步。

  1974年8月8日晚上,尼克松不得不向全国发表电视演说,宣布辞去总统职务,成为美国历史上第一位,也是迄今唯一一位因丑闻而中途下台的总统。

286 · 喋血赎罪日

1967年6月5日,以色列对埃及等阿拉伯国家发动闪电战,一举占领了苏伊士运河东岸的埃及领土——西奈半岛。惨遭失败的埃及军队只好退守运河西岸,使运河成了双方对峙的前线。

为了达到长期霸占西奈半岛的目的,以色列花费巨资,在苏伊士运河东岸兴建了一条长达一百二十三公里的"巴列夫防线"。这条用以色列军队总参谋长巴列夫中将的名字命名的防线,筑有高达二十米的陡峭沙堤,这无论对人还是对坦克,都是一道难以逾越的障碍。

以军还在坡上设置了铁丝网和地雷区,并在运河里设置了凝固汽油管,点燃后可在运河上形成一道火网。以军沿着运河修筑了三十一个核心堡垒,形成交叉火力网;在西奈半岛腹地,还配置了各种火炮、坦克、飞机和导弹,能随时支援前线。以军把这条苦心经营多年的防线吹嘘为"坚不可摧,万无一失"的防线。

埃及总统萨达特和将领们决心攻破巴列夫防线,从以色列手中夺回丧失的国土。为了这个复仇计划,埃及军队卧薪尝胆,酝酿和准备了好几年。

1973年10月6日,这天是伊斯兰教的斋戒日,也是犹太教的赎罪日。苏伊士运河东岸巴列夫防御工事里,几辆坦克静静地停在那里,车内空无一人,以军士兵有的在闲聊,有的在营房里祈祷,有的正在洗衣服。他们做梦也想不到一场大战即将来临。

下午两点,埃军的几千门火炮突然发出复仇的怒吼,铺天盖地的炮弹不断倾泻到苏伊士运河东岸,第四次中东战争打响了!

刹那间,巴列夫防线上浓烟滚滚,沙尘满天,如同沙漠上刮起了风暴一样。还没等以军反应过来,几百架埃军战机呼啸着掠过运河上空,对西奈半岛上的以军军事目标进行猛烈的轰炸,摧毁了以军许多炮兵阵地、导弹阵地和机场。紧接着,八千名埃军突击队员乘着橡皮舟和竹筏开始强渡运河,数十架直升机也不断往返飞越运河,把一批批突击队员运过河去。

登岸后的突击队员勇猛地冲进以军战壕,摧毁了以军一个又一个火力点,以掩护后续部队过河。针对以军构筑的难以逾越的沙堤,埃军早已想好了破解的办法。埃军工兵启用了几百台秘密武器——水泵,然后手持高压水枪对准沙堤猛冲。松软的沙堤在高压水龙的冲击下,很快就坍塌了。埃军仅用了五个小时,就在沙堤上打开了六十多个通道。埃军大部队趁势渡过运河,向以军发动猛攻。以军被打得节节败退,只好向西奈半岛腹地逃窜。不到二十四小时,以色列这条号称"不可逾越的"的巴列夫防线就土崩瓦解了。

以色列仓促应战。为了抑止埃军势如破竹的攻势,他们派出了装备精良、训练有素的王牌部队第一百九十装甲旅。一百二十辆最先进的坦克在旅长亚古里的指挥下,气势汹汹开往前线,想趁埃军先头部队立足未稳,将其歼灭,没想到却遭到埃军迎头痛击,以军先后有三十五辆坦克被击毁或击伤。

骄横狂妄的亚古里哪里吃过这种亏,顿时恼羞成怒,将剩下的八十五辆坦克全部投入了战斗,准备跟埃军拼个你死我活。埃军决定采用诱敌深入的战术,伏击围歼这支强敌。埃军的先头部队假装抵抗不住以军的进攻,撤出阵地,且战且退,慢慢将敌人引到了伏击地点。等敌人的坦克全部进入伏击圈后,早已等候多时的埃军用反坦克导弹、反坦克地雷、火箭筒等反坦克武器,打得以军坦克丢盔弃甲,狼狈不堪。短短三分钟内,以军的八十五辆坦克就全部报销了,亚古里也乖乖地当了埃军的俘虏。

以军王牌装甲旅的全军覆没终于粉碎了以色列不可战胜的神话。

与此同时,叙利亚军队也分兵三路,在戈兰高地对以军阵地发起了猛攻,给以军以重大打击。

以军失利的消息不断从前线传来,急得以色列总理梅厄夫人一面下达全线死守的特急命令,一面连连向美国呼救:"以色列快完了!救救以色列吧!"

以军经过一番调整,出动十万大军猛攻叙利亚军队,将战线一口气推进到叙利亚境内三十公里处。以军在戈兰高地取得主动后,随即挥师西进,与埃及军队在西奈半岛展开了坦克大会战,双方共出动了近两千辆坦克。经过数小时的激战,埃军遭到了重创,被迫转入了防守。

10月15日黄昏,一支坦克部队径直向苏伊士运河渡口开来。渡口的不远处就是大苦湖,越过大苦湖就是埃及本土。守卫渡口的埃及士兵发现开来的都是苏制坦克,坦克兵也都穿着棕黄色的埃军制服,以为是自己的部队,就放松了警惕。他们哪里知道这是化了装的以军士兵,坦克全是上次战争中以军缴获来的。埃及士兵还没缓过神来,整个渡口就被以军控制了。

紧接着,被称为"以色列的巴顿"的沙龙少将指挥着他的装甲师源源不断地开来,趁着夜色渡过大苦湖,直插埃及后方。兴奋不已的沙龙赶紧向大本营报告:"以色列人第一次踏上了非洲的土地!"沙龙装甲师打得埃军措手不及,不仅摧毁了埃军许多导弹基地和炮兵阵地,还截断了埃及军队的退路,使埃军陷入了以军的重围之中。

以军抓住埃军两支部队的结合部大苦湖防守薄弱的致命弱点,精心谋划,一举突破,成了这次战争的转折点。战争的主动权又落到了以军手中。埃军虽然陷入了困境,可是他们英勇作战,粉碎了以军全歼埃军的企图。

战争引起了世界各国的关注。10月22日,联合国安理会通过《三百三十八号决议案》,呼吁埃以双方"就地停火"。10月27日,埃、以军队交战的枪炮声完全沉寂了,历时二十一天的战争终于结束了。

287·南打北轰陷泥潭

越南原是法国的殖民地,第二次世界大战期间又被日本占领。日本投降后,越南人民在领袖胡志明的领导下,于1945年9月建立了越南民主共和国。没想到,法国又卷土重来,试图重温往日旧梦。越南人民只好重新拿起武器,与法国侵略者展开了艰苦卓绝的斗争。

1954年,越南人民军攻克了法军重兵把守的奠边府(位于越南西北部),法军一败涂地,狼狈而逃。奠边府的惨败震醒了法国殖民者的美梦,迫使他们坐到谈判桌前,持续了八年的越法战争终告结束。双方在日内瓦达成和平协议:法国承认越南独立;双方以北纬十七度线为军事分界线,将越南临时分为南北两部分,胡志明控制北方,法国暂留南方,为撤军做准备。

法国的溃败引起了美国极大的忧虑。他们认为如果整个越南落入共产党手中,其他东南亚国家就会像多米诺骨牌一样接二连三地倒掉,造成难以估量的后果。美国已经"失掉"了中国,现在决不能再"失掉"印度支那了。作为世界头号强国的美国决心亲自出马,把越南变成跟共产党进行较量的第一块阵地。

1955年,法国撤军后,为了阻止越共势力的南下,美国迫不及待地扶植起吴庭艳傀儡政权,在南方成立了越南共和国。越南一下子分裂成两个势不两立的国家。

吴庭艳政权不仅贪婪腐败,而且借口剿共灭共,大肆屠杀、迫害反对者。为了争取自由民主,实现祖国统一,南越人民展开了野火春风般的武装斗争,成立了越南南方民族解放阵线。南越人民的斗争得到了北越人民的支持,大批枪支弹药通过"胡志明小道"送到了南越游击队手中。面对南越游击队神出鬼没的攻势,南越军队穷于招架,节节败退。

1961年5月,为了挽救摇摇欲坠的吴庭艳政权,美国总统肯尼迪派遣一支特种部队进入南越,一场不宣而战的"特种战争"开始了。"特种战争"就是美国通过出钱、出枪、出顾问的方式,装备、训练、指挥南越军队,提高南越军队的作战能力,然后驱使他们去扑灭南越人民的斗争烈火。

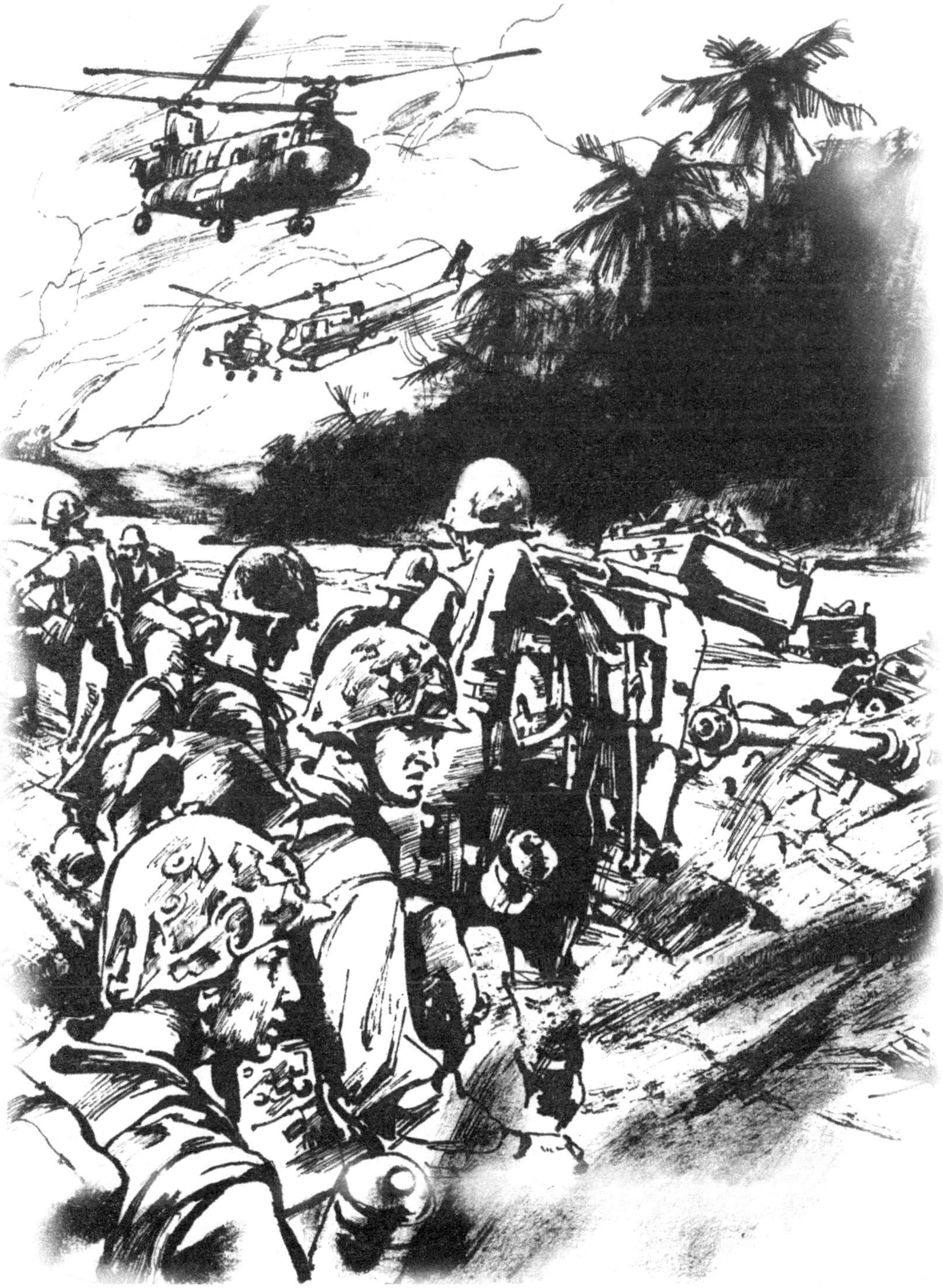

南越军队在美国军事顾问的指挥下,对游击队展开了大规模的"清剿"。他们还在游击队经常出没的地区建立"战略村",把老百姓统统赶进这些由南越士兵把守、用铁丝网圈起来的村庄里,妄图孤立游击队。随着战斗的日趋激烈,美国设立了特种战争指挥部"美国军事援助司令部",派往越南的军事人员也从1961年的八百多人激增至1962年年底的一万二千人。

1963年11月22日肯尼迪遇刺身亡。他一手策划的"特种战争"也遭到了重大的挫折。南越游击队不仅没有被消灭,反而更加壮大了,已有二十多万人,并解放了南越五分之四的土地和三分之二的人口。而在肯尼迪遇刺前三星期,南越首都西贡上演了一出闹剧。由于对吴庭艳的无能深感失望,美国竟然唆使一批南越军官发动政变,杀死了自己的走狗吴庭艳,另外扶持了一个新傀儡。

约翰逊继任美国总统后,决心不惜一切代价保住南越。1964年8月5日,约翰逊政府制造了"北部湾事件",以美国军舰在北部湾遭到越南北方鱼雷艇攻击为借口,出动大批飞机空袭了越南北方,把战火从南越扩大到北越。美国国会也通过决议案,授权总统扩大战争规模。

1965年3月,美国开始了代号为"滚雷行动"的空袭,成群结队的飞机几乎日夜不停地轰炸北越。与此同时,美国海军陆战队在岘港登陆,与南越游击队在丛林之中展开了较量。美国终于将"特种战争"升级为以"南打北炸"为特点的"局部战争"。

美国希望凭借天下无敌的军事力量速战速决,压垮北越,征服南越。一时间,越南北方硝烟弥漫,越南南方战火纷飞。越南军民没有屈服,他们用步枪、卡宾枪、轻重机枪与美国飞机展开了较量。

一天,南方新兴西乡的游击队接到消息,美军要来这个地区扫荡。游击队小队长阮越凯提着卡宾枪,带领自己的战斗小组,飞也似的跑到一片番薯地里隐蔽起来。不一会,六架美军战机低空飞来,差不多快碰到树梢了,接着,又飞来了二十三架满载美军的直升机。不久,美军战机开始轮番扫射轰炸,一颗颗炸弹在阮越凯和他的战友们的周围爆炸开来。阮越凯没有慌张,沉着地等待着最佳的出击时机。

美军的直升机飞到番薯地上空,见地面没有什么动静,便放心大胆地降低高度,准备降落。阮越凯一看时机来了,举起卡宾枪,对准一架正在下降的直升机就是一阵扫射,敌机被击中了,摇晃了几下,一头栽进附近的水沟里。另一架直升机发现有人偷袭,一边射击一边朝阮越凯冲来。阮越凯毫不示弱,端起枪猛扣扳机,把这架敌机打得直冒黑烟,在空中炸了个粉碎。

这时一部分美军士兵已经着陆,纷纷涌向番薯地。阮越凯一声令下,战友们同时开火,打得美军手忙脚乱。阮越凯见一架直升机趁机准备强行降落,赶紧调转枪口,一阵猛射,敌机猛地颤动了一下,轰隆一声,坠落在地。阮越凯打得兴起,索性端起枪向空中慌作一团的敌机射击,又击落了第四架直升机,创造了一个战争史上的奇迹。

美国在付出三千多架飞机被击落的代价后,并未取得任何预期的效果。相反美国的一些王牌部队却被越战越勇的越南军民打得落花流水,第一零一空降师在安溪惨败,绿色贝雷帽特种部队在波来梅惨败,第一骑兵师在德浪河谷惨败……

1968年,南越游击队和北越人民军联手发动了"新春攻势"。战斗遍及南越一百多个城市,游击队甚至潜入南越首府西贡,攻击了美国大使馆、西贡机场、总统府和美国军援司令部。这次攻势规模之大,战斗之激烈,前所未有。

最惨烈的生死搏斗发生在溪山。两万名北越人民军把美军的溪山要塞围得水泄不通,猛攻猛打,决心全歼守卫要塞的六千名美军,让溪山成为第二个奠边府。为了保住溪山,美军每天用三百次空袭来支援溪山的守军,投下的炸弹相当于广岛原子弹爆炸力的五倍。在历时七十七天的战斗中,溪山成了一个令美国人胆战心惊的名字。为了避免太多的牺牲,北越人民军主动撤离了溪山。

美军和南越军队发动了反攻,逐步夺回了被占领的所有城镇。疯狂的美军还把怒气发泄到手无寸铁的平民身上,制造了震惊世界的梅莱村屠杀惨案。

虽然美国在"新春攻势"中占了上风,但是它给美国民众带来的不是喜悦,而是震撼。通过电视,大多数美国人惊讶地发现被美军清剿了三年的游击队不仅没有消亡,反而钻出丛林开始攻击城市,甚至攻进了固若金汤的美国大使馆。他们更看到了越南人民不可征服的气势。

美国人开始反思:在这场残酷的战争中,我们得到了什么?这场丛林战争何时才是尽头?美国各地的反战运动达到了空前激烈的程度,光华盛顿,就有几十万民众走上街头,参加反战示威游行。而前线美军的士气也降到了最低点。焦头烂额的约翰逊被迫退出了下届总统的竞选。

1969年1月,尼克松当选美国总统。面对国内要求结束战争的巨大呼声,他提出了"结束战争,赢得和平"的主张。不过为了维护美国的形象,"体面"地结束越战,尼克松时而向北越挥舞橄榄枝,时而对北越狂轰滥炸,边打边谈,边谈边打。一直到四年后的1973年1月26日,美国才无奈地在巴黎签署了《关于在越南结束战争、恢复和平的协定》,宣布美国从越南撤军。

1975年春,越南军民对南越西贡政权发起了总攻。4月30日中午,西贡获得解放,一面越南民主共和国的旗帜在西贡总统府升起。5月1日,越南南方全境宣告解放,标志着越南实现了统一。也就是十几个小时前,最后一批美军士兵登上直升机,在北越军队的隆隆炮声中,灰溜溜地撤离了西贡,告别了让美国损失了五万八千个生命的越南。越南战争成了美国人心中永远的噩梦!

288·苏联入侵阿富汗

阿富汗是中亚一个不起眼的小国。可是进入二十世纪七十年代,随着阿富汗局势的日益动荡、政权的不断更替,它渐渐成了世界的焦点。

1973年7月,阿富汗前首相达乌德在苏联的支持下,发动政变,推翻查希尔王朝,建立了阿富汗共和国。后来,达乌德不愿再听从苏联的摆布,试图改善同西方的关系,触怒了莫斯科。

1977年4月,苏联策动一批阿富汗青年军官发动政变。苏制坦克碾过了总统府的台阶,也碾碎了达乌德的总统梦,达乌德被冲锋枪打得像个马蜂窝。随即,亲苏的塔拉基成立了阿富汗民主共和国,自任总统。塔拉基上台后,对苏联言听计从,赢得了莫斯科的欢心。可是他与总理阿明的权力争斗却不断激化,闹到了你死我活的地步。

1979年9月,塔拉基与苏联驻阿大使密谋准备除掉阿明。没有想到走漏了风声,阿明先发制人,指挥自己的部队冲进总统府,干掉了塔拉基,自己当上了总统。

出乎意料的结局使苏联非常尴尬,他们只好虚情假意地向阿明表示"祝贺",还称阿明是"苏联的一个忠实的朋友"。可是阿明毫不领情,不仅指责苏联插手帮助塔拉基策划阴谋,迫使苏联撤换了驻阿大使,而且要求苏联撤回在阿富汗的三千名军事顾问。他还拒绝了苏联向其发出的访苏邀请,并向美国暗送秋波,甚至要求美国恢复对阿的援助。

阿明的强硬态度激怒了莫斯科。苏联领导人勃列日涅夫明白一旦阿明倒向美国,苏联在阿富汗多年的苦心经营就会付诸东流。当部下问他怎样处置阿明,他立刻恶狠狠地回答道:"我决定,干掉他!"

于是,苏联一面摆出友好的姿态,迷惑阿明;一面却在暗地里调兵遣将,为入侵阿富汗做准备。

1979年12月初,苏联借口帮助阿明镇压反政府武装,将一支特种部队空运到阿富汗。但这支部队并没有开赴前线,而是分头占据了阿富汗首都喀布尔周围的巴格拉姆空军基地和另外几个战略要地。由于这些特种士兵都来自苏联的

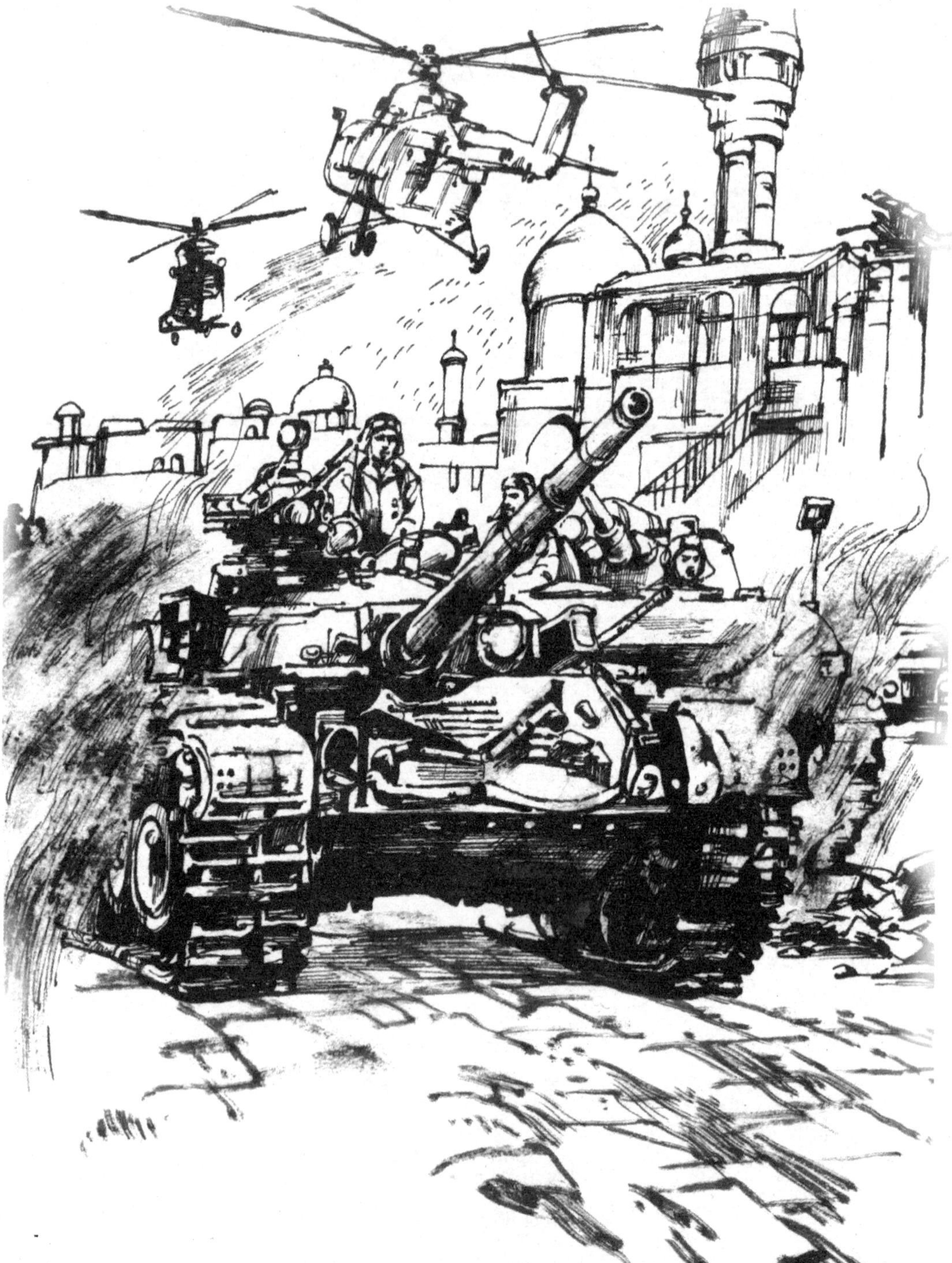

中亚地区,长相跟阿富汗人十分相似,没有引起人们的怀疑。

12月24日至27日,苏联又打着军事援助的旗号,开始了紧急空运。一架架巨大的运输机川流不息地降落在巴格拉姆空军基地和喀布尔机场,不仅运来了武器装备,也运来了大批全副武装的苏军士兵。机场上摆满了坦克、装甲车、大炮和弹药,几乎成了一座军营。

同时,在苏联的精心策划下,驻守首都的阿富汗四个师"奉命"调往外地,留守的部队也接到了"清点弹药"的命令,纷纷上缴弹药,失去了作战能力。更绝的是,苏联的顾问和专家以保养武器为名,把阿军的坦克、大炮拆得七零八落,根本无法使用。喀布尔成了一座不设防的城市。

12月27日夜晚,苏军动手了。集结在机场的苏军士兵登上"援助"阿军的坦克、装甲车,杀气腾腾地驶向喀布尔。这时,喀布尔方向传来几声惊天动地的爆炸声,原来早已埋伏城内的苏联特种部队炸毁了电信大楼,切断了首都与外界的一切联系。紧接着,市区里响起了坦克的轰鸣声以及各种轻重武器的射击声。政府机关、电视台、广播电台、桥梁、交通要道的控制权一一落入了苏军手中。

与此同时,一支精干神勇的特种部队风驰电掣般冲向阿明的住所——达鲁拉曼宫。经过短暂的交火,阿明的卫队被击溃了,突击队员攻入了达鲁拉曼宫,随着一阵阵枪声,阿明和他的四个妻子、二十四个子女以及一些政府官员纷纷倒在了血泊之中。苏军仅用了三个多小时就控制了整个喀布尔。一时间,喀布尔街头全是手持武器、头戴皮帽的苏军士兵,路口停着一辆辆虎视眈眈的苏军坦克。

早已集结在苏阿边境上的苏联十万大军,在两千辆坦克、一千辆步兵战车、三千辆装甲输送车、几千门火炮、数百架飞机的支援下,以迅雷不及掩耳之势长驱直入,控制了阿富汗的交通要道和重要城市。短短七天,阿富汗就沦陷了。不久,卡尔迈勒粉墨登场,在苏联扶植之下成立了傀儡政权。可是阿富汗人民没有被飞机、坦克、大炮所征服,风起云涌的抵抗斗争使苏联陷入了战争的泥沼之中。

硬撑了九年之后,苏联认输了。1989年2月15日,最后一批苏联军队撤出阿富汗。当最后一辆坦克驶过苏阿边境,驻阿苏军司令格罗莫夫中将跳下战车,感慨地说:"我是最后一名撤出阿富汗国土的苏联军人。在我的身后,再也找不到一名苏联士兵了。"

289·两伊战争

二十世纪七十年代末的1979年,在国外流亡十四年的霍梅尼终于回到了伊朗。他开始以伊斯兰教义治理国家,并号召其他伊斯兰国家进行革命。

同年,萨达姆当选为伊拉克总统。他自诩为巴比伦的尼布甲尼撒二世,鼓吹阿拉伯世界必须统一。

1980年9月22日拂晓,两伊边境笼罩着浓浓的大雾,司空见惯的冷枪声没有了,显得非常寂静。一些敏锐的伊朗军官已经感到形势不妙,灾难即将来临。

果然,在中午,八十多架伊拉克飞机向伊朗境内扑去,对十五个城市和七个空军基地及雷达站实施突然袭击,战争在飞机的轰鸣和炸弹的爆炸声中开始了。

伊拉克最精锐的部队——共和国卫队,分四路攻入伊朗。重型装甲车在前边开路,重炮在后面支持,步兵实施快速进攻。密集的炮弹飞向油库、储油罐和输油管道,浓烟滚滚,将伊朗的天空烧得通红,仿佛地狱之火在灼烧着大地。

在霍拉姆沙赫尔,伊朗军队利用每一条壕沟、每一栋建筑甚至每一个窗口进行殊死抵抗,伊拉克军队每前进一步都要付出惨重的代价。因此,占领该城后,伊拉克将霍拉姆沙赫尔改名为胡尼恩沙赫尔,意思是血城。

伊朗也不是好惹的,熬过最初的难关后,它开始反击了。

伊朗总统巴尼萨德尔,亲临战线最前沿指挥反击。炮弹呼啸着撕裂长空;坦克和装甲车轰鸣着,碾过一切敢于阻挡的东西;伊朗士兵杀红了眼,只要够得着,他们宁可用更残酷的白刃战来杀死敌人。一时间,血肉横飞,惨叫声不绝,伊拉克军队节节败退。

在霍梅尼的号召下,一支准备在"圣战"中献身的,由正规军、民兵、革命卫队、毛拉(神职人员)和少年人组成的大军发起了总攻。毛拉和少年人冲在最前面,成百上千的"勇士"不顾死活地扑向雷区。让人胆寒的人海战术终于使伊拉克的防线和斗志都崩溃了,伊朗收复了失陷一年多的霍拉姆沙赫尔,基本上将伊拉克赶出了西南部的产油区。只是在前进的道路上,四万多具伊朗士兵的尸体,向世人诉说着战争的残酷。

萨达姆无法相信眼前的事实,无法相信伊朗军队会打败他装备精良、训练有素的共和国卫队。6月16日,伊拉克军队全部撤离伊朗,停止一切军事行动,要求谈判。正在兴头上的伊朗拒绝停火,还要求伊拉克赔偿一千五百亿美元。

和谈不成,战火又起。"斋月行动"打响了,伊朗革命卫队的毛拉们,在夜幕的掩护下,越过乱石满地的边境,潮水般冲入伊拉克的国土。革命卫队的第七师在狂呼声中滚过地雷区,越过堑壕,撕开铁丝网向前猛扑。伊拉克军队则是瞪着血红的双眼,将大量的炮弹倾泻在伊朗人头上,惨叫、惊呼连成一片,人像联合收割机下的小麦一样成排成排地倒下。

进展不大的伊朗孤注一掷,全线出击。革命卫队中的少年队也拖着枪冲入了战场,他们中最小的士兵才九岁,连枪都端不平,子弹的后坐力有时会震得他们枪支落地。一个稚气未脱的小孩被地雷炸飞了右腿,他一手捂着伤口,一手在地上爬着,凄厉地哭叫着:"妈啊!妈妈……"向故乡的方向爬去。

这一仗双方共有两万七千人丧生,六万人受伤,仅伊朗革命卫队就死亡了一万二千人,军械装备更是损失惨重。但是谁也没有打垮对方。

伊拉克人口只有伊朗的一半,兵源不如伊朗充足,于是萨达姆动用现代化的武器来消耗伊朗的有生力量。伊朗则拼命扩充军队,人数发展到近百万,用士兵的人数来弥补武器的不足。萨达姆一计不成又生一计,开始袭击伊朗的油轮。伊朗针锋相对,一面袭击油轮,一面封锁霍尔木兹海峡。到1985年2月,已有一百零八艘船只成为波斯湾上的冤魂。

双方的拉锯战并没有因为油轮战而停下来,萨达姆转而把轰炸目标对准了伊朗的石油企业,伊朗的石油工业差一点瘫痪。当然,伊朗与上还以颜色,伊拉克的油田也开始浓烟滚滚。

战争在僵持中进一步恶化,萨达姆惨无人道地下令轰炸伊朗的主要城市,想通过残杀伊朗平民来引起对方厌战的情绪。德黑兰等三十多个城市遭到大规模的轰炸,平民区、市政大楼、学校、工厂、医院无一幸免。伊朗则以血还血,以牙还牙,轰炸了伊拉克首都巴格达。半个月的袭城战,双方数万无辜平民伤亡,十多万人无家可归。

出乎萨达姆预料的是,对平民的轰炸相反使伊朗人更加团结,他们用疯狂的地面进攻来回击伊拉克。面对伊朗来势汹汹的进攻,萨达姆丧心病狂地下令,将大量芥子气弹、光气炮弹、沙林榴弹等杀伤力极大的化学毒剂射向伊朗士兵。战场上,成千上万伊朗士兵痛苦地挣扎着,有人双手将喉管抓破,有的脸色乌黑,有的皮肤溃烂,流着浓黑的血,有的牙关紧锁口吐白沫。惨无人道的化学武器终于将伊朗军队的攻势遏止住了。

经过长期的消耗战,伊朗终于筋疲力尽。伊拉克乘机集中全部精锐部队发起猛攻,夺回大批失地,使战线基本回复到战争初期的状况。

1988年7月20日,伊朗宣布无条件接受联合国要求两伊实现停火的五百九十八号决议,战争终于结束了。两伊战争中,双方死亡约六十万人,伤九十五万人,因战争引起的直接经济损失高达九千亿美元,相当于第一次世界大战全部经济损失的五倍。世界经济也因石油的涨价而放慢增长速度,海湾地区的生态污染更是达到惊人的程度。

这是一场没有胜利者的战争,也是一场持续了八年的灾难。

290·阅兵式上的枪声

  埃及发动的第四次中东战争,又称赎罪日战争。它虽然粉碎了以色列不可战胜的神话,但是埃及自己也蒙受了巨大的损失。

  面对战争还是和平这个艰难的抉择,埃及总统萨达特认识到,双方再打下去是没有意义的。在以往的几次中东战争中,埃及牺牲了成千上万人的生命,庞大的军费已让政府债台高筑。如果继续与以色列对峙下去,埃及的国力将消耗殆尽。他决定与以色列化干戈为玉帛,用和平换取发展埃及经济的机会。他坚信:"思想僵化的人,永远无法改变现实,因而也就永远不会有所进步。"

  1977年11月,萨达特在埃及人民议会宣布了一个令人震惊的决定:他准备出访耶路撒冷。这个消息如同一枚炸弹落在会场上,顷刻间,全场一片哗然。所有在场的议员都惊呆了,没有一个人相信这话竟会出自他们的总统萨达特之口。

  主持议会的议长当时首先想到的是防止这个消息扩散出去,他迅速跑到毗邻会场的总理府与全国各报纸的总编们联系,要求他们不要发这条消息。萨达特得知后,马上找到议长对他说:"我不是在演戏,要知道这是非常严肃认真的事,这条消息一定要发!"

  萨达特准备出访以色列的消息,对于阿拉伯世界也无疑是一个晴天霹雳!阿拉伯联盟的盟主埃及,居然背叛他们共同立下的与以色列不共戴天的誓言,单独与以色列讲和。

  整个阿拉伯世界愤怒了。叙利亚大马士革电台威胁说:"谁敢去以色列就要谁的脑袋";巴勒斯坦的游击队扬言要刺杀萨达特;利比亚领导人卡扎菲认为萨达特是"叛徒",声称要对埃及发动进攻;连埃及副总统也以辞职表示反对。

  冒着人们的非难,甚至下台的危险,萨达特义无反顾地踏上了寻求和平的征途。"如果埃以会谈结果能避免一场新的战争,那我们还犹豫什么?我不能计较个人得失,必须考虑国家的利益和人民的安危。"

  1977年11月19日傍晚,一架来自埃及的波音737飞机降落在特拉维夫机场。舱门徐徐打开之后,萨达特出现了。一个历史性的时刻到来了!

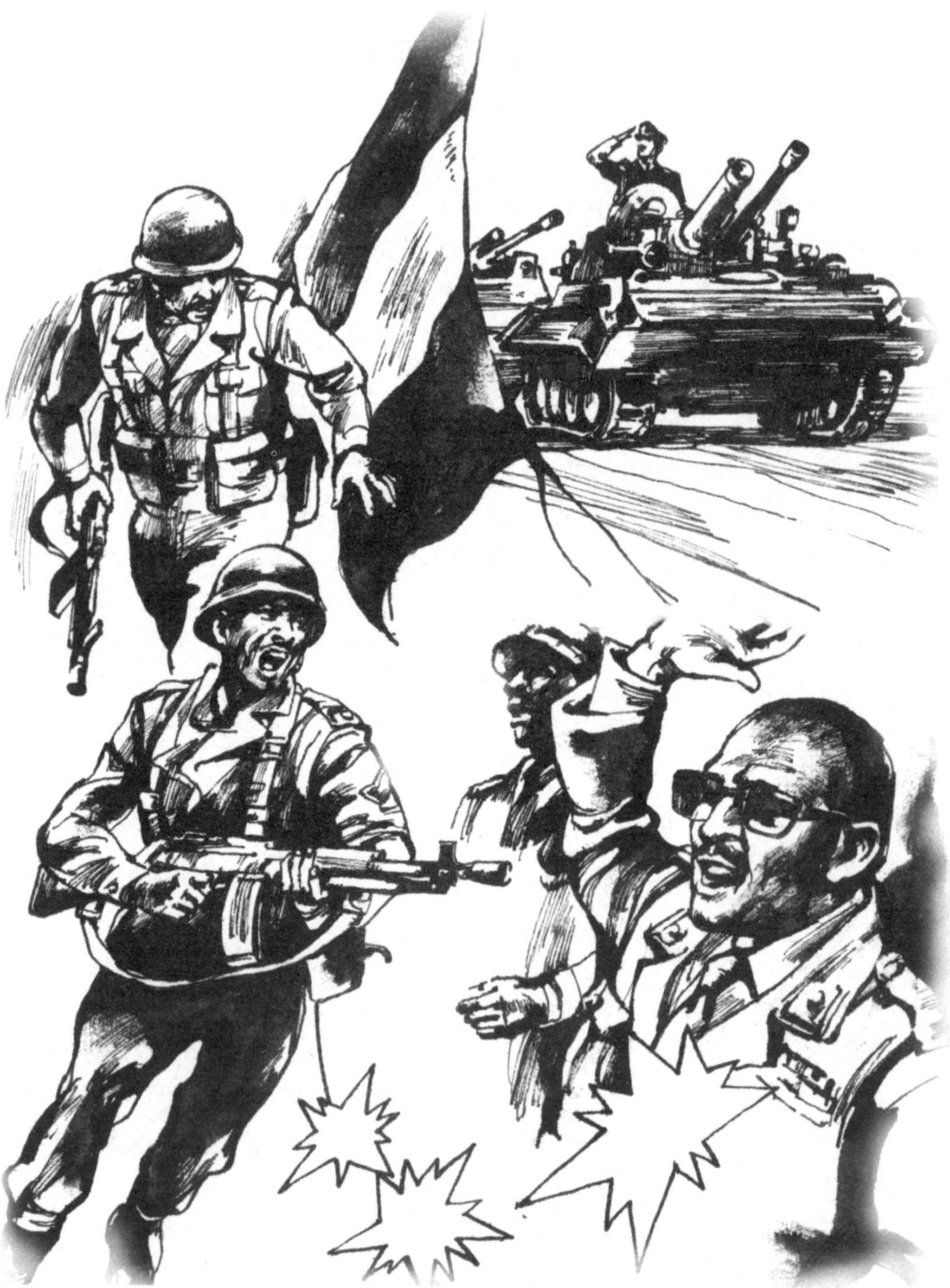

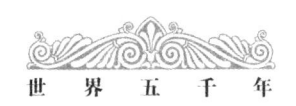

前往耶路撒冷途中,萨达特受到了以色列民众的热烈欢迎,他们有的高举着要求和平的标语牌,有的挥舞着两国的国旗,用欢呼声表达对这位和平勇士的敬意。

第二天下午,萨达特总统在以色列议会发表了演说:"我在这个讲台上向你们,向全世界宣告,我向你们提出的是全面的和平……有些时候,一个国家的人民必须忘记过去,朝着新的未来迈出勇敢的步伐……我不希望我们的人民和你们的人民处于导弹的包围之中……"

萨达特的演说震撼了每一个人,毕竟人民是渴望和平的。

经过艰难曲折的谈判,1978年9月,埃以在美国签署了《戴维营协议》,打开了中东和平的大门。1979年3月,《埃以和约》签订,双方建立了正常的外交关系,从而结束了埃以之间持续了三十多年的战争状态。人们期盼已久的和平终于回来了!

正当萨达特踌躇满志,准备振兴埃及经济的时候,埃及的穆斯林极端分子策划了一个惊天大阴谋,矛头直指被他们视作叛徒的萨达特。

1981年10月6日,是赎罪日战争八周年纪念日。一个盛大的阅兵典礼正在埃及首都开罗的胜利广场隆重举行。检阅台上人头济济,萨达特身着灰蓝色的最高统帅制服,佩戴着勋章和绶带,显得格外引人注目。他含着烟斗,面带微笑,不断地向士兵们挥手致意。

步兵、伞兵、坦克、装甲车、导弹,依次从检阅台前经过,金戈铁马,威风凛凛。紧跟着的是炮兵方队,尘埃中,一辆辆军用卡车牵引着大炮隆隆驶来。这时,六架战斗机从远处呼啸而来,低空掠过检阅台,突然拉升,然后不断喷出红白蓝三色的彩烟,情景十分壮观。惊险、刺激的飞行表演吸引了大家的视线。连萨达特也仰起了脸,聚精会神地观看着。

就在这时,一辆接受检阅的炮车在检阅台前停了下来,三个士兵从车上飞身而下,端着枪向检阅台冲来。萨达特以为他们要过来敬礼,就站了起来,可是他怎么也没想到,他迎来的竟是一枚手榴弹。

"轰隆"一声,手榴弹在检阅台前爆炸了,顿时检阅台上下硝烟弥漫。这突如其来的猛烈袭击,搞得在场的人们目瞪口呆。萨达特的秘书哈菲兹最先反应过来。他大叫一声:"刺客!"便奋不顾身地向萨达特扑去。

与此同时,三个士兵端起枪对准总统疯狂扫射,卡车上的机枪也向检阅台喷出了火舌。哈菲兹一边疾呼:"卧倒!总统!"一边操起一把椅子想护住总统,可是已经晚了。一连串的子弹击中了萨达特,他直挺挺地倒了下去。

"轰隆!"又有一颗手榴弹爆炸了。两个士兵冲上检阅台,向总统席乱射一通。检阅台上乱作一团,哭喊声、求救声此起彼伏。保安们终于回过神来,开始开枪还击。混战中,副总统穆巴拉克也受了伤,鲜血直流。

很快,行凶士兵被制服了。整个袭击过程从开始到结束不到三十秒钟。直升机紧急升空,载着萨达特飞向开罗最好的医院……

七个小时后,受了轻伤的穆巴拉克出现在电视屏幕上,沉痛地向埃及人民宣布:我们爱戴的领袖,战争与和平的英雄逝世了。

10月10日,萨达特被安葬在胜利广场的无名战士墓旁边。墓前,竖了一块黑色大理石墓碑,上面写着:"穆罕默德·安瓦尔·萨达特总统,战争与和平的英雄。他为和平而生,他为原则而死。"

291·马岛战争

在烟波浩淼的南太平洋上,有一个叫马尔维纳斯的群岛,它扼守着大西洋和太平洋航道,与南极大陆遥遥相对,战略地位非常重要。这个荒无人烟的群岛与阿根廷海岸线相距五百公里,而与英国则相隔万里之遥。由于历史原因,长期以来该岛一直由英国占领着,但是围绕着该岛的主权问题,英国和阿根廷已争论了一个半世纪。

1982年4月2日,阿根廷海陆空三军采取突然行动,出动四千多名士兵在马岛强行登陆,经过短暂的战斗,守岛的两百多名英国士兵只好乖乖投降。阿根廷国旗在阿根廷士兵的欢呼声中,又一次在马岛上空冉冉升起。

马岛胜利收复的消息传来,阿根廷举国欢腾。在首都布宜诺斯艾利斯,人们举着国旗,纵情高呼:"马尔维纳斯属于阿根廷!"像潮水一样涌向五月广场,庆贺这个等了一个半世纪的喜讯。总统加尔铁里更是难以抑止激动的心情,他表示阿根廷将誓死保卫马尔维纳斯群岛。

与此同时,英国朝野上下无不感到震惊和愤怒。首相撒切尔夫人决定召开议会紧急会议,研究对策。

在议会大厅门口,有位记者大声问撒切尔夫人:"阿根廷报纸说过这样一句话:'女人不会走入战争'。你对这话怎么看?"

有着"铁娘子"之称的撒切尔夫人用坚定的声音回答:"请你提醒他们注意,梅厄夫人和甘地夫人都曾毫不迟疑地走入战争,而且都赢了。"

经过一番紧张的商议,英国议会以前所未有的全票通过了对阿根廷宣战的决议。撒切尔夫人随即向世界宣布:英国将出兵远征,收复失地。

4月5日,也就是距阿根廷收复马岛仅隔了三天,一支庞大的英国海军特混舰队驶离英格兰的朴茨茅斯港,杀气腾腾地冲向南大西洋。这支舰队几乎集中了英国三分之二的海军力量,包括两艘航空母舰和一百多艘舰船,拥有现代化的作战手段,可以从天空、地面、海面和水下发动全方位的攻击。

特混舰队一抵达战区,立刻凭借先进的武器装备,对马岛实行了立体的海空封锁。阿军没料到英军的行动会这么神速,急忙向马岛增兵,结果遭到了英军的猛烈攻击,"圣菲"号潜艇被英军的反潜直升机击毁了,"贝尔格拉诺将军"号巡洋舰也被英军的导弹核潜艇击沉了。增援的失败使马岛上的阿军陷入了孤立无援的窘境。

接连的失利使阿根廷举国群情激愤,阿军上下发誓要以牙还牙,报仇雪恨。

5月4日,英军"谢菲尔德"号导弹驱逐舰驶向马岛附近海域执行警戒任务。它哪里知道,阿根廷人正把复仇的目光瞄向它。三架阿根廷"超级军旗"战斗轰炸机接到攻击命令,立刻从基地紧急起飞,直扑"谢菲尔德"号。机智的阿军飞行员利用低空飞行,躲避了敌人的雷达,悄悄逼近了英舰。目标越来越近,阿军飞行员凭借高超的飞行技巧,再次降低了高度,几乎是贴着海面飞行。

当飞机进入导弹发射区域时,雷达荧光屏上清晰地显示出了"谢菲尔德"号的身影。这时,第一架"超级军旗"突然跃起,将"谢菲尔德"号的精确方位发给了后面的攻击飞机。英国舰队的雷达马上发现了可疑战机,可是未等英国舰队的警报拉响,后面两架"超级军旗"的飞行员迅速按下发射按钮,两枚"飞鱼"反舰导弹似离弦之箭呼啸而出。发射后,三架飞机立即掉头高速返航,一下从英军的雷达屏幕上消失了。

两枚"飞鱼"像两道闪电,擦着浪尖对准"谢菲尔德"号飞速而去。"谢菲尔德"号丝毫没有发觉危险在降临,等雷达发现了高速袭来的导弹,已经来不及了。就在舰长大声叫喊"注意隐蔽"的同时,导弹钻进了舰体中央,"轰"的一声爆炸了。刹那间,舰上火焰熊熊,浓烟冲天,舰上水兵赶紧纷纷逃命。这艘号称"英国舰队的骄傲"、价值两亿美元的战舰渐渐沉没在南大西洋的波涛之中。

这次胜利使阿根廷人信心倍增,他们似乎看到了最终胜利的希望。阿根廷的战机轮番出动,频频"光顾"英国舰队上空,炸得英军胆战心惊。5月25日是阿根廷国庆日,为了庆祝这个节日,阿根廷空军的飞机倾巢出动,向英军发动了最猛烈的空袭。英勇的阿军飞行员冲破了英军战机的拦截,不顾敌人导弹和火炮的攻击,从空中猛扑下来,把雨点般的炮弹和炸弹射向英舰,"考文垂"号导弹驱逐舰沉没了,"大西洋运送者"号运输舰沉没了,"大刀"号导弹护卫舰中弹起火……这一天成了英国特混舰队"黑色的一天"。

为了尽早结束战争,英军决定立刻登陆,占领马岛。5月21日深夜,英军趁着夜幕,悄悄从圣卡洛斯港登上了马岛,接着装甲车辆、防空导弹和其他的装备也源源不断地运上了马岛。紧接着,英军分兵两路向马岛首府斯坦利港挺进。由于采用了"蛙跳"战术,使用直升机分段运载部队与装备,英军的行军速度快得出奇。等守岛阿军缓过神来,整个斯坦利港已经被包围了。虽然守岛阿军在人数上占有优势,可是面对英军无休无止的舰炮轰击和飞机轰炸,孤立无援的阿军士兵逐渐失去了斗志。

6月14日,阿军守军投降,马岛重回英国人手中。激战了七十四天的马岛战争也落下了帷幕。

292·"星球大战"计划

"很久很久以前,在一个非常遥远的星系中……"一场正义与邪恶的较量开始了:各式各样的飞船在星球与星球之间追逐交战,缤纷耀眼的能量射束在太空中交织闪烁;一个星球遭到毁灭性的打击,在一瞬间化做宇宙的尘埃;武士挥舞威力无比的激光剑奋力厮杀,不时将对手劈为两半……

1977年上映的美国科幻电影《星球大战》,用令人眼花缭乱的电影特技向现代人展示了一个奇幻的未来世界,让亿万影迷为之着迷,并在全球掀起了一股"科幻热"。

谁也没有想到,几年后,电影中的"星球大战"竟被搬到了现实中。1983年3月23日,在美国电视节目的黄金时间里,美国总统里根神采飞扬地出现在电视屏幕上。面对亿万观众,这位当过好莱坞电影明星的总统以他所特有的魅力和口才,发表了电视演讲:"让我和你们一起来对有希望的未来做个展望,就是制定一项计划,用防御性措施来对付可怕的苏联导弹的威胁……我呼吁诸位科学家们:过去,你们给我们带来了核武器,但是今天,希望你们能把自己伟大的才能用于和平,给我们找出使这些核武器丧失威力、成为落后于时代的废物的办法来……如果我们能够制造出可以拦截和摧毁飞行中的战略核武器的高级防御武器,就可以对未来抱有更加光明的希望……"

里根宣布:"我已决定为实现这个目标迈出重要的一步,下令制定一个全面深入的研究计划,这将是一项可以改变人类历史进程的伟大事业。"

这项如此美妙的计划究竟是什么呢?这项计划就是"战略防御倡议",简称"SDI"。其核心是用二十五年左右的时间、花费一万亿美元,以宇宙空间为主要基地,部署各种尖端武器,用以拦截并摧毁一切袭击美国的导弹。

里根的演说轰动了美国,也轰动了世界。人们在震惊的同时,不禁联想起二十世纪七十年代的科幻电影《星球大战》里那些光怪陆离的太空战,因此新闻界把这一颇具想象力的计划形象地称为"星球大战"计划。

"星球大战"计划的出笼,是美苏核军备竞赛加剧的结果。二十世纪六十年

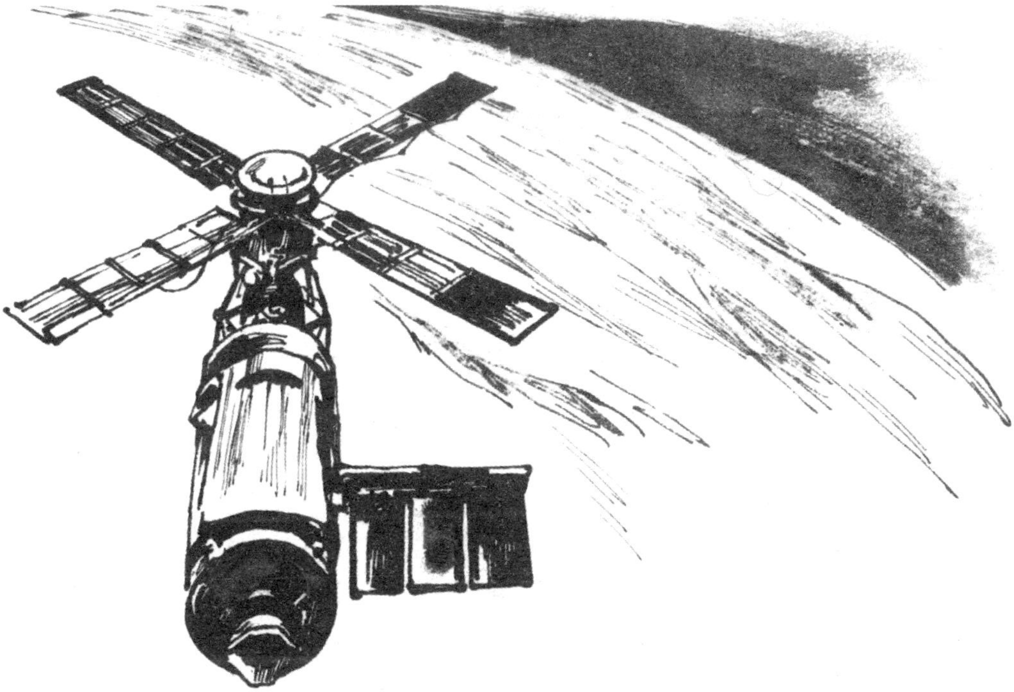

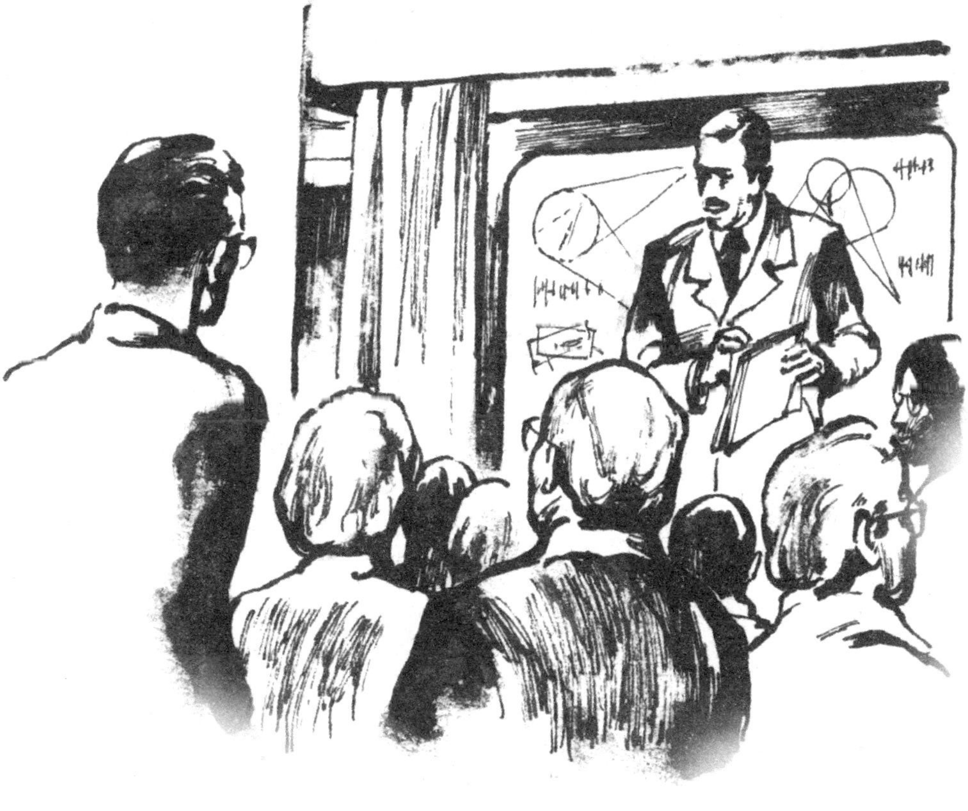

代末，美苏战略核武器在数量上大体相当，但在技术方面，美国处于领先地位。从二十世纪七十年代开始，苏联急起直追，不仅在战略核武器的数量上遥遥领先，而且在质量上也与美国不分上下。美国一方面感受到来自苏联的核威胁，一方面认识到核战争是打不赢的，只能是两败俱伤或者世界末日，因此绝不能打核战争，应当寻找一种更好的方法来消除战略核武器的威胁，确保自身的安全。

二十世纪八十年代初，美国三十多位著名科学家、经济学家、空间工程师和军事战略家经过精心研究，提出了"高边疆"战略，就是把太空当做战场，发展太空武器，用来拦截和摧毁来袭的苏联导弹，使美国免遭其核打击。

里根总统对这个战略十分赞赏，因为在太空技术方面，美国占绝对优势，可以重振美国国威；另外美国还能凭借强大的经济实力，通过旷日持久的、耗资巨大的太空武器竞争，把苏联的经济拖垮。于是，"星球大战"计划应运而生。

1985年1月3日，美国正式公布了"星球大战"计划，主要内容为：美国将在太空和地面部署反弹道导弹、高速炮弹等动能武器以及激光、粒子束、微波等定向能武器，形成一个多层次的天衣无缝的"宇宙盾牌"。整个防御体系分为三层：第一层，用卫星携带的定向能武器和动能武器对刚发射出的导弹进行拦截，把进攻的导弹消灭在敌方的领空内；第二层，用卫星或地面上配备的激光武器对穿过第一层防线的来袭导弹进行拦截，把它们击毁在宇宙空间；第三层，用地面发射的导弹拦截并全部摧毁在前两层防线中漏网的导弹。

美国声称，"星球大战"系统在高空出击，对来袭导弹的总拦截率可高达百分之九十九点九，地球任何一个地方的军队和武器，都不是它的对手。这样，美国就好像装进了保险箱，不用担心在核大战中与对手同归于尽了。其实，美国想要实现"星球大战"计划谈何容易，而且也不可能绝对阻止核大战的爆发。

苏联被美国的"星球大战"计划深深地刺痛了，谴责它是"宇宙之剑"，将导致地球的毁灭，竭力要求美国放弃这项计划。一些国家的政府也认为，"星球大战"计划会导致军备竞赛的升级，所以也反对这项计划。

进入二十世纪九十年代，随着苏联的解体，世界上能与美国平起平坐的超级军事大国已不复存在。1993年，美国政府宣布全面取消"星球大战"计划，宣称"星球大战"时代已经结束。

293·刺杀英·甘地

10月的印度北方,芳草如茵,绿树婆娑,鸟语花香。在这个美丽凉爽的季节,1984年10月31日的上午,印度总理英迪拉·甘地像往常一样早早地起床了。今天她没有安排过多的国务活动,因为她的孙子、孙女在前一天的一次交通事故中受了点惊吓,而他们的父亲、她的长子拉吉夫·甘地正在外地参加竞选活动,所以甘地夫人想呆在家里陪陪孙儿们。

不过,英国著名影星乌斯季诺夫带了一个电视小组,准备在今天上午十点采访这位印度女总理,拍摄一部二十分钟的电视纪录片。她犹豫再三,还是答应了。

英迪拉出生在印度北方邦的一个名门望族中,祖父莫提拉尔·尼赫鲁是与"圣雄"甘地同时代的、著名的印度民族独立运动领袖,父亲贾瓦哈拉尔·尼赫鲁是印度独立后的第一任总理。1917年11月19日,当英迪拉呱呱坠地时,她的祖母脱口而出:"哎呀,可惜不是一个男孩!"

"你要知道,贾瓦哈拉尔的这个女儿可能会胜过一千个儿子呢。"祖父风趣地反驳道。

英迪拉天资聪颖,是尼赫鲁的掌上明珠。但因为祖父与父母都追随甘地,献身于印度民族独立运动,因此很少有时间来照料她,养成了她孤独而坚强的性格。小英迪拉曾帮助与殖民者斗争的长辈们写通知,开信封,做旗帜,送情报;去监狱中探望被关押的祖父与父亲。身陷牢狱的父亲给她写了两百多封信,慈爱地回答爱女提出的各种问题,给她推荐阅读书目,深情地关怀她的成长。

1939年,二十二岁的英迪拉考取了英国牛津大学,在那儿深造的两年间,她不但刻苦学习、博览群书,还见到了罗曼·罗兰、萧伯纳、爱因斯坦等伟人。二战爆发,她来不及毕业,便在1941年3月回到印度,投入到民族解放运动的洪流中。第二年,英迪拉与苦苦追求她多年的费罗兹·甘地结了婚。

母亲很早就因病离开了人世,因此,印度独立之后,英迪拉·甘地毅然挑起了尼赫鲁的私人秘书与女管家的重担。她常常跟随着父亲出国访问,列席许多重要会议,到过美国、苏联、中国、法国、南斯拉夫等国家,见到了丘吉尔、杜鲁门、周恩来、铁托、纳赛尔等国际政坛的风云人物,极大地扩展了她的视野,积累了政治和外交经验,为她在1966年登上印度第三任总理的宝座打下了基础。

由于精明强干、政绩卓著,1971年,英·甘地获得连任。1980年,她东山再起,第三次当选为印度总理。

接受采访的时间就要到了。九点三十分,六十七岁的英·甘地告别孙儿,在贴身卫士、锡克族警官本特·辛格的护卫下,前往总理办公室。英迪拉的住所位于总理府的东半部,办公室在西半部,相距只有几十米,由一丛丛修剪得整整齐齐的矮灌木林与草坪隔开,灌木林中央是一座长满葛藤的拱门。

走到拱门前,本特·辛格一声口令,拱门边的锡克卫兵萨特万特·辛格托起冲锋枪,向总理行举枪礼。英迪拉双手合十,习惯地微笑还礼。忽然,本特·辛格快步走到她前面,随即急转身,从头巾里掏出一支左轮手枪;萨特万特·辛格也把竖起的冲锋枪端平,刹那间,两支黑洞洞的枪口对准了英迪拉。

"哒哒哒哒……"急促刺耳的枪声骤然打破了周围的宁静,英·甘地应声倒下,仰面躺在铺满鹅卵石的小道上,鲜血洒满了她那橙黄色的莎丽。

其他卫兵闻声火速赶来,本特·辛格与萨特万特·辛格扔下枪支,若无其事地对他们说:"我们做了我们想做的,现在你们可以做你们想做的了。"

两个凶手被押到警卫室,本特·辛格突然扑向一个警卫,想夺下冲锋枪抵抗,被当场击毙;萨特万特·辛格也从头巾中抓出暗藏的匕首,刺向警卫,警卫立即开枪还击,萨特万特·辛格受重伤,后来因谋杀罪被处绞刑。

一辆印度产的白色"大使"牌防弹轿车载着奄奄一息的英·甘地,飞也似的驶向附近的全印医学研究院。这所印度最现代化、医术最高超的医院,已经接到紧急电话,组成了一个十二位专家的医疗小组,他们希望能够创造奇迹。

医生们全力以赴,从英迪拉身上取出十六颗子弹。但是,由于失血太多,伤势过重,下午两点三十分,医疗小组正式宣布,甘地夫人已经死亡。

事后调查表明,这起震惊全球的刺杀事件,起因于这年的上半年,甘地夫人下令军队血洗锡克教的圣地——金庙。

锡克族是起源于十六世纪的印度的一个少数民族,约占全印人口的百分之二。从二十世纪八十年代起,锡克人为了争取在旁遮普邦更大的自治权,不断地与政府发生冲突。1982年10月,锡克教教主宾德兰瓦勒在旁遮普邦阿姆利则市的金庙设立了反政府的总部,储藏大量军火,训练了大批锡克族武装分子。宾德兰瓦勒公开扬言,要在神的保佑下,建立独立的"卡利斯坦国"。

1984年1月到3月间,旁遮普邦接连发生纵火、恐怖暗杀和抢劫事件,占据金庙的锡克武装教徒多次与警察与政府军交火。在谈判无效的情况下,4月4日,印度政府宣布旁遮普邦为"骚乱地区",并调集大批军队进驻。

6月2日到7日,英·甘地一声令下,几万名全副武装的军警在坦克大炮的掩护下,向金庙发起了猛烈的进攻,几百名锡克教徒战死,宾德兰瓦勒也中弹身亡。

金庙事件后,锡克教徒发誓要杀死英·甘地,报仇雪恨。本特·辛格与萨特万特·辛格被选中执行这一任务。印度情报部门曾提醒英·甘地,把这两个锡克卫士留在身边不太安全,但她非常信任他们,没有同意调离他们。

英迪拉死后,印度教徒与锡克教徒又爆发了大规模的教派仇杀。接替母亲担任印度总理的拉吉夫·甘地挺身而出,在向全国的第一次讲话中呼吁道:"我们不能让我们的感情冲动起来,因为愤怒只会导致犯错误。在我国任何地方发生骚动,都会极大地伤害我们敬爱的英迪拉·甘地的灵魂。我们行动的每一个步骤都必须遵循正确的方向。"

拉吉夫·甘地勇敢而稳健地为印度人民承担起了他的责任。可是,七年之后,他也惨遭暗杀,走上了她母亲的不归路……

294·二月风暴掀翻马科斯

二十世纪八十年代初,菲律宾局势风雨飘摇。反对党领袖阿基诺的遇刺引发了人民对独裁统治的不满,群众的集会、游行、示威络绎不绝,反政府武装的活动也风起云涌,搞得总统马科斯焦头烂额。

迫于各方的压力,马科斯只好摆出准备推行改革和民主的姿态,宣布将总统大选提前到1986年2月7日举行。

马科斯虽然依靠军事管制,在总统宝座上稳稳地坐了二十年,可他觉得还没过足瘾,想通过大选,名正言顺地再坐六年。他认为自己手里攥着大把大把的美金,还掌握着报纸、电台、电视台等竞选法宝,而反对党只会喊喊口号、发发传单,根本无法和他较量,因此自己一定会轻而易举地连任总统。

当得知反对党推出阿基诺夫人(科拉松·阿基诺)作为总统候选人,他更不把反对党放在眼里了,还嘲笑说:"我和家庭主妇对话一向感到愉快。"

阿基诺夫人在阿基诺遇刺之后,围绕扑朔迷离的案件真相,同马科斯政府进行了不懈的斗争,赢得了大批的同情者和支持者,从一名普通的家庭主妇一跃成为出色的政治家,曾有一百二十万人在一份请愿书上签名,要求她出来竞选总统。

阿基诺夫人全力以赴地投入了竞选活动。她走遍了菲律宾的大小城镇,向选民们发表充满号召力的演讲,呼吁他们在"贪婪和腐朽的政权"和"自由和诚信的政府"之间做出选择。

面对马科斯的人身攻击,她坦率地说:"对政治我是外行,但作为围着锅台转的家庭主妇,我精通日常经济。他们说我没有能力和经验来管理这个处于危难之中的国家,那么请大家看看,在自称有丰富经验的那个人的统治下,这个国家被搞成了什么样子!"

随着竞选活动的深入展开,阿基诺夫人在菲律宾的声望越来越高,而马科斯的独裁形象却是一落千丈。

2月7日,大选正式开始。菲律宾人民踊跃参加投票选举,创造了菲律宾选

2·22 1986

举史上投票率的最高纪录。

马科斯有些慌了,意识到如果实行真正的公正选举,自己的政权必然垮台。为了赢得大选的胜利,他决定铤而走险,搞选举舞弊。

马科斯的竞选人员时而用金钱贿赂选民投马科斯的票,时而用武力威胁选民投马科斯的票,舞弊手段真是无奇不有。具有讽刺意味的是,有些选民在愉快地收下马科斯贿赂他们的钱后,仍然选阿基诺夫人,一点儿也不领马科斯的情。

投票选举结束后,全国选举委员会本该立刻开始计票,并公布选举结果,然而他们却迟迟不肯开始统计选票,原来马科斯为了确保自己的选票领先,正派人忙着"做手脚"。

2月15日,电台和电视台开始向全国播报菲律宾国民议会宣布的大选结果:马科斯以多得一百五十万张选票的优势击败了克拉松·阿基诺,总统就职仪式将于2月25日举行。消息传来,国内外舆论一片哗然,纷纷谴责大选中的舞弊行为。

第二天,反对党在马尼拉举行了有上百万人参加的集会,会上阿基诺夫人宣布拒绝承认选举结果,表示要发动声势浩大的非暴力抗议运动,迫使马科斯下台。

天主教会的八十多名主教也联合发表了声明,谴责"一个通过欺骗手段取得或维持权利的政府是没有道德基础的",表示全力支持阿基诺夫人。由于百分之八十五的菲律宾人都是天主教徒,所以这项声明无疑使马科斯人心尽失。

就在马科斯庆幸自己的胜利时,他最信赖的军队倒戈了。

2月22日晚,菲律宾国防部长恩里莱和副总参谋长拉莫斯,在国防部大楼举行记者招待会,宣布与马科斯决裂,支持阿基诺夫人。

兵变的消息震撼了马尼拉,轰动了全世界。马科斯火冒三丈,立刻通过电视和电台命令兵变将士停止这种愚蠢的举动,主动投降,否则格杀勿论。

支持兵变的军人携带枪支弹药,源源不断地赶往国防部大楼。至23日凌晨,兵变部队已经有了近千人,其中包括十几名将军。

恩里莱和拉莫斯十分清楚,马科斯的部队正迅速向马尼拉集结,双方实力又相差悬殊,于是决定转移到克拉梅兵营。

到了中午,马科斯命令远道赶来的海军陆战队出动坦克,去攻打克拉梅军营。眼看战火就要燃烧，成千上万的群众闻讯从四面八方赶来，他们手拉手，高呼反对马科斯政府的口号，把兵营团团围住，用人墙阻止坦克前进。

面对手无寸铁、热血沸腾的人群，全副武装的士兵目瞪口呆，纷纷垂下了枪口。望着急速撤离的坦克，拉莫斯感慨地说，在菲律宾历史上，人民用自己的身体来阻止军队，这还是第一次。

24日清晨，伴随着隆隆的轰鸣声，五架战斗直升机出现在兵营上空。人们紧张万分，以为马科斯要轰炸军营。这几架直升机在天空盘旋了几圈，纷纷降落在兵营的操场上，机舱里伸出一面白旗，原来他们是来投诚的。士兵和群众禁不住欢呼起来。

傍晚，兵变军人驾驶两架直升机以极快的速度、极低的高度掠过总统府。震耳欲聋的轰鸣声使马科斯第一次感到他居住了二十年的马拉卡南宫不安全了。

就在马科斯政权岌岌可危的时候，他的靠山——美国也立刻丢弃了他。美国白宫发表了一份要求马科斯辞职的声明："试图通过暴力来延长垂死政权的寿命是枉费心机，解决危机的唯一办法是向新政府和平移交权力。"

马科斯绝望了。25日中午，他匆匆忙忙地在马拉卡南宫搞了一个冷冷清清的总统就职仪式，然后像丧家之犬一样，登上美国前来接应的直升机，飞往美国驻菲律宾最大的克拉克空军基地。

马科斯逃走的消息传开后，马尼拉沸腾了，菲律宾沸腾了。人们像潮水般涌向街头，欢庆马科斯王朝的覆灭。

295·切尔诺贝利核电站的悲剧

对于苏联乌克兰首府基辅以北一百三十公里的小镇切尔诺贝利来说,1986年4月25日的夜晚,原本是一个春意融融、月光明媚的安宁之夜,人们像往常一样进入了甜蜜的梦乡。

但是,第二天凌晨一时许,一场可怕的灾难降临到了人们的头上。随着"轰!轰"两声巨响,切尔诺贝利核电站的四号反应堆突然爆炸,霎时间,喷出的火柱犹如一条挣脱束缚的巨龙,掀开反应堆的外壳,直冲云霄。高达两千摄氏度的熊熊烈焰吞噬着机房,转瞬间就熔化了粗大的钢架。大量的放射性物质随着升腾的浓烟,在天空中弥漫开去,相当于日本原子弹爆炸时释放的放射性物质的五十倍,造成大面积的核污染。

爆炸发生六分钟后,驻切尔诺贝利核电站的苏联第二军事消防部队与驻扎在普里皮亚特市的第六军事消防部队,就赶到了事故现场。消防官兵们面对灼热的烈火和呛得人呼吸困难的浓烟无所畏惧,高温使不少人的靴子粘住了熔化的沥青,但他们毫不犹豫地架起云梯,爬上屋顶,奋力扑灭反应堆以及四周建筑物的火舌。

但由于对爆炸的性质、严重性甚至真相缺乏了解,仍然像处理普通火灾那样冲进火场,而辐射强度极高的爆炸物到处散落,核反应堆被炸裂的水管到处泄漏,一千七百吨石墨还在熊熊燃烧,整个核电站周围的辐射强度严重超标,结果使所有在场的人员受到了巨大的核辐射,有多人在事故后丧生。

地面扑救遇到重重困难,进展缓慢。为了控制反应堆废墟的温度,阻止放射性物质的继续泄漏,从4月27日起,苏联空军奉命派出了许多不同型号的直升机,不断地从空中投放含有铅与硼的沙袋,形成重达四千吨的保护层,总算初步控制了放射性物质的外泄。然后,抢救人员奋战了好几个月,直到秋天,才用混凝土封闭完了出事的反应堆。

由于当局封锁了消息,高度保密,出事当天,居民照常上班,商店照常营业,学生照常上学,孩子们依然在外面玩耍,人们根本没有意识到大难已经临头。直到晚上十一点,第一批伤员才被转移到了安全区,第二天,即4月27日凌晨,切尔诺贝利核电站附近的普里皮亚特市才组织居民疏散,无线电广播发布了一个简单的通知:"同志们,鉴于切尔诺贝利核电站发生了事故,谨宣告全城疏散。请大家带上身份证、必需品和三天的食品。疏散将于十四点开始。"

就是到了这时,人们还是没弄明白这里究竟出了什么事,离开家乡究竟要多长时间?但是,居民们没有吵闹,没有喧哗,只是默默地整理行装,准备食品,在成千辆汽车的帮助下,默默地踏上了流落他乡的旅途。

人们原以为三天后就能够重返家园,所以只带着少量的衣物和食品,但是,谁能想到,这是一次永久的撤离。人们恍然大悟,家里那些最重要的财产,最必需的东西,连同房屋,甚至世代相传、苦心经营的老家,都要放弃了。人们开始咒骂当局不负责任、隐瞒事实的欺骗行为,一些家庭妇女伤心地哭了起来。

切尔诺贝利核电站的事故发生后,苏联政府没有及时公布消息,采取果断有力的措施,从而造成了极其严重的后果。4月26日早晨,大量的放射性物质已经泄漏,但苏联共产党基辅州委的领导人居然要求想方设法维持正常的生活秩序,不得向老百姓公布核泄漏真相的任何消息。

在疏散前的一天,普里皮亚特市政府也没有发布任何消息。当核电站的工人打电话质问为什么不下达有关指示时,他们得到的是冷冰冰的回答:"这不关你们的事,决定应由莫斯科做出。"

可是,这些官僚早已把自己的家人送到远离危险区域的黑海克里米亚疗养区。照理说,切尔诺贝利核电站站长最清楚发生了什么事,以及事故的严重性,但他也没有将真实的情况加以公布,导致不明真相的人们深受其害。

与此同时,瑞典等四个苏联邻国已经检测到当地的核辐射物上升到正常水平的一到五倍,瑞典的有关机构判定核辐射来自苏联,便向苏联政府提出了疑问。但是,在4月28日塔斯社发表公告前的两个小时,苏联外交部仍然矢口否认切尔诺贝利核电站发生了事故。欧洲共同体与其他西欧国家对此纷纷发表声明,强烈抗议苏联封锁消息,危害邻国的安全。苏联的形象受到了严重损害。

由于官僚体制的僵化和迟钝,刚上任一年的苏共中央总书记戈尔巴乔夫本人也没有及时获得充分、准确的信息,但是随着真相的越来越清晰,以及外国舆论的强大压力,他意识到了问题的极端严重性。在紧急召开的苏共中央政治局会议上，有人提出，应该继续严密封锁信息，这样可以防止国外反对势力的幸灾乐祸和恶毒攻击，也可以避免国内人民的恐慌，避免对党的权威的破坏。

戈尔巴乔夫坚决不同意这种论调，他慷慨陈词："现在，我们是在全国人民和全世界众目睽睽之下工作的。谁要想敷衍塞责、玩弄花招，那是不能容忍的。必须提供有关事故的全部消息。胆怯的立场——这是不光彩的政策。"

戈尔巴乔夫迅速采取补救措施。他亲自发表电视讲话，向受害者表示慰问，撤换了大批在事故中渎职的官僚；他批准西方记者深入现场进行采访，指示政府机构接受外国的援助；他鼓励公众和媒体就核电站问题展开讨论，等等。

然而，切尔诺贝利核电站的大爆炸，毕竟造成了巨大的后果。据统计，有三十一人在这次事故中死亡，二百三十三人受到严重的放射性损伤，附近的十三万居民被迫疏散，直接经济损失高达三十五亿美元。在以后的七年中，有七千名救援人员死亡，其中三分之一是自杀；参加医疗救护的人员中，有百分之四十患了精神疾病或永久性记忆丧失。在以后长达半个世纪的时间里，切尔诺贝利核电站方圆十公里范围内不能耕作、放牧，十年内一百公里范围内禁止生产牛奶。邻近国家的生态环境也遭到了严重破坏。

更严重的是，在俄罗斯与前苏联的其他国家，还有不少类似切尔诺贝利核电站那样的石墨反应堆，由于设计落后，技术陈旧，隐藏着极大的事故风险。

人类和平利用核能，是一条利益与危险并存的艰巨而漫长的道路。

296·美苏签订中导条约

1988年8月1日,昔日宁静而神秘的苏联导弹基地萨雷奥泽克突然热闹起来,大批外国新闻记者纷至沓来。基地里的一片沙地上矗立着四枚巨大的导弹。难道是苏联要展示新式武器?

下午三时,喇叭里传来了倒数计时声:"十秒,九秒,八秒……二秒,一秒,炸!"

随着"轰隆"一声巨响,沙地上的四枚导弹顿时化为灰烬,一团浓烟冲向高空,如同一朵蘑菇,越变越大,然后迅速扩散开去。

原来,苏联不是在展示导弹,而是在销毁核武器。这可是破天荒的大事,当然成了全世界关注的焦点。那么,苏联为什么要销毁这些花费了巨大的人力、财力、物力研制出来的尖端武器呢?这里面有着深刻的背景。

二战以后,苏联与美国为了争霸世界,展开了一轮又一轮军备竞赛,特别是核武器竞赛,他们拥有的各种核武器已经足够把人类毁灭数十次。可是古巴导弹危机的爆发使苏、美深切地感受到:核战争不会有胜者,核战争绝对不能打。

于是苏、美开始寻求限制和终止核武器竞赛的办法。经过反复的讨价还价,双方签署了一些限制核武器的协定和条约。可是由于双方的目的都是保持和发展自己的优势,限制和削弱对方,所以这些协定和条约只限制核武器的数量,对质量没有实际意义上的限制,反而促使双方加紧研制更先进的核武器。

1977年,苏联开始在本土部署最新研制、威力巨大的SS-20中程导弹,这让北约大为不安。1979年12月,北约通过了著名的"双轨"决议,一方面决定使北约的战区核力量现代化,另一方面建议美国尽快就限制欧洲中程核导弹问题与苏联展开谈判。如果到1983年年底美、苏未能达成协议,那么美国将花五年时间在西欧部署一百零八枚潘兴Ⅱ型导弹和四百六十四枚巡航导弹。

消息一传出,西欧的反核和平运动顿时风起云涌。各地群众纷纷举行反核示威游行,高呼"不要核武器"、"要和平,要中立"、"美国佬滚回去"等口号。

1981年11月,美、苏在日内瓦开始了限制中程导弹的正式谈判。双方你来

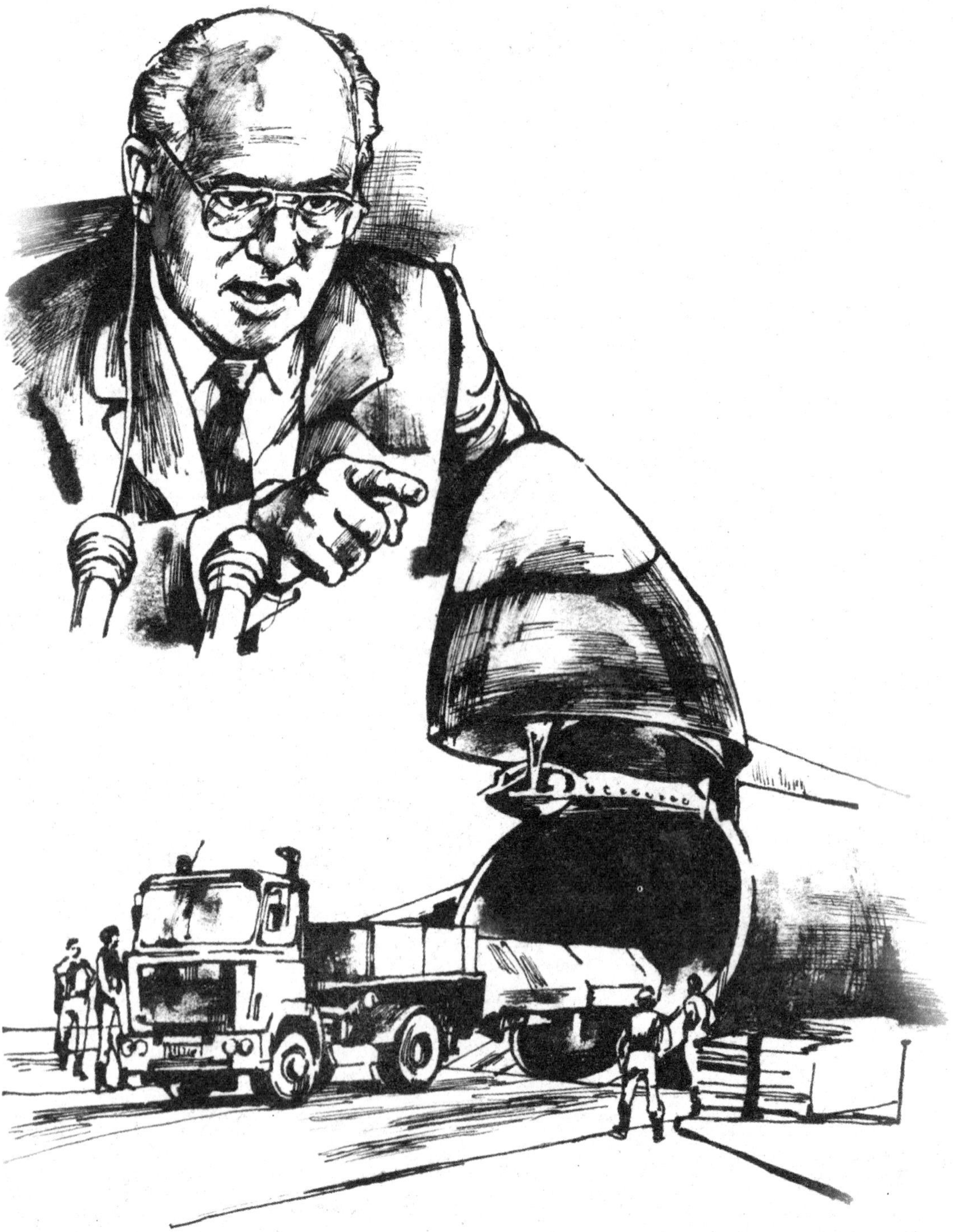

我往,抛出了一个又一个方案和建议,斗争十分激烈。

美国总统里根提出了"零点方案":如果苏联拆除它在欧洲和亚洲的 SS4、SS5 短程导弹和 SS20 中程导弹,那么美方将撤销在西欧部署中程导弹的计划,从而使双方在欧洲的中程导弹均为零。这样,美国不用吹灰之力,就能全数摧毁对手千百枚已经实战部署的导弹。

苏联领导人勃列日涅夫哪肯吃亏,立马抛出"冻结现状方案"和"分阶段裁减方案"相抗衡,力图阻止美国部署新式导弹,并把对方进一步推向劣势。

在六轮谈判中,尽管双方方案不断翻新,但由于立场不同,分歧严重,谈判最终不欢而散。

1983年年底,美国不顾大西洋两岸的反核呼声,把一枚枚中程导弹运到了西欧。苏联也以牙还牙,加快了在东欧部署中短程导弹的步伐。核战的阴影再一次笼罩在欧洲上空。

1985年,苏联领导人戈尔巴乔夫上台后,面对严峻的形势,调整了外交政策,强调在核时代"全人类利益高于一切",试图缓和美、苏之间的对抗。

这年11月,戈尔巴乔夫打破僵局,飞往日内瓦,和里根举行了第一次首脑会晤。双方在友好的交谈中,找到了缓和与合作的基础,表示要改善美、苏关系、加快中导谈判。

经过旷日持久的谈判,苏、美终于在相互让步的基础上,达成了"全球双零点方案",同意销毁各自拥有的所有中程核导弹(射程一千到五千公里)和中短程核导弹(射程五百到一千公里)。

1987年12月8日,戈尔巴乔夫和里根在美国白宫的东厅正式签署了《消除美苏中程和中短程导弹条约》(简称《中导条约》)。根据条约,苏、美双方要在三年内销毁全球二十六百十一枚已经部署和尚未部署的中短程导弹,其中美国八百五十九枚,苏联一千七百五十二枚。签约仪式上,两位领导人兴高采烈。里根得意地宣布,这是一个"历史性条约",将"化干戈为玉帛"。戈尔巴乔夫则自豪地声称:"我们现在种下这株幼苗,将来它一定能够长成粗壮的和平大树!"

尽管这个条约销毁的导弹数量只占苏、美两国核武库的极小一部分,但它终究是自出现核武器以来达成的第一个真正削减核武器的协议,给世界带来了和平与稳定的希望。

297·洛克比大空难

华灯初上的时分,英国伦敦的希思罗国际机场依然是一派繁忙的景象。

1988年12月21日十八点二十五分,一架美国泛美航空公司的波音747客机正点起飞,伴随着震耳欲聋的引擎轰鸣声,这架航班号为103的宽体客机展开它那银色的翅膀,矫健地飞向夜幕初挂的天空。

泛美103航班是从联邦德国法兰克福起飞,途经伦敦飞往纽约的。机上包括机组人员共二百五十九人,其中有一百八十九名美国乘客。再过几天就是圣诞节了,因此他们都带了圣诞礼物,满心喜悦地准备回家与亲人团聚。

机舱内,旅客们有的在听音乐,有的喝着饮料轻声地聊天,有的在读书看报。前面就是浩瀚的大西洋了,越过大洋,彼岸温馨的家正期待着他们。他们早已归心似箭。

忽然,机长詹姆斯·麦克夸瑞的耳机中传来地面指挥站发出的气象信息与指令:北大西洋英格兰海岸的上空正有风暴形成,103次航班应立即改变航线,向北经苏格兰上空绕过风暴区。

麦克夸瑞立即遵照地面的指令,熟练地改变航线。这在飞行中是常有的事。

"女士们,先生们,我们正在飞临苏格兰的洛克比上空,高度为九千六百五十四米,飞行正常……"播音小姐柔美的声音回响在机舱中。空中小姐推着精巧的食品车,微笑着给乘客们送上一份份可口的晚餐与饮料。

此时,银色的机翼下面就是白雪皑皑的苏格兰大地,颜色深一些的是大片大片裹着银装的森林,在金黄色的落日映照下,闪耀出一抹柔和而迷人的玫瑰红的光晕。再往前就是洛克比小镇了,从近万米高空俯瞰,微小得犹如点点蚁穴。

洛克比镇上的一些居民,这时吃罢晚饭不久,正在悠闲地散步。这远离尘嚣的小镇,平时难得听到飞机的声响。当飞机的引擎声由远而近地传来,人们都不由自主地抬头仰望,只见一架客机披着夕阳的余晖,在冬日黄昏的天际中穿行,就像一只闪光的巨鸟翱翔长空,牢牢地牵住了人们的视线。

突然,人们看见那客机在已经灰暗的天空中火光一闪,飞机骤然间变成了一团炫目通红的火球,还没等目瞪口呆的人们回过神来,只听一声惊天动地的巨响,飞机凌空爆炸了……

时间定格在1988年12月21日的十九点十九分——苏格兰小镇洛克比目睹了一场世界历史上罕见的空难,泛美103航班的二百五十九名乘客与机组人员全部遇难;洛克比小镇也成了这场空难的受害者,飞机爆炸后的残骸与碎片借着下坠时巨大的冲击力,当即撞毁了地面上的一座加油站与七幢民房,镇上有十一人也被这飞来横祸夺走了生命。

惨剧发生后,六百多名英国警察火速赶来,封锁了现场。他们在飞机坠地的中心点,看见了一个七米深、三十米宽,还在熊熊燃烧的大凹坑;103航班早已变成了上万块碎片,机尾掉在离洛克比镇二十五公里的地方,而最远的一块残骸离坠毁中心有六十五公里远。

洛克比空难震惊全球,英国警方立刻展开调查。没过多久,失事飞机的两个黑匣子找到了,由八名专家组成的小组开始对它们记录的资料进行详细的分析和研究。一千多名科技人员紧张地对飞机残骸进行化验分析。

很快,警方又有了突破,他们在离失事中心几英里的地方,发现了一个毁坏的箱子;一周后,也就是12月28日,英国的一位洛克比空难调查负责人宣布,泛美航空公司103航班很可能是被恐怖分子放置的高爆可塑炸药炸毁的。这种高爆可塑炸药装有电子定时的双重起爆装置。

时光如箭。1991年11月14日,美英两国公布了调查结果,根据破获的一名利比亚特工人员的日记,认定利比亚航空公司驻马耳他办事处经理拉明·哈利法·费希列和利比亚特工阿卜杜勒·巴塞特·阿里·迈格拉希涉嫌制造洛克比空难。美英两国要求利比亚政府逮捕这两人,并将他们引渡到美、英审讯。

第二天,法国总统密特朗也宣布了1989年法国航空公司772次航班爆炸事件的调查结果,有四名利比亚人涉嫌此案。法国政府向利比亚提出引渡要求。

一个月后,利比亚政府表态,已经拘留了被美英两国指控为嫌疑犯的两名利比亚人,并对他们开始审讯;但拒绝美英两国政府引渡嫌疑犯的要求。利比亚领导人卡扎菲强硬地表示,利比亚政府与洛克比空难案没有关系。

美、英、法三国不依不饶,1992年3月,三国向联合国安理会提出一份决议草案,要求对利比亚实行武器禁运,禁止同利比亚进行空中商业航运。这年的

11月,安理会通过决议,对利比亚实施全面制裁,以迫使它交出两名嫌疑犯。

双方僵持了好多年。后来,阿拉伯联盟和非洲统一组织提出一项建议,在美、英之外的第三国,对两名嫌疑犯进行公开、公正的审判。美英两国与利比亚都接受了这一斡旋。1999年4月5日,两名利比亚嫌疑犯被押往设在荷兰的苏格兰特别法庭。同一天,联合国宣布暂停对利比亚的制裁。

2000年5月,苏格兰特别法庭在荷兰海牙开始正式审理洛克比空难案。第二年1月底,特别法庭宣布最后裁决,判决迈格拉希有罪,处以终身监禁;另一名嫌疑犯费希列无罪,并当庭释放。

转眼到了2003年,洛克比空难案又有了新的转机。8月12日,利比亚与美英两国达成协议,向洛克比空难中的二百七十名死难者提供二十七亿美元的赔偿,平均每个死难者家属将得到一千万美元的赔偿。联合国不久举行投票,正式解除对利比亚的制裁。

298·东欧剧变

1989年,东欧的社会主义国家接连发生了剧烈的"政治地震",其中第一个激烈震荡的国家是波兰。

二十世纪八十年代初,由于政策的失误,波兰爆发了经济危机,政府不得不提高肉类的销售价格,从而激起了全国性的工人罢工、抗议浪潮。只有小学文化程度的格但斯克造船厂电工瓦文萨脱颖而出,以他极富煽动性的演说才能,成了罢工运动的领袖。他领导的团结工会得到西方国家的支持,迅速壮大。

1981年12月12日,团结工会在格但斯克召开秘密会议,一位代表直言不讳地大声喊道:"我们应该说,我们想夺权!我们想夺权!"

会议一直开到深夜零点。第二天清晨,电视屏幕上突然出现了一位戴深色眼镜、全身戎装的将军,他就是后来集波兰党政军大权于一身的雅鲁泽尔斯基大将。他以坚定有力的声音向全国宣布:"我宣布从今天起成立救国军事委员会。"

波兰由此开始了为期两年的军管。瓦文萨等团结工会和其他反对派的领导人被拘捕,团结工会遭取缔。全国暂时恢复了秩序,但危机的根子扎得更深了。

1983年7月,波兰政府取消军管。瓦文萨获释。1988年,波兰再次出现财政危机,政府大幅度提高消费品和服务价格,又遭到工人群众的强烈反对,各地的罢工此起彼伏,一浪高过一浪。在西方国家的干涉和压力下,加上苏联忙于应付内部的危机,放弃对东欧事务的干预,波兰统一工人党经过激烈的争论,在1989年初通过决议,宣布实行政治多元化和工会多元化。

这年的2月6日,波兰政府与瓦文萨为首的团结工会及其他反对派举行圆桌会议,达成了一揽子协议。政府同意团结工会重新登记后合法化;实行立法、行政、司法三权分立,实行总统制和议会制,进行议会和参议院的大选。

波兰议会和参议院的大选,分别在1989年6月4日和18日进行。统一工人党遭到惨败;团结工会则大获全胜,赢得了议会中百分之三十五的席位,并一举拿下参议院一百席中的九十九席。连瓦文萨也对此感到意外,惊叹道:"真没想到!"

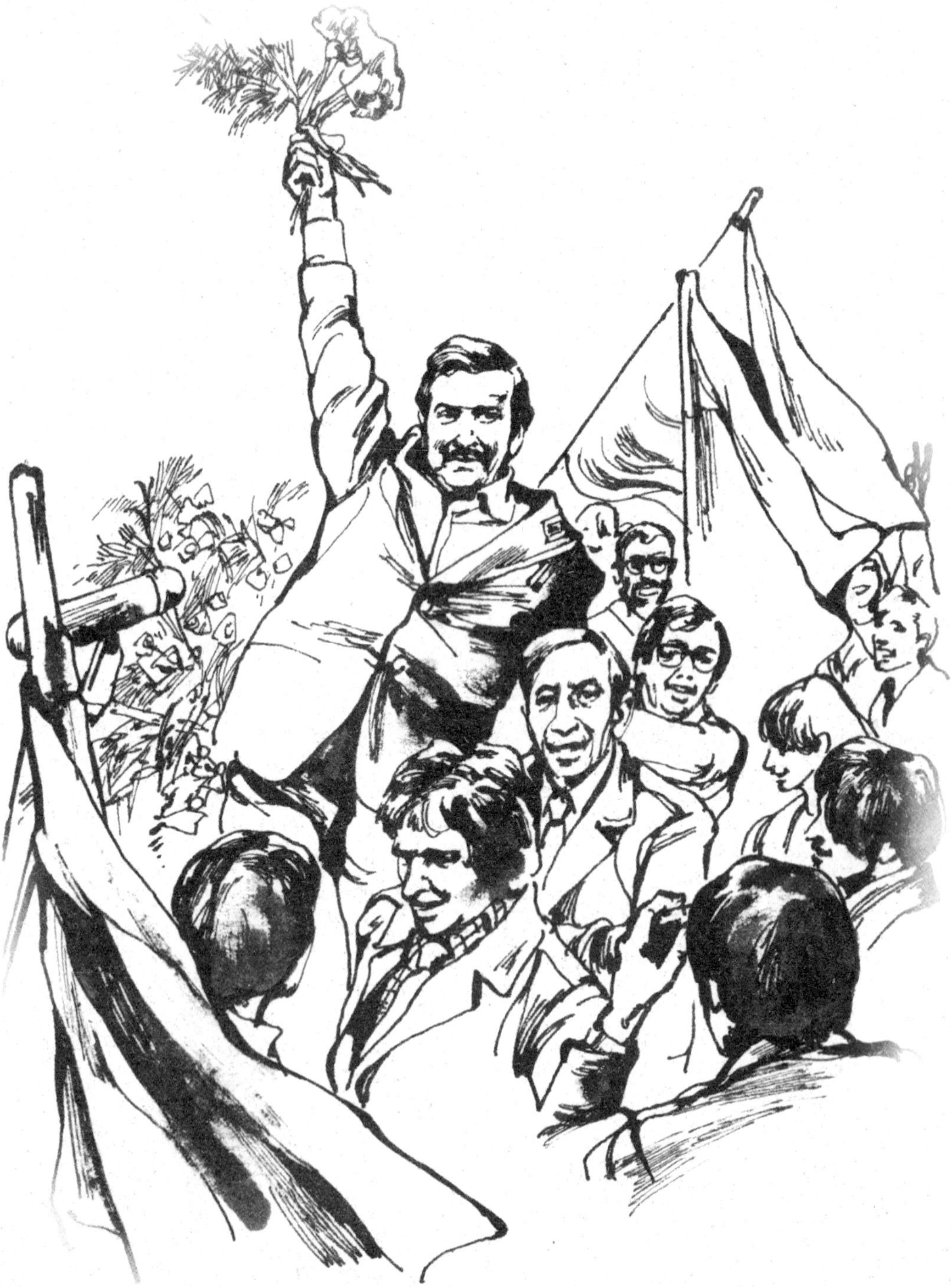

团结工会一跃变成控制两院的第一大党。7月19日,雅鲁泽尔斯基在两院联席会议上,仅以一票的微弱优势当选为波兰总统。一个月后的8月24日,瓦文萨的顾问马佐耶维茨基出任总理,以团结工会为主的新政府组成。

1989年12月,波兰修改宪法,将国名由波兰人民共和国改为波兰共和国,恢复红底戴王冠的白鹰为国徽。波兰国家的性质根本改变,成为一个实行西方议会民主和市场经济的国家。第二年的12月19日,瓦文萨当选为波兰总统。

东欧的其他国家也卷入了剧变的漩涡。1989年2月,匈牙利社会主义工人党中央对1956年的"匈牙利事件"作了重新评价,定性为"人民起义";并通过了实施多党制的决定。6月16日,匈牙利政府为"匈牙利事件"的受难者、当时党和国家的领导人纳吉举行了重新安葬仪式,二十五万群众参加了这一活动。10月,社会主义工人党举行了最后一次代表大会,决定改组为匈牙利社会党。在第二年3月的大选中,反对党民主论坛获胜,原工人党彻底丧失了政权。

保加利亚的动荡是从1989年5月,国内的伊斯兰少数民族大量外逃开始的。随后,各地的罢工示威活动频频发生,迫使日夫科夫在年底辞去保共总书记的职务,由姆拉德诺夫接任。第二年2月,保共十四大决定改名为保加利亚社会党。6月,保加利亚进行了第一次多党选举,保加利亚社会党赢得了执政地位。但在1991年10月的第二次大选中,社会党还是被赶下了台。

1968年,以苏联为首的华约组织出兵镇压捷共领导人杜布切克发起的政治经济改革,成了捷克斯洛伐克人民心中难以愈合的伤口。转眼到了1989年,受到波兰、匈牙利等国发生剧变的鼓舞,捷克斯洛伐克国内要求重新评价1968年"布拉格之春"的呼声日益高涨,终于酿成"11月事变"。11月7日到28日,捷全国爆发了有二百五十万人参加的游行示威,要求取消一党制。11月19日,以剧作家哈威尔为首的公民论坛成立,成为反对派的领导力量。

捷共失去了对局面的控制。11月24日,以雅克什为总书记的捷共领导班子集体辞职。11月29日,捷联邦议会修改宪法,取消了共产党的领导地位。12月6日,胡萨克辞去总统职务。12月28日,"布拉格之春"的领导者杜布切克当选联邦议会主席。第二天,联邦议会选举哈威尔为总统。捷共沦为在野党。

在东欧剧变中,罗马尼亚一样风云变幻,但充满了血腥味。

1989年3月,六名前罗共领导人发表致罗共总书记齐奥塞斯库的公开信,批评他的内外政策,要求进行全面改革。但他不屑一顾。

12月16日,在罗马尼亚西部的蒂米什瓦拉市,为了保护一名遭迫害的天主教神父,大批群众在他藏身的教堂外拉起了人链,并与警察发生了流血冲突。这事变成了导致罗马尼亚政局剧烈动荡的导火索。19日,首都布加勒斯特也爆发了几万人参加的示威游行,示威者再次与警察发生冲突。齐奥塞斯库不得不在20日中断对伊朗的访问,回到国内。

第二天,在首都市中心广场上举行的万人集会上,齐奥塞斯库严厉谴责蒂米什瓦拉发生的事件,集会的群众突然发出了嘘声,随后广场深处有人高喊:"打倒齐奥塞斯库!"声音越来越响。集会只得草草收场,但广场上的人越聚越多。几万名群众开始声势浩大的示威游行。

气急败坏的齐奥塞斯库下令军队开枪镇压,但遭到拒绝。22日,军队倒戈,与忠于齐奥塞斯库的保安部队发生了激烈的枪战。齐奥塞斯库夫妇见大势已去,便在这天中午乘直升机仓皇出逃,当晚在埃列娜的家乡被捕。

25日,一个临时成立的军事法庭以屠杀、破坏国民经济等罪行,判处齐奥塞斯库夫妇死刑,立即执行。

在齐奥塞斯库夫妇被捕的同一天,以前罗共中央书记伊利埃斯库为主席的救国阵线委员会宣告成立,并接管了全国政权;罗马尼亚社会主义共和国被改名为罗马尼亚,实行三权分立、多党制政体。

299·两德统一

1989年5月2日,匈牙利拆除了与奥地利边界上的铁丝网和其他边防设施,东德人闻风而动,纷纷绕道匈奥边界逃往德意志联邦共和国。因为那时的苏联、东欧国家,虽然严格限制到西方国家旅游,但允许苏联和东欧各社会主义国家的公民彼此之间旅游度假。于是,东德人借助匈奥边界开放,刮起了涌向西德的"难民"潮。到7月底,已有上千名东德人经匈奥边界逃往西方国家。8到9月份,出走的人数还在急剧上升。

在风雨激荡的前夜,10月7日,民主德国迎来了国庆四十周年。苏共中央总书记戈尔巴乔夫作为首席贵宾,应邀前来参加庆典活动。他在庆祝典礼上说:"民主德国也像任何别的国家一样,有它自己的发展问题,需要加以思考和解决。"

戈尔巴乔夫告诫东德领导人,不要误了"革新的最后一节火车","迟到者将会受到生活的惩罚"。

东德领导人本来希望戈尔巴乔夫来帮助他们稳定局势,没想到他的这些言论犹如火上浇油,当晚,东柏林就爆发了大规模的群众抗议活动,并与警察发生了冲突。10月9日,东德第二大城市莱比锡有七万多人走上街头示威游行。德国统一社会党的许多党员也加入到了游行的行列中。

愈演愈烈的群众示威活动,反对派的呼风唤雨,使东德党和政府陷入极大的被动之中。10月18日,在德国统一社会党的十一届九中全会上,以倔强固执闻名的党的最高领导人昂纳克宣读了他的辞职声明,克伦茨当选为总书记。

东德领导人开始向反对派作出重大让步,强调合作、对话,进而承认反对派的合法性。但是,局面还是越来越难控制。无奈之下,东德政府在11月9日作出决定,开放东西德之间的全部边境,并实施拆除柏林墙。

当晚8点,这惊人的消息一公布,人们喜出望外,纷纷穿上大衣,披上围巾,甚至带上几瓶庆祝的香槟,就出门涌向就近的边境站。果然,只要出示一下身份证,就可以出境了,然后又能自由地回来。

一个青年工人犹豫片刻,又一次拿着身份证,忐忑不安地走近过境站,但这一次干脆连身份证都用不上了,因为人流如潮,拥挤不堪,警察手足无措,面对滚滚的人流,他们已经无法执行公务。站在一旁的安全部长米尔克一咬牙,算了,证件无法查验了。

柏林墙下,无数的东西德人、东西柏林人紧紧地拥抱亲吻,热泪盈眶,欢呼声与哭泣声交织回应,弥漫夜空。横亘在德意志人民心中几十年,分裂国家、阻隔同胞的冰冷的柏林墙,终于彻底倒塌了。

联邦德国总理科尔抓住东德剧变这一历史性的机遇,在11月28日提出了统一十点计划。外有西德政府的强大压力,内有剧烈的社会动荡,12月3日,克伦茨只好辞去上任不到两个月的总书记职务。12月8日、16日,德国统一社会党举行特别代表大会,决定将党的名称改为德国统一社会党——民主社会主义党,四十一岁的律师居西当选为党的主席。

1990年2月1日,东德部长会议主席莫德罗以《德国,统一的祖国》为题,提出了实现统一的四阶段方案,从而标志着两德都将统一大业提上了日程。

与此同时,2月13日,两德与苏、美、英、法四国的外长在加拿大首都渥太华制订了"二加四方案",即首先由东西德商讨解决有关统一的内部问题,然后与四大国一起解决与统一有关的国际问题。两德统一的外部环境一片光明。

与两德统一历史进程密切相关的,还有这年3月的东德人民议院大选。这是民主德国历史上的第一次、也是最后一次大选。由东德基督教民主联盟、民主觉醒、德国社会联盟三党组成的德国联盟,大造声势,得到了西德执政的基督教民主联盟的公开支持。西德总理科尔六次亲临东德,为德国联盟加油助威。

高大强壮、不善言辞,却极有政治头脑的科尔总理明确告诉他的东部同胞,只有德国联盟上台,联邦德国政府才会大规模地援助民主德国。

他许下诺言,东部同胞不必担心统一后的社会福利保障,东德公民可以一比一的比例兑换西德马克。

科尔的声援果然灵验。德国联盟最终以百分之四十八点一五的得票率赢得大选,民主社会主义党在大选中惨败,沦为在野党。4月12日,东德基督教民主联盟议会党团主席德梅齐埃在人民议院第二次会议上当选为政府总理。

德国统一的列车驶上了快车道。5月18日,两德的财政部长签署了《关于建立货币、经济和社会联盟的国家条约》,标志着民主德国接受了联邦德国的法律与经济制度,正式向联邦德国的政治制度转变。随后,两德又在8月31日签署了《德国统一条约》。这份长达一千多页的条约规定,原民德地区的十四个专区改划为五个州,东西柏林合并成一个州;民主德国根据联邦德国《基本法》(宪法)加入联邦德国;统一后仍然使用联邦德国的国名、国旗与国歌。

10月1日,两德与苏、美、英、法四国外长在纽约签署了一项联合宣言,宣布在10月3日两德统一之后,终止行使四大国对柏林和整个德国的权利和责任,德国将成为一个完全享有主权的国家。

德国统一的列车终于顺利驶向终点站。1990年10月3日零点整,在柏林帝国大厦前的广场上,一面六十平方米的黑红黄德国国旗冉冉升起,直至四十米高的旗杆顶。顿时,火树银花,辉煌灿烂,辉映着在美丽的夜色中迎风飘扬的这面巨大的国旗;广场上人山人海,纵情欢呼分裂了四十多年的德国终于实现了统一。

1999年8月,德国完成了将首都从波恩迁往柏林的任务,从而在新世纪来临之前,将民族分裂的最后一道伤痕彻底抹去了。统一后的德国拥有近八千万人口,国民生产总值仅次于美国、日本而居世界第三位。强大的政治经济实力既使它当之无愧地成为欧洲联合的火车头,又让人们多少有些忧虑。科尔总理对此公开表示:"我们理解和尊重人们对德国统一的担心。但是,我们完全有理由相信,统一将有利于整个欧洲。"

300·沙漠风暴

1990年8月2日,凌晨一点,微茫的星光洒在伊拉克和科威特边界浩瀚的沙漠上。伊拉克一侧,一排排火炮缓缓地扬起了炮口,炮身上的烤蓝发出片片幽光。苏制 T-72 重型坦克成扇形散开,像一群紧紧趴在地面上准备攻击的狮子。

科威特对伊拉克总统萨达姆来说充满了诱惑。狭小的国土,丰富的石油,弱不禁风的国防,就像一个满兜是钱的小孩走在大街上。况且,奥斯曼土耳其帝国时期,科威特是伊拉克巴士拉省的一部分。英国1961年结束了对科威特的托管后,伊拉克虽然承认了科威特的独立,但从未正式承认两国间的边界。1990年,伊拉克指责科威特在鲁迈拉油田非法采油,该油田正好横跨在两国实际边界上。

两伊战争时期,伊拉克背上了高达七百亿美元的债务,其中欠科威特一百亿到一百二十亿美元。伊拉克不仅不还债,还一再要求科威特将沃尔拜和布比延岛租让和转让给它。在阿拉伯河因两伊战争关闭以后,阿卜杜拉水道便成为伊拉克唯一的出海口,这两个岛是水道的咽喉。

萨达姆并不幸福的青少年时代造就了他古怪粗暴的性格,他的自尊心和自信心极强,将自己视为巴比伦王国的尼布甲尼撒二世和十二世纪阿拉伯的英雄撒拉丁,狂妄地要成为阿拉伯世界的领袖。他毫不掩饰对科威特的领土野心。1990年年初,萨达姆在"阿拉伯合作委员会"会议上对科威特代表说过:"我需要三百亿美元,如果不给,我就动手去拿。"现在,他自己动手拿了。

突然,坦克奉命启动了引擎,咆哮着冲向科威特。巨大的轰鸣声把科威特哨卡里的士兵惊醒了。一个士兵揉着惺忪的睡眼,跑到前沿观察。"坦克!"他刚惊叫了一声,一梭子弹就把他打成了马蜂窝。庞大的坦克集群像潮水一样涌过边境,枪声、炮声响彻云霄,天空被烧得通红,曳光弹划破黑暗的夜幕,一闪一闪地照在伊拉克士兵狰狞的脸上。

8月2日下午七时,伊军完全占领了科威特市,开始沿海岸推进,占领各个港口。几天后,萨达姆宣布兼并科威特,并将科威特称为伊拉克的"第十九个省,永远是伊拉克的一部分"。

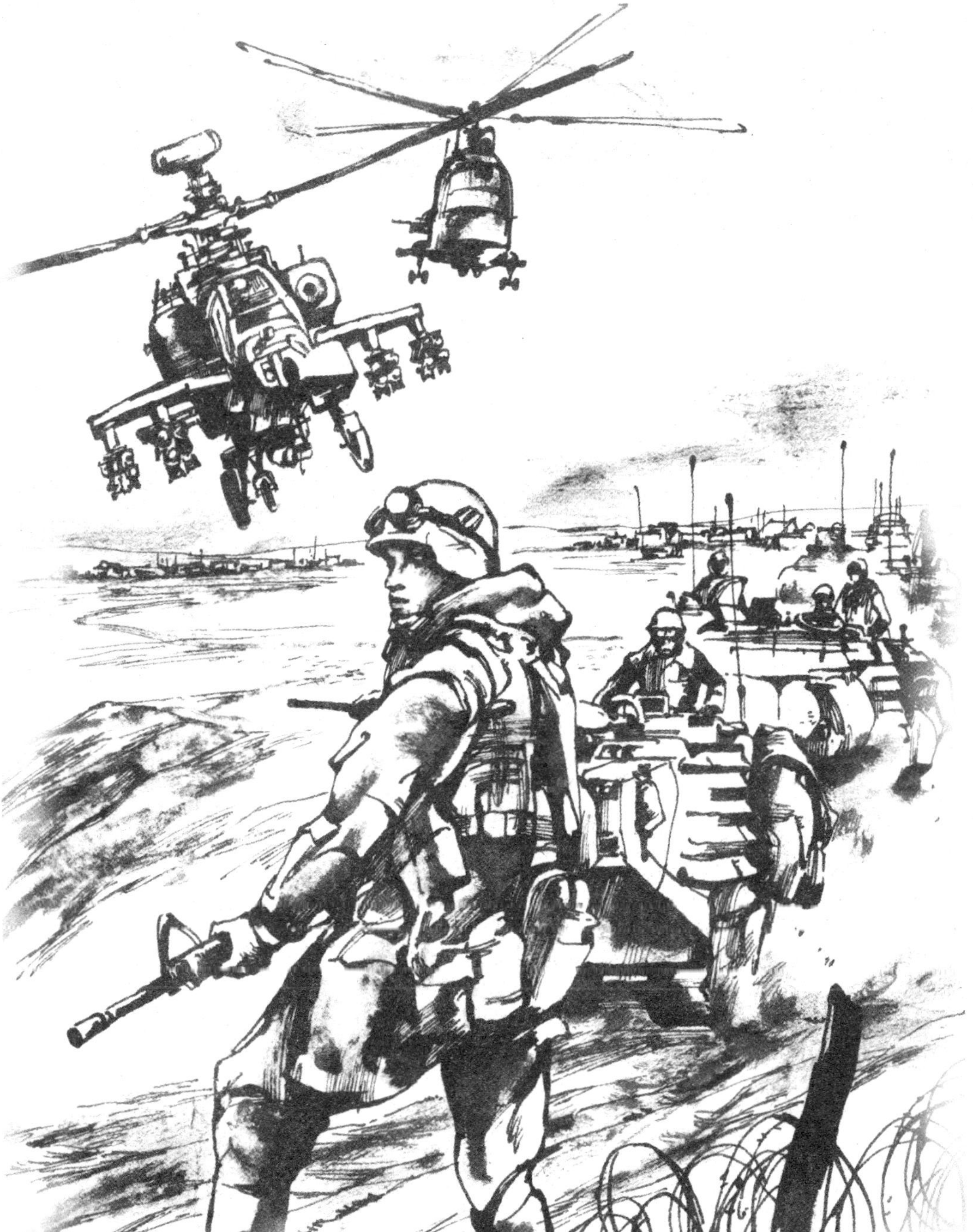

伊拉克入侵科威特震惊世界，从地球的各个角落都传出了抗议和谴责声。联合国安理会召开了紧急会议，要求伊拉克立即无条件撤出科威特。华盛顿时间8月2日凌晨，美国国家安全委员会召开会议，决定立即做出军事反应。"独立"号、"艾森豪威尔"号航母战斗群开向海湾。

8月7日，美国总统布什正式签署"沙漠盾牌"行动计划，内容包括：提高海湾地区的防御能力；有效地保卫沙特阿拉伯；建立有效的军事联盟；强制执行联合国安理会有关决议。施瓦兹科普夫被任命为海湾地区美军总司令。

最早部署到海湾的是美军第八十二空降师。转眼到了8月下旬，"萨拉托加"号和"约翰·肯尼迪"号航母编队也万里迢迢赶到海湾。美国海军开始实行海上封锁，拦截伊拉克的船只出入波斯湾。

与此同时，埃及、叙利亚、英国、法国的部队也陆续到达，组成了多国联军。

1990年11月8日，布什宣布向海湾地区增兵，第八十二空降师，第一〇一空降师，第二十四机械化师，陆战第一师，一时间美国的王牌部队云集海湾。

就在这个月的29日，联合国安理会以十二票对两票的优势，通过了授权使用武力将伊拉克军队赶出科威特的六百七十八号决议。同一天，萨达姆强硬地表示，他不怕同美国人打仗，伊拉克从科威特撤军必须同以色列从约旦河西岸和加沙地带撤军联系起来。联合国秘书长德奎利亚尔亲自飞往巴格达，也没有使萨达姆接受和平解决危机的方案。

海湾上空战云密布，双方都作好战争的准备，剑拔弩张，千钧一发，多国部队形成了对科威特三个梯队的包围阵势，仅美军就超过了三十万。他们在近百艘军舰、三千架战机的支持下，形成了优势兵力。伊拉克在科威特集结了五十万兵力、三千五百辆坦克、七百七十架飞机，企图顽抗。

1991年1月16日晚上，施瓦兹科普夫接到了次日凌晨发动进攻的命令。他尽量使自己的心情平静下来，开始给妻子写信："战云已经笼罩整个地平线，而我也已下达那些恐怖的作战命令……身为曾经三次参战的老兵，我要你们知道我并不害怕。我知道自己也可能面对死亡，不过你们一定要了解，较之麾下那许多优秀的男女青年中大部分的人，我要安全得多……"

第二天凌晨两点四十五分，第一枚"战斧"巡航导弹飞向科威特，"沙漠风暴"终于在海湾上空刮起。代号"白雪"的电子战使伊拉克的指挥、控制和通讯系刹那间变成瞎子、聋子。伊军的指挥官们只能无奈地瞪着一片雪花的荧光屏,完全不知多国部队在什么时间,什么地点,以多大规模打击自己。

美国有线电视新闻网驻巴格达的记者,在下榻的旅馆里首先听到了防空火炮的声响。敏感的记者急忙把电视摄像机镜头透过窗口对准巴格达的夜空:只见许多像萤火虫一样的导弹在空中飞来飞去,紧接着的是一阵阵隆隆的爆炸声,大约每十五分钟就有一轮轰炸。

萨达姆还击了。1月18日,伊拉克向以色列发射了八枚"飞毛腿"导弹,几十架以色列飞机腾空而起。但在美国的告诫和许诺下,以色列忍住了。如果它向伊拉克发起攻击,就会使多国部队中阿拉伯国家处于两难的境地,甚至导致多国部队的瓦解。在以后几天里,伊拉克继续向以色列和沙特发射"飞毛腿"导弹,美国的"爱国者"导弹大显神威,拦截了其中的绝大多数。

不到两个星期,多国部队出动了三万架次飞机,有效地摧毁了伊拉克的防空系统,伊空军主力只得飞到伊朗"避难"。

2月24日凌晨四时,施瓦兹科普夫下令发起地面进攻。顿时,万炮齐鸣,炮弹像雨点一样落到伊军阵地上,大地一个劲地震颤。美国海军陆战队第一师打头阵,跟随不断延伸射击的炮火,在M60坦克和"眼镜蛇"直升机引导下,士兵们冒着冷冷的小雨攻入了科威特。

快到中午时,施瓦兹科普夫接到一个重要情报,伊军已炸毁科威特市的海水淡化厂。他马上断定伊军要逃跑,便马上与高级将领们商量了一下,决定下午三时各部队提前发动总攻。

多国部队紧紧缠住了伊军的精锐——共和国卫队,围歼了"光辉"帅、"汉慕拉比"师、"麦地那"师,原先人们预计的有史以来最大的坦克决战并没有发生。等不到美军坦克"发言",A-10攻击机和阿帕奇直升机像打电脑游戏一样,把敢从掩蔽工事里爬出来的伊军坦克全部干掉了。

2月27日中午十二点,多国部队结束了全部战斗任务,重新解放了科威特。整个地面战斗只打了一百个小时。

1991年3月3日上午,伊拉克接受了全面停火的条件。施瓦兹科普夫乘飞机返回利雅得,他望着飞机下面因战争而被染成一片焦黑的科威特,一遍遍告诉自己:"一切真的结束了。"

301 · 苏联解体

1991年12月25日晚上，在圣诞钟声中，苏联第一任、也是最后一任总统戈尔巴乔夫神色黯然地宣布，辞去已经不存在的苏联总统职务。聚集在莫斯科红场上的人们默默地凝视着，飘扬了近七十年的苏联镰刀锤子国旗，从克里姆林宫上空降下；取而代之的，是一面蓝白红三色俄罗斯国旗缓缓升起。

凛冽刺骨的寒风中，红场上的圣瓦西里大教堂似乎失去了往日的威严与风采，著名的克里姆林宫红墙也仿佛暗淡无光了。从四面八方汇聚到红场的人们，表现出非常复杂的情感。有人拿着收音机，收听戈尔巴乔夫的辞职讲话；有人举着苏联国旗，高呼："苏联万岁！"

人群中，一对来自乌克兰的老年夫妇情绪激动地说："怎么能没有联盟呢？苏联分裂成十五个国家，就不再是一个大国了。"

"换旗是自然的，"几名女青年反驳道，"因为苏联已经不存在了。"

是的，不管愿不愿意，曾经威震全球的超级大国苏联，即将从世界地图上消失，这是无法改变的现实。

二十世纪七十年代末、八十年代初，在与另一个超级大国美国的全球争霸中，苏联的国力达到了顶峰。那时，苏联四面出击，咄咄逼人；而美国由于越南战争的失败而元气大伤，只好收缩战线。但是，盛极而衰，苏联社会长期积累的矛盾暴露得越来越厉害，严重阻碍了这个超级大国的发展。

首先，从三十年代斯大林时期形成的高度集中的计划经济模式，已越来越不适应日新月异的科技革命，以及由此带来的经济结构大调整。苏联的经济增长速度一路下滑，从1965年到1985年的二十年间，由百分之七点四降到百分之六点四、百分之四点二，一直跌到百分之三点三。除了军事工业外，无论是高科技，还是轻工业，包括人民的生活水平，苏联与西方发达国家的差距越来越大。

但是，为了称霸全球的战略，苏联不得不以相当于美国三分之一的经济实力，维持着与美国不相上下的庞大军费开支。1979年的侵略阿富汗战争，又让苏联陷入泥潭，付出了惨重的代价。而美国的"星球大战"计划，更使苏联进退两难,面临着在新一轮军备竞赛中被拖垮的危险。

另一方面,长期高度集权、没有监督的政治体制,造成日益严重的官僚主义,特权阶层的腐败现象让人民深恶痛绝,苏联共产党的威信越来越低。

在这种复杂困难的形势下,1985年,五十四岁的戈尔巴乔夫出任苏共中央总书记。他一上台,就大幅度地调整苏联的内外政策。在苏共的第二十七次代表大会上,戈尔巴乔夫大声疾呼:"加速国家社会主义经济发展是解决我们所有问题的关键,苏联社会的崭新状况只有通过这种途径才能达到。"

戈尔巴乔夫大力倡导以"新思维"、"公开性"为标志的改革,希望通过改革激发苏共的活力,振兴经济。但是,苏联的经济局面不但没有好转,反而越来越糟糕,社会生活也出现了混乱与动荡。

政治经济改革出现的偏差,使得苏联的民族矛盾激化和公开化。1990年3月,波罗的海沿岸的立陶宛首先宣布独立,随后,另两个波罗的海国家爱沙尼亚、拉脱维亚与亚美尼亚、格鲁吉亚先后发表了独立宣言。

苏联面临解体与崩溃的危险。于是,苏联总统戈尔巴乔夫在1990年11月提出新联盟条约草案。它规定,除国防、外交和关系全国经济命脉的部门仍由联盟中央掌握外,其余主权均归各共和国所有;条约将苏维埃社会主义共和国联盟改名为苏维埃主权共和国联盟,仍然简称苏联。

1991年8月14日,塔斯社播发了经过修改的新联盟条约正式文本。条约规定:"苏维埃主权共和国联盟是主权的联邦制的民主国家"。

然而,就在新联盟条约即将签署的前一天,即8月19日,苏联副总统亚纳耶夫突然发布命令:鉴于戈尔巴乔夫的健康原因已经不能履行总统职务,他本人即日起履行总统使命;同时宣布成立"国家紧急状态委员会",由苏联代总统亚纳耶夫、总理帕夫洛夫、国防部长亚佐夫、内务部长普戈、国家安全委员会主席克留奇科夫等八人组成,立即接管国家权力,在莫斯科实行紧急状态。

"八·一九"事件三天之后就失败了。它没有挽救苏联,反而加速了苏共的瓦解与苏联的解体。8月22日,戈尔巴乔夫从黑海之滨的疗养地回到莫斯科。8月23日,俄罗斯联邦总统叶利钦宣布禁止俄共的活动。第二天,戈尔巴乔夫辞去苏共总书记的职务,并建议苏共中央自行解散。

与此同时,到12月1日,苏联的十五个加盟共和国全都宣布独立。戈尔巴乔夫被迫在9月6日宣布承认波罗的海三国独立。眼看大势已去,戈尔巴乔夫又试图把其他共和国组成一个松散的邦联制国家,但他的这一努力遭到实力位居苏联第二的乌克兰的反对,签署新联盟条约的计划最终破产。

12月7日,俄罗斯总统叶利钦、乌克兰总统克拉夫丘克、白俄罗斯最高苏维埃主席舒什克维奇,在白俄罗斯首府明斯克郊外的"别洛韦日森林"庄园举行会晤;第二天,三方签署《关于建立独立国家联合体的协议》(又称《明斯克协议》),宣布苏联作为"国际法的主体和地缘政治现实"已不复存在,三国成立"独立国家联合体"。两周后的12月21日,除波罗的海沿岸三国与格鲁吉亚之外的十一个前苏联加盟共和国,在哈萨克首都阿拉木图举行首脑会议,正式宣告诞生于1922年12月30日的苏联解体,"独联体"正式成立。

302 · 为和平而献身的拉宾

1995年的11月4日,是一个平常的星期六,也是以色列的法定假日。根据犹太教的规定,每周五太阳落山到星期六太阳落山为犹太人的"安息日"。"安息日"内不得从事任何公共活动,大部分交通工具也会停驶。但是,到了星期六的晚上,坐落于地中海东岸的特拉维夫却是灯火通明,流光溢彩,"安息"了一天的市民纷纷走出家门,沐浴着习习的海风,漫步在海滩边,徜徉在林荫路上。同时,有大约十万特拉维夫和来自周围城镇的市民涌向市中心的国王广场,参加由"支持和谈结束以阿争端总委员会"组织的一次和平集会。

广场上人山人海。以色列外交部长佩雷斯首先致辞。随后,晚上八点三十分左右,拉宾开始发表和平演说。他用充满激情的语言说道:"我当了二十七年的军人,只要和平的机会还没有到来,我就会继续斗争下去。我相信现在有了这个机会,一个争取和平的伟大机会,为了今天站在这里的人,为了不在这里的人,我们必须把握住这个机会。"

演说结束后,拉宾从西服口袋里拿出一张歌词,与佩雷斯肩并肩,在以色列著名歌星阿隆尼领唱下,和全场群众一起高唱《和平之歌》:

唱一首和平之歌吧,别再低声祈祷。
不如高声呐喊,欢唱幸福的和平。

歌声、欢呼声此起彼伏、响彻夜空。

声势浩大的和平集会结束了。拉宾在众人的簇拥下健步走下主席台,他边走边与两旁的群众热情地握手,简单地说上几句话。佩雷斯有事提前走了。

拉宾与夫人莉赫一起向设在主席台下的停车场走去。当他抬起腿正要跨进座车时,一个犹太青年突然从阴影中窜了出来,一举手,"砰、砰"两枪,年过七旬的拉宾无力地倒了下去。两名保镖大惊失色,立刻扶起拉宾,将他塞向车内。谁知拉宾的背部正好对着杀手,他又毫不迟疑地向拉宾连开两枪,一颗子弹偏离但打中一名保镖的肩膀,另一颗命中,殷红的鲜血染透了拉宾的衣服,染红了他口袋中的《和平之歌》歌词。

现场一片混乱,保安人员迅速抓获了留着黑色短发的凶手。与此同时,司机帮助保镖把拉宾抬进汽车,然后风驰电掣般的驶向离事发地只有五百米的伊奇洛夫医院。但由于伤势过重,在被送入医院十九分钟后,拉宾的心脏就停止了跳动。凶手射出的是致命的、国际公约上禁用的达姆弹。

拉宾1922年生于耶路撒冷,曾经留学美国。第二次世界大战中,拉宾参加了盟军在叙利亚的作战。1948年第一次中东战争爆发时,他已是以军的旅长。1967年的第三次中东战争时,拉宾是以军的主要组织者和指挥者。他战功显赫,当过以军的总参谋长,军衔是以军中最高的中将。

1968年,拉宾退役,同年便出任驻美国大使。1973年,他回国任劳工部长,1974年当选为议员。1974年,拉宾当选为工党领袖,并出任内阁总理。1992年,拉宾再度出任工党主席,率领工党赢得大选,第二次担任总理兼国防部长。

拉宾虽然同阿拉伯人打了几十年仗,但他再次出任总理后,便清醒地意识到,只有同巴勒斯坦人、阿拉伯人实现和解,以色列才会拥有真正的安全。因此,1993年9月13日,他与巴勒斯坦解放组织主席阿拉法特实现了历史性的握手,双方签署了巴以奥斯陆和平协议,迈出了中东和平进程的第一步。

拉宾的方针,符合以色列广大渴望和平的民众的愿望,也符合以色列的根本利益,但是,却遭到了国内右翼势力和宗教极端势力的抵制和反对。他们强烈反对政府归还被占领土,公开咒骂拉宾是出卖以色列利益的"叛徒"、"刽子手"。极右组织在耶路撒冷市中心锡安山广场举行的一次集会上,竟然把拉宾画像涂抹成纳粹形象。拉宾内阁的一些成员也受到了极右势力的威胁。

面对来自右翼和宗教极端势力的暗杀危险,拉宾不屑一顾,拒绝穿防弹衣。他不愿给人留下懦夫的印象,为了和平,他将义无反顾。而一直以严密和高效闻名的以色列安全情报部门,只把注意力集中在巴勒斯坦激进组织的恐怖活动上,压根没有料到犹太人会对自己的总理下毒手。拉宾成了以色列建国以后第一个遭恐怖暗杀的领导人。

杀害拉宾的凶手名叫伊加勒·阿米尔,二十五岁,是特拉维夫巴尔·伊兰大学法律系的学生。他出生在一个犹太人家庭。上大学前,阿米尔曾是以色列陆军精锐的"戈兰旅"的后备役军人,练得一手好枪法,有持枪许可证。

在极右势力的宣传和鼓动下,表面文静的阿米尔内心涌动着强烈的犹太极右主义情绪,极其仇视向巴勒斯坦伸出和平之手的拉宾总理。他曾经两次试图刺杀拉宾,都没有成功。但第三次终于得逞了。阿米尔被捕后在接受法庭审讯时狂妄地辩解道,他是根据犹太宗教法刺杀拉宾的,是"上帝的旨意",因为犹太宗教法允许他杀害任何放弃以色列土地的人;同时,他一口咬定这完全是他个人的行为。由于以色列没有死刑,阿米尔被判处终身监禁。

拉宾的遇刺震惊了整个以色列。从11月5日下午两点到6日上午十一点,全国一百多万群众来到特拉维夫议会大厦的广场上,排着长队向为和平而献身的拉宾的遗体默哀和告别。共有四十四位外国国家元首和政府首脑前来参加拉宾的葬礼。

6日下午两点,赫茨尔山公墓。葬礼在凄厉悲壮的汽笛声中正式开始,以色列全国也同时鸣汽笛两分钟志哀。六千名来宾肃然而立。身穿黑色丧服的拉宾夫人莉赫女士强忍巨大的悲伤,紧紧握着儿子的手。

一名犹太教教士首先为亡者诵经祈祷。在以色列总统魏茨曼讲话之后,代总理佩雷斯致词,他坚定地表示:"拉宾的身躯可以被打死,但他的思想和精神将永远活在人民心中。以色列人民将沿着他开辟的和平道路继续走下去,直到与邻邦巴勒斯坦和所有的国家实现和平。"

联合国秘书长加利、美国总统克林顿、埃及总统穆巴拉克、俄罗斯总理切尔诺梅尔金等也在葬礼上发言,他们高度评价了拉宾为中东和平作出的卓越贡献。

此时此刻,人们不由回想起了拉宾在奥斯陆协议签订后说的一番话:"巴勒斯坦人民,我们注定要在这同一个地球同一块土地上生存。我们曾经和你们作战,但我现在要告诉你们——用清晰嘹亮的声音告诉你们——鲜血和泪水流得太多了,太多了!"

这是和平的呼唤,这是真诚的呼唤!拉宾用自己的智慧和生命为中东和平事业奠定了第一块基石,历史会永远铭记他的功绩和名字。

303·亚洲金融风暴

1997年夏天,泰国的货币泰铢急剧贬值,引起了一场席卷整个东南亚的金融风暴,使这些国家的经济遭到巨大打击。这场金融风暴还连累了香港、台湾等地区;引发了韩国的金融危机,使得吃足泡沫经济苦头的日本雪上加霜。

泰国的经济在二十世纪九十年代走上了快车道。在首都曼谷,摩天大楼鳞次栉比,高速公路上汽车川流不息,由于轿车增长太快,塞车在曼谷成了家常便饭。然而,在表面的繁荣下,从1996年起,泰国经济出现了一些不祥的预兆。

由于增长速度减慢,导致出口大幅度下降,这对通过进出口贸易带动国民经济的泰国来说,实在不是一件好事;而国内的许多银行钻金融体制和监管上的漏洞,片面追求利润,在无抵押的情况下向房地产业大量地贷款,结果造成房地产畸形发展,楼市供过于求,银行的呆账、坏账激增,资金周转失灵。以美国金融大炒家索罗斯为首的国际金融投机商瞅准这一时机,在1997年2月大肆抛售泰铢,引起了泰铢对美元汇率的大幅波动。

泰国民众对此十分惊慌,蜂拥前往银行兑换美元,银行业遭到挤兑浪潮的剧烈冲击,金融秩序一片混乱。5月中旬,国际金融投机商再次兴风作浪,联手冲击泰铢,泰国的股票市场、外汇市场又一次遭到重创,股票指数由年初的一千二百点跌到四百六十一点,泰铢对美元的汇率跌到了十年来的最低谷。

为了保护泰铢,稳定国内金融市场,7月2日,泰国中央银行宣布,放弃实行了十四年的泰铢与美元挂钩的汇率体制,转而由市场浮动决定汇率。这一政策一公布,泰铢汇率立即大幅度下降,当天就贬值了百分之二十。巨大的经济损失和市场压力使泰国政府难以承受,不得不在7月28日向国际货币基金组织申请资金援助。泰国的金融风暴就这样发生了。

金融风暴发源于泰国,但以迅雷不及掩耳之势迅速蔓延到东南亚各国。7月11日以后,菲律宾比索、印尼盾、马来西亚林吉特也先后实行浮动汇率制。到年底,菲律宾比索、印尼盾、马来西亚林吉特都跌了百分之四十以上,连一向坚挺的新加坡元也撑不住了,跌幅超过百分之十。与此同时,泰国、印尼、马来西亚、

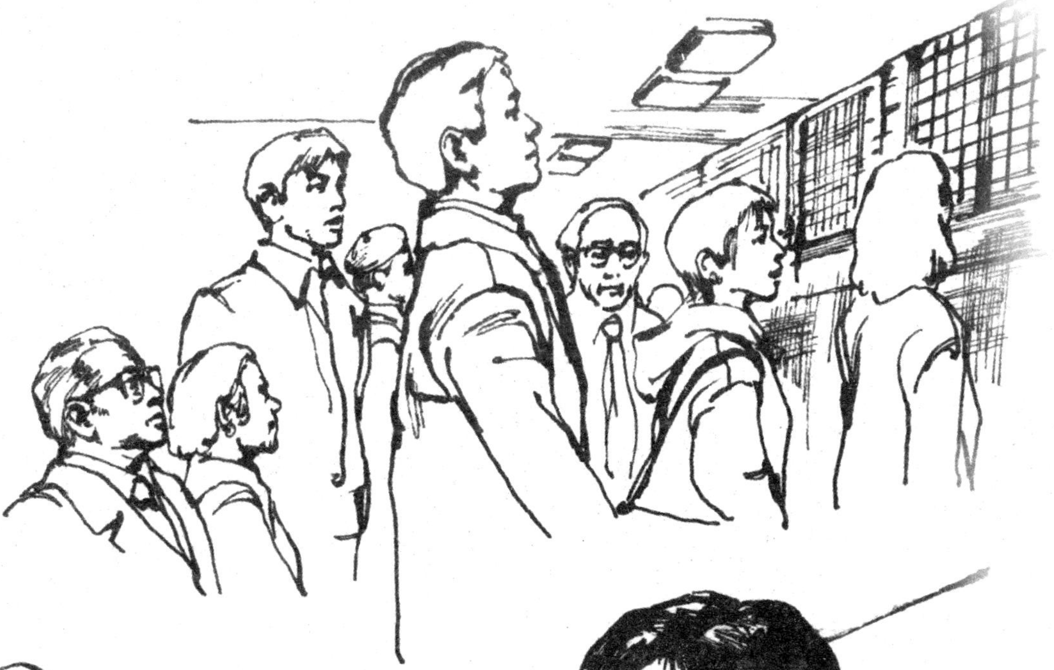

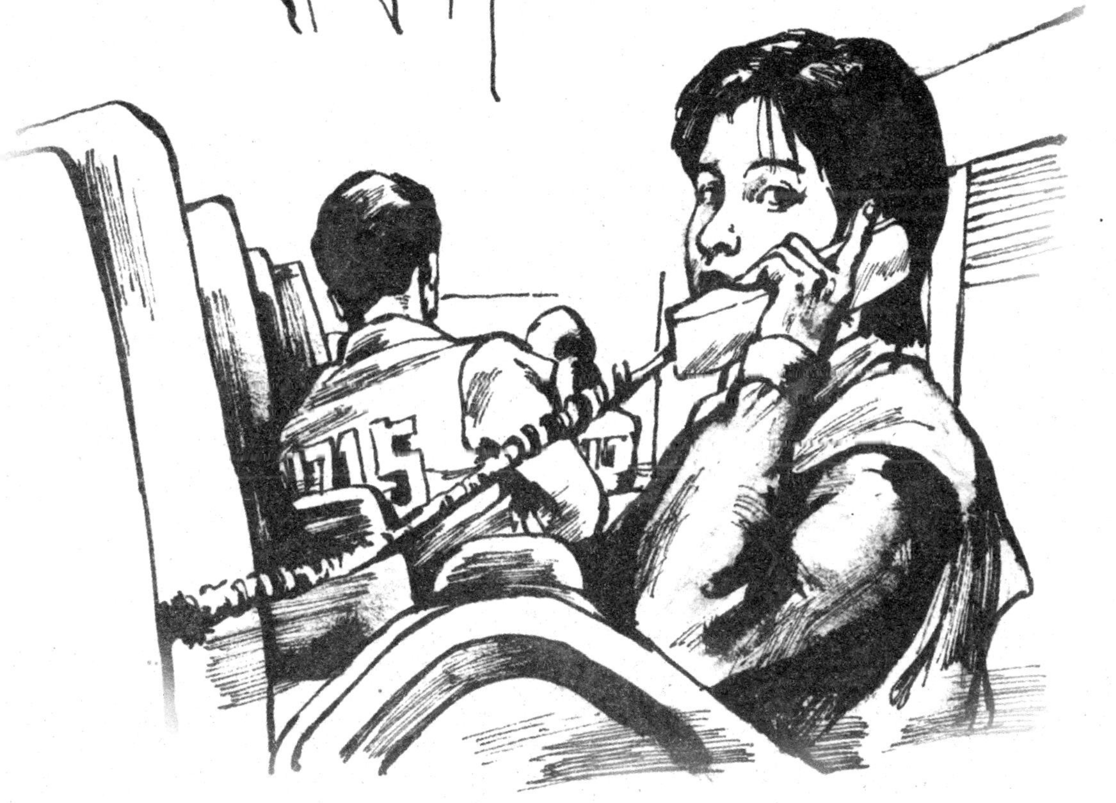

菲律宾、新加坡的股市分别下跌了百分之七十五点九、百分之七十三点七、百分之六十九点一、百分之六十一点七和百分之四十三点一。

国际金融投机家在东南亚得手之后，从8月份起登陆香港金融市场，翻云覆雨，香港恒生指数一度跌到六千多点。但出乎他们意料的是，香港特区政府动用了近一千亿港元的外汇储备，在8月下旬果断地入市干预，结果炒家们招架不住，抽身而逃。但是，10月22日，国际金融炒家再次猛烈狙击港元，在伦敦外汇市场抛售价值约三十亿美元的港元。香港金融管理局再度入市干预，终于使香港的联系汇率体制得以维持。但香港股市却付出了沉重的代价，10月23日那天，恒生指数大跌一千二百点，到27日，短短四天累计下跌三千一百点。

韩国经济从二十世纪七十年代开始起飞，到1996年，人均国民收入已突破一万美元，取得了举世瞩目的成就。但是，在经济飞速发展的同时，韩国也存在着大财团垄断市场及高额负债、银行不良贷款越来越多、金融监管不力等致命弱点，因此，在金融风暴的猛烈冲击下，韩国经济变得弱不禁风，韩宝、三美、真露、起亚等大公司纷纷陷入经营危机或宣告破产。10月以后，股票综合指数跌破六百点大关。11月19日，韩元对美元的汇率下跌到一千零三十五比一；第二天，又跌到一千一百三十九韩元兑换一美元。韩国政府只好在11月21日向国际货币基金组织申请二百亿美元的援助。由于受金融危机的严重打击，1998年，韩国的人均国民收入倒退为六千三百美元，比1996年锐减近四千美元。

创造了战后经济奇迹的日本，进入九十年代后，泡沫经济的负面效应越来越明显。当亚洲金融风暴刮到日本列岛，这种负面效应和经济结构的深层矛盾终于激化，1997年11月以后，中小金融机构一个接一个地倒闭，金融业的核心也很快遭殃。11月3日，负债累累的三洋证券公司宣布破产。日本大藏省立即指示几家大银行筹措补偿资金，并特别允许三洋证券公司在4日以后继续进行偿还资金和有价证券的业务。

消息一传出，4日清晨，投资者纷纷赶来，在三洋证券公司的各个分店前排起了长蛇阵，公司职员不得不靠发号码来维持秩序。虽然公司一再保证全额退还投资金额，但拥挤在店门前的投资者还是非常紧张。

紧接着，日本第十大商业银行北海道拓殖银行、第四大证券公司山一证券公司等，如多米诺骨牌一个个地倒台破产。到年底，日经指数比上一年下跌了百分之二十五。到1998年,经济形势进一步恶化,全国共有两万多家企业倒闭,负债总额超过十三万亿日元。

1997年的亚洲金融风暴是继1994年年底墨西哥金融危机以来,爆发的又一次世界性金融风波。它的来势之凶猛,蔓延之迅速,教训之深刻,让全世界难忘。1998年,亚洲金融风暴又袭击俄罗斯,使俄罗斯再一次滑到经济崩溃的悬崖边;不久,拉丁美洲及欧洲也感受到了它的震荡,连世界头号经济强国美国也遭到冲击。

直到1999年年底,遭受金融风暴冲击的亚洲国家才走出低谷,经济开始复苏。

在亚洲金融风暴中,中国承受了巨大的压力,坚持人民币不贬值,为地区和世界经济的稳定发挥了重要作用,树立了一个负责任的大国的良好形象,博得了国际社会的高度评价。

304 · 科索沃上空的硝烟

冷战结束,东欧剧变,苏联解体,也给南斯拉夫带来了巨大的冲击。由于民族矛盾激化,政局动荡,从1991年6月起,斯洛文尼亚、克罗地亚、波黑、马其顿先后宣布独立。1992年4月,塞尔维亚与黑山组成南斯拉夫联盟共和国。原来的南斯拉夫正式解体。

科索沃是南斯拉夫联盟塞尔维亚共和国的一个自治省,有着悠久的历史。公元前四到五世纪,阿尔巴尼亚人的祖先就在此定居。公元六到七世纪,大批斯拉夫人到达巴尔干;九世纪南斯拉夫人中的塞尔维亚族建立起自己的国家;十四世纪,塞尔维亚王国进入鼎盛时期,而科索沃正是王国的中心。

由于复杂的历史变迁,塞族和阿族都认为自己是科索沃地区的主人。早在铁托执政时代,阿族就开始要求自治。铁托去世后,科索沃独立的运动愈演愈烈。

塞尔维亚人认为,科索沃是塞尔维亚的圣地,是塞族文明的摇篮。出于民族和历史的原因,不能放弃科索沃。1989年,米洛舍维奇(时任塞尔维亚共和国主席团主席,次年当选首任总统,并连任,1997年出任南联盟总统)修改了1974年宪法,取消了科索沃的自治省地位。塞阿两族的冲突骤然加剧,南斯拉夫向科索沃派驻军队,并实行宵禁。

1992年,科索沃的阿族人无视当局的禁令,选举成立了议会,选举易卜拉欣·鲁戈瓦为"科索沃共和国"总统,使科索沃出现了双重政府。四年后,阿族激进分子成立了"科索沃解放军",策划了一系列炸弹袭击和暗杀事件,使暴力冲突不断升级,并扬言要为独立战斗到底。

科索沃局势在不断恶化。1999年,美国驻欧洲武装部队总司令克拉克表示,美国不能容忍塞尔维亚在科索沃"制造流血"。美国特使格尔巴德甚至威胁说,美国将"在必要时对科索沃进行军事干预"。北约秘书长索拉纳公开表示,从一开始"我们就是坚决站在科索沃一边的"。在一系列问题上,美国和北约不断向南联盟施压,最终造成和平谈判流产。

1999年3月23日上午,比利时布鲁塞尔北约总部的新闻室里挤满了来自世界各地的记者,大家神色焦急,表情严肃。经过数小时的等待之后,北约秘书长索拉纳终于带着一脸的疲倦出现在记者面前。面对记者们连珠炮般的提问,他没有回答一个问题,而是直接走上主席台,发布了一条特大消息:"所有通过谈判解决科索沃危机的办法均以失败告终,现在除了军事行动外别无选择。为此,我已经下达了轰炸南联盟的命令!北约十九个成员国一致同意我的这一决定!"

说完,索拉纳甩下惊得目瞪口呆的记者,扬长而去。

第二天晚上八点,游弋在亚得里亚海的美国导弹巡洋舰和B52轰炸机向南斯拉夫发射导弹。几乎在第一枚导弹炸响的同时,北约的七十余架飞机对南联盟进行了密集轰炸,一波接一波,不让对方有喘息的机会。B2隐形轰炸机从美国本土起飞,经空中加油,也加入了空袭的行列。

这是北约成立五十年来首次未经联合国授权,对一个主权国家发动军事进攻。

25日,26日,28日,北约又发动了对南联盟一轮又一轮更强劲的空袭⋯⋯

面对北约咄咄逼人的军事威胁,南斯拉夫人毫无惧色。电视台一遍又一遍地播放激励人心的爱国歌曲和抗击法西斯的老电影。在全国各地,人们每天举行各种集会,他们大声朗诵南斯拉夫前总统铁托的名言:"别人的我不要,自己的谁也不给!"他们也大声朗诵塞尔维亚民族英雄拉扎尔王子1389年与土耳其人决战前说的话:"与其苟且偷生,不如战死沙场。与其向敌人低头,不如死于敌人的剑下。"

七十五岁的老游击队员普里比拉切维奇告诉记者,他十六岁加入游击队,打讨法西斯。"难道我还怕美国佬不成?"他一激动还撩起裤腿,指着伤疤,"希特勒给我留下的也就是这点伤疤,可完蛋的是他。"

北约的空袭在全世界引起巨大反响,美国、英国、法国等国出现大规模的反战游行。俄罗斯反应犹为强烈,总统叶利钦咬牙切齿地说,北约轰炸南斯拉夫是美国人、美国外交和克林顿本人的严重错误,这个错误早晚要跟他们算账。为了得到国际货币基金组织贷款而出访美国的俄总理普里马科夫,在飞往美国途中做出了俄、美关系史上从未有过的重要决定:中断对美国的访问。返回莫斯科后,他在机场对记者们说,俄罗斯决不拿原则做交易。俄外长伊万诺夫在国家杜马表示,俄可能打破对南斯拉夫的武器禁运,向南提供武器援助,抵御北约的空袭。

3月28日,贝尔格莱德举行了题为"歌声鼓舞我们"的音乐会。上午十时五十五分,当北约开始空袭的警报响起时,成千上万名市民从不同方向涌向共和国广场。有白发苍苍的老人,也有怀抱婴儿的妇女,他们举着南联盟和塞尔维亚的国旗,以及写有"克林顿是凶手"、"出售F-117飞机残骸"、"全世界同我们站在一起"字样的标语牌,集合在广场上,参加这场别开生面的音乐会。

南斯拉夫著名歌星楚基奇在演唱《我们的朋友遍天下》这首歌之前,动情地说:"这首歌献给全世界反对北约轰炸南联盟的朋友。"激动的人们在广场上当场点燃了美国国旗。

一轮又一轮的轰炸继续进行着,北约骑虎难下,不炸出一个结果实在无法收场。于是轰炸的规模越来越大,对平民的杀伤也越来越大,医院、学校、桥梁甚至公共汽车也遭到轰炸。

空袭持续了一个多月后,5月7日晚,贝尔格莱德遭到了空袭以来最为猛烈的一次轰炸。当地时间二十三点四十五分(北京时间5月8日早五点四十五分),至少三枚导弹从不同方位直接命中中国大使馆大楼。导弹从主楼五层楼顶一直穿入地下室,导弹引燃了汽油和煤气罐,整个使馆浓烟滚滚,大火熊熊,主楼附近的大使官邸的房顶也被掀落。

当时,大使馆内约有三十名使馆工作人员和驻南记者。新华社女记者邵云环、《光明日报》记者许杏虎和夫人朱颖不幸遇难。这是外国驻南外交机构第一次被炸。北约的暴行激起了中国人民极大的愤慨,全国各地抗议的浪潮风起云涌。

由于空袭吓不倒南联盟,北约开始积极地策划地面进攻计划。5月中旬,克拉克已经有了预选方案,计划动用十七万五千人,经过阿尔巴尼亚的一条公路,从南部对南联盟发起全面攻势,白宫称之为"魏斯计划"。

从战场的各种迹象中,米洛舍维奇敏感地意识到北约即将发动地面入侵。为了避免更大的损失,他决定接受俄罗斯和联合国的调停。6月8日,北约与俄罗斯就联合国和平草案达成一致,又过了两天,南斯拉夫在协议上签了字,科索沃战争终于画上了句号。

战争虽然结束了,但科索沃的难题仍然没有彻底解决。在新的世纪里,科索沃问题将依然困扰着有关的方方面面。

305·不屈的曼德拉

1994年4月26日至29日,非洲最南端的南非举行了首次不分种族的全民选举,非洲人国民大会赢得大选,非国大主席、七十六岁的黑人传奇领袖纳尔逊·曼德拉当选为新南非的第一任总统。

5月10日,南非行政首都比勒陀利亚的政府大楼广场上,新的六色国旗迎风飘扬。来自世界各地的政要和名流聚集在此,观看新总统的就职仪式。宣誓完毕,曼德拉向来宾们发表了就职演讲,他那洪亮坚定的声音在广场上空回荡:

"我们最终取得了政治解放。我们保证,把我们的人民从仍然束缚他们的贫困、被剥夺、苦难、性别和其他歧视中解放出来。

"在这块美丽的土地上,永远,永远,永远也不要再出现人压迫人……太阳将永远照耀人类所取得的这个如此辉煌的成就。"

是的,为了废除野蛮的种族隔离制度,为了新南非的诞生,曼德拉奋斗了一生。

1918年7月,曼德拉出生在南非东南部特兰斯凯的一个部落酋长家庭中。九岁时,他的父亲病逝,好心的部落大酋长将他收为义子,让他受到了良好的教育。曼德拉先后就读于黑尔堡大学、威特沃特斯兰德大学,1952年获得律师资格,并与好友合开了一家律师事务所。

但是,曼德拉从青少年时代起就饱尝种族主义给黑人造成的痛苦和灾难。那时,占南非人口百分之十四的白人处于统治和特权的地位,而占百分之七十五的黑人则处在社会的最底层。尤其是1948年,以荷兰裔白人为主的国民党上台后,开始推行种族隔离政策,陆续通过了五十多项种族主义法律,对黑人的种族歧视与镇压不断强化,渗透到了生活的方方面面。比如,1953年通过的《公用设施分别使用法》,鼓励对公用设施实行种族隔离。一时间,"白人专用"的告示牌挂满全国各地,就连公园里的长凳,黑人也不能随便坐。

曼德拉在约翰内斯堡威特沃特斯兰德大学法律系读书时,有一天,上课迟到了几分钟,进教室后便在一个白人学生旁边的座位上坐下,不料这个白人学生立

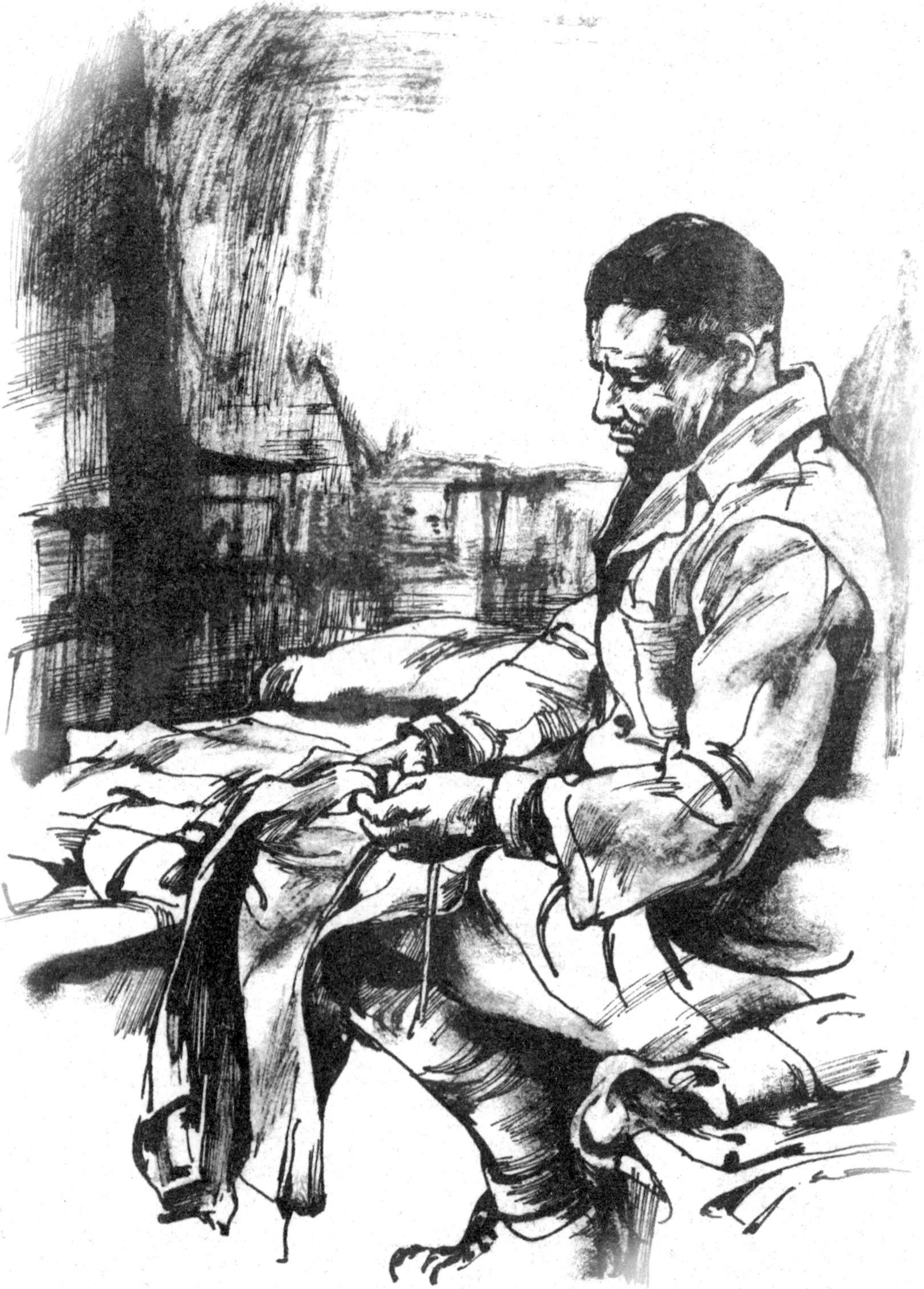

刻起身换到了另一个位子上。

这种对黑人的歧视,那时在南非非常普遍。

曼德拉开始投身到反对种族主义的斗争中。1943年,他加入黑人政治组织——非洲人国民大会。第二年,他参与创建了非国大青年联盟,为加强非国大的群众性和战斗力作出了贡献。二十世纪五十年代,随着黑人反抗种族歧视运动的高涨,南非政权加紧镇压,非国大被取缔,被迫转入地下。曼德拉在1961年担任了非国大军事组织"民族之矛"的总司令,走上了武装反抗的道路。

第二年,曼德拉被捕了,白人当局以"叛国罪"起诉他。在法庭上,曼德拉慷慨陈词:"在我的一生中,我已经把自己献给了非洲人民争取生存权利的斗争。我与白人统治进行了斗争,也反对黑人统治。我珍视实现民主社会的理想。在那样的社会里,所有的人都和睦相处,具有平等的权利。我希望为这个理想而生活,并去实现它。但是如果需要,我也准备为这个理想献出生命。"

曼德拉和他的几位战友被关进了距开普敦七公里的罗本岛监狱里。在这个与世隔绝的小岛上,狱警牵着德国种狼狗,拿着枪,昼夜巡逻把守。关押曼德拉的单人牢房极其狭小恶劣,他在牢房中走三步,就会碰到墙壁;躺下来,头和脚都能碰到冰冷潮湿的水泥墙;牢房里没有床,没有桌椅,发给曼德拉的只有三条破旧的、根本无法御寒的薄毛毯。

为了模糊犯人的时间概念,摧垮他们的意志,罗本岛监狱不允许犯人有手表或其他计时工具。曼德拉自己动手,在墙上做了一个日历表,以提醒自己保持清醒和理智。每天清晨,他在牢房内原地跑步;利用放风的时间在监狱院子里活动。他深知,必须锻炼身体,保持强健的体魄,才能经受住长期牢狱生活的考验,迎来自由的那一天。

由于南非人民反对种族主义斗争的蓬勃发展,要求释放曼德拉的呼声越来越高。南非政府迫于压力,几次表示将释放这位黑人领袖,但总是提出种种苛刻的条件,包括要求他公开宣布放弃武装斗争,但都遭到曼德拉的拒绝。他响亮地回答:"只要南非人民还没有自由,我也决不接受任何自由。"

到了二十世纪八十年代末,黑人的武装反抗越来越激烈,在国际上,南非白人政权越来越孤立,经济一蹶不振。在这种形势下,1989年出任总统的德克勒克顺应潮流,先是解除了对一些黑人解放组织的禁令;1990年,被囚禁了二十七年的曼德拉终于获得了自由。

曼德拉出狱后,便带领非国大与南非政府展开艰苦曲折的多党谈判,开始了以谈判取代对抗的民族和解进程。1991年年底,非国大与执政的国民党等十九个党派举行"民主南非大会",签署《意向宣言》,同意建立一个没有种族隔离、歧视与压制的统一的新南非,和平自由的曙光出现在了南非的地平线上。

1994年,曼德拉终于成为南非的第一位黑人总统。他执政五年,使广大黑人恢复了做人的尊严,实现了民族和解,提高了人民的生活水平。五年间,曼德拉政府为三百万人建造了七十五万套新居,为三百万人提供了饮用水,使二百万个家庭通了电,重新分配了二十二万公顷土地,让一百五十万儿童走进了学校,新建了五百所医院,使六岁以下儿童和孕妇能够享受免费医疗。

由于曼德拉政府取得的卓越成就,1999年,在南非第二次不分种族的全民选举中,非国大再次赢得大选。曼德拉谢绝了战友们的再三挽留,将总统职位交给了新一代的领导人姆贝基。

曼德拉结过三次婚,他的第一位夫人梅斯是1944年与他结的婚,生有四个孩子。他们非常相爱,但白人当局对曼德拉的迫害使她承受了巨大的压力,他们在1958年分了手。第二位夫人温妮,与曼德拉在反抗种族隔离的斗争中相识相爱,她曾是曼德拉的爱人与战友,是他精神上的依靠。但曼德拉获释后,他们思想上、感情上的裂痕越来越深,双方在1996年分道扬镳。1998年7月,曼德拉与格拉萨·马谢尔喜结良缘。她是莫桑比克前总统萨莫拉·马谢尔的夫人,萨莫拉1986年在一次飞机失事中遇难。曼德拉与她走到了一起,安度晚年。

退休后的曼德拉最喜欢的事,就是在柴可夫斯基优美的音乐中观赏夕阳。与他的一大群孙辈在一起玩耍,也让他享受到了天伦之乐。但他没有忘记自己是个爱国的南非人。他说,只要国家需要,他随时服从国家和人民的召唤。

1993年,曼德拉与德克勒克同获这一年度的诺贝尔和平奖。

306·欧洲的联合之路

自罗马帝国崩溃以来,欧洲人一直梦想能有一个统一与和平的欧洲。可是事与愿违,欧洲一直战火不断,不仅使欧洲不少国家和民族成了世仇宿敌,而且引发了人类历史上最血腥的两次世界大战。

二战结束以后,欧洲人意识到欧洲的分裂导致了太多的不幸和灾难,或许只有欧洲的联合才是消除历史痛苦、治愈战乱顽症的良方。而美国和苏联的崛起也提醒着欧洲人,欧洲不再是世界的中心,如果欧洲再不联合起来,将会沦为超级大国的附庸。

而要让欧洲真正地联合起来,欧洲各国不得不面对一个尴尬的选择:德国,这个昨天的敌人,今天却必须成为自己的朋友。特别是与之为邻的法国心有余悸,由于两国历史上的恩怨,法国特别担心德国一旦恢复元气,首先倒霉的就是自己。

怎样才能化解法、德间的宿怨呢?法国外交部长舒曼和经济学家莫内勾画了一个极富创造性的计划,把打开法、德和解之门的钥匙摆在了世人的面前。

1950年5月9日,舒曼在巴黎举行了记者招待会,用平缓的语调向世界宣读了这个爆炸性的计划。舒曼说:"问题不在于说废话,而在于采取一项大胆的行动,一项创造性的行动。"

舒曼建议把法、德两国全部的煤钢生产置于一个共同的高级机构的管理之下,通过这种联合,德国与法国之间就会重新树立起信任,从而使战争变得"不仅是不可想象的,而且是不可能的",因为钢铁与煤炭是发动战争所必需的物资。他还把这个计划看成是走向欧洲统一的第一步,呼吁其他欧洲国家加入进来,共同促进欧洲的经济繁荣,共同建立欧洲的永久和平。

"舒曼计划"震惊了世界,人们不仅看到了这个构想的伟大之处,而且看到了欧洲充满希望的未来。

法国政府的建议一公布,立刻得到德国方面的肯定反应。联邦德国总理阿登纳欣然表示:"我们德国认为,法国的这项建议是个勇敢的创举,是法、德关系的一个非常重大的发展……它为今后消除法、德之间的一切争端创造了一个真正的前提……我们应该珍惜法国的建议……我把实现法国的建议看做是我一生最重要的任务。我觉得,如果能够顺利地实现它,便没有虚度一生。"

法、德的和解,揭开了欧洲联合的序幕。1951年4月18日,法国、联邦德国、意大利、荷兰、比利时和卢森堡根据"舒曼计划",在法国外交部大厅签订了《巴黎公约》,欧洲煤钢共同体宣告诞生,迈出了欧洲联合的第一步。

很快,欧洲煤钢共同体就取得了卓越的成效。六国惊喜不已,决定把这个成功的经验推广到其他产品和部门,继续探索欧洲联合的道路,增强与美苏超级大国抗衡的实力。经过长期的艰苦谈判,1957年3月25日,六国在意大利首都罗马签订了《罗马条约》,宣布建立欧洲经济共同体和欧洲原子能共同体。

1967年,欧洲煤钢共同体、欧洲经济共同体和欧洲原子能共同体合并成欧洲共同体,简称欧共体。从此欧洲联合更加势不可挡,英国、丹麦、爱尔兰、希腊、西班牙和葡萄牙先后加入了欧共体,使欧共体成员国扩大到十二个。随着经济一体化的深入,成员国在政治领域的合作也有了突破性的进展,提出了欧洲"应该用一个声音说话"的口号。

人们形象地将欧洲一体化进程比喻成一枚三级火箭:第一级是关税同盟,第二级是经济联盟,第三级是政治联盟。

1992年,欧共体十二个成员国的首脑云集荷兰签署一项历史性的《欧洲联盟条约》,以建立欧洲经济货币联盟和欧洲政治联盟,这是欧洲一体化道路上的一个极为重要的里程碑。由于这项条约是在荷兰的一个平凡小镇马斯特里赫特签署的,因此人们通常称之为《马斯特里赫特条约》,简称《马约》。

1993年11月1日,欧洲共同体正式改名为欧洲联盟,成为世界上最大的经济贸易体。欧盟的总部设在布鲁塞尔,它也因此被称为欧洲首都。各成员国有统一的护照、汽车驾照,人们可以自由来往。1994年,芬兰和瑞典加入欧盟;1996年奥地利加入,欧盟的成员国扩大到十五个。此后欧盟又积极创造条件,准备向中欧、东欧地区进一步扩展。1999年1月1日,欧盟发行了统一的货币——欧元。

通过几十年的努力,欧洲联盟终于一步一步地发展起来,成为欧洲国家经济与政治的代言人,大大提高了欧洲的竞争实力。

307·车臣战争

  2000年1月17日,凌晨五点三十分,天色还未放亮,依然漆黑一片,俄罗斯高加索地区的隆冬又给这黎明前最黑暗的时刻平添了几分凛冽和肃杀之气。就当人们还在暖和的被窝里酣睡之时,俄罗斯空军的一批战斗机悄悄起飞了,它们利用夜幕的掩护,避开了车臣叛军的地空导弹和高射机枪的威胁,直扑车臣首府格罗兹尼市中心叛军盘踞的据点进行轰炸;与此同时,俄军的远程火炮也向同一个方向发出了怒吼,炮弹在夜空划出一道道耀眼的红光,震破了黎明前的沉寂。
  这是第二次车臣战争中,俄军向格罗兹尼发起总攻前的炮火准备。
  车臣共和国是俄罗斯联邦的自治共和国之一,位于高加索山脉北侧,面积约一万五千平方公里,人口约一百万,其中绝大多数是信奉伊斯兰教的穆斯林族。车臣虽然只是处于里海与黑海之间的弹丸之地,但地理位置非常重要,是进出高加索的咽喉要道。它的地下蕴藏着丰富的石油资源,从中亚向欧洲输送石油的管道也必须经过这里,一旦阻塞,俄罗斯的经济损失将相当严重。因此,长期以来,俄国一直把牢牢地控制住车臣作为它的重要国策。
  偏偏车臣人以骁勇善战闻名。十九世纪,沙皇俄国经过五十多年的高加索战争,才将车臣征服,于1859年将它并入沙俄的版图。十月革命之后,苏维埃政权在1922年成立了车臣自治州。1934年,车臣与它西边的邻居印古什自治州合并,加入苏联;1936年12月改为车臣—印古什自治共和国。1944年,斯大林以车臣人与德国侵略者合作为理由,把车臣人强行赶出家园,迁往西伯利亚,给车臣人造成了巨大的心灵创伤。直到1957年,车臣—印古什自治共和国的建制才得以恢复。
  1991年苏联解体之后,车臣的分离主义势力趁着政局动荡、中央政府顾不到边远地区之际,开始谋求独立。这年的10月,在阿富汗战争中曾被授予苏联英雄称号的退役将军杜达耶夫,当上车臣共和国的总统。他一上台就公开宣布车臣独立,并建立了车臣的第一支正规部队国民卫队,人数最多时达到六万人。
  眼看着车臣变成公然与中央政府唱对台戏的独立王国,成了俄罗斯联邦的

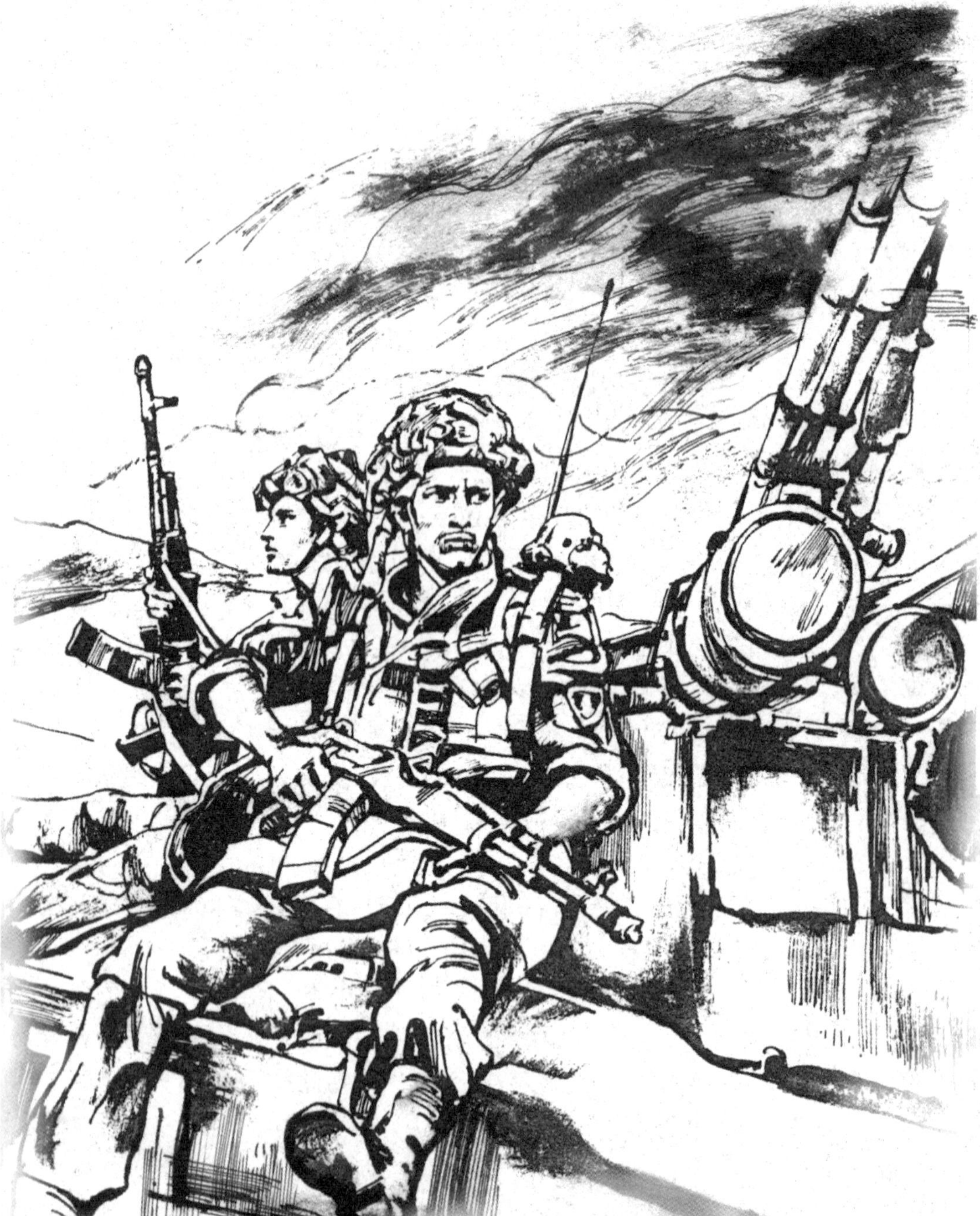

心腹大患,1994年12月,俄军兵分三路开进车臣境内,讨伐桀骜不驯的分裂势力。一开始,俄军把车臣叛军当成乌合之众,根本不放在眼里,国防部长格拉乔夫夸下海口:"只需一个空降营,几天即可拿下车臣首府格罗兹尼。"

但是,万万没有料到,俄军会在小小的车臣损兵折将,碰了一鼻子灰。俄罗斯动用了四万人的陆军、空军、内务部队和特种兵,出动数百辆坦克、装甲车以及大炮、飞机、导弹等现代化武器,足足打了二十个月,虽然重创了车臣武装,杜达耶夫本人也被精确制导的导弹击中丧命,但俄军却付出了几千名官兵牺牲的惨痛代价,外加两万多平民丧生,到头来只得停战求和,黯然撤军。

相对于战场上的失利,第一次车臣战争后,俄罗斯在政治与战略上的损失更大。杜达耶夫之后的车臣当局,一方面利用和平协议不断地向联邦政府索要财政资助和能源,一方面纵容非法武装频频骚扰毗邻地区,制造各种恐怖事件,并且勾结国外宗教极端势力插手介入,在分裂的道路上越滑越远。

为了彻底解决车臣问题,在担任总理不久的普京的精心策划下,1999年8月,俄罗斯抓住车臣叛军入侵临近的达吉斯坦共和国这根导火索,发动了第二次车臣战争。

在第二次车臣战争中,普京充分展示了他果敢坚毅的硬汉形象。叶利钦总统辞职,任命他为代总统之后,他做的第一件事,就是在2000年的元旦期间,前往前线视察。3月20日,他亲自乘坐苏-27战斗机飞过车臣战区。他下令,哪里有叛匪就在哪里消灭他,如果在厕所里发现匪徒,就直接把他塞进茅坑里。

俄军吸取了第一次车臣战争中失利的教训,一改上次冒进深入的打法,采取稳扎稳打、步步为营,配合空降兵、特种兵的奇袭、突击、围剿等战术,不断地歼灭和消耗敌军的有生力量。一支支精干的、富有实战经验的特种作战小分队,充分利用暗夜、浓雾的掩护,从天而降,钻地而出,神出鬼没地渗透到车臣恐怖分子的占领区,屡建奇功。1999年10月8日那天,俄军的一支特种小分队秘密潜入敌人营地,一举擒获通缉了一年的恐怖分子头目哈奇拉耶夫。

在作战方法上,俄军借鉴了美军在科索沃战争中的经验,充分利用自己在制空权和高技术兵器上的绝对优势,出动苏-24M轰炸机、苏-25强击机、米-24武装直升机和战术导弹,对车臣叛军的基地、雷达、电视台、匪首住所、机场、武器弹药库实行远程精确的打击。

由于准备充分,战略战术使用得当,俄军连战连胜,打得叛军伤亡累累,难以招架。9月26日,车臣总统马斯哈多夫只好假惺惺地表示:"车臣人民和俄罗斯人民都不希望再发生一场战争。"

马斯哈多夫呼吁通过外交手段解决俄车之间的问题。俄罗斯领导人没有上当,普京干脆地表示,俄罗斯愿意同车臣对话,但只能"在俄罗斯总统认为必须进行会见和会见对俄罗斯有利的情况下"才能进行。

2000年1月18日清晨,俄军对格罗兹尼的总攻打响了!在警察部队和车臣民兵的配合下,俄军从三个方向攻进了市中心的广场。车臣叛军依托雷区、地面地下工事、楼与楼之间的地下通道,与俄军展开了激烈的巷战。在攻打罐头食品厂时,叛军用砖块砌死了窗口,布置了大量的狙击手,在一个个难以发现的射击孔后面向俄军疯狂地射击,并在炸断的楼梯通道里蹿上跳下,拼死顽抗。

经过一场血战,俄军终于打下了罐头厂和公路桥,彻底切断了河两岸叛军的联系。2月4日,俄军战士将俄罗斯三色国旗插上了车臣"总统府"。到2月28日,俄军收复了车臣百分之九十九的土地,基本稳住了车臣的局势。

俄军总参谋部宣布,从第二次车臣战争打响到2月初,俄军以阵亡官兵一千一百七十三人的代价,击毙叛军约一万人,取得了战争的全面胜利。

但是,残余的车臣叛军化整为零,逃进山高林密的山区,与俄军转而进行游击战,并且不断地在俄罗斯各地制造自杀性恐怖袭击。要彻底铲除车臣叛军与恐怖主义势力,俄罗斯还要进行艰苦的努力。

308·现代音乐健将斯特拉文斯基

巴黎,世界艺术之都。1913年5月28日夜晚,作曲家斯特拉文斯基的舞剧音乐《春之祭》,在巴黎的一家剧院首演。

这部舞剧描述的是俄罗斯的远古时代,春回大地、万物复苏,某个原始部落里将举行一个神秘的宗教仪式——一群纯洁的少女被作为祭品,献给太阳神阿波罗。巴黎的听众们饶有兴致地准备欣赏《春之祭》的音乐。

然而,乐曲开始不久,听众就愣住了。一向主要在低音区活动的木管乐器大管一反常态,溜到特别高的音区里独奏,显得很滑稽,听众们不由哄堂大笑。

随着乐曲的展开,那奇特怪诞的节奏、咆哮刺耳的音响,让听惯了和谐优美的古典音乐的听众如坐针毡。他们有的吹起尖厉的口哨表示抗议,有的恼怒地向舞台上挥舞拳头。一位侯爵夫人不顾上流社会人士矜持高贵的风度,从包厢的座位上霍地站起,一面不耐烦地拍打着精致的羽毛扇,一面愤愤地嚷道:"这是我六十年来头一次被人捉弄。"

当演出结束时,剧场里发生了更大的骚乱,愤怒的观众摔起了座椅,剧院经理慌忙请来警察维持秩序。

不用说,《春之祭》首演惨败,让斯特拉文斯基感觉糟透了。他大病一场,在医院里住了六个星期。他万万没有想到,自己在艺术上的创新,人们竟然接受不了。而不拘一格,求变求新,似乎是斯特拉文斯基与生俱来的个性。

1882年6月17日,斯特拉文斯基生于俄国圣彼得堡近郊的奥拉宁鲍姆。他的父亲是圣彼得堡帝国歌剧院的首席男低音歌唱家;母亲也有很高的音乐修养。斯特拉文斯基自小喜欢音乐,农妇们锄地归来时唱的纯朴的民歌,流浪汉哄退孩童的诙谐的口哨,鸟儿在枝头的欢快鸣啭,都能让他听得入迷。

斯特拉文斯基九岁时,双亲给他请了一位钢琴女教师。他悟性极高,很快就把乐谱背得滚瓜烂熟。他不满足于照着乐谱按部就班地在钢琴上练习了,便常常自由发挥,即兴弹奏。为这他没少挨女教师的训斥。

学了钢琴后,小斯特拉文斯基最大的收获和乐趣,就是能跑到父亲的书房里,津津有味地阅读父亲收藏的大量歌剧总谱,从中熟悉了柴可夫斯基、里姆斯基—科萨可夫、格拉祖诺夫等俄罗斯著名作曲家的作品;他还到剧场观摩了俄罗斯"民族音乐之父"格林卡的歌剧名作《伊凡·苏萨宁》,那宏大的场面、美妙的音乐,让他激动不已,也坚定了他要当一名音乐家的信念。

不过,双亲希望他将来能当一名官吏,于是,便把他送进圣彼得堡大学学法律。充满艺术想象力的斯特拉文斯基,对枯燥乏味的学校生活实在厌倦。课余时间,他还是乐此不疲地去看歌剧,听交响乐,自学作曲知识。在大学里,他唯一感到庆幸的是结识了里姆斯基—科萨可夫的儿子弗拉迪米尔,因而能在二十岁时投到大师门下,在有"管弦乐色彩大师"美誉的里姆斯基—科萨可夫指导下学习配器,作曲技法有了长足的进步。

里姆斯基—科萨可夫逝世后,斯特拉文斯基创作了一首《悼念歌》怀念恩师。1909年,斯特拉文斯基的管弦乐《焰火》在圣彼得堡演出,受到了著名的佳吉列夫芭蕾舞团负责人佳吉列夫的赏识。他邀请斯特拉文斯基写一部舞剧。

年仅二十八岁的斯特拉文斯基接受邀请后,很快就写出了舞剧《火鸟》。这部舞剧一经佳吉列夫芭蕾舞团公演,立刻引起轰动。斯特拉文斯基一举成名。

《火鸟》是根据俄罗斯古代神话传说谱写的两幕舞剧。它讲述了一个古代的王子在火鸟的帮助下消灭怪兽,与美丽的公主结成良缘的传奇故事。斯特拉文斯基将它的音乐写得栩栩如生,清新脱俗,楚楚动人。

接着,斯特拉文斯基写了第二部舞剧音乐《彼得鲁什卡》,同样获得成功。在这两次成功的鼓舞下,他一鼓作气,在1913年写出了第三部舞剧音乐《春之祭》,虽然首演失败,引起巨大的争议,甚至招来恶毒的讽刺、漫骂,但时间已经证明,这是世界现代音乐史上一部具有里程碑意义的优秀之作。从《火鸟》到《春之祭》,斯特拉文斯基一步步不断探索,在节奏、音色、旋律、和声等方面大胆创新,突破了传统的束缚,创作出了别开生面、格调独特的音乐。

一战爆发后,爵士音乐传入法国,这时在法国、瑞士两地来往、居住、疗养、演出的斯特拉文斯基,敏锐地捕捉到了爵士乐中的新鲜元素,将它们融入到了他的一部新作——两幕歌剧《士兵的故事》中,取得了成功。这一时期,他谱写的独幕舞剧《普尔钦内拉》,在1920年首演于巴黎,这是一部具有十八世纪音乐风格的作品,大画家毕加索特意为它的演出设计了布景和服装。

不过,战乱也让斯特拉文斯基备尝生活的动荡与艰辛。他居留在瑞士时,生活非常困难,幸好英国著名指挥家比彻姆慷慨解囊,才帮他渡过难关。1934年,他加入了法国籍,但在1938到1939年间,女儿、妻子、母亲的相继病死,又给了他精神上极大的打击;纳粹德国入侵法国,彻底打碎了他在巴黎的安乐窝。直到1940年,斯特拉文斯基在美国马萨诸塞州第二次结婚,并于1945年加入美国籍后,他的生活总算安定了下来。

斯特拉文斯基的兴趣转到了具有新古典主义风格的交响曲、协奏曲、合唱、组曲等体裁的写作上,音乐变得清澈、简洁、单纯。自然,人们仍然喜欢他的舞剧、歌剧作品。1952年,他的歌剧新作《浪子的历程》在意大利威尼斯演出时,票价从三十美元暴涨到二百美元,但还是一票难求。当美国与欧洲其他国家上演这部作品时,人们依然竞相前去观看。

晚年的斯特拉文斯基,作曲、指挥、周游世界,工作与生活得很有规律。1962年9月,他出乎许多人的意料,回到阔别了近半个世纪的苏联,在莫斯科与列宁格勒(今改回原称圣彼得堡)举行了一系列异常轰动的音乐会,受到了英雄凯旋般的欢迎。离苏前,苏联领导人赫鲁晓夫还在克里姆林宫专门接见了他。

虽然功成名就,但斯特拉文斯基的勤奋一如既往。只要在美国好莱坞郊区的家中,每天清晨,他总是先到洒满阳光的大阳台上用早餐,然后就走进他那间狭小的工作室进行创作。这间小屋里没有什么装饰,墙上只贴着作曲计划和毕加索的肖像;室内并排放着三角大钢琴和立式钢琴,供他作曲时用。为了防止外界的干扰,他还在室内安装了隔音设备。

斯特拉文斯基是在1971年八十九岁高龄时与世长辞的,创作生涯近六十年。

309·毕加索与和平鸽

1949年,巴黎召开的世界和平大会的海报上,画着一只形象生动的白鸽,那只白鸽随海报很快翱翔于欧洲各大城市。看到矫健飞翔的白鸽,人们祈愿它象征的和平也能平安地降临。二十世纪的前五十个年头,已出现了两次大战的硝烟,人民多么盼望和平的生活啊。

这只象征和平的白鸽,出自当时已六十八岁的西班牙美术大师毕加索的笔下。其实在他心里,这只白鸽至少已存在了近六十年。

在西班牙南部小城马拉加的梅塞德广场,茂密的绿树上停息着许多白鸽。它们在蓝天展翅的身影,是居住在广场边的画家唐何塞灵感的源泉之一。他画了不少鸽子。1890年的一天,唐何塞惊喜地看到他九岁的孩子,也画了一幅鸽子,画得活灵活现。从此,艺术的天分如鸽子,闪动在这个孩子的内心。那孩子就是幼年的毕加索。

十年后,先后在巴塞罗那美术学院、马德里圣费尔南多美术学院读完专业美术课程的毕加索来到巴黎。蒙马特尔区的一幢旧楼"洗衣船"里,一间墙面斑驳的房间,成为毕加索的居室。他的画有个时期以蓝色色调为主,这种天空、海洋的色彩,在他笔下有深和冷、孤独和失望的感觉,被称为"蓝色时期"。

然后,毕加索的画又进入了以描绘马戏团生活为主的"粉红色时期"。要是这个时期有朋友来拜访毕加索,就得穿过天桥,如同登船一般,再走上潮湿的楼梯,所以这幢旧楼称为"洗衣船"。在光线微弱的长廊中找毕加索的房间并不困难,那间有刺鼻的煤油味的就是。煤油可点灯,也是毕加索调颜料的油。进了门就能看到十几卷画布、散落在画架下的不少画作和画笔、颜料,还有凌乱的旧衣物和书籍堆放着。就在这间堆着杂物的房内,毕加索生活和创作着。

最初,罗浮宫和卢森堡美术馆是毕加索常去的地方。可是有一天,他却在巴黎的人类博物馆里久久逗留。馆内展品中的黑人雕刻、面具等非洲、大洋洲的民族艺术品,对毕加索产生了诱惑。那是一种无法用语言确切表达的强烈感觉,它们又用精简的几何形状表现,圆形表示眼睛,扁长方形代替嘴巴,是惊恐、惊怒?

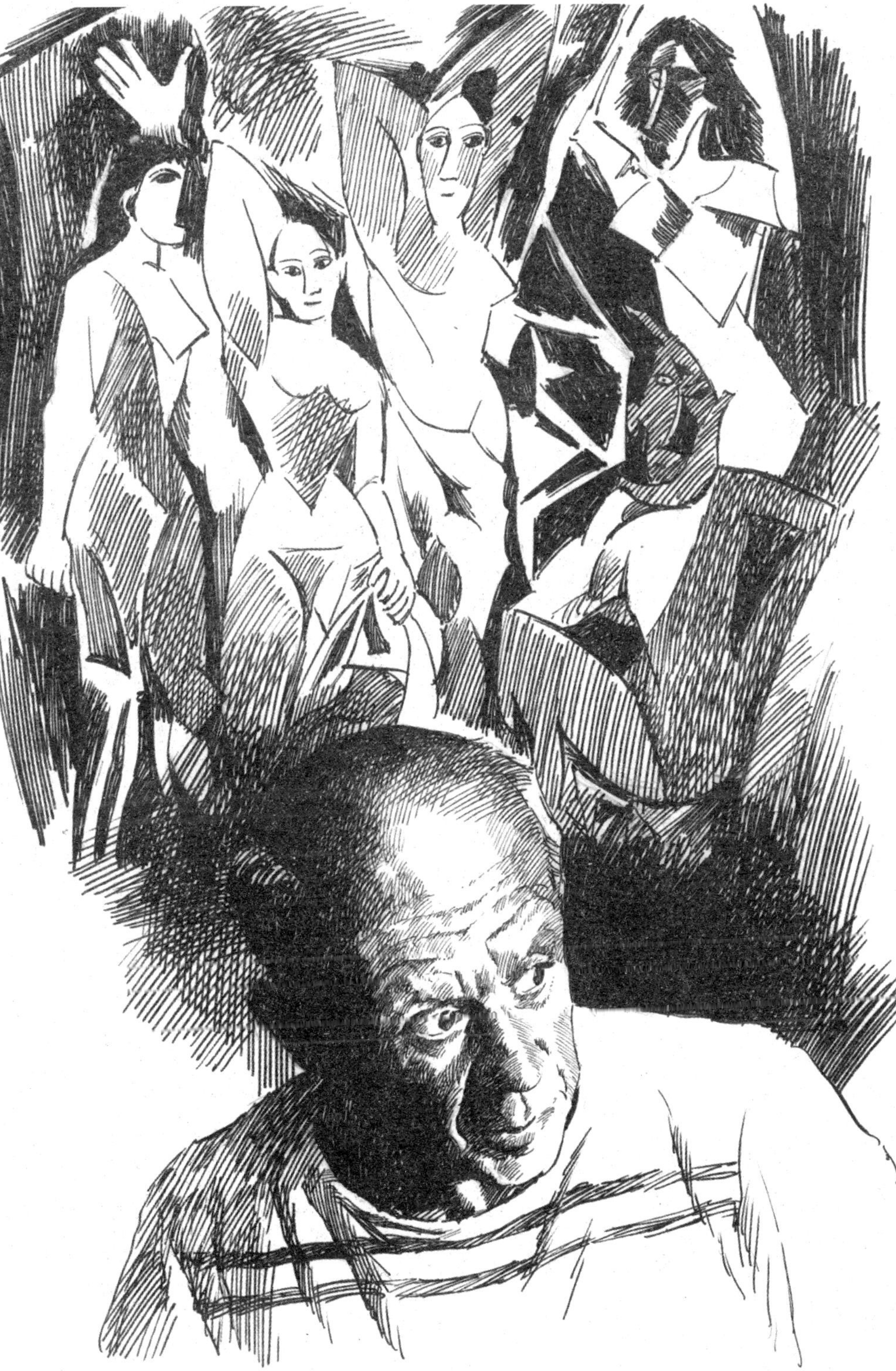

还是喜悦、欢乐？说不清。

毕加索思索着，并且从模仿走向创造。

1907年的一个夏日，毕加索请几位画家好友走进自己封闭了好几个月的画室。他们惊讶地看到一幅六米见方的巨幅油画。

"你是想让我们吞下抹脚破布，喝下煤油吗？"画家布拉克直言不讳。

"看来，你改行画讽刺漫画倒是挺合适。"说这句话的画家与毕加索友谊深厚，平时为人和善。

野兽主义绘画运动的头领，敢于大胆创新的马蒂斯也皱起了眉头……

因为他们看到这幅画上，有四个神态怪异的裸女。她们的眼睛、耳朵，特别是鼻子被古怪地夸张；过去绘画中线条柔美的女性裸体，在画中的两个裸女身上竟然棱角凸现。

毕加索创作的这幅后来被称为《亚威农姑娘》的画，成为二十世纪艺术立体主义流派的开山之作。尽管毕加索的这种创新绘画，其抽象的立体风格难以为人们理解，可他用色彩与几何形态的强烈夸张、对比，给视觉艺术带来了强大的冲击力。

1936年，在法国生活的毕加索听到祖国西班牙发生了内战的消息。佛朗哥法西斯独裁势力用战争镇压共和派民主政府。毕加索坚决支持共和派民主政府。第二年的5月1日，在佛朗哥势力纵容下，纳粹德国飞机轰炸了西班牙北部的格尔尼卡，无数平民在炮击中伤亡。这一震惊世界的暴行，使毕加索无法平静。他要用笔来表达心中的愤怒。一幅油画《格尔尼卡》在这年6月展出。

那是一幅三米半高，近八米长的巨画，画中有夸张与变形的人像，有马、公牛的变体形象，战争、暴力、孩子的死亡、母亲的悲伤，都被他用简洁的平面线条构成的图形一一勾勒。整幅画上只有黑、白、灰三种色彩，色彩的灰暗表明了民众的苦难。

在画这幅《格尔尼卡》前，毕加索先画了四十多幅草稿。他说："西班牙战争是一场反动势力对抗人民与自由的战争，我的艺术生涯也是对抗反动力量和艺术之死的不间歇奋斗……我正进行的《格尔尼卡》，甚至在我所有的近作中，都清楚地表达了我的厌恶与反感，因为那一小撮军人让西班牙沉溺于苦海及死亡深渊。"

第二次世界大战爆发后,德国法西斯军队入侵巴黎。德军大炮和坦克碾压法国大地的噪声,骚扰着毕加索的画室。这时早已成名的毕加索,在巴黎有专用工作室。在物资供应紧张、空袭警报频传的巴黎,毕加索仍在作画。但他的作品中,各种野兽头骨和尖锐的刀、变形的叉等餐具,在烛光中与大葱、香肠共处,象征着战争的野蛮、粗暴。他坚持自己的操守,顶住了德军的威胁。

德国盖世太保带着军警突然搜查毕加索的家。粗暴翻检他的衣物和画作。一个纳粹分子看到《格尔尼卡》的照片,问毕加索:"这是你做的吗?"

"不,是你!"毕加索毫不客气地回答。

是的。制造《格尔尼卡》惨案的,正是法西斯德国的飞机和炸弹。

当德军战败,仓皇撤离巴黎后,街上的欢庆鼓乐声震动着毕加索工作室的窗户,毕加索在欢庆的鼓乐声里边哼歌边作画。

毕加索创作时,如同梦游一样,全身心地投入。"他凝视着一个才出土的泥偶像,流露出诧异的神色。瞬间,脸上又转变成观看照片时的凝重……忽而又陷入莫名的忧伤和焦虑中……"法国著名作家马尔罗生动地记录下了他在画室里见到的那个毕加索。那天,毕加索告诉马尔罗:那些非洲、大洋洲等黑人面具的造型,并没有影响自己的创作,只是提醒自己绘画上想追寻的目标是什么。

"我不寻找,我只发现。"这位艺术大师九十二岁去世,留下了二万件油画、素描、雕塑、拼贴画和陶瓷艺术作品。他对艺术的发现和追求创新让世人惊叹。

310·喜剧大师卓别林

如果说世界上有一种不用学的国际通用语言,人们多半不会想到这种语言就是"笑"。如果说有一个人熟练掌握了这种语言,用它叙述的电影故事征服了世界,人们多半会知道这个人是著名的电影艺术家卓别林。

查理·斯宾塞·卓别林在银幕上扮演一个胆小怕事、身体单薄的流浪汉夏洛特。他藐视苦难,用含泪的笑拒绝失败。即使在希望破灭时,他也只是耸一耸肩,转身离去,让人们在笑声里感受人世间悲剧的无奈。

这个用笑声让观众开怀的电影喜剧大师,童年生活却是苦涩的。

1895年,在英国伦敦的贫民窟兰贝斯东巷里,住着一个衣衫破旧的三十岁妇人。她独自带着两个孩子,艰难地生活着。她原先是杂耍场的歌舞演员,艺名莉莉·哈莱,可只能在舞台上演些小角色,而且很快就无角色可演。但是她却让自己两个孩子坐在窗前,观看街上的行人,从那些人衣着、走路、神态,来猜测他们的性格。两个孩子中那个六岁的弟弟就是童年时代的卓别林。母亲用这种方式,有意无意地将自己的戏剧天赋和观察能力传授给了卓别林。

父亲病逝,母亲后来又精神失常住进医院。卓别林的童年有一段时间是在孤儿院里度过的。后来为了生存,少年卓别林流落在街头打工,理发店学徒、小店店员、医院杂工、印刷厂伙计他都干过,甚至卖过旧衣服和玩具。

这天,住在伦敦贝尔福特街的戏剧经纪人布莱克默看到有个衣着破旧的少年走进自己的办公室。少年声称自己十四岁,受过初步艺术训练,希望能得到他的帮助,在舞台上演个小角色。少年的自信态度,打动了这个著名的戏剧经纪人。

没多久,短剧《福尔摩斯》中出现了一个童仆毕利。演毕利的就是那个少年卓别林,他成功地展露了戏剧天赋。1903年《福尔摩斯》在英国各地巡回演出,各地报刊的评论中都赞赏地提到童仆毕利的形象。

卓别林就这样开始了他的演员生涯,在伦敦西区小有名气。

三年后,一出滑稽短剧《凯西宫廷马戏团》在伦敦上演了。剧中人物中有个无赖,卓别林演那无赖时夸张地创造了一个动作:以左腿为支点,右腿外屈来个一百八十度转身,逗得观众乐不可支。这个动作日后就成为卓别林塑造的流浪汉夏洛特经典形象的元素之一。后来卓别林又参加了著名的滑稽短剧团——卡尔诺剧团。他同样成功地扮演了一个街头醉鬼。因为他在兰贝斯东巷度过了少年时代,那里经常有这种生活潦倒、借酒浇愁的人。卓别林善于观察生活,经过提炼、浓缩后,夸张地再现这类平民生活中的人物,所以他很快就成为卡尔诺剧团的台柱演员。

1910年,卓别林随剧团去美国巡回演出,到过芝加哥、纽约、波特兰、旧金山和洛杉矶,近两年的美国之行使他大开眼界。费城的一家凯斯东影片公司也看中了卓别林的才华。

"这个脸色苍白、身材不高,有时看上去愁眉不展的英国人。一上舞台,就成了能逗人发笑的角色。我想他能使我的电影吸引人们的。"凯斯东影片公司的制片主任塞纳特的这个决定,使卓别林从舞台走上了银幕。

与凯斯东公司签订合同后,卓别林来到美国。他认定这是个前途似锦又充满活力的新大陆,可在拍摄电影的过程中,他马上感到当时的滑稽短片里,下层人物的形象粗俗又浅薄。"我要塑造一个全新的独特角色。"这个念头强烈地在卓别林心中跃动着。1914年1月里的一天。卓别林在拍片前,进入服装库房,呆了好长时间。等得不耐烦的剧组人员有些恼怒了,这时,他们看到服装库房的门开了。一个头戴小尺寸的礼帽,上衣紧紧裹着瘦弱的上身,穿一条肥大的裤子和一双又宽又长的旧皮鞋的人出现在眼前,他手中还拿了根竹子细手杖,鼻子下粘了撮小胡子。卓别林凭这一身不协调的古怪打扮,从此塑造成功了世界电影史中著名的流浪汉形象夏洛特;而且他在镜头前会别出心裁地制造笑料。

几部短片拍摄后,制片人马上就明白了,这类影片只能由卓别林自导自演才能取得最佳效果。从这时起,一系列以流浪汉夏洛特为主角的电影相继诞生了。

与一般逗人发笑的喜剧不同,卓别林电影的笑料中有着强烈的感情色彩。在《士兵夏洛特》中,他大胆地嘲弄战争的错误,反映了第一次世界大战给人们带来的灾难;在《淘金记》中,他用笑料突出饥饿对人的折磨;在《城市之光》里,他嘲讽为富不仁的资产阶级,他已经感受到当时欧洲资本主义的经济危机。

"失业是一个生死攸关的问题……人类应当利用机器,但是,利用机器不应当意味着悲剧和失业……"一天,卓别林在接受一名记者采访时表达了这一观点。在资本主义社会里,资本家为了获得高额利润,驱使机器疯狂转动,在机器边工作的工人也成为机器的一部分。在《摩登时代》里,卓别林用自己的表演,形象地表达了这个深刻的思想。他是用笑来进行思考,启发人们思索。

卓别林在五十岁那年,拍摄了一部深刻嘲弄德国法西斯元凶希特勒的影片《大独裁者》。那是第二次世界大战前夕,当时美国国内有亲德国的政治力量,连总统罗斯福都担心《大独裁者》可能损害美国与德国外交关系。因为1938年美国对德国的侵略政策采取不介入的孤立主义政策。在好莱坞都不敢拍摄反对纳粹的影片时,卓别林的胆识是令人敬佩的。

尽管此后长达十多年,卓别林一直被美国联邦调查局列入暗中监视的对象,但是《大独裁者》却始终受到世界各国人民的热烈欢迎。几年后,卓别林又拍摄了一部尖锐嘲讽美国社会司法制度的影片《凡尔杜先生》,美国有关部门坚持要求卓别林删去其中一些台词。当时,美国国内有股反共浪潮,有些人借卓别林的离婚纠纷,要求他出庭作证,并制造卓别林的生活丑闻。

要求卓别林出庭的法庭调查三次延期,最后还是取消了。据说原因之一是,卓别林将穿着流浪汉夏洛特的那身打扮出庭。调查委员会害怕法庭调查会因此成为一场闹剧,逗得人们哈哈大笑,无法收场。

艺术大师居然能使"笑"也成为让反动人士害怕的一种利器!卓别林的艺术造诣确实非凡。

1972年,卓别林获得了奥斯卡特别奖。五年以后他平静去世。

"这个世界给过我许多最好的东西,而且使我几乎躲过了最坏的东西。尽管有过种种曲折,但我相信幸运和厄运就像头顶上的乌云,说来就来,说去就去……生活中我没有诀窍,也不懂什么哲理。不管是聪敏还是愚笨,我们都应当和生活斗争。"卓别林在他的自传中的这段话,颇能发人深省。

311·硬汉作家海明威

一个身材高大,圆脸,眼睛透过镶银丝镜架的镜片盯着人看,下巴那密密的络腮胡透出刚毅气质的汉子,出现在西班牙边防武装警察眼前。

"美国报业联盟记者欧内斯特·密勒·海明威?"警察看了这人的身份证明及护照,摇了摇头,"没有法国政府的特别签证,不能入境。"这是1937年3月里的一天。

这个侨居巴黎、身体壮实的记者海明威暗暗提醒自己不要发火。他是来这里采访、报道西班牙共和军战士如何抗击佛朗哥独裁者的啊!佛朗哥得到了意大利法西斯首脑墨索里尼一万二千名军队的支援,正用战争威胁着西班牙自由民众的生命。可法国政府却以貌似中立的态度,给他入境制造障碍。

对于墨索里尼,海明威比一般人更了解。十多年前,他以记者身份在意大利采访过墨索里尼。当时他已经感到,这个墨索里尼迟早有可能与意大利法西斯主义政治产生密切关联。因为那时墨索里尼已经煽动成立了"黑衣党",据说有二十五万人。然后,海明威又在瑞士洛桑的记者招待会上,见到墨索里尼色迷迷地盯着一位漂亮女记者看。海明威看到他手中还拿着本书。记者的职业习惯使海明威轻手轻脚来到墨索里尼背后,他发现墨索里尼拿的是本法英词典,而且还倒着拿!

在有关人士帮助下,海明威终于进入了西班牙。战地采访的记者都聚集在马德里。海明威又设法去了交火前线,结识了不少支援西班牙共和派的各国志愿者,又目睹了佛朗哥法西斯政权给西班牙人民带来的战争苦难。

一个半月后,海明威经巴黎回到美国。然后,他为他参与制作的纪录片《西班牙土地》做后期工作。这部电影将在美国上映,以取得美国民众支援,筹集资金,提供给西班牙共和军购买救护车。海明威在修改这部电影的主题说明词时,原先有六句话的文字,被他大刀阔斧删成了三句,可同样简明扼要表达了电影内容。

海明威一贯如此,所以他被人称为"拿斧子的人"。他主张文字的表达要简洁、明快。在他之前一百多年,英语文学作品中不乏浮华、啰嗦的陋习。一位著名英国小说家评价道:"海明威一锤子捣烂了按照花俏图案描绘的所有作品……他剥下了句子长、形容词多得要命的华丽外衣,以谁也未曾有过的勇气把英语中附着于文学的乱毛剪了个干净。"

海明威的写作文体对后来者产生了很大影响。1926年他的长篇小说《太阳照样升起》,在反战的气氛中,叙述了第一次世界大战结束后,一些流亡在巴黎的英国、美国青年的日常生活,反映出当时欧美青年人心灵被战火灼伤后,丧失理想、陷于迷惘的社会现实。书中人物的一句话"你们都属于迷惘的一代",成为概括当时这些人精神状态的名言。纽约史密斯学院的女学生、美国中西部的青年人,都纷纷模仿《太阳照样升起》中人物的举止。耶鲁大学的学生也喜爱读这本书。

《太阳照样升起》使海明威一举成名。之后三年,他又发表了《永别了,武器》。其中有海明威参加第一次世界大战经历的影子,小说同样也获得成功。海明威动笔写的第三部著名长篇小说是《丧钟为谁而鸣》。这部小说写了一个美国志愿者参加西班牙共和军战士反抗佛朗哥独裁政权的战斗,最终牺牲在异国土地上的故事。在写这部长篇时,那些在西班牙采访时见到的人物、西班牙人民反抗暴政的生动场面,都涌进了海明威的脑海里。他无暇顾及妻子的情绪,不剪头发,不讲究衣饰仪表,整个人全部投入小说的写作里了。

这天,海明威写到小说里炸毁桥梁的一章时,全身乏力,如同将死去一样。整整一年五个月时间,他与小说中人物生活在一起,直到完稿,才走进理发店。

《丧钟为谁而鸣》歌颂了为反对法西斯而战斗的西班牙民众和国际志愿者。小说出版十三年后的一个夏日,有辆汽车出现在西班牙圣伊地弗索的一处山林中。车停了,车上下来一个头发花白的高个男人与一位少妇,那是五十四岁的海明威与他的新婚妻子玛丽。他带她来这里,是看一座山泉冲泻的桥,还有茂密的橡树和松树林。山林间,花岗石岩壁里有好几个深黑色的幽暗天然洞穴。这就是海明威《丧钟为谁而鸣》中写的西班牙共和军游击队的活动地点。这次,旧地重游,仿佛让海明威又回到1937年的时光。

1954年,在医院治病的美国将军朗哈姆接到好友海明威的一个电话:"我已经得到那个东西了。"

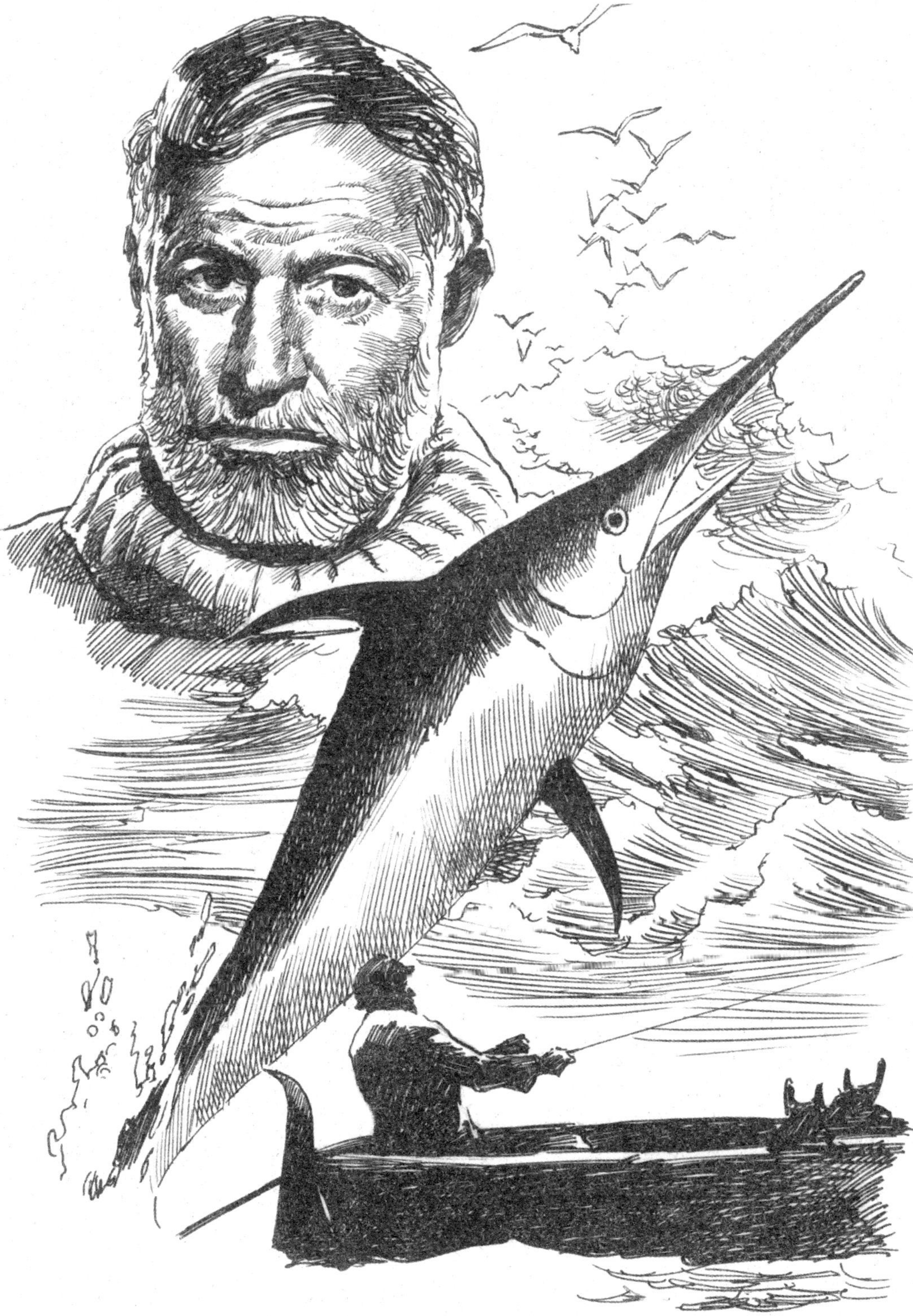

"什么东西？你是说诺贝尔奖吗？"

"是的，你是我第一个要告诉的人。"

海明威获诺贝尔文学奖的作品是《老人与海》——一部搁置十六年后，他重写的中篇小说。他删改完只有二万六千多字了。1935年有人告诉过他关于捕获一条大马林鱼的故事，还有一位古巴老渔夫的身世。海明威自己就酷爱在海上钓大鱼，与斗牛、拳击、打猎等活动一样，这都是海明威的生活必需内容。在古巴海面钓鱼时，海明威向一些老渔夫虚心请教，获得了许多关于马林鱼的知识，以至于后来有位到海上搜集标本的鱼类学家与海明威交谈后，修改了自己在书房里写的马林鱼活动规律及分布情况的专业资料。

在《老人与海》中，海明威叙述了一个老渔夫圣地亚哥在海上飘泊四天，捕获到一条大马林鱼，却在归途中遇到一群鲨鱼的故事。鲨鱼争食圣地亚哥捕获的马林鱼，圣地亚哥驾船与鲨鱼周旋，用桨、用鱼叉、用棍打鲨鱼，最终他的船平安靠岸，那条马林鱼却被鲨鱼吃得只剩下一副骨架。可圣地亚哥仍不服输。因为他不屈从命运，顽强地与命运争斗，即使明白争斗未必能取胜，他仍顽强地干。他坚信："人不是生来要给打败的，你尽可能把他消灭，但就是打不败他。"

这种悲壮雄浑的寓言式主题，使《老人与海》成为海明威最著名的作品。诺贝尔文学奖的颁奖评语中，也专门提及海明威作品中那些敢于搏斗、不怕困难的精神以及他"精通叙事艺术"，及"对当代文学风格的影响"。

海明威的许多作品中，都有一种强烈的面临危机而奋力搏斗的激情，他塑造了百折不挠的"硬汉"形象。就是在《老人与海》的结尾，他让那个老渔民圣地亚哥回到岸上，睡梦中还梦见了狮子。这是一种壮心不灭的精神。

六十二岁时，海明威因无法摆脱病痛的折磨，自杀身亡。也许这种不可取的方式，是这位作家与命运搏斗无法取胜后的一种无奈之举。然而海明威留下的是他的简洁叙事艺术，以及他作品中的"硬汉"精神。"如果一位散文作家对于他想写的东西心里很有数，那么他可以省略他所知道的东西。读者呢，只要作者写得真实，会强烈地感觉到他所省略的地方，好像作者已经写出来似的。冰山在海里移动很是庄严宏伟，这是因为它只有八分之一露在水面上。"海明威自述的这番话，让后人明白为什么他的作品能被人们长久喜爱，因为那正是用简洁语言凝聚的"冰山"。

312·拒绝诺贝尔奖的萨特

1964年10月22日,瑞典文学院正式宣布,将本年度的诺贝尔文学奖授予法国作家让·保尔·萨特创作的《词语》。授奖的理由是因为他的"充满自由精神及探求真理的创作已对我们的时代产生了巨大的影响"。

然而,出乎人们意料的是,萨特对誉满全球、让世界各国作家心驰神往的诺贝尔文学奖根本不感兴趣。他早就从法国的《费加罗报》上得知,他有望获得今年的诺贝尔文学奖,于是在10月14日写信给瑞典文学院秘书长,礼貌地希望不要把他列入诺贝尔文学奖候选人名单。不巧,瑞典文学院秘书长度假去了,没有看到这封信,因此投票照常进行。

大奖结果公布那天,萨特有意避开了媒体的追踪采访,像往常一样带着女友波伏娃来到他经常去的那家餐馆用午餐。他点了他最喜欢吃的扁豆咸肉;在等上奶酪的时候,他抽起了烟斗,平静似水,没有一丁点兴奋得意的神色。

当萨特获得诺贝尔奖的消息传来,法国人欢欣鼓舞。萨特自己却很失望,下午还是在那家餐馆,他写了份拒绝领奖的声明:"一切来自官方的荣誉我都不接受,我只接受不受任何限制的自由。"

全世界不得不对这位戴眼镜的小个子法国哲学家的铮铮傲骨刮目相看。

其实,萨特追求独立人格与崇尚自由的精神由来已久。早在1945年,他就拒绝了法国政府颁赠的荣誉勋章。1965年,为抗议美国的侵略越南战争,他拒绝前往美国康奈尔大学讲学。1968年,他又谴责苏联入侵捷克斯洛伐克,激愤地表示:"今天,苏联的模式已不再有效,因为它已被官僚主义所窒息。"

自从1938年萨特发表体现他存在主义哲学思想的小说《厌恶》以后,他就从来没有把自己局限在书房里。他是个作家、哲学家,更是一个酷爱自由、仗义执言的斗士。二十世纪五十年代中期,他多次抗议法国政府发动的殖民地战争,坚决支持阿尔及利亚人民的民族独立斗争。须知,对于一个法国知识分子来说,这有可能背上"卖国"的罪名,需要极大的勇气。

果然,极右分子对他恨之入骨,在游行时喊出了"枪毙萨特"的威胁口号,并且两次用塑胶炸药炸毁他的寓所。但是,萨特毫不畏惧。有人干脆向戴高乐总统建议,将猛烈抨击政府的萨特关进监狱。戴高乐意味深长地回答,人们并没有把伏尔泰投进监狱。

1905年,萨特出生在巴黎的一个海军军官家庭,但父亲在他两岁时就病死了。是慈爱的母亲、富于艺术修养的祖父祖母给了他良好的家庭教育。

不过,外祖父对萨特的影响更大。外祖父是一位学识渊博的语言学教授,在巴黎大学教德语。他非常喜爱这个外孙,萨特也没有让他失望,四岁时就能连猜带蒙地阅读法国著名作家福楼拜的长篇名著《包法利夫人》,以及雨果等大作家的作品;七八岁时模仿别人写起了小说。家人连连赞叹他是"神童"。

1924年,萨特考入巴黎高等师范学校,攻读哲学。五年后,二十四岁的萨特毕业,并以第一名的优异成绩顺利通过全国哲学教师资格会考。也是在这次会考中,萨特结识了获得第二名的西蒙娜·德·波伏娃,两人结为终身伴侣。

在当了几年的中学哲学教师后,1933年,萨特得到政府的奖学金,前往德国柏林的法兰西学院留学,进修哲学。在这个浸透了深厚的哲学人文传统的国度里,萨特如鱼得水,他先后拜西方现代著名哲学家胡塞尔、海德格尔和雅斯贝尔斯为师,专心研读了德国古典哲学大师黑格尔、存在主义先驱克尔凯郭尔等人的著作。这些,为他以后形成自己的存在主义哲学体系奠定了基础。

萨特1935年回到巴黎后,继续在中学教哲学。业余时间,除了为一些杂志撰写文章,他最大的兴趣就是出入市民阶层和知识分子集中的咖啡馆、夜总会,悉心观察他们的言行,孕育创作灵感,以至咖啡馆老板对这位总是默默地喝咖啡、默默地写啊写的作家,熟悉极了,俏皮地称他是"一个裹着毛皮的小墨水瓶"。

1938年,萨特的哲学小说《厌恶》问世,一举成名。这是一部日记体小说,主人公罗康丹生活在一个污秽龌龊的世界里,非常苦闷和彷徨,感到生活与存在毫无意义。法国的一位评论家说:"如果你想了解一个人在盲目探索存在概念时会陷入什么样的痛苦和不幸深渊之中,那你就必须读一读《厌恶》。"

二战爆发后,萨特应征入伍,1940年被俘,在集中营里度过了九个月的铁窗生涯,第二年被释放。回到巴黎后,他一面继续教书,一面从事戏剧创作,并参加法国共产党领导的地下抵抗活动。1943年,他发表了他的哲学代表作《存在与虚无》,系统地阐述了他的存在主义思想。战后,他与人合作创办了激进的《现代》杂志。而四十年代,是萨特写作的黄金时期,他的长篇三部曲《自由之路》,剧本《苍蝇》、《此路不通》、《可尊敬的妓女》、《肮脏的手》,哲学著作《存在主义是一种人道主义》等,都是在这一时期发表的。

萨特把自己的存在主义哲学称之为"人学",人是他的哲学研究的根本出发点。他认为,人首先存在着,然后通过一连串的自由选择,赋予虚无的人生以意义。没有任何准则可以约束人的行动和自由。存在先于本质。人就是自由。

萨特强调人的自由发展对推动社会进步的巨大意义,这无疑是积极的。但他把个人自由夸大为一种超自然、超现实的主观想象的东西,因此,从本质上来说,他的存在主义属于主观唯心主义哲学。

然而,萨特一直充满强烈的社会责任感。尤其是在晚年,虽然由于眼病而处于半失明状态,不能像过去那样从事繁忙的写作和社会活动,但他对重大的社会政治事件仍然非常关心。六十年代末,当法国爆发大规模的学生运动时,他立即给予全力支持,并担任了左翼的《解放报》、《人民事业》两报的主编,还亲自上街卖报。苏联入侵阿富汗,萨特立刻严厉谴责,当欧洲一家电台的记者就此事采访他,问:"依你看,今天谁家是肮脏的手?"

萨特斩钉截铁地回答:"是苏联政府,我认为这是肯定无疑的。"

萨特去世前不久,在病房里与助手进行了几次长谈,回顾一生,他感慨道:"我不以为,我单枪匹马,靠我的思想,就能改变世界。但是,我辨认出一些正在努力向前进的社会力量。我以为,我的位置是在它们中间的。"

法国人民没有忘记他。1980年4月15日,萨特病逝于巴黎,几万群众自发地上街参加他的葬礼,表达了对他深切的悼念和崇高的敬意。

313·破解原子秘密的人

人们都知道世界上的物质都是由原子组成的。最早提出原子这个概念的,是公元前五世纪的一位希腊哲学家。可是原子是什么模样,谁也说不清,因为它太小了,一千多万个原子并列排着才有一毫米长,肉眼是无法看到它的。就说大科学家牛顿吧,他猜想原子形状如同一个个小台球。直到二十世纪初,原子之谜才被科学家破解。

1911年3月7日这天,英国曼彻斯特市内,有着古老历史的曼彻斯特文学和哲学协会照例举行报告会。第一个登上讲坛的人,拿着条颜色古怪的蛇。他说自己是个水果商,这种从未看到过的蛇,是自己从牙买加进口的香蕉中发现的。

当他带着蛇,在人们惊异的目光里走下讲坛时。一个脸色红润、蓝眼睛、腹部微凸的绅士开始发言:"从小,我想象的原子,似乎是个良好而坚硬的家伙,可能是红色或者灰色的……"

他继续说道:"可是1903年,德国科学家莱纳德用实验证明原子不是坚硬的。而是个充满空洞的空间,其中有许多带电的粒子。这些粒子在原子的空间里,就像葡萄干在布丁里一样。前些日子,我通过实验终于明白了。原子内部有一个核,带电的粒子包围着这个核,就好比宇宙里各个行星围绕太阳一样……"

发言者是新西兰物理学家卢瑟福,他在1908年已获得了诺贝尔化学奖。

尽管下面的听众有的听得似懂非懂,有的根本听不明白,可从这天开始,人类可以说进入了原子时代。

发现原子核的实验是在专门的仪器中进行的。卢瑟福先前在研究铀和钍的放射性时,将其中一种辐射命名为 α 辐射,另一种命名为 β 辐射。然后他在助手帮助下,用仪器将一个强的 α 粒子束以四十五度角射向一张金箔。按照传统的理论,这些 α 粒子会顺利穿过金箔,因为原子中带电的粒子和空间是无法阻挡 α 粒子束辐射的。奇怪的是实验结果发现:竟然有某些 α 粒子被阻而反弹回来。

"这确实是我一生中所遇到的最难以置信的事件,几乎是像你把一颗十五英寸的炮弹射向一张棉纸,而它却反弹回来打中了你……"

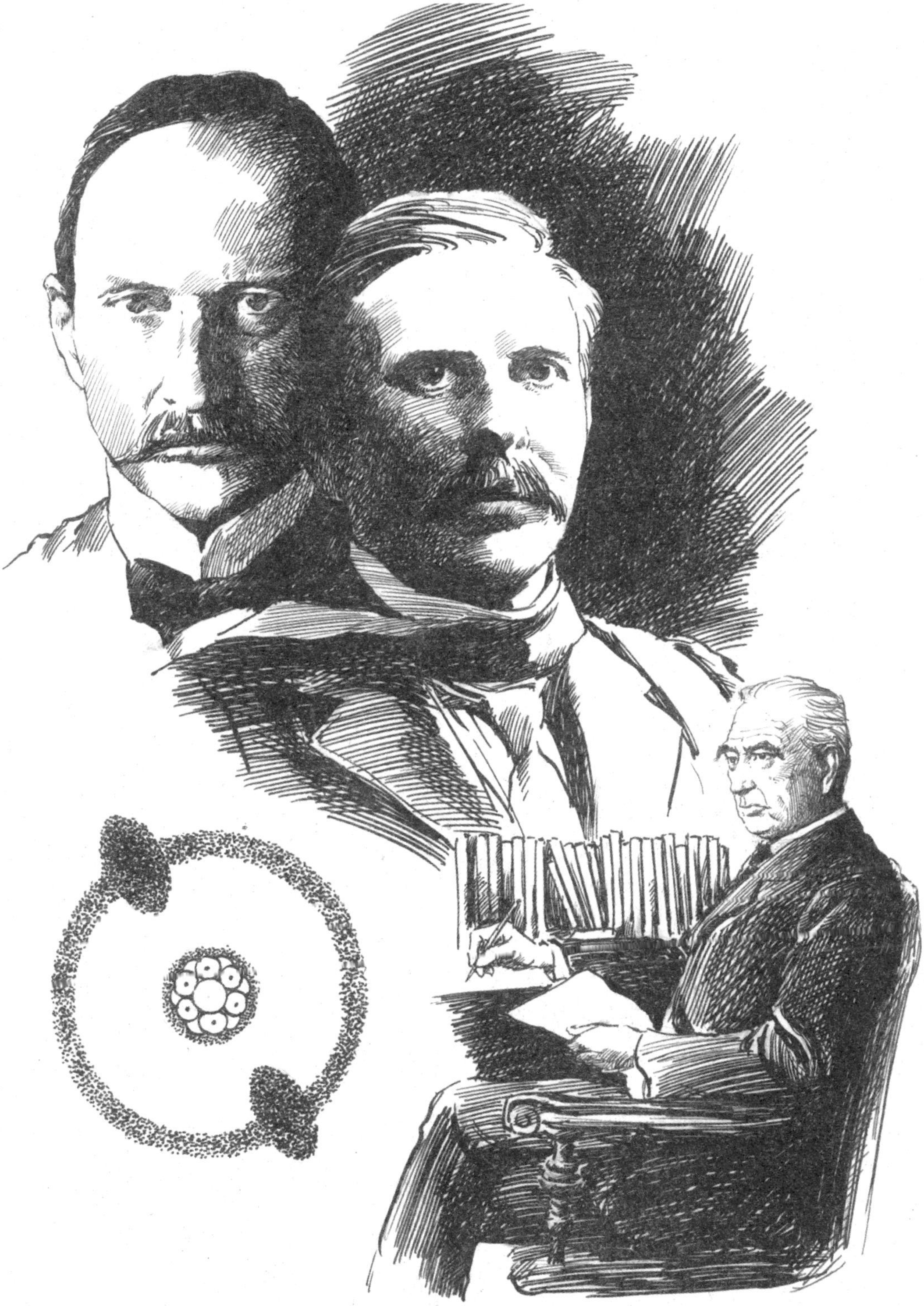

卢瑟福回忆起那次实验的结果对他的震撼,他逐渐明白了,那些α粒子束可能撞在了一个微小的核上。这个核集中了原子中绝大多数的质量,坚硬得连强烈的α辐射都无法穿透。

卢瑟福最早是在科学家内部聚会时,原原本本将他的实验报告公布的。那是在"午茶聚会"上。"午茶聚会"通常在傍晚时分的实验室里进行。实验室的工作成员不分学位高低、资历深浅,都平和地围在桌边吃甜饼干、喝茶,边议论可以引起谈资的话题。这天"午茶聚会"时,卢瑟福向他的学生讲了实验的结果和他的理论推想,立即激起这些科学家的强烈兴趣。当时,有一位在场的科学家被这实验和卢瑟福的理论深深震动。直到二十七年后,他还以当时在场而自豪:"我此生最值得庆贺的事件之一,就是当原子核诞生半个钟头时,我出现在现场!"

卢瑟福第一次发现了原子核,提出原子的结构是由带正电荷的原子核与核外电子组成的理论推测,不久被其他科学家的多次实验所证实。卢瑟福继续研究原子中的结构,三年后,他发现了质子。又过了六年,他预言存在着中子。他的学生查德威克的研究证实了卢瑟福的预言,查德威克也由此走上了1935年的诺贝尔物理学奖的领奖台。

卢瑟福从新西兰大学读完硕士后,由于他研究电波的实验出色,而获得英国剑桥大学的奖学金。当时,出生于农家的卢瑟福还是靠借债才筹集到去英国的路费。好在在剑桥的卡文迪许实验室里,他的勤奋和才华得到了发挥,使他最终成为破解原子世界密码的开创者。

卢瑟福又是个爱才如命的科学家,成名后的他培养出了十一位诺贝尔奖获得者,这可是创纪录的。其中就有敢于坚持科学、用自己的科研成果弥补卢瑟福理论欠缺的丹麦科学家玻尔。

玻尔慕名来到剑桥的卡文迪许实验室,当时这个瘦小的、二十六岁的年轻人有一头蓬乱、向后梳理的头发,看上去有几分孩子气。可卢瑟福对他评价很高。当玻尔发现卢瑟福提出的原子理论的模型存在缺陷时,当面大胆地提出自己的看法。卢瑟福与他进行了辩论后,认识到玻尔观点正确,可以补充自己的理论,就热情鼓励玻尔写论文,然后推荐玻尔的论文在当时有名的《哲学杂志》上发表。1913年,玻尔的论文《论原子结构和分子结构》发表。在这篇论文中,他将卢瑟福、另一位著名物理学家普朗克和爱因斯坦的理论研究结合起来，从而创造性地提出新的"量子法则"，突破了牛顿传统的经典定律，从而使原子物理研究跨上了一个新的高度。

剑桥的卡文迪许实验室看上去很陈旧：松木门上的油漆已失去了光泽，粉刷的墙壁也成灰白色，还有些污痕，天窗玻璃不怎么干净，以致光线透进来仿佛也是无精打采似的，地板上连地毯都没铺。卡文迪许的实验室负责人卢瑟福也貌不惊人，可是他待人热情、亲切，甚至使新来的科学家看到他，会想起自己童年时打过交道的小山村里开杂货店兼管理邮包的店主，所以与卢瑟福的交谈会毫无拘束。除了他不断用火柴点烟斗，产生大量的烟和灰以外，你很难挑剔。

就是这样平凡朴素的实验室和科学家，打开了原子时代的大门，从此使原子能为人类服务。

卢瑟福曾强烈反对科学研究的商业化，用他的话说："你不能同时服务于上帝和财神。"

他把科学研究看做上帝一样神圣。他拒绝接受工业或私人捐赠，因为他担心金钱会使科研成果变味。他极力捍卫科学自由。

玻尔不仅在打开原子秘密上有卓越贡献，而且又极其重视原子核武器的国际管制问题，他以全人类的利益出发，呼吁和平利用原子能。

科学研究必须造福人类，就是这些科学家的高尚追求。

314·青霉素的发现

青霉素是人们生活中很熟悉的一种常用抗菌素。可要是有人告诉你,青霉素的发现者亚历克·弗莱明如果不是一个枪法出众的射手,他就不可能发现青霉素!你会信吗?

难道青霉素与射击也有什么联系吗?

说起来那是1906年夏天的事了。英国伦敦的圣玛丽医院附属医学院有个射击俱乐部。这一年俱乐部希望在全国性的射击比赛中取得好成绩,可惜的是俱乐部成员之一的亚历克·弗莱明要离开医学院了。少了这个好射手,比赛就毫无希望获胜。

弗莱明十九岁才学医。经过补习,他终于通过十六门学科考试,获得进医学院实习的资格。他来到圣玛丽医院,当时他的目标是通过实习、通过医学院的毕业考试,成为一个可独立开业的外科医生。他在圣玛丽医院实习时参加了射击俱乐部,成了俱乐部的明星队员。五年过去了,现在他已经通过最后考试,可以独立行医了。照理他是该离开医院了。当然他也想过留下来继续深造,可他无力支付这笔数目不小的学费。

圣玛丽医学院的病理学细菌学教授顿特,是一位出色的科学家。他的讲课深深吸引着弗莱明,尽管弗莱明的志向是外科而不是细菌学。

当时,医院的射击俱乐部中有个热心的成员弗里曼医生。他为了医院射击比赛的成绩,急急地想方设法要留下弗莱明,为此他使出浑身解数,在医院里四处活动。他是顿特的下属,知道顿特正好要招聘一个初级助手,弗里曼就向顿特极力推荐弗莱明。就这样,好射手弗莱明成为顿特科室里的新成员,而且很快被顿特的研究所吸引,改变了当外科医生的初衷。他灵巧的动手能力和出色的观察力,也给科里同事留下深刻印象。

十五年过去了,弗莱明在顿特的指导下,成为一个出色的疫菌防治专家。这期间,一战爆发,他跟着顿特,还有弗里曼等医生一起去战地医院抢救伤兵。可是他们对伤口感染无能为力,因为当时没有任何一种抗菌素。大战结束,流行性感冒又席卷欧洲大陆,弗莱明他们又束手无策。有两千多万人死于流行性感冒!

伤口感染的细菌怎样才能杀死,而且又不会同时伤害患者的肌体组织?为什么流行性感冒看起来并不严重,转瞬间却会夺走人的生命?弗莱明一直想解决这些难题。

1921年的11月,弗莱明偶然观察到他要清洗的培养器皿中,金黄色的菌丛密布,可在一个角落里金黄色却变成透明了。是什么将这些菌溶化了?噢,想起来了,是几周前自己感冒时一滴鼻涕滴落在这里。弗莱明猛然明白,看来人的鼻涕里含有可以溶化细菌的物质。就这样,弗莱明经过实验,发现人的体液中含有天然抗菌物,他把它取名为"溶菌酶"。这是人类身体防御病菌的第一道防线。弗莱明对"溶菌酶"进行了七年研究。

又一天早上,弗莱明发现他的"溶菌酶"培养器皿里,一种金色的葡萄球菌的一角,又变成透明的了。那是一簇绒毛状的霉菌的"领地",难道这霉菌也能溶化、杀死金色葡萄球菌吗?弗莱明兴奋地把这个培养器皿拍了张照片,这张照片后来就被大英博物馆收藏了。因为这是人类第一次发现这种霉菌——它含有的杀菌物质就是青霉素。这是值得纪念的1928年9月的一天。

弗莱明为了试验这种霉菌是否伤害人体,到底又能杀死多少种病菌,做了大量实验。结果证明,青霉素不损害人体(除了一些对青霉素过敏者以外),而且菌液充分稀释后,仍能杀死金色葡萄球菌等许多过去医生对它们束手无策的危险病菌。

从此,有一段日子里,弗莱明的家人、朋友都感到弗莱明似乎有些古怪。他在各种旧衣服、破皮靴、烂鞋、陈年书画,还有各种会发霉的污物中,以及日常会生霉菌的奶酪、果酱等食品中,寻找各种各样的霉菌。他将它们一一收集起来,放入培养器皿,看这些霉菌能不能像青霉素一样,对病菌有杀灭能力。结果他发现只有青霉素是独一无二的,只有它能杀病菌,而且能杀死那些导致伤兵伤口腐烂的病菌!十四年前,他在战场病房里,就眼睁睁看着那些病菌,凶悍地将一名名伤兵送上死亡之路而无能为力。

弗莱明的发现让医学界欢欣鼓舞。但要把青霉素应用在实际治疗中,还有很长的路要走。

1938年,牛津大学的细菌学家弗洛里和钱恩也加入了对青霉素的研究工作之中。

那时，谁要是来到牛津大学的威廉·邓恩病理学院，就会大吃一惊。一个宽大的实验室里放满了油桶、食品罐头、饼干听、家用浴缸、牛奶搅拌器、冰箱、图书馆的书架，还有医院用的便盆和垃圾箱。它们都被用来培养青霉素，如果不作培养液的容器，它们就成了放置容器的架子。弗洛里和钱恩需要大量青霉素进行研究，并且解决青霉素的提纯难题。

两年后的 8 月，弗洛里和钱恩把他们在动物小白鼠身上进行青霉素实验的结果，发表在一本医学刊物《刺血针》上。9 月，一个年近六十的学者来到牛津大学威廉·邓恩病理学院，他就是读了《刺血针》刊物后，来这里看看实情的弗莱明。弗洛里热情地接待了他，给他介绍。弗莱明不多说话，只是用他的眼睛看这看那，看起来似乎很平静。是否他不高兴了？弗洛里有些不明白。

过了一些日子，弗洛里收到从伦敦寄来的包裹，里面是弗莱明赠送的一些能取得高产量青霉素的青霉菌培养物，还附有一封弗莱明写的洋溢着激情的信："这些培养物是给你们的，我亲爱的同事们。你们可以从中提纯出活性要素，然后合成青霉素……"

过了一年，就是 1942 年 8 月，弗洛里同样热情地回报了弗莱明。

那时，弗莱明眼看圣玛丽医院收下的一个叫兰伯特的病人，由于链球菌感染而患脑膜炎，即将死亡，他想用青霉素试试。弗洛里将自己实验室的全部青霉素都寄了来，并且毫无保留地告诉弗莱明最佳的用药时间。这是弗洛里反复试验的成果呀！而且这些药用完后短时间就不再会有。要生产出这些青霉素光培养菌株就要几个月时间。

七天后，兰伯特转危为安。一个月后，兰伯特完全康复，自己走出了医院大门。弗莱明和医院的医生护士高兴得几乎要狂呼了。

正是弗莱明、弗洛里和钱恩共同协作，使青霉素成为人类攻克病菌的利器，他们三人在 1944 年共同获得诺贝尔医学奖。

人类将不会忘记三位不计私利、苦心研究、不怕失败、齐心协作的科学家。也许弗莱明的发现是出于偶然，当然他留在圣玛丽医院也是偶然，可他的敏锐观察，以及他和弗洛里、钱恩无私合作的高尚品质，必定使他们在追求人生远大目标的道路上，取得卓越的成就。

315·电视机的诞生

美国哥伦比亚电视台有个《我有一个秘密》节目,1957年里的一天,有个五十岁的老人成为节目的嘉宾。这个名为法恩斯沃斯的老人声称:"我的秘密是在1922年我十四岁时,我发明了电视机。"

老人得到了八十美元奖金和一纸箱"云斯顿"牌香烟,还有主持人一番空洞的赞扬话。离开节目录制现场时,老人脸上带着一丝笑容。或许,他回忆起自己还是美国爱达荷摩门农场一个十四岁男孩时的情景。

那个时候,法恩斯沃斯是在阅读报刊有关图像传送文章时,对此发生兴趣的。最早的图像传送理论认为:可以将一个图像分成许多小的像素,每个像素由一条单独电路传递,多条电路一起工作,传送的像素便聚合成整个图像。后来又有发明家提出对图像进行逐点扫瞄的理论。这样的话,只要一条电路就可以传送出去了。这就好比将一座房屋拆成许多砖瓦;而逐点扫瞄,就是用一辆车分层次地一次就运完砖瓦。

在实践这种理论时,德国发明家尼普科提出用一个转动的圆盘来分解图像的方法。圆盘上有一圈沿螺旋线排列的孔。转动圆盘,每个孔上呈现图像不同的部分,就产生明暗不同的光信号。这些光信号通过光电池转化为电脉冲,图像就转化成可传输的电信号发射出去。接收到的电信号通过光电调制,在接收端设置一个同样转速的有孔圆盘,就可以再现图像。这个圆盘就被称为尼普科扫瞄圆盘。后来布劳恩又发明了阴极射线管。法恩斯沃斯对电视发明的贡献,是他提出采用磁化的电子束,但是他的实验进展不快。相比之下,移居美国的俄国发明家兹沃利金干得比他成功。然而第一个实现电视成功扫瞄、传递播出的,还是英国发明家贝尔德。

那是1925年10月2日,这天,房东威廉先生看到房客贝尔德激动地闯了进来。他对威廉先生说:"请您马上到我租的房内来一下。"

威廉原先不想去,他弄不清楚这个头发乱蓬蓬的人又在干什么怪事。好多天了,这个房客不安生地搞了一个又一个圆盘,弄得他租的两个房内都杂乱不堪。

但是贝尔德非常固执,威廉只得跟他进了他的房,只见房内的椅子上放着个木偶。贝尔德抓起那木偶扔在一边,坚持要威廉先生坐在椅子上:"请坐一会儿,我马上回来。"

见到贝尔德出了房门,威廉先生就离开那椅子,因为椅子面对几个大聚光灯,人坐一会就热得受不了。

贝尔德离开了这间房,又去另一间房。贝尔德是用自制的扫瞄圆盘和阴极射线管,试着扫瞄、传送和接收图像的。威廉先生眼下呆着的那间房是贝尔德的"扫瞄播放室",另一间房是他的"接收室"。经过多次实验,今天早上,贝尔德已在"接收室"里,用机器调试后看到"扫瞄播放室"里那个安放在椅子上的木偶的图像了。他很兴奋,想用真人再试一试,就硬拉来房东威廉。可是他再怎么调试机器,在显像管上还是没见威廉,怎么回事?

贝尔德满腹疑虑地返回"扫瞄播放室",一进门他就看到威廉根本没坐在椅子上。他明白了,一定是那聚光灯太强。贝尔德略为调整一下灯光与椅子的位置,又好说歹说地硬把威廉先生按在椅子上:"您可千万别离开那椅子!"然后又回到"接收室"。果然,这下他从机器的映像管里看到了威廉先生那张神情极不高兴的脸。

"我成功了!"贝尔德兴奋极了。他甚至忘了威廉在聚光灯照射下,还能在这椅子上坐多少时间,因为自己已发明了电视。

1926年1月,英国伦敦的科普协会收到贝尔德的信。信中说,他已发明了电视,请他们来观赏。这些专家到场后吃惊地看到了电视。尽管贝尔德的电视图像是机械扫瞄,由于当时的阴极管寿命短,图像不清晰,但是这毕竟是第一次电视的成功播放。

与贝尔德同样着迷于电视发明的美籍俄国发明家兹沃利金,在1923年也研制光电摄像管,五年后取得成功。他又用电子扫瞄代替了尼普科的机械扫瞄,使图像分辨率有了极明显的提高。

贝尔德的电视经过他的努力改进,在数年后,由英国广播公司举行首次常规性电视播出活动。一位官员当场致辞:"我很高兴来这里对电视试播的第一批观众讲话,我希望这种新的科学能激发一个新的工业的产生。它不仅是不列颠帝

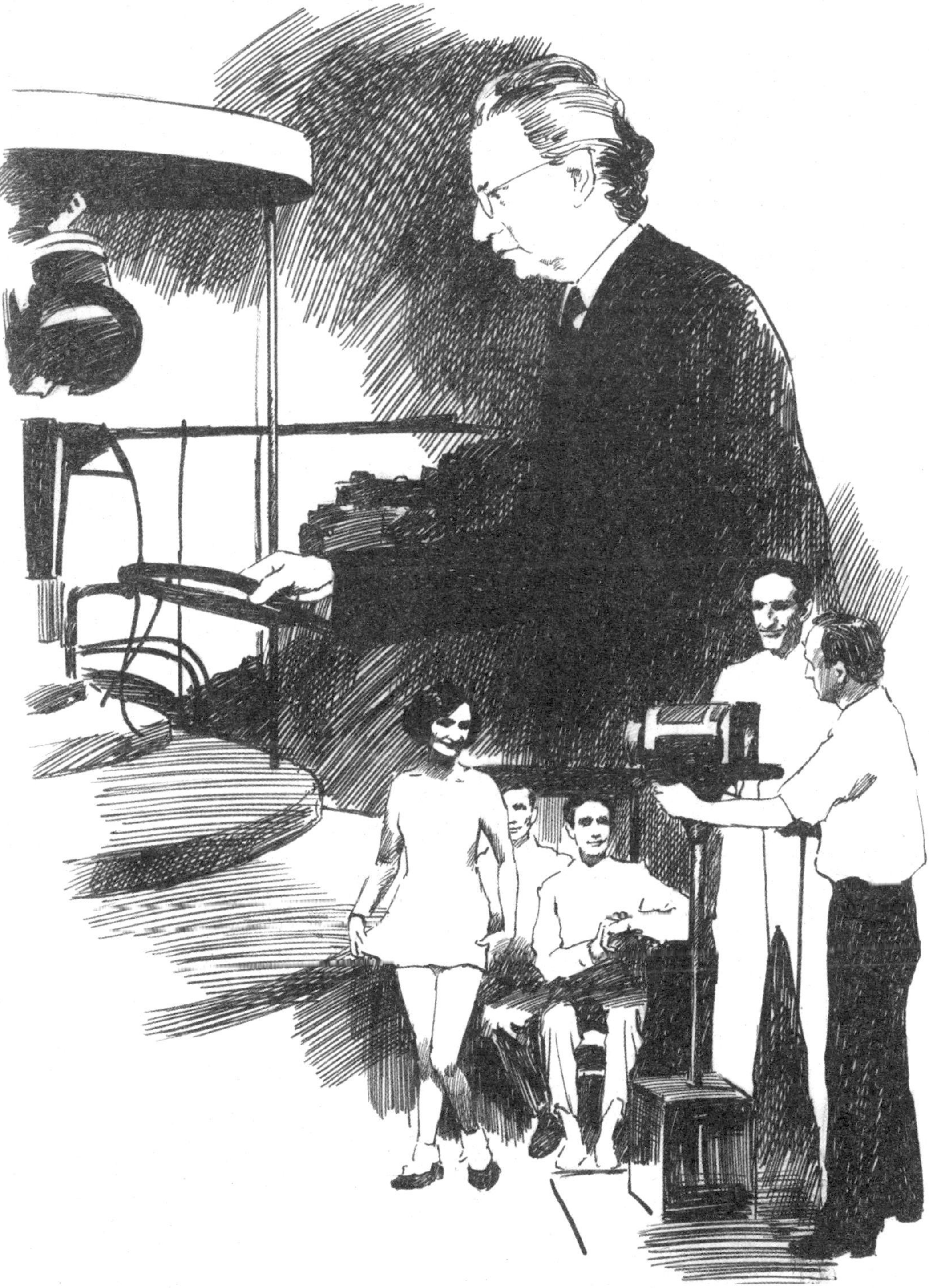

国的、而且是全世界的……"

贝尔德则在英国广播公司演播室的角落里，享受自己的发明终于造福于人类的快乐。

法恩斯沃斯在美国的电视发明实验，进行得不如贝尔德快。但是1934年，费城的新科学博物馆里，法恩斯沃斯应富兰克林学会邀请，也公开演示自己的电视。当人们走进博物馆的圆柱大厅时，会意外地在一个小电视屏幕上看到自己的形象。要是谁愿意花七十五美分，就可以进入一个会场，观看荧屏上舞女和狗的表演。

经过不断地研究和改进，黑白电视机从1930年起进入市场。后来，到了1953年，美国试播彩色电视。

英国发明家贝尔德、美籍俄国发明家兹沃利金，还有尼普科、法恩斯沃斯，人们不会忘记他们。是他们的研究使我们如今能安坐家中，看到世界上，甚至地球外的空间发生的事。

316·电子计算机的诞生

长久以来,一个悬念一直萦绕在科学家和发明家的脑海里:我们能够造出像大脑一样工作的机器吗?

十九世纪,英国数学家巴贝奇设计了一部能够自动进行数学或逻辑运算的机器——分析机。由于那个时代的机械工艺水平还不能使一个计算机设计者实现他的理想,所以,巴贝奇没有造出实际的计算机。然而他的想法都留在了精细的设计图上,而且确有惊人之处。他把数据记录在卡片上,在卡片的不同位置上打孔,代表不同的数字,然后把打孔卡送入分析机进行运算。要知道,现代计算机在磁碟软盘出现以前,一直使用在纸带上打孔的方式来输入、输出数据。正因为他设想中的计算机概念与现代计算机的特性极其相似,因此,他被后人视作"计算机之父"。

让人颇有些遗憾的是,在巴贝奇去世后,这个世界等了七十多年才等来了计算机时代的曙光。

二十世纪四十年代初,二战激战正酣。那时,军队的主要武器就是飞机和大炮,如果谁研制出新型大炮,就能赢得战争。因此,美国陆军在马里兰州的阿伯丁设立了"弹道研究实验室"。

美国军方要求该实验室每天为陆军炮兵部队提供六张火力表。千万别小瞧了这六张火力表,它们所需的工作量大得惊人!事实上,每张火力表都要计算几百门大炮炮弹轨迹。

使用当时的计算工具,即使实验室的二百多名计算人员加班加点工作,也需要两个多月的时间才能算完一张火力表。在"时间就是胜利"的战争年代,这么慢的速度怎么能行呢?恐怕还没等先进的武器研制出来,就已经被人家打败了。

为了改变这种状况,宾夕法尼亚大学莫尔学院的物理学家莫希利于1942年提出了试制第一台电子计算机的设想。

美国军方得知后,马上拨款大力支持,成立了一个以莫希利、埃克特为首的研制小组开始研制工作。不久,著名数学家冯·诺依曼加入了研制小组。他对计算机的许多关键性问题的解决做出了重要贡献。

历时两年多，世界上第一台计算机"埃尼阿克"研制成功。1945年春天，"埃尼阿克"首次试运行成功。1946年2月10日，美国陆军军械部和宾夕法尼亚大学莫尔学院联合向世界宣布"埃尼阿克"的诞生，从此揭开了电子计算机发展和应用的序幕。

现在人们常打交道的绝大多数都是个人计算机，它体积小，重量轻，所以在许多人的心目中，可能会想当然地认为最初的计算机也有这么"苗条"。那就大错特错了！第一台计算机"埃尼阿克"可是不折不扣的庞然大物！它采用电子管作为基本电子元件。用了多少个呢？足足有一万八千八百个电子管，而每个电子管大约有一个普通家用二十五瓦灯泡那么大！所以，它和今天的计算机相比，实在是又大又笨——占地一百七十平方米，有好几个房间那么大，重量约三十吨。

"埃尼阿克"这个庞然大物能做什么呢？它每秒能进行五千次加法运算（据测算，人最快的运算速度每秒仅五次加法运算），每秒五百次乘法运算。它还能进行平方和立方运算，计算正弦和余弦等三角函数的值及其他一些更复杂的运算。

这种计算机的速度和今天的高速计算机相比，实在是微不足道。但在当时，它确实是一个奇迹般的创造：它比人工计算快几十万倍，美国陆军上百名计算人员花几天都算不清楚的大炮炮弹轨迹，它只用三十秒钟就算出来了！

"埃尼阿克"体积庞大，耗电惊人，运算速度不过几千次，但它比当时已有的计算装置要快一千倍，而且还有按事先编好的程序自动执行算术运算、逻辑运算和存储数据的功能。"埃尼阿克"宣告了一个新时代的开始。

人类当然不会满足于此！自第一台计算机问世以后，随着科学技术的飞速发展，计算机的发展发生了日新月异的变化：体积越来越小；速度越来越快；价格越来越便宜；功能越来越强。如今，计算机发展到了第四代，目前正在向第五代、第六代智能化计算机发展。

计算机的广泛应用对人类社会产生了极其深远的影响，人们称它是一场翻天覆地的信息革命。

317·机器人走进人类生活

深夜,主人正在加班,机器人保姆罗伯特还不能休息。突然,它的手机响了。上面显示主人的留言:"起风了,给孩子加一条杯子(被子)。"接到命令后,罗伯特轻手轻脚地走进小主人的房间,手里拿着一只杯子……

这虽然是某个电视广告中的情节,然而机器人其实离我们并不遥远,它正一步一步地走进我们的生活。

机器人诞生的历史并不长。1954年,美国电子学家德沃尔获得了一项"可编程序机械手"的专利,这是一种像人手臂的机械手,它能够按程序进行工作。而程序则可以根据不同工作需要来编制。美国人英格伯格想到,如果能制造出这种机器,就可像人一样干活,从事简单的重复劳动。于是,在1958年,英格伯格和德沃尔联手制造出第一台工业机器人,并很快得到了应用。

随后,他们成立了世界上第一家机器人制造工厂——尤尼梅逊公司,并将第一批机器人称为"尤尼梅特",意思是"万能自动",英格伯格和德沃尔因此被称为"工业机器人之父"。

"尤尼梅特"的外形不太像人,倒有点像坦克炮塔。它的基座上有一个大机械臂,大臂可绕轴在基座上转动,大臂上又伸出一个小机械臂,可以伸出或缩回。这个机器人的功能和人的手臂功能相似。

以后的数十年,机器人技术的发展突飞猛进,大致经历了三个时代。第一代机器人是简单个体机器人;第二代是群体劳动机器人,它们出现在二十世纪七十年代;第三代是类似人形的智能机器人,如机器人女秘书"韦莱利"、会弹钢琴的机器人"瓦伯特"2号等,它们的未来发展方向是有知觉、有思维,并能与人对话。

1985年,世界著名的筑波博览会在日本举行。美国研制的世界第一台两足步行机器人成了大会的焦点。

二十世纪九十年代末,日本科学家率先研制出第一台类人型步行机器人样机。2000年11月,日本又开发成功可模仿一岁婴儿行走的机器人"皮诺"。它全身有二十六个关节,脚心装有一个传感器,可测量重心;眼睛可分辨红、蓝、黄等

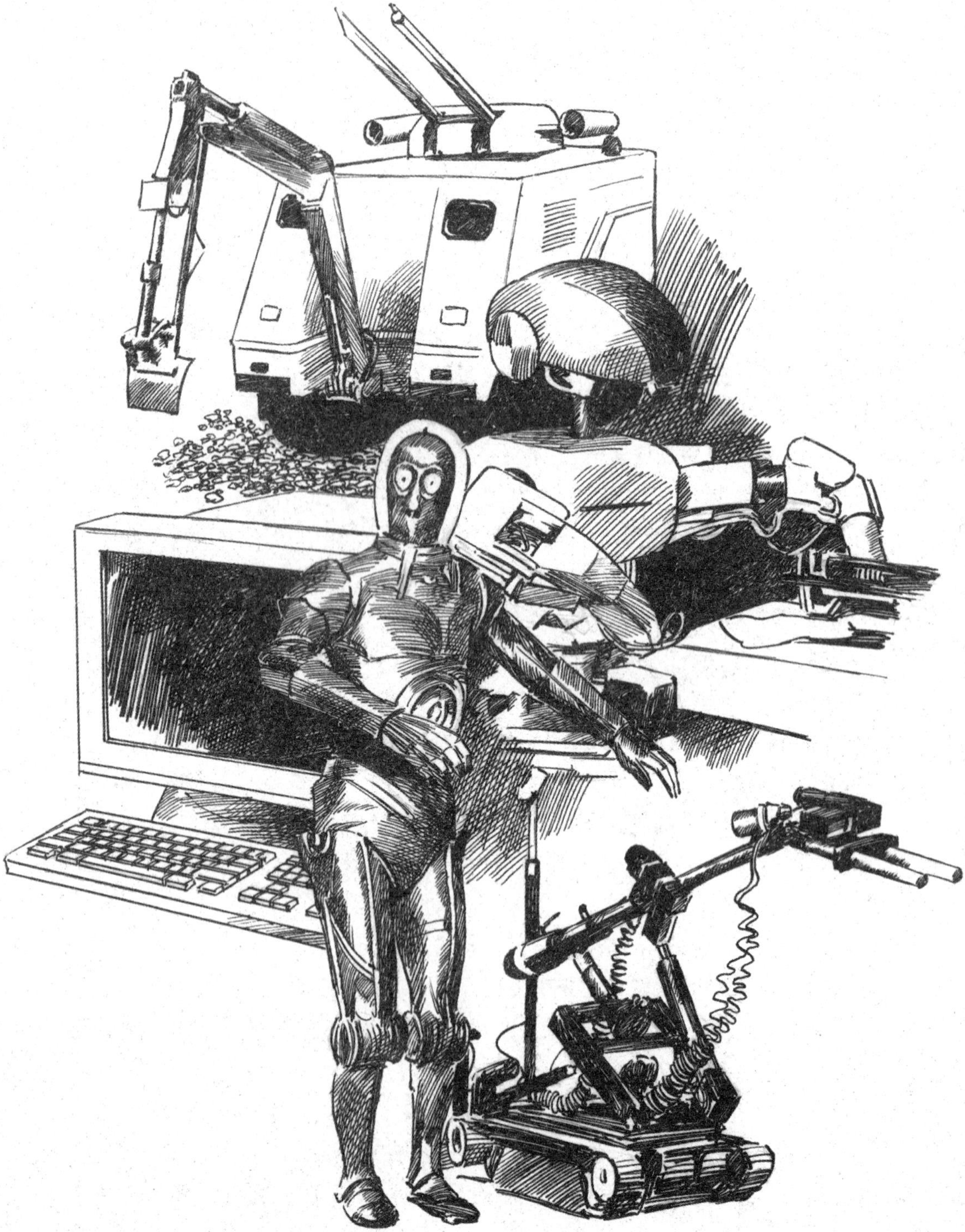

颜色,可自测距离;能挥手,并能蹒跚行走。

与此同时,中国第一台类人型机器人终于在国防科技大学实验室站起来,走起来。这台机器人具有和人相似的身躯、脖子、头部、眼睛、双臂与双足,而且还具备了一定的语言功能,其行走频率为每秒两步,动态步行快速自如,并能在小偏差、不确定环境中行走。

机器人虽然忠实可靠,工作严谨,有许多优于人的地方,但是,它们也容易犯错误。关于机器人的笑话,一直就没有间断过。

在一家汽车制造厂里,因为管理人员给机器人输入了错误的指令,而机器人又不能判断指令是否正确。结果,一千多辆汽车的门被机器人给焊死了。再比如,机器人踢足球赛,由于电脑出了毛病,竟然自摆乌龙,将球踢进自家大门。

当然,这些小插曲不会妨碍机器人的高速发展。目前,机器人技术已达到"上天入地"的水平,但它们现在仍然不能脱离人,自行独立工作。人们希望有一天它们能够完全模仿人类的智能,在任何环境条件下都能独立思考、独立工作。

318·加加林遨游太空

1961年4月12日拂晓,二十七岁的苏联飞行员尤里·加加林准备开始历史上最冒险的一次旅行。几千年来,所有的人都在幻想太空旅行究竟会是什么样的。现在,在这个晴朗凉爽的清晨,加加林将用他的亲身经历去揭开谜底。

在拜科努尔航天发射场上,矗立着一枚巨大的白色火箭,火箭的顶端是"东方"号宇宙飞船。它是世界上第一艘载人宇宙飞船,由球形密封座舱和圆柱形设备舱组成,只能乘坐一名宇航员,总长七点三五米,重约四点七三吨。

一切准备工作全部就绪后,加加林身穿橙色宇航服,头戴白色宇航帽,乘坐汽车来到火箭脚下。他走下汽车,走向领导小组,举手敬礼并庄严地报告:"国家委员会主席同志,宇航员加加林上尉准备乘世界上第一艘航天飞船飞行。"

加加林向为他送行的人们挥手致意,然后乘升降机登上了发射平台。在平台上,加加林仰望晴空,心潮澎湃。他想起昨天飞船的总设计师谢尔盖·科罗廖夫对他说的一番语重心长的话:"尤里,你真幸运,将从无与伦比的高处观看我们美丽的地球。但是发射和飞行都不会很轻松,你要经受各种考验,还可能遇到未曾预料到的情况……总之,什么都可能发生。可是你要记住,不管发生什么事,我们将竭尽全力支援你。"

加加林定了定神,钻进飞船座舱,躺在一把特制的弹射椅上。这时电视摄像机打开了,荧光屏上出现了加加林的影像。他面带笑容,满怀信心地向地面指挥中心报告:"准备完毕!"

开始三十分钟准备!十分钟准备!!两分钟准备!!!所有的人都屏住了呼吸,发射现场一片寂静。科罗廖夫紧张得都快喘不过气来了,悄悄地吃下了一粒镇静药丸。

莫斯科时间九点零七分,随着"预备——点火"一声令下,火箭抖动着巨大的身躯,拖着耀眼的火柱,缓缓离开了发射架,直冲云霄。透过震耳欲聋的巨响,传来了加加林激动万分的道别声:"我去了!"

不一会,第一级火箭停止工作,第二级火箭接着点火。随着火箭速度越飞越快,加加林经受了飞往太空道路上的第一个考验——超重。强大的超重如同一只无形的大手向加加林紧紧地压去、压去,加加林感到头晕眼花,便向地面汇报说:"有些难受,但是可以忍耐。"

飞船终于顺利地穿越大气层,进入了环绕地球的飞行轨道。

透过飞船的舷窗,加加林看到了人类的摇篮——地球。他情不自禁地欢呼起来:"真是太美了!我看见了陆地、森林、海洋和云彩……"这是太空里第一次响起人类的声音。

后来,加加林向人们描述道:地平线呈现出一片异常美丽的景色,淡蓝色的晕圈环抱着地球,与黑色的天空交融在一起。天空中,群星灿烂,轮廓分明。但是,当我离开地球的黑夜时,地平线变成了一条鲜橙色的窄带,这条窄带接着变成了蓝色,然后又变成了深黑色……

"东方"号以两万八千公里的时速在地球上空静静飘过。座舱里,加加林和所有的东西都处在了失重状态。加加林没有飘起来,他把自己绑在了弹射椅上,而他的笔记本飘了起来,悬在他前方的半空中。加加林想写日记,可是铅笔不知道飞到哪儿去了,只好把本子放进了宇航服的口袋里。

"东方"号越过苏联、印度、澳大利亚和太平洋,完成了环绕地球飞行一圈的任务。十点二十五分,加加林发动飞船上的制动火箭,使飞船偏离轨道。在地球引力作用下,飞船再次闯入大气层,开始返回地球。加加林透过舷窗望去,飞船简直像一个燃烧的火球。

这时意外发生了。按照计划,设备舱将在十秒后与座舱分离,但是预定时间过后,由于一束电缆没有断开,设备舱并没有完全脱离座舱。飞船疯狂地飞速旋转起来,并以惊人的速度急速下坠。照这样下去,飞船将会像流星一样砸向地面,摔个粉碎。指挥中心的人们都束手无策,科罗廖夫甚至都已经不敢看飞行控制台的显示屏了。

也许是幸运之神总是站在强者一边。十时三十五分,座舱终于与设备舱在旋转中分离开了,但这时已比预定的时间整整晚了十分钟。危难中加加林显出英雄本色,他克服了超重的种种症状,及时向地面发出"一切正常"的信号。

当加加林在七千米的高度顺利跳伞后,科罗廖夫立即给苏联最高领导人赫鲁晓夫打电话报告说:"降落伞已打开,正在着陆,飞船正常。"听到喜讯的赫鲁晓夫在电话那头兴奋地大喊起来。

惊心动魄的一百零八分钟太空旅行终于结束了。降落伞带着加加林轻轻飘落在伏尔加河畔的一个村落旁。不远处，一位中年农妇正在干活，她的身边站着一个女孩和一头牛犊。加加林身上稀奇古怪的宇航服把孩子吓坏了，加加林见了一边挥手一边叫喊："请不要怕，我是自己人，是苏联人，是从宇宙飞回来的……"

加加林的壮举使人类数千年的梦想成为现实，标志着人类从此进入了太空时代。为了纪念这个划时代的成就，4月12日成了"航空航天国际纪念日"。

319·"阿波罗"登月

1957年10月4日,世界上第一颗人造地球卫星由苏联发射成功。第二年的1月3日,苏联又发射了带着一条狗上天的第二颗人造卫星。

眼看苏联在太空科研领域领先,美国政界一片哗然。被称为美国氢弹之父的爱德华·特勒痛心疾首地说:"美国输掉了比珍珠港更重要的战役。"

尽管美国加快了宇宙太空的科研步骤,在1958年1月31日,也将"探险者一号"人造卫星发射上天,但是在载人宇宙飞船方面仍落后于苏联。1961年4月12日,苏联"东方一号"宇宙飞船载着加加林少校进入太空,成为世界第一个太空飞行员,而美国第一艘载人宇宙飞船上天,又比苏联晚了二十三天。

这天,美国航天科技界举行一次高级别的会议。会上有个人用带着德国口音的英语说:"我们不能老跟在苏联人后面走,应该走自己的路,要抢在苏联人之前把人送上月球……"

此人就是入了美国籍的原德国科学家布劳恩。他曾是纳粹党卫军高级军官。1942年,三十岁的他制造出射程达八十公里的V-2火箭,给反法西斯盟军制造了不少麻烦。德国战败后,美国如获至宝,将布劳恩收录为美国航天业科研专家。

事实上,从政治与军事因素考虑,美国已下决心在宇航方面超越苏联,于是,1961年5月25日,美国总统肯尼迪宣布了在十年中将美国宇航员送上月球的"阿波罗"计划。

八年过去了。1969年7月16日清晨,美国佛罗里达州的肯尼迪航天中心。"阿波罗11号"宇宙飞船即将发射。三名宇航员并排躺在指令舱内,他们是飞船指令长阿姆斯特朗、指令舱驾驶员柯林斯、登月舱驾驶员奥尔德林。三个都是三十九岁的同龄人,这次将实现登上月球的使命。

高二十五米、直径十米、重四十五吨的"阿波罗11号"宇宙飞船分为指令舱、服务舱和登月舱三部分。指令舱是宇航员工作生活的地方。服务舱下面装着火箭发动机,修正飞船轨道、进入月球轨道及脱离月球轨道、返回地球等等,都得由它来实施。登月舱可以与指令舱对接,是宇航员从飞船到月球的"摆渡船"。

"阿波罗11号"将由长八十五米,如同一座三十六层高的大楼似的"土星五号"火箭发射上天。

美国东部时间九点三十二分,"土星五号"点火,火箭下橘红色的火焰与白色的水汽团一齐出现。它托着"阿波罗11号"上升,很快从地球上人们的视野中消失了。

美国的休斯顿航天控制中心与"阿波罗11号"始终密切联系着。从"土星五号"一、二级火箭的相继脱落,到第三级火箭点燃,"阿波罗11号"进入奔月轨道,一切都进行得十分正常。

这一次美国终于超过了苏联。"阿波罗11号"登月过程,按计划向地球进行电视转播。在指令舱内负责电视摄像的宇航员柯林斯,突然将摄像机颠倒过来:"请大家把帽子抓牢,现在我要把你们翻一个个儿。"

坐在电视机前的地球人都听到了他这句幽默的话,也清晰地看到月球上大大小小的陨石坑、环形山。这时,"阿波罗11号"已在进行绕月球飞行,准备登上月球了。

经过七十六小时十六分钟飞行,阿姆斯特朗和奥尔德林已穿上专用登月服装,打开通道,坐入登月舱。宇航员柯林斯留在"阿波罗11号"内。阿姆斯特朗按照原先计划的时间,启动登月舱的驱动火箭。登月舱与指令舱分离,逐渐降落月球。从这时起按照"阿波罗"登月计划,登月舱以"鹰"为代号,指令舱以"哥伦比亚"为代号,分别与地球上的休斯顿航天控制中心保持密切联系。

眼看离月球距离只有五百英尺,休斯顿航天控制中心提醒操纵"鹰"号登月舱的阿姆斯特朗:再有六十秒钟,燃料将用完!

阿姆斯特朗镇定地用人工操纵杆调整登月舱着陆地点。因为原计划着陆点是一堆巨石,"鹰"号决不能"以卵击石"呀!

燃料耗尽,休斯顿航天控制中心和阿姆斯特朗等人都紧张万分。庆幸的是登月舱终于越过巨石堆、火山口,四只支脚平稳地插入月球表面的尘粒中。登月成功了!

又花了几个小时,经过休息和调整体能、装备后,阿姆斯特朗倒退着钻出登月舱舱门。奥尔德林则用摄像机拍摄他踏上月球的每一刻。

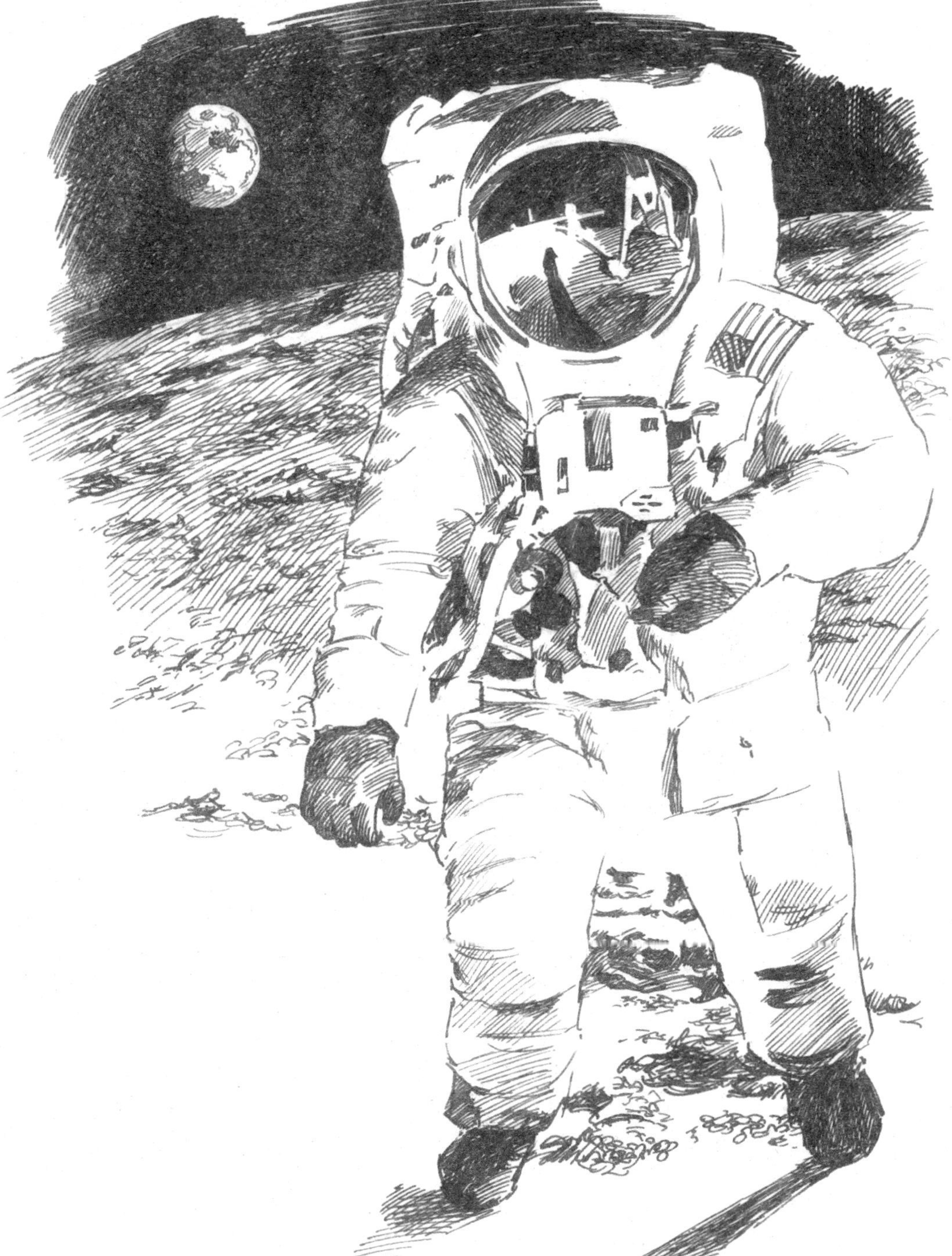

"我现在站在登月舱舷梯的最下面一级板上,登月舱支脚的底盘已陷入月面三四厘米,月面上好像密布着细小的砂粒。景色真美。"阿姆斯特朗这么说道。地球上的人在电视机前也听到他的这番话。随后,人们又看到他小心地用穿着登月靴的左脚踏上月球;然后,右脚也踩在月球上了。这是美国东部时间1969年7月20日二十二点五十六分二十秒,人类第一次登上月球。

　　阿姆斯特朗用肉眼第一次清晰地看到月球是灰色的,有无数大大小小的陨石坑,还有远方荒凉的山脊。奥尔德林完成了规定的摄像任务和登月舱随时起飞的准备工作后,也走出登月舱,踏上月球。他们俩逐渐适应了在月球上行走,因为月球的引力只有地球的六分之一。

　　阿姆斯特朗和奥尔德林在月球上活动了两个小时二十分钟。他们在月球上安置了月震仪、激光仪等专用仪器,在砸进月球表面的一根特制的金属旗杆上展开特制的美国国旗,收集了月球的岩石和土壤的标本。然后他们又将一块不锈钢牌立在月球表面上。这块牌上,是用黑色合成树脂塑料压出来的地球东、西两个半球的平面地图。上面还有一段英文:"公元1969年7月,来自行星地球上的人类首次登上月球,我们谨代表人类来这里进行一次和平之旅。"下面署名的是阿姆斯特朗和奥尔德林等人。

　　1969年7月28日,"阿波罗11号"平安返回地球。这次登月计划的成功,是当代人类科技发展的结晶。尽管促使它实施的直接原因,是当时美苏两国的太空争霸,有强烈的政治、军事因素,但它确实是人类探索宇宙领域未知世界的一个有里程碑意义之举。正如阿姆斯特朗踏上月球时所说的:

　　"对于一个人来说,这一步是很小的,可对于人类来说,这却是巨大的一次飞跃。"

320·悲壮的"挑战者"号

1986年1月28日早晨,美国肯尼迪航天中心的发射场上,"挑战者"号航天飞机迎着凛冽的寒风,昂首矗立在当年发射过"阿波罗"登月飞船的第三十九号发射台上。由于天气出奇的寒冷,加上处理几次意外故障,"挑战者"号已经连续几天推迟发射。然而,严冬的低温并没有降低美国民众的热情,成千上万来自全国各地的人们兴高采烈地站在发射场的看台上,准备现场感受"挑战者"号升空的磅礴壮丽;更多的美国人与世界各地的人们则早早地坐在电视机前,期待着收看"挑战者"号发射时的壮观情景。

自从苏联和美国在二十世纪六十年代先后把宇航员送入太空,美苏两国的太空竞赛你追我赶。

1972年,美国领先一步,开始研制可以重复使用的航天飞机。

1981年4月12日,美国的第一架航天飞机"哥伦比亚"号在肯尼迪航天中心发射成功。以后,美国又相继成功发射了"挑战者"号、"发现"号与"阿特兰蒂斯"号。这些航天飞机能把大量载荷送入地球轨道或带回,可以在轨道上检修卫星,又能像飞机那样在机场着陆。它的问世,是航天事业的一座里程碑。

发射场的扩音器里传来计时的声音:"还有四分钟,计时继续进行。"

接着,指挥控制中心发出让宇航员戴上密封面罩的指令。

最后,发射指挥官开始倒计时:"十,九,八……三,二,一,发射!"

随着倒计时的结束,上午十一时三十八分,运载火箭的主发动机发出震耳欲聋的轰鸣声,"挑战者"号由火箭背负着,宛如一只巨大的金属鸟腾空而起,直上蓝天。航天中心的看台上顿时欢声雷动,掌声如潮。

这是"挑战者"号自1983年4月4日首飞后的第十次飞行,也是美国宇航局的第二十五次载人航天飞行。它还创下了把美国历史上第一位女宇航员赖德、第一位黑人宇航员布卢德、第一位美籍华人王赣骏博士送上太空的纪录。

"挑战者"号的机舱里,共有指令长弗朗西斯、驾驶员迈克尔等七名宇航员。其中两位并不是职业宇航员,一位是格利高里,他是专门从事卫星设计的空军工程师；另一位是麦考利夫，来自新罕布什尔州的一名中学教师，她是从全美一万多名应征教师中选拔出来，成为幸运地踏上这次太空之旅的普通公民。在"挑战者"号进入第四天飞行时，热情干练的麦考利夫将在太空通过电视，向全美的几百万中学生讲两堂太空课。

此时，麦考利夫的父亲科里根与老伴格蕾丝也在发射场的看台上，他们仰望着越飞越远的航天飞机，为女儿感到由衷的骄傲。

时间过去了三十五秒，火箭已经穿过了最危险的对流层，托负着"挑战者"号在空中划出一道清晰美丽的轨迹。它的飞行姿态看上去稳健而正常。在看台的不远处，竖立着一根黑色的圆筒，那是美国宇航局放置的长距离望远镜，它的镜头正随着"挑战者"号的行进轨迹慢慢移动。

然而，正当人们以为"挑战者"号发射成功时，灾难降临了。由于发射前连续多天的低温，"挑战者"号右侧火箭助推器连接处的一个环形橡胶密封圈，已经失去了弹性，不再密封。果然，火箭点火后，密封圈因为受热而破裂，造成燃料的不断外泄，到五十九点八秒时，突然变成一股飘忽不定的火焰。

就在"挑战者"号升空仅仅七十三秒时，发射场看台上的人们眼前亮光一闪，"挑战者"号变成了一团橘红色的火球；两个固体火箭助推器一眨眼脱离火箭，似脱缰的野马，拖着烈火和浓烟直冲地面。就在人们目瞪口呆之余，一声惊天动地的巨响在人们头顶炸开，"挑战者"号航天飞机爆炸了！

指挥控制中心的内部通讯录音带上，记录下了宇航员迈克尔在爆炸前零点六秒发出的最后一声惊呼："哎哟！"接着，在控制中心的大屏幕上，"挑战者"号发来的数据骤然中断，在每个控制台屏幕的中间地带，出现了一个凝固不动的白色"S"，表明与"挑战者"号的通讯联系彻底断绝。

发射场看台上的人们和电视机前的全世界亿万观众，亲眼目睹了航天史上这一惨剧的全过程。片刻的惊愕之后，抽泣痛哭声顿时在看台上响成一片。麦考利夫的父亲颤抖着，紧紧搂住了他那神色悲凄、老泪纵横的妻子格蕾丝。

"挑战者"号的爆炸与七名宇航员的全部遇难，使美国人民陷入了自肯尼迪总统遇刺以来又一次巨大的悲痛中。全国各地纷纷下半旗志哀，教堂响起了哀悼死者的钟声；平时灯火辉煌的纽约帝国大厦当晚全部闭灯，一片漆黑；闻名全球的纽约证券交易所暂停交易；洛杉矶纪念运动场重新点燃了在第二十三届奥运会时燃烧过的火炬,以表达对七位宇航员的敬意和怀念。

在麦考利夫教书的新罕布什尔州康科德中学,刚才还在兴奋地观看电视实况的学生们,面对"挑战者"号突然爆炸的画面,不敢相信他们亲爱的老师就这样走了,忍不住放声痛哭⋯⋯

美国总统里根宣布:1月28日为全国哀悼和纪念日。

在科学探索的道路上,人类所取得的每一点进步都伴随着艰难坎坷,甚至以牺牲为代价。在"挑战者"号失事之前,苏联和美国的宇航员都曾由于意外事故而发生过伤亡,但这并不能中止人类探索太空的前进步伐。

在"挑战者"号失事后不久,美国宇航局启动了新一轮的空间探索计划,并招收、培训新的宇航员,全美各地立刻有成千上万的人报名。

321·玻璃金字塔

在法国巴黎市中心的塞纳河北岸,矗立着当今世界上规模最大的艺术博物馆——罗浮宫,人称"万宝之宫"。除了始建于十三世纪的博物馆建筑群本身就是伟大的艺术杰作外,博物馆内还珍藏着四十余万件各时代、各民族的艺术珍品,其中包括举世闻名的罗浮宫三宝:蒙娜丽莎、胜利女神和维纳斯。

长久以来,罗浮宫由于年久失修、设施陈旧,无法达到当今博物馆应该具备的水准,如何更新成为罗浮宫难解的大问题。1981年,法国总统密特朗在一次记者招待会上宣布,法国政府将对罗浮宫进行大规模的改造和扩建,使这个历史悠久的建筑成为真正的现代化博物馆。这就是著名的"大罗浮宫计划"。

消息一传开,立刻引起了世界建筑设计界的关注,全世界一流的设计师都跃跃欲试。谁将成为"大罗浮宫计划"的设计师成了热门话题。

而在法国总统密特朗心中,早已有了心仪的人选。他就是美籍华裔设计大师贝聿铭。

贝聿铭1917年生于中国的江南水乡——苏州,后来留学美国攻读建筑,毕业于麻省理工学院和哈佛大学。他的建筑作品没有华丽奇特的外表,以构思严密、设计精细著称。代表作有美国国家美术馆东馆、肯尼迪总统图书馆、北京香山饭店、香港中国银行等。

当时,由于贝聿铭在美国国家美术馆东馆设计中的突出成就,使他赢得了法国总统密特朗的青睐。

密特朗对贝聿铭说:"我想邀请你主持罗浮宫的重建设计。你看怎么样?"

贝聿铭顿时感到一种无形的压力,要知道,罗浮宫可是法国国宝,而且法兰西是世界上最有艺术品位的民族。他沉思片刻后,对密特朗说:"给我半年时间,我想一下看看。"

于是贝聿铭将住所搬到了罗浮宫附近。清晨,他在晨曦中观看罗浮宫;中午,他顶着烈日巡游罗浮宫;黄昏,他在夕阳中品味罗浮宫;半夜,他面对繁星俯视罗浮宫。

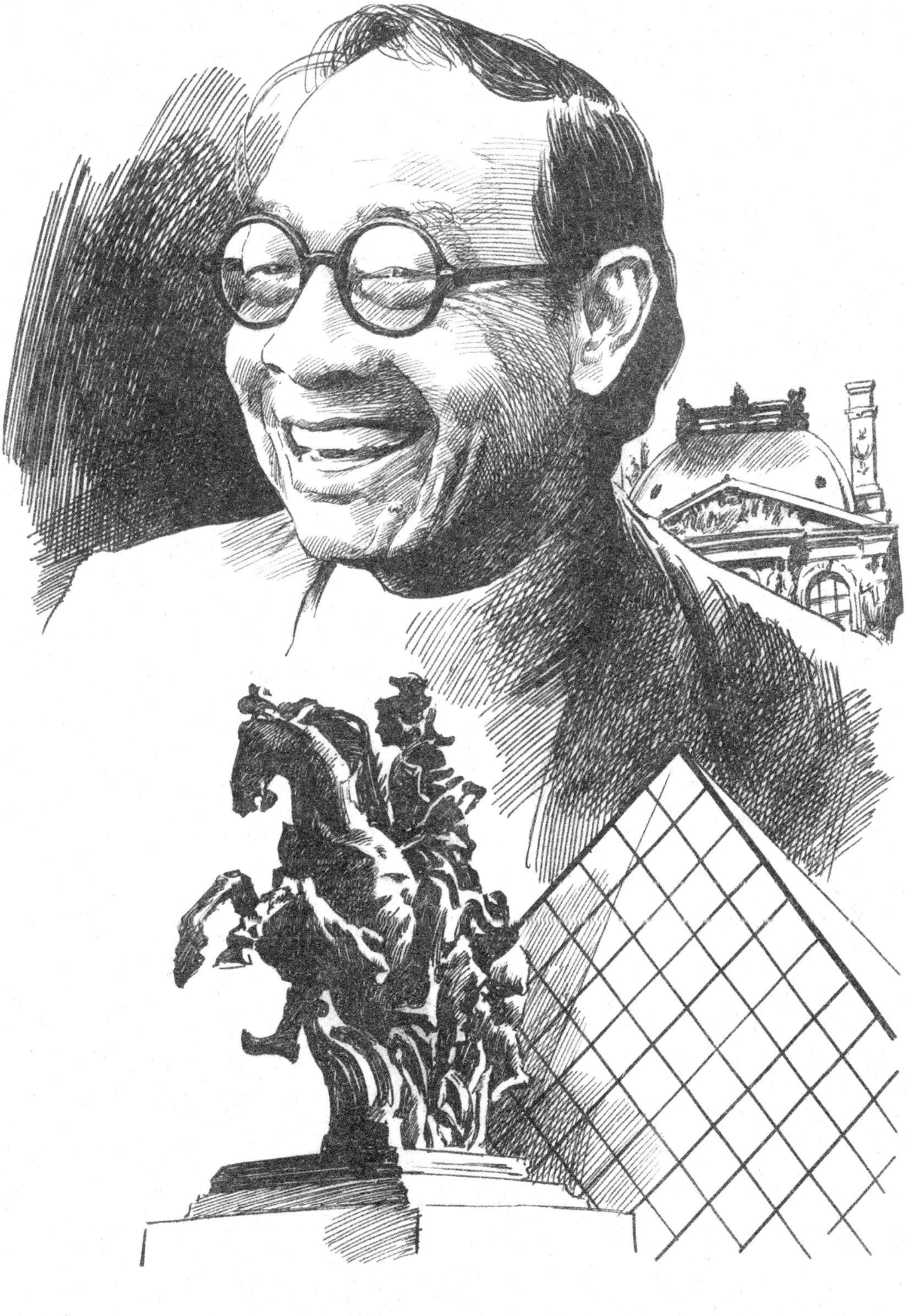

最后,他对密特朗说:"我相信,我可以做。"

1983年7月27日,贝聿铭被法国政府任命为"大罗浮宫计划"的设计师。这个结果大大出乎法国人的意料,而更让法国人瞠目结舌的是,贝聿铭把罗浮宫拿破仑广场上的主入口设计成一座透明的玻璃金字塔。

一时间,抗议风潮如火如荼,席卷巴黎。法国民众高呼"巴黎不要金字塔"、"还我罗浮宫";法国媒体讥讽贝聿铭为"贝法老";法国文化部部长形容玻璃金字塔是劣质的钻石;法国建筑界认为贝聿铭的设计风格与法国文化格格不入;罗浮宫博物馆的馆长甚至愤而辞职了。用贝聿铭自己的话来说:"这简直就像一场战争。"

但是,贝聿铭没有放弃自己的设计,他认为,以简约而富现代感的金字塔作为罗浮宫的主要入口,就像人们由古埃及文明开始,一直探索到近代艺术,具有象征意义。

为了说服高傲的法国人,贝聿铭在拿破仑广场上建造了一座一比一的实体模型,供法国民众评鉴。随着民众对玻璃金字塔的信心日增,反对声浪渐渐退去。

1989年,玻璃金字塔屹立在拿破仑广场上,将古典与现代完美地结合起来。密特朗总统亲自主持了启用仪式。玻璃金字塔高二十一点六米,各边长三十五米,采用不锈钢钢架支撑,上面镶满了晶莹透亮的玻璃。它的东、南、北面各有一个小金字塔,对着三个不同的展览馆。周围有三个水池,池面如镜,倒映着蓝天白云和建筑,把建筑与景观融为一体。步入玻璃金字塔,人们可以通过玻璃的自然折光对罗浮宫全貌一览无余。夜晚,灯光映照下的玻璃金字塔更加璀璨夺目,散发出神秘浪漫的气氛。

玻璃金字塔不仅成了二十世纪现代经典建筑之一,而且成为巴黎最具标志性的建筑。法国人称赞它是罗浮宫里飞来的巨大宝石,法国政府为此授予贝聿铭法国最高荣誉奖章。

322 · 神奇的因特网

因特网,又称国际互联网。它的出现和迅猛发展,是二十世纪最后三十年中发生在我们星球上的最重要的事件之一。有人甚至把它比喻成虚幻的"第七大洲",每个人只需敲一下键盘就可进入这个无所不有的美妙世界。

因特网是怎么诞生的呢?因特网起源于美国二十世纪五十年代末用于军事目的的计算机网络。美国原先的军事指挥通信系统是一个中央控制式的网络。美国发现,苏联只需用远程核武器攻击中央控制中心,就能够使整个系统瘫痪。

为了避免出现这种情况,美国成立了国防部高级研究计划署(ARPA),着手研究建立一个分散的军事指挥系统,网络的一部分被摧毁,也不会导致整个指挥系统的瘫痪。为此,科学家巴兰提出一项名叫"分布式通信网络"的研究。

分布式通信网络的基本原理并不复杂,就是排除任何中央节点,而使每个节点都与相邻点连接,构成网状结构。这种军事网络,不设中央控制室,即使是任何一台电脑坏了,其他电脑不受影响。

1968年盛夏的一天,博尔特·贝拉尼克·纽曼公司(BBN)收到了美国国防部研制阿帕网的标书,要求将不同地点的计算机用通信网络联系起来,以交换数据和文件。BBN是马萨诸塞州坎布里奇市的一家小公司。有趣的是,BBN这个小公司收到了标书后,通过努力而成为因特网的始祖。

工程开始只是进行四台计算机的初步试验。组建阿帕网的重要原理,当然是巴兰的构想——"分布式通信网络"。

1969年9月,第一台阿帕网的计算机——交互式信息处理器(IMP)问世了。首批IMP装在斯坦福研究院、加州大学和犹他大学里,阿帕网就此诞生了。

阿帕网的初衷是:让研究人员能通过电话线使用别的大学的计算机,以及那儿的专用软件。但是,很多学者对这种共享计算机资源的方式没有兴趣。

然而,在阿帕网上出现的新现象是系统策划者们始料不及的,科学家们更乐意用这个系统作为进入数据库和交换信息的手段。阿帕网的发展方向被广大用户改变了,原来没想到的事情变得更重要了——人们以交互式方式共同工作,并且方便地进行通信。

1972年,阿帕网在国际计算机通信会议上进行了演示。工作人员将一台交互式信息处理器搬到华盛顿的一家宾馆,演示了遥控空中交通管制系统,并操纵机器人。从此,人们对计算机网络趋之若鹜,平均每二十天就有一台新计算机加入到各种网络之中。

1973年,美国国防部开始了一个新的研究项目——INTERNET,也就是"网间互联",从而导致了因特网的两个基本通信协议的产生和发展,这就是IP协议(网络互联协议)和TCP协议(传输控制协议)。卡恩等人用好几年时间精心制订的"网络通信协议"(TCP/IP)于1974年5月发表后,开辟了将全世界更广泛的网络互联的新天地。

八十年代中期,美国国家科学基金会(NSFNET)利用阿帕网技术,另行建立了主要供科研和教学使用的计算机网络——NSF,以这一科学网为主干的互联网络逐渐形成并迅速发展。

1989年,它正式改名为因特网(Internet)。同年,因特网中最重要、最受欢迎的领域——万维网(www)诞生,通过它全球各地的用户可以查到极其丰富的信息资料,从文字、图片到声音、影像等一应俱全。

从1991年起,联网的计算机数量每年翻一番。联网的用户越多,信息资源就越多;信息资源越多,凝聚的用户就更多。于是,量变引起质变。因特网终于突破国界,突破行业界限,突破所有的信息屏障,成为全球最大、最有影响的网络,引发了真正的信息革命。

随着因特网风靡全球,因特网的用途也越来越多,几乎深入到人们工作和生活的各个角落。人们只需轻点鼠标或者敲击键盘,就立刻领会到"信息就在指尖上"的神奇。

人们可以在网上通过电子邮件、电子布告栏和聊天室与别人交流、聊天;病人可以在网上接受远在万里之外的专家会诊;求职者可以在网上寻找就业机会;投资者可以在网上进行股票交易和外汇交易;美术爱好者可以在网上参观世界各地的博物馆;家庭主妇可以在网上购买食品、家电和服饰;文学爱好者可以在网上发表自己的作品,阅读各种书籍,还可以在网上购书;经商者可以在网上进行电子商务、网络销售;游戏爱好者可以在网上下棋、打牌、玩网络游戏;体育爱好者可以在网上观看比赛实况;学生可以在网上接受教师和专家的辅导……

因特网正让世界变得越来越小,它的影响遍及人类社会生活的方方面面,并将延续到二十一世纪。难怪有人说:"因特网把全球一网打尽。"

323·克隆羊多利

1997年2月,从英国苏格兰首府爱丁堡市郊十公里的罗斯林村庄的生物学研究中心里,传来了一头绵羊"咩咩"的叫声。这叫声吸引了全世界的注意,它的诞生给人们带来的震惊,不亚于第一颗原子弹的成功爆炸。

这头羊的名字叫多利,它看上去与其他的羊没有什么区别,可它是科学家用一颗普通的细胞孕育而成的,是一头没有爸爸和妈妈的羊。

多利的诞生告诉我们,人类可以利用动物身上的一个细胞生产出与这个动物完全相同的生命体。科学家把这种复制的技术叫克隆。

那么,到底什么是克隆呢?克隆就是无性繁殖。比如,每当春暖花开的时候,喜欢养花的人们就会进行植物的扦插。他们剪下一些花草枝条,然后插在泥土里。慢慢地,这些枝条就会成活,这个过程就是"克隆"。

但是,羊是较高等的哺乳动物,它竟然是由一个体细胞克隆而成的,这在自然界可是前所未有的!

培育出多利的"爸爸",是胚胎学家威尔穆特先生。威尔穆特先生是英国爱丁堡罗斯林研究所的胚胎学家。他出生在英格兰中部城市沃里克,曾就读于诺丁汉大学。他的辅导老师是生殖学界的权威。在老师的带领下,他进入了胚胎学的研究领域。从此,他坚信"动物的基因技术将是我生命中的追求。"威尔穆特是怎么会想到要克隆羊的呢?这还得从头说起。

科学家试图复制生命的理想,并不是近几年的事。很多年以前,美国康奈尔大学的斯特沃教授将成熟的胡萝卜高速搅拌,获得了单个胡萝卜细胞,将这些单个细胞置于生长培养基里,培育成功了性状完全一样的胡萝卜。以后,科学家又在青蛙、金鱼等较简单的动物身上,进行各种细胞遗传试验。

经历了相当长时间的坎坷的研究历程,到了二十世纪七十年代,从事生物遗传学研究的科学家,终于看到了曙光,克隆动物在实验室里诞生了。

1970年,英国科学家约翰·格登用细胞核移植的方法,将青蛙的卵发育成了蝌蚪。1979年,英国剑桥大学的威拉德森首次成功地把绵羊的细胞胚一分为

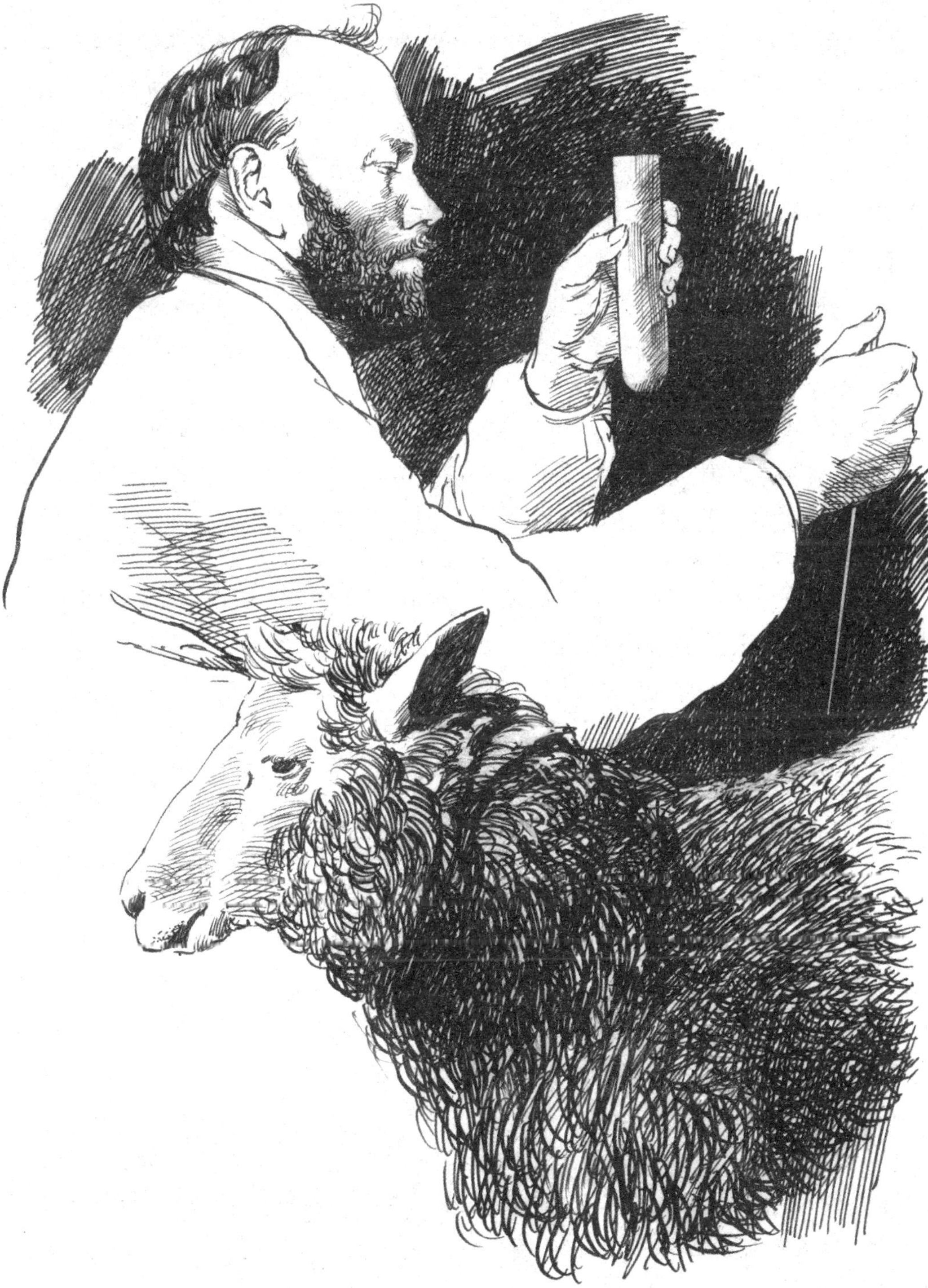

四,分别培育出了四只羊羔。之后,世界上首例用细胞核技术移植成功的哺乳动物是由英国科学家威拉德森完成的。在实验中,他成功地克隆了一头牛。

这个消息传到了威尔穆特先生的耳朵里,他才毅然投入了克隆羊多利的实验。威尔穆特每天在实验室里至少工作九个小时,他率领了一支由十二人组成的科学研究小组,进行无性繁殖的研究,历经三百多次的失败后,终于成功地克隆出了多利。

多利是怎么诞生的呢?多利羊的诞生不是一帆风顺的,科学家克服了许多生物技术上的难题后,才将它"生"出来的。令人惊奇的是,多利竟然有三个妈妈。这是怎么一回事呢?

科学家首先从一只多塞特母羊的乳腺中取出一个乳腺细胞,很明显,它不是一颗卵细胞。这第一位"妈妈"只是多利的母体。因为多利身上的遗传物质是多塞特母绵羊给它的,多利的遗传基因和它完全一样。

多利的第二位妈妈是一只苏格兰的黑面母绵羊,它为多利提供了一颗卵细胞。这只卵细胞被科学家用极细的吸管,吸出了其中含有遗传物质的细胞核。因此,它只能算是一颗卵细胞的空壳。

科学家把乳腺细胞与卵细胞壳融为一体,并且让它们发育形成具有三十二个细胞的胚胎。当胚胎发育到一定的程度,科学家便将它巧妙地移植到第三只母羊的子宫内,使其怀孕。实际上,科学家将这些胚胎分别转移到十三只待孕母羊的子宫内。

1996年7月,在十三只"代理母亲"中只有一只绵羊经过一百四十八天的怀孕过程,终于生下了一只小绵羊,它就是多利。这第三位绵羊妈妈为多利提供了一个孕育胚胎的环境,多利还只是一个细胞的时候,就借住在这位妈妈的子宫里。

这三个妈妈为多利的诞生做出了贡献,却都不是多利真正意义上的妈妈。

为什么多利羊引起如此巨大的轰动?因为人们清楚地了解到:克隆是一座有待开发的宝库。科学家预言,他们将在不远的将来,借助于克隆技术,不但可以制造出皮肤,还可以制造出耳朵、肝脏等组织和器官,以满足医院医治病人的需要。这种人体换"零件"的情况,就像自行车换零件一样方便,真叫人啧啧称奇。

2003年2月14日,世界上第一只克隆羊多利因肺部感染而死亡。它将被制成标本,存放在苏格兰国家博物馆内。

324・征服艾滋病

1981年,美国洛杉矶的一家医院发现了一位奇怪的病人,他得的是一种罕见的肺炎:卡氏肺囊虫肺炎。这种病只有在免疫功能受抑制的人身上才会发生。后来又陆续有一些类似的患者出现,都是患了只有免疫抑制者才会得的疾病。经过研究发现,这些患者的病都是继发于一种新发现的疾病,因为这种病会抑制患者的免疫功能,所以被称为"获得性免疫缺陷综合症",英文缩写为AIDS,音译为"艾滋病"。由于这种病传播得比较快,又缺乏有效的治疗手段,因此造成了恐慌,一时间世人谈"艾"色变。

征服艾滋病之路从对病因的研究开始。1983年,法国科学家吕克·蒙塔尼和弗朗索瓦丝·巴尔-西诺西找到了艾滋病的罪魁祸首——"人类免疫缺陷病毒",简称为HIV。他们因为这个成就而获得了2008年的诺贝尔医学生理学奖。

由于HIV是一种狡猾多变的病毒,经常产生突变,因此这种病毒对于抗病毒药物都是很快就产生了耐药性,任何一种单独的药物都奈何不了它。科学家们想到,如果把几种不同的药物结合起来用,也许可以减少病毒耐药的可能性。这种治疗方法果然生效了。因为这样做有点类似于用几种酒调成鸡尾酒,所以这种方法又被称为鸡尾酒疗法。这种方法出现以后,艾滋病患者的死亡率明显下降,患者的生命得到了明显的延长。

美籍华裔科学家何大一在鸡尾酒疗法的发明中做出了重要的贡献。1981年,不到三十岁的何大一在美国加利福尼亚州西达斯西奈医院当住院医生,在这里,他见到了最初的几位艾滋病患者,并对他们留下了很深的印象。几年后,他来到纽约从事艾滋病研究。虽然几年里相继有一些抗HIV的药物问世,但由于病毒变异和耐药的原因,这些药物都没能给治疗艾滋病带来突破性的进展。在临床中,何大一等医生将一种新药与其他的几种老药同时使用时,却发现效果非常好。何大一后来在一次采访中说,由于他本科时先后在麻省理工学院和加州理工学院学习物理,有着扎实的计算功底,这回在医学研究中派上了用场,计算出了不同药物的组合对病毒产生的效果。1996年,美国《时代周刊》将他评为年度风云人物。

得益于这种疗法的感染者和患者很多,其中包括篮球明星"魔术师"约翰逊。1991年11月7日,当时还在美国NBA的洛杉矶湖人队打球的约翰逊向世人宣布,他感染了HIV。得知这个消息后,约翰逊的朋友和球迷们都有着同样的担心:他还能打球吗?他会死吗?

约翰逊暂时退出了NBA,但他没有放弃训练和比赛,还于1992年参加了NBA全明星赛,并与乔丹等明星组成美国"梦之队"出征巴塞罗那奥运会,获金牌而归。退役后,他开始从商,也取得了成功。1997年,他体内的HIV被控制到了检测不出的水平。尽管医生认为检测不出病毒并不代表体内的病毒已被完全杀灭,但这已经是相当了不起的成就了。这是因为约翰逊从刚发现被感染起,就积极配合专业医生进行正规的药物治疗。另外值得指出的是,约翰逊只是感染了HIV,而没有发病,这可能也是他治疗效果比较好的原因。

约翰逊的幸运还在于,他开始治疗的这段时间,正是抗HIV的药物治疗取得很大进步的时期。而他的医生也都是这个领域的顶级专家,比如何大一。从约翰逊的例子我们可以看出,HIV感染或者艾滋病并非无药可救。如果治疗得当的话,感染者或患者的生命可以得到延长,也可以获得很高的生活质量。

但毕竟不是人人都能享有约翰逊那样的医疗条件,因此,尤其在发展中国家,艾滋病的肆虐仍然是一个很大的问题。何况,即使对于约翰逊来说,也还是不能说他体内的病毒被完全清除了;因为,即使感染者体内的病毒已经被控制到检测不出的水平,但如果停止治疗的话,病毒仍然会卷土重来。

包括何大一在内的科学家们并不满足于已取得的成绩,他们从未停止征服艾滋病的努力。新的药物不断被研发出来,又不断地失败。既然单靠药物不能完全杀灭病毒,那么能不能换一个思路呢?比如接种疫苗?毕竟,人类对疾病的唯一一次彻底歼灭战——消灭天花——就是靠疫苗完成的。然而,许多制药企业、实验室、科学家进行了无数次尝试,至今仍然没有一种疫苗能取得令人满意的预防效果。归根结蒂,还是因为HIV的变异太快了。

2010年,一位被称为"柏林病人"的美国患者引起了医学界的注意。他是一位不幸的患者,因为他身患艾滋病和白血病两大重症;他又是一位幸运的患者,因为他可能是世界上首位被治愈的艾滋病患者。他叫蒂莫西·雷·布朗。2007

年,他因白血病复发而接受了干细胞移植(俗称骨髓移植)。在给他移植的干细胞中,有一种能天然抵御 HIV 的变异基因。移植成功以后,医生惊喜地发现,他的免疫系统功能恢复了,HIV 感染的迹象消失了。医生们在血液病学的权威杂志《血液》上报告了这个成功的病例,认为这位患者的艾滋病被治愈了。

"柏林病人"的奇迹能不能被复制呢? 难度很大。首先,干细胞移植仍是一种昂贵而高风险的技术,目前只有在白血病和淋巴瘤患者中使用比较广;其次,具有天然抵御 HIV 的变异基因者并不多,也就是说能提供这种干细胞的人很少。因此,这项技术目前还不能广泛开展。但无论如何,这为进一步的科学研究和临床治疗提供了新的思路、新的方向。

三十年过去了,人类在与艾滋病的斗争中已经出现了反败为胜的转机。在等待更有效的杀灭病毒的新技术、新药物、新疫苗的时候,人类还在通过加强公共卫生策略、充分运用现有技术的方式来限制艾滋病的传播,比如让更多人能用上抗艾滋病的药物、切断艾滋病的传播途径等。也许,医学科学技术与公共卫生策略结合起来,会是征服艾滋病的可行手段。

325·现代奥运会

1892年11月25日,法国教育家、现代奥运会之父顾拜旦在"法国体育运动联盟"成立三周年的纪念大会上,正式提出创办现代奥运会的设想。经过顾拜旦的努力,1894年6月16日,七十九名来自法国、英国、美国、希腊、俄国、意大利、比利时、西班牙共九个国家的人士,四十七个团体,在巴黎索邦大学,召开国际体育会议。

6月23号,会议通过了顾拜旦提出的复兴古代奥运会的建议,一致决定:以现代形式每四年举办一次奥运会;为奥运会的举办,建立一个长期存在的委员会,即国际奥委会。大会最后决议:1896年在雅典召开第一届现代奥运会。这次会议,最后被与会者议定为第一次国际奥林匹克代表大会,而6月23日则被定为"奥林匹克日"。

中国作为世界大国,自现代奥运会诞生之日起,就与它结下了不解之缘。许多令人难忘的日日夜夜,被永远铭刻在了中国人的记忆中。1984年7月29日,就是这众多难忘的日子里,非常值得纪念的一个。

1984年7月28日,第二十三届奥运会在美国洛杉矶拉开帷幕。开幕式上,当由二百二十五人组成的中华人民共和国体育代表团,在《三大纪律八项注意》的乐曲声中,踏着整齐的步伐走进体育场时,九万名观众欢声雷动,起立鼓掌,这是新中国运动员第一次参加奥运会。

圣火点燃,战幕拉开,谁能夺得洛杉矶奥运会的第一枚金牌,成了世界亿万民众关注的热点。

7月29日凌晨四点半,中国射击队的队员们起床,五点开饭,六点准时出发。经过一个半小时的行驶,于七点半到达普拉多奥林匹克射击场。

九点整。三十七个国家和地区的五十五名选手,提着放置手枪的箱子走进了靶棚。中国运动员许海峰沉着地步入自己的四十号靶位。

九点零五分,地线裁判长宣布:"装子弹,放!"比赛开始,进行计时。

"砰!""砰!"枪声在靶场骤然响起,可许海峰还没有装子弹,别人都射击十分钟了,他还没有试射。连裁判都为他着急。

此时,许海峰心平如镜。他想,若不是达到最佳状态,绝不能随便射击。

"砰!"许海峰的枪终于响了。十环,开门见喜。

前两组许海峰打了一百九十四环,超过瑞典老枪手格罗纳·斯卡纳克尔五环。第三组前八发许海峰命中五个十环,两个九环,可是突然来了个八环,真是要命!许海峰搁下枪,悄悄地走开,调整一下情绪。

四组射击,他都是九十三环,他两次离开赛场,进行心理调节。

第五组射击,许海峰心情平静了许多,这一组打了九十五环。前五组平均九十五环,对自选手枪选手来说,是个不坏的平均数。

最后一组射击时,许海峰身后的记者多了起来,他仍不慌不忙地打出十环,再打,九环,九环。这时,身后一片嘈杂,他一分心,连打两个八环!他放下枪,坐下来,又进行心理调节。这时,比赛时间所剩无几,其他靶位上的选手,大部分已经射击完毕。

好个许海峰,定神起身,"砰砰"两枪,两个九环。

还有三枪,这每一枪都花费了他全部心血,甚至六次举枪,五次放下,直到找好最佳的击发瞬间,"砰!""砰!"两个十环。

还剩最后一发子弹了。场外的人都知道,瑞典老将格罗纳·斯卡纳克尔已经打完,总环数为五百六十五环,而许海峰五十九发子弹打了五百五十七环。如果许海峰最后一枪是九环,冠军非他莫属。若打中八环以下,他将与金牌失之交臂。

许海峰放下枪,又举起,再放下,再举起。四起四落,把人们的心揪得紧紧的。

这一次,许海峰将枪又举了起来,人们以为他还有可能把枪放下,谁知,枪口骤然向上一跳,枪声响起,九环!经过靶壕裁判长用弹着测量器进行精确评定与核算,裁判长认定签字之后,许海峰的成绩是五百六十六环。他比格罗纳·斯卡纳克尔多出一环,夺得第二十三届奥运会的第一枚金牌!

当国际奥委会主席萨马兰奇亲自将第二十三届奥运会的第一枚金牌佩戴在许海峰胸前时,他激动地说:"这是中国体育史上伟大的一天!"

在许海峰实现中国奥运会金牌"零"的突破之后,我国体育健儿们在奥运赛场上继续奋力拼搏,并屡创佳绩。随着改革开放的进一步深入和社会经济的持续发展,中国的综合国力大大增强,为了更好地弘扬奥林匹克精神,为奥林匹克运动在全世界的发展做出应有的贡献,北京于1991年向国际奥委会正式递交报告,申办2000年奥运会,这也是中国第一次申办奥运会。这次申奥虽然以两票之差惜败,却体现出中国人民对奥林匹克运动的追求和向往。2000年,北京再次申办2008年奥运会。2001年7月13日,国际奥委会主席萨马兰奇先生在莫斯科宣布:北京成功当选为2008年奥运会主办城市。

2008年8月8日,第二十九届奥运会在北京开幕。本届奥运会的口号为"同一个世界,同一个梦想"(One World, One Dream),设置了三大理念:绿色奥运、科技奥运、人文奥运。在十几天的赛程中,举行了二十八个大项的比赛,共产生三百零二枚金牌,中国获得五十一枚金牌,位列金牌榜第一位。8月24日,北京奥运会圆满闭幕。

从1896年第一届奥运会到2008年第二十九届奥运会,现代奥运会已经走过了一个多世纪的风风雨雨。如今,它不仅是一项全球瞩目的体育盛会,也成为连接世界各国人民的纽带和桥梁,在维护和平、增进友谊、促进交流等方面发挥着独特的作用。

326 · 世界博览会

1851年5月,英国伦敦的海德公园内矗立起了一座新颖独特的宏伟建筑。它的外墙和屋顶由三十万块玻璃拼装而成,没有任何多余的装饰,远远望去,整个建筑晶莹剔透、熠熠生辉,犹如梦境中的宫殿。人们无不为之赞叹,誉之为"水晶宫"。

这座水晶宫不是为英国王室新建的王宫,而是为国际博览会特意兴建的展览馆。当时,英国乃是世界的头号强国。为了显示工业革命的成果,为了炫耀大英帝国的实力,维多利亚女王决定在伦敦海德公园举行一次国际博览会。女王还通过外交途径邀请了欧美十多个国家参展。女王的丈夫阿尔伯特亲王亲自主持博览会的筹备工作,他动用了全国的经济力量,为国际博览会布展。在短短八个月内,高达三层的水晶宫拔地而起。

5月1日,维多利亚女王和阿尔伯特亲王乘坐豪华的皇家马车来到水晶宫前,亲自为博览会开幕剪彩。展馆总面积达七万多平方米,里面还有花草树木、流水喷泉,十分气派。在宽敞明亮的水晶宫里集中展出了一万四千余件艺术珍品和工业产品,涵盖了当时工业文明的全部内容。其中,蒸汽机、火车头、水力印刷机、纺织机械代表了当时最高的工业成就。而最抢眼的展品是一块二十四吨重的煤块和一枚来自印度的大钻石。

在一百六十天的展期中,观者如潮,盛况空前,人数多达六百二十万,世界各地的工业巨子和社会名流也纷纷赶来参观。英国人自豪地声称,这是一次"伟大的博览会"。

因为这一划时代的创举,伦敦水晶宫博览会被后人确认为首届世界博览会。随后,美国、法国等国家为了提升自己的国际威望,也争相举办世界博览会。

为了控制世博会的举办频率和保证世博会的水平,1928年,一些国家在法国巴黎举行会议,成立了国际展览局,并制定《国际展览公约》,对世博会的举办方法做出了若干规定,如举办世博会要有主题、展示时间不超过六个月等。

EXPO
LONDON 1851

世界博览会分作两类。一类是综合性世博会，另一类是专业性世博会。综合性世博会展出的内容包罗万象，一般五年举办一届，如2000年德国汉诺威世界博览会。专业性世博会展出的内容要单一些，它以某类专业性产品为主要展示内容，如1999年中国昆明世界园艺博览会。

正如"一切始于世博会"所宣扬的理念那样，世界博览会是新科技、新建筑、新发明等各种新事物的舞台。汽车、橡胶、电梯、电话、尼龙等，都是最先在世博会上露面，然后给人类生活带来了巨大的影响。

由于世界博览会具有无穷的魅力，能给主办国创造巨大的经济和社会效益，因此申办世博会的竞争十分激烈。而主办国更是不惜倾全国之力，力争办出与众不同、别具一格的世博会，以树立良好的国际形象，向世界展示本国的综合国力和文化传统。

中国与世博会的关系可谓源远流长。1851年，徐荣村携"荣记湖丝"在伦敦首届世博会上获得了金奖。晚清时期，一些著名学者、作家和实业家，都不约而同地呼吁要在上海举办世界性的博览会。一百多年后，圆梦时刻终于到来。2002年12月3日，经国际展览局大会投票表决，中国上海获得了2010年世博会的主办权！

从2010年5月1日开幕至10月31日闭幕，上海世博会历时一百八十四天，共计二百四十六个国家和国际组织前来参展。参观者人数超过七千三百零八万，创下了历届世博会之最。上海世博会以"城市，让生活更美好"(Better City, Better Life)为主题，首创"网上世博会"和"城市最佳实践区"。通过展览，弘扬了绿色、环保、低碳等发展新理念，有力证明了科技是推动社会进步的强大动力，生动展现了人类文明的多样性，充分表明了追求平等和谐是人类的共同愿望。

如今的世界博览会不再只是单纯的技术和商品的展示会，它已经成为经济、科技与文化领域内的全球盛会，既是对当下文明的真实纪录，更有对未来前景的美好憧憬。

327·风靡全球的世界杯

四年一届的世界杯足球赛,让全世界球迷如痴如醉。

1929年,经国际足联巴塞罗那会议批准,南美小国乌拉圭获得举办第一届世界杯的主办权。

热情的足球爱好者募捐四十万美元,并且以神奇的速度修建了当时世界上规模最大的可容纳十万名观众的"圣特纳里奥"体育场。

足球发源地欧洲没有急于接受乌拉圭的邀请。因为1929年纽约证券交易所倒闭,引起欧洲的经济危机;加上航空还未成为民用,所以欧洲球队要从水路通往拉丁美洲,可谓路途遥远。最后在国际足联主席雷米特的努力下,欧洲的法国、南斯拉夫、罗马尼亚、比利时四国参赛,加上阿根廷、玻利维亚、巴西、智利、墨西哥、巴拉圭、乌拉圭、秘鲁、美国,十三支队伍角逐第一届世界杯。

7月13日比赛开始。比赛分四组进行。半决赛结果,乌拉圭队以六比一胜南斯拉夫队,阿根廷队也以六比一赢了美国队。决赛在阿根廷与乌拉圭队之间进行。这两支队伍碰到一起,真是冤家路窄。原来1928年在荷兰阿姆斯特丹举行的第九届奥运会足球决赛中,气势极盛的乌拉圭队以二比一战胜了阿根廷队,夺得金牌。这次双方又在第一届世界杯决赛中狭路相逢,分外眼红。阿根廷人决心雪耻,报两年前的一箭之仇;而乌拉圭队力争利用主办国的天时、地利、人和之利夺魁,要把金光闪闪的"雷米特杯"抱在怀里。

7月30日清晨,巴拉那河的出海口突然人欢马叫,万众欢腾,阿根廷球迷掀起一股强大的渡河风暴。当薄雾刚从河面上消失,金色的阳光把滔滔河水照得金光粼粼,四万阿根廷球迷从全国各地涌向巴拉那河的入海口,因为从这个入海口到达乌拉圭首都蒙得维的亚的路程最近。他们有的高举横幅,有的手执彩旗,有的吹吹打打,有的乘着船只,纷纷跳下宽阔的大河,球迷在河面上高唱着《不战胜则死亡》的歌曲:

前进,阿根廷的战神,

安第斯山的女神保佑你,

你像一匹骏马,纵横驰骋。

用利剑劈杀敌人!

不战胜则死亡,

家乡的父老用美酒等待着你们胜利凯旋……

为了观看一场球赛,四万阿根廷球迷不顾生命安危,竟然跳下滔滔大河,集体横渡到乌拉圭为球队助威,其场面之宏大,真是天下奇观。

下午,烈日高照,激情澎湃的"圣特纳里奥"球场,纸片乱飞,歌声激昂。南美足坛的一对宿敌终于在蒙得维的亚聚首了。群情激昂的四万阿根廷球迷继续高唱《不战胜则死亡》的战歌,急匆匆赶去"圣特纳里奥"主赛场。而在游牧民居多的乌拉圭,持枪是合法行为。为防止暴力事件,乌拉圭政府加强了安全防范措施,警方出动了两千多名警察,对九百多名观众进行搜身检查,连主裁判约翰·朗格鲁斯也不例外。

银笛一响,第一届世界杯决赛在十万名激动若狂的观众面前展开。乌拉圭队虽然占据天时、地利、人和,却踢得不够理想。二十分钟之后,乌队首开纪录,由右边锋先射入一球,但没过几分钟,阿根廷队法国血统的左边锋卡洛斯·奔桑回敬一球,踢成平局。接着,阿根廷队著名中锋斯塔比尔在维布·吉尔穆的配合下,踢进第二个球。上半场阿根廷队以二比一领先,形势对乌拉圭队不利。

下半场易地再战,情况发生了变化。只见乌拉圭队如潮水般涌向阿根廷队的球门,发起了强攻。黑人球星安德拉德好像一头怒吼的猎豹,势如闪电,起脚射门,球应声入网,把场上的比分扳为二比二平。乌拉圭队一鼓作气,激情四射,又连进两球,以四比二反败为胜。他们终于没有辜负江东父老的厚望,荣获第一届世界杯的冠军。乌拉圭队队长、右后卫纳茨红光满面,代表全队领取了金光闪闪的"雷米特杯",并带全队在观众铺天盖地的欢呼声中绕场一周。

中国是足球运动的发源地。而现代足球运动起源于英国,后来逐渐传播到世界各地。由于足球运动的迅速发展,国与国之间的比赛十分频繁,1896年第一届奥运会在雅典举行时,足球已列为正式比赛项目。后来,由于奥运会不允许职业运动员参加,满足不了已经建立职业球队国家的需要,于是在1928年第九

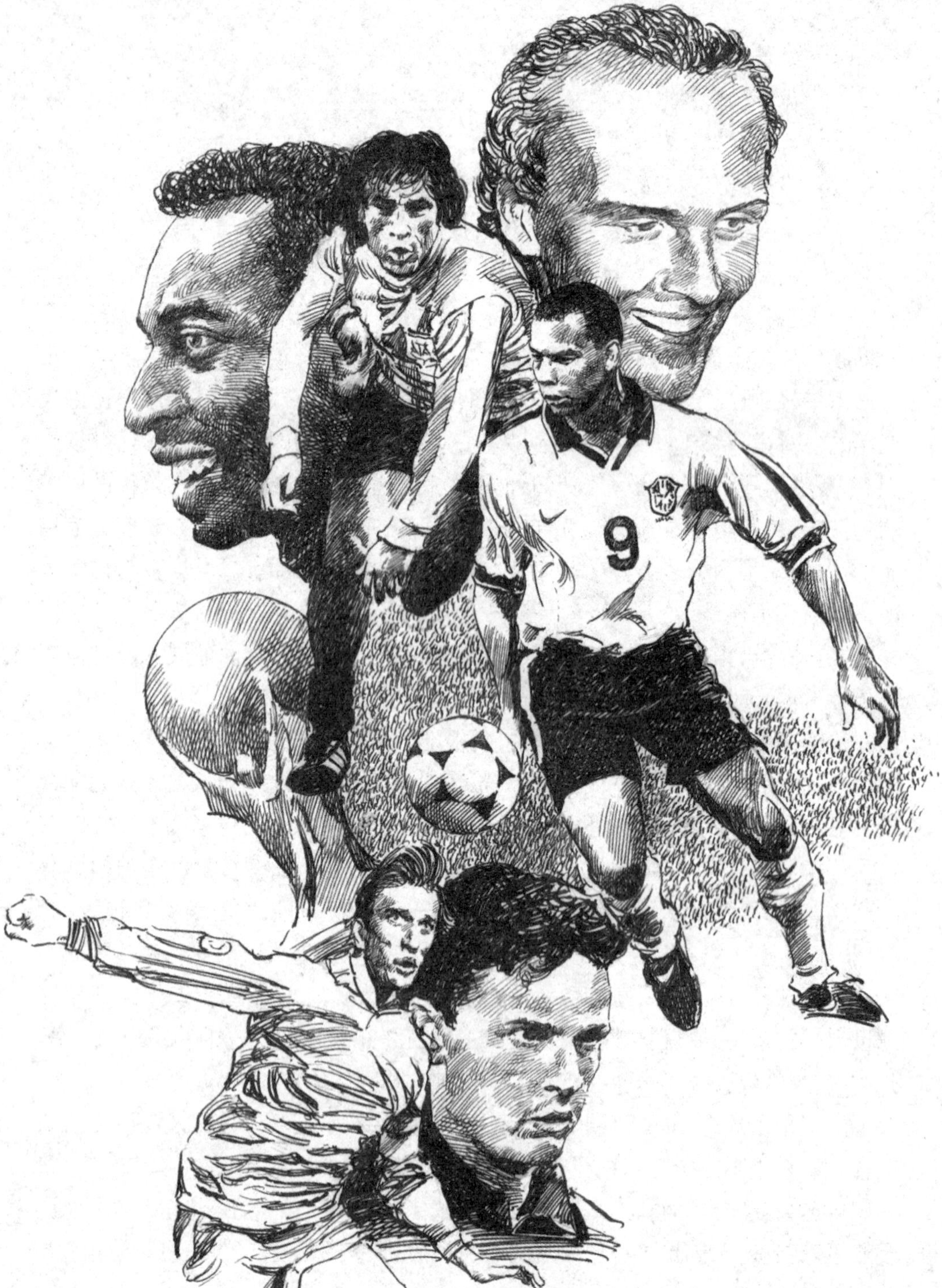

届奥运会后，国际足联召开代表会议，一致通过决议，举办四年一度的世界足球锦标赛。这不仅满足了人们的愿望，而且对世界足球的发展和提高也起着积极的推进作用。

1956年，国际足联在卢森堡会议上，把锦标赛的名称改为"雷米特杯赛"，以表彰前国际足联主席、法国人雷米特为足球事业所作出的巨大贡献。后来，有人建议把两个名字联系起来，称为"世界足球锦标赛——雷米特杯"；最后，在赫尔辛基的代表会议上，又一次改名为"世界足球冠军赛——雷米特杯"，简称"世界杯"至今。

四年一届的世界杯，自1930年举办以来，至2010年已举办了十九届。前十六届世界杯都是在欧洲、美洲国家举办的。2002年，世界杯首次落户亚洲，由日韩两国合办。中国在这次世界杯中首次杀入决赛阶段的比赛。2010年，第十九届世界杯在南非举办，这是非洲国家第一次主办世界杯。

截至目前，历届世界杯冠军皆由欧洲、南美洲国家夺得。其中，巴西队五次捧杯，是史上夺得世界杯次数最多的国家。巴西的"一代球王"贝利是二十世纪最伟大的球员之一，他辗转足坛二十余年，叱咤风云，获得无数荣誉。他四次参加世界杯，三次捧杯，是至今世界上唯一夺得过三届世界杯冠军的球员。

世界杯赛场上风云际会，明星荟萃，除了球王贝利，还有许多著名球星：巴西的"火箭鸟"加林查、德国的"足球皇帝"贝肯鲍尔、荷兰的"绿茵皇帝"克鲁伊夫、匈牙利的"左脚王"普斯卡斯、阿根廷的"球王"马拉多纳、意大利的"忧郁王子"罗伯特·巴乔、法国的齐达内、巴西的"外星人"罗纳尔多、英格兰的贝克汉姆……他们在世界杯的赛场上各领风骚、光芒闪耀，令全世界的球迷为其呐喊，为其疯狂。

328·震惊世界的"9·11"

2011年9月11日,"9·11"十周年纪念活动在美国纽约世贸中心遗址、宾夕法尼亚州尚克斯维尔和华盛顿的五角大楼举行。

在纽约阴霾的天空下,遇难者家属含泪在纪念池畔伫立,抚摸着镌刻在纪念池边上的亲人的名字。悼念仪式上,伴随着大提琴声,遇难者家属逐一大声念出近三千名遇难者的名字以祭奠逝者。在五角大楼西南侧的"9·11"纪念园内,美军士兵逐一向代表遇难者的长凳献上花环。纪念园内共有一百八十四条呈机翼形状的长凳,每条长凳上面刻有一名遇难者的姓名。参加悼念活动的人们分别在八时四十六分、九时零三分、九时三十七分、九时五十九分、十时零三分、十时二十八分,向死难者肃立默哀。在十年前的这六个时刻中,数千无辜的生命离开了这个世界。自那一天起,911——这组与美国报警电话号码相同的数字——与灾难和恐怖联系在了一起。

2001年9月11日,纽约曼哈顿——这个由无数现代派建筑组成的"钻石森林",在早晨的阳光下闪烁着耀眼的光辉,在作为曼哈顿标志的世贸中心双子楼中,人们也如往常一样专注于自己的工作,一切都是那样的平静有序……直到八时四十六分——随着一声巨响,一切都被改变了。街头的行人惊恐地发现一架巨大的波音飞机一头扎进了双子楼的北楼,浓烟滚滚,霎时间便笼罩住了这座纽约最高建筑的上空。很快,美国各大电视媒体突然中断了正在播放的节目,转而播出了这幅令世人动容的场景。

然而事情远没有结束,九时零三分,又一架飞机撞上了双子楼南楼的中上部,飞机洞穿大楼,爆炸产生出夺目的火光,双楼摇摇欲坠。恐怖分子撞击世贸大厦时所劫持的两架飞机,分别是由波士顿飞往洛杉矶的美洲航空公司第11次航班波音767客机和从华盛顿飞往洛杉矶的美洲航空公司第77次航班波音757客机,两次航班上共一百五十七名乘客和机组人员全部遇难。

三十多分钟后(九时三十七分),在华盛顿,美国国防部所在地五角大楼也遭到一架飞机的撞击,五角大楼的一角立刻被毁。此后,美国总统府白宫附近发生

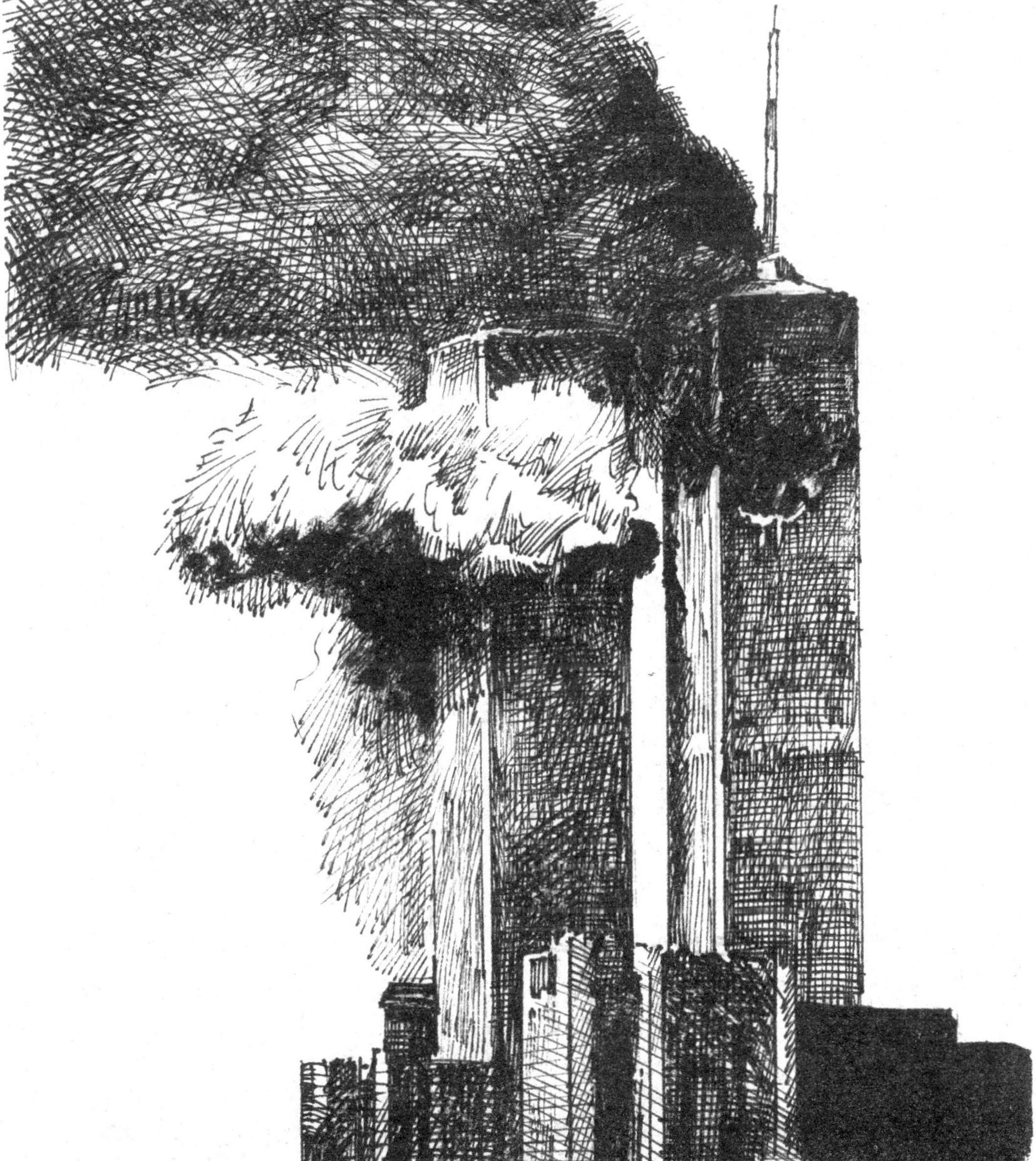

大火,国务院大楼、国会山附近相继发生炸弹爆炸事件。美国的中枢核心遭到前所未有的威胁。恐怖袭击发生后,美国副总统切尼、第一夫人劳拉和国会要人旋即转移到安全地点,政府各部门、各大公司等机构的工作人员也都从办公地点紧急疏散。这架撞向五角大楼的飞机是从华盛顿杜勒斯机场起飞后不久的美国联合航空公司的第175次航班客机,机上六十五人全部遇难。

在宾夕法尼亚州,十时零三分,从新泽西州纽瓦克飞往旧金山的联合航空公司的第93次航班客机在距匹兹堡东南一百三十公里处坠毁,据事后调查,失事前机上乘客曾试图从劫机者手中重夺飞机控制权。这架被劫持的飞机攻击目标不明,但相信劫机者的撞击目标是美国国会或白宫,该航班四十五人全部遇难。

而在纽约,曾是世界第一建筑的世贸大厦,即那两座一百一十二层、高达四百一十一米的建筑,经一番"挣扎"后,先后于九时五十九分和十时二十八分轰然倒下,尘埃冲天,大地震颤,近三千人葬身于废墟之中,曼哈顿一片世界末日的景象。

这就是震惊世界的"9·11"恐怖袭击。

此次恐怖袭击对美国及全球产生了巨大的影响。这是继第二次世界大战期间的珍珠港事件后,美国所遭受的伤亡最惨重的一次袭击,更是人类历史上迄今为止最严重的恐怖袭击事件。

在"9·11"事件发生后,美国政府宣布将会对发动袭击的恐怖分子以及保护他们的国家发动军事报复。第一个打击目标就是阿富汗塔利班政权,理由是他们拒绝交出头号嫌犯奥萨马·本·拉登。2001年10月7日,以美国为首的联军,发动了对阿富汗基地组织和塔利班的阿富汗战争,这同时也是世界反恐战争的开始。自2001年至今,美国一直在追捕基地组织成员,直至2011年,在"9·11"恐怖袭击事件过去近十年之后,美国总统奥巴马在当地时间5月1日发表全国电视演讲,宣布基地组织领导人本·拉登被击毙。但是"9·11"事件并未因此而完全结束,这一举世震惊的划时代事件还将在历史中继续产生影响。

329·伊拉克战争与萨达姆的被俘

2003年3月,美国东部时间19日晚九时三十五分(伊拉克时间20日凌晨五时三十五分),美军战机在伊拉克首都巴格达投下第一枚炸弹。这是美国总统乔治·W·布什对伊拉克总统萨达姆·侯赛因所发出的要求他和他的儿子在四十八小时内离开伊拉克的最后通牒到期的时间。四十分钟后,美国东部时间晚十时十五分,在白宫的椭圆形办公室里,小布什总统面对镜头,发表讲话:"我亲爱的美国国民:我们已经开始了对伊拉克的军事行动,我们要解除伊拉克的武装,解放伊拉克的人民,避免世界陷入危险……"美国因伊拉克拥有大规模杀伤性武器(疑似)而发动战争——这是美国正式对伊拉克宣战。而与此同时,白宫后花园的栅栏外已经聚集了十几名反战示威者。他们端着装有蜡烛的纸杯,举着"停止伊拉克战争"的标语牌,在寒风中瑟瑟发抖。

在美国发动旨在推翻萨达姆的战争三小时后,萨达姆身穿军装,头戴黑色贝雷帽对伊拉克全体国民发表电视讲话,痛斥布什是"罪恶的小布什",并以"你们将战胜敌人"来号召伊拉克人民抗击美国侵略,击败美英联军。

3月20日,以美国和英国为主的联合部队正式对伊拉克开战。澳大利亚和波兰的军队也参与了联合军事行动。美英联军向伊拉克发动了代号为"斩首行动"和"震慑行动"的大规模空袭和地面攻势。在开始阶段,美英联军先后向巴格达、巴士拉、纳杰夫、摩苏尔、基尔库克、乌姆盖斯尔等十余座城市和港口投掷了各类精确制导炸弹两千多枚,其中战斧巡航导弹五百枚。

但是由于供给线太长和伊拉克方面的抵抗,美英联军"速战速决"的目标未能实现,战争进入了相持阶段。伊军在伊拉克中部的卡尔巴拉、希拉、欣迪耶等地与美英联军展开激战。不过,转机很快出现,美英联军凭借空中优势和机械化部队,兵分几路发起强大攻势,先后攻陷了伊拉克南部的巴士拉等重要城市和战略要地,并对巴格达形成合围。

2003年4月8日,美军从北面和南面两个方向向巴格达推进,随后坦克开进巴格达,美军占领了萨达姆城。次日下午三时,随着萨达姆在巴格达的雕像被推

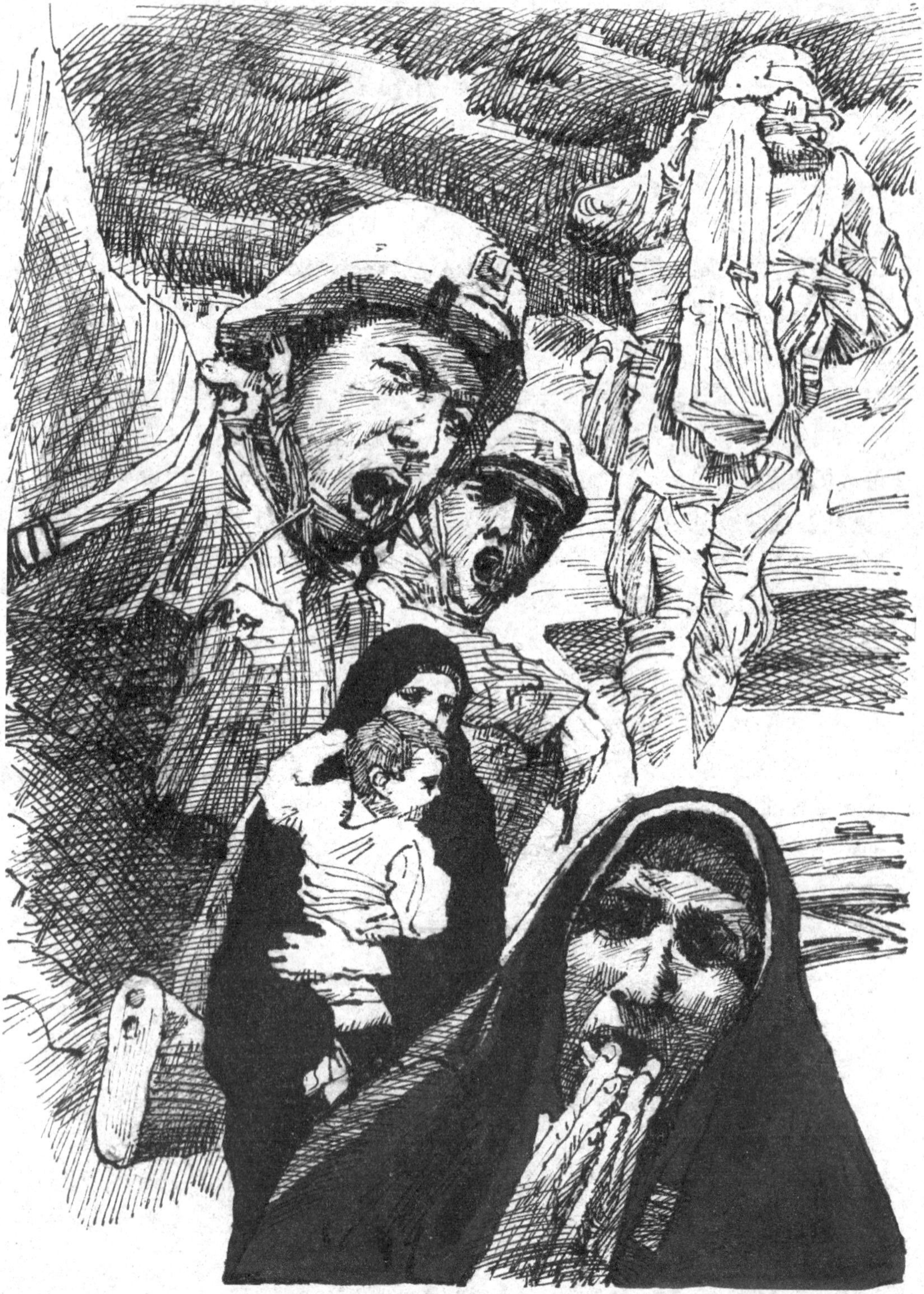

倒,美军占领了巴格达,一个时代结束了。伊拉克的政权被摧毁,萨达姆·侯赛因结束了其长达二十四年的统治生涯,下落不明。4月15日美军宣布,伊拉克战争的主要军事行动已结束,联军"已控制了伊拉克全境"。美军胜利了,但也付出了沉重的代价。据美国官方公布,在伊拉克战争中死亡的美军人数为一百二十八人,其中一百一十人阵亡,十八人死于事故。英军士兵死亡三十一人。战争消耗了美国大约两百亿美元。

  随后,搜捕行动展开。7月22日,伊拉克总统萨达姆·侯赛因的两个儿子乌代和库赛在住所中被美军击毙。12月13日伊拉克当地时间晚上八时,萨达姆在家乡提克里特被捕。经过一次迅速的DNA测试,确定是萨达姆·侯赛因本人。2004年1月10日,美国正式宣布根据《日内瓦公约》确定萨达姆·侯赛因为战俘。经过多次审判,伊拉克高等法庭于2006年11月5日判处萨达姆绞刑。萨达姆提出上诉,但伊拉克上诉法庭12月26日宣布,维持萨达姆死刑判决。12月30日,萨达姆被执行绞刑。这位自海湾战争以来就一直引起全世界注意的人物,在政坛上纵横捭阖几十载,历经战火之后,以这样的方式为他的人生画上了句号。

  伊拉克战争的硝烟渐渐散去,"倒萨控伊"的目标似乎已经达到,但是美国政府很快发现,他们有可能被拖入了一场旷日持久的游击战中。2010年8月3日,美国总统贝拉克·奥巴马表示,8月底美国部队在伊拉克的作战行动将如约结束。

  美国从2003年3月20日入侵伊拉克到2010年8月撤出全部战斗部队,历经七年零五个月。整个过程中,美方近四千五百名军人死亡、三万余名军人受伤、战争开支七千六百三十亿美元,重建费用五百亿美元,伊方同样有大量士兵、平民死亡,数以百万计的难民产生……这些到底意味着什么?这是留给世人的问题。伊拉克战争作为一场引发争议、遭到质疑和反对的战争,在整个世界引起了强烈的震动,产生了广泛而深远的影响,它将长久地给我们带来诸多启示和思考。

330·全球金融危机

华尔街——这条位于美国纽约曼哈顿区，只有五百米长、十一米宽的街道，长期以来被视作美国经济的心脏，一直是一个光芒四射的地方。在华尔街工作过，曾经是众多银行家和白领们引以为荣的资历。但这一切在 2008 年发生了改变。

2008 年 9 月 15 日到 20 日短短的六天，无疑是震撼世界的一周。近两百年来逐渐形成的华尔街金融版图，遭遇了天翻地覆的剧变。破产和另类并购是这一周华尔街的关键词。有着一百五十八年辉煌历史的雷曼兄弟公司轰然倒下，美林集团易主美利坚银行，大摩也传寻求合并，保险巨头美国国际集团不得不依靠政府援手，华盛顿互惠银行也在为避免破产苦寻买主……还有更多坏消息在路上。曾经春风得意、制造着财富繁荣和资本神话的华尔街金融机构，此时正向全球输出着恐慌。此后在投资银行领域，没有人能指望获得同情，人们惊恐地看着华尔街上发生的一切，极尽谴责之能事，声讨它的种种劣迹。

这一切的根源是"次贷危机"。次贷即"次级按揭贷款"，"次"的意思是与"高"、"优"相对应的，指较差的一方，在"次贷危机"一词中指的是信用低，还债能力低。次级抵押贷款指一些贷款机构向信用程度较差和收入不高的借款人提供的贷款。与传统意义上的标准抵押贷款的区别在于，次级抵押贷款对贷款者的信用记录和还款能力要求不高，贷款利率相应地比一般抵押贷款高很多。这是一个高风险、高收益的行业。

"次贷危机"的出现，一方面是美国消费观念的后果：几十年来，美国人不喜欢储蓄，热衷于过度消费，仰仗银行贷款过日子，美国发达、完善的信用体制使几乎所有人的消费都可以靠借钱来完成；另一方面则是房贷坏账的恶果：由于 2006 年以前，美国住房市场在长达五年的时间里保持繁荣，随着房价不断攀升，市场投机现象越来越严重，贪婪的本性让金融资本家们泥足深陷，不断演绎着"玩弄阴谋、点石成金"的离奇财富故事。在房价不断走高时，次级抵押贷款生意兴隆。即使贷款人现金流并不足以偿还贷款，他们也可以通过房产增值获得再贷款来填补缺口。但当房价持平或下跌时,就会出现资金缺口而形成坏账。

从这个溃点开始,崩塌逐渐蔓延开来。自次级房屋信贷危机爆发后,投资者开始对按揭证券的价值失去信心,从而引发了流动性危机。即使多国中央银行多次向金融市场注入巨额资金,也无法阻止这场金融危机的爆发。直到2008年,这场金融危机开始失控。最初,受影响的公司只限于那些直接涉足建屋及次级贷款业务的公司;然后,危机开始影响到那些与房地产无关的普通信贷,而且进而影响到那些与抵押贷款没有直接关系的大型金融机构。最终,形成了震惊全球的金融海啸。

次贷问题源于美国但冲击广泛,欧洲银行承担了几乎一半的损失。由此引发的银行间借贷的急剧收缩,影响也如海啸般瞬间席卷全球新兴市场。墨西哥比索和巴西雷亚尔剧烈贬值,印度尼西亚股市停市三天。香港和新加坡的投资者游行抗议雷曼迷你债券违约。许多国家都不得不对银行存款进行全面担保。油价一度狂跌至每桶四十美元以下。

自2008年9月金融危机全面爆发后,美国政府为应对危机、支持经济增长采取了一系列措施,无论是从力度还是广度来说,都堪称二十世纪经济"大萧条"以来最大规模的政府救市行动。2008年10月4日,美国总统布什签署了总额达七千亿美元的金融救援方案。各种救市举措,如国有化、注资、降息以及改变监管措施等多管齐下。

世界各国也纷纷推出各自的经济刺激方案,同时强调要通力协作,共同对抗这场大萧条以来最严重的经济危机。2008年11月15日,来自世界各地的二十国集团领导人齐聚华盛顿,参加2008年金融市场和世界经济峰会,发表宣言,强调在世界经济和国际金融市场面临严重挑战之际,与会国家决心加强合作,努力恢复全球经济增长,实现世界金融体系的必要改革。

时至今日,这场自2008年开始全面爆发的全球金融危机虽然已经结束,但影响并未完全消退,经济修复仍然是一条漫长的道路,等待着世人去探索。

331·抗击 SARS 和禽流感

病毒与细菌一样,看不见,摸不着,但它却与人类如影随形。早在公元前四世纪,古希腊学者亚里士多德就曾记述过因狂犬病毒引发的病症,这可能是人类最早有关病毒的记载。中国南宋陈旉的《农书》里有过关于家蚕"高节"、"脚肿"等病症的记载,现在得知,那是一种叫家蚕核型多角体的病毒在作怪。现今荷兰阿姆斯特丹国立博物馆里,保存着 1619 年荷兰画家画的一幅得病的郁金香静物画,让我们知道了那时存在过一种能引发郁金香碎色病的植物病毒。埃及人在保存至今的木乃伊身上,发现过类似天花的痘痕,而牛痘接种术的出现,雄辩地证明人类在与天花病毒的较量中取得了压倒性的胜利。法国化学家巴斯德从一桶葡萄酒的酿造和变酸过程中,对细菌这种微生物有了切实的了解。从"细菌致病说"到"细菌可灭论","疫苗"这个人类的大救星诞生了!

荷兰有位细菌学家名叫贝杰林克,在前人研究的基础上,他将烟草花叶病株的汁液注射到健康烟草的叶脉中,证明了这种病毒具有传染性。他论证出这个病原是一种比细菌还要小的"有传染性的活的流质",他给病毒起了个拉丁名叫"Virus"(威罗斯),从此病毒学研究开创了自己独立的学术进程。

简单地说,病毒就是一类个体极其微小,结构简单到只含单一核酸,必须在活细胞内寄生并以复制方式增殖的非细胞型的微生物。我国微生物学界的老前辈俞大绂先生将它翻译为"病毒",即能够致病的毒物。世界上的病毒千千万万,有的已被人类所认识并且战胜,有的则至今未被认识,有的虽被初步认识却仍旧叫人对它束手无策。

SARS 和禽流感,就是人类在二十一世纪初遭遇过的两种病毒。

SARS 的全称是"传染性非典型肺炎"或"严重急性呼吸综合症",其病原体是一种"冠状病毒"。它在人与人之间进行传播和感染,导致以发热、干咳、胸闷为主的症状,严重者会出现快速进展的呼吸系统衰竭。

2003 年早春,SARS 病毒席卷全球三十二个国家和地区,中国更成为一个"重灾区"。当时,"非典"突袭北京城,顷刻间大大小小的医院人满为患,全城笼罩在一片恐怖和忧患气氛中。一开始,因为经验不足、防护不到位,进一步造成了严重的交叉感染,并发生了多起死亡事例,连医护人员也未能幸免。

3月27日,世界卫生组织宣布北京为非典疫区。中共中央政治局常委会专门召开了会议,采取应对措施,做出了一系列重大部署,明确要求北京市政府建立防治非典工作的统一领导机制,统一收集、汇总、报告疫情,加强疫情监测,及时准确核实,如实上报。自4月21日开始,全国实施了每天一次的非典新增病例与疑似病例报告及公布制度。一场全国范围内的抗击非典的攻坚战全面打响了!

大批预防非典的医疗物资,源源不断运往首都。北京确定了六家医院为抗击非典的定点医院。在中央军委的批准下,官兵们又在北京郊区昌平县,仅用了七天七夜的时间,建造起了一座专门收治非典病人的医院——"小汤山非典定点医院"。4月26日,从各大军区抽调的大批医务人员赶赴小汤山。5月1日晚上十点至次日凌晨三点,首都十三家医院的一百五十六名非典病人在警车的护送下,被转移到了这里。据工作人员回忆:那天晚上,不得了呀!警车、救护车的鸣笛声可是整整响了一个晚上啊!

时任广州呼吸疾病研究所所长的中国工程院院士钟南山,最早察觉到了SARS病毒的踪迹。广博的医学知识与多年行医经验告诉他,这是一种非常值得关注的特殊传染病。他主动请缨,把最危重的病人往自己所在的医院里送。用他的话来说:"我们已经踩到地雷了,还能往何处推?"他积极奔赴各疫区,与国际卫生组织密切合作,为抗击非典立下了汗马功劳。

中央电视台女记者柴静,是最早冒死深入抗击非典第一线采访的人之一。她身穿白色防护服穿行于病房与病房之间,采访者与非典患者的零距离接触,让谈"非典"色变的公众又鼓起了抗击病毒的巨大勇气。

全国人民在情感和心灵的煎熬之中,度过了几十个日日夜夜,直到北京疫情统计首次出现"新收治直接确诊病例为零、疑似转确诊病例为零、死亡人数为零"的三个零记录!

2003年6月5日,北京最后一处工地被宣布解除隔离;6月19日北京市大部分医院恢复了正常的医疗秩序;6月24日,北京被世界卫生组织宣布从世界非典疫区的名单中排除;同时,中国其他省、市、自治区的非典疫情也得到了有效控制。

抗击SARS的战役虽然取得了决定性的胜利,但人类与病毒的对抗并不能偃旗息鼓。就在SARS风波平息后的两年,2005年,全球又爆发了新型病毒的禽流感。这种新发的传染病,其病原体是一种叫做H5N1的病毒。它的传染源主要是病禽或带毒禽类,主要通过空气污染和环境污染对人类进行传播,严重者会出现肺部感染,乃至死亡。2009年,在美国和墨西哥又发生了人感染甲型H1N1流感病毒(猪流感)的疫情。

大自然病毒的变异和发展速度远远超过了人类研制对应药物和疫苗的进程。与病毒的斗争,是全人类面临的一大科学难题。面对病毒的侵袭,对于全人类来说,战斗正未有穷期!

332·世纪灾难——海啸袭击印度洋

早晨的阳光和煦温暖,平静的海水清澈见底,松软的海滩美丽迷人,这是印度洋珊瑚岛国马尔代夫首都马累附近的一处风景名胜。国际影视明星李连杰与他四岁女儿正在临海酒店的外面嬉戏玩耍,尽享天伦之乐。此刻,海水骤然消退,仿佛神灵出现,一下子收走了所有的海水。快艇搁浅在坚硬的海礁石旁,受惊的鱼儿在礁石间乱蹦狂跳。李连杰父女以为是潮水的变化,还不断地为海浪的消失而忘情地欢呼雀跃。但是紧接着海水又突如其来地回涌过来,如同它在一瞬间消失般地突然涌现。一眨眼的工夫,海浪越来越湍急,并以漩涡的形状朝前翻滚。有经验的导游马上尖声高呼:"海啸来了,大家快往山上跑!"李连杰见势不好,抱起女儿就往酒店里跑,没跑几步海水便已涌到他的颈部。他用单手将女儿举过头顶,多次失去平衡,栽进水里,拼尽了全身的力气才来到高一点的地方。旁人对他说:"没有人知道海水涨到哪里才会停止,你唯一能做的,就是跑得越高越好!"

这段真实的场景,让我们直观地了解了印度洋大海啸的威力。这次海啸之前发生的地震,震中远在距离马尔代夫数千公里外的印度尼西亚苏门答腊岛以北的印度洋海底,震级为里氏9级,是有史以来的第二大引发海啸的特大地震,仅次于1960年在南美洲智利发生的9.5级大地震。

这一天是2004年12月26日。在浩瀚的印度洋上发生的这次海啸,是世界近两百多年来死伤最为惨重的海啸灾难。海啸使亚洲、非洲的十多个国家遭受影响,其中包括印度尼西亚、印度、马来西亚、斯里兰卡、泰国、孟加拉国、马达加斯加、马尔代夫、索马里、坦桑尼亚、肯尼亚、南非、加纳及塞舌尔等。损失最惨重的当数印度尼西亚。印度洋大海啸共造成近三十万人不幸罹难,称得上是一次世纪灾难。

印度尼西亚苏门答腊群岛位于地球的三大地震板块——欧亚板块、印度—澳大利亚板块和太平洋板块的交界处,人称"太平洋火圈",天生是一个强震的多发地区,地震和海啸往往不期而至。印度尼西亚的亚齐省省府班达亚齐,全城有

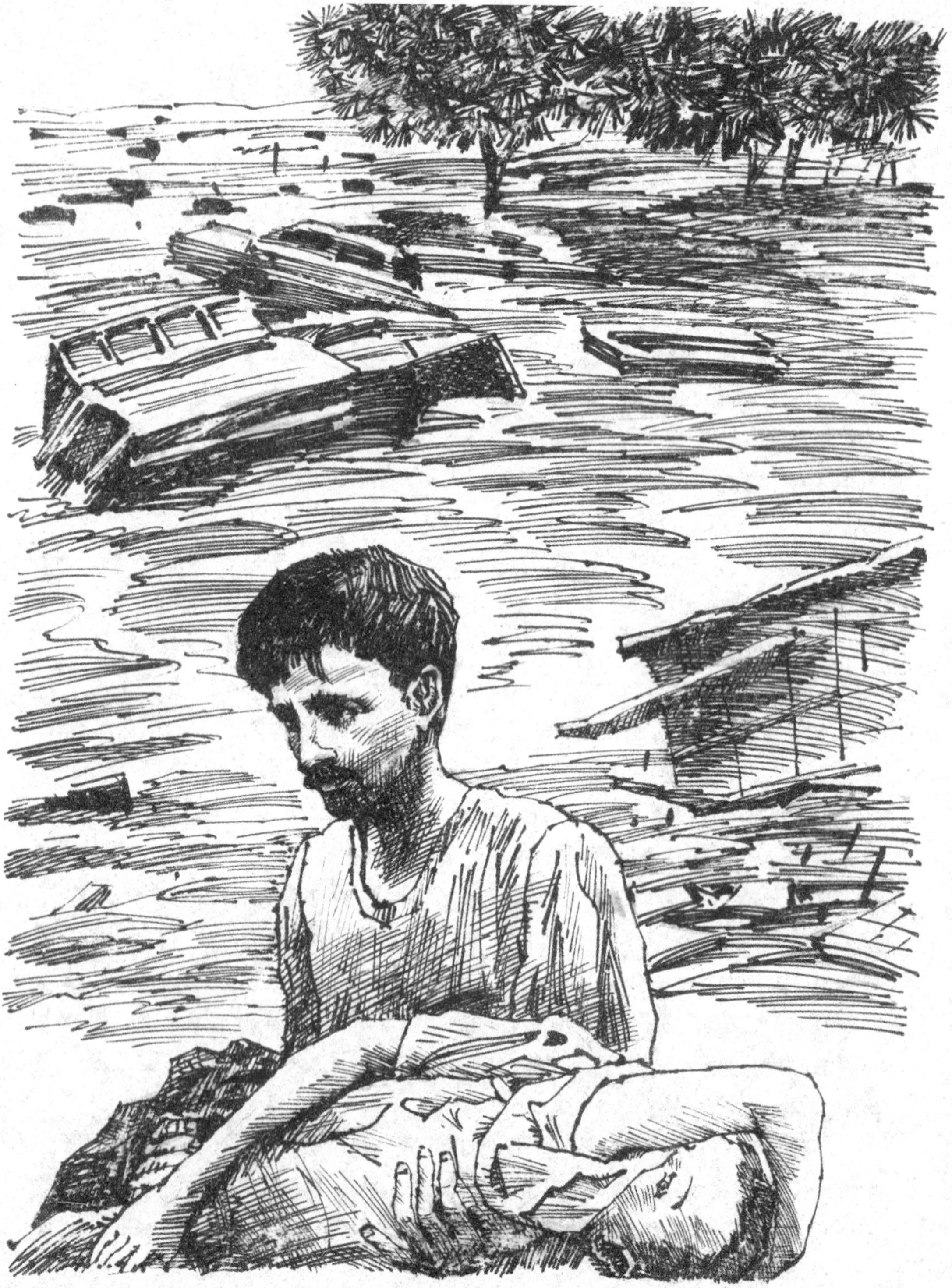

三分之二的居民在这次海啸中丧生,因为它离这次地震震中距离最近。海啸来袭时,许多居民逃到城后的一座小山上躲避水魔,此山面积虽然只有一万多平方米,但是,幸运的灾民却依靠它的存在而活了下来。海啸发生三年以后,印度尼西亚政府出资七百五十万美元,在这座小山上建造起一座"海啸博物馆",让后人永远铭记那儿曾经发生过的世纪灾难。博物馆的建筑外形是一个安放在立柱上的传统木屋,里面有一个有如烟囱般的塔墙,上面密密麻麻刻满了死难者的姓名,每一笔每一画,都如同沉痛悲悼的眼泪!博物馆内还展出了亚齐省在海啸前后截然不同的景象图片,一方面提醒人们不要忘记悲惨的过去,另一方面也是呼唤人们为创造美好明天而奋起。

有一部名为《默哀》的电视纪录片,片头上醒目地写着:"献给海啸遇难者!"镜头中出现的许多世界级的旅游胜地,在地震和海啸来袭时,全都变成了死岛。在这百年不遇的"猛兽"来过以后,哀鸿遍野,满目疮痍。海水所到之处,生灵涂炭,物毁人亡,一切如同噩梦。一辆正在行进的火车,突遭汹涌的海浪侵袭,出轨倾覆,个别旅客击碎车窗才得以逃生,但大多数旅客却在拥挤的车厢里与世长辞,路基上留下了无数具尸体。一位名叫亨利的英国旅客到名闻遐迩的普吉岛度假,刚刚还在与两个同伴说笑聊天,但是,眼睛一眨,便与他们阴阳相隔。亨利举着他与两个同伴先前拍的照片,悲伤地说:"死亡可以随时进入我们生命的过程中,人要珍惜生命的每一天、每一分钟!"一对来自美国的夫妇,在海边旅馆遭遇这次海啸,他们亲眼目睹一辆轿车被冲进旅馆的大堂。还未等他们缓过神来,海水已经没到了旅馆二层楼的窗户底下。他们狂奔到旅馆的屋顶,第三波海浪又接踵而至,把他们吓得灵魂出窍!现实遭遇使他们认识到:"没有什么比生命更重要的了,而最要紧的就是和家人在一起!"一位法国的服装设计师,在这次地震和海啸中失去了他的妻子和儿子,他在海啸过后,冒着危险到海滩上去仔细寻找,找到的只是满腹悲哀、一腔怨愁,他喃喃自语道:"我不知道今后该怎么办……"生活留给他写满痛苦的一页。一对带着孩子的巴西夫妇,所有携带的物品统统葬身海底,但他们的孩子居然幸运地躲过了一劫。他们搂着自己年幼的孩子,欣喜而又悲怆地说道:"上帝保留了我们的一切!"他们居住的旅馆无疑未能免受摧残,但在旅馆服务的一位当地人,在死里逃生之后,仍然负责任地给他们找回了两本护照,而这位当地人的家却已经被海水冲得无影无踪。这对巴西夫妇感动得久久说不出话来，他们把可以留下的全部财产全都交给了这位恩人，衷心地祝愿他："一切都会好起来的！"

印度洋大海啸过去之后，全世界的科学家们达成了一个共识，那就是一定要给印度洋沿岸国家研制出预报海啸发生时间、规模和范围的"高科技海啸预警系统"。三年后，这一套由德国牵头研制的"高科技海啸预警系统"终于问世了！它可以将海底发生地震的情况，以及地震是否会引起海啸、海啸的高度估计、到达时间等信息及早地传送到陆上的监测站。

人类无法阻止地震和海啸的发生，但是，终有一天，人类将有效地掌握地震和海啸的活动规律，减轻灾难的后果，尽管要达到这一目标，路途还很长，很长……

333·东日本大地震

日本东北部有一个物产富足、风景秀丽的宫城县,县政府所在地仙台市,曾留下我国大文豪鲁迅先生的足迹。他在弃医从文前,曾在仙台医学专门学校(现东北大学医学部)留过学,那里至今保留着让人感到温馨亲切的鲁迅故居。

就在这个秀美祥和的人居胜地,2011年3月11日,日本当地时间下午二时四十六分,在宫城县以东的太平洋海域(北纬38.1度,东经142.6度),突然发生了一次里氏9级的地震,并引发了强烈的海啸!海啸影响到太平洋沿岸的大部分地区,并造成日本福岛第一核电站第一至第四号机组发生核泄漏事故。4月1日,日本内阁会议将此次地震定名为"东日本大地震"。

3月11日下午,对宫城县的居民来说,惊恐的记忆将永远无法抹去。强烈的地震瞬间把他们宁静的生活撕得粉碎,随后的海啸再次把他们的安定和幸福葬入深渊。一辆辆正在公路上行驶的汽车,身不由己地被四米多高的海浪冲向路边护栏,然后随着汹涌的水流向前奔窜。遇到房屋等巨大障碍时,这些汽车甚至停留在了屋顶。

地震发生时,一位三十四岁的司机正在由他操纵的四吨钻机内工作。他回忆道:"海啸的速度快得令人难以置信!我眼看周围的小车被海浪冲得无影无踪,我什么事情都不能做,只能把门关死,抓住把柄,听任海浪摆布,随着海浪的翻卷而移动。在海浪深入内陆数公里后,才得以保住一条性命。"宫城县购物中心等许多商场、会馆内,天花板大量坍塌、剥落,建筑物摇晃的摇晃,倾斜的倾斜,倒伏的倒伏,一片狼藉!

仙台市北面有个叫气仙沼的地方,在海岸上停留的船舶、民房和工厂的槽罐等物,像玩具一般被海浪卷走,夹杂着泥沙、碎石、瓦砾和木片,浩浩荡荡地在街区行进着,毫无阻拦。气仙沼市的名字中有个"沼"字,因为这里生产天然气。这个以轻工业和渔业为特色的小城镇只有七万四千多个居民,地震和海啸过后,此地顿时变成一片火海。海啸冲裂了这个城镇的天然气管道,撞翻了无以数计的油罐车,烈火燃烧不熄,延绵了几个昼夜,整个城镇的住宅区和商业区无一幸免!

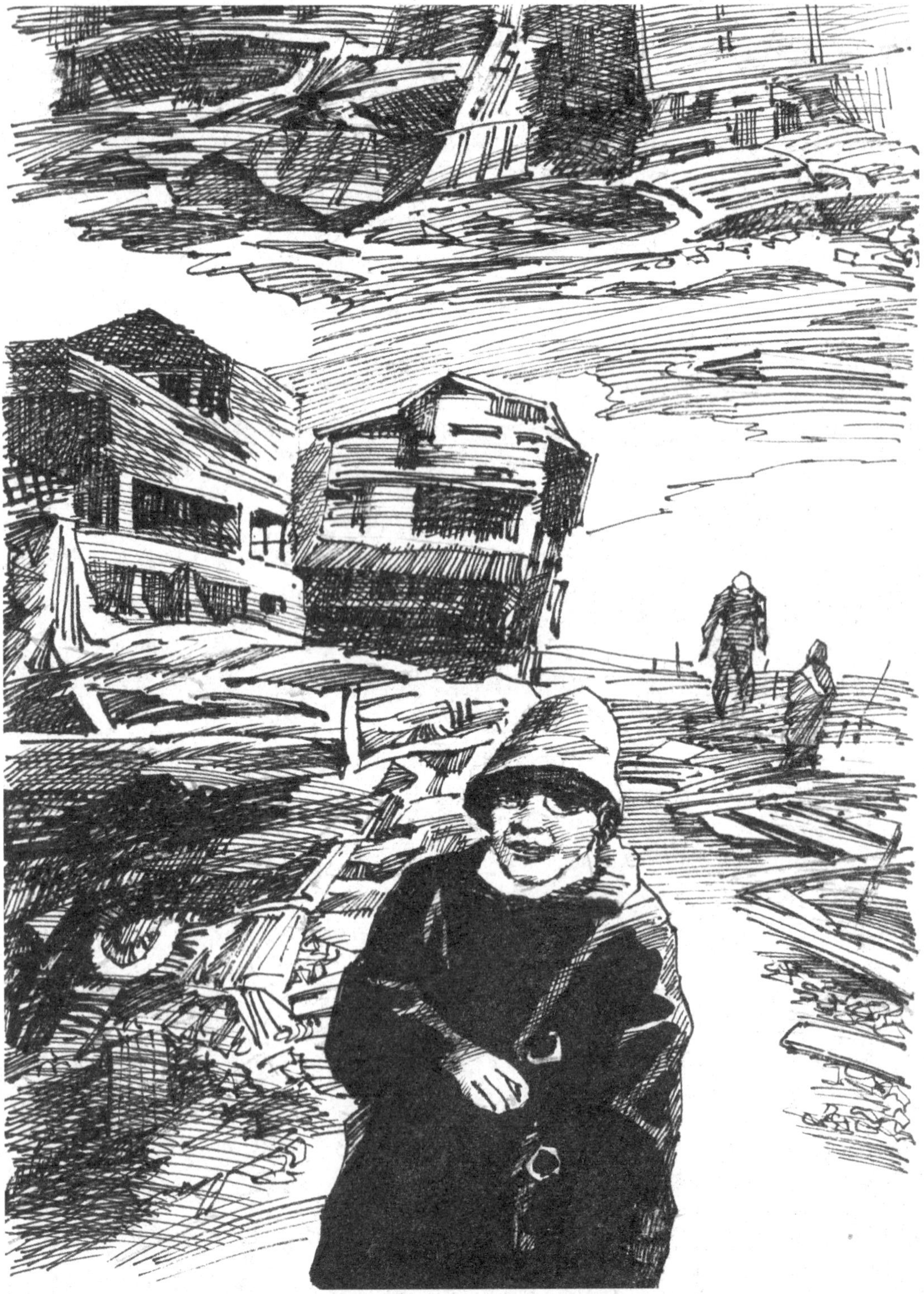

东京迪斯尼乐园建造在一片填海而成的陆地上,往日里游客熙熙攘攘,一派欢乐祥和之景。地震发生那天,这里共有两万余名来自世界各地的游客。灾祸突然袭来,"欢乐谷"变成了"哀号谷",游人惊慌失措,四处躲避。近海的强风吹得园内沙尘飞扬,停在车库里的私家车因泥沙淤积而无法动弹。原先光滑如镜的柏油马路,因受强震影响,纷纷隆起;柏油马路被地下渗出的深黑色泥浆浸透,出现了"液化"现象。游客的脚踩在马路上,犹如踩在"果冻"上一般,略加挣扎,还会越陷越深。平时非常悦耳动听的游乐设施的声响已经销声匿迹,代之以因前来救援而盘旋上空的直升机的尖啸声。直升机的声响,虽然有点刺耳,但多少给惊魂未定的游客带来一丝安慰。游客们聚集在灰姑娘城堡前的广场上不能出园,只能靠饼干和凉水充饥度日,并被迫在景区里熬过一夜,直到第二天下午才被接走,逃离了这个伤心之地。一个迪斯尼乐园的工作人员无奈地说:"当今的日本,就像现在的迪斯尼,其受伤的模样真让人痛心不已!"地震还使日本著名的地标性建筑东京塔于塔顶部三分之一处出现了倾斜。

据统计,这次东日本大地震在短短一个月内,就造成了一万四千零六十三人死亡,一万三千六百九十一人失踪。

地震和海啸造成的灾难还不止是人员的伤亡和物质的毁坏。

同样濒临太平洋海岸、与宫城县毗邻的福岛县,建有世界排名第一的"福岛核电站"之第一站的"福岛县第一核电站"。它位于日本福岛工业区内,是东京电力公司第一座核能发电厂,共有六台机组,均为沸水堆。地震发生时,第一、二、三、四号发电机组,正处于工作状态,而第五、六号发电机组则处于停机状态。受地震影响,正在工作的四个机组,都及时地自动执行了停机程序,但海啸时出现的高达十五米的海浪,越过了核电站内厂区所建的5.7米高的堤坝,无情地将安置于地势较低处的柴油发电机组统统淹没,令自动冷却系统无法工作,致使第一至第四机组相继爆炸,造成了最令人担忧的核泄漏事故。核电站周围及相关地区,先后测出了核辐射的量超过正常情况的几十倍、几百倍甚至几千倍!铯—137、碘—131、钚、钌等含量远远超过了正常值。日本政府在核电站及周围设置了二百三十个测量点来测试核辐射的含量,制作了相应的"污染地图"。此次核泄漏事故被世界核能机构定性为危害程度最高的7级,等同于1986年发生在原苏联切尔诺贝利的核泄漏事故!日本政府采取了一系列抢救措施,每日向国民及周边国家通报防止核泄漏的进展情况。他们还把周边数十公里内的居民疏散到了临时的安置点,组织了数十名专业人士组成的"敢死队"在核电站里坚持冒死工作,使得这次因地震和海啸造成的核泄漏事故,没有演变成一个世界性的大灾难。

东日本大地震是1900年以来全球第四强震,它使日本本州岛向东移动了大约3.6米;使宫城县牡鹿半岛向东南方向移动了约5.3米,同时下沉约1.2米。从此以后,福岛第一核电站内的所有六个机组全部废弃,全世界在核能利用方面的思路也面临着新的调整和完善。

334·拉美文豪加西亚·马尔克斯

1982年,"诺贝尔文学奖,授予拉美作家加西亚·马尔克斯"。这一消息瞬间传遍了世界,而中国读者尤其感到振奋,因为历史上的诺贝尔文学奖大多是被发达国家瓜分的,难得光顾发展中国家。于是,一股传播马尔克斯及其作品的热潮在中国迅速兴起。第二年,首届"魔幻现实主义及加西亚·马尔克斯学术研讨会"在中国召开。马尔克斯的代表作《百年孤独》出版了多个中译本,一时间成为畅销小说。

说起这位"魔幻现实主义大师",他的出生时间都像着了魔,一直是众说纷纭。尽管马尔克斯曾在出国护照上自填是1928年3月6日,但他的二弟的生日是1928年9月8日,三妹又紧挨着在一年零两个月后出生。这表明马尔克斯的生年还是1927年说比较靠谱。可以确定的是,哥伦比亚阿拉卡塔卡的外祖父家是马尔克斯的出生地。在外祖父的引导下,马尔克斯八岁开始阅读《天方夜谭》,接受阿拉伯神话故事的熏陶。

1943年,马尔克斯到哥伦比亚首都波哥大申请奖学金,就读西帕基拉国立男子中学,开始广泛涉猎文学作品。毕业后,他考入波哥大大学法学系,开始创作短篇小说,中途又辍学干起了新闻。正当校方要对他进行处分时,"波哥大事件"发生,全城一片骚乱进而发展到内战爆发,马尔克斯因此辍学,同时,这件事也促使他看破了政治,毅然选择了文学。离开象牙塔后,马尔克斯开始进入报界谋生,业余继续短篇与中篇小说的创作。二十七岁时,他重返波哥大,在《观察家报》任记者,并主持影评专栏。翌年,他出版了短篇小说集《蓝宝石般的眼睛》,但因为在报上接连发文揭露被军政府美化的海难事故而被迫离开哥伦比亚,改任《观察家报》驻欧洲记者。

1959年,古巴革命胜利,马尔克斯受邀前往参加公审古巴人民的敌人。翌年,他就出任了古巴拉丁通讯社记者。可是不久,古巴领导集团发生内讧。马尔克斯不得不在工作一年后辞去拉丁社记者之职,到墨西哥定居,从事文学、新闻和电影工作。这期间,他流亡欧洲时创作的中篇小说《恶时辰》使其获得了埃索文学奖。长年的文学坚持终于有了回报，马尔克斯的文学创作引起了文学研究者的关注。受此激励，马尔克斯再度燃起创作的热情。1965年10月的一个周末，一个灵感清晰地浮现在他的脑海："多年以后，奥雷良诺上校面对行刑队，准会想起父亲带他去见识冰块的那个遥远的下午……"这正是酝酿了十几年的《百年孤独》的开头。

《百年孤独》的创作持续了一年半的时间，1967年作品出版后，很快行销西班牙语世界，接着便震动了世界文坛。《百年孤独》被誉为"再现拉丁美洲历史社会图景的鸿篇巨著"。作品通过叙述布恩蒂亚家族七代人在马孔多的坎坷经历，构成了一幅反映哥伦比亚乃至拉丁美洲的历史演变和社会现实的缩影。作品充满神秘色彩，人物众多，故事繁复，交错运用夸张、荒诞、象征等多种文学手法，借助巧妙的构思，把现实、神话、幻想杂糅起来，变现实为幻想而又不失其真。作品寓言式地表现了拉丁美洲被排斥在现代文明世界进程之外的百年孤独主题，同时强烈地对应了现代人的内心孤独感。

《百年孤独》为马尔克斯带来了广泛的声誉，但他没有就此停下创作的笔，只有一次例外，那是为了抗议智利军人政权他一度宣布罢写。1980年，马尔克斯重返哥伦比亚，应聘《观察家报》。第二年，他因为同情并支持哥伦比亚游击队"M—19"运动而遭到政府的通缉，前往墨西哥避难。此后，他间或去欧洲等地，继续其文学创作，其作品中总是蕴含着挥之不去的"流亡情结"。

获得诺贝尔文学奖后，马尔克斯依旧保持了高涨的创作热情。长篇小说《霍乱时期的爱情》、《迷宫中的将军》、《绑架轶事》相继出版，另外他还创作了中篇小说《爱情和其他魔鬼》等作品，部分新旧创作被陆续改编后搬上银幕。1997年，他开始着手撰写回忆录《活着为了讲述生活》。两年后，马尔克斯被发现得了淋巴癌，此后他的文学产量骤减。2006年1月，他宣布封笔，一任想象力在心胸徘徊。

335·流行乐天王迈克尔·杰克逊

2009年6月26日,噩耗传来,迈克尔·杰克逊因心脏病发作深度昏迷,被送入美国加州大学洛杉矶分校医疗中心,不久该中心正式宣布这位流行乐坛天王级人物不治身亡,时年五十岁。验尸官在尸检后指控迈克尔的私人医生过失杀人,那位私人医生也承认了罪名——过失杀人罪。

巨星陨落,迈克尔·杰克逊的死引发了全球性悲痛,超过十亿人收看了公众悼念告别式的电视直播。无以计数的"粉丝"经历了乐极生悲的巨大情感起伏。就在数月前,一个天大的好消息,曾经引发歌迷的狂喜与无限憧憬。迈克尔·杰克逊在遁世十二年后,宣布将在那年夏天于伦敦举行十场告别演唱会,为其四十多年的演艺生涯画上一个完美的句号。3月11日,演唱会门票开始预售,短短两个小时内,十九万张门票在两百万歌迷网友的争抢下销售一空。主办方与迈克尔当即拍板,决定演出加场。为了尽量满足热情歌迷的需求,增加的场次一路攀升,最终增加到令人难以置信的五十场!就是这样,一百万张门票在四个半小时内也被抢购一空。随后,迈克尔投入了紧张有序的节目彩排活动中,跟随拍摄的影像素材在迈克尔去世后被高价售出,经剪辑播出后,让世人有幸目睹一代天王巨星在梦幻舞台的最后风采。

黑礼帽、惨白瘦脸、大墨镜,脚穿老土的白袜,与有型、亮眼的服饰混搭,迈克尔·杰克逊究竟凭什么让全球歌迷为之疯狂?

迈克尔出生于一个美国黑人家庭,在父亲的一手策划下,他与四位兄长组建了杰克逊五兄弟乐队,初次登台献艺时,他才五岁。那个圆脸庞、留着爆炸头、在台上蹦蹦跳跳卖力演唱的小迈克尔,每每成为舞台的焦点。经过无数次的摔打,小迈克尔的表演才艺突飞猛进,成为杰克逊五兄弟乐队的主唱。然而,父亲的打骂教育给幼小的他造成的心理阴影,却为其以后的怪诞行为埋下了祸根。

杰克逊五兄弟乐队日渐走红,1972年该乐队到世界各地巡演,所到之处无不引起轰动。前一年的10月,迈克尔推出了他的首张个人单曲唱片《必定成功》,一跃成为排行榜上的热门歌曲。那时他才十三岁,这成为其单飞生涯的起

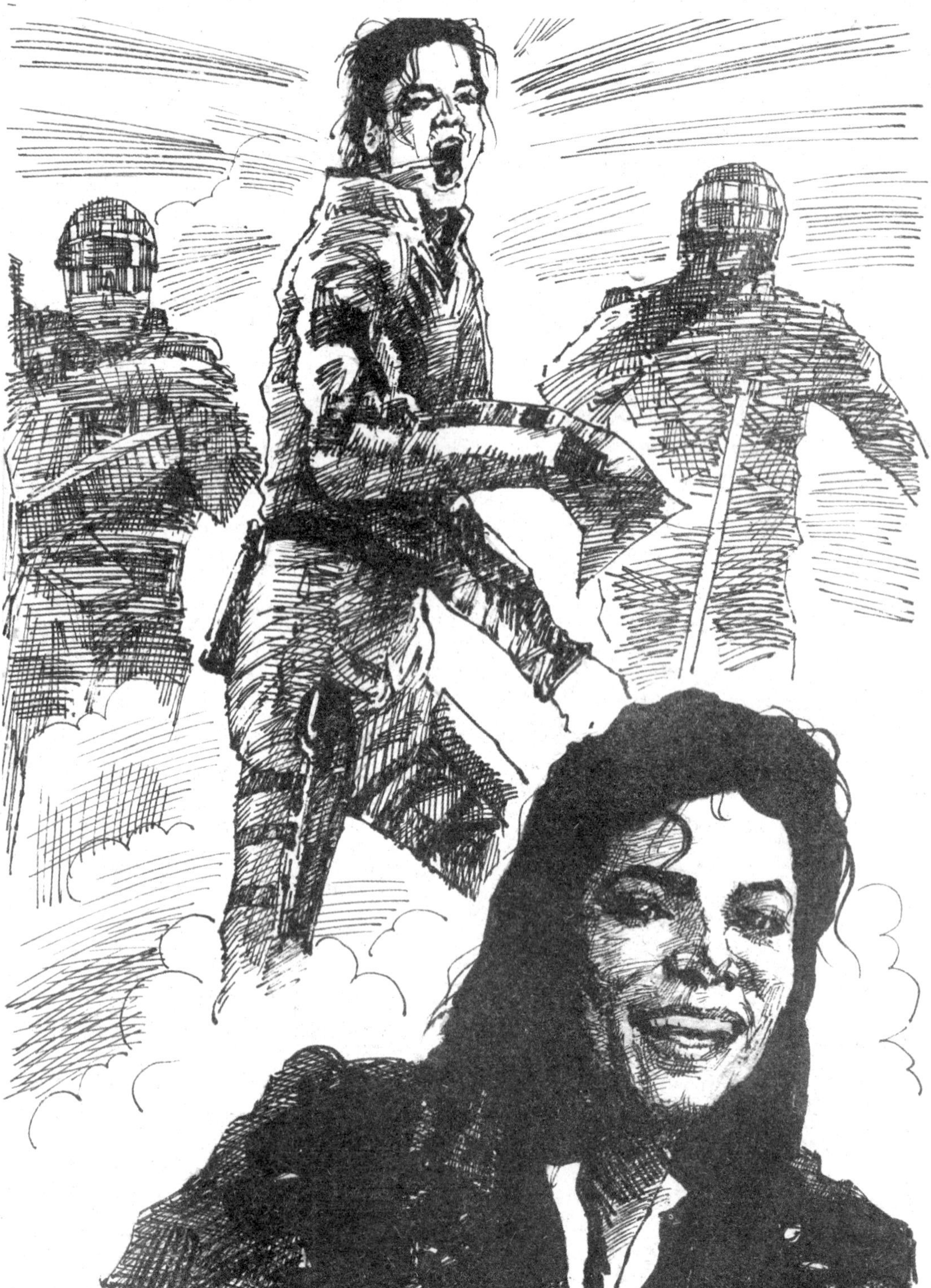

点,尽管他并没有马上离开杰克逊五兄弟乐队。

迈克尔的单飞并非一帆风顺,直到1979年后他才迎来了属于自己的年代,在流行音乐演唱、舞蹈、作词作曲、唱片制作等方面表现出他全方位的天才。在二十世纪八十年代,迈克尔抓住MTV开台的机遇,推出了一系列音乐录像带,使他的人气骤然飙升。迈克尔的MV高成本、大制作,有完整的故事情节,画面炫彩诡异。比如,《颤栗》MV,幽会的美女突然变身为青面獠牙的吸血鬼,在僵尸群魔乱舞的簇拥下,身穿红皮夹克的迈克尔·杰克逊也如鬼魂附体,且歌且舞,热力四射,唱出震撼心灵的歌词。《颤栗》专辑全球热卖超过了一亿张,创下了人类音乐史上销量最高唱片的纪录,被誉为全世界"最伟大的音乐录像带"。随后,迈克尔又独创了"月球漫步"舞蹈,仿佛挣脱了地球吸引力,看上去既像往前行又似向后退,后来,这也成为他的招牌舞步。从二十五岁起,迈克尔以他的音乐创作实力,一一打破全球乐坛所有的音乐销售和获奖纪录:十九次荣获格莱美奖,二十六次荣获全美音乐奖,三次被迎入摇滚名人堂……三十岁时,"流行音乐之王"的桂冠就戴上了他的头顶。

从1987年起,迈克尔开始举办声势浩大的全球巡演。此外,他还拍过电影,关心慈善公益事业。然而,公众对迈克尔的私生活似乎更有兴趣。他曾两次遭到起诉,这成为世人茶余饭后的谈资。尽管最后罪名均不能成立,但其承受的精神压力可想而知。这期间,迈克尔两次失败的婚姻也成为人们议论的话题。对迈克尔的最大误解是有关他整容、"漂白"皮肤的指责。迈克尔在自传中承认自己做过整形手术,那是为了修复演出时鼻骨受的伤,更因为身患白癜风和红斑狼疮,黑色素大量流失,而不得不采取化浓妆和植皮手术的方式来维持肤色的均匀。迈克尔并不想背叛种族,他其实只是一个长不大的孩子,藏身于他的"梦幻庄园"。

别说你没听过迈克尔·杰克逊的歌。1985年,迈克尔为救济非洲饥民慈善募捐活动参与创作的《天下一家》,在二十年后被中国内地词曲作家申宝峰改编为《爱》,内地及港台上百位明星参与合唱,唱响了中国。

336·动漫大师宫崎骏

2003年3月23日晚,第七十五届奥斯卡金像奖颁奖典礼在美国洛杉矶的好莱坞柯达剧院盛大举行。"《千与千寻》,获得奥斯卡金像奖最佳长篇动画片奖!"获奖结果一经宣布,全场响起了雷鸣般的掌声。第一部荣获奥斯卡最佳动画长片奖的日本动画片就此诞生了。《千与千寻》是日本动漫大师宫崎骏的力作,此前已在世界各地摘取了包括第五十二届柏林国际电影节金熊奖在内的多个大奖。这回赢回"小金人",使宫崎骏的声名进一步盛传欧美,走向全世界。

宫崎骏,1941年初生于日本东京一个经营飞机工厂的家族。为躲避第二次世界大战的战祸,他们举家移居乡下。童年虽遭遇战乱,但宫崎骏总体衣食无忧,他喜欢涂画军舰、飞机之类的东西。读高三时,他观看了日本首部长篇彩色动画片《白蛇传》,深受震撼,开始转画人物,立志要表现儿童的单纯和大气。怀揣这一梦想,宫崎骏在大学时代一直为当漫画家而努力。大学毕业后,他进入东映动画公司,开始接触动漫制作。然而,他耗时三年参与制作的《太阳王子霍尔斯的大冒险》,却创造了东映票房最差的纪录。

宫崎骏三十岁时离开东映动画,进A－Pro打拼,并因为参与电视系列片《鲁邦三世》而迅速蹿红。接着,他又在《熊猫家族》系列中身兼原案脚本、场面设计、原画等数职,初次展现了个人风格。到制作《未来少年柯南》时,宫崎骏已成为一位成熟的艺术家了。此后,他又经过东京电影新社的历练。1982年,宫崎骏创作的长篇漫画《风之谷》开始连载。同年底,他开始当自由作家。在一年半里,宫崎骏导演的动画版《风之谷》制作完成,上映后大获成功。

宫崎骏的人生由此发生转机,他和友人共同创办了吉卜力工作室。于是,从《天空之城》到《龙猫》,吉卜力工作室的影响在扩大,迪斯尼获得了吉卜力影片的全球发行权。吉卜力趁热打铁,接连推出多部主题深刻的动漫大作。《魔女急宅便》一反传统意义上阴森恐怖的魔女形象,塑造了一个骑扫帚飞行,替人送包裹、帮困救急的可爱小魔女,成为年度最卖座电影。《红猪》里那只自由遨游于蓝天碧波间的活灵活现的红猪,分明是宫崎骏的精神写照,该片同样获得票房佳绩,

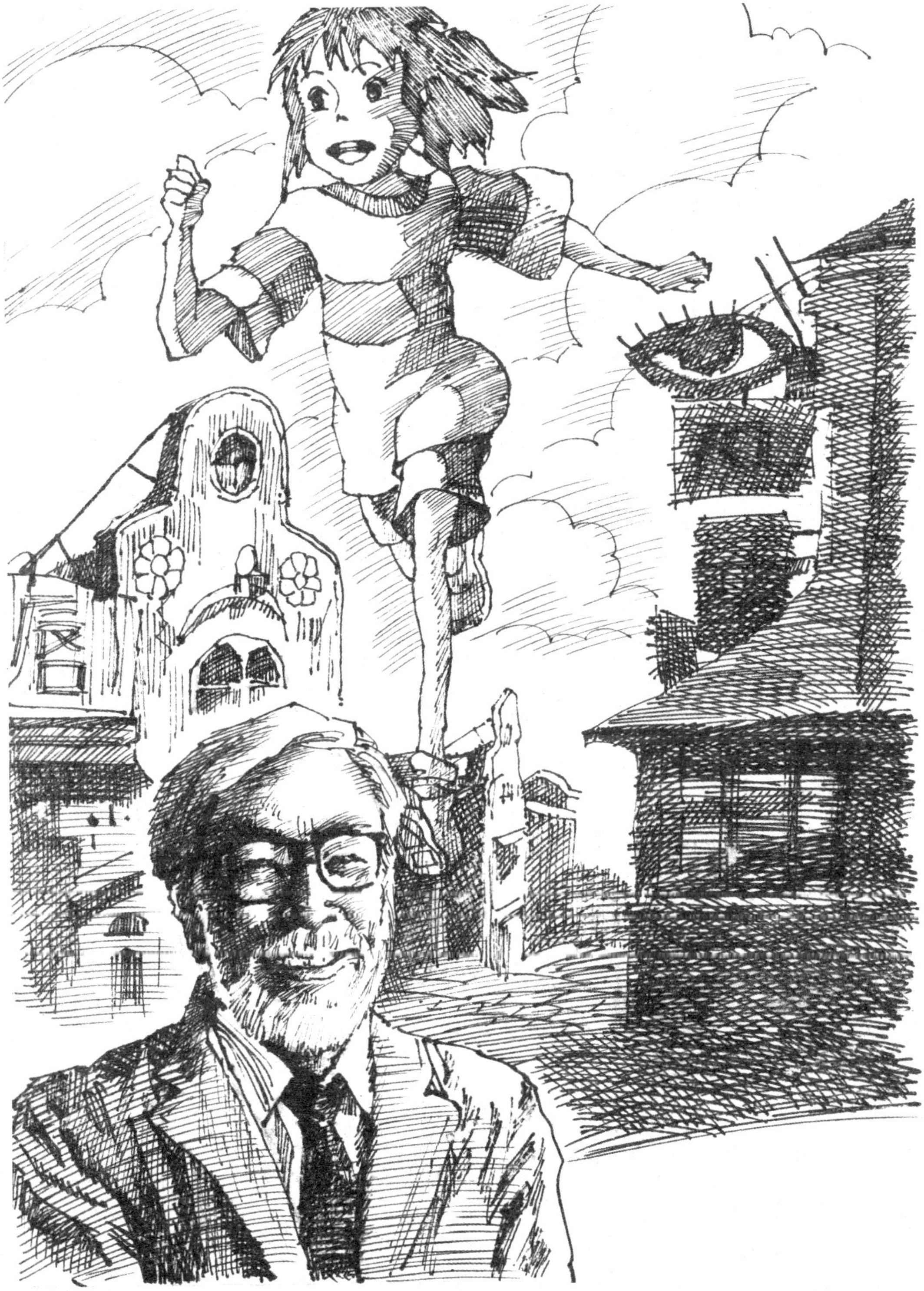

连斯皮尔伯格的电影《虎克船长》和迪斯尼动画《美女与野兽》都不是其对手。然而,岁月不饶人,连年的劳累让宫崎骏不堪重负。在休整了一段时间后,他又重新操刀制作了《幽灵公主》,但在最后半年里,他的右手出现了严重手疾。就在该片的首映式上,宫崎骏宣布从此封笔。

1999年,年届六十的宫崎骏重出江湖,主持《千与千寻》的导演工作。《千与千寻》的主角是一个女孩千寻,她的父母被变成了猪,她从一个物质世界跌入了一个诡异的精灵世界,只能在神灵浴场打工为生。不同于以往宫崎骏创造的动漫女孩,千寻毫无过人之处,既不漂亮,性格又怯懦,无精打采的神态甚至有些惹人厌。但在劳动的锻炼下,千寻逐渐释放出自己的潜能,她独自出发,克服困境,前往女巫家解除了魔咒,最终展现出超凡的魅力。《千与千寻》于2001年中制作完成,然后便发起了强大的宣传攻势,甚至连日本首相都来到该片首映典礼上为其捧场。《千与千寻》超过了《泰坦尼克号》,再次拿下了总票房第一的佳绩,票房收入超过三百亿日元,占到日本动画年度票房总额的百分之六,是一般年度票房首位作品的十倍。不仅如此,《千与千寻》还在美国、法国等地掀起了热潮,这为它最终角逐奥斯卡金像奖铺平了道路。

尽管在《千与千寻》后,宫崎骏又先后两次宣布退休,然而不久又重新燃起创作的激情。《哈尔的移动城堡》、《悬崖上的金鱼公主》,均受到动漫迷的大力追捧。宫崎骏在动漫电影制作中起到主导的作用,经常是同时担任编剧及导演。由于年事已高,他不能像早期那样亲自审阅每幅画面,但他坚持他的动漫电影采用手工绘制。当然,这并不意味着完全拒绝电脑绘制。对二维电影的坚守,以及大量使用水彩艺术,使宫崎骏的动漫作品明显区别于美国卡通片,呈现出不同的美学追求。

337·脱口秀女王奥普拉

2011年5月17日,最后一期脱口秀节目和特别节目《奥普拉惊喜巨献》在芝加哥联合中心录制完毕。众多美国娱乐圈一线明星纷纷登场,向美国"脱口秀女王"奥普拉·温弗瑞表达敬意。奥普拉一袭紫色长裙拖地,向在场的一万三千名观众依依道别,含泪再三致谢:"谢谢你们,谢谢你们成为这个不同寻常的夜晚的一部分……你们使我们能够坚持二十五年。"最后录制的节目在当月下旬播出,开播二十五年的《奥普拉·温弗瑞脱口秀》就此画上了完美的句号。

奥普拉·温弗瑞,非裔美国人,1954年生于密西西比州的一个偏僻小镇。她是私生子,当初取名"奥帕"(Orpah),这原是《圣经·路得书》里一位摩阿布族女人的名字。然而,家人不知道"奥帕"的正确拼写,错将字母"p"放在了字母"r"的前面,于是她的名字最终成了"奥普拉"(Oprah)。

奥普拉的童年充满了艰辛与困顿。她生活在偏僻肮脏的农场,受尽打骂教育,贫民窟的坏风气也熏染了她,使她染上了酗酒、抽烟、吸毒的恶习。她甚至还曾遭到表兄的强暴,尝试过堕胎,最后还是生下了一名女婴,但孩子很快就夭折了。然而,遭遇如此不幸的奥普拉没有就此沉沦下去。她开始发奋学习,获得了田纳西大学的全额奖学金。十八岁那年,她一举摘得了"田纳西州黑人小姐"的桂冠。其实,奥普拉长得并不算美,是其与生俱来的口才让她这样魅力四射。翌年,她也因此被当地一家电台聘为业余新闻播音员,从而涉足传媒界。

大学毕业后,奥普拉一度在巴尔的摩WJZ电视台做晚间六点新闻主持人。由于情感过于充沛,她被指责为"不够专业"。奥普拉的报道风格与外表都让制片人不满意,于是她被派往纽约进行形象包装。结果,对头发进行特殊处理和电烫导致她大量掉发。她失去了原有的工作,只能到另一家电视台与人共同主持早间节目《大家谈》。"A. M. 芝加哥"电视台经理丹尼斯·斯旺森慧眼识英才,1984年聘奥普拉来主持早间脱口秀节目《早安,芝加哥》。这原是一档半死不活的节目,然而,仅仅一个月后,它的收视率就节节攀升,火了起来。于是,第二年,这档节目正式更名为《奥普拉·温弗瑞脱口秀》。该节目平均每周吸引三千三百万名观众,在一百一十二个国家播出,连续十七年排在美国同类节目之首,世界电视史上最高收视率的脱口秀节目诞生了,"脱口秀女王"诞生了!

"脱口秀"(Talk Show),原本是形容一个人的口才好,后来指称广播、电视的访谈节目。"脱口秀"节目在美国早已是有口皆碑的电视节目形式,并形成了男主持垄断,知识分子之间的报道式谈话的传统节目模式,与普通大众的生活相去日远。奥普拉打破既定成规,为"脱口秀"节目带来了更多率直和真诚。她平易近人,善于倾听,挖掘真情。她与嘉宾或一起抱头痛哭或笑得前仰后合;真情流露之下,奥普拉甚至不怕在镜头面前自揭伤疤。于是,受邀嘉宾的心理防线也自动瓦解了。美国著名影星汤姆·克鲁斯在奥普拉面前公开与新女友的恋情,兴奋得手舞足蹈;美国总统克林顿卸任后,将他与白宫实习生莫妮卡·莱温斯基的事在"奥普拉脱口秀"中和盘托出。

观众与奥普拉之间的心理距离也被拉近了,"奥普拉脱口秀"有时就像一次集体心理诊疗,不时有不良嗜好者在"奥普拉脱口秀"的影响下改邪归正的例子。"9·11"事件后,奥普拉制作了很多不同形式的节目来讨论这一事件的影响,竭尽所能慰藉人们的心灵。

不断求新求变,维系了"奥普拉脱口秀"的巨大社会影响力。有一次,她在节目中听到有人谈起疯牛病的问题,当即表示自己以后不再吃牛肉汉堡。节目播出后,美国与牛相关的产品的消耗量立即出现了锐减,甚至有下滑了十个百分点之说。有此影响力,说奥普拉为奥巴马的总统竞选出过力,看来也绝非空言。

挟带"奥普拉脱口秀"所带来的人气,奥普拉演过电影,经营过读书俱乐部,又成功创办了《奥普拉杂志》,首期发行量就达到一百万册。四十八岁时,她已成为《福布斯》杂志亿万富翁排行榜上的第一位黑人妇女。2005年度"百位名人"的排行榜上,奥普拉又坐上了头把交椅。经过多年打拼,她已逐步建立起庞大的传媒帝国,与"探索频道"合资成立了"奥普拉·温弗瑞有线电视网"。奥普拉华丽转身,"脱口秀女王"成为了传媒大王。

338·3D 电影的风靡

2009 年末至 2010 年初,一部影片在全球影院震撼上映。观众争先恐后"排长龙"购票,非 3D 版的不看,一票难求之下,转又炒高价票。同时,"3D"一词也重新火了起来。你可以对《阿凡达》的艺术水准持不同看法,然而,不可否认的是,这是一部里程碑式的影片。正如《阿凡达》导演詹姆斯·卡梅隆所预言的那样:"2009 年将是 3D 电影的元年,立体电影的时代即将到来。"

那么,什么是 3D 电影? 它是怎么走过生命的冰河期,创造属于自己的时代的呢?

3D,是 3 Dimensions 的缩写,三维空间之意。3D 电影,也就是俗称的立体电影。根据"人类两只眼睛的成像是不同的"这一发现,电影科技工作者研发了立体电影摄制技术。其摄制原理是采用两个镜头像人眼那样的拍摄装置,拍摄下景物的双视点影像,再通过两台放映机,将两个视点的图像进行同步放映,从而使两幅略有差别的图像同时显示在银幕上。这时,如果用眼睛直接观看,看到的画面是重叠的,有些模糊不清。要看到立体影像,就必须想办法让左眼只看到左图像,右眼只看到右图像。

为解决这一难题,电影科研人员采取了两个措施:一是在左右两架电影机前各安装一块偏振片,使其产生的两束偏振光的偏振方向互相垂直;二是为 3D 电影观众配发特制的偏振眼镜,使左右两只眼睛只看到相应的偏振光图像。这样,左眼只看到左机映出的画面,右眼只看到右机映出的画面,立体感由此产生。

世界上第一部 3D 电影《爱情的力量》,诞生于 1922 年。步入二十世纪五十年代,为了与新兴的电视争夺观众,涌现出了一批 3D 影片。《非洲历险记》、《恐怖蜡像馆》、《电话谋杀案》、《黑湖妖谭》等,吸引了大量观众进影院体验这崭新的视觉感受。然而,当时的 3D 技术尚存缺陷,会产生观影不适感;摄制档期又紧,难免粗制滥造;题材局限于恐怖惊悚类,缺乏艺术价值。这些因素叠加,最终使观众厌弃了 3D 电影。好莱坞五十年代的"3D 电影泡沫"终告破灭。

3D 电影由此进入了它漫长的冰河期。不过,在这几十年间,3D 电影科研人员并没有停止钻研与进取。在他们的努力下,3D技术的"瓶颈"被一一突破,3D电影科技更趋成熟。电影数字化和高清电影技术的成熟,使电影制作者更理性地看待3D技术,不再将它当做噱头与把戏,凡此为3D电影的东山再起铺平了道路。

从1982年迪斯尼推出短片《魔法之旅》为新的起始,《13号星期五》(第三部)、《大白鲨》(第三集)等片陆续跟进,3D电影在慢慢复苏。1985年出品的《魔晶战士》,是世界上首部3D动画长片。进入二十一世纪,3D电影市场陡然升温。2003年,《非常小特务3》迅速攻占北美各影院,预示了3D电影的巨大市场潜力。2004年,世界上第一部IMAX 3D长片《极地特快》上映,创下票房纪录。2005年,电影史上第一部数字3D电影、迪斯尼动画片《四眼天鸡》火爆上映,该片采用了新型投影技术,消除了以往观看3D电影容易产生的视觉疲劳。

此后,《贝奥武甫》、《U2演唱会》、《地心历险记》、《闪电狗》、《大战外星人》、《月球大冒险》、《飞屋环游记》、《冰河世纪3》等各类3D电影不断涌现,一次次冲击人们的眼球。在这种情况下,《阿凡达》的问世既非偶然,又以其极致之作将3D电影的复兴推向了一个新高潮。此后,3D电影大爆炸:《诸神之战》、《驯龙记》、《暮光之城3》、《美女与野兽》等等,层出不穷。

中国在1962年就摄制了国内第一部3D电影《魔术师的奇遇》,后又陆续出品了《欢欢笑笑》、《快乐的动物园》、《靓女阿萍》、《侠女十三妹》等。在新时期,3D电影在国内大范围的上映始于2008年的《地心历险记》。3D电影的平均银幕票房数是普通影片的十倍,就是说,放映一部3D电影就能收回放映设备的投入,于是它大大刺激了国内影院的改扩建。《阿凡达》上映之际,中国已紧随美国成为全球第二大3D电影市场。与此同时,国内电影界也加快了3D电影的摄制步伐。2009年,中国第一部真人实景拍摄的3D电影《乐火男孩》上映。随后,两部国产动画片《齐天大圣前传》和《麋鹿王》打着"首部国产3D动画片"的旗号同日上映。中国的3D电影也开始扎堆涌现。

339·太阳系的全新探索

1997年10月15日,一枚大力神Ⅳ型/半人马座火箭从美国卡纳维拉尔角空军基地发射升空,将卡西尼－惠更斯探测器送上了前往土星的旅程。巧合的是,大力神系列火箭的英文名叫Titan(泰坦),恰好与卡西尼－惠更斯探测器此行的重要目的地之一——土卫六Titan重名。

对太阳系的深空探测在经历了二十世纪六七十年代美苏两国太空竞赛的最初疯狂之后,于二十世纪八十年代陷入了一段低潮期,这对深空探测并不是一件坏事。科学家开始真正静下心来,更多地从科学意义的角度出发,认真规划每一次的深空探测任务。卡西尼－惠更斯探测器就是在这样的背景下,在美国航空航天局和欧洲空间局合作下诞生的一项大型探测计划。

土星是太阳系中仅次于木星的第二大行星,明亮的光环是土星最显著的特征,也使它成为太阳系中最迷人的行星之一。光环中最明显的环缝是以发现者——法国天文学家卡西尼的名字命名的,而同名的卡西尼探测器的任务就是对土星系统,包括行星、光环及其卫星,展开全面的探测。

惠更斯探测器则是搭载在卡西尼探测器上的一个小型着陆器,它的目标则更为具体,就是要在荷兰天文学家惠更斯发现的土卫六Titan上实现软着陆。土卫六可以说是太阳系中最奇特的天然卫星,从此前飞掠过土星的先驱者号和旅行者号探测器传回的照片上可以看到,这颗卫星被一层深厚的大气层包裹,这在太阳系的诸多卫星中是绝无仅有的。

经过近七年的飞行之后,2004年7月1日,卡西尼－惠更斯号抵达土星,顺利进入环绕土星的探测轨道,成为有史以来首个人造的土星卫星。那一年的圣诞节,惠更斯号着陆探测器从卡西尼号上分离。2005年1月14日,惠更斯号以每小时2.2万千米的速度冲进土卫六浓厚的大气层中,先依靠与大气层的摩擦来减速,随后打开降落伞,徐徐降落在一片看上去满是鹅卵石的柔软地表上。在长达两个半小时的降落过程中,惠更斯号发回了大量有关土卫六的数据,向科学家揭示了一个与地球极为相似的世界。

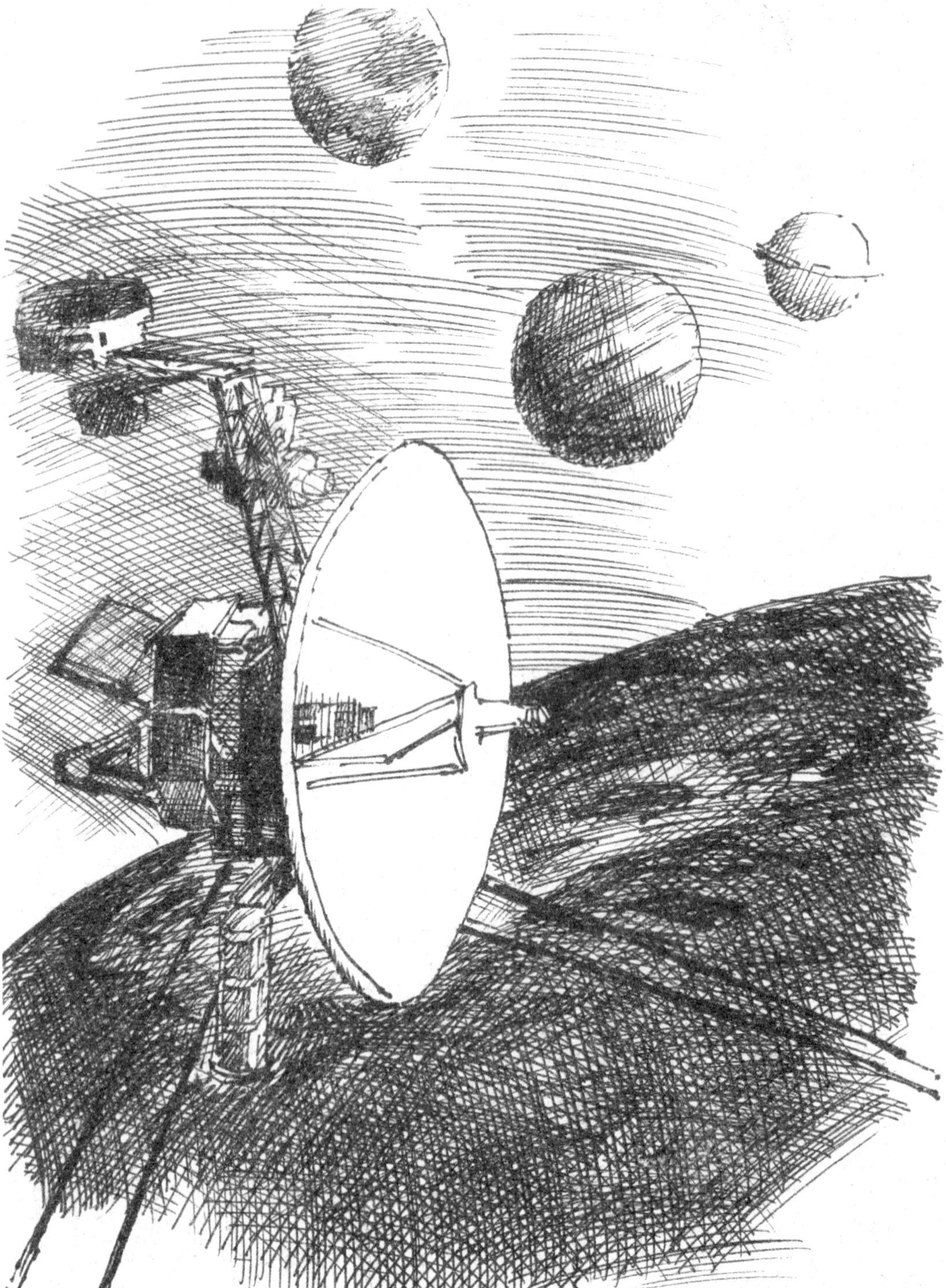

在那个平均温度低到零下一百七十摄氏度的寒冷世界里,惠更斯号发现了液态物质在表面上流淌的证据。卡西尼探测器后来的发现更是证明,在土卫六上存在着与地球上一样的降雨过程,而且有江河湖海存在于这颗卫星的表面。当然,在如此寒冷的地方,水不可能仍然保持液态,那些"水"都是液态的甲烷。就像地球上的水通过水循环改造着地球上的地形、影响着地球上的气象一样,甲烷在土卫六上也通过类似的"水"循环,改造着那里的地貌,产生了多变的"气候"。

事实上,科学家对此早有预期。通过分析土卫六上的大气成分,他们之前就已经猜测,土卫六的表面可能会有液态甲烷。正因为如此,他们才专门针对土卫六制定了如此周密的考察计划,并最终证实了自己的猜测。不过,任何一项科学探索都有可能带来意外的发现,卡西尼探测器也不例外。在随后展开的探测过程中,卡西尼发现另一颗卫星的有趣程度丝毫不亚于土卫六。那颗卫星就是此前一直默默无闻的土卫二 Enceladus(恩克拉多斯)。

与直径超过五千千米、覆盖着浓厚大气层、表面还有江河湖海的土卫六相比,直径只有五百千米、看上去普普通通的土卫二,在近距离考察它之前,实在是引不起科学家太多的关注。但2005年卡西尼探测器对它进行了几次近距离飞掠之后,科学家立即被一种神奇的现象吸引了——这颗冰质卫星正不断地从南极区域向外喷射着富含水分的羽状物。这样的喷射表明,尽管土卫二表面上看来并不起眼,它的内部却仍然有着活跃的地质活动。进一步的分析表明,土卫二南极冰层之下,很可能存在液态咸水构成的海洋,甚至有可能孕育出生命。可以说,土卫二是卡西尼—惠更斯探测任务带给我们的最大的意外发现。

时至今日,卡西尼探测器仍在环绕土星运转,并不断地给我们带来新的惊喜,任务期也一再延长,目前预计将继续服役到2017年。卡西尼—惠更斯探测任务,其实只是太阳系深空探测全面复苏的一个缩影。在经历了二十世纪八十年代的低谷之后,对太阳系各类天体的深空探测已经全面展开。

伽利略号探测器已经完成了对木星系的详尽考察,并在前往木星的途中首次实现了对小行星的近距离飞掠,顺道还发现了第一颗小行星的卫星。NEAR—苏梅克探测器首次实现了环绕小行星探测。星尘号探测器首次实现了从彗星附近采样返回。起源号探测器首次实现了太阳风的采样返回。日本的隼鸟号探测器首次实现了小行星采样返回。深度撞击号探测器首次实现了对彗星的撞击。勇气号和机遇号火星车已经成了人类在火星探测历史上的标志性探测器。就连遥远的冥王星,新视野号探测器也正在全速向它靠近中。

人类对太阳系的全面探索已经吹响了号角。仍以土星系统为例,或许用不了多久,人类全新的探测器将再次造访,在土卫六的大气中释放气球长期飘浮考察,到土卫二南极的冰层上展开钻探,甚至潜入冰层下的海洋去找寻生命。

340·"以父之名"——基因技术的突破

孩子是父母生命的延续,对于子代来说,不论是需要有父母双方的有性生殖,还是自给自足的无性繁殖,子代的遗传信息都来自给予他们生命的亲代,所以说子女的生命中写着父母的名字并不为过。当然这个说法只是个比喻,我们并不是像名牌皮包一样满身都长着LV组成的小碎花。不过在2010年5月,这句话已不再仅仅是比喻:一位叫克雷格·文特尔的研究人员带领他的团队合成了"人工生命"——一种遗传信息由电脑设计后人工合成的支原体,并且在合成遗传信息时,将他们的名字签在了"人工生命"的遗传信息DNA里。

要知道文特尔是怎样在生物体内签名的,还需要从遗传信息是什么说起。我们每个人的每一个细胞中都有本"生命之书",书名叫做染色体。这本"书"记载着从古至今的遗传信息演化记录,其中真正表意的段落叫做"基因"。最初那属于原始生物的朴素的简洁短章,经过重重修改,层层增删,成为今日千万种飞禽走兽洋洋洒洒的长文;"书"中信息大相径庭,各有所长,但是万变不离其宗,成"书"的语言还是跟当年一样:执行各项生理功能的氨基酸蛋白质,在绝大部分的生物里(除了线粒体和一些纤毛虫外),其编码方式都是相同的,让熊猫细胞制造酪氨酸的密码子,在人类细胞里发出的也会是"去造酪氨酸"的指令。因此,对简单生物的研究,其结果可能对于了解人类自身有指导作用,通过研究不同生物之间遗传信息的异同,也可以了解哪些信息是物种特异的,哪些是必不可少的,比如让熊猫产生伪拇指来握竹子的基因,人类并不需要,但是让熊猫进行能量代谢的基因,人类也不可缺少(虽然可能有细微的变化)。改变或替换这些遗传密码所编码的氨基酸就改变了遗传信息,这就是人工合成生命的基础。

虽然说到"人工生命"会让人联想到弗兰肯斯坦那样的科学怪人,但是文特尔的创造却远没有那么庞大凶猛又神秘诡异。文特尔的研究对象是支原体,支原体是一种非常小的单细胞原核生物,它们的遗传信息单以长度而论的话,只有人类的万分之二。文特尔着眼于这么简单的生物体,是想研究哪些基因决定了生命和非生命的界限。起初他以做减法入手,从支原体的生命之书中撕去一些章节,涂画掉一些段落,让其原本的一些基因不能发挥功能。如果破坏某基因的功能让支原体不能生存,说明这项被破坏的功能是必不可少的;如果支原体并不受影响或者未表现出影响,那么就说明这功能或许是可有可无的。

文特尔小组通过这样的办法,找到了一百多个他们认为是"没有用"的基因,但是这里有一个问题:生命之书的编辑——也即"自然选择压力"——是很偷懒的,它并不会逐字逐句、锱铢必较地推敲每个基因段落,所以在生命之书里,常常会有内容相同或者相近的重复段落(功能冗余的基因),如果一次仅仅去掉一个基因,它发挥的作用有时候可以由其他功能相近的基因补偿,所以并不会对支原体的生理功能造成太大影响,但是如果把所有单独看起来"没有用"的基因都去掉的话,支原体可能会左支右绌,不能存活。因此,单纯做减法有时候会造成误杀,所以,后来文特尔采取了做加法的方式:采用电脑设计多种基因组合方式,并将这些组合基因导入支原体中,看哪种最小组合能够维持支原体的生命。要达到这个目的,他们需要合成大量非常长的 DNA 序列,并且不能有错误,因为有时候一个碱基出错,整个基因都会失去功能——就像书中一个重要的字出了错,整段文字的语义就都可能发生变化。

研究人员采用先合成五千到七千个碱基的小片段,然后再将这些片段连起来的方法,利用酵母作为合成工厂,成功地制造了含有五十多万碱基的生殖支原体的染色体,并且解决了酵母制造的染色体不能直接被支原体识别使用的问题,这在当时是一项很大的技术突破。

在合成长序列技术日益成熟的同时,文特尔小组在让人造染色体取代支原体自身染色体的工程上也取得了进展。

人造染色体需要这样迂回地"鸠占鹊巢",是因为在技术上还没有办法从头造出一个细胞,即使是人造生命,也需要利用现成的细胞器。文特尔他们的思路是利用山羊支原体这种细菌作为容器,将人工合成的蕈状支原体的基因放进去,借用山羊支原体的细胞器合成细菌必要的成分以供分裂时使用,等到同时具有原来的自身染色体和加进去的人造染色体的这种细菌分裂后,就会得到一个山羊支原体和一个蕈状支原体。人造的蕈状支原体上有科学家加上去的抵抗四环素的序列,但是山羊支原体没有。当科学家对它们使用四环素时,山羊支原体就死了,人造的蕈状支原体却可以活下来。这样筛选后,文特尔就得到了染色体是由电脑设计且人工合成的蕈状支原体,这些蕈状支原体的生命之书不是传承自远古那绵绵不断的"原始汤"中漂荡着的氨基酸,而是出自洁净无垢的试管和烧杯。它们无父无母,又或者说,有一大群科学家父母。

文特尔合成的这个人工生物,并不是对自然的蔑视和挑衅,因为文特尔并没有制造新物种,人造蕈状支原体的基因组也是参照自然界的支原体的序列构建的。这项成功的意义在于,它推动了染色体长序列合成的进程,证明了即使是看起来不可能人工合成的全基因组,只要有心,其实也是可以实现的。虽然目前成功还局限在单细胞生物中,但假以时日,一切皆有可能。

在文特尔等人给人造蕈状支原体的染色体中签下大名时,他们同时还写下了三段引语(每个氨基酸以一个英文字母表示),其中一句是"看事物不要只看表面,而要着眼于其可能性"——石油巨头埃克森美孚可能正是看中了人工生物的可能性,于是委托文特尔制造可以吸收二氧化碳并将其转化为燃料的水藻。而人造生物的可能性远不止吸收二氧化碳这么简单,随着各物种的基因秘密被进一步破解,终有一天,只要你敢想,你就可以插上翅膀飞越自然的局限。

341·温暖的困境

2011年3月,一只北极熊的离世前所未有地吸引了人们的目光。

它叫克努特,是德国动物园三十年来第一只人工喂养成功的北极熊。生于2006年12月的克努特,甫一公开亮相即成为德国的宠儿,环境部长认养它,成为它的监护人,在欧盟成立五十周年之际,它甚至抢去了数国领导人的风头……在短暂的生命岁月中,它雪白的皮毛、粉红的舌头和无辜的眼神像温暖的故事一样安抚人心。

不过,在克努特终生未曾踏足的故土北极,它的兄弟姐妹正因为面临更加困窘的状况而唤起世人的关注:海冰,北极熊大多时候的栖息地以及连同其他北极生物赖以生存的基础,都在渐渐消失。

动物保护者和生物学者担忧,这些憨态可掬的动物的可栖息居所将变得越发局促,他们忧心这些大多数时间在海冰上度过的动物,将越来越难以在海冰上狩猎到足够的食物以便储存足够的脂肪来应对饥肠辘辘的无冰期。

而气象研究专家的担忧则更深一层:虽然海冰的增减并不会对海平面的变化构成直接影响,但与人们普遍忧虑的"冰盖融化引起海平面上升"相比,海冰消失更值得担心,因为这并不仅仅是对气候的一种响应,还会反过来影响气候——随着海冰融化,海水面积逐渐扩大。比起海冰,海水对太阳能的反射作用大大降低,原本可以把百分之八十的太阳能反射回宇宙,现在却只能反射回百分之五,其余的则被海水吸收并存储。但最终这些热量将被释放到大气中,加剧大气变暖,进而又导致海冰变薄变少——如此往复,形成恶性循环。

对北极海冰的命运,大多数科学家都报以不乐观的态度。美国国家航空航天局(NASA)以及国家冰雪数据中心(NSIDC)的研究认为,北极夏季融冰期正在显著地变长,从1979年到2007年,北极的持续融冰期的天数平均每十年增加了6.4天。而根据卫星观测数据,1979年以来,夏季依然存在的冰的数量在减少,过去十年减少的速度尤其快。来自计算机模型的预测结果显示,海冰将持续融化下去,对"何时会完全无冰"通常的预测结果是在2040年到2100年之间。

虽然科学家就具体的无冰时间尚未达成共识,但可以肯定的是,不同模式的研究结果都指向一个结论:造成二十世纪晚期全球气温上升的主要因素是人类活动的影响,而非单纯的自然因素。联合国政府间气候变化专门委员会(IPCC)于2007年发布的最新气候变化报告中提到:"具有很高可信度的是,自1750年以来,人类活动的净影响已成为变暖的原因之一……过去三十年以来,人为变暖可能在全球尺度上已对在许多自然和生物系统中观测到的变化产生了可辨别的影响。"

大气中的温室气体含量增加,是引起升温的主要原因。除了最著名的二氧化碳,温室气体还包括甲烷、一氧化二氮、臭氧和氟利昂等等。它们的来源极其广泛,化石燃料的大量燃烧、饲养的反刍动物排泄的气体,或者废旧冰箱回收时的泄漏。

关于全球升温,已经有很多可见的变化在提醒人们:积雪消融,冰川湖泊面积在增大,冻土区的土地因为暖化而变得不稳定,春季在提前,树木出叶和鸟类迁徙的时间都在变化……还有很多变化和人类生活密切相关:频繁的热浪导致死亡,冰川融化加快带来更大的山洪风险,一些地区传染病的传播媒介也有了变化,大多数都是负面的影响。

目光重新转回北极。研究者发现,北极熊的身躯不复往日的硕大,而且母熊的分娩次数和产崽数目也在减少,存活下来的幼熊也越来越少,北极熊的种群在减少,甚至由于食物的匮乏,上演着同类相残的悲剧……北极熊专家安迪德·罗契尔曾指出,如果人们再不正视全球暖化,北极熊绝种是早晚的事,"有人认为它们会变成陆上动物,但研究显示,如果栖息地消失,北极熊也会消失"。

如果将来我们为后代讲一个故事,会是"从前,有只叫克努特的北极熊"还是"从前,有一种动物叫北极熊"?听起来,还是前者令人欣慰得多。

342·全民互联网

谁能想到,一些毫不起眼的线缆组成的互联网,在短短数十年里其影响竟然席卷了整个世界:视频、音乐、书籍、银行……飞速发展的互联网已经渗入了生活的方方面面,强烈冲击甚至彻底改变了人类社会的一些传统生活方式。可以说,无处不在的互联网已经把原有的地球版图生生扯裂,将地球文明进行了一次大规模的重构。

互联网为世界带来了巨大的震撼。在现实社会之外,几乎每个人都有着一个或几个网络身份。但互联网的一些缺陷也广受人们诟病,比如网瘾。数据显示,越来越多的网民沉迷其中,全球各国网民人均每周挂在网上十多个小时,二十五岁以下的年轻人更是把大约百分之三十六的空闲时间都贡献给了网络。进入互联网时代的人类还遭遇到前所未有的道德困境,不绝于耳的虚假新闻、屡见不鲜的诋毁和谩骂、轻而易举的剽窃和抄袭……这些低成本的丑恶行为放大了现实中的人性缺陷,如何走出虚拟世界的道德真空,应该成为所有人重视的问题。此外,网络威胁也真实存在着,垃圾邮件、电脑病毒、银行账户被盗等现象无时不在提醒用户,隐藏在电脑屏幕背后的是怎样一个危机四伏的复杂世界。更严峻的是,我们除了担忧数据泄露,还要时刻防范恐怖袭击对公共安全造成的危害,而互联网全方位开放的运营方式,恰恰给破坏性网络攻击提供了足够的机会——只要有电脑和互联网,黑客就可以不费一兵一卒地进行远程破坏。

但与此同时,互联网也为我们的生活创造了无数便利。在这个平台上,你可以搜索并存储信息、随时随地发表自己的言论、与熟识的朋友或陌生人交流思想、进行网上购物等等,它让我们充分享受到了足不出户的便利生活。很难想象,如果没有了互联网我们该怎么办?不计其数的数据也向我们表明,互联网的巅峰还未到来,其迅猛发展已是大势所趋。

事实上,在刚刚过去的二十一世纪的第一个十年中,互联网走上了一条全民化的道路,这主要得益于技术的飞速进步。计算机技术的快速发展使得互联网服务提供商与用户的硬件处理能力大幅提高,而成本则直线下降。在网络接入

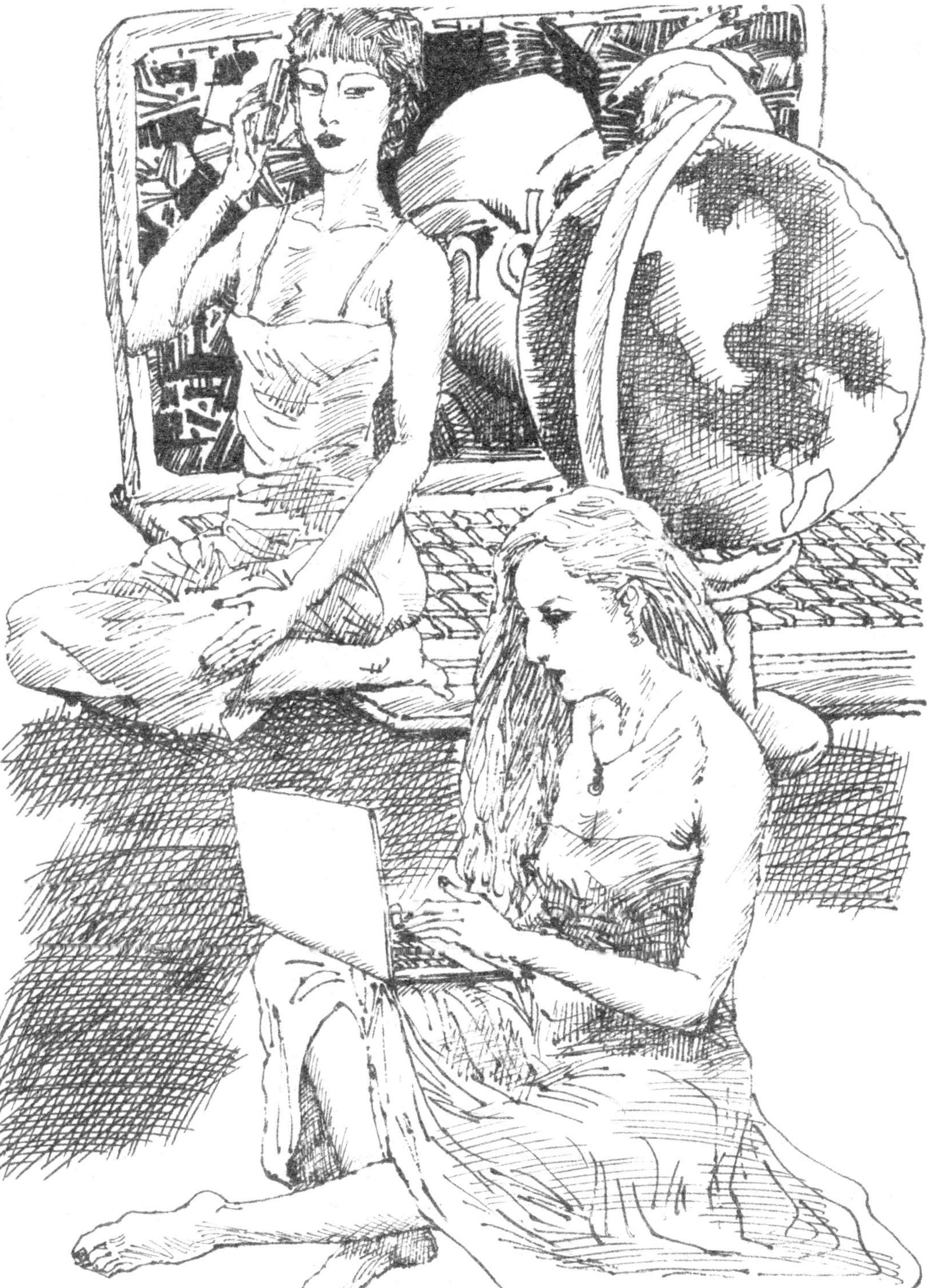

方面，随着光纤传输的普及和通信运营商们在网络基础建设上投注的巨大热情和资金，网络速度大大提高，上网成本直线下降。其次，那些成长于互联网新兴时代的孩子已经开始步入社会，他们对于互联网有着深厚的感情，其中一部分人更是将自己的职业生涯奉献给了这项令人激动的技术。

曾经被称为"虚拟世界"的网络不再是虚拟的了，它早已成为现实世界的一个重要部分。记得互联网兴起之初，常常有志愿者跳出来挑战一次网络生存（比如只依靠互联网生活三天）。而在电子商务普及的今天，没有人再会把这种行为称为"挑战"，因为电子商务已经触及生活的各个角落，几乎将所有商品一网打尽，网购早已成为很多人的日常生活习惯。

网站也出现了更多形式，比如更注重用户交互作用的Web2.0。它的出现使用户在浏览网站之余，还能制造网站内容。用户不再仅仅是互联网的读者，同时也成为互联网的作者，由被动地接收互联网信息转而向主动创造互联网信息发展，更加人性化。

不经意间，当初那根凝聚了无数人期待的线缆正在逐渐淡出人们的视线。因为接入的主流转向了无线。无论是WIFI还是3G甚至4G，人们开始习惯于拿着精巧的手持设备在任何时间、任何地点接入网络，而不再受网线的束缚。这种便利使得网络的媒体作用更加强大，依靠一个个普通用户之间的互动，一条新闻从上线到传遍世界只在分秒之间。这就好比在世界的任何角落都存在着一批自由记者，他们"报道"的新闻时效性无与伦比。

而创富精英们更是利用互联网技术创造了一个又一个财富神话。相信没有人会怀疑，在这个十年中成功成为世界第一IT科技企业的苹果公司将永远是个传奇。苹果公司本身算是家硬件厂商，但是它的成功与互联网技术密不可分。如果没有互联网，iPad恐怕只能是个游戏机，让无数人欲罢不能的"苹果商店"也没有用武之地。

而日趋成熟的云计算、云存储技术无疑会让互联网技术成为人类的福音。它可以将全世界的计算机组成一个超级计算机。相信它的计算能力、存储能力会让每一个人兴奋不已。

不仅如此，互联网还改变了我们的大脑。为了处理网络上源源不绝的消息、声音和图像，大脑必须全力运行。因此，这种新的阅读方式是个很好的锻炼工具,甚至可以用来延缓衰老。只是,我们的大脑并不是多任务处理计算机,过度刺激也会使我们的记忆力变差,很难集中注意力,轻易就会走神。

更重要的是,互联网还实现了人类梦寐以求的平等。在这个世界里,信息至上,没有人拥有特权,阶级和出身的差别几乎都可以被忽略。但互联网这只巨大的魔兽在将一部分人迅速推向金字塔顶端的同时,又将另一部分不适应此类文化或表现方式的人迅速边缘化。互联网与现代人的生活早已密不可分,我们都被缚在这张"网"中了。